KB154956

홍콩 영화 100년사

홍콩 영화·TV 산업의 영광과 쇠락

香港影視業百年

Copyright © 2007 by Joint Publishing (Hong Kong) Company Limited
All Rights Reserved.
Translation rights arranged by Joint Publishing (Hong Kong) Company Limited
through Shinwon Agency Co., Korea.
Korean Translation Copyright © 2014 by Greenbee Publishing Co.

홍콩 영화 100년사 : 홍콩 영화·TV 산업의 영광과 쇠락

발행일 초판1쇄 2014년 10월 30일 · **지은이** 종보현 · **옮긴이** 윤영도, 이승희
펴낸이 노수준, 박순기 · **펴낸곳** (주)그린비출판사 · **주소** 서울 마포구 동교로17길 7, 4층(서교동, 은혜빌딩)
전화 02-702-2717 · **이메일** editor@greenbee.co.kr · **등록번호** 제313-1990-32호

ISBN 978-89-7682-604-6 03680
이 도서의 국립중앙도서관 출판시도서목록(CIP)은 서지정보유통지원시스템 홈페이지(http://seoji.nl.go.kr)와
국가자료공동목록시스템(http://www.nl.go.kr/kolisnet)에서 이용하실 수 있습니다.(CIP제어번호: CIP2013007017)

이 책의 한국어판 저작권은 신원에이전시를 통해 Joint Publishing (Hong Kong) Company Limited와 독점 계약한
(주)그린비출판사에 있습니다.
저작권법에 의하여 한국 내에서 보호를 받는 저작물이므로 무단전재와 무단복제를 금합니다.
책값은 뒤표지에 있습니다. 잘못 만들어진 책은 서점에서 바꿔 드립니다.

이 책은 2007년 정부(교육과학기술부)의 재원으로 한국연구재단의 지원을 받아 수행된 연구임.(KRF-2007-361-AM0005)

나를 바꾸는 책, 세상을 바꾸는 책 www.greenbee.co.kr

홍콩 영화 100년사

홍콩 영화·TV 산업의 영광과 쇠락

종보현(鍾寶賢) 지음 | 윤영도·이승희 옮김

HUNG KAI THEATRE

그린비

| 일러두기 |

1 이 책은 종보현(鍾寶賢)의 『香港影視業百年(修訂版)』(香港: 三聯書店, 2007)을 완역한 것이다. 중국어판으로 북경에서 출간된 『香港百年光影』(北京大學出版社, 2007)과 개정증보판으로 홍콩에서 출간된 『香港影視業百年(增訂版)』(香港: 三聯書店, 2011)을 일부 참조해 보완했으며, 개정증보판에서 증보된 부분은 三聯書店의 허가를 받고 번역하여 이 책에 '9부'로 수록했다.

2 이 책의 주석은 각주와 후주로 되어 있다. 각주는 모두 옮긴이가 작성한 것이며, 후주는 원서의 주석을 그대로 수록한 것이다. 본문 중 독자의 이해를 돕기 위해 옮긴이가 추가한 내용은 대괄호([ ])로 묶어서 표시했고, 인용문에서 지은이가 추가한 내용은 '[—종보현]'으로, 원서 편집자가 추가한 내용은 '[—편집자]'로 표시해 구분했다.

3 회사나 기관 또는 단체명이 약칭으로 사용되는 경우에는 작은따옴표(' ')로 묶어서 표시했다(예: 고승극장→'고승', 영화영화사 → '영화').

4 중국 영화 제목과 회사나 기관명 등은 대부분 한자음으로 표기했다. 다만, 영화 제목은 경우에 따라 한국어로 의역했으며(예:「봄은 독서의 계절이 아니다」,「두리안 향기 날리던 시절」), 관례적으로 쓰이는 회사 이름이 잘 알려져 있는 경우에는 관례를 따랐다(예: 쇼브러더스, 골든하베스트).

5 고유명사 표기의 일관성을 위해 중국 인명과 지명은 대류과 홍콩에 관계없이 전부 한자음으로 표기하는 것을 원칙으로 했다(홍콩 인명의 경우 한자 이름과 영어 이름을 함께 사용하는 경우가 많으며 한자 이름의 경우 광동어 발음과 중국어 표준어 발음이 전혀 다른데, 또한 한국에서는 관행적으로 이를 한자음으로 읽는 경우가 많아 번역 표기 원칙을 정하기가 쉽지 않기 때문이다). 단, 중국어 발음이 관행적으로 사용되는 경우에는 예외를 두었다(예: 위안, 타이베이, 하얼빈). 중국 이외의 외국 인명과 지명, 작품명 등은 2002년 국립국어원에서 펴낸 외래어 표기법을 따랐다.

6 신문·잡지 등의 정기간행물과 단행본은 겹낫표(『 』)로, 영화·연극·TV프로그램·기사·논문·단편 등은 낫표(「 」)로 표시했다.

한국의 독자들에게
기억해 둘 만한 몇 가지 이야기들

이 책의 출판으로 한국의 독자들과 만날 수 있게 되어 대단히 기쁩니다. 사람과 사람, 도시와 도시, 지역과 지역 사이의 왕래에는 아마도 인연이라는 것이 있는 모양입니다. 과거를 돌아보면, 한국과 홍콩의 영화·TV 문화는 사실 매우 뿌리 깊은 연관성을 지니고 있습니다. 일찍이 1950년대 말, 홍콩 영화 산업이 시야를 더욱 넓혀 다른 아시아 영화 산업과 합작을 시도할 당시, 홍콩의 쇼브러더스는 한국 영화계와의 합작을 위해 한국 국적의 감독들(신상옥이나 정창화와 같은)을 초빙하여 홍콩에서 영화를 찍기도 했습니다. 당시 한국과 홍콩이 합작한 영화 가운데 흥행작으로는 「조용한 이별」長相憶(홍콩은 1966년, 한국은 1967년 개봉)과 「비련」烽火情天(한국은 1967년, 홍콩은 1968년 개봉), 「순간을 영원히」艶諜神龍(한국은 1966년, 홍콩은 1968년 개봉) 등이 있었습니다. 그 이후로도 한국과 홍콩 사이의 영화·TV 교류는 부단히 지속되어 왔는데, 1980년대 홍콩 영화계는 홍콩과 한국으로부터의 자금 유입에 힘입어 그 판도를 더욱 넓힐 수 있었습니다. 뒤이어 홍콩 영화 「동방불패」東方不敗, 「황비홍」黃飛鴻; Once Upon A Time In China 등은 한국 영화 시장에서 크게 흥행하여, 임청하, 이연걸 등과 같은 중국계 영화 스타들이 한국에서 큰 사랑을 받을 수 있었습니다.

한편 1990년대 초부터 지금까지 한국 영화나 TV 프로그램이 지속적으로 홍콩에 수입되어 왔는데, 「가을동화」藍色生死戀 또는 秋日童話나 「겨울연가」冬日戀歌 또는 冬季戀歌와 같은 드라마가 홍콩에서 큰 붐을 일으켜 배용준, 최지우 등의 배우가 홍콩에서 큰 인기를 얻은 바 있습니다. 그리고 「대장금」大長今은 많은 홍콩 시청자와 영화·TV 관계자들에게 깊은 인상을 심어 주어, 진지한 역사 연구야말로 영화·TV 제작에서 새롭게 개척해야 할 보고임을 깨닫게 해주었습니다. 상당수의 홍콩 영화인들이 앞다투어 이를 모방해 역사 속의 풍부한 이야기 소재를 발굴하여 역사적 인물의 파란만장한 삶을 극적으로 그려 냄으로써 보다 문화적 깊이가 있는 작품을 제작하려 시도하고 있습니다. 그리고 최근 몇 년 동안 홍콩 영화계 인사들은 홍콩 정부도 영화업계에 대한 한국 정부의 문화 보조 정책을 본받을 것을 요구하고 있습니다. 요즘 적지 않은 한국의 스타들이 이미 일본이나 유럽 스타들을 추월하여, 홍콩 젊은이들의 우상이 되고 있습니다. 과연 한국과 홍콩 두 지역의 영화·TV 문화 사이의 상호작용은 앞으로 어떤 방향으로 나아가게 될 것인지, 그리고 앞으로 학자들은 그러한 역사를 어떻게 서술해 나가야 할 것인지 등의 문제에 관해서는 아직 좀더 지켜볼 필요가 있겠지만, 또 한편으로는 충분히 기대해 볼 만한 문제이기도 합니다.

최근 언젠가 한 학생이 이 책『홍콩 영화·TV 산업 100년』香港影視業百年[이 책의 홍콩판 원제]의 재판을 낼 때 책 제목을 바꿀 의향이 없는지 물어본 적이 있습니다. 너무 '교과서' 제목 같아서 뭔가 감성적인 측면이 부족하다는 지적이었지만, 저는 오히려 그럴 생각이 없습니다. 왜냐하면 감성이라는 것은 사실 인생이나 역사로부터 나오는 것인데, 이 제목은 제가 젊었을 때 읽은 소설『백 년 동안의 고독』Cien Años de Soledad; 百年孤獨을 연상시켜 주기 때문입니다. 당시 저는 이 소설을 읽으면서 정말 이상하다고 생각했습니다. 전체 줄거리에 주인공이라 할 만한 인물이 없어, 매번 이 사람이 주인공인가 싶어서 그에 관한 이야기라 여기며 읽다 보면, 홀연 그 인물이 죽거나 혹은 실종되거나 해서 사라져 버리는 것이었습니다. 결국 저는 이 소설에서 그 누구도 주인공이 아니라는 사실을, 그리고 비록 주인공이 없는 이야기라 해도 하나의 완벽한 이야기가 될 수 있다는 사실을 깨닫게 되었습니다. 인생이라는 것 자체가 항상 엎치락뒤치락하며 쉴 새 없이 흥망성쇠 속에 생멸을 반복하고 순식간에 사라져 가는 것일진대, 과연 누가 스스로를 주인공이라 자처할 수 있겠습니까. 다만 천지의 찰나 속에서 살아가는 가운데, 행복의 순간이 있었음 직한 몇몇 기억해 둘 만한 이야기들을 찾아볼 수 있을 따름이겠죠.

그간 번역을 위해 애써 주신 윤영도·이승희 선생의 노고에 대단히 감사드리고, 시간을 내어 이 이야기를 읽어 주신 독자 여러분께 다시 한번 감사드립니다.

2012년 7월 12일
종보현

추천의 말

처음 종보현이라는 이름을 듣게 된 것은 2000년도에 들어선 지 얼마 안 되었을 때였다. 동료인 당영시^{唐詠詩}와 한담을 나누던 중 홍콩침례대학^{香港浸會大學} 역사학과에 있는 젊은 학자에 관하여 듣게 되었다. 그녀가 지금 홍콩의 영화·TV 100년사에 관한 책을 쓰고 있는데 곧 출판된다는 것이었다. 처음 '100년'이라는 말을 들었을 때, 나는 놀라지 않을 수 없었다. 이런 호언장담은 사실 그다지 믿어 본 적이 없었다. 하지만 이후 3~4년 동안 업무 관계상 종보현과 교류하면서 그녀가 진행해 온 거대한 기획에 대해 다시 보게 되었다. 그녀는 겉보기엔 조용하고 내성적이지만 사실은 이야기하는 것을 아주 좋아하는 사람이었고, 나는 그녀와 함께 역사 관련 이야기들을 나누게 되었다. 때로 그녀와 홍콩 영화사상의 인물이나 사건에 대해 이야기를 나눌 때면 그녀는 실눈을 뜨면서 "이 이야기는 이렇게 얘기해 볼 수 있지 않을까요……" 하며 참지 못하고는 서사의 재미에 푹 빠져들어 흥미진진하게 말을 풀어 내는데, 자못 이야기꾼의 풍모가 느껴졌다. 그녀는 항상 그녀의 스승인 데이비드 포르^{David William Faure: 科大衛} 교수에 대해 이야기하곤 했다. 나도 한번은 중앙도서관에서 그의 강좌를 청강한 적이 있는데, 그가 순수한 1950년대식 광동어를 구사한다는 사실을 발견하였다. 그의 강연에는 아카데미즘의 난해한 이론도 없고, 오히려 마치 보리수 아래서 아버지나 아저씨가 아이들에게 일상의 이야기를 해주는 것처럼 이해하기 쉽고 생동감이 있었다.

홍콩 영화 이야기를 처음부터 끝까지 제대로 서술한 사람은 지금까지 없었다. 연구를 진행하는 전문가 그룹이나 전문 기관도 없는 상황 속에서, 홍콩국제영화제Hong Kong International Film Festival에서는 제3회(1979년)부터 매년 홍콩 영화 회고전을 기획하여 책을 출판하면서 한 발 한 발 착실한 정리와 탐색 작업을 진행해 왔다. 초기의 임년동林年同, 유성한劉成漢, 서기舒琪부터 비교적 최근에 결합한 이작도李焯桃와 나가羅卡에 이르기까지 홍콩 영화사의 기초를 세우기 위해 모두가 노고를 아끼지 않았다. 여기서 특히 여모운余慕雲 선생에 대해 언급하지 않을 수 없다. 그는 다년간 열심히 모아 온 자신의 개인 소장 자료를 아낌없이 나눠 주었을 뿐만 아니라, 『홍콩 영화사』香港電影史話 시리즈를 출판하여 홍콩 영화사 서술에 뜻을 둔 개척자들에게 중요한 참고자료를 제공해 주기도 하였다. 홍콩영화자료관香港電影資料館의 설립은 비록 늦기는 하였지만 또 하나의 진전이라 하겠다. 최근 몇 년간 영화의 수집·보존, 자료의 정리, 홍콩 현지 영화 문화의 확산 등 각 방면에서 조금씩 성과를 낳고 있다. 아마도 이처럼 시기가 무르익은 덕분인지, 요 몇 년 사이에 홍콩 영화사를 쓰는 이들이 나타나기 시작하였다. 나가羅卡와 오스트레일리아 학자 프랭크 브렌Frank Bren의 영문 원고가 완성되었고 곧 출판 예정이며, 광주廣州의 이이장李以莊과 주승인周承人은 오랜 기간의 노력 끝에 그동안 모아 온 자료를 가지고 현재 집필 작업에 몰두하고 있다. 그리고 종보현의 홍콩 영화 이야기 역시 곧 세상에 선을 보이게 될 것이다.

역사가 모든 이야기를 다 담아낼 수는 없겠지만, 종보현은 영화 산업사의 각도에서 출발하여 북쪽에서 남쪽까지, 2차 세계대전 이전에서 이후까지, 표준어에서 광동어까지, 대형 스튜디오에서 외주 제작 시스템까지,

대형 스크린에서 작은 TV 브라운관까지, 북적거리는 극장에서 차가운 사이 버 세계까지 차근차근 역사의 발자취를 따라가면서, 홍콩이라는 이 도시가 걸어온 길로 우리를 안내해 주고 있다.

2004년 9월 12일

황애령 黃愛玲

지은이 서문

독자들이 책을 읽는 데 도움이 될까 싶어, 이 책의 소개를 광고 전단^{戲橋}[1] 형식으로 한번 만들어 봤습니다.

광고 전단

뜬구름같이 흘러간 100년간의 '홍콩 영화'에 가장 어울릴 만한 극본을 골라 봤습니다. 「상서」^{傷逝}[2] 속의 연생^{涓生}과 자군^{子君}과 마찬가지로, 이 책은 '영화'와 '극장'의 사랑과 이별 이야기를 다루고 있답니다.

원래 이리저리 떠돌아다니던 영화는 먼 바다를 건너 상해와 홍콩에 흘러들어 오게 됩니다. 그리고 여전히 천하를 내 집 삼아 주유하던 끝에 극장과 우연히 마주치게 됩니다. 이후 영화는 극장과 짝이 되기 위해 자신을 변화시켰죠. 스타 배우나 복잡한 스토리가 없는 10여 분짜리 자연·기록 다큐멘터리였던 영화는 (극장이 가장 좋아하는) 90분짜리 스토리 중심의 영화로 변신하였고, 또한 극장의 환심을 사기 위해 아름다운 얼굴의 스타들을

---

1 '戲橋'는 월극(粤劇)의 내용, 배우, 극단 등을 소개하는 광고 전단을 뜻한다.
2 중국 현대 문학의 대표 작가인 노신(魯迅, 루쉰)의 소설로, 연생과 자군의 사랑 이야기를 다룬 작품이다.

투입시켰습니다.

하지만 영화와 극장의 만남은 갖은 역경을 겪게 됩니다. 좌우 간의 정치적 분열, 중국어 표준어와 광동어 사이의 문화적 충돌, 연이어 일어난 전란과 유랑 생활 등으로 인해 영화와 극장은 멀리 홍콩으로 쫓겨 내려갑니다. 이런 난세 속에서도 영화와 극장은 싱가포르·말레이시아 자본 덕에 힘을 기를 수 있었고, 결국 꽃을 피우고 열매를 맺을 수 있었습니다. 영화는 자신의 대형 스튜디오를 가지게 되었고, 극장 역시 '극장체인'院線으로 발전해 나갔습니다. 홍콩은 '동방의 할리우드荷里活'라 불리게 되었죠.

그런 호시절도 점차 지나가고, '영화'와 '극장' 사이에 제3자가 나타나게 되는데, 그녀의 이름은 'TV'였습니다. 그 뒤로 또다시 제4(비디오테이프), 제5(비디오디스크), 제6(케이블TV), 제7(인터넷) 등의 스캔들 상대가 계속해서 나타났습니다. '극장'은 인연이 너무 복잡하게 꼬여 버렸음을 깨닫게 됩니다. 영화와 극장은 점차 멀어져 갔고, 영화는 더 이상 극장만을 위해서 살아가지 않게 되었죠. 하지만 이별 이후, 영화와 극장은 위기를 맞이합니다. 극장은 아예 스스로 철거하여 복합 쇼핑몰과 멀티플렉스 영화관으로 바뀌어 갔습니다. 영화 역시 극장의 환심에 매달릴 필요가 없어지자 더 이상 영화의 길이를 90분에 맞출 필요도 없었고, 스타나 스토리도 필요가 없어졌습니다. 그들 앞에 무한한 가능성이 열린 것입니다.

21세기에 들어서 '홍콩 영화'는 정체성 위기에 처하게 됩니다. 100년간 모든 영화가 필름으로 촬영되었지만 이 철칙이 DV$^{digital\ video}$에 의해 깨지자, '홍콩 영화'는 더 이상 과거의 영화가 아니게 되었습니다. 또한 CEPA[3] 효과와 함께 중국 시장에서 영화·TV 산업이 가능해짐에 따라, '홍콩 영화'

---

3 2003년 6월 29일 중국 중앙정부와 홍콩특구 정부 사이에 체결한 '내지와 홍콩의 경제 긴밀화 협정'(內地與香港關於建立更緊密經貿關系的安排; Closer Economic Partnership Arrangement)을 가리킨다.

는 과거의 흔적과도 같은 '홍콩'이라는 딱지를 떼어 버렸습니다.

더 이상 '홍콩'도, '영화'도 아니게 된 '홍콩 영화'는 지금 안개 속을 헤매고 있습니다.

이 책의 1부에서 5부까지는 '영화'와 '극장'이 사랑하게 되는 이야기를, 그리고 6부에서 8부까지는 서로 헤어지게 되는 이야기를 다루었습니다.

세 가지 자료

저는 이 책을 쓸 때 간결하고 명료하게 만들고 싶었지만, 결국 '이미지', '구술', '데이터'의 세 가지 소중한 자료만은 도저히 버릴 수가 없었습니다.

책에 사용된 이미지는 여러 영화인, 기자, 스튜디오 촬영기사, 공영·민영 기구와 신문사 등으로부터 얻은 것입니다. 이들 사진 작품과 소장 자료는 가장 진귀한 사료로, 그 역사적 가치는 제가 쓴 글보다 훨씬 더 크다 하겠습니다. 이 자리를 빌려 감사의 말씀 전하고자 하며, 그 구체적인 명단은 '감사의 말'에서 따로 밝혀 두었습니다.

글에 담긴 구술 자료는 여러 영화인 선배의 저작이나 인터뷰 원고에서 얻은 것으로, 그들의 술회를 통해 인물들의 실제 면모(그리고 그들의 시대적 신념과 가치관)가 더욱 생생하게 전달될 수 있기를 기대해 봅니다.

데이터 자료는 제가 가장 신경 쓴 부분입니다. 사료를 살펴보면 홍콩 영화·TV 산업의 데이터는 이루 헤아릴 수 없을 정도입니다. 하지만 통계 방법이나 목적이 각기 다른 탓에 수치가 서로 맞지 않습니다. 그래서 어쩔 수 없이 '연속성'continuity과 '통일성'consistency을 취사선택의 원칙으로 삼을 수밖에 없었습니다. 비록 이들 데이터에 오류가 있더라도 그 오차 역시 연속성과 통일성을 지녀, 우리가 역사의 추세를 파악하는 데 도움이 될 수 있기를 기대해 볼 따름입니다. 물론 추후에 영화업계의 회계사들이 이 수치들을 이용하려고 한다면 주의할 필요가 있을 것입니다.

감사의 말

영화에 대한 지식이 부족하여 아직도 고쳐야 할 부분이 적지 않기는 하지만, 저는 이 책을 쓰는 동안 매우 소중한 가르침을 얻을 수 있었습니다. 그 과정에서 저를 일으켜 주시고 도움을 주신 여러 선배님, 친구, 그리고 여러 기관에 진심으로 감사드립니다. "기억해야 할 것은 모두 영원히 기억하겠다"라는 말을 되새기며, 종문략鍾文略 선생, 진적陳迹 선생과 그 아들, 구량邱良 선생의 조카, 여석黎錫 선생, 오소의伍小儀 여사, 주미련朱美蓮 여사, 황악중黃握中 선생, 황가희黃家禧 선생, 양광복梁廣福 선생 등의 여러 선배와 친구, 그리고 여러 신문사·영화사·출판사 등에 감사의 말씀을 전하고자 합니다. 그리고 자신들이 출간했던 『국태 이야기』國泰故事(2001)와 『쇼브러더스 영화 연구』邵氏電影初探(2002)에 발표된 두 편의 글의 일부를 이 책에 다시 쓸 수 있도록 허락해 준 홍콩영화자료관에 감사드립니다. 마지막으로 원고 전체를 자세히 검토해 준 황애령 여사, 책 속 200여 개 이미지들의 디지털화와 색상 보정에 도움을 준 동문 친구 황효은黃曉恩, 원고의 책임 편집자 이안李安 씨 등에게도 감사의 말씀 전합니다.

이 책을 탈고한 2000년은 마침 IT 핫머니가 영화·TV 시장에 쏟아져 들어오던 무렵이었습니다. 그 이후로 변화된 상황과 맞지 않는 내용들은 올해[2004년] 인쇄에 넘기면서 일부 삭제하였지만, 책 속에 여전히 실수나 오류가 적지 않습니다. 사용된 자료, 서적, 관점 등도 대부분 2000년 당시에 머물러 있는 점에 대해 독자들의 넓은 양해 부탁드립니다. 장래에 더 많은 연구를 통해 새로운 시각을 가지고 홍콩 영화 이야기를 명쾌하게 정리할 수 있기를 기대해 봅니다.

10년 전 홍콩에 돌아왔을 때, 홍콩예술대학香港演藝學院; Hong Kong Academy for Performing Arts에서 일한 적이 있습니다. 견식도 많지 않은 젊은 교사가 노련하고 표현력도 좋고 표현 욕구가 강한 학생들을 만나 인생을 배우게 되었습니다. 학생들이 선생을 깨우쳐 준 무대 위에서의 학습은 한마디로 파란만장한 경험이었습니다. 이 10년 동안 저 역시 이 책을 저술하면서 저만의 여정을 겪었습니다. 하지만 이 책은 단지 탐험이었을 뿐만 아니라, 먼저 떠나간 고인들과의 재상봉이기도 하였습니다. 그 가운데 특히 아버지가 해주신 이야기가 떠오르는데, 그중 하나는 다음과 같은 것이었습니다. 전후에 아버지는 스튜디오, 노래 무대, 술집 등에서 일하셨는데, 한번은 밝은 달이 떠 있는 밤하늘을 무대 세트로 제작해야 했습니다. 아버지의 스승께서 아버지에게 커다란 나무 판에 검은 칠을 하고 다시 황색 물감으로 달을 그리도록 시키셨답니다. 하지만 아버지는 그걸로는 부족하다고 생각하셔서, 검은 나무 판 위에 둥근 구멍을 뚫은 다음에 황색 기름종이를 붙이고 나무 판 뒤에 등불을 설치하셨죠. 세트가 다 만들어지고 등불을 켜자 진짜 밝은 달이 뜬 것처럼 보였다고 합니다. 요 몇 년 사이에 저는 이 이야기가 '참 홍콩답다'는 생각을 갖게 되었습니다. 그리고 또 어머니가 해주신 이야기는 다음과 같습니다. 어머니는 전란 중에 태어나셔서, 어려서부터 홍콩섬港島 상환上環; Sheung Wan 삼각부두三角碼頭의 쌀 선박에서 일하셨습니다. 그때 당시 배 위에서 밥 짓는 일을 하시던 마음씨 좋은 아주머니가 매일같이 어머니를 데리고 태평극장太平戲院과 고승극장高陞戲院에 가서 여가용 영화를 보여 주셨다고 합니다. 그리고 어른이 된 이후 형편은 더 궁핍해졌지만 어머니는 여전히 극장에 다니셨답니다. 제가 처음으로 본 영화는 어머니를 따라 이무대극장利舞臺戲院에서 본 「월궁보합」月宮寶盒; The Thief of Bagdad[국내명「바그다드의 도둑」]이었습니다. 첫 시작치고는 좋은 편이었습니다. 극장 안의 화려한 장식들도 그렇고, 영화 속의 하늘을 나는 말과 양탄자도 저에게 영화를 본다는 것이 이처럼 환상적인 것이구나 하는 기억을 심어 주었습니다. 역사를 쓰는 사람은 이야기를 항상 즐겨 듣는데, 이처럼 수많은 홍콩 이야기를 들려 주신 부모님께 감사드립니다.

도움 주신 분들

석수石修
석견石堅
주극朱克
주미련朱美蓮
주풍朱楓
여계문呂啟文
여손보령余孫寶玲
오소의伍小儀
여모운余慕雲
하몽화何夢華
이안李安
이지호李志豪
이장李嬙
구량邱良
임한빈林漢斌
오군려吳君麗
오사원吳思遠
오진추吳振秋

당가唐佳
당영시唐詠詩
설니雪妮
동월연童月娟
호소봉胡小峰
고첨강高添強
노조장盧兆璋
진지운陳志雲
진적陳迹·진건陳健
진백생陳栢生
진청위陳清偉
진진화陳振華
진운상陳雲裳
진영미陳榮美
양광복梁廣福
서기舒琪
종문략鍾文略
종경휘鍾景輝

종위명鍾偉明　　　　　『용적일주』龍的一周

황백명黃百鳴　　　　　『전영쌍주간』電影雙周刊

황애령黃愛玲　　　　　홍콩대학도서관香港大學圖書館

황악중黃握中　　　　　홍콩중문대학도서관香港中文大學圖書館

황가희黃家禧　　　　　홍콩중문대학 신문·미디어학과新聞

황효은黃曉恩　　　　　及傳播學系『바서티』Varsity Magazine

추문회鄒文懷　　　　　홍콩케이블TV유한회사香港有線電視有

양리군楊莉君　　　　　限公司

유천사劉天賜　　　　　홍콩사원영화사香港思遠影業公司

유가휘劉家輝　　　　　홍콩방송국香港電臺

여석黎錫　　　　　　　홍콩영화자료관香港電影資料館

성안기盛安琪　　　　　홍콩극장주협회香港戲院商會

채란蔡瀾　　　　　　　홍콩역사박물관香港歷史博物館

설자청薛紫清　　　　　성공미디어그룹유한회사星空傳媒集團

사백강謝柏強　　　　　有限公司

소생蕭笙　　　　　　　쇼브러더스(홍콩)유한회사邵氏兄弟(香

앨버트 오델Albert Odell　港)有限公司

삼련서점(홍콩)유한회사三聯書店(香港)　탕신(홍콩)영화사湯臣(香港)有限公司

有限公司　　　　　　　홍콩·마카오연극총회港澳戲劇總會

천지도서유한회사天地圖書有限公司　화남영화인연합회華南電影工作者聯合會

광각경출판사廣角鏡出版社　TV방송유한회사電視廣播有限公司

박익출판그룹博益出版集團　봉황위성TV유한회사鳳凰衛視有限公司

『대특사』大特寫　　　　은도그룹유한회사銀都機構有限公司

『금일영화』今日映畫　　　국태그룹 지주사Cathay Organization

『아주주간』亞洲週刊　　　Holdings Ltd., Singapore

『일주간』壹週刊　　　　　코발 컬렉션Kobal Collection, U.S.A.

『탐성』探星　　　　　　　싱가포르 국가기록원National Archives

『국제전영』國際電影　　　of Singapore

『은하화보』銀河畫報　　　『타임』Time Magazine

『오락화보』娛樂畫報

1부

서론
영화 산업의 구조

21세기에 들어서 엄혹한 상황에 처해 있는 홍콩 영화 산업은 조용히 재기의 기회를 노리고 있다. 지난 100년 동안 홍콩 영화는 과연 어떻게 사람들의 인기를 얻고, 뭇 스타들을 길러 내고, 숱한 흥망성쇠의 우여곡절을 겪어 왔을까?

1장 / 영화라는 상품

1. 영화의 생애 주기

영화는 예술의 한 분야일 뿐 아니라 일종의 상품이기도 하다. 2000년에 간행된 『타임』의 밀레니엄 특집에는 역사 변천에 관한 조사를 다룬 흥미로운 기사가 하나 실렸다. 인류 역사상 5대 주요 상품의 순위를 나열한 것이었다. 이 조사에 따르면 과거 천 년 동안, 황금은 이 순위에서 가장 많이, 그리고 가장 오랫동안 상위권에 올랐던 상품이었다. 비단과 향료는 유럽 시장에서 수백 년간 매우 인기를 끌었지만, 18세기에는 순위에서 사라졌다. 중국 찻잎은 18세기에 순위에 올랐지만, 유럽인이 실론[현재의 스리랑카]과 인도 등의 식민지에 차나무를 이식하는 데 성공함에 따라, 공급과 수요의 법칙에 의해 순위 밖으로 밀려났다. 산업혁명이 일어나게 되면서 19세기에는 석탄·철강·무기가 모두 상위권에 오른다. 20세기에 들어와 세계대전이 확산되면서 무기와 함께 비행기가 순위에 오른 반면 석탄과 철강은 밀려났다. 과학 기술의 발전에 따라, 컴퓨터 반도체는 석유를 제외하고 전 지구에서 가장 값비싼 상품이 되었다. 더욱 놀라운 사실은, 지난 천 년 동안 숭배되어 오던 황금이 20세기에 들어와 갑자기 순위 밖으로 밀려나고, 그 대신 뜻밖에도 '영화'라는 예술품이 그 자리를 차지하였다는 점이다(〈표 1.1〉).

역사를 돌아보면 영화의 놀랄 만한 산업적 영향력은 결코 그것의 예술적 성취에 뒤지지 않았다.[1]

과연 영화는 어떻게 그처럼 주요 상품이 될 수 있었던 것일까. 1895년 영화의 제작 상영 기술이 발명되면서, 100년 동안 영화 산업 구조에 놀랄 만한 극적인 변화가 나타났다. 예를 들면 두 차례의 세계대전 이후, 영화 산업은 안정적인 이윤 사이클을 만들어 내는 데 성공한다. 영화 필름은 먼저 대형 극장체인에서 개봉한 후, 소형 영화관으로 옮겨져 2차 상영을 하고, 상영이

『타임』에서 진행한 지난 밀레니엄 기간 동안의 역사적 추세에 관한 조사에 따르면, 영화는 황금을 누르고 5대 주요 상품의 하나로 등극하였다.

끝난 후 비디오테이프나 비디오디스크로 배급되었다. 이 영상 제품 유통의 절정기가 지나고 나면, 방영권을 TV 채널에 판매한다. 이 책에서는 편의상 영화관은 영화 상영의 '제1창구'first window, 비디오테이프나 비디오디스크는 '제2창구'second window, 케이블TV와 인터넷TV 등 기타 전자 채널은 '제3창구'third window로 칭하고자 한다. 이 모든 창구는 영화 산업의 '판매 부문'이다. 미국 할리우드 영화사를 예로 들자면, 영화 자본 순환 과정은 다

〈표 1.1〉 전 세계 5대 주요 상품 역대 순위

순위 \ 연대	1000년	1300년	1500년	1700년	1900년	2000년
1위	금	금	금	금	금	석유
2위	비단	노예	도자기	노예	석탄	반도체
3위	노예	비단	향료	면직물	목재	비행기
4위	도자기	도자기	면직물	차	철강	무기
5위	은	향료	총기	목재	무기	영화

출처 : *Time Millennium*, New York: Time, Incorporation Home Entertainment, 2000.

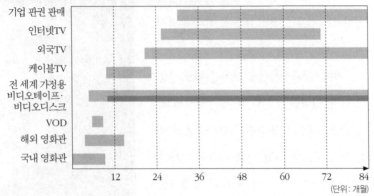

〈도표 1.1〉 미국 영화의 각 상영 창구별 자금 회수 주기(1996)

(단위: 개월)

출처: Harold L. Vogel, *Entertainment Industry Economics, A Guide for Financial Analysis*, fourth edition, Cambridge: Cambridge University Press, 1998, p.76.

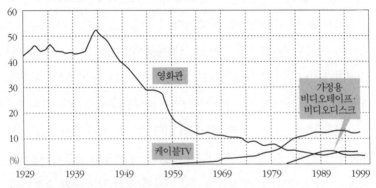

〈도표 1.2〉 미국 영화의 각 상영 창구별 시장 점유율 변화 추이

출처: Harold L. Vogel, *Entertainment Industry Economics, A Guide for Financial Analysis*, fourth edition, Cambridge: Cambridge University Press, 1998, p.23.

음과 같다. ① 영화관 흥행 수입은 글로벌 배급망과 체인망을 통한 1차 상영과 2차 상영으로 나뉜다. ② 영화관 상영이 끝난 후, 비디오테이프나 비디오디스크로 배급한다. ③ 판권료를 받고 TV 방송국에 판매한다. 판매 대상은 대화형TV^{Interactive Television}, 위성TV, 유료TV, 인터넷 등을 포함한다. 이 외에 영화사가 직접 만든 TV 채널을 통해 영화를 방영하여 시청료와 광고비 등을 얻는다. ④ 영화 테마파크를 만든다. 예를 들면 워너브러더스 무비월드Warner Brothers Movie World나 디즈니랜드Disneyland 등이 그것이다. ⑤ 영화의 스틸컷이나 배우의 초상권 등을 판매한다. ⑥ 체인 상점을 설립해서 영화와 관련된 상품, 예를 들면 출판물, 의류, 장난감, 브랜드 상품 등을 만들어 판다(〈도표 1.1〉과 〈도표 1.2〉). 1990년대에 들어서면서 미국 영화 산업은 이미 거대한 글로벌 산업체가 되었고, 그 이윤도 천문학적 액수에 이르렀다. 매년 전미 상영관 매표수익 50억 달러, 가정용 비디오 수입 100억 달러, 음반 시장 70억 달러, 케이블TV 수신료는 170억 달러에 이를 정도로 영화는 이제 확실히 중요한 상품이 되었다. 영화가 수익을 얻을 수 있는 경로가 늘어남에 따라, 영화사들 간의 경쟁도 갈수록 확산되어 가고 있다. 영화 100년사를 종합해 보면, 영화의 상영 창구는 영화 산업의 투자 경로를 좌지우지해 왔다.

2. 영화 산업의 투자

영화는 일종의 글로벌한 상품이자 경쟁적 투자 대상이다. 영화의 경쟁은 결코 작품의 질에 의해서만 좌우되는 것은 아니다. 영화 산업에서 가장 치열한 싸움은 사실 배급과 상영이라는 두 부문에서 이루어진다. 예를 들면 극장체인과 스크린 수, 비디오디스크 대여점의 구성과 지리적 분포, 인터넷이나 케이블TV 방영 경로의 많고 적음 등과 같은 것이다. 상영 창구가 바로 영화 산업의 '판매 부문'이다. 우수한 영화를 제작하

「와호장룡」(臥虎藏龍)의 성공은 국제적 투자 덕분이었으며, 이로 인해 한때 중국어권 영화계의 동경의 대상이 되기도 하였다.

연도	매표수입(백만 달러)	전년대비 증감	관객 수(백만 명)	전년대비 증감
1980	4,030.6	-	1,021.5	-
1985	3,749.4	-6.9%	1,036.1	-
1990	5,021.8	-0.2%	1,188.6	-5.9%
1991	4,803.2	-4.4%	1,140.6	-4.0%
1992	4,871.0	1.4%	1,173.2	2.9%
1993	5,154.2	5.8%	1,244.0	6.0%
1994	5,396.2	4.7%	1,291.7	3.8%
1995	5,493.5	1.8%	1,262.6	-2.3%
1996	5,911.5	7.6%	1,338.6	6.0%
1997	6,365.9	7.7%	1,387.7	3.7%
1998	6,949.0	9.2%	1,480.7	6.7%
1999	7,448.0	7.2%	1,465.2	-1.0%
2000	7,670.0	3%	1,420.0	-3%

출처: *Screen Digest*, June 1994, 1998, 1999, 2000, May 1997; Economic Research Associates, *The North American Market for Hong Kong Films*, Hong Kong: Hong Kong Trade Development Council, 2000, p.20에서 재인용.

더라도 만약 배급 상영 경로가 '판매처'를 제공해 주지 않는다면 적자를 면하기 어렵게 된다. 결국 판매 부문에서의 수입이 좋지 않다면 영화 산업의 안정적인 자금 순환 시스템은 불가능하다. 미국에서는 은행의 대출이 영화 자금 '순환 시스템'에 결정적인 역할을 한다. 일부 은행은 은행연합을 만들어 엔터테인먼트 산업 전담 부서를 설치하고, 많은 영화 산업 분석가movie business analyst를 채용하여 데이터를 수집하도록 한다. 그 분석에 따라 영화 제작사에 각종 영화를 만들 수 있도록 대출해 주되, 각 상영 창구의 회수 주기와 손익 비율에 따라 투자한다. 자금원과 투자 항목을 분산시킬수록 은행연합이 감당해야 할 위험은 더욱 줄어든다. 이익을 보장하기 위해서 은행연합은 영화 제작에 투자하기 전에 제작사의 상환 능력을 세밀히 검토한다. 즉 신뢰도, 이전의 실적, 영화 장르의 인기도, 영화의 사전판매pre-sale 현황, 사전판매 계약 조항의 이해득실 등에 대해 자세히 평가한다. 그렇게 함

〈표 1.3〉 미국 영화협회 회원 출품작 영화관 상영 이외의 평균 수익(1997)

영화관 상영 이외의 수익 항목	영화 편당 연평균 수익(백만 달러)
가정용·비디오테이프·비디오디스크	8.5
유료 케이블TV	10.0
인터넷TV	2.5
기업 판권 판매	1.5
외국TV	2.0
총수익	24.5

출처 : Harold L. Vogel, *Entertainment Industry Economics, A Guide for Financial Analysis*, fourth edition, Cambridge: Cambridge University Press, 1998, p.52.

〈표 1.4〉 미국 영화 자금 출처 비율(1980, 1995)

	1980년		1995년	
	수입(백만 달러)	비율(%)	수입(백만 달러)	비율(%)
국내 영화관 상영	1,183	29.6	2,600	14.4
해외 영화관 상영	911	22.8	2,300	12.8
가정용 비디오	280	7.0	7,300	40.6
유료 케이블TV	240	6.0	1,400	7.8
인터넷TV	430	10.8	250	1.4
기업 판권 판매	150	3.8	750	4.2
외국TV	100	2.5	1,200	6.7
TV 영화	700	17.5	2,200	12.2
총계	3,994	100.0	18,000	100.0

출처 : Harold L. Vogel, *Entertainment Industry Economics, A Guide for Financial Analysis*, fourth edition, Cambridge: Cambridge University Press, 1998, p.55.

으로써 영화가 완성된 후에 충분한 수익을 보장할 수 있는 것이다(투자 위험을 낮추기 위해서 은행연합은 대출 전에 보통 제작사에 먼저 '완성 보증 채권'Completion Bond을 요구한다. 하지만 그 비용이 영화 제작 원가의 10%나 되기 때문에, 소규모 영화를 제작하는 데는 적용하기 힘들다).[2]

미국 영화 산업의 투자 시장은 통계 데이터를 매우 중요시한다. 1930년대 미국의 경제 대공황이라는 환경 속에서 영화 산업 조합은 더욱 큰 발전의 공간을 확보할 수 있었고, 영화 산업이 점차 제도화·전문화되면서 그

데이티도 축적되기 시작한다.[3] 영화 제작 원가가 대폭 상승함에 따라, 영화 산업에 투입되는 자본 규모도 갈수록 커지고, 자금원 역시 나날이 다양해져 갔다(〈표 1.2〉, 〈표 1.3〉, 〈표 1.4〉).[4] 서구의 경험을 되돌아보는 작업은 아마도 홍콩 영화 산업의 100년 성쇠를 이해하는 데 도움이 될 수 있을 것이다.

2장 / 유럽과 미국의 영화 산업 100년

1890년대, 미국인 에디슨Thomas Alva Edison과 프랑스인 뤼미에르Louis Lumière
는 각기 자신이 만든 촬영기와 영사기를 앞다투어 시장에 내놓았고, 상대
방이 모방 표절한 것이라며 서로 비방하였다. 이후 영화 산업의 발전은 사
실 상영 시장 경쟁의 부산물이었다고 할 수 있다.

1. 경쟁과 독점

실제의 에디슨은 교과서에서 만들어진 이미지처럼 그렇게 훌륭하지 않았
다. 외모는 동안에 백발이었지만 에디슨은 패권적이고 수단을 가리지 않았
으며 특허법을 이용해 시장을 독점하는 데 뛰어난 기회주의자라고 비난을
받았다. 그는 미국 동부 연안에 실험실을 만들어서 여러 보조 연구원을 초
빙하였는데, 그 자신의 명의로 된 발명품 가운데는 무명 연구원들이 심혈
을 기울여 만든 발명품이 적지 않았다. 물론 에디슨은 그 영광을 그들과 함
께하지 않았다. 한편 프랑스의 뤼미에르는 성격이 강직하고 애국심이 투철
한 촬영기사였는데, 그는 미국의 영사 기술이 프랑스보다 다소 우월함을
알게 된 후 공과대학을 졸업한 두 아들을 시켜 영화 제작과 영사 기술을 연

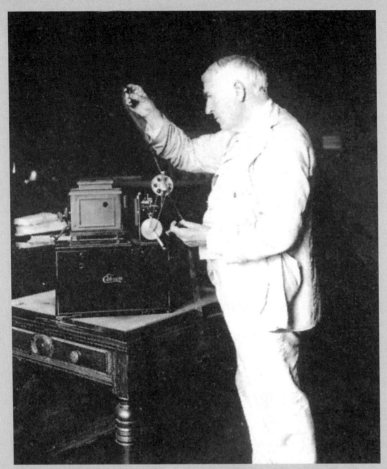

실제의 '발명가' 에디슨은 교과서에서 그려지고 있는 이미지처럼 그렇게 순수한 것만은 아니었다.

에디슨의 경쟁자였던 프랑스의 뤼미에르 형제

구하도록 하였다. 미국과 프랑스 양측 모두 경쟁적으로 회사를 설립하여 연구 성과물을 시장에 내놓았다. 기기의 비밀이 외부로 새어 나가 상대방이 표절하는 것을 막기 위해 그들은 기기를 외부에 판매하지 않았다. 기술자가 기계를 가지고 순회 시범 상영을 보이도록 파견하거나, 서커스단, 오페라하우스, 극장 등에 영사기를 빌려 주어 수익을 거두는 정도에 그쳤다. 이러한 영사기 시장 경쟁 속에서, 영화는 그 경쟁의 부산물로 나오게 된 것이었다. 자신의 영사기 대여를 늘리고자, 에디슨과 뤼미에르는 잇따라 산하에 영화 제작부를 만들고 단편 기록영화를 제작하여 영사기를 대여하는 고객들에게 제공해 주었다. 이러한 단편영화는 전매의 형식으로 영화 상영업자에게 팔았지만, 불법 복제된 필름도 흔히 볼 수 있었다.

20세기에 들어, 대서양 양안의 경쟁에 뛰어든 회사가 갈수록 많아지고 영사기의 종류도 다원화되어 갔다. 미국에서는 바이오그래프Biograph와 바이타그래프Vitagraph 등의 영사기 제조회사가 생겨났고, 경쟁의 중심 또

비즈니스상의 비밀이 새어 나가는 것을 막기 위해. 미국과 프랑스 양국은 각기 다른 순회 상영팀을 운영하고 있었다. 이 그림은 프랑스 영사기사가 작업하는 모습

한 영사기 시장에서 영화 시장으로 옮겨 갔다. 프랑스에서도 뤼미에르 이외에 새롭게 생겨난 파테프레르Pathè Frères 역시 순회 상영 기술자를 오페라하우스와 극장에 파견하여 그들이 생산한 영사기를 홍보·대여해 주었고 영사기에 사용할 수 있도록 단편영화 필름 프린트를 덧붙여 판매하였다. 여러 회사들 가운데 파테프레르의 경영 방식이 가장 뛰어난 편이었다. 샤를 파테Charles Pathè는 빈농 집안 출신으로, 어릴 적 신발이 한 켤레밖에 없어 어머니와 돌려 가며 신어야 했다. 더욱 불행한 사실은 파테의 가족들이 모두 당시에는 치료할 수 없는 유전병을 앓아서 그 병이 발병하면 죽을 운명에 처해 있었다는 것이다. 30세가 되도록 여전히 가난했던 파테는 결국 실업자가 되자, 최후의 수단으로 친구에게 돈을 빌려 축음기 한 대를 구입해 멀리 순회 공연을 하러 다니는 수밖에 없었다. 이후 우연한 기회로 크게 성공하여 그는 유명한 축음기 판매상이 되었다. 1896년 그는 파테프레르를 설립하였고, 1902년 뤼미에르에게서 특허권을 사서 촬영 영사 기술을 개량하였으며, 제작진을 스튜디오 안으로 옮겨 와 영화를 대량으로 제작했다. 1904년에서 1905년에 걸쳐 파테프레르는 런던, 뉴욕, 모스크바, 베를린, 상트페테르부르크에 잇따라 지점을 열어 촬영기를 대여해 주고 영화를 판매하였다. 무성영화 시대에는 언어 장벽이 없었던 터라 파테프레르의 지점망에는 장애가 될 만한 것이 없었다. 당시 기록영화를 만드는 데는 원가가 높지 않아 필름 프린트 15벌만 팔면 투자 자본을 회수할 수 있었는

데, 파테프레르는 지점망을 통해 350벌이나 되는 필름 프린트를 팔 수 있었다. 이익을 많이 남긴 파테프레르는 1906년에 세 곳의 스튜디오를 보유하고 있었을 뿐만 아니라, 여러 개의 영화관을 세워 그들이 만든 영화를 상영하였다. 이렇게 제작·배급·상영의 세 부문을 통합한 경영 방식은 오늘날 학자들이 말하는 '수직통합'vertical integration으로, 매우 효과적인 시장 독점 수단이었다. 게다가 파테프레르의 수직통합에는 촬영기, 영사기, 그리고 필름 원판의 생산까지도 포함되어 있었다. 샤를 파테는 아래와 같은 말을 남겼다. "나는 영화를 발명하지 않았지만, 영

아주 가난하고 미천한 집안 출신이었던 프랑스인 샤를 파테는 영화 및 음악 산업에 진출하여, 오랜 역사를 지닌 파테프레르를 창립하였다. 사진 속에서 그가 들고 있는 금으로 된 닭은 파테프레르의 상징이다. 그는 일찍이 "나는 영화를 발명하지 않았지만, 영화를 산업화했다"라고 공언했다.

화를 산업화했다"I did not invent cinema, I industrialized cinema. 이러한 수직통합 경영 방식은 이후 할리우드 '8대 메이저 영화사'의 선례가 되었다.

미국에서는 영화 산업이 무수한 특허 분쟁을 겪게 된다. 1897년부터 시작하여 에디슨은 특허권 침해를 이유로 바이타그래프와 바이오그래프 등 경쟁 업체와 끊임없이 법정에 선다. 에디슨은 상대 회사에게 영사기의 특허권 사용료를 지불하라고 요구하였고, 법정은 에디슨의 회사가 가지고 있던 촬영기, 영사기, 원판 필름의 발명 특허권이 바이타그래프, 바이오그래프의 개량 신제품에까지 적용되는지 결정해야 했다. 이 일련의 분쟁은 1908년에야 결론이 났다. 노련한 에디슨은 철천지원수였던 바이오그래프, 바이타그래프, 아맛Armat, 이스트먼 코닥Eastman Kodak과 갑자기 연합하여 '영화특허회사'Motion Picture Patents Company(이하 'MPPC')를 만들어, 모든 촬

만원사례를 이루고 있는 '5센트 극장'

영기와 영사기, 영화 제작자와 영화 상영
업자에 대해 특허권 사용료를 받도록 하는
데 성공했던 것이다.

1909년부터 MPPC는 에디슨의 주도
하에 미국 영화 산업을 규범화하기 시작했
다. 예를 들면 영화 필름 '1릴reel'은 15분
길이를 기준으로 정하였고, 매주 정기 상
영 프로그램을 정하였으며, 영화표 가격도
통일하였다(새로 상영하는 영화의 표 값은
비교적 높게 받고, 그 다음 주에는 가격을 낮
추었는데, 이로써 1차 상영과 2차 상영 시스

템이 점차 생겨났다). MPPC는 영사기와 영화 필름의 공급자라는 지위를 이
용해 시장을 통제하고자 하였지만 이러한 독점도 결국 시장의 힘에 대적
할 수는 없었다. 왜냐하면 영화 상영업이 부단히 성장하여, 영화 상영업자
가 주도권을 거머쥐게 되면서 오히려 영화 공급자에게 복종을 요구하게 되
었기 때문이다. 1905년부터 1907년 사이에 영화관 경영이 크게 유행하여,
영화를 전문적으로 상영하는 영화관이 급격히 증가하였다. 미국 전역에
5,000여 개에 이르는 영화관이 생겨났는데, 경영자 가운데 새로 온 유럽 이
민자(특히 유대인이 많았다)가 적지 않았다. 이처럼 순식간에 영화 상영업
자는 영화 최대의 소비자가 되었다. 이러한 영화관은 대부분 좌석이 200개
를 넘지 않았고, 하층 계급과 새로 이민 온 관중을 끌어들이기 위하여 표 값
이 보통 '5센트'nickel로 매우 쌌다. 이로 인해 이러한 신흥 영화관을 '5센트
극장'nickeldeon이라 부르게 되었다. 예를 들어 폴란드에서 온 유대계 이민
자 워너Warner 형제(이후 유명한 워너브러더스 창립)가 연 5센트 극장은 너
무 가난해서 관객용 의자마저 부근의 장의사에게서 빌려 와야 했다. 이러

미국의 많은 '5센트 극장'은 새로운 이민자들이 경영하였는데, 저렴한 입장료로 관객을 끌어들였다.

한 영화관은 매일 영화를 약 10회 정도 상영하였는데, 15분 길이의 영화를 3편씩 묶어, 1회당 45분간 상영하였다. 이들 영화관은 다른 공연 프로그램 없이 순수하게 영화로만 영업시간을 채웠기 때문에, 영화의 수요가 급격히 증가하였다. 이전에 필름 프린트를 전매하던 방식은 비용이 비쌀 뿐만 아니라 또한 새 영화가 상영되는 것도 비교적 늦었다. 이런 시대적 상황에 맞춰서 영화 상영업자는 원가를 낮추고, 안정적인 영화 공급원을 확보하며, 영화 유통량을 증가시키기 위해서 필름 프린트를 임대하여 상영하는 방식으로 바꾸었다. 1회 프로그램이 영화 3편으로 구성되고, 또한 매주 3번씩 프로그램을 바꿨던 점으로 계산해 보면, 영화 상영업자는 1년에 450여 편의 영화를 빌려야 했던 셈이다. 영화 수요가 급격히 증가했기 때문에 시장의 중심은 영사기에서 영화 자체로 넘어가게 된다. 게다가 영화 필름 프린트를 판매하는 이윤이 영사기를 대여하는 이윤을 넘어서게 되면서, 영화는 산업 내에서 가장 중요한 영리 상품이 되었고 반대로 영사기의 지위는 부차적인 것이 되었다.

2. 배급 부문의 성장과 스튜디오 시스템의 흥기

미국 영화의 역사를 종합하여 보면, 영화 산업에서 배급distribution과 상영exhibition 부문은 흔히 소홀하게 취급되어 왔지만, 오히려 영화 산업의 성패는 여기에서 좌우되었다. 5센트 극장이 성공하자, 그러한 상승세를 타고 유럽 영화가 미국으로 쏟아져 들어왔다. 일부 5센트 극장주들은 유럽 영화 배급 사업을 시작하였다. 이렇게 영화 배급을 전문으로 하는 영화 무역상들은 곧 업계의 새로운 권력자가 되었다. 1903년 첫번째 영화 거래소Film Exchanges를 설립하여 각종 영화를 전문적으로 수집하고 이를 5센트 극장에 빌려 주어 이윤을 남겼다. 이러한 저렴하고 손쉬운 영화 대여 방식은 영화의 배급과 상영 활동이 매우 흥성하도록 만들었다. 1910년만 보더라도 미국 전체에 5센트 극장이 약 1만 개, 매주 영화 관람객이 3억 명에 달했다.

안정적인 영화 공급원을 확보하기 위하여, 적지 않은 5센트 극장주들이 영화 거래소를 직접 운영하거나 영화 제작에 직접 투자하였다. 이후 유명해진 워너브러더스, 유니버설, MGM, 20세기폭스 등의 선두 그룹 영화 제작자들은 모두 영화 상영업자 출신이었다. 에디슨의 MPPC의 규제를 피하기 위하여 상영업자 출신의 이 영화 제작자들은 그 기반을 미국 동부 연안의 뉴욕으로부터 서부 연안의 할리우드로 잇따라 옮겨 갔다. 또한 영화의 대량 생산을 용이하게 하기 위해, 그들은 영화 제작사를 설립하고 영화 스튜디오와 세트를 만들어 유동작업 방식flow process으로 영화를 생산하였다. 5센트 극장주들은 모두 경쟁적으로 극영화feature films를 제작하여 관중을 끌어들였고, MPPC가 제작한 15분짜리 단편영화와는 다른 길을 걸게 된다. 영화의 길이가 길어지자 사용하는 컷 역시 늘어났고, 사건의 줄거리도 점차 복잡해져 사람들의 흥미를 끌게 되었으며, 매력적인 스타의 중요성 역시 더욱 커졌다.

영화 상영업자의 성장과 함께 이들이 영화 제작에 주동적으로 투자하게 되면서, 에디슨이 이끌던 MPPC의 지위는 위협을 받았다. 1912년 미국 법원이 반독점법을 가지고 MPPC가 가진 특허권을 부정하자마자, 곧 에디슨이 우위를 상실하면서 영화 산업에 수많은 경쟁자가 출현하게 되었다. 1910년부터 1920년까지 다수의 영화를 보유한 배급사들이 연이어 설립되었다. 1912년 독립 제작자가 세운 유니버설Universal Film Manufacturing Company은 독립 영화사의 영화와 자체 제작한 영화를 전문적으로 배급하였다. 1913년, 워너 형제 역시 극장체인 경영에서 영화 배급과 제작 쪽으로 넘어가 워너브러더스Warner Brothers Pictures를 설립한다. 1914년 12개의 영화 배급사가 합작하여, 극영화를 전문적으로

2차 세계대전 이전, 영화 공급의 안정을 위하여 '5센트 극장'의 극장주들은 연이어 영화 배급과 제작업에 뛰어들었다. 이 그림은 당시의 극장 광고

배급하는 파라마운트Paramount Pictures Corporation를 만들었으며, 같은 해 폭스Fox Film도 설립되었다. 1917년 메트로Metro, 골드윈Goldwyn, 메이어Mayer 등이 연이어 설립되었고, 이들은 1924년 합병하여 MGMMetro-Goldwyn-

할리우드 '8대 스튜디오' 중 하나인 MGM은 '사자의 포효'로 영화 오프닝 광고를 만들었다. 이 사진은 해당 장면 촬영 모습

할리우드 '8대 스튜디오' 중 하나인 워너브러더스. 그 창립자는 극장 경영으로 성공을 거둔 이민자였다.

Mayer's Inc.을 만들었다. 당시 유행한 "배급 시스템을 지배하는 자가 영화업계를 장악할 수 있다"라는 말이 설명해 주듯이, 영화 공급권을 장악하고 있던 배급업자가 실질적으로 영화 상영업을 통제하고 있었다. 배급사들은 소위 '일괄계약'block booking을 통해 영화를 강제적으로 판매하였다. 영화 상영업자는 배급사가 지정한 영화를 대량으로 구매해야 했는데, 그중에는 당연히 흥행성이 비교적 떨어지는 영화들도 포함되어 있었다.

1910년 이전까지, 특히 MPPC의 독점이 아직 무너지기 전까지, 영화사의 본사는 주로 뉴욕이나 뉴저지에 많이 세워졌고, 제작기지는 시카고와 필라델피아에 있었다. 그래서 동부 연안의 한랭한 기후로 인해 촬영에 자주 방해를 받았다. 에디슨의 특허권이 무너지고 연이어 독립 영화사들이 생겨나면서, 새로 만들어진 회사의 다수가 영화 스튜디오를 미국 서부 연안의 로스앤젤레스로 옮겨 갔다. 예를 들어 1915년 유니버설은 할리우드에 유니버설 스튜디오Universal City Studios를 만들어 캘리포니아의 바다, 사막, 언덕, 숲 등 다양한 배경을 이용하여 1년 내내 야외에서 촬영을 하였다. 8대 메이저 영화사가 성립된 후, 할리우드는 미국 영화 제작의 중심지가 되었다. 이 새로운 회사들은 모두 수직통합 경영 방식을 채택해 제작·배급·극장체인을 계열화하여, 제작 전문화, 스타 시스템, 감독과 제작자의 명확한 분업(전자는 영화 촬영을 책임지고, 후자는 전체 제작 과정을 주로 책임진다)을 특징으로 하는 '스튜디오 시스템'studio system을 만들기 시작하였다. 이렇게 유동작업 방식으로 대량의 시리즈 영화를 만들었다. 그리고 이들은 각기 대형 스튜디오를 확장함과 동시에 극장체인의 배급 시스템 또한 발전시켜, 미국에 거의 1만 5,000개에 달하는 영화관을 지배하게 되었으며 수많은 대형 1차 상영관도 장악할 수 있었다. 기타 소형 영화관이나 교외의 영화관들은 상영된 지 오래된 필름을 재개봉하는 영화관으로 전락하였다. 상술한 바와 같이, 할리우드는 산하의 극장체인 이외의 영화관에 대해서는

할리우드 '8대 스튜디오' 중 하나인 유니버설 스튜디오

'일괄계약' 제도를 채택했다. 파라마운트를 예로 들자면, 매년 배급하는 극영화가 100편에 달했는데, 만일 영화 상영업자가 흥행이 보증되는 영화를 상영하려면 흥행성이 떨어지는 다른 영화도 함께 상영해야만 했으며, 그렇지 않을 경우 영화를 제공받지 못하였다. 미국 전역의 영화관 수가 증가함에 따라 할리우드의 수직통합적 규모도 점차 커졌다.

할리우드 대형 스튜디오 시스템은 1920년대에 점차 자리를 잡았는데, 파라마운트, MGM, 퍼스트내셔널픽처스First National Pictures 세 개 회사는 '빅3'로 불렸다. 1930년대에 들어서 대형 스튜디오의 수가 증가해, 20세기폭스20th Century Fox Film Corporation, 워너브러더스 등이 경쟁 구도에 들어서면서 '빅5'가 된다. 1차 세계대전 이전까지, 미국 영화의 수익은 주로 국내 시장에서 나왔는데, 이러한 한계로 인해 영화 제작 예산을 늘리기 힘들

었다. 해외 시장에서는 영화를 저렴한
가격에 팔 수밖에 없었는데, 런던은 미
국 영화 국제 유통의 중심이었다. 전쟁
이 발발하자 유럽 영화 시장은 급속히
위축되었고, 유럽 국가 간의 장벽이 높
아지면서 영화 배급 범위도 제한되었다.
프랑스의 영화 제작은 거의 중단되다시
피 하였고 기술자들은 전선으로 보내졌
다. 파테프레르의 창고는 군수공장으로
바뀌고, 스튜디오 역시 군영으로 바뀌었
다. 할리우드 영화사들은 유럽의 전쟁을
기회로 삼아 해외 시장을 공략하기 시작
하였다. 유럽의 영화 생산이 부족한 상
황하에서 미국 영화 수출은 놀랄 만큼
증가하였다(〈표 1.5〉). 1916년에 이르자
미국 영화사는 런던이 배급을 대행하는
영화 수량은 줄이고, 자신의 영화를 직
접 판매하기 시작하였다. 또한 남아메리
카와 오스트레일리아, 멀리 동아시아에
도 배급사를 만들어 모든 영화 배급의
이익을 독점하고자 하였다. 시장의 변화
에 대응하여 1917년부터 할리우드 영화
사는 해외 시장을 염두에 두고서 제작
비를 계산하기 시작하였다. 1922년부터
1930년까지 투자 총액이 7,800만 달러

미국 영화가 독점하게 되자, 프랑스인들은 이를 심히 우
려하였다. 이 포스터는 다른 나라 영화가 프랑스로 들어
오는 것에 대한 프랑스인들의 불만을 보여 주고 있다.

1차 세계대전 기간 동안 유럽 영화 산업이 쇠락하자, 이
를 틈타 발전한 미국 영화는 이후 점차 전 세계를 장악
하였다.

〈표 1.5〉 독일·프랑스·영국에서 상영한 영화의 편수와 생산 국가(1926~1932)

상영 국가 \ 생산 국가 상영 연도와 편수(%)		미국	독일	프랑스	영국	총계
독일	1926	229 (44.5%)	202 (39.2%)	22 (4.3%)	2 (0.4%)	515
	1927	192 (36.9%)	241 (46.3%)	27 (5.2%)	2 (0.4%)	521
	1928	205 (39.4%)	221 (42.5%)	24 (4.6%)	15 (2.9%)	520
	1929	142 (33.3%)	192 (45.1%)	16 (3.8%)	17 (4.0%)	426
	1930	97 (31.8%)	151 (49.5%)	13 (4.3%)	9 (3.0%)	305
	1931	80 (28.0%)	148 (51.7%)	32 (11.2%)	3 (1.0%)	286
프랑스	1924	589 (85.0%)	20 (2.9%)	68 (9.8%)	-	693
	1925	577 (82.0%)	29 (4.1%)	73 (10.4%)	7 (1.0%)	704
	1926	444 (78.6%)	33 (5.8%)	55 (9.7%)	2 (0.4%)	565
	1927	368 (63.3%)	91 (15.7%)	74 (12.7%)	8 (1.4%)	581
	1928	313 (53.7%)	122 (20.9%)	94 (16.1%)	23 (3.9%)	583
	1929	211 (48.2%)	130 (29.7%)	52 (11.9%)	24 (5.5%)	438
	1930	237 (49.6%)	111 (23.2%)	94 (19.7%)	16 (3.3%)	478
	1931	220 (48.5%)	60 (13.2%)	139 (30.7%)	8 (1.8%)	453
	1932	208 (43.4%)	99 (20.7%)	140 (29.2%)	7 (1.5%)	479
영국	1926	620 (83.6%)	43 (5.8%)	24 (3.2%)	36 (4.9%)	742
	1927	723 (81.1%)	71 (8.0%)	34 (3.8%)	40 (4.5%)	892
	1928	558 (71.7%)	93 (12.0%)	24 (3.1%)	95 (12.2%)	778
	1929	495 (74.7%)	60 (9.0%)	16 (2.4%)	87 (13.1%)	663
	1930	519 (69.5%)	49 (6.6%)	22 (2.9%)	142 (19.0%)	747
	1931	470 (72.6%)	16 (2.5%)	10 (1.5%)	139 (21.5%)	647
	1932	449 (70.0%)	18 (2.8%)	7 (1.1%)	153 (239%)	641

출처 : Andrew Higson and Richard Maltby, *Film Europe and Film America*, Devon: University of Exeter Press, 1999, p.64.

에서 8억 5,000만 달러로 급증한다.[5] 이렇게 제작·배급·상영 세 가지 과정을 모두 포괄하는 경영 방식은 바로 시장을 독점하는 가장 효과적인 수단이었다(〈표 1.6〉).

1930년부터, 빅5(MGM, 워너브러더스, RKO^Radio-Keith-Orpheum Pictures, 파라마운트, 폭스)와 리틀3(컬럼비아^Columbia Pictures, 유니버설, 유나이티드 아티스트^United Artists Corporation)가 미국의 영화 산업을 독점하였다. 빅5는

〈표 1.6〉 할리우드 '8대 스튜디오'의 수직통합

	빅5					리틀3		
	MGM	워너 브러더스	RKO	파라마운트	폭스	유나이티드 아티스트	컬럼비아	유니버설
제작	O	O	O	O	O		O	O
배급	O	O	O	O	O	O	O	O
상영	O	O	O	O	O	O		

※ O 표시는 해당 업무에 참여했음을 나타낸다.

자사의 스튜디오, 전국적 배급망을 소유한 것 외에도, 최적의 위치에 자리한 3,000여 개의 영화관도 장악하고 있었다. A급 대작 영화의 제작만 놓고 보더라도 빅5 스튜디오가 전미 영화 제작량의 75%를 차지하고 있었다. 1930년대 초의 파라마운트 퍼블릭스Paramount-Publix사를 예로 들자면, 영화 제작과 배급 외에도 1,210개의 영화관을 소유하였는데, 결국 이러한 경영 수단이 독점행위로 고발되면서 법정에 서게 된다.

할리우드 영화 산업의 확장은 또한 감독과 스타 시스템의 탄생을 촉진한다. 미국 영화의 맹아기에는 영화업계에서 보수가 가장 높은 사람은 배우가 아닌 촬영기사(당시에는 아직 영화감독이라는 명칭이 없었다)였다. 촬영기사 중심의 체제하에서 그들은 각지를 돌아다니며 기이한 풍속들을 찍었고, 또한 새롭고 흥미를 끌 만한 일들을 주제로 단편영화를 만들었는데, 제재와 기후의 한계 때문에 영화의 공급, 장르, 길이가 모두 일정치 않았다. 하지만 각지에 '5센트 극장'이 급속도로 퍼지게 되면서, 영화 상영업자가 영화 공급업자에게 일정한 길이의 영화를 정해진 시기에 정해진 양만큼 공급해 줄 것을 요구하였다. 그래서 영화의 길이와 공급을 일정하게 만들고자 영화 제작업자는 스튜디오를 만들고 극장의 분업 제도(감독, 배우, 무대감독, 각본가)를 영화 산업으로 옮겨 왔다. 스튜디오에서의 영화 제작 작업에 배우를 고용하여 극영화를 촬영하였지만, 당시 영화에는 극중 배우의 이름조차 올려 주지 않았다. 하지만 무성영화 시대가 되면서 감독의 위

할리우드 대형 스튜디오 내에서 그리피스(D. W. Griffith) 감독이 확성기를 들고 각 팀을 지휘하여, 전체 신(scene)을 조정하며 촬영 작업을 진행하는 모습

상은 높아졌다. 영화의 흥행성을 높이고 스튜디오의 대중적 이미지를 부각시키기 위해, 배우의 지위 역시 은막 위의 스타로 제고되면서, 촬영기사가 주도하던 과거의 영화 시스템은 신속히 사라졌다. 막 새롭게 생겨난 할리우드 스타 시스템은 아래의 몇 가지 특징을 지닌다. ① 모든 스타 배우는 각 영화사에 소속되어 있었다. ② 스타의 스크린 속 이미지가 종종 영화의 배역을 좌우하곤 하였다. ③ 영화사는 각기 다른 스타 배우와 배역의 조합을 통해 제작비와 흥행 수익 등을 예상할 수 있었다. 영화 산업은 영화를 만드는 것 외에도 스타를 만들어 내는 것을 중시하기 시작하였고, 스타는 점차 영화 흥행의 주요 요소가 되어 갔다.

3. 독립 제작자 시스템의 확립

할리우드 대형 스튜디오 시스템 쇠락의 전환점은 '파라마운트 사건' Paramount Case이었다. 1938년 미국 정부는 반독점법을 가지고 파라마운트를 필두로 한 8대 스튜디오를 기소한다. 무수한 증언 청취와 변론을 거쳐, 최고법원은 결국 1947년 파라마운트에 반독점법 위반죄가 성립된다고 판결하였는데, 판결문에는 아래 네 가지 내용이 담겨 있었다. ① 영화를 배급할 때 매 영화마다 각각 독립적인 계약을 맺고, 영화관과 계약 조건을 협상해야 한다. ② 빅5 스튜디오의 영화 제작과 배급 시스템을 시장 판매(극장체인) 부문과 분리해야 한다. ③ 영화관 간에 체인 관계를 만들 수 없다. ④ 원래의 '수직통합' 기업의 출자자가 분리 이후의 새로운 회사를 계속해서 통제하는 것을 금한다.

이러한 판결은 다른 할리우드 영화 스튜디오에도 영향을 미쳐 극장체인 사업이 분리되도록 만들었다. 극장체인의 통제권을 잃은 것에 대한 보상을 위해, 할리우드 영화 스튜디오는 배급 부분을 강화하여 더욱 치밀한 배급망을 만든다. 파라마운트 사건은 1947년에 판결이 났지만, 빅5 스튜디오는 1959년에 이르러서야 비로소 판결에 따라 산하 영화관을 분리하기 시작하였다. 1954년까지도 빅5와 리틀3, 그리고 다른 두 배급사인 AAPC Allied Artists Pictures Corporation와 리퍼블릭픽처스Republic Pictures Corporation의 시장 점유율은 여전히 95%에 달했다. 주목할 만한 것은 파라마운트 사건이 영화사의 영화관 직접 경영을 저지하는 데에 그쳤을 뿐, 8대 스튜디오가 배급 시스템을 통제하는 것까지 막지는 못했다는 점이다.

파라마운트 사건 발생 이후, 8대 스튜디오의 제작 방침에는 명백한 변화가 보인다. '일괄계약' 제도가 없어지면서 매년 전국적으로 배급되는 영화 편수는 30편 정도로 감소했고, 시장이 요구하는 영화 편수가 줄어들면서 대형 스튜디오마저도 B급 영화를 상영할 기회를 잃게 되었다. 유동작업으로 영화를 생산하던 기존의 방식은 시장의 요구에 적합하지 않게 되었고, 또한 스튜디오가 길러 냈던 대량의 전문 인력(예를 들면, 코디네이터, 소품 담당, 시나리오 작가, 감독, 배우) 역시 경제적 효율에 맞지 않게 되었다. 시대의 흐름에 맞추어 8대 스튜디오는 '독립 제작자' 시스템을 속속 도입하였으며, 이를 통해 스튜디오 제작의 방대한 지출을 줄였다. 사실 영화 산업

〈표 1.7〉 미국 영화 제작의 지출 항목

포스트 프로덕션	편집, 사운드트랙 녹음, 자막, 프린트, 특수효과, 더빙
주요 촬영·제작	배우, 감독, 제작, 음향, 의상, 세트장치, 촬영장 작업
프리 프로덕션 (pre-production)	시나리오, 배경 설계, 배우 캐스팅, 스태프 캐스팅, 의상·분장 디자인, 촬영장 선택, 예산 책정
스토리 판권 취득	콘셉트, 원작 도서, 시나리오

출처 : Harold L. Vogel, *Entertainment Industry Economics, A Guide for Financial Analysis*, fourth edition, Cambridge: Cambridge University Press, 1998, p.74.

이 맨 처음 대형 스튜디오 시스템으로 진입하던 시기에 이미 '제작자 시스템'의 원형이 나타났다. 하지만 1947년 파라마운트 사건의 판결이 난 이후 비로소 제작자producer의 역할이 부각될 수 있었다. 제작자는 투자자(스튜디오 측)가 초빙한 책임자로서, 투자자가 제작 원가를 줄이도록 돕고, 영화 제작을 진도에 맞춰 완성할 수 있도록 보장하며, 예산을 너무 초과해서 쓰지 못하도록 통제하였다. 제작자의 지휘 아래, 세 가지의 새로운 직업이 생겨났다. 공동 프로듀서co-producer, 프로덕션 매니저production manager, 라인 프로듀서line producer가 그것인데, 이들은 예산 분석, 지출 통제, 촬영지 섭외 등과 같은 실제 제작 업무를 분담하였다(〈표 1.7〉). 이러한 시스템의 영향으로 감독의 지위는 크게 추락하게 된다. 1960년대에 이르러서 유럽 예술영화가 흥행에 성공하게 되면서, 비로소 감독의 지위는 다시 천천히 회복되게 된다. 하지만 영화 제작비가 점차 상승함에 따라 제작자 시스템이 할리우드의 주류로 자리 잡게 되자, 제작자가 다시 영화 제작을 주도하게 되었고, 감독은 또다시 그 빛을 잃고 말았다. 다른 한편, 독립 제작자도 종종 직접 팀을 꾸려 영화사와 합작으로 영화를 찍어 그 완성품을 배급하도록 영화사에 맡겼다. 1949년에는 이러한 방식으로 촬영한 미국 영화가 그해 배급된 234편의 영화 중 20%를 차지했을 뿐이지만, 1957년에 이르자 그 비율은 58%까지 상승하여 291편의 영화 중 170편을 차지하였다. 독립 제작자 시스템이 유행하였음은 이를 통해서도 알 수 있다.

4. 새로운 상영 창구

1940년대는 미국 영화 산업에 파란이 가장 많았던 시기였다. 반독점의 한 파 이외에도 영화 산업 최대의 강적인 상업적 TV 방송 또한 1946년에 등장하여, 영화가 반세기 동안 누려 온 패권에 도전하였다. 1947년부터 10년 연속 영화 관객은 줄어든다. 1950년대에는 TV가 가정에 정식으로 보급되었는데, 이것이 영화 산업에 가져온 막대한 충격으로 미국 대형 스튜디오 시스템은 급속히 붕괴되었다. 하지만 1970년대에 들어서면서 영화 산업계는 오히려 제2창구로서의 TV의 중요성을 인식하게 된다. 1980년대에 영화는 멀티미디어 시장과 보다 긴밀히 결합함으로써 자본 회수의 경로를 확장하였다. 한 편의 영화는 대부분 영화관을 출발점으로 하여, 다시 멀티미디어 시장으로 들어가 VCD, DVD, 게임기, 음악, 만화, TV 드라마 등으로 전환되어 이들 채널을 통해 이윤을 도모하게 된다. 1970년대 이전까지 미국 영화의 해외 시장은 주로 유럽이었지만, 1980년대부터는 자본의 우세 속에, TV, 장난감, 비디오테이프와 결합하여 전 지구적 차원에서 상품을 판매하기 시작하였다. 영화 제작비가 급등하자 대형 영화사는 제작 편수를 줄여, 막대한 제작비가 들어간 소수의 대형 영화에 자금을 집중함으로써 TV 드라마 시장과 차별화하기 시작하였다. '블록버스터'blockbuster가 영화 시장의 주류가 되고, 영화의 배급과 홍보비가 점차 상승하자, 소형 영화사는 시장에 발붙이기가 힘들어졌다. 1990년대에 들어서 각 영화의 평균 제작비가 2,600만 달러에 이르고 전국 영화관의 총 상영 비용 또한 1,200만 달러에 달하였다. 거기에 이자와 영화관 운영 비용을 더하게 되면, 한 편의 영화가 자본을 회수하려면 매표수익과 비디오 시장에서 최소한 4,000만 달러 이상을 벌어들여야만 했다. 이 놀랄 만한 비용은 영화 산업을 바꾸어 놓아, 할리우드에서는 '블록버스터'를 선호하게 되었다. 제작비 회수를 보장하기 위하여 투자자는 더욱 보수화되었고 영화 역시 더욱 정형화되었다. 하지만

위에서부터 각각 20세기폭스, 파라마운트,
MGM, RKO, 워너브러더스의 로고

영화 투자 수익률은 오히려 이전에 훨씬 못 미쳤다. 1960년대 할리우드 영화의 중간이윤율은 약 30~50% 정도였지만 1980년대에 이르면 제작비의 급등으로 중간이윤율이 0~20%로 떨어졌다. 영화 산업은 이제 더 이상 소형 독립 영화사가 쉽게 끼어들 수 있는 게임이 아니었다.[6]

위와 같이 불리한 상황에서, 영화사는 살아남기 위해 계속해서 분산 투자diversification와 자본 통합conglomeration을 시도했다. 영화소설, 영화음악 CD, 비디오테이프, 케이블TV, 테마파크, 스튜디오 관람 등 영화 한 편을 위해 다층화된 제작비 회수 경로를 만들어 거기서 이윤을 얻어 냈다. 예를 들어 1990년대에는 영화 총수입의 40%가 비디오라는 '2차' 시장을 통해서 얻어진 것이었다. 1980년대부터 유행한 멀티플렉스 영화관과 대형 쇼핑몰의 결합은 할리우드가 멀티미디어 시장(VCD, DVD, 디지털 게임, 음악, 만화, TV드라마, 가정용 비디오테이프 등)과 결합한 성공적인 사례였다. 이러한 미디어업계와의 결합은 또한 기업의 합병에도 반영되었는데, 유명한 사례는 1989년 소니Sony그룹이 컬럼비아를 합병한 것과 1990년 마쓰시타松下; Matsushita가 MCAThe Music Corporation of America/유니버설을 합병한 것이다. 성공적인 합병은 모기업에 영화 산업으로의 문호를 열어주었을 뿐만 아니라, 합병한 컬럼비아나 MCA/유

〈표 1.8〉 미국 주요 영화사 필름 라이브러리 소장 편수(1997년까지)

주요 필름 라이브러리	소장 편수(추정)
소니	2,400
디즈니	600
파라마운트	950
20세기폭스	2,000
MGM	1,800
유니버설	3,200
워너브러더스	4,500
총계	15,450

출처: Harold L. Vogel, *Entertainment Industry Economics, A Guide for Financial Analysis*, fourth edition, Cambridge: Cambridge University Press, 1998, p.58.

니버설의 영화 필름 라이브러리film library 자체만으로도 귀중한 자산이 되었다. 그리고 영화 판권의 보유는 바로 멀티미디어 시장을 여는 열쇠였다. 또한 자신의 영화 제작사를 소유하는 것은 VCD, DVD, 위성TV, 인터넷 시장을 발전시키는 데도 필수적인 자산이었다(〈표 1.8〉). 1999년, 워너와 타임의 합병 역시 세기의 사건이었는데, 합병 후 만들어진 거대한 엔터테인먼트 왕국 '타임워너'Time Warner는 영화, TV, 음반, 서적, 잡지 등 여러 종류의 매체를 포괄하였다. 1990년대의 할리우드 영화 산업은 이미 하나의 글로벌 산업 시스템으로서, 천문학적 액수의 이윤을 벌어들이게 되었다.[7]

3장 / 홍콩 영화·TV 산업 100년

유럽과 미국 영화 산업의 발전 경험(특히 영화 상영업자의 주도적 역할)은 우리가 참고할 만하다. 제작·배급·상영 세 분야에서의 경쟁이라는 측면에서 홍콩 영화 역시 매우 격렬한 합종연횡의 양상을 보여 주었다. 이에 대해 서술하기에 앞서, 먼저 홍콩 영화 산업의 현황에 관하여 자세히 살펴보자.

1990년대까지 영화 제작량 면에서 홍콩은 각각 세계 1, 2위의 영화 생산 대국인 미국과 인도에 뒤이어 3위를 차지하고 있었다. 하지만 인도가 만드는 영화의 대부분은 내수가 주를 이루고 있었고, 또한 수출 성적은 홍콩에 크게 뒤진다는 점에서 보자면, 홍콩이 사실상 세계 2위의 영화 수출국이었다(〈표 1.9〉). 1990년대 초, 홍콩은 매년 평균 100여 편의 영화를 만들었고, 이는 매년 홍콩에 1억 홍콩달러가 넘는 수익을 가져다주었다(〈표 1.10〉). 홍콩은 지역이 협소하고 시장에 한계가 있기 때문에 매표수입만으로는 사실 방대한 영화 제작 비용을 충당하기 힘들다(〈표 1.11〉). TV프로그램의 경우, 그 녹화 상품은 대부분 해외의 화인華人[1] 시장에 수출하는데, 중

---

1 '화인'이라는 단어는 중국 국적을 지닌 중국인은 물론, 다른 나라로 이주해 간 화교(華僑) 또는 그들의 후예도 포함하여 가리키는 화예(華裔)에 이르기까지 모두를 포괄하는 가장 광범위한 개념으로, 주로 한족(漢族)을 중심으로 하는 '중화민족' 전체를 가리키는 통칭으로 사용되고 있다.

〈표 1.9〉 홍콩 영화 주요 수출 시장의 변화

연도	국가 및 지역				
1954	대만 (29.5%)	말레이시아 (22.8%)	미국 (11.4%)	태국 (8.3%)	인도네시아 (7.3%)
1956	말레이시아 (28.6%)	인도차이나반도 (19.1%)	대만 (19.7%)	태국 (7.9%)	미국 (7.6%)
1958	대만 (20.5%)	영국 (20.3%)	말레이시아 (14.5%)	태국 (9.3%)	미국 (5.9%)
1960	말레이시아 (22.6%)	태국 (20.9%)	영국 (18.6%)	미국 (13.2%)	일본 (4.1%)
1962	영국 (29.6%)	태국 (17.1%)	말레이시아 (16.3%)	미국 (10.1%)	일본 (7.5%)
1964	싱가포르 (27.7%)	태국 (26.3%)	미국 (16.2%)	일본 (11.5%)	대만 (6.7%)
1966	미국 (24.8%)	일본 (23.6%)	싱가포르 (21.8%)	태국 (12.4%)	대만 (7.5%)
1968	싱가포르 (24.2%)	미국 (18.5%)	인도네시아 (12.9%)	태국 (12.5%)	대만 (11.9%)
1970	싱가포르 (27.4%)	대만 (17.2%)	미국 (15.9%)	태국 (10.0%)	인도네시아 (9.3%)
1972	싱가포르 (23%)	베트남 (13%)	크메르 (12.4%) [현 캄보디아]	대만 (8.2%)	미국 (8%)
1974	인도네시아 (14.8%)	말레이시아 (8.4%)	베트남 (7.8%)	미국 (7.5%)	싱가포르 (7.5%)
1976	인도네시아 (17.3%)	말레이시아 (11%)	미국 (10.9%)	싱가포르 (10.1%)	대만 (6.9%)
1978	싱가포르 (13.9%)	말레이시아 (12.9%)	인도네시아 (12.8%)	대만 (8.6%)	나이지리아 (5.2%)
1980	인도네시아 (21%)	말레이시아 (12%)	대만 (10%)	싱가포르 (8.6%)	태국 (8.2%)
1982	인도네시아 (22.7%)	대만 (10.6%)	미국 (9.5%)	말레이시아 (8.7%)	싱가포르 (8.3%)
1984	대만 (21.9%)	인도네시아 (15.9%)	말레이시아 (8.2%)	싱가포르 (9.3%)	태국 (7.5%)
1986	대만 (28.7%)	인도네시아 (21.4%)	말레이시아 (11%)	싱가포르 (10.3%)	미국 (5.2%)
1988	대만 (24.9%)	인도네시아 (13%)	한국 (10.3%)	말레이시아 (9.1%)	싱가포르 (6.3%)
1990	대만 (33.7%)	한국 (12.8%)	인도네시아 (11.7%)	싱가포르 (9.7%)	태국 (8.9%)
1992	대만 (36%)	한국 (11.5%)	말레이시아 (7.8%)	싱가포르 (7.8%)	인도네시아 (7.4%)
1994	대만 (32.5%)	말레이시아 (15%)	싱가포르 (10.8%)	인도네시아 (10.5%)	한국 (9.3%)
1995	대만 (29.9%)	말레이시아 (18.6%)	싱가포르 (9.5%)	인도네시아 (9.1%)	한국 (6.3%)

출처: 梁麗娟·陳韜丈, 「海外市場與香港電影發展關系(1950~1995)」, 『光影繽紛五十年』, 香港: 香港市政局, 1997,
142쪽.

(단위 : 백만 홍콩달러)

연도	수입 총액	수출 총액	거래 국가 및 지역 수	연도	수입 총액	수출 총액	거래 국가 및 지역 수
1932	1.59	1.81	9	1971	21.15	17.08	46
1933	1.27	1.38	11	1972	20.67	23.38	50
1934	1.39	1.40	8	1973	19.74	46.66	71
1935	1.07	1.05	11	1974	20.01	52.79	85
1936	0.86	1.06	12	1975	22.91	35.34	86
1937	0.94	1.32	12	1976	26.94	34.31	70
1952	2.93	3.24	-	1977	21.95	39.69	77
1953	4.65	4.18	21	1978	29.25	50.86	69
1954	4.72	6.68	26	1979	28.93	60.84	79
1955	7.50	7.19	31	1980	33.29	76.03	90
1956	3.98	8.62	26	1981	34.20	85.14	90
1957	4.85	9.22	31	1982	36.23	83.50	68
1958	8.64	10.84	36	1983	43.75	78.68	83
1959	6.99	6.18	-	1984	42.73	62.24	77
1960	5.63	5.25	29	1985	33.44	51.33	68
1961	7.92	5.10	28	1986	40.32	54.49	65
1962	12.71	18.35	26	1987	50.15	57.37	65
1963	10.26	7.70	25	1988	52.54	83.99	61
1964	8.75	6.61	24	1989	45.51	123.14	51
1965	9.01	5.99	21	1990	41.84	102.91	49
1966	7.62	3.71	20	1991	29.59	104.82	39
1967	14.37	7.14	20	1992	34.20	108.50	38
1968	10.94	9.16	26	1993	33.43	117.20	45
1969	10.09	12.59	29	1994	28.47	82.39	35
1970	11.76	10.25	24	1995	29.36	68.79	26

출처: 梁麗娟·陳範丈, 「海外市場與香港電影發展關系(1950~1995)」, 『光影繽紛五十年』, 香港: 香港市政局, 1997, 141쪽.

개 판매 모델은 주로 세 종류이다. ① 프로그램의 비디오 시장 출시, ② 타 TV 방송국의 대행을 통한 방송, ③ 위성 전송을 이용한 방송. 적지 않은 미국 TV 방송 제작사가 중국 대륙의 거대한 TV프로그램 시장을 노리고서, 아시아에 진출하여 TV프로그램을 제작하기도 한다.

　전 세계 영화 시장을 살펴보면, 1990년대에는 세계 3대 필름 마켓film

(단위: 백만 홍콩달러)

연도 \ 매표수입	홍콩 현지 영화	홍콩 외국어 영화	해외 홍콩 영화
1990	936	468	1,404
1991	994	294	1,491
1992	1,240	312	1,860
1993	1,133	406	1,699
1994	957	427	1,435
1995	776	563	1,164
1996	659	563	435
1997	548	608	329
1998	422	544	252
1999	353	523	자료 미상
2000	383	531	자료 미상

출처: 香港電影工作者協會·香港政府統計處, *The North American Market for Hong Kong Films*, Hong Kong: Hong Kong Trade Development Council, 2000, p.10.

market으로 로스앤젤레스, 칸, 밀라노를 꼽았다. 아시아의 경우, 한국 부산 국제영화제 이외에도 홍콩국제필름마켓香港國際影視展; Hong Kong International Film & TV Market이 있다. 아시아 영화 판매 중심으로서 홍콩의 지위를 공고히 하고자 홍콩무역발전국香港貿易發展局; Hong Kong Trade Development Council 이 1996년부터 홍콩영화제작배급협회香港電影製作發行協會; Movie Producers & Distributors Association of Hong Kong와 연합하여 매년 한 차례씩 개최하고 있는 홍콩국제필름마켓은, 홍콩과 아시아의 영화·TV 작품의 출품을 통해 국제적 배급 사업을 강화하는 것을 목적으로 한다. 관계자 추산에 따르면 홍콩 전체 인구 중 약 7%가 직간접적으로 영화·TV 산업과 관련이 있으며, 관련 업계의 주요 단체로는 홍콩영화산업협회香港影業協會; Hong Kong Motion Picture Industry Association, 홍콩영화감독협회香港電影導演協會; Hong Kong Film Directors' Guild, 홍콩극장주협회香港戲院商會, 홍콩연예인협회香港演藝人協會; Hong Kong Performing Artistes Guild, 홍콩영화시나리오작가협회香港電影編劇家協會; Hong Kong Screenwriters' Guild, 홍콩액션배우노조香港動作特技演員公會, 홍

(생산 총액 단위 : 백만 홍콩달러)

	1991	1992	1993	1994	1995	1996	1997	1998	1999	2000	2001
기구 수	1,023	1,057	1,155	1,301	1,301	1,168	1,141	991	1,100	1,112	1,130
	-36.5%	3.3%	9.3%	12.6%	0%	-10.2%	-2.3%	-13.1%	11.0%	1.1%	1.6%
종사자 수	7,025	6,428	7,090	5,851	6,062	6,406	5,491	5,129	5,248	5,535	6,101
	-22.5%	-8.5%	10.3%	-17.55%	3.65%	5.7%	-14.3%	-6.6%	2.3%	5.5%	10.2%
생산 총액	3,898	4,487	5,301	6,235	4,853	4,921	4,815	4,347	4,287	5,560	N.A.
	12.7%	15.1%	18.1%	17.6%	-22.2%	1.4%	-2.2%	-9.7%	-1.4%	29.7%	N.A.

출처 : 香港政府統計處

콩영화제작배급협회, 홍콩영화금상장협회香港電影金像獎協會; Hong Kong Film Awards Association, 화남영화인연합회華南電影工作者聯合會; South China Film Industry Workers Union, 홍콩프로촬영기사협회香港專業攝影師協會, 홍콩영화제작협회香港電影製片協會, 홍콩영화편집자협회香港電影剪輯協會; Society of Film Editors(HK), 홍콩영화프로듀서협회香港電影製片家協會, 홍콩비디오산업협회香港錄影業協會; Hong Kong Video Industry Association, 홍콩영화미술학회香港電影美術學會; Hong Kong Film Arts Association, 홍콩영화연극총회香港電影戲劇總會; Hong Kong Cinema & Theatrical Enterprises Association의 16개 조직이 있다. 위에서도 볼 수 있듯이, 홍콩에서의 영화·TV 산업의 경제적·문화적 영향력에는 의심의 여지가 없다(〈표 1.12〉).

그렇다면 과연 찬란한 동방의 할리우드, 홍콩은 어떻게 만들어진 걸까?

1. 극장과 영화의 만남

홍콩 영화의 제작·배급·상영 시스템의 결합은 1920년대에 이르러서야 비로소 서서히 성립되기 시작하였고, 더욱이 TV의 발전은 1960년대에 와서야 이루어졌다.

1867년 설립된 동경극장(同慶戲園). 원 안은 홍콩의 첫번째 극장이 되었다. 원래 월극(粤劇) 공연을 위주로 하였으나, 20세기 초 영화가 전래된 이후 영화관으로 바뀌었다.

홍콩 영화의 발전 초기, 배우들과 스태프들은 대부분 연극계에서 온 사람들이었다. 이 사진 가운데 「유자매」(乳姉妹)에서 여자 배역을 맡았던 구양여천(歐陽予倩, 왼쪽에서 두번째)은 홍콩 광동어 영화계의 비조이다. 그는 원로 영화인 노돈(盧敦), 오회(吳回), 이신풍(李晨風)의 스승이기도 하다.

이 책의 1부과 2부에서 살펴보게 되겠지만, 19세기 말 영화가 홍콩에 들어왔을 당시, 극장주院商와 영화 제작자片主 사이의 합작 관계는 아직 매우 불안정했다. 당시 이희신利希愼, 노근盧根, 나명우羅明佑 등 소수의 화상華商이 영화 상영용 극장을 지었고, 영화 필름은 미국과 프랑스에서 들여왔다. 유럽과 미국으로부터의 영화 공급은 안정적이었기 때문에 홍콩 현지의 영화 제작에 기댈 필요가 없었다. 화인 극장주 역시 현지의 영화 제작에 투자하여 상영권을 획득하는 데는 별 관심을 보이지 않았다. 초기의 영화 제작은 대부분 양소파梁少坡, 여민위黎民偉 등과 같은 아마추어 영화인에 의해 추진되었지만, 이들의 작품은 안정적인 '상영 창구'나 '판매 창구'가 없었기 때문에 제작비를 회수할 방법이 없었다. 화인 극장주와 화인 영화 제작자의 합작 관계는 유럽에 1차 세계대전이 발발한 이후에야 출현하게 되었다. 세계대전은 유럽으로부터의 영화 공급을 감소시켰기 때문에, 홍콩 영화 상

2차 세계대전 이전에는 상해의 영화 산업이 홍콩보다 훨씬 더 발전하여, 극장과 영화세트장이 즐비하였다. 사진은 남경대극장(南京大戲院)

영화 기술이 중국에 전해진 후, 상해와 홍콩 두 도시는 중국 영화의 중심으로 변화하였다. 사진은 아시아영화사(亞細亞影戲公司)가 1913년 세트장에서 영화를 촬영하던 모습

영업자는 미국이 공급해 주는 영화에만 의존하게 되었다. 하지만 1920년 대에 미국 영화 제작의 중심지가 동부 연안의 뉴욕에서 서부 연안의 할리우드로 옮겨 간 이후, 할리우드의 8대 영화사가 차츰 전문화되면서 원래 극장주에게 넘겨주었던 영화 배급권을 다시 회수하게 되었다. 이로 인해 중개자로서의 극장주의 역할이 퇴색되었고, 영화관의 수익도 줄어들게 되었다. 중국에서는 극장주가 다른 영화 공급원을 찾아야 할 필요성을 깨닫게 되자, 자금을 대 주어 홍콩 현지의 영화 제작을 지원하고, 이를 통해 영화 상영권과 배급권을 확보하기 시작하였다. 극장주와 제작자의 합작 관계는 이로부터 만들어지게 되었다. 영화가 중국에 전해진 이래로, 상해와 홍콩 두 지역을 중심으로 발전하였는데, 상해가 당시 중국 영화 제작의 중심지였다고 한다면, 홍콩은 제2의 중심지였다.

2. 정치와 상업의 갈등

3부에서 서술하고 있듯이, 1937년 이후 중국 영화의 중심지가 상해에서 홍콩으로 옮겨 가면서, 남하한 영화인들이 표준어 영화國語片[2]의 제작과 상영업에 적극적으로 뛰어들었다. 하지만 1949년 이후 홍콩에서 제작된 많은 표준어 영화는 광대한 대륙 시장을 상실하였다. 그리고 홍콩의 표준어 영화 산업은 좌파와 우파의 정치적 대립에 제약을 받게 된 데다, 또한 표준어

---

2 방언의 차이가 극심한 중국어는 중화민국의 성립 이후로 북방에서 관료들이 사용하는 관화(官話)를 그 표준어로 삼았는데, 원서에서는 이를 가리키는 말로 '국어'(國語)라는 표현을 사용하고 있다. 이는 주로 국민당 정부에 의해 사용되었던 표현인 반면, 공산당 통치하의 대륙에서는 표준어를 의미하는 표현으로 주로 '보통화'(普通話)라는 말을 사용하고 있다. 이 책에서는 그 의미에 맞게 중국어의 표준어로 제작된 영화를 '표준어 영화'로 칭하기로 한다. 중국에서는 각 지역의 방언을 가리키는 명칭이 통일되어 있지 않은 상황인데, 여기서는 편의상 각 방언의 명칭은 국내의 중국 언어학에서 사용하는 중국어 방언의 공식 명칭을 사용하였다. 그리고 본문에서 모든 방언을 포함하는 중국어 전체를 가리키는 말인 '華語'는 '중국어'로 번역하였다.

1930년대에 유성영화가 들어온 후, 중국 영화계에서는 두 도시 간의 경쟁이 심해졌다. 상해는 표준어 영화 제작의 중심이 되었고, 홍콩은 광동어 영화의 제작기지가 되었다. 적지 않은 월극 예술인들이 광동어 영화 촬영에 투입되었다. 사진은 남방의 연예인 엽인보(葉仁甫)와 하대사(何大傻)가 출연한 광동어 영화 「대사출성」(大傻出城)의 한 장면

전후 홍콩에서는 광동어 영화 제작이 왕성하였다. 그중에서도 대표작으로는 남방 광동의 정취가 가득한 「황비
홍」 시리즈를 꼽을 수 있다.

와 광동어[월^粵방언]라는 장벽에 부딪혀 곤란을 겪었다. '봉황'^{鳳凰}, '장성'^長
^城, '신련'^{新聯} 등 좌파 회사와 '대중화'^{大中華}, '영화'^{永華} 등 우파 회사 사이에
는 커다란 장벽이 놓여 있었다. 1950년대부터는 홍콩 영화 시장에 유입된
싱가포르·말레이시아^{星馬3} 자금이 후원한 광동어 영화^{粵語片}가 점점 흥기하
기 시작하였다.

3. 싱가포르·말레이시아 자금의 상륙

4부에서 서술하듯이, 2차 세계대전 이후 동남아 경제가 풍요로워지면서 싱
가포르·말레이시아 화교 사회의 광동어 영화에 대한 수요가 급증하였고,

---

3 '星馬'는 홍콩 사람들이 싱가포르(星加坡)와 말레이시아(馬來西亞)를 묶어 부르는 명칭으로, 중국
대륙에서는 싱가포르를 '新加坡'라고 하기 때문에 '新馬'라 부르지만 여기서는 일단 홍콩식 표현
으로 표기했다.

싱가포르·말레이시아는 중국 대륙을 대신하여 홍콩 영화의 최대 시장이 되었다. 특히 1950~1960년대의 광동어 영화계에서는 싱가포르·말레이시아 지역에 대한 '선매수금'賣片花[4]이 유행하였다. 영화를 찍기 전에 영화 제작자는 영화 제목과 캐스트Cast; 卡士[배우 및 스태프 명단]만으로 싱가포르·말레이시아에 판권을 먼저 팔 수 있었다. 선매수금의 영향으로 광동어 영화 산업계에서는 적은 자본으로 대량 생산하는 것이 유행하여, 연간 생산량이 200여 편에 이르렀다. 하지만 그 활황의 배후에는 광동어 영화 산업의 구조적 위기가 잠복해 있었다. 싱가포르·말레이시아 자본이 충분하던 시기에는 무수한 소규모 'B급 영화 스튜디오'山寨廠[5]가 대량으로 등장하여, 게릴라 전술과 적은 자본으로 빨리 찍고 빨리 승부를 보려 하였다. 하지만 1960년대 말 동남아 민족운동[6]이 일어나 선매수금이 급속히 사라지게 되면서, 홍콩 영화는 역사적 퇴조기로 접어들게 되었다.

이와 동시에 홍콩의 TV 방송은 오히려 급속한 성장을 맞이하였는데, 이는 홍콩 영화인들에게 도광양회韜光養晦[7]의 기회를 제공해 주었다. 1957년 영국계 케이블 방송사 홍콩 리디퓨전Rediffusion (Hong Kong) Limited; 麗的呼聲

4 '賣片花'는 영화 제작자가 제작에 들어가기 전에 계약금 조로 미리 극장주나 배급상으로부터 받는 선매수금을 가리키는데, 이는 영화 작업 초기의 제작비로 쓰였다고 한다.
5 중국에서 원래 '山寨'(산채, 산자이)는 산속에 있는 방책으로 둘러싸인 성채나 도둑의 소굴을 의미하는 단어였지만, 최근에는 '짝퉁', 즉 정품 브랜드 상품(특히 전자제품)의 모조품이나 문화 상품의 해적판을 가리키는 말로 사용되고 있다. 이 책에서 '山寨廠'(산채 영화 스튜디오)라는 용어는 그러한 모조품 스튜디오라기보다는 저자본에 소규모로 저급한 영화를 생산하는 영화 스튜디오를 가리키는 의미로 사용되고 있다. 때문에 여기서는 그런 저급한 영화를 가리키는 의미로 흔히 사용되는 'B급'이라는 용어를 차용하여 'B급 영화 스튜디오'라 번역하였다.
6 1965년 베트남전쟁의 발발과 싱가포르의 말레이시아 연방으로부터의 독립, 그리고 인도네시아에서의 수하르토 군부 정권의 탄생, 1967년 동남아시아국가연합(ASEAN)의 발족과 홍콩에서의 반영(反英)폭동 등에 이르기까지, 1960년대에 들어서면서 동남아시아 지역에는 다양한 형태의 민족주의 운동이 일어났다. 이 같은 움직임은 국민국가들 사이에 경계가 강화되는 한편 일국 내에서 주류 민족을 중심으로 한 동화 정책이 강화되도록 만들었으며, 이와 함께 미국이나 영국과 같은 서방 열강의 질서하에서 유지될 수 있었던 인구와 자본의 이동이 일정 정도 국민국가에 의해 통제·제한되는 결과를 가져왔다.
7 자신의 재능이나 명성을 드러내지 않고 때를 기다린다는 뜻.

리디퓨전의 출현은 홍콩 TV 방송 산업의 탄생을 의미한다.

홍콩 TV 역사상 최초의 여자 MC 양순연(梁舜燕, 가운데). 빌릴리오스 여학교(Belilios Public School)를 졸업한 그녀는 홍콩섬 중구(中區; Central)에서 순연미용학원(舜燕儀容學院)을 개업했다.

(香港)有限公司 산하의 'RTV'Rediffusion Television (Hong Kong) Limited; 麗的電視[8]가 탄생하였다. 이들은 가입자로부터 매월 사용료를 거두어, 3만여 킬로미터의 지하케이블을 이용해 11만 가입자에게 흑백 TV프로그램을 송신해 주었다. 1967년에는 이희신 집안의 이효화利孝和와 쇼브러더스邵氏兄弟; Shaw Brothers의 소일부邵逸夫; Sir Run Run Shaw 가 홍콩 TVB Television Broadcasts Limited; 無線電視 방송사[TV방송유한회사電視廣播有限公司]를 설립하였는데, 이들은 광고료에 의존하여 무료로 지상파 TV 방송 서비스를 제공하였다. TVB는 홍콩의 부동산 자산, 인맥, 주주 지분 및 경영권의 안정성 등에 있어서 RTV보다 다소 앞서고 있었으며, 결국 1960년대 케이블TV의 황금시대에 종지부를 찍도록 하였다. 이 무렵 두 방송사 모두 미국과 일본에서 구입한 드라마 또는 옛 광동어 영화로 방송 시간을 때우는 경우가 대부분이었으며, 자체 제작 프로그램의 수량과 규모는 상대적으로 적은 편이었다.

8 RTV는 홍콩 아시아TV, 즉 ATV(Asia Television Limited; 亞洲電視有限公司)의 전신으로, 영국의 리디퓨전 방송국이 홍콩에 세운 지사인 홍콩 리디퓨전의 민영 케이블TV 방송국을 가리킨다. 홍콩 리디퓨전은 1949년 처음으로 라디오 방송을 시작했으며, 홍콩 최초의 TV 방송국인 RTV는 1957년에 세워졌다.

4. 외주 제작 시스템과 스튜디오 시스템의 흥망성쇠

5부에서는 1960~1970년대에 쇼브러더스의 '스튜디오 시스템'과 골든하베스트嘉禾電影公司; Golden Harvest의 '외주 제작 시스템'이 급속히 교체되는, 홍콩 영화 산업 구조의 거대한 변화에 관하여 살펴보고자 한다. 소규모 광동어 영화사와는 달리, '쇼브러더스'와 '전무'電懋; 國際電影懋業有限公司; Motion Picture General Investment Co.의 양대 스튜디오 시스템은 1960년대에 발전하였는데, 이 둘은 싱가포르·말레이시아의 양대 극장체인에서 기원하였다. 육운도陸運濤 가족의 '국태'國泰; Cathay와 소일부 가족의 '쇼브러더스'가 그것이다. 그들은 안정적인 영화 공급을 위하여 홍콩으로 진출하여 제작사를 만들어 영화 제작에 직접 투자하였는데,

이는 생산·배급·상영 3대 부문을 포괄하는 할리우드의 '수직통합' 형태와 유사하였다. 영화계를 장악한 쇼브러더스와 '국태'('전무'의 모기업)는 표준어 영화의 황금기를 이끌었다. 대형 스튜디오 시스템이 절정에 이르자 독립 제작사나 소규모 제작사는 생존이 어려워졌다. 1964년 육운도가 비행기 추락사고로 사망하면서 '전무'가 몰락하자, 쇼브러더스가 홀로 영화 시장을 이끌어 갔다. 하지만 1970년대 중반 새로 일어난 골든하베스트로 인해 쇼브러더스의 기세는 한풀 꺾였다. 추문회鄭文懷; Raymond Chow Man-Wai는 유연한 외주 제작 방식을 채택하고 이소룡李小龍; Bruce Lee Siu-Lung과 합작함으로써 이익과 명예를 모두

1950년대 중반부터 싱가포르·말레이시아 자금이 홍콩으로 북상하면서, 과감히 영화 스튜디오를 건립하고 유동작업 방식으로 영화를 생산했다. 위의 만화는 국태그룹의 회장 육운도를 그린 것이다. 그림 속의 빌딩은 싱가포르의 국태극장(國泰戲院)으로, 2차 세계대전 이전 싱가포르에서 가장 높은 건물이었다.

擁
有
逾
百
間
規
模
宏
大
電
影
院
十
大
遊
藝
場
四
大
舞
廳

恭祝國運昌隆　有限公司　邵氏兄弟　慶祝馬來亞洲獨立

雄視亞洲最偉大娛樂機構
擁有逾百間規模宏大電影院　十大遊藝場　四大舞廳
◄香港。星洲兩地擁有設備優良巨片製廠►

◦新嘉坡◦　　　◦吉隆坡◦

新嘉坡
首都冷氣影戲院・麗都冷氣影戲院・麗士冷氣影戲院・東方影戲院・樂斯影戲院・大光明影戲院・環球影戲院・大西洋影戲院・皇宮影戲院・皇后影戲院・中央影戲院・華都影戲院・青天影戲院・皇都影戲院・首都冷氣影戲院

吉隆坡
青天影戲院・中山影戲院・京都影戲院・中央影戲院・中華影戲院・柏屏冷氣影戲院・京華冷氣影戲院・軍港影戲院

巴生及港口・怡保市・檳城市・北海・亞羅士打・柔佛

巴生及港口 首都影戲院・麗都影戲院・麗士影戲院

怡保市 青天影戲院・中山影戲院・大光明影戲院・京都影戲院・麗都影戲院・麗士影戲院

檳城市 首都冷氣影戲院・麗都影戲院・麗士影戲院・中山影戲院・同樂影戲院・中央影戲院・環球影戲院

北海 麗士影戲院

亞羅士打 中山影戲院・皇宮影戲院・麗士影戲院

打士羅 中皇宮影戲院

柔佛 麗士影戲院

昔加末・蔴坡・峇株・巴轄・安順・寶導・金寶導・太平導・馬六甲

昔加末 麗士影戲院

蔴坡 華英影戲院・首都影戲院・天樂園影戲院・大觀影戲院・麗士影戲院

峇株 麗士影戲院

巴轄 首都冷氣影戲院・麗士影戲院

安順 皇宮影戲院

寶導 中山影戲院・麗士影戲院

金寶導 中山影戲院・麗都影戲院・星光影戲院

太平導 中山影戲院・麗都影戲院

馬六甲 中山影戲院・麗都影戲院

雙溪・加市・玻璃・哥打・居林・加影・文冬・黃挽・勝勿・實遠・金挽・丁奴・巴株查・加巴・影戲院

雙溪 華英影戲院

加市大年 中華影戲院

玻璃 華英影戲院

哥打峇魯 華英影戲院

居林 麗士影戲院・中冕影戲院

加影 中山影戲院・加冕影戲院

文冬 中山影戲院

黃挽 麗士影戲院・銀禧影戲院

勝勿 加冕影戲院

實兆遠 麗都影戲院

金挽 中山影戲院

丁奴 麗士影戲院

巴株查 華英影戲院

仍有在香港、九龍、北婆羅洲沙勝越、越南泰國等地之影戲院未及錄。

◦星馬十大遊藝場◦　　　◦星馬四大舞廳◦

星馬十大遊藝場
星洲::大世界遊藝場・新世界遊藝場
馬六甲::恆樂園遊藝場
吉隆坡::中華遊藝場
巴生::大世界遊藝場
怡保::銀禧園遊藝場
太平::加冕遊藝場
檳城::新世界遊藝場
亞羅士打::大世界遊藝場

星馬四大舞廳
星洲::大世界冷氣廳舞・新世界舞廳
吉隆坡::中華舞廳
怡保::銀禧舞廳

쇼브러더스는 싱가포르·말레이시아에 방대한 극장 네트워크를 가지고 있었다.

소일부가 홍콩에 세운 청수만(淸水灣) 스튜디오

얻을 수 있었다. 반면 쇼브러더스 스튜디오의 경우, 유동작업 방식으로 영화를 생산하는 것을 점차 줄여 나간 대신, 극장체인을 반적생潘迪生; Dickson Poon Dik-Sang의 '덕보'德寶사에 임대해 주고, 그 자금을 돌려 TV 방면에 투자하였다. 이것은 바로 1970년대 홍콩 영화 산업의 중대한 변화를 반영한다. 즉 쇼브러더스로 대표되는 '스튜디오 영화사 시스템'에서 골든하베스트로 대표되는 '외주 제작사 시스템'으로 변화한 것이었다. 1970년대 중반에 골든하베스트가 흥기하고 소일부가 TV 쪽으로 경영 방향을 바꾸면서, 광동어 영화는 회생할 수 있었다. 또한 TV 산업과 영화 산업은 인력·제작·조직의 각 방면에서 더욱 긴밀히 결합되었다.

6부에서 서술하고 있듯이, 1980년대에는 골든하베스트가 대표하는 외주 제작 시스템이 점차 주류를 이루었고, 극장체인 시스템을 기초로 하는 생산·판매 질서가 공고해졌다. 영화계 밖의 적지 않은 투자자가 영화 시장에 뛰어들어 극장체인을 조직하거나 영화 제작에 투자하였다. 뇌각곤雷覺坤 가족의 금공주 극장체인金公主院線, '적생'迪生사 반적생의 덕보 극장체인德寶院線은 모두 안정적인 영화 공급을 위해 자금을 투자하여 영화 제작을 후원하였다. 그래서 '골든하베스트', '신예성'新藝城影業有限公司; Cinema City Company Limited, '덕보' 세 영화사 극장체인 사이의 경쟁 구도가 확립되었다. 이와 동시에 1975년 홍콩 가예TV佳藝電視有限公司; Commercial Television가 개국하여, TVB, RTV와 삼각 구도를 형성하면서 홍콩 TV 산업이 크게 발전하였지만, 시청률 경쟁에서의 과도한 지출로 결국 가예TV는 1978년 문을 닫고 만다. 이로 인해 많은 TV 산업 인력이 영화 시장으로 유입되면서 '뉴웨이브'新浪潮 독립 제작의 흐름을 만들어 냈다. 이처럼 적은 제작비로 대규모 제작비에 맞서는 독립 영화사들은 짧은 기간 내에 '골든하베스트'와 '금공주' 등 대형 영화사의 위성영화사衛星公司가 되었다. 1980년대에 들어와서 TVB와 RTV는 수많은 자체 제작 드라마를 내놓기 시작했는데, 무협 사극, 형사극, 중·장편 멜로드라마 등의 전성기에는 연이어 시청률 전쟁이 벌어지곤 하였다. RTV의 자산은 TVB에 미치지 못했기 때문에, 점차 두 방송국의 우열이 분명해지기 시작했다. RTV의 주주 지분 및 경영권은 수차례 바뀌었는데, 구덕근邱德根 가문의 원동그룹遠東機構에 이어 임백흔林百欣 가문의 여신그룹麗新集團에 의해 차례로 매입되어, 여러모로 불안정성이 커졌다. 반면에 TVB는 소일부의 주식 지분과 통제권이 갈수록 공고해져 갔다. 이에 TVB는 전 세계에서 가장 큰 중국어 TV 드라마 공급자가 되었을 뿐만 아니라, 중국·대만·홍콩 등지의 중국어 TV업계를 주름잡고 있는 수많은 배우와 감독들을 배출하기도 했다.

5. 양안삼지[9]의 결합

7부에서는 대만 지역의 자본이 들어오면서 일으켰던 '선매수금'의 거품과 1990년대 '중국 대륙 로케이션location과 대만 자본을 결합한 홍콩 영화'의

RTV 아카데미의 입학식 단체 사진. 앞줄 왼쪽부터 주요 구성원인 진유후(陳有后), 양순연, 장청(張淸), 황석조
(黃錫照), 하장방(何掌邦), 종경휘(鍾景輝), 고량(高亮) 등이 있다.

TVB의 자체 제작 프로그램은 해외에 거대한 시장을 갖고 있었다. 사진은 1990년대에 블루스크린을 이용하여
김용(金庸) 소설 중 '칠상권(七傷拳)'의 특수효과를 촬영하고 있는 모습

발전과 퇴조를 주로 다루고자 한다. 1990년대 초에 들어서면서 극장체인을 기초로 한 영화 생산·판매 질서가 급속히 성장하며 중국 대륙, 대만, 홍콩 세 지역의 영화 산업의 결합을 이끌었다. 이에 따라 '금공주', '금성'金聲, '신보'新寶, '골든하베스트'의 극장체인 이외에, '영고'永高와 '동방'東方의 극장체인도 연달아 각축전에 뛰어들면서, 홍콩 영화의 극장체인은 다섯 개가 되었다. 각 체인마다 한 해에 필요한 영화가 30편이라고 봤을 때, 다섯 개 체인이 매년 필요로 하는 영화는 150편이다. 공급이 수요를 넘어서면서 영화 시장에 심각한 공급 초과 현상이 나타났고, 영화 한 편당 벌어들이는 평균 매표수익이 줄어들었다. 유행을 좇아 영화를 찍는 악순환 속에서 스타의 몸값은 높아져 갔고, 결국 대만의 영화 제작자는 가격이 비싼 홍콩 스타와 홍콩 영화를 배척하였다. 다른 한편, 홍콩의 극장체인을 중심으로 하던 영화 생산·판매 질서 역시 와해되었다. 홍콩 현지의 영화 제작과 극장체인의 연결 고리가 끊어지자, 적지 않은 영화사와 극장체인은 영업을 그만둘 수밖에 없었고 영화 시장은 심각한 부진에 빠졌다. 홍콩 영화 생산량 역시 1992년 300여 편에서 1997년에는 100편에도 못 미칠 정도로 줄어들었다. 일부 영화 관계자 역시 "홍콩 영화는 이미 끝장났다"고 공언하였다.

6. 새로운 상영 창구

8부에서는 1990년대 후반, 정보·과학 기술과 미디어의 급속한 발전에 관하여 살펴보게 될 것이다. 유선 인터넷이 점차 광케이블로 대체됨에 따라, 홍콩 TV 산업 역시 신기원을 맞이하여 TVB가 단숨에 중국어 TV 프로그램

---

9 '양안삼지'(兩岸三地)란 중국인들이 흔히 대만해협을 사이에 둔 '중국'과 '대만', 그리고 영국의 식민지였던 '홍콩' 세 지역을 통칭하여 가리키는 용어이다.

의 전 세계적 공급상이 되었다. ATV의 경우, 1990년대 중반부터 자체 제작은 급속히 줄어들고, 외부 구입 프로그램이 방송의 주를 이루었다. 1991년부터 지금까지 홍콩에 '구창케이블TV'九倉電視, '홍콩위성TV'衛星電視, '봉황위성TV'鳳凰衛視, '화교엔터테인먼트TV'華僑娛樂 등 케이블 및 위성 TV 방송국이 연달아 만들어지면서, 영화·TV 산업의 구조 역시 변화하였다. 영화가 영화관에서 얻는 수익은 줄어들고 비디오디스크, 비디오테이프, TV 방영으로 얻는 수입이 지속적으로 증가하여 '제1창구'인 영화관의 수입을 능가하였다. 안정적인 영화 공급을 위하여 '미아'美亞, '해안'海岸, '중국성'中國星, '동방매력'東方魅力 등의 비디오디스크·비디오테이프·인터넷 회사는 자금을 투자하여 영화 제작을 후원하였다. 그리고 1999년 말, '동방매력'과 '중국성'은 인터넷 열기에 힘입어 주가가 급등한 틈을 타서, 시장으로부터 대량의 자금을 끌어들일 수 있었다. 또한 이들은 그 자금의 일부를 영화 및 TV 방송 제작에 투입하여 '콘텐츠 공급자'content providers의 형태로 영화·TV업계에 뛰어들었다. 이러한 회사들의 투자 방식이 꼭 같은 것은 아니었지만, 모두 제작·배급·상영 세 분야를 아우르는 '수직통합' 구조를 만들고자 했다는 점에서는 일치하였다. 21세기에 들어서면서 홍콩 영화·TV 산업은 현재 활로를 찾기 위해 애쓰고 있다.

한 산업의 생애 주기?

2003년 홍콩 영화인들의 요청으로, 홍콩 정부는 영화대출보증기금電影貸款
保證基金; Film Guarantee Fund을 마련하여 영화 제작을 위한 은행 대출을 담보
해 주었다. 하지만 역사를 되돌아보면, 지난 100년 동안 홍콩 영화인의 대
부분은 정부의 아무런 원조 없이도 역경을 딛고 살아남았다. 때문에 제도
를 존중하지 않았을 뿐만 아니라, 심지어 제도 밖에 있었다. 그런데 어찌하
여 이들이 정부의 관리를 받거나 제도를 구축하게 되었는가? 이 책은 홍콩
영화·TV 산업 100년의 변천사를 돌아봄으로써 우리가 처한 한계와 그 한
계의 역사적 근원에 대한 이해를 돕고자 한다.

2부

영화 산업의 발흥

19세기 말, 서구의 영화가 중국에 들어오면서,[1] 홍콩과 상해의 영화 상영업이 먼저 발전하기 시작하였다. 초기의 유랑 상영으로부터 시작해서, 고정된 극장 상영이 나타났고, 극장체인이 형성되었으며, 이와 함께 노근과 나명우 등의 영화 상영업자가 등장하였다. 영화 제작 방면에서는 여민위 등의 아마추어 실험 영화로부터 점차 스튜디오 제작으로 발전하여, 연화영화사 등의 스튜디오 유동작업 방식 또한 등장하였다. 1920년대에 들어서 이러한 두 방향의 발전이 차츰 하나로 융합되면서, 영화 산업의 생산·판매 질서 또한 정착되어 간다. 과연 영화관과 영화 제작사의 이러한 합작 관계는 어떻게 형성되었던 것일까?

1장 / 영화 상영업의 발전

1. 유랑 상영에서 고정 영화관으로

1895년 12월 28일, 파리의 한 카페에서 프랑스인 뤼미에르 형제가 3편의 단편영화를 상영하였는데, 이는 이후 사람들에게 역사상 최초의 영화 상영으로 알려졌다. 미국과 프랑스 두 지역의 영사기 시장 쟁탈전은 바로 이때부터 시작되었다. 뤼미에르는 그 이듬해 여러 명의 보조 기사에게 영사기를 가지고 세계 각지를 순회하도록 파견하였다. 이러한 시범 상영회의 기회를 이용해 자신의 영사기를 보급하였는데, 당시 딸려 보낸 단편영화는 상영회를 위한 보조물일 뿐이었다. 미국의 에디슨사 역시 이에 뒤질세라 바로 해외 순회 시범 상영을 위해 직원을 파견하였다. 이처럼 영사기 시장의 각축전이 도처에서 벌어졌는데, 영사기사가 갔던 곳은 브뤼셀, 마드리드, 상트페테르부르크, 뭄바이, 리우데자네이루, 오사카 등지였다. 그중에는 상해와 홍콩도 포함되어 있었다.

1897년 4월, '페루호'라는 이름의 증기선 한 척이 먼 바다 건너 샌프란시스코로부터 홍콩으로 많은 진기한 물건을 가져왔는데, 그 가운데는 활동사진 영사기와 영화 관람기가 각각 한 대씩 들어 있었다. 같은 달 24일 홍콩의 신문 『덕신서보』德臣西報: *The China Mail*[1]와 『사멸서보』士蔑西報: *Hong Kong*

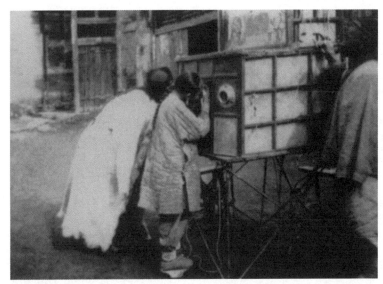
19세기 말, 중국 연해 지역을 통해 '서양 영화'가 들어오기 시작하였다.

Telegraph에는 재미있는 광고가 실린다. "대회당 음악실. 홍콩 최초 영화(런던과 파리 최신의 가장 위대한 성과). 1분기 동안만 상영 예정. 1897년 4월 2일 화요일 개시.……가격: 성인 1위안, 아동 반값."[2] 26일 저녁 신문업계 사람들이 시사회에 참석하였는데, 『덕신서보』에 따르면 이번 상영에서 사용한 것은 바로 뤼미에르의 기기로, 상영된 몇 편의 단편영화 역시 뤼미에르의 작품이었다. 거기에는 「프랑스 군인의 교량 도강 훈련」과 「러시아 차르 황제의 프랑스 파리 방문」 등이 포함되어 있었다. 이들 무성영화는 모두 초당 50프레임의 속도로 상영되었다. 첫 상영일에는 홍콩 총독 윌리엄 로빈슨William Robinson[2]과 식민장관輔政司; Colonial Secretary 제임스 록하트James

---

1 홍콩에서 발간된 두번째 신문으로, 가장 영향력 있는 영자 신문이었다. '덕신'(德臣)이라는 이름은 2대 편집장 앤드류 딕슨(Andrew Dixson)의 이름에서 따온 것이다.
2 11대 홍콩 총독(1836~1912).

1897년 4월 24일자 『사멸서보』에 실린 영화 상영 광고

관객을 끌어들이기 위해. 월극을 공연할 때 '신기한 서양 그림'을 중간에 끼워서 함께 상영하는 게 유행했다.

Haldane Stewart Lockhart 등도 귀빈으로 참석하였다. 상영 일주일 뒤에도 여전히 관람석은 가득 찼는데, 유명 대학인 황인서원皇仁書院에서는 580여 명의 학생이 단체로 구경하러 오기도 하였다. 28일 『사멸서보』도 이에 관한 단평을 통해 영화 상영에 대한 매우 흥미로운 설명을 게재하였는데, 영화 촬영 기술과 전기 에너지의 잠재적 가능성을 잘 보여 주고 있다.[3]

미국 에디슨사의 순회 시범 상영 기사 역시 1897년 7월 중국에 도착하여, 곧바로 홍콩·상해·천진天津과 같은 연해 도시의 찻집, 극장, 대형 천막 극장 등에서 시범 상영회를 열었다. 당시 영화만을 전문적으로 상영하는 극장은 아직 나타나지 않았기 때문에, 상영 활동은 노천에서 진행되는 경우가 많았다. 대부분 다른 공연들 사이에 끼워 상영되었는데, 프랑스와 미국 회사의 단편영화 위주로 상영되었다. 이들 '신기한 그림'奇畵은 대부분 30~60미터 정도 길이의 필름에, 상영 시간은 약 1~2분 정도였고, 범선용 천으로 만든 스크린에 상영되었다.[4]

본래 '신기한 그림'을 상영하는 것 자체만으로도 이미 손님을 불러 모으기에 충분히 새로운 오락거리였기 때문에, 오히려 그 영화의 내용은 중

초기의 영화 촬영기

영화 촬영 및 상영 기술을 발명한 에디슨

요하지 않았다. 그러나 점차 영화 상영업자들은 노천 상영에 제약이 너무 많이 따른다는 사실을 깨닫게 되었다. 예를 들자면 맑은 날의 강한 햇빛이나 우천 등이 모두 상영에 방해요인으로 작용했던 것이다. 때문에 이들은 점차 실내에서 상영하기 시작했다. 월극粵劇[3]을 공연하는 극장이야말로 이상적인 장소였는데, 보통 월극의 공연 전후, 혹은 막간의 시간에 '신기한 그림' 상영을 끼워 넣는 방식으로 큰 성공을 거두었다. 다른 월극 극장의 주인들도 서양 기사를 불러와 영화를 상영하여 관중들을 끌어모으고자 하였다. 이런 변화를 직접 목격하였던 저널리스트 황연청黃燕淸은 어린 시절 봤던 프랑스 파테프레르의 영화 내용을 다음과 같이 자세히 서술하였다.

대달지大笪地[4]의 상징이었던 작은 스크린은 햇빛이 너무 강한 낮에는 보기힘들었다. 스크린은 어두운 곳에서 더 잘 보였기 때문에 점포를 빌려 그 안에서 상영하였는데, 덕분에 관객도 많아졌다. 50여 년 전 고승극장高陞戲院은 원래 월극을 상연하던 곳이었는데, 어느 날 광고물과 전단을 붙이는 게시판에 다른 예고가 하나 등장하였다. 그 내용은 대략 다음과 같다. "본 극장은 거액을 들여 미국의 유명한 영화극을 들여오기로 하여, '스티븐슨'±的芬臣이 홍콩에 오게 되었다……." 이 조그마한 광고는 온 홍콩을 발칵 뒤집어 놓아, 사람들이 서로 먼저 보려 하였다. 상영 첫날 밤 대만원이었던것은 물론, 매일 밤마다 만원사례를 이뤘다. 이 무렵 나도 어른들을 따라

---

3 '월'(粵)은 광동(廣東) 지역을 의미하며, 이 지역의 전통 연극을 가리켜 '월극'이라 한다. 월극은 대희(大戲) 혹은 광동대희(廣東大戲)라고도 불리는데, 남희(南戲)에서 기원하여 명대 말엽부터 발전하기 시작하였다. 월인(粵人), 즉 광동 사람들로부터 사랑을 받아 온 월극은 청대 말엽부터는 이 지역의 사투리인 월 방언, 즉 광동어를 사용하기 시작하였으며, 음악과 노래, 무대 복장, 연기 등의 여러 방면에서 북방의 경극(京劇)과는 다른 독특한 특징을 지니고 있다.

4 과거 홍콩섬 상환(上環) 지역에 위치해 있던 야시장으로, 본래 영국군의 군영이 있던 자리였는데 군영이 철수한 뒤, 사람들이 모여 연극과 오락을 즐기는 휴식 공간과 야시장으로 바뀌었다. 상환의 대달지는 이후 1970년대에 홍콩시 정부에 의해 할리우드로(荷李活道)로 재개발되면서 사라지게 되었다.

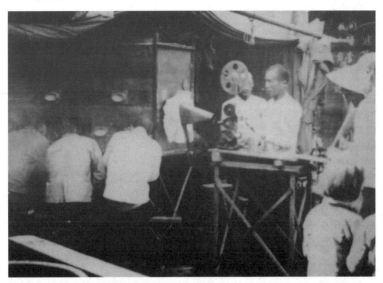

민국시기에 들어서 민간에서는 영화의 유랑 상영이 유행하였다.

몇 차례 들어갔는데, 월극의 공연은 저녁 7시부터였다. 8시 반이 되어 극
장 안의 모든 불을 끄면, 캄캄한 어둠 속에서 2층 가운데로부터 전등 불빛
이 뿜어져 나왔다. 당연히 지금의 불빛에는 못 미쳤지만, 당시로서는 처음
본 것이라, 그 신기한 영사기 불빛을 보며 감탄해 마지않았다. 그 영사기
불빛을 본 것만으로도 이미 표값은 한 셈이었다. 처음에는 하얀 빛만이 무
대의 흰 천을 비추었다. 당시에는 아직 '은막'銀幕[스크린]이라는 단어가 없
었다. 관객들은 소위 영화극을 뚫어져라 쳐다보며 시선을 떼지 못했다. 더
말할 나위 없이 당시에는 아직 소리가 없는 흑백영화였다. 그 영화는 '뚱
뚱이'와 '홀쭉이'가 싸우는 내용의 단편 해학극이었다. 하나는 키가 크고
덩치도 산만 한 반면, 다른 하나는 '뼈만 남을' 정도로 말라비틀어졌는데,
이 둘이 갑자기 싸우기 시작한다. 처음에는 주먹질에 발길질을 하다가 엎
치락뒤치락 한 덩어리가 되더니, 결국에는 뚱뚱이가 홀쭉이를 땅 위에 깔
고 뭉개, 그 바람에 그 마른 몸뚱이가 갑자기 종이인간이 되어 땅바닥에 달

園 來 喜

啟者本爵探辦外國與奇巧明燈戲法不惜工本演
爭哲新人入懷悅目壯志倫有頂大笙笛鑼鼓洋
琴隨時備便且有大壯奇觀之美並也另有山水人物外
國行兵打仗所有各園地面車臺機關一一分男各欵
花卉草野獸奧人車馬行走栩栩如生故事太多難盡
錢群結伴欲觀此機會本園在商、活道大
十八號即規起演至拾點鐘左右止
每夜八點鐘起演
再演三日即往別埠 每位收銀 二毫一毛
光緒庚子年 十月 初一日
肯來園謹啟

1900년, 홍콩섬 할리우드로에 등장한 희래원(喜來園)은 '신기한 등불극'(奇巧明燈戲法), 즉 영화를 전문 상영하는 곳이었다.

라붙어 버린다. 뚱뚱이가 승리에 득의만만해 하며 땅 위의 종이인간을 둘둘 말아 허공에 한 번 툭 털자, 홀쭉이는 바로 원래 모습대로 돌아와 땅 위에 우뚝 선다. 뚱뚱이와 홀쭉이가 악수를 하고서 처음처럼 사이가 좋아지자, 사람들은 박수를 치면서 이런 건 난생처음 본다며 감탄하였다. 다른 영화는 '토끼이빨'哨牙佬[5]이 수박을 먹는 내용이었는데, 어디서부터 먹을지 몰라, 갖은 우스꽝스러운 괴상한 표정을 다 지어 내자, 관중들이 배꼽을 잡고 웃어 댔다.……몇백 번을 봐도 질리지 않으니, 위의 영화들은 밤마다 만원사례를 이뤄, 길가에까지 사람들이 줄을 늘어섰다. '스티븐슨'이 회사 이름인지, 사람 이름인지는 아무도 몰랐다['스티븐슨'은 프랑스 파테프레르사의 초기 번역 명칭이었다—종보현].[5]

초기의 영사기는 대부분 외국 상인들로부터 빌려 온 것으로, 서로 다른 모델의 영사기는 각기 다른 크기의 필름이 필요했기 때문에, 영화 역시 외국 상인의 공급에 의존해야만 했다. 영화 상영은 순식간에 유행하여, 월극을 공연할 때 영화 상영을 끼워 넣는 것이 인기였다. 1900년 이후, 홍콩 황후대로서皇后大道西[퀸스로드 웨스트Queen's Road West]의 고승극장과 대안대大安臺; Tai On Terrace의 중경극장重慶戲院, 이 두 월극 극장 모두 차례로 '신기

5 위턱이 튀어나온 사람을 가리키는 표현이다.

한 서양 그림' 상영을 월극 공연 사이에 끼워 넣기 시작하였는데, 이는 점차 관례가 되었다. 영사기 대여상도 직접 건물을 임대하여, 소위 '3일 영화관'을 만들어 상영하기 시작하였다. 홍콩섬의 희래원喜來園은 미국 단편영화를 주로 상영하였는데, 영화 편수가 많지 않았기 때문에, 짧은 기간 동안 상영하고 난 뒤에는 다른 지역으로 순회 상영을 떠났다.[6]

영사기와 단편영화 대여에 관하여 좀 더 살펴보자면, 1904년부터 홍콩 『화자일보』華字日報: The Chinese Mail에 여풍순余豊順이라는 이름의 '영화 대여상'이 게재한 광고를 사례로 들 수 있을 것이다. 그는 당시 순회 상영 중이던 영사기와 영화 가운데 자신이 새로 홍콩에 들여온 것이 가장 대형이라고 선전하면서, 극장·대저택·식당 등을 임대하여 상영하고자 하는 고객을 환영한다고 광고하였다.[7] 이 영사기 대여업자가 남긴 자료는 많지 않은데, 이는 아마도 그가 홍콩에 잠시 체류하였던 상인이라, 결국 다른 지역으로 옮겨 갔기 때문일 것이다. 1915년 프랑스 파테프레르 역시 홍콩에 지사를 설립하여, 영화와 영사기를 전문적으로 임대해 주기 시작하였다.[8]

유럽 영화의 쇠락 이후, '영화관 왕' 노근(盧根)은 할리우드에서 가져온 영화를 자신의 산하 영화관에서 상영하였다.

영화가 전래된 이래로, 유랑 상영은 점차 고정된 극장 상영으로 발전해 갔고, 영화 관람은 하나의 유행이 되었다. 위 사진은 1911년에 개관한, 발전사가(砵甸乍街)에 위치한 빅토리아극장(域多利戱院)

1951년의 브로드웨이극장(百老滙戱院)

영사기와 영화 임대업이 흥성하면서, 영화를 만들어 독자적으로 상영하는 비조극장比照戱院; Bijou Theatre이 1907년 설립되었고, 3년 후 그 부근에 홍콩극장香港影畵戱院; Hong Kong Theatre도 등장하였다.[9] 황연청은 비조극장에 대해 다음과 같이 설명한다. "극장은 운함가雲咸街; Wyndham Street 입구에 위치해 있었다.……관객 500명을 수용할 수 있었으며, 입장권은 2~4호毫[6]였다. 주간 1회, 야간 1회 상영하였는데, 관객은 매우 많았다. 하지만 당시 관객은 장편영화를 즐겨 보았기 때문에, 단편영화는 좋아하지 않았다. 두 극장은 관객을 불러들이기 위해, 「로빈슨 표류기」魯濱孫飄流記, 「몬테크리스토 백작」基度山恩仇記, 「흑의대도」黑衣大盜 등과 같은 장편영화만을 상영하였다. 필름 길이가 10여 롤이나 되는 긴 영화였지만, 관객들은 전혀 지루해하지 않고 오히려 보면 볼수록 재미있다고 여겼다.……이런 흐름과 함께 홍

---

6 영국 식민지 시기 홍콩의 화폐단위는 1원(元, 위안)=10호(毫, 대륙 화폐단위 각角에 해당)=100선(仙, Cent의 음역이며 대륙 화폐단위 분分에 해당)=1,000문(文)으로 나뉘어 있었다.

〈표 2.1〉 1950년대 이전 홍콩섬 지역에 세워진 극장

연도	위치	극장명	비고
1867년경	상환(上環; Sheung Wan) 상가(1909년 보경방普慶坊으로 명칭 변경)와 분묘가(墳墓街, 1869년 보인가普仁街로 명칭 변경) 사이	동경희원(同慶戲園; Tung Hing Theatre), 19세기 말 중경극장(重慶戲院 혹은 重慶園)으로 개명	1869년 영국 에딘버러 공작 홍콩 방문 시, 중국인 단체가 특별히 여기서 월극을 공연하여 귀빈을 맞이함. 20세기 초 영화 상영을 시작하여 1910년대 초에 그만둠
1870년경	황후대로서(皇后大道西; Queen's Road West)와 화풍가(和風街), 감우가(甘雨街)와 고승가(高陞街) 사이	고승희원(高陞戲園; Ko Shing Theatre), 1955년경에 고승극장(高陞戲院)으로 개명	1900년 영화 상영을 겸했는데, 20세기 초 재건됨. 극장 내부에 상당히 고급인 무창주루(武昌酒樓)가 있었으며, 1971년 폐업 철거됨
1903년	중환(中環; Central)상가와 덕보로중(德輔道中; Des Voeux Rd. Central) 사이의 신 매립지구(현재 항생恒生은행 본점 위치)	엠파이어극장(奄派亞戲院; Empire Theatre), 1919년경 화평극장(和平戲院)으로 개명	1905년 화재로 소실된 후 H빔 철골로 된 초라한 영화관을 재건했는데, 일반 시민을 주요 대상으로 하는 저가극장이었음. 화평극장으로 개명한 뒤, 명배우 이소범(李少帆)이 총에 맞아 살해당하는 사건이 발생한 바 있음. 1921년 철거되고, 중구(中區) 소방서가 들어섬
1904년	황후대로서와 덕보로서(德輔道西; Des Voeux Rd. West) 사이의 굴지가(屈地街) 가스 공장 인근	태평극장(太平戲院; Tai Ping Theatre) 완공	당시 최대의 극장으로, 고승극장과 함께 중국인 단체가 영국 황실 가족을 맞이하는 장소로 사용됨. 1970년대 중반에 철거되어, 그 자리에 화명센터(華明中心)가 세워짐
1907년경	운함가(雲咸街) 옛 홍콩회소(香港會所; Hong Kong Club) 뒤편	비조극장(比照戲院; Bijou Theatre)	홍콩회소를 개축해 만든 것으로, 서양 영화를 주로 상영함
1911년	발전사가(砵甸乍街; Pottinger St.)와 덕보로중의 교차지역(현재 영안그룹빌딩永安集團大廈; Wing On House 위치)	빅토리아극장(域多利戲院; Victoria Theatre)	당시 가장 호화로운 극장으로, 1920년대 초 철거되어, 다핵빌딩(爹核行)으로 재건됨
1911년경	황후대로중(皇后大道中; Queen's Road Central)과 희원리(戲院里; Thea-tre Ln.) 사이	홍콩극장(香港影畵戲院; Hong Kong Theatre)	1922년 폐업 철거, 1924년 황후극장으로 재건 완공됨
1911년경	역승구(疫症區) 구여방(九如坊) 지역, 정문은 안화리(安和里) 방향(이내항二奶巷)	신극장(新戲院; New Theatre) 혹은 구여방극장(九如坊戲院; Kau Yu Fong Theatre)	1950년대 중반 철거되어, 그 자리에 중구 건강원이 들어섬

연도	위치	극장명	비고
1919년경	옛 비조극장 자리. 덕기립가(德忌笠街, 현재 덕기립가德己立街)에 위치	신비조극장(新比照戲院; New Bijou Theatre)	1920년대 말 철거되고, 홍콩회소 자리를 합하여 오락극장(娛樂戲院)을 재건함
1921년	덕보로로중과 임사가(林士街) 교차지역	신세계영화극장(新世界影畵戲院; New World Theatre) 완공, 1970년대 초 항성극장(恒星戲院)으로 개명	1980년대 초 철거되어, 유덕광장(維德廣場)이 들어섬
1921년	석당저(石塘咀)	신신영화극장(新新影畵戲院) 개업	
1924년	황후대로중과 희원리 사이(원래 홍콩극장 자리)	황후극장(皇后戲院; Queen's Theatre)	당시 가장 호화로운 극장이었음. 일제 점령기에 명치극장(明治劇場)으로 개명됨. 1950년대 말 철거 및 재건되었는데, 새로운 황후극장은 1961년 완공됨
1924년	황후대로동(皇后大道東; Queen's Road East)과 춘원가(春園街) 사이	홍콩대극장(香港大戲院; Hong Kong Theatre) 완공, 홍콩대무대(香港大舞臺)라고도 부름	주로 광동어 영화를 상영하거나 월극을 공연함. 1973년 철거되어, 인근 지역과 합하여 당시 가장 높은 건물이던 합화센터(合和中心)를 세움
1925년	파사부가(波斯富街)	이무대(利舞臺; Lee Theatre) 개업	고급 극장으로, 가장 먼저 객석 안내 도우미를 둠. 1980년대 말 철거되어, 이무대광장(利舞臺廣場)이 들어섬
1925년경	서영반(西營盤) 수가(水街)와 제3가	서원극장(西園戲院) 완공	
1931년	황후대로중, 운함가, 덕기립가 사이(옛 홍콩회소 자리이자, 비조극장과 신비조극장이 있던 자리)	오락극장(娛樂戲院; King's Theatre) 완공	가장 먼저 냉방 시설을 설치한 극장. 1963년 철거·재건, 1980년대 중반 다시 휴업·철거할 계획이었으나 시장 불경기로 계획 취소. 1990년대 초에 들어서 철거하고, 엔터테인먼트빌딩(娛樂行; Entertainment Bldg.)을 세움
1931년	황후대로중, 여경리(餘慶里), 궁현항(弓弦巷) 죽수파(竹樹坡) 사이	중앙극장(中央戲院; Central Theatre) 완공	고딕양식 돔 건축물로, 부설 식당이 내부에 있고, 엘리베이터를 처음으로 설치함. 1971년 철거되어, 중앙빌딩(中央大廈)이 들어섬

연도	위치	극장명	비고
1932년	만자(灣仔) 비림명로(菲林明道)	동방극장(東方戲院; Eastern Theatre) 완공	서양 영화의 2차 상영을 위주로 함. 1980년대 초 동석린(同右隣)의 영경호텔(英京酒家) 자리와 합하여 대유빌딩(大有大廈)을 재건함
1935년경	만자 란두가(蘭杜街)	여도극장(麗都戲院; Lido Theatre) 완공	1970년대에 철거됨
1930년대	이화가(怡和街)와 당가(糖街)	낙성극장(樂聲戲院; Roxy Theatre)	1970년대 초 철거되어, 낙성빌딩(樂聲大廈)이 들어섬
1940년	소기만(筲箕灣)	소기만극장(筲箕灣戲院)	
1940년	자료 미상	동구극장(東區戲院) 완공	
1950년대 이전	북각(北角) 영황로(英皇道)와 금병가(錦屏街) 교차지역	도성극장(都城戲院; Metropolitan Theatre)	1960년대에 철거되어, 신도성빌딩(新都城大廈)이 재건됨
1950년대 이전	소기만로(筲箕灣道) 부근 해부가(海富街)	금성극장(金星戲院; Gold Star Theatre)	1970년대에 철거됨
1950년대 이전	향항자대로(香港仔大道; Aberdeen Main Rd.)	향도극장(香島戲院; Island Theatre)	1980년대에 철거됨
1950년대	서영반 제3가 부근 서변가(西邊街)	진광극장(真光戲院)	1970년대에 철거됨
1950년대	석당저(石塘咀) 화합가(和合街)와 남리(南里) 사이	금릉극장(金陵戲院)	1970년대에 철거됨
1950년대	만자로(灣仔道)	국태극장(國泰戲院)	1980년대에 재건, 1999년 다시 철거됨
1950년대	만자 낙극로(駱克道) 부근 사노지로(杜老志道)	환구극장(環球戲院; Universal Theatre)	1970년대에 철거됨
1950년대	만자 낙극로와 마사로(馬師道) 교차지역	국민극장(國民戲院; National Theatre)	1970년대에 철거됨
1950년대	북각 영황로	선궁극장(璇宮戲院; Empire Theatre), 이후 황도극장(皇都戲院)으로 개명	1996년 폐업

출처: 鄭寶鴻, 『港島街道百年』, 香港: 三聯書店, 2000, 92~93쪽.

〈표 2.2〉 1950년대 이전 구룡 지역에 세워진 극장

연도	위치	극장명	비고
1900년경	미돈로(彌敦道)와 가사거로(加士居道) 교차지역	보경극장(普慶戲院)	구룡 최초의 극장으로, 이후 1927년, 1950년대 말, 1980년대 말에 철거되었다가 다시 재건됨
1919년	유마지(油麻地) 감숙가(甘肅街)와 묘가(廟街) 사이 (현재 평안빌딩平安大廈 뒤편)	광지극장(廣智戲院)	1960년대 후반에 철거되어, 현재는 도로와 공터로 바뀜
1920년대	유마지 와타로로(窩打老道)와 신전지가(新塡地街) 사이	유마지극장(油麻地戲院)	1990년대 후반 폐업
1920년대	심수보(深水埗) 여지각(荔枝角)과 석협미가(石硤尾街) 교차지역	명성극장(明聲戲院)	1970년대 초 철거됨
1920년대	심수보 북하가(北河街)와 원주가(元州街) 근처	북하극장(北河戲院)	1980년 철거됨
1920년대	왕각(旺角) 신전지가	왕각극장(旺角戲院)	소형극장으로, 1950년대 중반 철거됨
1925년	유마지 공중사방가(公衆四方街)	제일극장(第一戲院)	후에 제일신극장(第一新戲院)으로 개명, 1960년대에 철거됨
1928년	유마지 미돈로와 감숙가 교차지역	대화극장(大華戲院)	1970년대 중반 신대화극장(新大華戲院)으로 증축되어, 1990년대에 철거 후 재건됨
1930년대	장사만(長沙灣) 동사도가(東沙島街)와 보안로(保安道) 근처	선락극장(仙樂戲院)	1970년대 초 철거됨
1930년대	당미로(塘尾道)와 여지각로(荔枝角道) 근처	호세계극장(好世界戲院)	1960년경 철거됨
1930년대	왕각 아개로가(亞皆老街)	신화극장(新華戲院)	1950년대에 재건되었다가, 1970년대에 철거됨
1930년대	자료 미상	장락극장(長樂戲院)	
1930년대	유마지 문명리(文明裏)	문명극장(文明戲院)	
1930년대	관용(官涌)	관용극장(官涌戲院)	1960년대에 철거됨
1930년대	미돈로와 등타사가(登打士街) 교차지역	미돈극장(彌敦戲院)	소형극장으로, 1950년대 초 철거됨
1930년대	구룡성(九龍城)	신구룡영극장(新九龍映戲院)	1950년대 초 철거됨
1930년	유마지 미돈로와 서공가(西貢街) 교차지역	광명극장(光明戲院)	1960년경 철거됨

1931년	왕각 미돈로와 수거로(水渠道) 교차지역	동락극장(東樂戲院)	1970년경 철거되어, 대대회사(大大公司)를 세움. 현재의 연합광장(聯合廣場)
1931년	왕각 발란가(砵蘭街)	발륜극장(砵侖戲院)	소형극장으로, 1950년대 초 철거됨
1931년	첨사저(尖沙咀) 북경로(北京道)와 한구로(漢口道) 교차지역	경성극장(景聲戲院)	외관이 홍콩섬의 빅토리아극장과 유사함. 1961년경 철거되어, 2년 뒤 신성극장(新星戲院)으로 재건됨. 1980년에 다시 철거되고, 비즈니스빌딩이 세워짐
1932년	유마지 공중사방가	평안극장(平安戲院)	당시 구룡 최대의 극장으로, 1950년대 중반 철거되어, 평안빌딩(平安大廈)이 세워짐
1940년대	왕각 미돈로 625호	승리극장(勝利戲院)	
1941년경	심수보	심수보극장(深水埗戲院)	
1949년경	왕각 미돈로와 아개로가 교차지역	브로드웨이극장(百老匯戲院)	1965년경 철거되어, 현재의 홍콩상하이은행빌딩(匯豐銀行大廈)이 세워짐
1950년대 초	좌돈로(佐敦道)와 묘가(廟街) 교차지역	쾌락극장(快樂戲院)	

출처: 鄭寶鴻·佟寶銘, 「九龍街道百年」 香港: 三聯書店, 2000, 92쪽.

콩섬과 구룡九龍: Kowloon 양 지역에 영화관들이 속속 들어서게 되면서, 그 수가 헤아릴 수 없게 되었다.”[10] 1950년대에 이르면 홍콩에 이미 50여 개의 극장이 등장하였다(〈표 2.1〉과 〈표 2.2〉).

2. 극장체인의 출현: 남·북 영화관 왕

초기 홍콩의 극장들은 대부분이 월극을 주로 공연하였기에, 영화 상영은 단지 끼워 넣는 오락거리에 불과하였다. 영화 상영을 전문으로 하는 영화 상영업자 대다수가 외국 상인으로부터 영사기를 빌려 왔으며, 영화 공급 역시 외국 상인에게 의존하였다. 이들 화인華人 영화 상영업자 가운데 노

'화남 영화관 왕' 노근

근盧根과 나명우羅明佑가 가장 유명하였는데, 그들은 방대한 극장체인과 안정적인 영화 공급원을 확보하고 있었기에, 각각 중국 화남華南과 화북華北의 '영화관 왕'影院大王으로 불렸다.

노근(1888~1968)은 광동성 중산中山 사람으로, 손문孫文[손중산孫中山]의 첫 아내(사람들은 그녀를 '노고태'盧姑太라 불렀다)와 혈연 관계가 있었다. 이후 그는 광동에서 홍콩으로 건너와 얼음 장사를 했다. 선박용 얼음을 전문적으로 공급했던 그는 외국 상인을 많이 알고 있었을 뿐만 아니라, 광주廣州 정부의 재정부장 요중개廖仲愷를 알고 있었다. 이처럼 중국인 및 서양인과의 두터운 인맥은 그의 사업에 든든한 배경이 되었다. 신비조극장新比照戲院을 경영했을 뿐만 아니라, 중환中環; Central의 페더빌딩畢打行; Pedder Building 5층에 진업영화사振業公司를 설립하여, 중국 대륙과 홍콩에서의 구미 영화 기자재 대여 사업을 전문적으로 대행하였다. 또한 유명한 미국의 심플렉스Simplex 영사기와 RCARadio Corporation of America 유성기 대여의 대행권을 가지고 있었다. 노근은 명달영화사明達公司도 경영하였는데, 홍콩·광주·한구漢口·상해 등지에서 할리우드 영화 상영을 전문적으로 대행하였다. 1920년대 초 노근 산하의 영화관은 이미 중국의 주요 연해 도시들에 분포해 있었다. 홍콩의 황후皇后·신세계新世界·평안平安, 광주의 명주明珠·남관南關·모범模範, 상해의 대광명大光名·칼튼卡爾登; Carlton·국태 등의 극장을 보유하고 있었다. 이들 각 지역 영화관의 체인을 결성하였던 노근은 '화남 영화관 왕'이라 불렸으며, '화북 영화관 왕'인 나명우와는 대립 관계에 놓여 있었다. 중견 영화인 관문청關文淸; Kwan

Man-Ching은 노근을 중화 "영화관의 개척
자"로 묘사하고 있다. "화남 영화관의 창
시자는 노근이라 할 수 있다. 그는 일찍이
1920년대에 유대인 레이Ray와 함께 홍콩
파화가擺花街; Lyndhurst Terrace에 신비조극
장을 열었는데, 좌석 수는 200여 개에 달
했다. 이후 그 수익이 좋은 것을 보고서
는, 다시 광주 십팔보十八甫에 제일신第一新
극장, 장제長堤에 명주극장을 열면서, 좌
석 수는 600~700석으로 늘어나게 되었
다. 동시에 홍콩에는 황후극장, 구룡에는
평안극장을 세웠다. 그 당시 미국 영화의

노근 산하의 상해 국태대극장(國泰大戲院)

판매 세력의 영향력이 아직 극동 지역에
는 미치지 못했기 때문에, 그는 할리우드 영화의 광동성·홍콩·마카오 판권
을 싼 값에 사들일 수 있었다. 때로 영화 한 편으로 8~10만 홍콩달러를 벌
어들이기도 하였던 그는 덕분에 불과 몇 년 만에 거부가 되었다."[11]

　　1914년 유럽의 세계대전 발발 이전까지는, 유럽 영화(특히 프랑스 파
테프레르의 영화)가 미국 영화보다 훨씬 유행하였다. 1차 세계대전 발발 이
후 유럽 영화와 필름의 공급이 끊기자, 미국 영화사가 그 기회를 틈타 중국
에서의 영화 영사기자재 임대 및 필름 공급 시장을 차지하여, 단번에 프랑
스 영화를 추월했다. 노근은 MGM, 유나이티드 아티스트, 유니버설, 폭스,
파라마운트, 컬럼비아, 워너브러더스 등 할리우드 영화사들의 영화 상영을
전문적으로 대행했는데, 그 가운데 유명한 것으로는 「타잔」泰山; Tarzan 시리
즈, 「로렐과 하디」羅路和哈地; Stan Laurel & Oliver Hardy 시리즈 등이 있었다.

　　1920년대 초, 승승장구하던 노근에게 문제가 발생하였다. 1차 세계대

노근이 미국에서 들여온 「로렐과 하디」 시리즈

전이 끝난 뒤, 전쟁의 영향으로 유럽 영화의 공급이 축소되자 홍콩 영화 상영업자들은 갈수록 미국 영화에 의존하게 되었다. 그런데 미국에서 영화 제작의 중심지가 동부 연안의 뉴욕에서 서부 연안의 할리우드로 옮겨 가고, 8대 스튜디오가 흥성하게 되면서, 스튜디오 제작이 점차 전문화되기 시작하였다. 게다가 원래 영화 상영업자에게 주었던 영화 배급권을 스튜디오 측이 갑자기 되찾아와 배급 부서를 설치하고 직접 관리하기 시작하면서, 영화 상영업자의 중개인으로서의 역할은 곧 사라지고 말았다. 할리우드 대형 영화사들은 극동 지역의 여러 개항도시들에 배급처를 설립하고 영화관과 직접 1년 혹은 수년짜리 장기 계약을 맺었다. 이 계약을 통해 수익 배분 방식을 도입하여 배급처가 영화 상영 일정을 직접 통제하게 되자, 영화관은 더 이상 이에 간여할 수 없게 되었다. 이런 새로운 변화 속에서 영화관의 수익은 크게 줄어들었고, 상영 일정 조정권 역시 배급사에 귀속되었지만, 영화관은 영화가 좋건 나쁘건 간에 상영할 수밖에 없었다. 할리우드 영화 제작사의 경우, 일단 영화의 제작이 완료되면 그 이후로 제작 원가에는 변동이 없었다. 하지만 극장은 매일 자금을 소모해야 하기 때문에, 만일 상영 영화가 좌석을 채우지 못하면 그 손실은 막대하였다. 상영 일정 조정권이 배급처에 귀속되었던 것 역시 영화 상영업자들을 곤경으로 몰아넣었다. 홍콩의 영화 상영업자 역시 다른 지역과 마찬가지로 타격을 입을 수밖에 없었고, 또한 이로 인해 다른 공급원을 찾아야만 했다. 그래서 노근은 생각을 바꿔, 사업 방향을 상해 영화의 배급 쪽으로 전환하기로

미국의 대형 스튜디오들이 영화를 직접 배급한 이후로, 노근은 상해에서 배급하는 영화를 홍콩에 들여오기 시작하였다. 위 사진은 당시 큰 인기를 끌었던 영화 「불타는 홍련사」의 한 장면

결정한다. 노근의 명달영화사는 상해 영화 제작업자를 대신해 영화를 홍콩에 가져와 배급·상영하였는데, 상해 명성영화사明星公司의 「불타는 홍련사」火燒紅蓮寺가 그 가운데 하나였다. 모두 19편이나 만들어진 이 영화 시리즈의 각 편당 판권은 2,000홍콩달러였으며, 매표 성적이 매우 좋았다. 당시 화인 영화 제작업자와 상영업자는 이윤 배분 시스템이 없었기 때문에, 매표수익은 모두 상영업자인 노근의 주머니로 들어왔으며, 상영업자의 지위 또한 매우 높았다. 수익을 좇아, 1930년대 초에 두 개의 새로운 회사가 설립되었다. 노근의 명달영화사와 경쟁 관계였던 이 두 회사는 상해 영화를 홍콩에 전문적으로 배급·상영하였다. 그 가운데 화위영화사華威公司는 명성영화사의 영화를, 중화영화사中和公司는 기타 소형 제작사 영화의 배급·상영을 전문적으로 대행하였다. 이러한 치열한 경쟁은 명달영화사의 수익에 큰 영

'화북 영화관 왕' 나명우

향을 주었다. 이후 노근은 큰 뜻을 품고서 '화북 영화관 왕' 나명우와의 합작을 계획하였다. 극장 사업을 확장하여 직접 영화를 제작하고, 그 영화의 상영 및 배급권을 취하고자 하였던 것이다. 영화 상영업자와 제작업자의 합작 관계는 이로부터 형성되기 시작한다.

'화남 영화관 왕' 노근과 대립하고 있던 나명우는 '화북 영화관 왕'으로 불리고 있었다. 그는 광동성 번우番禺 사람으로, 홍콩에서 태어났다. 부친 나설보羅雪甫는 홍콩 덕상노린양행德商魯麟洋行; Reuter Brocklemann and Co.의 매판買辦 자본가였고, 둘째 숙부 나문장羅文莊은 중화민국의 고등법원장이었으며, 셋째 숙부 나문간羅文幹은 외교부장이었다. 나명우의 극장 왕국은 이 같은 나씨 가문의 든든한 정치적·경제적 배경 덕분에 만들어질 수 있었다. 나명우는 1918년 북평北平[7]에 올라가 숙부 나문장의 집에서 기거하면서, 북평대학 법대에서 수학하였다. 당시 북평에는 외국인이 경영하는 평안극장平安戱院이 있었는데, 주로 외국 영화를 전문적으로 상영했다. 표 값은 약 2위안으로, 당시 쌀 반 담擔[8] 값에 해당하였다. 나명우는 부모에게서 자금을 얻고 셋째 숙부 나문간의 처남 종석근鍾石根의 협조를 얻어 1919년 진광극장眞光影戱院을 설립했

---

7 현재의 북경(北京)을 가리킨다. 청 왕조의 붕괴 이후 수도로서의 기능이 약화됨에 따라, 북경으로 불리기 이전에 사용되던 원래 지명인 '북평'으로 불리는 경우가 많아졌으며, 1928년에는 공식적으로 '북평시'로 개명되기도 하였다.

8 1담은 약 50킬로그램이다.

는데, 좌석 수는 700개였다. 스스로 사장이 된 나명우는 표 값을 평안극장보다 훨씬 저렴하게 받았으며, 또한 외국 업자들과 경쟁하기 위하여 세력을 확대했다. 1924년에서 1925년까지 북경의 중앙대극장中央大戯院, 천진의 황궁극장皇宮影戯院과 북하극장北河影戯院 등을 세우고, 또한 국내 반제국주의 정서의 고양으로 인해 일부 외국 업자들이 철수하는 기회를 틈타, 외국 업자들이 경영하던 영화관을 인수 합병하였다. 1927년에는 화북영화사華北電影公司를 설립하고, 북경·천진 두 지역의 6대 극장을 연합했으며, 또한 태원太原, 제남濟南, 석가장石家莊, 동북東北 등의 지역에 영화관을 개축 혹은 증축하였다. 1929년, 20여 개의 영화관을 보유하였던 나명우는 동북 5개 성의 영화 배급업과 상영업을 거의 장악했다. 하지만 1928년 이후로 미국의 유성영화가 북경에 수입되자, 나명우는 산하의 모든 극장을 일시에 유성영화 상영용으로 전환할 수 없었다. 이로 인해 외국 영화의 공급이 고갈됨에 따라, 그는 스스로 영화 제작사를 만들기로 결심하였다. 나명우가 지나온 길은 노근과는 달랐지만 결국 한길에서 만나게 되었던 것이다.[12]

3. 남·북 영화관 왕의 합작

1930년대 초, 진업영화사의 주력 사업은 이미 할리우드 영화의 배급으로부터 상해 영화의 배급 쪽으로 옮겨 갔으며, 그 경영 기반 역시 점차 북쪽 상해로 옮겨 갔다. 노근은 산하의 49개 극장을 '연합회사'聯合公司로 조직하였는데, 이 회사의 또 다른 주주는 상해의 미국계 은행 이사인 그랜트 마크Grant Mark였다. 1933년 노근은 산하 극장체인의 안정적인 영화 공급을 위해, 직접 영화 제작에 투자하였다. 나명우의 협조를 통해 홍콩 명원촬영장名園片場을 임대한 노근은 미국에서 돌아온 촬영기사 팽년彭年에게 영화 제작 업무 전반을 맡겼다. 노근은 자신이 만든 광동어 영화를 나명우가 만

중견 영화인 관문청

든 표준어 영화와 서로 교환하여 각자의 산하 극장체인에서 상영함으로써, 할리우드 영화의 독점에 대항하고자 하였다. 이후 노근은 진업영화사의 녹음설비를 이용하여 「매로배수」呆佬拜壽라는 영화를 제작하였다. 관문청은 이에 대해 다음과 같이 상세히 기록하고 있다.

1930년대에 이르러 미국의 대형 영화사가 극동의 각 개항도시에 배급소를 설립하여 영화관과 직접 1년 혹은 수년짜리 장기 계약을 맺고, 수익 배분 방식을 통해 모든 영화와 상영 일정을 배급처에 귀속시킴에 따라, 영화관은 더 이상 이에 간여할 수 없게 되었다. 이로 인해 이익이 줄어들고 자본 잠식의 가능성도 커지게 되면서, 영화관들은 돈 벌 기회가 사라져 버렸다. 상영 일정 조정권이 배급사에 귀속되었기 때문에, 영화가 좋건 나쁘건 모두 상영되었다. 그리고 좋은 영화는 여러 번 다시 상영되었다. 한 편의 영화가 제작되고 상영될 때, 제작 원가는 이미 정해져 있지만 극장은 매일같이 돈을 써야 한다. 만일 한 영화의 판매가 부진할 경우, 영화 제작업자의 입장에서는 몇 번을 복제하건 마찬가지이지만, 영화 상영업자는 헛돈만 쓰게 되는 셈이었다. 노근은 서양 영화를 계속 상영하는 것이 별 전망이 없음을 깨닫고서 국산 영화 쪽으로 관심을 돌렸다.

나명우가 유럽과 미국에서 영화 사업을 둘러보고 돌아왔을 때, 그(노근)는 환영 파티 자리에서 나명우와 영화 제작 사업을 상의하였다. 당시 나명우는 '화북 영화관 왕'이라 불렸고, 노근은 '화남 영화관 왕'이라는 별명으로 불렸다. 영화계의 이 두 거물은 연합하여 할리우드 제작사의 '트러스

트' 정책에 대응하고자 하였는데, 이
를 통해 국면을 전환하고자 하였다.
이리하여 여타 지역의 연화영화사聯
華影業公司 산하 사업장들을 철수시키
고 서가회徐家匯 지역에 집중하고자
하였던 나명우는 홍콩의 명원촬영장
을 그에게 빌려 주어, 광동어 영화의
촬영 제작에 착수할 수 있도록 해주
었다. 나명우는 상해에서 표준어 영
화를 촬영하는 데 전력을 다하였고,
제작된 영화를 서로 교환하여 각자
산하의 영화관에서 상영하도록 하였
다. 이렇게 함으로써 서양 영화사들
의 압박을 이겨 내고자 하였다.

이후로 명원촬영장을 직접 관장하
게 된 노근은 인력들을 불러 모아 크
게 세력을 형성하였다. 서양인 스미
스Smith에게는 암실 책임자를, 팽년
에게는 스튜디오 책임자를, 그리고
후요侯曜에게는 감독 겸 '배우아카데
미' 책임자를 맡겼다. 배우의 경우,
연화영화사의 고정 장기 계약 배우
인 오초범吳楚帆·황만리黃曼梨 이외
에, 자후칠子喉七을 초빙하였다. RCA
의 소형 녹음기를 빌려 이를 자동차

나명우가 세운 진광극장. 당시 독특한 건축양식으로 유명
하였으며, 지금은 중국아동극장(中國兒童劇場)으로 바뀌
었다.

유성영화가 들어온 뒤로 나명우는 산하의 극장체인을 개
편하고, 대륙의 영화를 직접 제작하기 시작하였다.

에 장착함으로써, 스튜디오 안과 밖에서 모두 사용할 수 있었다. 그는 나와 여러 차례 상의하여 2년 전속 계약을 맺으려 하였지만, 당시 나는 연화영화사를 대신하여 미국에 배급망을 조직하려던 일이 아직 마무리되지 않았기 때문에……객원 각본·연출만을 맡기로 하였다. 그리고 매주 한 차례씩 배우아카데미에서 '극 이론'을 가르치는 정도만 허락하기로 하였다. 그가 나에게 시나리오가 있냐고 묻기에, 나는 「생명선」生命線의 대본을 그에게 보여 주었다. 그는 이를 자신의 비서 노민魯民과 스튜디오 책임자 팽년에게 보여 주고서 함께 상의했지만, 그들은 「생명선」의 소재가 너무 심오해, 광동어 영화 관객의 입맛에 맞지 않을 것 같다고 판단하였다. 그들은 대신 나에게 「매로배수」를 찍자고 제안하였다. 그 무렵 「사자동방」傻仔洞房이라는 영화가 나와 크게 흥행하였는데, 「매로배수」를 만들기만 하면, 돈을 긁어모으게 될 거라는 것이었다. 하지만 이런 영화는 내가 자신 있는 분야가 아니었기 때문에 감독 맡는 것을 사양하였다. 그래서 후요가 각본·연출을 맡고, 자후칠과 황만리가 주연을 맡게 되었다. 이는 진업영화사의 첫 작품이었지만, 흥행 성적이 별로 좋지 못하여 결국 마지막 영화가 되고 말았다. 노근은 파산을 선언하고 진업영화사는 문을 닫았다. 사실 영화 제작의 실패가 노근이 파산한 주요 원인은 아니었다. 그의 실패는 상해 대광명극장大光明戱院의 건립에서 기인한 것이었다. 들리는 바에 따르면, 당시 그는 그랜트 마크와 합자하여 극장을 짓고 있었는데, 그 예산을 확보하는 데 실패하게 되면서 자금 순환에 압박을 받게 되었던 것이라 한다. 또 어떤 이는 그가 서양인 동업자에게 사기를 당한 것이라 말하기도 하였다.[13]

극장체인의 경영에서 영화 배급·제작으로 사업 영역을 확장하고자 했던 노근의 계획은 결국에 성공하지 못하였다. 노근이 1935년 7월 파산 선고를 받게 되면서, 그의 극장 사업과 영화 제작 사업 역시 실패하고 말았기 때문이었다. 노근의 아들 노지강盧志强과 딸 노지정盧志貞의 회고에 따르면, 그랜트 마크로 인해 노근의 영화관 왕국이 몰락하게 된 것이었다고 한다. 노근은 마크의 투자 승낙을 받고 난 후, 바로 은행 대출을 받아 상해의 대광명극장을 개축하기 시작하였다. 투자 자금의 지급을 미루던 마크는 노근이 거금을 빌려 건축을 시작하자 그에게 자신과 함께 연합회사의 주식을 새로 발행하자고 건의하였다. 마크는 이 회사의 명성을 이용해 주식시장에서 주가를 올려 그 이득만을 차지하고자 하였던 것이다. 이 제의를 거절한 이후로 은행의 빚 독

상해 대광명극장이 빚에 몰리게 되면서 노근은 파산 선언을 하게 된다.

촉을 받게 되자 노근은 법정에 여러 차례 제소하였고 결국 마크는 사기미수죄로 추방당하였다. 하지만 노근의 회사는 이미 배상할 능력이 없었기에 1935년 은행에 차압당하였다. 노근은 회사를 청산한 후 광주로 돌아갔다가, 광주가 일본군에 함락된 이후 다시 상해로 옮겨 와 1968년 상해에서 심장병으로 사망하였다. 향년 80세였다. 노근은 상해의 영화관이 몰수된 이후 천진과 광주에서 몇 개의 작은 영화관만을 경영하였다. 그리고 폐기된 필름의 수입도 겸하였는데, 이 낡은 외국 영화 필름은 공업 원료로 팔기 위한 것이었다.[14]

비록 노근은 나명우와의 합작 계획을 성사시키지 못한 채 1935년 영화관 왕국의 몰락과 함께 불행한 결말을 맺고 말았지만, 다른 한편으로 나명우는 영화 상영업자의 신분으로 제작자 여민위와 연합하여 연화영화사를 세워 중국 영화사에 한 획을 긋게 된다.

2장 / 영화 제작업의 맹아

중국 본토에서 영화 제작의 발전은 영화 상영업에 비하면 매우 느린 편이었다. 영화가 중국에 들어온 주요 경로는 각기 상해와 홍콩이라는 두 항구도시였다. 중일전쟁이 발발하기 이전까지, 상해의 영화 제작 산업은 승승장구하여 홍콩보다 훨씬 앞서 있었다. 비록 많은 회사가 한두 편의 영화를 찍고는 소리 소문도 없이 사라져 갔지만, 중국 경제의 중심지인 상해에 와서 영화에 투자하고자 하는 국내외 상인들의 발길은 끊이지 않았다. 홍콩 최초로 중국인이 참여 제작한 영화인 「투소압」偸燒鴨 역시 상해와 관련이 깊었다.

20세기에 들어선 이후로, 서양의 조계지였던 상해는 마치 만국박람회와도 같았다. 전 세계 각지에서 온 수많은 노련한 장사치들, 예를 들자면 러시아계 미국인 벤저민 브로드스키Benjamin Brodsky 같은 이가 상해에 찾아와 사업을 시도하였다. 브로드스키는 1875년 러시아의 한 작은 마을에서 태어났다. 범상치 않았던 그는 소년 시절 이미 서커스단을 따라 중국을 유람한 바 있다. 그는 중국에서 수출입 사업을 경영하였지만, 아쉽게도 1906년 샌프란시스코 대지진 때, 수년간 애써 일궈 온 사업을 일거에 날려 버렸다. 이후 그는 뉴욕에서 오래된 영화 필름과 영사기를 여럿 구입하여 중

상해 아시아영화사의 광고

국에 돌아와 재기를 시도하였다. 상해에 극장을 개업한 그는 안정적인 영화 공급을 위해 1909년에는 아시아영화사亞西亞影戲公司 혹은 亞細亞電影公司; Asia Motion Picture Company를 설립하였다. 그 사이 브로드스키는 수차례 남쪽에 내려가 홍콩에서 연극에 심취한 젊은이들과 교류하였는데, 그들 가운데 여북해黎北海, 여민위黎民偉 형제는 이후 큰 명성을 얻었다. 여민위는 광동 출신 화교로, 1893년 일본에서 태어났으며, 이후 홍콩으로 건너가 성바오로서원聖保羅書院에서 수학하였다. 문예와 촬영, 연극 등을 좋아했던 그는 1911년 친구 양소파梁少坡 등과 청평락문명연극단清平樂文明戲劇團을 결성하여 「애하조」愛河潮 등의 연극을 공연하였다. 단원 가운데는 동맹회同盟會 회원도 적지 않았는데, 청 왕조의 몰락 이후 인아경극사人我鏡劇社로 이름을 바꾸었다. 이들은 홍콩 영화사에 있어서 최초의 영화인이었다.[15]

상해 아시아영화사 구성원의 단체 사진. 사진에서 가장 오른쪽에 서 있는 사람이 창립자인 브로드스키

1. 아마추어 단계 : 여민위와 인아경극사

1909년 브로드스키는 홍콩을 방문하여 문명극^{文明戲}[9] 애호 청년들과 합작으로 단편영화 「투소압」을 촬영하였다. 이 코믹·액션 무성영화에는 단지 세 명의 배우만이 등장하는데, 여북해, 양소파, 황중문^{黃仲文}은 각기 경찰, 도둑, 음식 노점상 역을 맡았다. 이 영화는 비쩍 마른 도둑이 온갖 꾀를 다 써서 뚱뚱한 노점상의 가판대에서 오리구이를 훔쳐 낸다는 내용을 담고 있다. 여북해 등이 시나리오·배우·소품 등을 담당하고, 브로드스키가 기자재와 자금을 제공하였다. 영화에서 경찰 역도 맡았던 여북해는 이를 계기로 영화와는 떼려야 뗄 수 없는 인연을 맺게 된다.

---

9 문명극은 중국 현대 연극의 기원이 된 형태로, 청대 말기 일본에서 유학한 청년들이 일본 메이지 유신 이후의 신파극에서 영향을 받아 전통극을 개량하여 만든 새로운 형태의 연극을 가리킨다.

1912년 브로드스키는 아시아영화사를 다른 이에게 넘겨주고, 홍콩에 내려와 화미영화사華美影片公司를 세웠다. 그는 촬영기사 나영상羅永祥을 통해 여북해의 동생 여민위를 알게 된다. 일본 화교였던 여씨 형제는 원적이 광동성 신회新會로, 부친은 일본에서 장사를 하고 있었다. 1913년 여씨 형제는 인아경극사의 명의로 화미영화사와 계약을 맺고 「장자시처」莊子試妻라는 단편영화를 제작하였다. 줄거리는 대략 다음과 같다. 장자莊子는 거짓으로 죽은 척하

여민위(왼쪽)와 형 여북해

여 장례를 치른 후, 병든 미소년으로 변장해 자신의 아내를 유혹하여 아내에게 관을 열어 장자의 머리를 가져다 자신의 병을 치료하도록 요구한다. 아내는 유혹을 이기지 못해 전 남편을 버리고 새 애인의 사랑을 선택하였다. 하지만 결국 진상을 알게 된 아내는 부끄러워 어찌할 바를 몰라 하고, 장자 자신은 큰 깨달음을 얻게 된다는 내용이었다. 이 영화는 여북해가 감독 겸 장자 역을 맡고, 여민위가 각본 겸 장자의 아내 역을 맡았으며, 여민위의 아내 엄산산嚴珊珊이 시녀 역을 맡았다. 이 합작 영화

여민위의 아내, 배우 엄산산

가 성공하자, 브로드스키는 인아경극사에 수백 위안의 돈을 주고서, 영화 판권을 화미영화사에 귀속시켰다. 브로드스키의 인맥을 통해, 「투소압」과

「장자시처」는 모두 로스앤젤레스에서 상영되었다. 이 두 편의 영화를 통해 여씨 형제는 홍콩 영화사에 한 획을 그었다.[16] 하지만 이 두 편의 영화 이면에 어떤 상업적 계산이 있었던 것 같지도 않고, 또한 커다란 이익을 가져다주지도 못했다는 점에서 보자면, 이는 홍콩 초기의 실험영화라 할 수 있을 것이다.

2. 생산과 판매의 결합 : 민신영화사와 신세계극장

영화 제작을 하나의 상업적 투자 대상으로 삼고자 한다면, 영화의 배급·상영과 자본 회수 모두를 고려하지 않을 수 없으며, 또한 안정적인 '상영 창구'를 찾아야만 할 것이다. 1920년대에 들어와 여씨 형제는 영화의 안정적인 상영 경로를 찾아 나서게 된다.

  1921년 여북해·여민위 형제는 홍콩 상환上環에 신세계극장新世界戲院: New World Theatre을 짓고, 1922년에는 당시 일본 미쓰이양행三井洋行의 매판이었던 형 여해산黎海山과 함께 신문을 통해 주주를 모집하였다. 그 이듬해에는 민신영화사民新製造影畵片公司(이하 '민신')를 설립하고, 할리우드에서 돌아온 영화 기사인 관문청을 고문으로 삼았다. 그리고 그 사이 여민위는 여러 편의 뉴스 다큐멘터리를 제작하였다. 1923년 여민위는 「일본 제6회 동아시아운동회에 참가한 중국 선수」中國競技員赴日本第六屆遠東運動會라는 다큐멘터리를 제작하였는데, 그 의도는 중국인이 '동아시아의 병자'東亞病夫라는 오명을 불식시키고자 함이었다. 1924년에는 멀리 북경에 가서, 매란방梅蘭芳을 위해 「목란종군」木蘭從軍, 「서초패왕」西楚覇王 등 경극의 일부를 촬영·제작하기도 하였다. 이는 실험적인 작품으로, 신세계극장에서 상영된 적은 없었다. 이후 광주에 돌아온 여씨 형제는 서관西關의 다보방多寶坊에 촬영장을 세워 「연지」胭脂라는 작품을 제작하였으며, 또한 관문청과 함께 민신民新

홍콩 민신영화사 건물

여씨 형제가 홍콩에 개관한 신세계극장

배우아카데미를 만들었다.

「연지」의 제재는 『요재지이』^{聊齋志異}에서 가져온 것으로, 제작비는 1만 홍콩달러였다. 감독은 여북해가 맡았고, 여민위와 그의 아내는 각각 남녀 주인공을 맡았다. 이 영화는 광주에서 촬영하였는데, 매일 촬영을 마치면 필름을 그날 바로 홍콩에 보내 현상·인화하고 편집하여, 3개월 만에 완성하였다. 「연지」는 여씨 형제의 신세계극장에서 상영하였는데, 꽤 인기가 좋아, 첫 주 상영에서만 6,000홍콩달러를 벌어들였다. 하지만 다른 극장에서는 상영하지 못하였기 때문에, '민신'의 경제 상황은 그리 낙관적이지 않았다. 그러나 여씨 형제의 포부는 여기서 멈추지 않고, 1925년 홍콩 북각^{北角:} North Point에 영화 촬영 스튜디오를 세울 수 있도록 홍콩 정부에 신청하였다. 하지만 여민위와 국민당 인사와의 밀접한 관계로 인해 홍콩 식민지 정부는 여씨 형제의 신청에 대해 다소 경계하였던 것으로 보인다. 어쩔 수 없이 여씨 형제는 광주로 옮겨 영화 촬영 스튜디오를 세웠다. 그들은 세트장 장면만 그곳에서 촬영하고, 야외 장면의 촬영은 홍콩에서 진행하였다. 광동 지역에서 촬영을 마친 필름은 여전히 매일 홍콩에 가져와서 현상·인화하고 편집하였다.[17]

비록 「연지」가 신세계극장에서 상영하여 적지 않은 매표수익을 올렸지만, '민신'의 경제 상황을 개선시키지는 못하였다. 그 배후의 원인은 사실 '민신'의 경영 방식에 있었다. 지출은 많은데 상영 경로는 너무 적었던 것이다. '민신'의 관계자였던 관문청은 과도한 제작비에 그 원인을 돌리고 있는데, 민신영화사의 경영 상황에 대해 그는 다음과 같이 설명한다.

민신영화사는 「연지」를 촬영한 후, 다음 작품을 찍을 자본이 없었다. 처음이라 경험이 없었던 데다, 예산도 없었던 것이다. 기기 담당이던 나영상이 작품성에 지나치게 치중했던 탓에 갖가지 기자재를 닥치는 대로 구매하

광주에서 「연지」를 촬영할 당시 배우들이 화장하는 모습

「연지」의 촬영 장면으로, 이 사진에서 가운데에
서 있는 사람이 여민위이고, 오른쪽은 촬영기사
나영상이다.

여 대부분의 자본금을 기기 구입에 사용해 버렸기 때문이었다. 그는 화장품만 수천 위안어치를 사들였다. 당시의 '얼굴 분장 재료'face paint는 연극 무대용 '맥스 팩터'Max Factor였고, 영화 전용 화장품은 아직 발명되지 않았었다. 하지만 결국 몇 년 뒤, 그 수천 위안어치 화장품은 무용지물이 되고 말았다. 그리고 수은등 구입에만 5만 위안 정도를 사용해, '확산형 조명'을 여덟 개, '지향형 조명'을 여덟 개나 사들였다. 이 정도면 연극 무대 같았으면 두 세트에서 쓸 수 있을 정도였다. 그리고 수은등이 어찌나 무거운지 한 개가 수백 킬로그램이나 나가, 두 명의 조명기사가 있어야 겨우 움직일 수 있었다. 당시의 필름은 감광속도가 느려 자연광을 사용하지 않을 경우 일반 등으로는 깨끗한 화면을 촬영하기 힘들었다. 때문에 수은등이 발명되었다. 만일 수은등이 없었다면 스튜디오 내에서 촬영하는 것은 불가능하였을 것이다. 이처럼 '날씨 눈치를 봐야만' 했기 때문에, 햇볕이 없으면 일을 멈춰야 했고 영화 제작 일자는 예정할 수 없었다. 후에 코닥Kodak에서 부단한 실험을 통해 필름 원료 제조 방법을 발전시켰다. 은의 함량을 높인 필름으로 촬영하여 더 깨끗한 화면을 얻을 수 있게 된 것이다. 그리고 '입자'를 더욱 가늘게 하여, 감광속도를 몇 배나 빠르게 만들어 일반 등의 불빛으로도 촬영할 수 있게 되었다. 그리하여 아크등이 나오게 되었다. 아크등의 장점은 가볍고 제조하기 손쉽다는 점이었는데, 등 하나에 약 20킬로그램 정도밖에 나가지 않았고 원가가 백 몇 십 위안 정도에 불과했다. 이로 인해 점차 수은등은 사용되지 않고 도태되고 말았다. 후에 유성영화가 나오자 아크등도 방전될 때 나는 '칙칙' 소리가 녹음에 방해가 되었기 때문에, 다시 오늘날의 강력한 '조명등'으로 바뀌게 되었다.[18]

민신영화사의 경영 방식과 장비는 상업적 이익에는 결코 맞지 않았다. 여민위는 영화를 제작하면서 시장을 그리 고려하지 않았기 때문에, '민신'

의 장기간의 수지 불균형에 대해서도 별로 곤혹스러워하지 않았던 것 같다. 그는 반대로 '영화 구국'電影救國의 구호를 제창하면서 영화의 기록으로서의 기능을 개척하였다. 서양 교육을 받은 홍콩의 다른 많은 젊은이처럼, 여민위는 학생 시절에 이미 중국의 '혁명 운동'에 공감하고 있었다. 그래서 그는 1920년대에 국민당에게 「손문 대원수의 전국 경비대 무장경찰 및 상단 시찰」孫大元帥檢閱全省警衛軍武裝警察及商團, 「손문 대원수의 북벌 선언」孫大元帥誓師北伐 등의 기록영화 여러 편을 무료로 제작해 주었다. 그 덕분에 여민위는 손문으로부터 '천

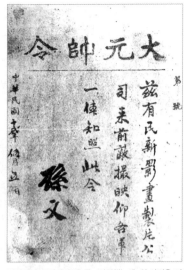

여민위와 국민당의 관계는 밀접했는데, 위 사진은 여민위의 종군 촬영을 비준한 손문의 친필 명령서이다.

하위공'天下爲公이라 쓴 족자를 받기도 하였다. 그러나 관문청은 이러한 정치적 관계가 결코 '민신'에 더 나은 경제적 수익을 가져다주지는 못했다고 지적한다.

민신영화사가 광주에서 수년간 촬영한 기록영화와 뉴스영화는 시장성이 없었다. 미하일 마르코비치 보로딘鮑羅庭; Mikhail Markovich Borodin(1차 국공합작 기간 동안의 소련 고문)에게 몇 편을 팔았던 것을 제외하고 나머지는 모두 영화 창고에 쌓여 있었다. 손문이 북경 협화協和병원에서 서거하고 나서야 그 기록영화들은 쓸모가 있게 되었다. 민신영화사는 국민당이 광주에서 추도회를 열 당시에 이를 촬영하기도 하였다. 그리고 수년간 촬영한 손문 선생 평생의 활동에 관한 기록영화들에 자막 설명과 최후의 「총리의 유언」總理遺囑을 보태어, 「손총리언행록」孫總理言行錄으로 집대성하였다.

1925년 광동·홍콩 대파업 당시. 관문청(사진에서 일반 넥타이를 매고 있는 사람)·양소파 등이 광동에 돌아와서 만든 남월영화사

국민당 중앙당부는 이 영화를 구입하면서 동시에 국내외 지부에 통지서를 보내, 20여 개의 지부가 모두 '필름 프린트'를 구입하여 기념으로 삼도록 했다. 어떤 이는 "손 총리가 일생 동안 사람들을 이롭게 하고자 애썼는데, 죽으면서는 당신 회사에 떼돈을 '가져다' 주었구려"라며 우스갯소리를 했지만, 사실 정부나 국민당에서는 한 번도 대금을 보내 준 적이 없었다.[19]

1925년 '광동·홍콩 대파업'省港大罷工이 발발한 이후, 홍콩 영화인들은 광주로 옮겨 갔는데, 관문청·양소파 등의 영화인 역시 광주에 '찬석'鑽石, '남월'南越 등의 영화사를 개업하였다. 1926년 여민위의 신세계극장은 거액의 손실로 인해 다른 사람 손에 넘어갔다. 여민위와 둘째 형 여북해의 경영 방침에 갈등이 생기면서 민신영화사는 둘로 나뉜다. 그 이후로 여민위는

식구를 데리고 상해로 갔고, 광주의 기존 멤버와 기자재는 둘째 형 여북해가 처리하도록 넘겨주었다.

3. 영화 제작업자와 상영업자의 합작 : 연화영화사의 탄생

민신영화사의 분열 이후, 여민위·여북해 두 형제는 극장업자의 후원을 구하였다. 여민위의 후원자는 '화북 영화관 왕' 나명우였고, 여북해의 후원자는 이희신利希慎이었다.

　　1928년 홍콩의 이무대극장을 경영하던 이희신과의 합작을 성사시킨 여북해는 '민신'을 광주에서 홍콩으로 옮긴다. 홍콩의 유명한 부동산업자였던 이희신의 원적은 광동성 개평開平[10]이었고, 단향산檀香山에서 태어나, 어려서 홍콩에 들어가 황인서원에서 공부하였다. 후에 항운 회사의 사장이 된 그는 홍콩 상업계의 터줏대감이었다. 1920년, 이희신은 이화양행怡和洋行으로부터 지금의 동라만銅鑼灣; Causeway Bay에 해당하는 동각東角; East Point 지역의 토지를 구입하여, 가로련산加路連山; Caroline Hill으로 옮겨 갔다. 그는 가로련산로加路連山道, 희신로希慎道, 이원산로利園山道, 은평로恩平道, 개평로開平道 등을 닦았으며, 남화南華체육관, 이원利園호텔, 이무대극장 등을 건립하였다. 이무대극장은 홍콩에서 유명한 월극 극장이었는데, 이후에 할리우드의 영화사로부터 영화를 공급받게 되면서, 안정적으로 영화를 상영할 수 있었다. 이희신의 공적에 관해서 그의 손녀 이덕혜利德蕙는 다음과 같이 설명하고 있다.

　　이화양행은 1864년 시 중심가로 옮겨 간 이후로, 동라만의 한 건물에 자리

10　광동성 주강(珠江) 삼각주 남서부 지역의 도시로, 이곳 출신의 화교가 많다.

이희신과 아들 이명택(利銘澤)

잡았는데, 이는 일반 직원들이 사용하였다. 1905년 자댕R. Jardine이 사망한 후로, 회사는 개인유한회사로 개편되었다. 대략 1923년 할아버지께서 동라만에 사업을 일으키실 무렵……서환西環; Sai Wan의 발전은 이미 포화 상태였고, 장래의 발전 추세는 동쪽으로 옮겨 가고 있었다.……당시 북각 연안에서 바다를 메우는 간척사업은 인근의 동라만산에서 건설 자재를 공급받고 있었다.……할아버지는 이 무렵 동라만 토지를 개척하여 식물원과 위락 시설을 운영하고 계셨는데, 이 원산利園山이 바로 그것이다. 또한 외국인 사업가의 대저택을 호텔로 개조해 1년 내내 중국인들의 위락시설로 제공하여 크게 성공하였다.

……할아버지는 후에 동라만산 아래쪽 빈민 지역의 토지를 사들여, 길을 넓히고 건물을 새로 지으셨다. 1926년 당시로서는 선진적이었던 회전무대를 설치한, 휘황찬란한 중국 극장인 '이무대'가 파사부가波斯富街; Percival Street에 그 위용을 드러냈다. 이무대극장은 당시 많은 사랑을 받던 오락거리인 중국 전통극의 공연 장소로 사용되었다. 극장의 원형 지붕 위에는 황금 용이 얹혀 있었고, 등이 가득 걸려 있어 당시 홍콩에서 가장 호화로운 중국 극장이었다. 또한 대련對聯[11] 쓰기 시합을 거행하였는데, 황인서원의 중문 교사 이정일李精一 선생이 쓴 대련이 우승하여 무대 양편에 걸렸다.[20]

11 건물의 기둥이나 벽면에 쓰거나 새기는 한 쌍의 대구(對句) 글귀를 가리킨다.

화려하게 장식된 이무대극장의 내부(양광복 촬영)

1950년대의 이무대극장과 이정일의 대련 현판

여북해는 극장업자인 이희신의 지원을 받아 이원산에 홍콩영화사를 세웠다.

여북해는 이희신의 지지를 얻게 되자, 광주 민신영화사를 홍콩의 이원산으로 옮기고, 홍콩영화사香港影片公司로 이름을 바꾸었다. 창업작인 「좌자희조」左慈戲曹는 바로 이원산로를 배경으로 촬영한 것으로, 그 영화의 소재는 『삼국연의』三國演義에서 취한 것이었다. 방사 좌자左慈가 어떻게 술법을 써서 조조를 조롱하였는지를 그린 작품이었는데 여북해가 각본·연출 및 주연을 담당하였고, 여주인공은 허몽흔許夢痕이, 촬영기사는 미국에서 돌아온 팽년이 맡았다. 여북해의 주관하에 홍콩영화사는 배우 아카데미를 세워 많은 인재를 양성했다. 허몽흔 외에도 유명 배우로는 설조영薛兆榮, 맥소하麥嘯霞 등이 있었다. 후에 설조영은 홍콩 연화聯華 스튜디오 배우아카데미의 지도교사가 되었고, 맥소하는 유명한 월극 및 영화의 각본·감독이 되었으며 『광동월극사』廣東粵劇史를 저술하기도 하였다.

한편 여민위는 1925년 상해로 건너가 이응생李應生과 함께 상해 민신영화사를 만들었다. 그리고 외국인 영화업자들에 맞서 「옥결빙청」玉潔氷淸과 「서상기」西廂記 등과 같은 영화를 제작하였는데, 그 가운데 「목란종군」木蘭從軍이 가장 심혈을 기울인 작품이었다. 제작진은 반년에 걸쳐 촬영을 진행하였는데, 천 명이 넘는 북벌군이 촬영에 동원되기도 하였고, 여러 성을 넘나들며 촬영하는 등 수많은 노력을 기울인 끝에 완성되었다.

하지만 천일영화사天一影片公司는 이와는 달리 10여 명의 인원만을 써서 불과 13일 만에 같은 소재의 영화를 만들어 냈다. 그리고 이를 먼저 상영함으로써, 결과적으로 '민신'의 매표수익을 크게 감소시켰다. '민신'은 여러

상해 민신영화사, 맨 왼쪽이 여민위

면에서 경영상의 곤란을 겪고 있었는데, 여민위는 이러한 상황에 대해 다음과 같이 설명하고 있다. ① '민신'이 제작한 영화는 비록 절강浙江 지역에서 일부 극장업자의 지지를 얻어 상영 경로를 확보할 수 있긴 하였지만, 극장업자의 배분 방식은 '민신'에 매우 불리했다. 당시 절강 지역의 극장들은 영화 공급업자에게 영화 임대료(편당 100위안)만을 지불할 뿐, 제작업자에게 어떤 '분배'나 '배당'도 주기를 거부하였다. 영화 한 편당 100위안의 임대료로는 '민신'이 자본을 회수하기 힘들었다. ② 당시 상해는 중국 제1의 무역항으로 스튜디오와 영화 제작사가 난립하였고, 촬영 제작 기술은 광주나 홍콩보다 훨씬 앞서 있었다. 상해에서 이처럼 강한 적수들과 맞서 싸우는 것이 '민신'에게 그리 쉽지만은 않았다. 이런 상황하에서 '민신'은 극장업자와 연합해서 시장 경쟁력을 강화할 수밖에 없었다.

1929년에 이미 여민위의 자본은 거의 바닥난 상태였다. 여민위는 10여 년간 영화를 제작했지만 아직 여전히 안정적으로 상영할 극장체인을 확

나명우(왼쪽에서 두번째)와 여민위(오른쪽에서 첫번째)가 민신영화사 앞에서 함께 찍은 사진

보하지 못해 해마다 손해를 보고 있었고, 결국 나명우와 합작하기로 결정했다. 나명우는 북방 5개 성에 극장체인을 갖고 있었고, 설립한 영화관 수는 갈수록 많아지고 있었다. 그래서 이번 합작은 제작 부문만 있고 배급·상영 경로가 없었던 민신영화사의 치명적인 약점을 보완해 줄 수 있었다.

1929년 11월, 화북영화사(이하 '화북')의 사장인 나명우는 상해에서 민신영화사의 사장인 여민위와의 합작을 성사시켰다. '화북'은 '민신'이 영화를 제작하는 데 자금을 지원하고, 완성작은 화북영화사 산하의 극장체인에서 상영하기로 결정하였다. 영화의 질을 보장하기 위하여 양측은 영화 한 편의 제작비가 4만 위안 이하로는 내려가지 않도록 하였다. 그리고 제작 기간 역시 4~5개월 이상이 되도록 정하였다. 이 외에 두 사람은 각본과 감독의 수준에도 관심을 기울여 '국산 영화 부흥, 국산 영화 개조'라는 기치를 내걸고서 '외국산 영화의 독점에 대항'하고자 하였다. 12월 초, 나명우는 화북영화사의 명의로 민신영화사와 함께 「고도춘몽」故都春夢과 「야초한화」野草閑花를 제작하였다.[21]

1932년, 나명우와 여민위는 '화북'과 '민신'을 기반으로 대중화백합영화사大中華白合影片公司를 합병하고, 연화영화제작·인화유한회사聯華影業製作印刷有限公司(이하 '연화')를 정식으로 창업하여, 홍콩과 상해 두 지역에 등록하였다. '연화' 산하에는 각기 연화 제1스튜디오(원래 민신영화사), 제2스튜디오(원래 대중화백합영화사), 제3스튜디오(원래 홍콩영화사), 제4스튜디오(원래 상해영화사上海影戲公司), 그리고 북경의 제5스튜디오 등이 있었다. 이들 제작소는 독립적으로 운영되었는데, 서로 예속되지 않고 촬영 제재 역시 각기 달랐다. 홍콩 갑부 하동何東, 내각 총리 웅희령熊希齡, 장학량張學良의 부인 우봉지于鳳至, 인기 경극 배우 매란방, 인기 월극 배우 마사증馬師曾 등이 각 제작소의 이사직을 맡았다. 이 밖에 중국은행 총재 풍경광馮耿光, 호표만금유虎標萬金油; Tiger Balm의 호문호胡文虎, 남양담배회사南洋煙草公司의 간옥

'연화' 구성원의 단체 사진. 앞 열에 서 있는 사람들 가운데 여민위(맨 왼쪽), 임초초(林楚楚, 왼쪽에서 두번째), 진연연(陳燕燕, 왼쪽에서 세번째), 나명우(왼쪽에서 여덟번째), 설각선(薛覺先, 왼쪽에서 열번째), 완령옥(阮玲玉, 오른쪽에서 여섯번째) 등이 보인다.

계簡玉階, 나명우의 부친이자 노린양행魯麟洋行의 매판인 나설보羅雪甫, 나명우의 숙부인 국민당 정부 최고법원장 나문장羅文莊과 국민당 정부 외교부장 나문간羅文幹 등도 이사로 있었다. 이 같은 정계와 재계의 결합, 남과 북의 회합이라는 면에서 '연화'의 정치적 배경과 경제적 기반은 유일무이한 것이었다. 또한 이들은 '예술 제창, 문화 선전, 국민 계몽, 영화 산업 구원' 등의 구호를 내걸고 '국산 영화의 부흥과 국산 영화의 개조'에 진력하였다.[22]

4. 영화 산업의 쌍생아 : 스튜디오와 영화 스타

1930년대 상해는 중국 영화 산업의 중심지였으며, '연화', '명성', '천일'이 삼족정립三足鼎立의 형세를 이루고 있었다. 일부 화상華商은 할리우드 스튜디오를 본받아 경영 전략을 변경하기 시작하였다. '연화'를 예로 들자면, 나명우는 지역적 한계를 넘어서고 더욱 높은 전국 시장 점유율을 쟁취하기 위하여, 홍콩·상해·북경 등지에 스튜디오를 연달아 설립하고, 할리우드의 기업 시스템을 모방하였다. 그 산하의 진용은 매우 대단하였다. 감독으로는 채초생蔡楚生, 주석린朱石麟, 복만창卜萬蒼, 악풍岳楓, 손유孫瑜, 각본가로는 전한田漢, 금경우金擎宇, 종석근鍾石根, 배우로는 완령옥阮玲玉, 임초초林楚楚, 왕인미王人美, 여작작黎灼灼, 진연연陳燕燕, 오초범, 황만리, 김염金燄, 고점비高占飛, 장익張翼, 왕호王豪, 유계군劉繼群, 한란근韓蘭根 등이 있었

'연화'는 홍콩·상해·북경의 세 지역에 스튜디오를 세웠는데, 위 사진은 상해의 연화 제1스튜디오의 모습이다.

다.「고도춘몽」,「야초한화」,「신녀」神女,「인도」人道,「자모루」慈母淚,「세 모던 여성」三個摩登女性,「연애와 의무」戀愛與義務,「어광곡」漁光曲,「철골란심」鐵骨蘭心,「십구로군항적광영사」十九路軍抗敵光榮史 등의 작품은 모두 큰 주목을 받았다. '연화'가 각지에 세운 스튜디오 역시 할리우드를 모방하여, 각 스튜디오들이 독립 제작 시스템을 시행하였다. 각 스튜디오 책임자들이 제작자를 맡아 독자적으로 예산, 자본, 촬영·제작 시간 등을 통제할 수 있었다.

대형 스튜디오의 출현과 함께 할리우드를 본받아 스타 시스템도 등장하였다. 중국 영화 발전의 초기에는 '아마추어'에 의해 영화가 시작되었는데, 아직 시스템화·관례화된 배우·각본·감독 등의 업무가 체계적으로 형성되지 않았기 때문에, 개인의 스타일이 종종 시스템을 압도하곤 하였다. 배우의 경우 입문하거나 훈련받을 만한 정해진 경로가 없었고, 오늘날과 같은 스타의 출연 계약이나 출연 보수 시스템 같은 건 더욱 없었다. 초기의 배우들은 대부분 '문명극'의 팬이었으며, 영화에 출연해도 정해진 보수가

'연화'의 작품 「대로」(大路)의 광고

'연화'의 작품 「신녀」의 광고

없었다. 이처럼 일반 연극 팬으로서 스크린에 데뷔하게 되었던 초기의 배우들은 대체로 신기한 서양의 오락거리를 좋아하여 입문하거나, 친구 소개로 스크린에 나오게 된 경우가 많았다. 중견 영화인 오민초吳民超, 약풍 등은 당시의 영화 촬영은 "자기가 차비 들여 가며 촬영하고, 식사도 스스로 해결해야 했다"고 회고하고 있다. 상해에서 '명성', '천일', '연화' 등의 3대 영화사가 확립되고 나서야 비로소 스타를 발굴해 전문적으로 훈련시키거나, 영화배우 팬클럽 影友會을 조직하거나, 연예신문·잡지를 창업하는 등의 활동이 유행하기 시작하였다. 그리고 점차 스타가 관중을 극장으로 끌어들이는 중요한 요인이 되어 감에 따라, 스타에 대한 보수 체계 또한 차츰 수립되기 시작하였다.

당대 최고 인기 배우 완령옥(1910~1935)이 명성을 얻게 되는 과정은 바로 '명성'과 '연화' 등의 제작사가 발전해 가는 과정이자 스타 시스템이 성립되는 과정이었다. 완령옥의 원적은 광동성 중산현으로, 상해에서 태어났다. 그녀의 부친은 가난과 병마로 인해 일찍 사망하였기 때문에 완령옥은 다섯 살부터 어머니를 따라 고용살이를 해야 했다. 장성한 후에는 주인집 이들 장달민張達民과 연애하여 결혼하게 된다. 장달민

당시 최고의 스타였던 완령옥이 영화계에 들어온 뒤 찍은 첫번째 사진

의 집안이 쇠락하자 완령옥은 생계를 이어갈 일을 찾아야 했다. 마침 당시 영화 산업이 차츰 유행하기 시작하면서 스튜디오들은 서로 경쟁적으로 배우를 모집하고 있었다. 1926년 그녀는 명성영화사에 합격하여, 「명의상의 부부」掛名的夫妻, 「백운탑」白雲塔 등을 포함한 여섯 편의 영화에서 주연을 맡아 두각을 나타냈다. 그 이후 완령옥과 장달민의 결혼은 파국을 맞아 합의 이혼을 하게 되는데, 그녀는 장달민에게 정기적으로 돈을 주어 부양하기로 하였다. 1929년 겨울, 완령옥은 새롭게 떠오르고 있던 연화영화사로 옮겨 가 「고도춘몽」 한 편으로 일급 배우의 지위를 얻게 된다. 이후 계속해서 「야초한화」, 「연애와 의무」, 「도시지야」都市之夜 등의 영화에서 주연을 맡으면서, 연예신문·잡지가 앞다투어 보도하는 영화계 유명 인사가 되었다. 완령옥의 영화 촬영 보수는 오늘날과 같은 '편수제'部頭[12] 전속 계약이 아니라 월급제 방식이었는데, 잘나갈 때 그녀가 손에 쥐는 월급은 은화로 2,000여 위안이나 되었다. 이 무렵 상해의 담배 제조업자 당계산唐季珊과 연애하여 동거를 시작한 완령옥의 연애담은 연예신문·잡지 보도의 초점이 되었다. 판매 부수를 올리기 위하여 각 신문사는 돈을 들여 장달민과의 합의 이혼 내막을 취재하였는데, 일부 보도 내용은 상당히 과장된 것이었다. 1935년 3월 8일 여성의 날婦女節, 완령옥은 연예신문·잡지가 그녀의 사적인 감정과 생활에 대해 보도하는 것을 더 이상 견디지 못하고 음독자살하고 마는데 향년 25세였다. 당계산이 내놓은 완령옥의 유서에는 "사람들의 말이 두렵다"라는 의미심장한 말이 담겨 있었다. 그 뒤 수만 명의 군중이 가두에서 완령옥의 운구 행렬을 지켜보았으며, 그 장례식장 문 앞에도 수만 명의 팬들이 운집하였다. 그녀의 죽음은 팬들의 분노를 불러일으켜 신문업계에 큰

---

[12] 편수제 계약은 영화사와 배우 사이의 전속 계약 방식 가운데 하나로, 일정한 월급을 지급하는 것이 아니라 한 해에 출연해야 하는 영화 편수를 정하여 계약을 맺는 방식을 말한다.

영면에 든 완령옥

완령옥 추도회 모습. 앞줄 왼쪽 두번째부터 여작작, 진연연, 여민위, 유계군, 나명우, 갈좌치(葛佐治), 손유 등의
모습이 보인다.

소란을 가져왔다. 여론의 화살은 장달민과 일부 연예신문 기자들에게 쏟아졌다. 장달민은 저주의 대상이 되어 여러 통의 살해 협박 편지를 받았으며, 몇 명의 소녀는 완령옥을 따라 자살하기도 했다.[23] 완령옥의 죽음은 가난한 집안의 여인이 좋은 기회를 잡아 스타가 되었다가 결국에는 자멸하고만 비극적인 이야기의 결말이었을 뿐만 아니라, 당시 스튜디오가 만들어낸 스타, 영화 산업의 번성, 연예신문 사업의 발흥 등의 시대상을 보여 주는한 단면이기도 하였다.

완령옥의 사망 이후, 상해 영화계에서 보수가 가장 많은 스타는 바로호접胡蝶이었다. 호접의 일생은 완령옥처럼 그렇게 비참하지는 않았다. 적어도 그녀는 괜찮은 말년을 보냈으며, 회고록을 쓰기도 하였다. 호접의 자서전 역시 중국 영화 스타 시스템의 변천을 보여 주고 있다. 호접은 광동성중산 사람으로, 그녀가 우련영화사友聯公司에 들어갈 당시의 소득은 겨우 은화 60위안 정도였다(당시 그녀의 하녀의 월급이 은화 6위안이었고, 쌀 50킬로그램 한 가마 가격이 은화 6위안이었다). 인기가 점차 올라가게 되면서, 그녀는 소일부邵逸夫 가족이 경영하는 천일영화사로 옮겨 가서, 당시 일급 배우의 보수에 해당하는 은화 100위안을 받게 되었다. 후에 '천일'을 떠나 '명성'과 계약할 무렵 호접의 월급은 이미 3배나 폭등하여, 은화 300위안으로늘어났다. 3년 후 '명성'에서 받은 호접의 월급은 이미 은화 2,500위안으로 조정되었고, 다른 회사에서는 포드 자동차를 그녀에게 제공하였다(그보다 인기가 조금 뒤지던 고란군顧蘭君의 월급은 은화 1,000위안에 못 미쳤고, 진파아陳波兒의 월급은 300~400위안 정도였다. 그리고 당시 포드의 고급 자동차 가격이 은화 1,000위안 정도였다). 1974년 인터뷰 당시, 호접은 과거 그녀가 받았던 월급 2,500위안 정도면 1974년의 물가로 환산했을 때 거의 10만 홍콩달러에 해당하는 금액이라고 웃으면서 설명해 주었다. 그녀가 과거에 받았던 보수는 1974년 당시 최고 인기 여배우였던 견진甄珍이 받은 금액

완령옥을 뒤이어 상해에서 인기를 끌었던 광동 출신
의 여배우 호접

호접이 출연한 영화 「만강홍」(滿江紅)의 광고

북평 중산공원에서 영화 「자유지화」(自由之花)를 촬영하는 모습. 오른쪽에 연기 중인 호접과 공가농(龔稼農)이
보인다.

보다 더 많았다. 하지만 견진의 경우 '편수제' 계약이었다는 점을 놓고 보자면, 호접의 편당 보수는 견진보다 훨씬 못하였다. 호접 시대의 보수는 월급으로 계산한 것이었고, 매월 밤낮없이 일해 2~3편의 영화를 찍어야만 했다. 그렇지만 편수제 출연료 시스템이 확립된 이후로도 호접은 여전히 당대 최고 출연료의 기록 보유자였다. 장선곤張善琨의 요청을 받아「연지루」胭脂淚의 주연을 맡았을 당시의 출연료는 8,000위안이었는데, 장선곤과 다시「절대가인」絶代佳人을 찍을 당시 호접의 출연료는 1만 위안으로 올라가 있었다.[24] 스타의 몸값은 바로 영화 산업의 흥성, 스튜디오 시스템의 흥기를 반영한 것이었다.

3장 / '연화'의 쇠락

1920년대 중반에 들어와 상영업자와 제작업자는 안정적인 영화 공급 및 상영 경로의 확보를 위하여 생산과 판매를 결합시켰다. 원래 영화는 전망 있는 장사거리였지만, 극심한 경쟁, 지출 초과, 관리 부실, 정국 혼란 등의 요인으로 인해 더 이상의 발전이 힘들어졌다. 그 가운데 '연화'의 흥망성쇠는 당시 영화 산업의 어려운 환경을 잘 보여 주고 있다.

1. 계파의 분열

1930년대 중엽, '연화'는 할리우드 스튜디오 시스템의 경영 방식을 모방하여, 홍콩·상해 지역에 여러 개의 영화 제작소를 보유하고 있었다. 그리고 나명우 산하의 극장체인은 '연화'의 영화에 전국적인 배급망을 제공해 주었다. 거기에 당대의 대스타 완령옥의 인기까지 더해져, '연화'의 위세는 대단했다. 하지만 '수직통합'된 영화 왕국을 건설하고자 했던 나명우의 계획은 아쉽게도 뜻대로 이뤄지지 않았다. '연화'의 명성은 비록 높아졌지만, 해마다 적자를 보고 있었다. 또한 '연화'의 일부 작품이 영화계의 찬사를 받기는 하였지만, 이윤은 아주 미미하였다. 관문청은 그 주요 원인을 "부실한

'연화'의 요인들. 앞 열의 왼쪽부터 주석린, 육결(陸潔), 여민위, 나명우, 도백손(陶伯遜), 오성재(吳性栽)

관리, 불완전한 조직, 과도한 지출, 지나치게 적은 작품 수 등으로 인해 자본이 점차 잠식되었기 때문"이라고 보았다. 관문청은 무엇보다도 그 원인이 '연화'의 스튜디오 독립 제작 시스템에 있었다고 지적한다.

소위 독립이라는 것은 바로 각 스튜디오가 독립적으로 제작을 하고, 스튜디오 책임자가 제작자 역할을 맡는다는 것을 의미하였다. 이런 시스템의 단점은 예산 계획이 없다는 데 있었다. 예산이야말로 제작자와 감독을 관리·통제하는 수단이었다. 할리우드에서는 만일 제작자가 영화를 찍으려 한다면, 우선 각본이 있어야 하고, 이상적인 감독과 남녀 주인공, 예상 자본의 금액과 촬영 시간 등이 상세히 나와 있어야 한다. 배급자는 이를 제시받아 심사를 통해 그것이 합리적이라 여겨져야만 비로소 영화 제작자와 계약을 맺었다. 그리고 그 예산 금액에 따라 영화 촬영에 자본을 공급하였다. 만일 예산을 초과하면, 제작자가 책임을 져야 했다. '연화'의 시스템은 제작자와 감독 모두 '돈은 상관하지 않고 잘만 만들면 된다'는 정책을 취

'연화'는 산하의 각 스튜디오의 여러 말이 끄는 마차와도 같았다. 상해 스튜디오(제2스튜디오)를 관리하던 오성재는 좌파 성향이었기 때문에, 친우파적인 나명우와는 다른 길로 나아갔다. 사진은 상해 스튜디오의 작품 「대로」(大路)의 한 장면

하고 있었다. 비용도 많이 들고, 제작 기간도 늘어났다. 자본은 연화영화사에서 지출되지만 명예는 제작자와 감독의 차지였기 때문이었다. 이로 인해서 각 감독은 매년 많아야 한두 편의 영화를 제작하였고, 심지어 어떤 감독은 2년에 한 편을 만들기도 하였다. 그리고 연화영화사 소속 연기자는 60~70명이나 되었는데, 이들은 모두 장기 계약을 맺고 있었다. 이렇게 적은 작품으로 이렇게 커다란 조직을 유지하려니 제대로 될 리가 없었다.[25]

관문청의 지적에 좀 과한 표현이 있기는 하지만, 각 스튜디오별로 계파가 형성되어 협조가 잘 이루어지지 않았던 연화영화사의 상황을 잘 반영하고 있다. 그러나 직접적으로 '연화'를 분열시켰던 힘은 사실 외재적 정치 환경으로부터 왔다.

중국의 정국이 혼란스러워지자, 영화계 역시 이로부터 자유로울 수는 없었는데, 이에 '연화'도 영화 생산을 중단할 수밖에 없었다.

2. 정치 세력의 영화계 개입

'연화'가 경제적 곤경에 직면하고, 내부적으로도 계파가 출현하여 화합이 이뤄지지 않게 된 것은 가히 설상가상의 상황이었다. 하지만 '연화'를 공식적으로 와해시켰던 것은 1930년대부터 상해 문예계에 나타났던 좌우익의 분열이었다. 1928년 장개석蔣介石이 북벌에 성공하자, 표면상으로는 군벌 할거 국면이 종결되면서 중국이 통일되었지만, 국민당과 공산당의 취약한 동맹관계도 오래지 않아 와해되었다. 국민당 내에는 숙청과 함께 곧이어 공산당원과 좌파 인사에 대한 체포와 살해가 진행되었고, 이는 문예계까지 확산되었다.

1928년 중국의 남북 분리 통치가 끝나고, 장개석이 남경南京에 국민당 정부를 세우면서 우파 세력이 대두하였다. 다른 한편으로 1921년 성립된 공산당은 1922년에서 1927년까지 국민당과 단기간 동안 합작하였지만,

북벌의 성공을 눈앞에 둔 상황에서 국민당이 공산당 숙청을 진행하여 산악 지역으로 피신하게 됨에 따라, 중국 공산당의 역량은 문예·선전 분야로 옮겨 갈 수밖에 없었다. 때문에 1930년대에 좌우파 세력은 모두 문예·영화계에서 정면충돌하게 되었다. 국민당이 공립 영화 스튜디오를 세울 무렵, 공산당은 지하모임 형태로 영화계에 침투하였다. 한편으로 공산당은 계급투쟁·반자본·반봉건 등의 좌경 영화를 제창하였고, 다른 한편으로 국민당은 '중국 전통문화 선양'을 구호로 하는 우경 영화를 내세웠다. 1930년에는 노신[루쉰]과 하연夏衍을 영수로 하는 중국좌익작가연맹中國左翼作家聯盟이 상해에 성립되었는데, 이들은 영화를 중요시하였다. 공산당 중앙선전부 산하의 중국좌익문화총동맹中國左翼文化總同盟은 중국좌익작가연맹, 중국좌익연극인연맹中國左翼戲劇家聯盟과 같은 여러 문화단체를 총괄하고 있었는데, 1933년에는 영화계에 산하의 영화소조電影小組를 설립하였다. 이 소조의 지도자는 구추백瞿秋白이었으며, 하연, 사도혜민司徒慧敏, 전한田漢 등이 핵심 구성원이었다. 이들은 네 개의 사업 방침을 세웠다. ① 시나리오 부문에 주력한다. 몇몇 영화사의 주요 감독의 시나리오 창작 일을 끌어온다. ② 영화 평론 사업에 주력한다. ③ 새로운 인물을 공급한다. 대학계·연극계·음악계·미술계 등의 진보적 인물들을 각 영화사에 소개한다. ④ 소련 영화를 적극 소개한다. 소련 영화 시나리오와 이론 저서를 번역한다.

좌익 인사가 '연화'에 참여하기 시작한 것은 1931년으로 거슬러 올라가는데, 전한은 진유陳瑜라는 필명으로 '연화'에 「모성지광」母性之光의 각본을 써주었고, 그 이후로 '연화'의 스튜디오를 위해 「세 모던 여성」의 각본을 집필하기도 하였다. 1932년 상해에서는 1·28 사건이 발발하였는데, 이는 일본군의 상해 침공에 맞서 채정개蔡廷鍇 장군의 부대가 저항한 사건으로, 이에 대한 중국 문예계의 반향이 매우 컸다. 시국이 혼란해지면서 무협과 신괴神怪 영화가 점차 관객으로부터 공감대를 얻지 못하자, 시장 감각을

'연화'를 대표하던 세 감독. 왼쪽부터 사동산(史東山), 손유, 채초생

지난 여러 제작자가 전략을 바꾸었다. 명성영화사의 경우 좌익 작가 하연, 아영阿英 등을 불러 각본 고문을 맡겼다. 이들 좌파 영화인은 제작사를 위해 10여 편의 영화 각본을 집필하였다. 하연의 「광류」狂流의 경우 소학교 교사가 한 향신鄕紳의 구제기금 횡령 사실을 폭로한 후, 촌민들을 이끌고 향신에 대항한다는 내용으로, 계급투쟁의 의미를 담고 있었다. 1933년 설립된 예화영화사藝華影業公司(이하 '예화') 역시 영화소조의 주요 사업 기반 가운데 하나였다. 당시 많은 신문·잡지의 영화 칼럼은 모두 좌파 문인이 주편을 맡고 있었다. 『신보』申報, 『시보』時報, 『신보』晨報의 경우, 진보적인 영화를 대대적으로 선전하여, 많은 관객을 끌어들였다. 1933년에 이르러 상해의 몇몇 주요 신문의 칼럼은 모두 좌파 진보 인사들이 장악하였다.[26]

좌파 진보 세력의 흥기에 대응하여, 국민당 요원 진립부陳立夫는 1933년 '중국 영화 사업 신노선'中國電影事業新路線을 제안하였다. 그는 영화를 통

좌파 영화인 하연이 감독한 「광류」. 한 교사가 촌민들을 이끌어 항신에 대항하는 이야기를 담고 있다.

해 중국의 구醬도덕을 회복하도록 고쳐시키고, '신의 중시, 평화 숭상, 인애 추구, 폭력 반대' 등을 제창하며, 새롭게 떠오르던 좌파 문예사조에 대항하고자 하였다. 국민당과 밀접한 관계를 맺고 있던 나명우는 우경화의 흐름에 따라, 국민당의 중국교육영화협회中國敎育電影協會가 제창한 '민족정신 발양, 생산건설 고양, 국민도덕 건설' 등의 구호에 호응하여, "국산 영화를 구원하고, 국수國粹를 선양하고, 국가 대업을 제창하고, 국가에 복무한다"는 '사국주의'四國主義를 내놓았다. 이와 동시에 국민당 정부를 지지하는 영화를 촬영하였는데, 공군 발전을 제창한 「철조」鐵鳥나, 국민당 정부가 제창한 '신생활운동'에 호응하여 만든 「국풍」國風 등이 바로 그것이다. 이들 영화는 당시 사회의 향락 풍조를 일소할 것을 호소하였다. 1933년 국민당 중앙당부 영화제작소는 상해에 자주 찾아와 뉴스영화의 합작 제작에 관하여 '연화'와 상의하였다. 1934년 11월에는 중국교육영화협회가 제1회 전국영화 시상식全國影片評獎을 조직하였는데, 연화 제1스튜디오가 제작한 「인도」人道 (1932)가 1등상을 수상하였다.

좌우파의 세력이 끼어들기 시작하면서 '연화' 산하의 각 스튜디오들의 연맹에도 변화가 나타났다. 나명우·여민위가 주관하던 연화 제1스튜디오와 오성재吳性栽·육결陸潔이 주관하던 연화 제2스튜디오가 각각 계파를 이루게 된 것이다. 연화 제2스튜디오에는 친좌파 성향의 각본과 감독이 비교적 많았기 때문에 이 스튜디오에서는 좌익 영화가 많이 제작되었다. '연화'에 들어갔던 좌익 영화인으로는 전한, 사동산史東山, 채초생, 사도혜민 등이 있었다. 그들이 연화 제2스튜디오에서 만든 영화로는 전한의 「세 모던 여성」, 「모성지광」, 채초생의 「도시의 새벽」都會的早晨, 「어광곡」漁光曲 등이 있었다. 이 영화들은 가난한 민중의 비참한 상황을 묘사하는 데 주력하여, 인정머리 없는 부자들에 대한 대중의 불만을 자극하였다. 1935년 5월 나명우와 여민위는 경제적 곤경에 빠지자, 남경에 가서 국민당 중앙당부 영화제작소

「도시의 새벽」의 광고

「어광곡」의 제작진이 야외 촬영지에서 찍은 사진

에 협조를 요구하였다. 하지만 진립부는 '태도를 명확히 하지 않았고', 결국 나명우·여민위 두 사람은 '연화'를 오성재 산하의 화안華安재단에 넘겨줄 수밖에 없었다. 일선에서 물러난 후에 홍콩으로 내려가 선교 사업에 종사하던 나명우는 1938년 다시 10만 위안의 등록 자금을 가지고서 기독교계인 진광영화사眞光影片公司를 설립하였다. 이처럼 '연화'의 와해 과정은 1930년대 중국의 좌우파 정치세력의 대두와 깊은 관련이 있었다.[27]

1930년대, 좌파 진보 세력과 국민당 세력이 영화 산업에 끼어들면서, 중국의 영화 산업은 양극단의 길을 걸었다. 1934년, 국민당은 과거의 교육부와 내정부內政部가 주관하던 영화검열위원회電影檢査委員會를 '중앙 영화검열위원회'로 개편하고 검열을 더욱 강화하였다. 같은 해 3월에는 영화검열법電影檢査法을 수정하여, 삼민주의三民主義 이외의 다른 어떤 이념에 대한 선전도 금지하고, "개인이나 단체의 부정당한 투쟁 행위"를 묘사하는 것 역시 금지하였다. 새로운 영화검열법이 반포된 후, 제작이 금지될 것을 두려워한 각 대형 영화사들은 자신의 입장을 분명히 하였다. '명성'의 경우는 좌익 경향의 하연·아영 등을 쫓아냈고, '예화' 역시 영화 노선을 변경하여 상업적 오락영화를 촬영하였다. 이 밖에 1935년, 국민당은 남경에 중앙영화스튜디오中央電影製片廠를 설립하여, 친국민당 영화의 촬영을 맡겼다.[28] 혼란스러운 중국의 시국 속에서 영화 산업만 홀로 정치의 풍파로부터 벗어날 수는 없었던 것이다.

나명우는 홍콩으로 남하한 이후로도 계속 영화계에서 활약하였다. 위 사진 속에서 상영 중인 영화는 나명우가
총제작자를 맡고, 오초범·홍선녀(紅線女)가 주연을 맡은 「인도」이다(종문략 촬영).

극장과 영화
100년의 인연

1841년 이래로, 홍콩과 상해는 점차 중국 연해의 경제·문화적 중심지로 자리 잡아 갔다. 그와 함께 상해를 기반으로 하는 '해파'海派 문화와 홍콩·광동을 기반으로 하는 '월파'粵派 문화가 차츰 일어나기 시작하였다. 서구 영화가 중국에 전해지자 홍콩과 상해는 또한 영화의 중심지가 되었다. 당시 영화 상영업은 영화 제작업의 발전보다 훨씬 빨라 광동 사람 가운데 남북 '영화관 왕'인 노근과 나명우가 등장하였다. 이들은 할리우드 영화를 전문적으로 배급하여 각자 산하의 극장에서 상영하였으며, 이를 중국 연해의 다른 도시에도 배급하였다. 경영 초기에는 미국 영화의 공급이 안정적이었기에 이들 중국인 극장주는 현지의 영화 제작에 의존할 필요가 없었다. 때문에 자연히 현지 영화에 투자하여 영화 상영권을 획득하고자 하는 열의도 없었다. 1920년대에 들어서면서 미국 영화의 중심이 뉴욕에서 할리우드로 옮겨 가고, 8대 스튜디오가 직접 아시아에 영화 배급처를 설립하였다. 그로 인해 극장주의 배급자로서의 역할이 사라지게 되자 그 이익도 크게 감소하였다. 중국인 영화 상영업자들은 전략을 바꿔 본토 영화 제작에 투자·지원함으로써 영화 공급을 안정화하고 영화 상영 및 배급권을 확보하고자 하였다. 이로부터 영화 상영업자와 제작업자의 합작 관계가 수립되었다. '화북 영화관 왕' 나명우와 여민위의 합작, 그리고 연화영화사의 흥망성쇠는 바로 중일전쟁 이전 중국 영화 산업의 3대 변화를 보여 준다. ① 극장주와 제작업자의 분리와 결합, ② 상해와 홍콩, 두 영화 도시의 흥망성쇠, ③ 중국 영화 산업에 대한 좌우 정치 세력의 개입. 이런 변화는 이후 영화 산업의 국면에 의미심장한 파문을 남겼다.

3부

영화 중심의 남하

중국에 전해진 영화는 두 지역을 중심으로 발전하였다. 그중의 하나는 서양 열강의 조계지인 상해였고, 다른 하나는 홍콩이었다. 하지만 중일전쟁의 발발로 상해가 '고립시기'로 접어든 이후, 그 자본과 인력이 대거 남하하면서 홍콩 영화가 꽃을 피운다. 홍콩이 상해를 대신하여 남북의 문화계가 집결된 영화의 중심지가 된 것이다.[1] 이와 함께 영화계 안의 좌파 진보 세력과 국민당 세력 간의 투쟁, 그리고 표준어 영화와 광동어 영화의 시장 경쟁 또한 나타난다.

1장 / 광동어 영화의 탄생

19세기 말 영화 제작과 상영 기술이 중국 연해의 개항도시에 전해지는데, 그 가운데 상해와 홍콩 두 지역이 선두에 섰다. 2차 세계대전 이전까지 상해는 중국 최대의 경제·문화 중심지이자 중국 영화 산업의 요람이었으며, 1920년대부터는 중국 최대의 영화 제작기지가 되었다. 중국 각지의 영화 인재들이 상해로 속속 모여들었는데, 홍콩 영화계 인사들 역시 예외는 아니었다. 여민위 같은 유명 영화인이나, 오초범·황만리·노돈盧敦 등과 같은 배우 역시 앞다투어 상해의 연예계로 진출하였다. 다른 한편, 홍콩의 영화 제작도 조금씩 성장해 가긴 하였지만, 그 규모와 제작 수준은 모두 상해에 미치지 못하였다. 1930년대에 들어와 유성영화가 유행하기 시작하자, 두 영화 도시 상해와 홍콩의 사이는 더욱 벌어졌다. 상해는 표준어 영화 제작의 중심지가 되고, 홍콩은 광동어 영화의 제작기지가 되면서, 중국 남북 언어상의 차이로 인해 두 지역 영화의 갈래가 형성되었던 것이다.[2]

1. 미국에서 돌아온 '대관'

할리우드 유성영화가 들어오자, '천일', '명성', '연화' 등 상해의 거대 영화사들은 각기 전략을 바꾸어 대응하였다. 자본이 충분했던 '명성'은 바로 인력을 할리우드에 파견하여 영화 녹음장비를 구입했다. '연화' 역시 서두르긴 했지만, '연화'의 경제 상황으로는 녹음장비를 사기 위해 10만여 위안이나 되는 돈을 마련하기가 쉽지 않았다. 그래서 관문청은 나명우에게 '연화'의 작품을 미국에 가져가 상영·판매함과 동시에 화교로부터 투자를 받자는 방안을 내놓았다. 관문청은 샌프란시스코에 가서, 교민 사회 지도자의 아들인 조수신趙樹燊과 손을 잡고 유劉씨, 관關씨, 장張씨,

'대관'의 창립자 조수신

조趙씨 등 네 가문의 종친들로 조직된 용강의회龍岡義會를 통해 화교들의 투자를 모집했다. 그리하여 미국에 대관유성영화사大觀聲片公司(이하 '대관')를 설립하고, 1933년에는 「가려정조」歌侶情潮를 제작하였다. 광동·광서·홍콩·마카오·싱가포르·말레이시아·북아메리카 등지의 차이나타운에서 광동 사람들의 구매력이 매우 강했기 때문에, 역시 광동 사람이었던 관문청과 조수신은 「가려정조」를 광동어로 제작하였다. 당시 미국에서 잘나가던 월극 무생武生[1] 관덕흥關德興을 캐스팅했고, 연화영화사를 통해 광동성, 홍콩, 그리고 동남아 지역에 배급하였다. 이 영화를 제작하고서 '대관'은 '연화'와 자매회사姊妹公司로서 장기 계약을 맺고자 하였다. 관문청 역시 이를 적극 지지했지만, 아쉽게도 나명우가 경제 위기에 빠지게 되면서, 연화영화사의 해외 지부 확장 계획과 화교 투자 유치 계획은 결국 실현되지 못한 채 물거

---

1 북경의 경극이나 광동의 월극과 같은 전통극에서 남자 무사 역할을 하는 배역.

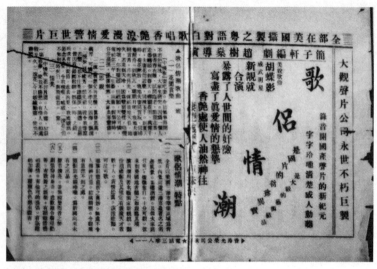

'대관'이 제작한 첫 광동어 영화 「가려정조」의 광고

품이 되고 말았다. 그리하여 '대관'은 직접 홍콩에 스튜디오를 세우고 광동어 영화를 찍었다. 당시 '대관'의 탄생, 그리고 그 우여곡절에 관해 관문청은 다음과 같은 흥미로운 이야기를 전하고 있다.

샌프란시스코에 도착해 짐도 풀지 않았는데, 한 청년이 호텔로 찾아왔다. 그 청년은 이후 대관영화사大觀影業有限公司를 창업하게 되는 조수신이었다.……그의 아버지 조준요趙俊堯는 중화회관中華會館 이사 겸 회계로, 샌프란시스코 화교 사회의 지도층 인사였다.……나와 조수신은 대형 극장식 회관에 가서 무대 앞쪽 문 위에 걸린 배우 사진을 보고 있다가 의외로 카메라를 잘 받게 생긴Camera face 남녀 배우 한 쌍을 발견하였다. 이들을 가리키며 "이 두 사람 얼굴 괜찮은데"라고 조수신에게 말하자, 조수신은 웃으며 "남자는 소무小武[2]인 신정취新靚就이고, 여자는 방단幫旦[3]인 호접영胡蝶影이에요"라 말하였다. 내가 "쓸 만한데"라고 하자, 조수신은 놀라며 "인기를 끌 수 있을까요?"라 되물었다. 호텔로 돌아와, 나는 조수신에게 영화 스타는 하늘이 내리는 게 아니라 사람이 만들어 내는 것이라 설명해 주었다. …… 신정취의 본명은 관덕홍으로, 그는 소무 역의 월극 배우 정취靚就에게서 월극을 배워 이름을 신정취라 지었다. 후에 월극보다 영화가 더 크게 흥

「가려정조」의 관덕홍과 호접영

행하자, 다시 본명을 사용하였다. 그 역시 개평 사람으로, 나와 동성 친척뻘이었다. 그를 불러 영화 제작에 대해 간단히 설명해 주자, 그는 기꺼이 참여하겠다는 뜻을 밝혔다. 호접영은 삼방화단三幫花旦[4]에 불과해 이름도 알려지지 않았기 때문에, 관덕홍이 우리를 소개해 주자 무조건 협조하겠다고 하였다. 이로써 주연은 정해졌고, 다음으로 제작진을 조직하고 각본을 정해야 했다. 영화사는 모름지기 작게 시작해서 크게 키워 나가야 한다는 내 생각을 조수신에게 이야기했다. 자본금을 일단 1만 달러로 정하고, 이를 100주로 나눠 1주당 100달러로 정하였다. 노동·투자 합작 방식을 취하여 모든 주요 직원과 배우의 보수를 주식 지분 형식으로 대신하였다. 흥행이 자신의 수익에 직결되었기 때문에 그들을 더 열심히 일하도록 만들 수 있었을 뿐만 아니라, 자금 낭비도 막을 수 있었다. 그리고 외부 투자를 많이 받을 필요 없이, 일단 첫 작품을 찍고 흥행 성적이 좋으면 이어서 유한회사를 더 확대하기로 하였다. 할리우드 초기의 영화 제작사들은 모

---

2 중국 전통극의 젊은 남자 무사 역.
3 중국 전통극의 여자 조연 역 중 하나.
4 중국 전통극의 여자 조연 역 중 하나.

'대관'이 제작한 「냉면황부」(冷面皇夫)에 출연한 마사증의 모습

1936년 남경 정부가 '언어통일운동'을 위해 '광동어 영화 제작 금지령'을 반포하자, 광동의 영화인들은 이에 반발하며 항의하였다. 위 사진은 1936년 광동 지역 영화인의 단체 사진으로, 서 있는 사람 중 맨 앞줄에 조수신(오른쪽에서 첫번째), 오초범(오른쪽에서 여덟번째), 사익지(謝益之, 왼쪽에서 첫번째) 등이, 그리고 앉아 있는 사람 중에 관덕흥(두번째 줄 오른쪽에서 두번째) 등이 보인다.

創刊詞 趙樹燊

「大觀畫報」終於今天和社會人士相見了，假如每一本刊物的出版都要說幾句「創刊詞」的話，就讓我跟讀者諸君說出我對「大觀畫報」的幾點希望：

一、我希望「大觀畫報」是一個健康活潑的孩子，在廣大讀者愛護培育之下長大起來，而成為社會每個階層人士親切而不能一日分離的朋友。

二、我們是從事電影藝術的人，大家都知道，電影是綜合的藝術，是具有促進文化，提高教育的巨力，我們出版「大觀畫報」，一方面是輔助電影事業的推進，以達到世界影藝的水準，另一方面則是希望引起社會人士對電影教育的重視。

三、如上所述，我們出版「大觀畫報」是輔助影藝的推進及引起社會人士對電影教育的重視，所以，「大觀畫報」所報導有關影藝的消息，是廣泛的，多方面的，它包括了我國和世界的製片情形及影星生活，影藝理論和技術，希望我們的電影從業人員和文化界朋友們，多多提供珍貴的資料和意見，協助我們把「大觀畫報」成為一本完美而豐富的電影刊物，不勝感謝！

「대관화보」(大觀畫報) 창간사

'대관'의 작품 「대사출성」(大傻出城)의 배우 하대사(何大傻)와 엽인보(葉仁甫). 후일 신마사증(新馬師曾)과 등기진(鄧寄塵)의 코미디영화와 상통하는 부분이 적지 않다.

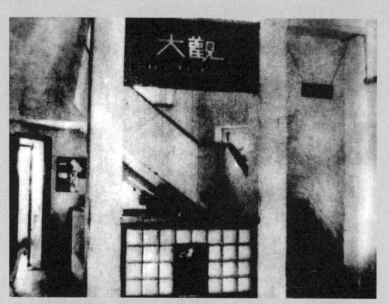

토과만(土瓜灣)에 위치해 있던 대관스튜디오(大觀電影製片廠, 1936~1954). 1954년 이후 성찬석스튜디오(成鑽石製片廠)로 개편되었다.

대관스튜디오 전체 작업 인원. 손에 삽을 짚고 서 있는 이가 조수신이다.

'대관'과 '신월'이 함께 제작한 영화 「모던 신랑」(摩登新娘)

대관스튜디오와 신월음반사(新月唱片)가 합작하여 대관·신월유성영화사(大觀新月聲片公司)를 결성했다. 사진에서 앞 열에 소비비(巢菲菲, 왼쪽에서 첫번째), 대구하(大口何, 왼쪽에서 세번째), 임곤산(林坤山, 왼쪽에서 네번째), 엽인보(오른쪽에서 첫번째), 관문청(오른쪽에서 두번째), 이기년(李綺年, 오른쪽에서 세번째), 조수신(오른쪽에서 네번째), 임매매(林妹妹, 오른쪽에서 다섯번째), 중간 열에 이철(李鐵, 왼쪽에서 다섯번째), 황대(黃岱, 왼쪽에서 여섯번째), 전대숙(錢大叔, 왼쪽에서 여덟번째), 하대사(왼쪽에서 아홉번째), 여문성(呂文成, 오른쪽에서 다섯번째) 등이 보인다.

「대관화보」 창간을 기념하여 이를 축하한 영화 스타들

恭祝大觀畫報創刊

紅鷥 楓胡 驊家謝 婷羅 雀孔 丹范 麗李 華美余

可許 梨曼黃 綿君鄭 明楊 帆楚吳 眞童 寶賀 華裳宋

英翠張 豪王 琦劉 寶嘉 夜藍 光劉 施藍曾 瑛張

雲白 綺梅 游活張 萊王 凡非何 燕燕陳 維羅 靜楊

黛 林 慧筠官上 霞蘊莫 眞唐 碧林 華麗李 帆一江 雲青利

輝劍任 纓朱 龍華馬司 女線紅 兒麗 雷金 卿艷羅 蓮秀黃

두 이런 식으로 기업을 일으켜 세웠다. 조수신은 주연과 감독의 보수를 어떻게 정할지에 대해 물었다.······ 회계 예산에 따라 각자의 보수는 300달러를 넘지 못하도록 하였다. 조수신 역시 이에 동의하였다. 이어서 나에게 어떤 직책을 맡고 싶냐고 물었다. 나는 연화영화사의 감독이고 미국에는 영화를 팔러 온 것이기 때문에, 필름을 가지고 각 도시를 다니며 상영하려면 직책을 맡을 수 없다고 말했다.······ 그 이후로 우리는 회사 이름을 뭘로 할지 논의하였는데, 내가 잠시 고민한 끝에 '대관유성영화사'라는 이름을 제안했다. 왜냐하면 이 모든 일이 '대관여관'에서 비롯된 것이기 때문이었다.······ '대관유성영화사'와 '최초의 광동어 영화'는 바로 그렇게 그곳에서 탄생하였다.[3]

2. 상해에서 내려온 '천일'

'대관'이 미국에서 홍콩으로 돌아와 광동어 영화 시장을 개척한 것과 같은 시기에, 상해의 천일영화사 역시 홍콩으로 남하하여, 광동어 영화 산업을 시작하였다. '천일'은 소씨 가문의 소취옹邵醉翁, 소촌인邵邨人, 소인매邵仁枚; Runme Shaw, 소일부 네 형제가 창업한 것이었다. 이들의 원적은 영파寧波 진해鎭海였다. 그들의 아버지 소행은邵行銀(1867~1920)은 금태창 안료 상점錦泰昌顔料號을 세운 인물로, 상해 개항 직후 사업 기회를 노려 상해로 옮겨 왔다. 소취옹은 상해 신주대학神州大學 법학과를 수료하고 변호사를 하다가, 나중에 중불진흥은행中法振興銀行의 사장이 되었다. 1923년 그는 도산한 소무대小舞臺극장을 부활시켜 '소무대'笑舞臺로 이름을 바꾸고 문명극을 상연하면서 연예계로 진출하였다. 그는 「고아구조기」孤兒救祖記라는 영화로 명성영화사가 큰 이익을 얻는 것을 보고, 1925년 '천일'을 만들어 스스로 사상 겸 감독이 되었다. 둘째는 회계 겸 각본을, 셋째는 배급을 맡았으며, 여섯째[소일부]는 청년회靑年會 영문중학교 英文中學에서 공부하면서 배급 업무를 도왔다. 1924년, 셋째 소인매는 경영 네트워크의 개척을 위해 인도차이나반도(지금의 베트남 일대)로 가지만, 입국이 거부되어 싱가포르로 철수하였다. '천일'이 상해에서 동종 업계의 배척을 받게 되자, 소일부는 1926년 동남아로 가서 소인매를 돕기 시작하였다. 이 무렵 동남아의 주요 인사였던 왕우정王雨亭과 '명성'의 주검운周劍雲은 상해의 '대중화백합'大中華百合, '민신', '우련', '상해'上海, '화극'華劇 등을 연합하여 육합영화사六合影業公司를 결성하였는데, 이들 산하의 극장체인들은 '천일'의 작품을 상영하기를 거부하였다(이것을 가리켜 소위 '육합의 포위공격'六合圍剿이라 불렀다). 결국 싱가포르와 말레이시아에서의 네트워크는 상해의 '천일'에 하나의 피신처가 되었던 셈이다. 1927년 이후 소인매 형제는 말레이시아 페낭 최고 갑부인 왕경성王竟成의 도움을 얻어, 싱가포르의 화영華英극장, 말레이시아 쿠알라룸푸르의 중화中華극장, 이포Ipoh의 만경대萬景臺극장, 말라카의 일경단一景團극장 등을 연이어 임대하여 하나의 극장체인을 결성하였다. 그리고 1930

'천일'의 창립자 소취옹

상해 '천일'은 싱가포르에 쇼브러더스가 만든 극장체인을 따로 보유하고 있었다.

천일영화사의 주요 멤버. 호접(왼쪽에서 첫번째), 소취옹(왼쪽에서 세번째), 소촌인(왼쪽에서 네번째), 고리흔(高梨痕, 왼쪽에서 다섯번째), 오소형(吳素馨, 왼쪽에서 여섯번째)

년에는 싱가포르에 쇼브러더스邵氏兄弟公司; Shaw Brothers를 설립하였다. 1920년대 중반부터 바바Baba(현지의 본토인과 화교 사이의 후손) 가운데 거물인 황문달黃文達·황평복黃平福 형제의 도움을 받아, 선임대-후구매의 방식으로 신세계유원지新世界遊樂場와 대세계유원지大世界遊樂場를 확보하게 되면서, 소씨 일가는 일약 연예업계의 큰손으로 등극하였다.

상해 시장의 압박으로 인해 '천일'은 전략을 바꾸었다. 유성영화가 등장하자 '천일'은 싱가포르·말레이시아 화교로부터 환영을 받았던 광동어 영화를 제작하기 시작하였다. 1930년대 초, 유명 배우 설각선薛覺先이 서양 의상을 입고 공연하는 월극 「백금룡」白金龍이 광동성과 홍콩, 그리고 동남아에서 크게 유행하였다. 소취옹은 설각선의 상해 방문 시 합작을 제안하여 기존의 각본·극 의상·노래 등을 그대로 가져와 「백금룡」을 광동어 유성영화로 제작하였다. 1,500달러의 제작비를 들여 광주에서만 8만 5,000달러가 넘는 상영 이윤을 남겼고, 싱가포르·말레이시아·홍콩 등지에서도 큰 환영을 받았다. 이를 통해 소취옹은 광동어 영화 시장의 잠재력을 발견하였다. 그래서 상해의 사업을 둘째에게 맡기고, 직접 '천일'의 주력 제작진을 홍콩으로 옮겨 월극 배우들과 합작하여 현지 제작을 진행하였다. 소취옹은 500위안으로 홍콩상하이은행HSBC; Hongkong and Shanghai Banking Corporation; 匯豊銀行으로부터 토과만土瓜灣; To Kwa Wan 북제가北帝街; Pak Tai Street의 땅 일부를 임대하여, 천일영화사 홍콩스튜디오(이하 '천일 홍콩스튜디오'天一港廠)를 설립하였다. 약 8,200여 평방미터의 땅에 A, B 두 개의 스튜디오 건물과 현상실·편집실·창고 등을 마련하여 「읍형화」泣莉花(1934), 「오빠를 저버린 나」哥哥我負你(1935) 등의 영화를 촬영하였다. 1935년 한 해에만 10편을 제작하여 '대관'과 쌍벽을 이루었다. 유명 영화인 노돈은 2편의 광동어 영화인 천일영화사의 「백금룡」과 대관영화사의 「가려정조」 사이의 각축전을 지켜봤던 인물로, 다음과 같이 술회한다.

상해 천일영화사

중견 영화인 노돈

마찬가지로 1932년(「가려정조」가 탄생한 해)에는 설각선·당설경唐雪卿 부부가 주연한 「백금룡」 또한 상해 천일영화사에 의해 제작되었다. 촬영 개시는 「가려정조」보다 빨랐다고 한다. 하지만 상영 일시는 「가려정조」가

「백금룡」 상연 광고

'천일' 제작의 「백금룡」에 출연한 월극 명배우 설각선
의 모습

1930년대 천일 홍콩스튜디오에서 제
작한 「읍형화」의 광고

1930년대 천일 홍콩스튜디오에서 제작한 「오빠를 저버린 나」 광고

광동어 영화가 유행하게 되면서 월극의 인기 배우들이 영화 제작업자들의 쟁탈전의 대상이 되었다. 사진 속의 마사증, 설각선은 모두 '천일'과 '대관'의 간판스타였다.

「백금룡」보다 훨씬 빨랐다. 왜냐하면 「백금룡」은 완성되고 1년이나 지난 뒤에야 세상에 나올 수 있었기 때문이다. 거기에는 우여곡절이 많았다. 월극 「백금룡」은 당시 설각선의 명극으로 매번 공연 때마다 수만 명이 거리를 메울 정도로 흥행이 대단하였다. 당시 이 극의 첫 삽입곡인 "……당신은 암고양이高寶貓……"는 한때 유행하여 광동성과 홍콩의 거리 곳곳에서 들을 수 있었다. 이 극은 설각선뿐만 아니라 마사증도 공연한 바 있었다. 각본은 당시 유행하던 미국 영화 「선궁염사」The Love Parade; 璿宮豔史(1929)에 근거하여 개편한 것이었다. 이 무렵은 설각선의 전성기였지만 좋은 시절도 오래가지 못하는 법인지라 마사증의 뒤를 이어 설각선 역시 스캔들에 휘말리고 말았다. 결국 그는 광동 모 군벌의 분노를 사 상해로 도피하였다. 이 무렵 천일영화사의 맏형인 소취옹은 싱가포르·말레이시아 등지

상해 '천일'이 제작한 「선궁염사」의 광고

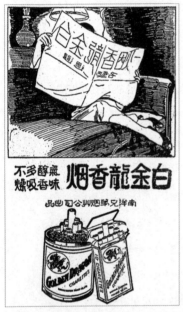

「백금룡」이 한때 인기를 끌자 같은 이름의 담배도 함
께 유행하였다.

의 동남아 영화 시장을 개척할 뜻을 품고 있
었다. 이들 지역의 화교는 광동 사람이 대부
분이었기에, 광동어 영화가 환영을 받았다.
설각선은 친구 사익謝益의 도움으로, 소취옹
과 함께 영화 「백금룡」 촬영의 합작을 논의
하였다. 두 사람은 은화 6만 위안을 총자본으
로 하되, 그 가운데 절반을 제작비로 하고 나
머지 절반은 설씨 부부와 음악단원의 보수
로 하기로 합의하였다. 본래 소취옹 자신이
감독을 겸하려 하였지만, 이 영화의 미술디
자인 세트 담당이었던 탕효단湯曉丹이 이후
감독을 맡게 되었다. 촬영 후 당시 남경의 영
화 심의 당국은 광동어 영화가 언어 통일을
파괴한다는 이유로 상영을 금지시켰다. 이
로 인해 「백금룡」은 1년간 빛을 보지 못하다
가 소씨 형제가 여러 방면으로 방법을 모색
하고 돈을 쓰고서야 상영될 수 있었다. 「백금
룡」은 각지에서 공전의 히트를 쳤고 특히 싱
가포르·말레이시아 등지에서 크게 유행하였
다. 소씨 형제는 이 「백금룡」을 통해 싱가포
르와 말레이시아 시장을 개척할 수 있었고,
이후 소씨 일가가 싱가포르와 말레이시아 지
역의 영화계 거물이 되는 기초를 확립할 수
있었다. 그렇다면 「가려정조」는 어떻게 상영
될 수 있었을까? 「가려정조」는 미국에서 제

작되어 우선 미국·홍콩 등지에서부터 상영되기 시작하였기 때문에 남경 정부의 통제를 받지 않을 수 있었다.[4]

3. 광동어 영화에 대한 '표준어 운동'의 공격

노돈은 위의 글에서 남경 정부가 광동어 영화 「백금룡」을 통제한 것이 결코 일회적 사건이 아니었음을 언급하고 있다. 일찍이 1910~1920년대부터 국민당은 중국의 '언어통일운동'을 전개하였다. 북경 지역에서 사용해 온 '관화'Mandarin를 '국어'National Language라 바꾸어 부르고 이를 전국 유일의 법정 관방 언어로 승격시킨 것이다. 1918년 법을 만들어 민간 교과서에서의 지방 언어dialect 사용을 금지하고, '국어'를 교과서에서 사용될 수 있는 유일한 서사 언어로 규정하였다. 그러던 와중 1930년대에 이르러 방언 영화가 탄생하였다. 상해는 표준어 영화 제작의 중심지가 되었고, 홍콩은 광동어 영화 제작의 중심지가 되었다. 광동어 영화가 광동·광서·홍콩·마카오 및 동남아에서 크게 유행하면서 홍콩은 광동어 방언 지역을 넘어서 초국가적 지위를 차지하고 있었다. 하지만 한편으로 '언어통일운동'의 영향으로 인해 당시 유성영화에서는 '국어'를 사용하는 것이 대세였다.[5] 그렇다면 과연 광동어 영화는 어떻게 자신만의 생존 공간을 개척해 나갔을까?

1930년대에 홍콩은 이미 아시아 광동어 영화의 중심지가 되었다. 1932년에서 1936년 사이에 홍콩의 영화사는 50여 곳에 이를 정도였다. 광동어 영화의 상영 시장은 홍콩·마카오·광동·광서 이외에도, 동남아 및 미국·캐나다 등의 각지 화인 사회를 포괄하고 있었다. 광동어 영화라는 매체는 광동 문화 전파의 경로가 되었다. 이런 흐름은 '언어통일운동'과 대립하게 되면서 이에 대한 국민당 정부의 부정적 인식을 야기하였다. 1936년 국민당 정부는 더 나아가 방언의 생존공간을 말살하기 위해 명령을 반포하

我們的態度

陳·宗·桐·

因為中央電影檢查委員會(以下簡稱中電會)要查禁粵語影片的國內映權,於是感到有切膚之痛的華南製片公司和戲院商,便分頭設法,請求中電會收回成命,或者取緩禁的政策。

關於晉京請願的事情,已累見報載,在此無庸多說。不過負有挽救粵片存亡的華南電影協會,最近忽有新舊理事發生意見之糾紛。至於誰是誰非,在此危急存亡之秋,實不應作無謂之論爭。今日應如何消除彼此的成見,採取一致行動,才是第一重要的事情,才是為整個華南電影着想的辦法。

因此,我們希望今後不要再爭意見,大家攜手起來,共同向中電會作有效的最後呼籲。本刊願為後盾,盡量發表關於怎樣救亡的文章。

『예림반월간』은 국민당 정부의 '광동어 영화 제작 금지령'에 반대하는 성명을 발표하였다.

여, 광동어 영화의 제작을 금지하였다. 그러자 광동어 영화계에서는 한바탕 소란이 일어났다. 광대한 중국 국내 시장을 잃게 된다면, 광동어 영화 산업의 전망이 어두워질 수밖에 없었기 때문이다. 때문에 광동어 영화 산업 관계자들은 이에 반대하며 들고일어났다. 당시 홍콩에서 간행되던 『예림반월간』藝林半月刊은 홍콩·광동 영화계의 공황 상태와 원망의 소리를 게재하였으며, 일부 인사는 정부에 반대 의사를 밝히는 탄원서를 올리기도 하였다. 하지만 '언어통일운동'을 실시하겠다는 국민당의 입장은 매우 강경하였다. 이 같은 풍파를 직접 겪은 중견 영화인 관문청은 다음과 같이 술회한다.

광동어 영화의 최고조기이던 1936년, 남경 정부는 갑자기 광동어 영화의 제작·상영 금지령을 반포하였다! 이 소식은 화남 지역의 영화계 전체에 공황 상태를 가져왔다! '화남영화협회'華南電影協會는 회의를 소집하여 남경 정부에 사람을 파견해 금지령의 해제를 청원하기로 결의하였다. 당시 나는 「서호녀」西湖女를 준비하고 있었는데, 조기문曹綺文이 주연을 맡고, 항주杭州의 서호를 배경으로 촬영하기로 정해져 있었다. 어차피 항주에 가야 했던 나는 협회의 서기 장애민蔣愛民과 조기문 등과 함께 청원인으로서 남경 정부에 파견되었다. 청원문은 몇 가지 문제 제기와 제안을 담고 있었다.

① 광동어와 기타 각 성의 방언은 중국 수천 년 역사의 산물로 결코 영화에 의해 조성된 것이 아니다. 죄도 없이 금지를 당한다면 어찌 이를 따르겠는가?

② 광동성 전체 학교에서 여전히 현지 방언을 사용하여 수업을 하고 있고, 월극도 여전히 광동어의 가사曲詞를 가지고 공연한다. 이 두 가지를 금지하지 않으면서 영화만을 금지하는 것은 이치상 불공평한 일이다.

③ 광동어 영화의 탄생은 해외 교포의 대다수가 광동 출신인 데서 기인한 것이다. 이들이 고향의 친지와 관계를 유지하고 조국 문화를 전파하는 데 광동어

1930년대에 영화 검열 제도가 도입되자 교육부마저도 이런 정치적 역할에 앞장서기 시작하였다.

영화는 가장 좋은 수단이다. "고국의 깃발과 악기를 보며, 지나온 생애를 되돌아본다"見故國之旗鼓, 感生平於籌昔고 하였다. 만일 영화 제작을 금지한다면, 은연중에 고국에 대한 교포들의 마음을 가로막아 다른 민족에 동화되도록 만들 것이다.

④ 광동어 영화 상영 금지 이후에 만일 표준어 영화가 이 공백을 메우지 못한다면 외국 영화가 대규모로 밀려들어 올 것이 뻔하다. 이 어찌 외국 영화를 위하여 시장을 만들어 주는 것이 아니겠는가? 그런데 그 이로움은 보지 못하고 해로움만 보려 하는가?

⑤ 정부의 언어통일정책은 방언을 금지하는 방법으로 당장 효과를 볼 수 있는 것은 아닌 듯하다. 반드시 시간을 갖고 적극적으로 민중을 교화해야

만 한다. 예를 들자면 학교에서 표준어 수업시간을 더욱 늘리거나, 정부가 단편 교육영화를 대량으로 제작하거나, 표준어로 더빙을 넣는 식으로 말이다. 영화관의 각 회마다 교육영화를 삽입하여 상영하는 것처럼 오락에 학습을 가미하여 민중을 조금씩 교화한다면, 시간이 흐르면 자연히 표준어가 상용될 것이고 각종 방언은 금지할 필요도 없이 자연스럽게 도태될 것이다.[6]

하지만 1936년 반포된 광동어 영화 제작 금지령은 더욱 강화되었고, 남방 지역의 영화인들은 남경 정부에 수차례 탄원서를 보내 보는 수밖에 없었다. 결국 '3년간의 금지 유예'를 허락받기는 하였지만 완전히 해결하지는 못하였다. 1937년 7월, 중일전쟁이 발발하고서야 광동어 영화의 운명은 돌연 전기를 마련하게 된다. 홍콩이 광동어 영화 제작의 피난처가 되었던 것이다.

2장 / 전란 이후의 회생

1937년 8월, 일본군이 상해를 침공하였다. 11월 상해가 함락당하자, 영화계는 세 갈래로 나뉘었다. 수많은 영화인이 홍콩으로 피난하였고, 일부는 국민당 정부와 함께 중경重慶으로 옮겨 갔으며, 나머지는 상해 조계 내에 잔류하였다. 급박한 위기 속에 상해를 중심으로 하는 표준어 영화 산업 역시 과거의 영광을 상실하였다. 1938년 5월 홍콩에서 출간된 『예림반월간』에는 이러한 변화가 기록되어 있다. "표준어 영화 시장은 중일전쟁 발발 후, 갈수록 협소해졌다. 과거에는 새 영화가 출시되면, 상해를 제외하고도 다른 대도시에서 큰 수익을 얻을 수 있었다. 하지만 이제는 상황이 달라졌다. 현재 국산 영화의 최대 시장은 상해이고, 다음은 동남아 지역의 싱가포르, 시암[현재의 태국], 베트남, 네덜란드령 인도네시아 등지이다. 그동안 상해에는 10여 명의 영화상이 있었다. 각 영화상은 동남아 어느 한 지역의 극장을 대표하면서 영화사와 교섭하고 관계를 유지해 왔다. 투자자가 넘쳐 났던 까닭에 아직 새 영화가 완성되기도 전에 영화사는 경쟁 입찰을 통해 높은 값을 내는 사람에게 영화 필름 확보의 우선권을 내주었다. 하지만 최근 동남아의 상황이 불안정해지면서, 동남아 지역에 팔리는 표준어 영화는 이미 이전만 못하게 되었다. 또한 과거처럼 새 영화를 제작도 하기 전에 입도

'중제'가 제작한 항일 영화 「팔백 용사」

선매하거나 흥정을 하는 일도 없어졌다."[7]

　　남경 국민당 정부는 중앙영화제작스튜디오中央電影攝製場(이하 '중전'中
電)을 설립하였다. 국민당의 군사위원회 정훈처가 관리하던 한구촬영장漢口
攝影場 역시 중국영화제작스튜디오中國電影製片廠(이하 '중제'中製)라 명칭을 바
꾸면서, '중전'과 함께 전시의 양대 영화 스튜디오가 되었다. 국민당 정부를
따라 대후방大後方[5]으로 옮겨 간 영화인들은 남경 함락 이후 대부분 무한武
漢으로 옮겨 갔다. 그들은 1938년에 「우리의 국토를 보위하자」保衛我們的國土,
「팔백 용사」八百壯士 등과 같은 여러 항일 영화를 제작하였는데, 그 영화들은
주로 일본군의 만행을 폭로하거나 항일 활동을 묘사하였다. 그 밖에 일부

5　중일전쟁 당시 일본군에 점령당하지 않고 국민당의 통치하에 있던 중국 서남 및 서북 지역을 가리
　킨다.

좌파 진보 영화인은 염석산閻錫山에 들어가 서북영화사西北影業公司를 설립하고, 좌파 진보 영화를 제작하였다. 농민과 광산을 배경으로 하는 항일 영화 「풍설태행산」風雪太行山과 같은 영화가 바로 그것이다. 하지만 국민당은 공산당 세력을 탄압하기 위하여 1941년 1월 환남사변皖南事變을 일으키고, 뒤이어 '중제'와 '중전' 내의 좌파 진보 인사를 숙청하는 데 주력하였다. 게다가 당시는 중일전쟁이 계속되고 있었기 때문에 1941년부터 1943년 사이에 '중제'와 '중전'에서의 영화 제작은 거의 중단되고 만다.[8]

이상에서 살펴봤듯이, 중일전쟁 발발 이후 중국 영화 산업은 상해·중경·홍콩의 삼족정립의 형세를 이루었다. 국민당 정부는 중국에서 '표준어 운동'을 추진하여 광동어 영화의 제작을 금지하였지만, 오히려 홍콩은 광동어 영화 산업의 도피처로서 그 역할이 더욱 강화되었다. 1937년 일본군의 침략으로 인해 중국 영화 산업의 중심은 남쪽으로 이동하였고, 국민당의 광동어 영화 제작 금지령 또한 거의 시행되지 못하였다. 그리고 전쟁 기간 동안 상해의 자본과 인력이 홍콩으로 옮겨 갔고, 일부 북방 영화인 또한 남하하였다. 이로 인해 홍콩의 영화 산업은 크게 활기를 띠었지만, 광동어 영화와 표준어 영화의 대치 국면 역시 그만큼 더욱 확고해졌다.

1. 중일전쟁기의 영화 산업

일본군이 홍콩을 점령하기 이전, 홍콩에는 7개의 영화 스튜디오가 있었는데, 홍감紅勘; Hong Hom 지역의 '사달'四達, '국가'國家, '우교'友僑, '동방'東方, '사광'四光, '대중화'大中華, 그리고 왕각旺角; Mong Kok [몽콕] 지역의 '국민'國民이 그것이다. 그 가운데 두 곳은 광동 사람이 창업한 것이고, 나머지 다섯 곳은 남하한 상해 사람이 경영하던 곳이었다. 화북 지역의 함락 이후 영화인이 대규모로 남하하였고 애국 영화의 제작이 크게 성행하게 되면서 홍콩 영화

홍콩에서 촬영하였지만 상해를 배경으로 한 영화 「고도천당」

사의 수는 70여 개로 급증하였다. 통계에 따르면 1933년에서 1941년 사이, 홍콩에서 만들어진 광동어 영화는 400여 편에 달하는데, 그 가운데 비교적 유명한 것으로는 사도혜민이 감독한 「유격행진곡」_{遊擊進行曲}(1938)과 「피로 물든 보산성」_{血濺寶山城}(1938)이 있다. 1937년에서 1938년 사이의 영화 상영 수입만 해도 90만 홍콩달러나 되었다. 제작비의 경우 중일전쟁기 동안 필름 가격이 급등함에 따라 표준어 영화와 광동어 영화 한 편을 제작하는데 각기 3만 홍콩달러와 7,000홍콩달러가 들었다. 일본군이 중국을 침략한 이후로 홍콩 영화는 점차 대륙 시장을 잃게 되어 관객은 홍콩 현지인을 제외하고는 마카오와 동남아 지역의 광동어 화교 사회로 국한되었다. 반면 제작비는 전쟁 이전에 비해 몇 배나 올라, 당시 필름 1만 척[약 3,330미터]짜리 표준어 장편영화 한 편을 제작하는 데 드는 비용이 10만에서 20만 홍콩달러에 이르렀고, 같은 길이의 광동어 영화를 제작하는 데는 약 4만에서 5

만 홍콩달러가 들었다. 제작비의 대부분은
배우의 보수로 쓰였는데, 남하한 표준어
영화배우들은 몸값이 매우 비싸 편당 수만
홍콩달러에 달하였다. 하지만 광동어 영화
배우의 지위는 상대적으로 낮아 일부 잘나
가는 스타의 보수도 수천에서 1만여 홍콩
달러 정도에 불과했다. 판매 측면에서 표
준어 영화는 해외 시장을 개척할 수 없어,
중국 대륙에서 상영할 수밖에 없었기 때문
에 전쟁 기간 동안 표준어 영화 시장은 계
속 위축되었다. 그리고 광동어 영화는 갈
수록 동남아 시장에 대한 의존도가 높아졌

홍콩에서 촬영한 항일 영화 「전정만리」(前程萬里)

다. 통계에 따르면 광동어 영화를 수출하는 데 드는 배급·판매 비용은 싱가
포르·말레이시아·베트남·인도네시아 등지는 약 8,000 홍콩달러였고, 미국
은 약 3,500 홍콩달러, 필리핀과 태국은 약 1,500 홍콩달러 정도였다.[9]

한편, 중경으로 옮겨 간 국민당 정부는 1939년 '중제'의 설립을 지원하
였고, 이후 자금을 대어 홍콩에 지사를 설립하였다. 대지영화사大地影業公司;
The Great Earth Film Company(이하 '대지')가 그것인데, 주로 표준어로 된 애국
영화를 제작하였다. 상해에서 남하한 영화인 채초생과 사도혜민 역시 연이
어 여기에 가담하였다. 그 창업작인 「고도천당」孤島天堂(1939)은 채초생이
감독을 맡았다. 「고도천당」은 비록 홍콩에서 제작되었지만, 이야기는 상해
를 배경으로 하고 있으며, 상해에 남은 애국 청년과 매국노漢奸의 대립을 묘
사한 것이다. 이후 사도혜민이 감독을 맡은 「백설고향」白雲故鄕은 일본군 지
배하의 중국 인민의 비참한 생활을 그리고 있다. '대지'가 제작한 영화는 당
시 중국의 비전투 지역에서 상영되었다. 상영망이 그리 크지도 않고 안정

<표 3.1> 1939년 홍콩의 영화사 일람

영화사명	설립자
기독교 진광영화사(基督教眞光影片公司)	1938년 나명우가 10만 홍콩달러의 자금으로 설립
화남영화관부동산회사(華南影院置業有限公司)	나명우, 소위명(邵蔚明), 양전초(梁典初)
산월영화사(山月影片公司)	1937년 관문청, 광산소(鄺山笑)가 설립
홍콩영화스튜디오(香港製片場)	팽년
계명영화사(啓明影片公司)	진군초(陳君超)
광영영화사(光榮影片公司)	황화절(黃花節)
남양영화사(南洋影片公司)	소촌인
신월영화사(新月影片公司)	전대숙(錢大叔)
성도영화사(醒圖影片公司)	당성도(唐醒圖)
남월영화사(南粤影業公司)	1935년 축청현(竺淸賢)이 3만 홍콩달러의 자금으로 설립
장홍영화사(長虹影片公司)	요홍명(廖鴻明)
신천지영화사(新天地影片公司)	오안국(伍安國)
대성영화사(大成影片公司)	나경위(羅經緯)
천일영화사(天一影片公司)	소촌인

출처: 『港澳商業分類行名錄』, 香港: 港澳商業分類行名錄出版社, 1939.

적이지도 못했던 까닭에 영화사의 경제 상황은 줄곧 개선되지 못하였다. 1939년 말, 자금이 끊기면서 '대지'는 홍콩에서의 경영을 중단하고 만다. 그 후 '중전'의 지원하에, 원래 '대지'에 있던 영화인이 신생 영화사를 따로 결성하여 사도혜민 감독의 「대시대지가」大時代之歌와 채초생 감독의 「전정만리」前程萬里를 제작하였다. 영화의 내용은 주로 반일 항적抗敵과 애국주의 제창을 주제로 한 것이었다.[10] 1939년의 『홍콩·마카오 상업 분류 업체 목록』港澳商業分類行名錄에는 영화사의 이름이 14개밖에 남아 있지 않은데, 이는 당시 영화 산업의 지리멸렬한 상황을 반영하고 있다(<표 3.1>).

1941년, 새로운 영화인들이 홍콩으로 남하하였는데, 이들이 제작한 영화가 적지 않았다. '대관'의 「행진곡」前進曲, '예화'의 「불타는 상해」火中的上海, '애국'의 「항전열사」烈士抗戰, '보산'寶山의 「소산동」小山東 등이 그것이다.

이들 영화 대부분이 북방을 배경으로
하고 있지만, 모두 오초범, 황만리, 여
작작, 풍봉馮峰, 장영張瑛, 자라런紫羅蓮
등과 같은 광동 배우를 기용하였다.
영화인들 가운데 비교적 활발히 활
동하였던 광산소鄺山笑와 임곤산林坤山
등은 '대관'大觀; Grand View, '남월'南粵;
Nam Yu, '남양'南洋; Nam Yang, '합중'合衆;
Hop Chun, '전구'全球; Universal, '광명'光
明; Kwon Ming의 6개 영화사를 모아 화
남 영화계 재난구호회賑災會를 결성하
였다. 그 취지는 애국영화를 제작하
는 데 있었으며, 그 가운데 유명한 것
으로 「최후관두」最後關頭가 있다. 상해
와 홍콩에서의 영화 제작 상황의 변
화는 〈표 3.2〉에서 자세히 살펴볼 수
있다.[11] 1938년 5월 1일 출간된 『예
림반월간』에도 이러한 변화가 기록
되어 있다.

「최후관두」광고 전단

「최후관두」의 한 장면

6~7개월 전, 우리나라 영화 산업에는 확연한 두 개의 중심이 있었다. 북방
의 상해, 남방의 홍콩이 바로 그곳이다. 8·13사변[6]으로 연일 포화가 멈추

6 1937년 일본군이 상해를 침략하면서 발생한 2차 상해사변을 가리키는 것으로, 이 이후로 중일전
   쟁이 확산되기 시작했다.

<표 3.2> 상해와 홍콩의 영화 생산량

	상해	홍콩
1909~1920	33	2
1921~1930	644	11
1931~1937	459	195
1938~1945	571	396
1946~1949	157	434

출처 : Grace Leung Lai-kuen, "The Evolution of Hong Kong as Regional Movie Production and Export Centre", M.Phil. thesis, Chinese University of Hong Kong, 1993, pp.19~20.

지 않자, 상해 각 영화사들의 업무는 완전히 중단되었고 종사자들도 각자 피난을 떠났다. 20여 년 동안 힘겹게 운영해 오던 영화의 근거지는 참담하게도 하루아침에 풍비박산이 나버렸다. 홍콩은 오히려 은신처가 되어 많은 사람이 찾아왔다. 호접, 원미운袁美雲, 엽추심葉秋心, 여작작, 임초초, 여갱黎鏗, 요평姚平, 이청李淸, 장익張翼, 갈좌치葛佐治 등의 남녀 배우와, 몇몇 유명한 영화 제작자, 감독, 시나리오 작가, 촬영기사 등이 모두 홍콩으로 몰려오면서, 그야말로 미증유의 성황을 이루었던 것이다. 동시에 광동어 영화의 금지령도 거의 사라지다시피 하였고, 수개월 간의 싸움에도 여전히 해결되지 못하고 있던 영화 검열 지부 역시 광주에 설립되었다. 주지하다시피 이 장기 항전의 외중에 화남은 의심할 바 없이 중국 부흥의 중요한 근거지이다. 또한 이 분야[영화 산업 분야]만 놓고 보자면, 현재 홍콩은 국산 영화 부흥의 중심지가 되고 있다.[12]

1941년 12월, 홍콩도 함락되었다. 1942년 4월, 일본군 정부는 홍콩에 홍콩 영화 제작사업 담당부서를 설립하여 모든 영화사에 이전에 제작했던 영화를 군 정부에 등록하도록 요구했고, 또 그렇게 해야만 계속 운영할 수 있도록 했다. 관련 자료에서 드러나듯 1933년에서 1941년 사이에 제작된 460편의 영화(광동어 영화 400편과 표준어 영화 60편)가 차례로 등록되었

는데, 이는 전쟁 전의 홍콩 영화 산업이 매우 활황이었음을 잘 보여 준다.[13]

정국의 급변으로 홍콩 영화 산업은 순식간에 침체되어, 당시 '홍콩의 할리우드'라 불리던 구룡에서는 모든 영화 촬영이 중단되었고, 극장 역시 극소수의 영화만을 상영하였다. 일제 점령기에 영화 생산이 맞닥뜨리게 된 곤경은 단지 정국 상황 때문만은 아니었다. 전력 공급의 부족 또한 촬영이나 극장 상영에 큰 장애를 가져왔다. 그리고 촬영에 필요한 물자 역시 매우 부족하여 조금 여력이 있는 영화인은 사태 변화를 관망하였다. 일부 영화인은 생활고로 인해 길거리 상인으로 나서기도 하였다. '화남 영화계의 황제'華南影帝 오초범의 경우 담배상을 하기도 했는데, 그가 집필한 『오초범 자서전』吳楚帆自傳에는 그러한 고초를 겪은 이야기로 가득하다. 영미의 영화도 모두 수입 금지되었기 때문에, '오락'娛樂이나 '황후'皇后와 같은 대형 극장들도 상영할 영화가 없어 운영할 수 없게 되자 월극을 상연하여 수입을 메울 수밖에 없었다. 여타 극장들의 경영은 더욱 비참한 상황이었으며, 이들 역시 월극이나 연극을 상연하곤 하였다. 당시 비교적 유명한 극단으로 화남명성극단華南明星劇團이 있었는데, 100명이 넘는 남북 배우와 경극·월극 연예인이 소속되어 있었다. 이들은 '잡탕'大雜會식 공연을 보여 주었는데, 중앙극장, 구여방九如坊극장 등에서 활약하였다. 홍콩섬에서는 오래 버티지 못하고, 구룡과 원랑元朗; Yuen Long으로 옮겨 공연을 하였고, 마지막에는 더 이상 지속되지 못한 채 해산하고 말았다.[14]

일제 점령기 동안, 홍콩 영화 산업은 저조하긴 했지만 완전히 중단된 것은 아니었다. 거짓 평화를 유지하기 위하여 일본군 정부는 1942년 4월 7일 홍콩 극장의 재개를 선포하고, 「홍콩공략전」香港攻略戰 촬영에 투자하여, 일본 군국주의 선전 영화를 만들었다. 여기에 불려 온 홍콩 배우 가운데 오초범과 백연白燕도 있었지만, 이 둘은 1942년 각기 홍콩을 탈출하여 중일 거짓 화해의 선전 도구가 되는 것을 피하였다. 영화 상영 면에서 보자면 이

시기 홍콩에서 상영된 영화는 137편에 달하는데 그 가운데 일본에서 수입된 것이 56편, 일본군의 통제하에 상해·화북·위만주국僞滿洲國 등지의 영화인들이 촬영한 것이 67편이었다. 그리고 3편은 나치 독일에서, 1편은 독일군 점령 후의 프랑스에서 만든 것이었다.[15] 영화 제작·배급·상영이 모두 일본군 정부의 통제를 받고 있었음은 이를 통해서도 알 수 있다. 중견 영화인 노돈은 다음과 같이 회고한다.

> 일본인들은 「홍콩공략전」이라는 영화를 제작하려 했다. 첫번째로 오초범을 주연으로 부르고자 하였는데, 내가 오초범에게 알려 주자 그는 바로 달아나 버렸다. 이어서 그들은 다시 백연을 여주인공으로 삼고 싶다고 말하였지만, 내가 다시 백연에게 도망가라고 말해 주었다. 마지막으로 자라련을 캐스팅하였는데, 당시 그녀는 데뷔한 지 얼마 안 된 신인 여배우였다. 남자 주인공으로는 사익지謝益之를 캐스팅하고자 하였다. 사익지, 진피陳皮, 그리고 나는 그 얘기를 듣자마자 바로 몰래 마카오로 피신하였다. 당시 마카오로 피신할 수 있었던 것은 모두 이륜화李倫華의 도움 덕분이었다. 우리는 마카오로 달아난 뒤, 다시 광주만廣州灣 쪽으로 피신하였다. 왜냐하면 광주만은 아직 프랑스의 통치를 받고 있었던 데다, 또한 전략적 요충지가 아니었기 때문이다. 후에 와쿠다(일본인)[7] 역시 광주만으로 도망 왔는데, 당시 우리 사진이 항구 전역에 붙어 있었다고 한다. 이후로 우리는 광주만에서 오초범·장영·백연·황만리 등과 재회하여, '명성화극단'明星話劇團을 결성하고 연극을 공연하였다. 후에 광주만의 상황 또한 긴박해지자 우리는 다시 뿔뿔이 흩어졌다. 사익지·오초범 등은 베트남 쪽으로 피신하였고,

---

7 와쿠다 고스케(和久田幸助)를 가리키는 것으로, 그는 광동어 전문가로서 일제 점령기 동안 홍콩 연예계와 관련된 업무를 담당하였던 인물이다.

나는 구양여천歐陽予倩 선생과 채초생 등
이 피신해 있던 계림桂林으로 가기로 결
정하였다. 결국 나는 장영·매기梅綺·이
청·용소의容小意 등과 함께 도보로 계림
으로 가는 여정에 올랐다.[16]

'중국통' 가와키타 나가마사

1937년 8월, 상해 함락 이후 상해 조
계지는 '고립孤島상태'에 빠졌지만 영화
산업은 결코 중단되지 않았다(〈표 3.2〉).
1941년 12월, 일본군이 상해 조계지마저
점령하면서 상해 영화 산업의 '고립시기'
도 끝을 맺는다. 이듬해 4월, 일본군은 상해에 중화연합영화사中華聯合製片公
司(이하 '중화연합')을 설립하고, 상해의 공영 영화 스튜디오와 그 기자재 및
자원을 빼앗아 이를 통합하여 경영하고자 하였다. 경영 1년 동안 성과가
없자, 이듬해 일본에서 '중국통'인 가와키타 나가마사川喜多長政를 파견하여
'중화연합'을 중화영화연합제작주식회사中華電影聯合製片股份公司(이하 '화영'
華影)로 개편하였다. 가와키타의 부친이 일본 군부 측 인사였기 때문에, 그
가 장악한 '화영'은 상해 주둔 일본 헌병의 통제에서 벗어나 독자적으로 움
직일 수 있었다. 가와키타는 상해의 유명 영화상인 장선곤을 '화영'의 사장
으로 기용하였다. '화영'의 독점과 장선곤의 관리하에, '화영'은 2년 사이에
100편이 넘는 영화를 생산하였을 뿐만 아니라, 무수한 스타를 길러 내기도
하였다. 매표 실적 또한 나쁘지 않아, 주선周璇이 주연한 「봉황우비」鳳凰于飛
와 같은 작품은 일본 점령 지구에서 크게 유행하였다.[17]

장선곤과 그 친구가 남긴 유고에는 '화영'의 정치적 내막의 일부가 드
러나 있다. 장선곤은 원래 담배회사 광고부에서 일했는데, 후에 상해에 대

항일기간 동안 중경에서는 장선곤이 제작한 「목란종군」(木蘭從軍)의 상영을 막았다.

형 영화관과 대세계유원지의 운영권을 얻게 된다. 1934년, 그는 영화에 투자하기 시작하여 상해에 신화영화사新華影公司(이하 '신화')를 설립하였다. 일본군의 수중에 들어간 '신화'는 '예화', '국화'國華, '금성'金星, '합중' 등의 영화사와 합병되어 일본인 통제하의 '화영'이 되었으며, 장선곤이 그 새 영화사의 사장이 되었다. 장선곤의 말에 따르면 그는 비록 일본인을 대신해 '화영'을 관리하긴 하였지만, 은밀히 중경 국민당과 내통하고 있었다고 한다. 국민당 요인 대립戴笠의 정보요원이 몰래 '화영'에 잠입하였던 것이 그 한 사례이다. 당시 상해 주둔 일본 헌병이 장선곤의 몸에서 중경으로 보내는 비밀 전보를 찾아내어 이로 인해 일본군에 의해 구금된 적도 있었다. 가와키타는 상해 주둔 헌병과 줄곧 사이가 좋지 않았고, 헌병이 '화영'에 개입하는 것에 불만을 품고 있었기 때문에 일본 군부 내 부친의 힘을 빌려서 장선곤이 갇힌 지 29일 만에 그를 구해 주었다. 이후로 일본 헌병과 상해 '화영'의 사이는 더욱 악화되었다. 중견 영화인 황탁한黃卓漢의 회고에 따르면, 일본 헌병은 수차례 가와키타를 암살하려 하였지만 총알이 운전보조석을 맞혀 구사일생으로 살아난 적도 있었다고 한다. 이후 장선곤은 상해 암흑가의 인사를 데려다 가와키타를 보호해 주었다.[18]

일본의 항복 이후, 국민당은 가와키타의 이름을 전쟁 포로 명단에서 삭제했다. 가와키타는 '화영'의 자산을 중국에 반환한 뒤, 일본에 돌아가 도

상해가 일본군에 함락되었을 당시, 가와키타 나가마사와 장선곤이 어려움을 함께 겪으며 쌓은 우정은 전후 '도호'와 '신화'의 합작을 가능케 하였다. 위 사진에서 앞 열에 장선곤(왼쪽에서 세번째), 가와키타(왼쪽에서 네번째), 주검운(왼쪽에서 다섯번째), 둘째 열에 장석천(張石川, 오른쪽에서 두번째)이 있는 것이 보인다.

호東寶영화사(이하 '도호')의 일을 맡았다. 그리고 '도호' 산하의 대외협력 사업을 전담하던 '도와'東和의 일 또한 책임졌다. 가와키타와 장선곤의 합작은 이로 인해 지속될 수 있었다. 장선곤의 부인 동월연童月娟은 남편의 과거사에 관하여 다음과 같이 회고하고 있다.

고립시기, 우리는 상해를 떠날 생각이 없었다. 우리 사업이 아주 잘되고 있었고, 또한 일본인이 조계로 진입하지 않았기 때문이다. 이후 일본인들이 조계로 쳐들어왔을 당시, 우리는 아무런 준비도 되어 있지 않았고 너무 늦어 달아나려야 달아날 수도 없었다. 진주한 이후 일본군은 우리와 합작하고자 하였다. 우리가 산 스튜디오를 그들에게 모두 넘겨줄 수도 없었다. 일본인들은 가와키타 나가마사를 파견하였는데, 원래 그 자신이 영화를 하던 이로 일본 '도호'의 회장이었다. 그는 일찍이 북경에서 유학하였고, 중

장선곤이 상해에 세운 신화영화사의 촬영장

국 문화를 매우 좋아하여, 막무가내 식의 군부
와는 달랐다. 그는 내 남편을 찾아와 며칠 동안
이야기를 나눠 보고는 남편의 능력을 높이 샀
다. 그래서 우리가 영화를 제작하는 것을 제재
하지 않을 것과 모든 극장에서 우리 영화를 상
영할 것을 약속했다. 그리고 우리는 당시 이미
중경 국민당 정부와 지하공작을 펴고 있었기
때문에 거기 남을 수밖에 없었다.……

가와키타와 우리의 우정은 매우 깊어졌다. 남
편과 의기투합한 그는 우리와 좋은 친구가 되
었다. 둘 다 영화와 정치를 별개의 일로 명백히 구분하였다. 한때 남편이
일본 헌병부에 잡혀간 적이 있다. 그들은 지하공작원 장백성蔣伯誠을 붙잡
아 내 남편이 지하공작과 관련되었다는 많은 증거를 발견하였던 것이다.
하지만 후에 가와키타가 그를 보호해 주었다. (전쟁 후) 가와키타가 일본
에 돌아갈 때는 내 남편이 도와주었다. 둘은 고난을 함께한 친구 사이였다.
남편이 일본에서 사망하였을 때, 그는 뒤처리를 도와주었다. 화장한 시신
을 일본에서 대만까지 보내, 대만에서 노제路祭를 치르게 해준 것이다. 이
후 그는 동경에서 홍콩으로 날아와 추모식에 참석했다.[19]

그 뒤로, 쇼브러더스 영화의 일본 배급 역시 가와키타가 일을 맡고 있
던 '도호'에서 책임졌다. 당시 쇼브러더스에서 일하던 추문회도 이 합작을
통해 '도호'와 '도와'의 고위층을 알게 된다. 추문회가 직접 골든하베스트를
만든 후, 이소룡 영화의 일본 배급도 '도와'를 통해서 진행하였고, 이후 골
든하베스트의 성룡成龍: Jackie Chan 영화 역시 '도호'와 '도와'의 네트워크를
통해 일본에 들어가게 된다.

상해에서 작업하던 가와키타 나가마사. 오른쪽부터 이와사키 아키라(巖崎昶), 복만창, 가와키타, 가와키타의 아내, 원미운, 주선, 장범(張帆)

2. 전후 영화 산업의 남하

중일전쟁 승리 이후, 국민당 정부는 1945년 9월 20일 '수복 지역 신문·통신사·잡지·영화·방송사업 관리 임시 시행법'管理收復區報紙·通訊社·雜誌·電影·廣播事業暫行辦法이라는 훈령을 반포하였다. 이는 개인이 운영하는 관련 기구들을 폐쇄하고, 그 재산을 국민당 중앙선전부가 접수하는 것을 골자로 하고 있었다. 중경 시기의 중앙영화촬영스튜디오中央電影攝影廠 역시 중앙영화사中央電影企業公司(이하 '중전')로 개편되어 상해의 '화영', 북경의 화북영화사, 장춘長春의 '만영'滿影[8] 등을 접수 관리하였다. 또한 중화민국 중앙영화복무처中央電影服務處는 전국의 영화 배급과 극장의 상영 스케줄을 전담하였다. 일본

---

8 만주국을 세운 일본이 만주 지역의 영화 선전 사업을 위해 만든 만주국영화협회주식회사(滿洲國映畵協會株式會社)를 가리킨다.

항복 이후, 국민당 정부는 곧 '중전'을 내세워 함락 지역의 영화 산업을 장악하였던 것이다.[20]

하지만 상술한 일련의 조치는 합리적 절차에 따른 것이라기보다는 좌우 진영의 갈등과 밀접한 관련이 있었다. 좌파 진보 세력이 민영 혹은 국영 영화사 도처에 존재하였던 것이다. 중일전쟁 이후의 '중전'은 좌파 영화인의 지배를 받고 있었으며, 「천당춘몽」天堂春夢 등과 같은 진보적 좌파 영화를 제작하였다. 이 영화는 한 건축가가 전쟁 직후 상해로 돌아와 도처에서 부딪히게 되는 곤경을 소재로 삼아 당시 전후 국민 생활의 빈곤한 상황을 묘사하였다. 민영 영화 스튜디오들의 경우를 살펴보면, 일찍이 나명우와 '연화'를 함께 경영하였던 오성재는 전후에 '중제'로부터 과거 '연화'의 서가회徐家匯 스튜디오를 인수받았다. 이 스튜디오는 채초생과 사동산의 연화영예사聯華影藝社가 임대하면서, 강남 지역 좌익 영화인들의 근거지가 되었다. 여기서 제작된 명작으로는 「팔천리 길 구름과 달」八千里路雲和月과 「봄 강물 동쪽으로 흐른다」一江春水向東流 등이 있다.

좌파 진보 인사와 국민당 세력의 경쟁은 강남에서는 암투로, 동북에서는 노골적인 투쟁으로 나타났다. 만주국을 세운 일본인이 중국 동북 지역에 세운 '만영'과 일본으로부터 가져온 기자재 및 인력은 전후에 국민당의 '중전'에 의해 접수될 예정이었다. 하지만 '중전' 사람들이 미처 도착하기도 전에, 좌파 진보 인사인 원목지袁牧之가 소련에서 동북으로 돌아와 스튜디오를 접수해 버렸다. 소련군이 장춘에서 철수하고 국민당군이 동북에 도착하는 사이에 그는 일부 기자재를 흥산興山으로 옮겨 동북영화사東北電影公司를 설립하였다. 원목지가 영화사 사장이 되고, 진파아·오인함吳印咸 등이 그 일선에 나섰다. 1947년 내전이 확대되고 이듬해 인민해방군이 동북과 화북 지역을 연이어 해방시킨 이후, 공산당이 동북의 장춘스튜디오長春製片廠를 접수하여 동북스튜디오東北製片廠로 명칭을 바꾸었다. 또한 1949년에는

'중전'의 북경 제3스튜디오를 접수하였다.[21]

1949년 이후, 홍콩 영화가 처한 상황에 중대한 변화가 일어난다. ① 상해의 자금이 홍콩으로 옮겨 갔다. ② 신중국의 영화 수입 및 수출에 대한 새로운 제한이 시행되었다.[22] 중국 영화 중심의 남하와 함께 중국 대륙에서 불거진 좌우파 대립이 홍콩에도 점차 퍼지게 되었다. 전후 홍콩의 좌우파 영화인들은 각기 광동어 영화인 친목회와 홍콩 체류 표준어 영화인 친목회를 조직했다. 또한 이 두 진영 모두 자신의 스튜디오와 제작팀을 가지고 있었으며, 이들은 연이어 세력 다툼을 벌였다.[23]

3장 / 전후 홍콩의 친우파 영화 진영

중일전쟁 승리 이후, 정국의 혼란 속에 국민당과 공산당의 대립과 긴장이 격화되면서 중국 대륙은 또다시 포연에 휩싸이게 된다. 이로 인해 상해의 자본가들은 심각한 타격을 입는다. 일부는 홍콩으로 남하하는데, 그중에는 영화업계 종사자도 적지 않았다. 그리고 전후 '매국노 처벌'의 목소리가 점차 커지자, 중일전쟁 시기 상해의 일본 영화사에서 일한 적이 있는 영화인 가운데 일부가 홍콩으로 남하하였다. 이것이 바로 상해 영화인의 2차 남하다. 1949년 신중국의 성립을 전후로 하여, 홍콩으로 이주해 오는 영화인이 줄을 잇게 되면서, 좌우 두 진영 사이의 경계는 더욱 명확해졌다.[24]

1. 대중화영화사

대중화영화사大中華影業公司는 전후 초기 홍콩에서 가장 규모가 컸던 영화사로, 표준어 영화를 주로 제작하였다. 1946년 장백영蔣伯英이 일부 사천四川 상인의 지원을 받아, 홍콩에서 예화영화사의 엄유상嚴幼祥과 연합하여 대중화영화사(이하 '대중화')를 결성하였다. 장백영의 원래 계획은 상해에 영화사를 만드는 것이었지만, 시국의 변화에 따라 결국 홍콩에 세우기로 결정

일제 점령기 상해에서 제작된 「만세류방」. 사진 속의 배우는 이향란(李香蘭, 왼쪽)과 진운상(陳雲裳)

구룡 북제가에 있었던 대중화영화스튜디오(大中華電影製片廠, 1946~1949)

하였다. 장백영 이외에 다른 주주로는 엄유상, 소촌인, 장석천張石川, 주검운 등이 있었는데, 모두 중일전쟁 이전 상해 영화계의 유명한 투자자였다. '대중화'는 홍콩에서 남양스튜디오南洋片廠를 제작본부로 이용하였는데, 남양스튜디오는 소촌인 가족의 상해 천일영화사 홍콩스튜디오였다. 이는 '대중화'와 '천일', 장백영과 소씨 형제 사이에 깊은 연관이 있었음을 보여 준다. '대중화'는 중일전쟁의 발발 이후 홍콩으로 건너온 영화인들을 총망라하다시피 하였다. 비교적 유명한 이들로 주석린, 하비광何非光, 양공량楊工良, 주선, 호접 등이 있었다. 주석린의 경우를 살펴보면, 그는 1932년 상해의 연화영화사에서 일하였으며, 상해 '고립시기'에도 여전히 상해에 남아 영화를 계속 제작하였다. 일본군은 상해를 점령한 이후 친일 분위기 조성을 위해 1941년 중화연합영화사를 설립하고, 영화 제작을 통해 중일 간의 화해 협력이라는 거짓 이미지를 만들어 내고자 하였다. 주석린은 상해에 남아 있던 당시 '중화연합'을 위해 「해상대관원」海上大觀園, 「박애」博愛, 「양소화농월」良宵花弄月, 「만세류방」萬歲流芳 등 4편의 영화를 만들었다. 중일전쟁 이후, 각계로부터 비난을 받던 주석린은 홍콩으로의 이주를 결심하고 '대중화'에 들어갔다. 이후 주석린이 '대중화'에서 만든 영화들은 대부분 상해와 중국 북방의 도시를 배경으로 한 것이었지만, 1950년대 후반에 들어서면서 점차 홍콩 현지의 소재를 다루기 시작하였다.[25]

2. 영화영화사

전후 상해로부터 홍콩으로 옮겨 간 상인 가운데, 이조영李祖永이라는 이름이 특히 눈에 띈다. 영파寧波 출신인 이조영은 전후 홍콩을 거쳐 미국으로 가던 도중 우연히 '영화계 큰손'인 장선곤을 만나 의기투합하게 되면서 영화 사업에 뛰어들었다. 이조영은 투자를 하고 장선곤은 인력을 지원하여

1947년 영화영화사永華影業公司(이하 '영화'
永華)를 창립하였다. 원래 이조영은 출판과
인쇄업으로 성공한 사람이었는데, 그가 운
영하던 인쇄공장이 국민당 정부를 위해 지
폐 인쇄를 했던 사실을 놓고 보더라도, 중
국 정계 및 재계에 대한 그의 영향력이 적
지 않았음을 알 수 있다. 상당한 규모를 자
랑하던 '영화'는 미국으로부터 설비를 들
여오고, 남하한 영화인들을 대규모로 영입
했다. 첫 대작 「국혼」國魂은 송나라 말엽 왕

홍콩으로 남하한 영화인 이조영

조가 교체되는 상황 속에서도 충신 문천상
文天祥이 옛 군주에 대한 충정을 지키는 이야기를 다루었다. 영화는 내전이
최고조에 달하던 시기에 완성되어 1948년 전국에서 상영되었다. 국민당
정부는 「국혼」의 주제가 자신들의 사상 노선에 부합한다고 여겨 이를 전방
에 보내 상영함으로써 장병의 사기를 북돋우고자 하였다. '영화'가 제작한
두번째 대형 사극인 주석린 감독의 「청궁비사」淸宮秘史는 광서제光緖帝가 자
희태후慈禧太後[서태후西太後]에게 대항하는 이야기를 그린 것으로, 개혁이라
는 주제를 담고 있었다. 당시 사람들은 「청궁비사」에 이어 나온 「대량산은
구기」大涼山恩仇記 역시 국민당 정부를 칭송하는 내용이라 여겼다.

1950년대에 들어와 '영화'의 작품들은 대체로 상업성이 강해졌는데,
그 가운데 「봄은 독서의 계절이 아니다」春天不是讀書天가 비교적 유명하다.
1952년 '영화'는 자금 회전이 여의치 않자, 싱가포르·말레이시아의 부호인
육운도 산하의 국제영화배급사國際影片發行公司에 자금을 빌렸다. 그 이후 제
작한 영화로는 유명 문학 작품을 개편한 「취취」翠翠와 '폭정은 반드시 망한
다'는 주제를 다룬 「항아」嫦娥가 있다. 하지만 '영화'의 재정 상황은 끝내 개

'영화'가 제작한 「청궁비사」. 맨 오른쪽이 주석린

'영화'의 창업작 「국혼」의 광고

이조영이 세운 영화영화사

선되지 못하였고, 결국 1955년 육운도의 국제영화배급사에 의해 기소되어 법원으로부터 청산 명령을 받는다. 그러자 이조영은 대만에서 원조의 손길을 구하였다. 마침내 '영화'는 중앙영화사中央電影公司(이하 '중영'中影)[9]를 통해 대만 중앙은행으로부터 50만 홍콩달러를 대출받게 되는데, 이로부터 '영화'의 작품은 더욱 친대만·친국민당 경향이 강해졌다. 1957년 대만 공군의 협조를 받아 대만에 건너가 촬영한 「비호장군」飛虎將軍에서는 대만 공군을 대대적으로 찬양하기도 하였다. 하지만 이조영의 사망과 함께, '영화' 역시 공식적으로 문을 닫고 만다.[26]

'영화'의 후기 작품 「봄은 독서의 계절이 아니다」. 엄준(嚴俊)이 주연 겸 감독을 맡았고, 첫 출연부터 두각을 나타낸 임대(林黛)가 함께 출연하였다.

3. 신화영화사와 장성영화사

상해 영화계의 유명 인사인 장선곤은 절강 사람으로, 동향 사람인 이조영과 함께 홍콩에서 '영화'를 설립하였다. 하지만 나중에 서로 뜻이 맞지 않아 1949년 따로 독립해 장성영화사長城影業公司(이하 '장성')를 설립하였고, 원앙안袁仰安에게 경영 책임을 위임하여 「탕부심」蕩婦心(1949), 「피로 물든 해당화」血染海棠紅(1949), 「일대요희」一代妖姬(1950) 등의 영화를 제작하였다. 국내 상황의 변화로 인해 중국 대륙의 시장을 잃게 된 데다 인사 분쟁이 갈수

9 1954년 대만에서 몇 개의 국영 영화사가 합병해 만들어진 영화사이다.

장선곤

록 심해지면서, 장선곤은 1950년 '장성'에서 손을 뗀다. 얼마 뒤 원앙안은 회사를 장성영화제작사長城電影製片有限公司; Great Wall Movie Enterprise Ltd.로 개편했고, 홍콩 『대공보』大公報의 경영자 비이민費彝民을 불러들여 그의 도움을 받았으며, 각본 고문으로는 사마문삼司馬文森을 영입했다.

한편 친좌파 영화인들이 '장성'을 장악함에 따라, 장선곤은 1952년 신화영화사를 따로 설립하였다. 그는 대중의 취향에 영합하는 음악·문예·연극 등의 장르영화를 만들어 상업성에 더욱 치중하였으며, 또한 1953년에는 홍콩의 우파 영화인들을 이끌고 대만의 쌍십절雙十節[10] 국경일에 참가하기도 했다. 이 시기 '신화'가 제작한 일련의 영화는 청말 혁명 열사의 봉기나 민국 정부의 건립을 소재로 하여 주로 선현을 칭송하는 내용이 많았다. 예를 들자면 「벽혈황화」碧血黃花는 황화강黃花崗 72열사[11]의 순국을 찬미한 영화였다. 당시 '신화'는 자금 압박으로 인해 경영에 어려움을 겪고 있었지만, 다행히 1955년 장선곤이 칸영화제에서 옛 친구 가와키타 나가마사와 재회하게 되면서 상황이 호전될 수 있었다. 원래 전후 장선곤이 홍콩에 '신화'를 설립할 당시 가와키타 역시 일본에 돌아가 '도호'를 장악하였다. 가와키타를 통해 자금을 끌어들인 장선곤은 '도호'와 그 자회사인 '도와'와의 협력 관계를 구축

---

10 쌍십절은 10월 10일, 즉 두 개의 10이 겹쳐진 국경일을 의미한다. 신해혁명의 발단이 된 무창봉기가 일어났던 1911년 10월 10일을 기념하기 위하여 중화민국 정부가 지정한 건국 기념일을 가리킨다.
11 1911년 4월 27일 손문이 이끌던 동맹회(同盟會)가 일으킨 광주 무장 봉기 당시 희생당한 열사 72명을 가리킨다.

장선곤은 민간고사 속에 있는 상업적 요소를 발굴해 내는 데 뛰어났다. 사진은 청말4대기안(淸末四大奇案)[12]을 각색한 「소백채」(小白菜)

'신화'가 제작한 「소백채」의 광고

'신화'가 일본 영화의 장면 구성을 모방하여 촬영한 「나비부인」. 가운데 서 있는 사람은 이려화(李麗華)

하고, 「앵도염적」櫻都艷跡, 「나비부인」蝴蝶夫人 등을 합작으로 제작하였다. '신화'는 '도호'를 통해 음악 및 안무 구성, 컬러 촬영 기술, 음향 기술 등을 익힐 수 있었다. '신화'는 일본과 대만에서 현지 촬영하고 중·일 간의 로맨스를 다룬 이 영화들을 통해, 일제 식민지 상황으로부터 벗어난 대만 지역에서 안정적인 흥행 수입을 얻을 수 있었다. 1958년 1월, 장선곤은 일본에 건너가 「봉황우비」를 촬영하다가 병사하였는데, '도와'가 그 뒤처리를 도와주었다. 촬영이 중단되었던 영화도 '도와'의 도움으로 후반 작업을 마칠 수 있었다. 장선곤의 사망 이후, 그와 가와키타가 개척한 중·일 영화 합작 관계는 육운도의 '국태'와 소일부의 쇼브러더스로 이어진다.[27]

12　청말 동치제(同治帝)와 광서제 통치기 사이에 벌어졌던 네 가지의 특이한 치정 원한 사건을 가리키며, 소백채는 그 가운데 한 사건의 주인공이다.

4. 아주영화사

1953년 설립된 아주영화사亞洲影業公司(이하 '아주')는 미국의 자유아시아협회自由亞洲協會로부터 자금을 지원받아 세워진 것으로, 창립자 장국흥張國興은 미국 AP통신의 극동 주재 기자였다. '아주'가 제작한 영화 가운데 반공 이데올로기가 비교적 두드러진 것으로는 「양아」楊娥와 「반하류사회」半下流社會 같은 작품이 있다. 전자는 홍숙운洪叔雲 감독, 역문易文 각본, 유기劉琦·나유羅維 주연이었고, 후자는 도광계屠光啓 감독, 역문 각본이었다. 하지만 '아주'는 1958년 미국의 재정 지원이 중단되면서 문을 닫고 만다.[28]

1940~1950년대에는 작품 생산량이 많은 우파 영화사 이외에 일부 소형 제작사도 우파 경향의 주제의식이 담긴 영화를 만들었다. 상관청화上官淸華가 1954년에 세운 청화영화사淸華影業公司가 그 예이다. 그 대표작으로는 「신어광곡」新漁光曲이 있는데, 마서유방馬徐維邦이 감독을 맡았다. 내용은 중공 정권하에서 살아가던 어민들이 폭정에 불만을 품고 반항하게 된다는 이야기였다. 이 밖에 배우 이미李湄가 세운 북두영화사北斗影業公司 역시 실제 이야기를 각색한 반공 영화 「연귀래」燕歸來를 만들었다. 이 작품 역시 마서유방이 감독한 것으로, 중공 예술단의 한 여자 연예인이 예술단의 태국 공연을 기회로 삼아 망명하는 과정을 그린 것이었다. 이처럼 홍콩에서 우파 영화인이 자주 등장하였던 것은 바로 해외 화인 사회에서의 좌우 양 진영의 각축이 반영된 것이었다. 아래 인용문에서 장선곤의 아내 동월연이 '영화', '신화', '장성'의 흥망성쇠를 술회하는 내용에서 그 내막이 잘 드러난다.

상해에 돌아오자 모두 접수 정리 대상이 되었고, 우리 영화사 역시 빼앗기게 되었다. 그 당시 매우 혼란스러운 상황이었기에 남편은 바로 홍콩에 와 버렸다. 그는 당시 너무나 시달렸기 때문에[당시 장선곤은 사람들로부터 매국노로 지목받고 있었다—종보현], 미국으로 건너가 놀고 있었다. 반년 남

장선곤과 동월연

짓을 놀다가 다시 귀국하는 길에 남편은 우연히 이조영 선생을 만났다. 일찍이 상해에서 친구 사이였던 그들은 미국에서 우연히 만나 영화 제작 계획에 관한 이야기를 나누게 되었다. 기왕 영화를 찍을 거면 자신들의 스튜디오를 가지고 대형 영화를 찍어야 한다고 생각하고 있었기에, 그들은 홍콩에 돌아와 영화영화사를 만들었다. 대자본가였던 이조영은 300만 달러를 내놓았다.……영화의 첫 작품은 「국혼」이었다. 이조영 선생이 충신이자 효자인 문천상의 이야기를 매우 좋아했기 때문이었다. 후에 이조영 선생은 영화에 갈수록 흥미를 갖게 되어 자신이 직접 각본을 쓰게 되었다. 하지만 너무 천천히 쓰는 바람에 배우와 감독을 놀리면서 월급을 주게 되자, 마음이 급해진 남편은 안달이 날 수밖에 없었다. 결국 남편은 의견이 맞지 않아 영화사를 나오게 되었고, 이조영 선생은 나중에 돈만 날리고 말았다.……

1948년 '영화'에서 나온 장선곤은 독자적으로 장성영화사를 설립하였다. 그는 '화달'華達이라는 아주 작은 스튜디오를 빌려 영화를 제작하였는데, 그 첫 작품은 백광白光 주연의 「탕부심」이었다. 이는 나오자마자 크게 흥행하였고, 이어서 「피로 물든 해당화」, 「일대요희」 등의 작품을 내놓았다. 그 당시 황후극장, 오락극장 등은 모두 서양 영화를 상영하고 있었는데, 이를 내리고 우리의 국산 영화를 상영하였다. 그리고 이제 막 지어진 쾌락극장快樂戲院에서도 흥행이 아주 좋았다. 그 덕분에 '장성'은 곧 입지를 굳힐 수 있었다. 그때 '장성'과 '신화'가 만든 표준어 영화를 제외하면, 다른 영화사들은 광동어 영화를 제작하고 있었다. 우리는 광동어 영화인들과는

홍콩으로 남하한 후 장선곤은 화달스튜디오를 임대하여 영화를 촬영하였다.

왕래가 없었는데, 그들 역시 표준어 영화를 찍으려 하지 않았다. 그들은 일
주일이나 열흘에 한 편씩 찍어 냈던 반면, 우리는 몇 달씩 걸려 찍어야 했
고, 때로는 각본을 반년이나 기다리기도 했다. 그렇다고 그들의 광동어 영
화가 대충 만들어졌다는 얘기는 아니다. 다만 시장이 크고 극장이 많았기
때문에 영화 공급을 위해 제작을 서둘러야만 했던 것이다.

우리는 상해에서 많은 사람을 데려왔다. 악풍, 이평천李萍倩 등도 모두 우
리가 데려온 사람이었다. 막 시작할 당시에는 우리 영화가 대륙에서도 상
영되었지만, 1949년 이후로는 장벽에 가로막히게 되었다. 반면 동남아 시
장은 상황이 아주 좋았기 때문에 '국태', '쇼브러더스', '광예'光藝 등이 모두
우리의 영화를 사 주었다.

'장성'의 원앙안은 이전에 변호사를 하던 사람으로, 우리와는 좋은 친구
사이였다. 장선곤은 대륙에서 온 이후 할 일이 없던 그를 불러다 영화사의
경영을 맡겼다. 그 당시 우리는 「탕부심」, 「피로 물든 해당화」, 「일대요희」,

이조영의 장례식

「화가」花街, 「왕씨사협」王氏四俠 등 다섯 편의 영화를 동시에 찍고 있었기 때문에 돈이 많이 필요했다. 원앙안은 여건강呂建康·여건성呂建成으로부터 자금을 지원받아 매 편당 몇 만 홍콩달러씩 투자하였다. 당시 영화 한 편을 만드는 데는 대략 10만에서 20만 홍콩달러 정도가 들었다. 그 당시 공산당이 활동을 시작하고 있었기 때문에 어떤 이는 우리에게 정협위원政協委員[13]을 맡으라고 설득하기도 하였지만 우리는 하지 않았다. 또한 대륙에 가려고도 하지 않았다. 그랬더니 모두가 우리에게 등을 돌렸다. 결국 우리 두 사람은 진운상陳雲裳을 따라 떠날 수밖에 없었다. 싱가포르·태국 등지에서의 선전 활동을 명목으로, 두 달 동안 나가 있다가 돌아왔다. 돌아왔을 때 '장성'은 이미 '독서회'讀書會로 바뀌어 있었고, 우리는 이렇게 쫓겨날 수밖에 없었다. 1950년의 일이었다.……

남편이 아직 살아 있을 당시 호진강胡晉康, 왕원룡王元龍 등 영화계 친구들이 가련위로加連威老道; Granville Road에 집 한 칸을 마련해 주었다. 2~3년 뒤에 표준어영화조합電影工會을 발기하려 하였다. 당시 부근에 있던 레인크로포드Lane Crawford; 連卡佛백화점(과거 첨사저尖沙咀; Tsim Sha Tsui[침사추이] 미돈로彌敦道; Nathan Road에 있던 레인크로포드를 말함)의 위층에 식당이 있었는데 거기에 조합을 만들었다. 모두가 조금씩 돈을 모아 후에 감부리

---

13 '정협'이란 중국인민정치협상회의(中國人民政治協商會議)를 줄여서 가리키는 말로, 중국 공산당과 민주당파, 단체, 정계 등의 대표로 구성되는 중화인민공화국의 조직이다.

정치적 파란을 수차례 겪은 장선곤은 '영화', '장성', '신화' 세 영화사의 흥망성쇠를 함께했다. 사진은 장선곤과 아내 동월연(왼쪽에서 두번째), 그리고 배우 진운상(오른쪽에서 두번째)과 주선(오른쪽에서 첫번째)

사로堪富利士道: Humphreys Ave. 쪽으로 옮겨 갔는데, 2층에 사무실을 열었다. 1956년 설립 당시의 이름은 '홍콩·구룡 영화종사자 자유총회'港九電影從業 人員自由總會였고, 1957년에는 '홍콩·구룡 영화·연극사업 자유총회'港九電影 戲劇事業自由總會, 1997년에는 다시 '홍콩 영화·연극 총회'香港電影戲劇總會로 이름을 바꾸었다. 당시 참가한 인원은 수천 명에 달했는데, 쇼브러더스도 가입하였고, 영화를 만들기 전에 모두 우리에게 와서 등록해야 했다. 언제 찍을 것인지를 밝히는 증명서를 우리가 발급해 주어야만 대만의 조합에 서 심의에 통과할 수 있었다. 우리 증명서가 없이는 어떤 영화도 대만에 가 져가 상영할 수 없었다. 당시 대만의 시장은 대단했는데, 쌍십절이나 '영화 의 날'과 같은 행사도 아주 많았다. 그리고 우리 조합에 신청해야 영화제 에 참가할 수 있었다. 지금까지도 우리 조합에 등록하지 않으면 대만에서 이름을 내거나 포스터를 붙이는 것도 불가능하다.[29]

'자유총회'(自由總會)의 주석을 맡은 동월연이 그와 관련된 활동을 하며 찍은 사진

상해는 일본군에 함락되었을 당시 오히려 엔터테인먼트 산업이 이상 열기를 띠어 수많은 스타들이 탄생하였다. 1949년 상해의 자금이 홍콩에 유입되고, '장성'이 홍콩에 세워지자, 장선곤은 상해의 '10대 스타'를 초빙해왔다. 사진 속 인물들은 왼쪽부터 공추하(龔秋霞), 라란(羅蘭), 손경로(孫景璐), 진연연(陳娟娟), 진운상, 호접, 주선, 이려화(李麗華), 백광(白光), 왕단봉(王丹鳳)

4장 / 전후 홍콩의 친좌파 영화 진영

전후 홍콩 영화계 좌우 진영 대립의 기원은 중화인민공화국 성립 이전으로 거슬러 올라간다. 1948년에서 1949년 사이에 채초생, 구양여천, 사동산 등은 홍콩으로 건너와 '대광명', '남군'南群, '남국'南國의 세 영화사를 설립한다. 이는 국공내전 기간 동안 국민당의 탄압으로 좌파 영화의 제작이 중단되는 것을 피하기 위해서였다. '대광명'이 제작한 표준어 영화 「물 위의 사람들」水上人家은 어민들이 악덕 선주의 횡포에 불만을 품어, '이미 해방된' 다른 어촌으로 집단 도주하는 이야기를 다루었다. '남국'이 제작한 광동어 영화인 「주강루」珠江淚 역시 중일전쟁 승리 이후 매국노와 국민당 관원의 결탁을 소재로 한 영화였다. 이 밖에 좌파 영화인들은 자신들이 1930년대 상해에서 썼던 선전 방식을 이용하여 공동 영화평을 선보였다. 당시 표준어 영화 평론가인 하연, 주강명

당시 '장성의 공주'(長城大公主)로 불리던 하몽(夏夢)이 1957년 북경을 방문하여 주은래(周恩来) 총리 부부와 함께 찍은 사진

周鋼鳴 등은『화상보』華商報에 '7인 영화평'을 발표하였다. 한편 곡류穀柳 등은 '광동어 영화 공동 평론'粵片集評을 이끌었다. 이러한 영화평들은 모두 소련 지역 영화나 공산당에 의해 해방된 중국 대륙의 영화, 그리고 홍콩 지역의 진보 좌파 영화를 적극 추천한 반면 미국 영화는 폄하하였다. 1949년 신중국이 성립되자 채초생, 하연 등과 같은 일부 좌파 영화인들은 대륙으로 돌아가 사업을 펼쳤고, 대광명영화사 역시 같은 해 대륙으로 철수하였다. 사마문삼, 서적舒適 등과 같은 좌파 영화인은 홍콩에 남아 영화계에서 계속 활약하였다.[30]

1. 장성영화제작사

이조영과의 의견 대립으로 '영화'를 떠난 장선곤은 1949년 독립해 장성영화사를 설립하였다. 이후 원앙안을 경영자로 위임한 장성영화사는 단숨에 큰 성공을 거두었다. 하지만 '장성' 내부의 인사 갈등으로 인해 1950년 장선곤이 장성을 떠난 뒤로, 원앙안은 영화사를 장성영화제작사로 개편하였다.『대공보』의 경영자 비이민의 도움과 해운업자 여건강의 지원을 받고, 사마문삼을 각본 고문으로 영입하면서 새로운 '장성'은 친좌파 진영의 중요한 일원이 되었다. 비교적 유명한 작품으로 유경劉瓊 감독의「호문얼채」豪門孽債(1950)가 있는데, 이는 자산계급을 비판하는 내용을 다루었다. 1951년의 작품「혈해구」血海仇는 한 화교의 고단한 삶을 소재로 한 것이었다. 1953년, 이평천이 감독하고 임환林歡[14]이 각본을 맡은「절대가인」絶代佳人은『사기』史記의 신릉군信陵君과 여희如姬의 이야기[15]를 소재로 한 영화였다. 이

---

14 한국에는 김용(金庸)이라는 필명으로 잘 알려진 사량용(查良鏞)의 또 다른 필명이다.
15 '절부구조'(竊符救趙)라는 고사성어와 관련된 이야기로, 중국 전국시대에 위(魏)나라의 신릉군이 여희를 시켜 군사 지휘권을 상징하는 병부를 훔쳐 내 조(趙)나라를 구한 이야기이다.

만자(灣仔) 국태극장에서 상영 중인 「비파항」(枇杷巷, '장성' 제작, 도진陶秦 감독)

장성영화제작사

『장성화보』(長城畫報) 광고

1954년 '장성'의 영화 광고

'장성' 스튜디오 내 작업 인원이 세트 배경을 그리고 있다.

영화는 여희의 부친이 진秦나라의 핍박으로 인해 죽은 것으로 고쳐 씀으로 써 폭정에 대한 비판을 부각시켰다. 이 밖에도 '장성'은 노신[루쉰]의 『아큐 정전』阿Q正傳, 파금巴金의 『집』家, 조우曹禺의 『일출』日出 등과 같은 일련의 좌 익 문인의 작품들을 영화로 만들었다. 1950년대 후반에 이르러 '장성'은 생 존을 위해 다시 한번 제작 노선을 변경하여 「유녀회춘」有女懷春, 「향분분소 저」香噴噴小姐, 「안아미」眼兒媚(1958) 등과 같이 중산층을 겨냥한 작품이나 청 춘영화를 만들었다.[31]

2. 오십년대영화사

'장성' 이외에 오십년대영화사五十年代影業公司 역시 홍콩의 유명한 좌파 영화 사였다. 합작사 방식의 영화사였던 오십년대영화사는 직원의 노동력을 밑 천으로 하여 영화를 제작하였다. 전체 구성원의 보수도 집단으로 결정하

오십년대영화사 전체 직원 사진

고, 직원은 촬영 기간 동안 최소 기본생활비만을 받아 생활하고 나머지 보수는 영화 배급까지의 운영 자금을 제외하고 적립금과 보너스로 받았다. 이들이 제작한 영화는 두 편이었는데, 왕위일王爲一이 감독한 「화봉황」火鳳凰(1951)과 고이이顧而已·백침白沉·서적舒適이 공동으로 감독한 「신귀인」神鬼人(1952)이 그것이다. 이들의 경영 방식은 이후 '봉황'과 '중련'中聯 같은 '동업조합식'兄弟班 영화사에 커다란 영향을 주었다. 1952년 초, 많은 영화인이 대륙으로 돌아가 버리자 오십년대영화사도 문을 닫고 만다.[32]

3. 봉황영화사

봉황영화사鳳凰影業公司; Feng Huang(Phoenix) Motion Picture Co.의 구성 멤버는 대부분 오십년대영화사 출신이었다. 오십년대영화사의 창립자들 가운데 유경, 서적, 백침 등은 1952년 '영화'의 노동쟁의 당시 홍콩 정부에 의해 추방되었다. 그리고 대륙으로 돌아가자는 영화인들의 구호에 호응하여 고이이, 도금陶金, 손경로孫景璐 등이 대륙으로 떠나가 버리자 영화사는 곧 해체되었다. 남은 영화인들이 봉황영화사를 결성하였는데 주석린이 이를 주도하였다. 영화의 내용 면에서 보자면, '봉황'의 작품은 '장성' 스타일의 영화를 현지화한 성격이 강했다. 주로 홍콩 지역 중하층 민중의 생활 속 고난을 묘사하되 희극적 스토리에 치중하여 작품의 풍자 효과를 강화하였다. 주석린 감독의 「중추월」中秋月(1953)은 회사 말단 직원이 중추절[추석] 직전에 축하 선물을 마련하느라 좌충우돌하는 이야기를 다루었다. 주석린의 또 다른 풍자극인 「일년지계」一年之計(1955)는 형제를 주인공으로 내세워, 사업으로 성공한 형

봉황영화사 직원들의 단체 사진. 가운뎃줄 오른쪽에서 두번째가 주석린

'봉황'의 영화 광고

과 공장 노동자인 동생의 대비를 보여 주었다. 그런데 결국 사업에 실패한 형이 동생에게 기탁하게 되는 것으로 이야기를 끝맺음으로써 좌경적 주제 의식을 담아내고자 하였다. 하지만 1950년대 중반 이후로 '봉황'은 대중에 영합하여, 「사랑에 눈뜨다」情竇初開

'봉황'이 제작한 「일년지계」(진적 촬영)

(1958), 「청춘환상곡」靑春幻想曲(1959), 「진가천금」眞假千金(1959), 「의기투합」情投意合(1959), 「유녀초장성」有女初長成(1960), 「다섯 아가씨」五姑娘(1960) 등의 청춘 코미디영화를 제작한다.[33]

4. 신련영화사

신련영화사新聯影業公司(이하 '신련')는 1952년 설립되었는데, 이를 주도한 요일원廖一原은 『문회보』文匯報의 편집장이었다. 제작 면에서 '신련'은 당시 광동어 영화계 최고의 인물들을 영입하였다. 감독으로는 이철李鐵, 오회吳回, 노돈 등이 있고, 배우로는 오초범, 황만리, 백연 등이 있었다. 작품의 수준은 상당히 높았고, 주제 역시 매우 현지화된 것이었다. '신련'의 일부 작품은 주제 면에서 '봉황'과 유사하였는데, 모두 풍자 수법을 써서 빈부 간의 갈등을 그렸다. 오회의 「패가자」敗家仔는 한 아버지가 자녀 양육을 위해 해외로 나가 일을 하면서 번 돈을 집에 부쳐 주지만, 아들은 오히려 빈둥거리고 일하기 싫어하여 '패가자'[탕자]로 변해 간다는 이야기를 다루었다. 그리고 이신풍李晨風의 작품 「발달지인」發達之人(1956)은 세 형제가 한집에 모여 사는 이야기를 그렸다. 수입이 적어서 형과 형수로부터 갖은 시달림을 받던 둘째는 해외에 나가 선원이 된다. 이후 둘째가 미국에서 큰돈을 벌어 왔다고 오인한 첫째와 셋째는 둘째에게 열심히 아부하지만 결국 헛수고였다는 것이 밝혀진다. 이 영화는 신분과 지위의 고하에 따라 아부하고 영합하려는 속물들을 풍자한 것이다.[34]

전체적으로 봤을 때, 1940년대 말에 생겨난 '대광명', '남군', '남국' 등은 홍콩 좌파 영화계의 선두 그룹이었다. 이후 1950년대에 설립된 '장성', '봉황', '신련' 등은 앞 세대의 영화사들을 대신하여 좌파 영화계의 대표적인 영화사가 되었으며, 각기 다른 유형의 영화를 제작하였다(2차 세계대전

연도	인구(백만 명)	극장 수	극장 좌석 수 (천 개)	좌석점유율(%)	인구 1000명당 좌석점유율(%)	홍콩 제작 영화 수
1945	0.60					
1946	1.50					
1947	1.75					
1948	1.80					
1949	1.85					
1950	2.24					202
1951	2.02					192
1952	2.13			33.9	15.1	259
1953	2.24	59				207
1954	2.36	64				188
1955	2.49	65				227
1956	2.61	63				227
1957	2.73	68				217
1958	2.85	65	66.9			240
1959	2.97	65	68.4	65.0	22.8	246
1960	3.08	72	76.9			273

출처: I. C. Jarvie, *Window on Hong Kong: a Sociological Study of the Hong Kong Film Industry and Its Audience*, Hong Kong: Center of Asian Studies University of Hong Kong, 1977, p.61.)

이후 홍콩 영화 산업의 구조 변화는 〈표 3.3〉 참조). 하지만 '장성', '봉황', '신련'은 결코 좌파 이외의 세력들과 관계를 끊은 적이 없었다. 특히 1950년대 초반과 중반은 아직 쇼브러더스와 '전무' 등 싱가포르·말레이시아 극장주들이 정식으로 홍콩에서 영화 제작 사업을 시작하기 이전이었기 때문에, 안정적인 영화 공급원을 확보하기 위하여 '전무'는 대부분 '장성'의 작품을 매입하였고, 쇼브러더스는 '봉황'의 작품을 주로 매입하였으며, '광예'는 '신련'의 광동어 영화를 매입하여 각 산하의 극장체인에 공급해 주었다. 그리고 1950~1960년대에 '장성', '봉황', '신련'의 작품들은 수차례 매표 순위의 상위권에 오르기도 하였다. 이들이 길러 낸 인재 역시 적지 않았는데, 하몽夏夢, 전기傳奇, 관산關山 등은 모두 영화 팬들의 우상이었다. 이후 홍콩

1950년 영황극장(英皇戯院)에서 상영 중인 「주강루」

영화계가 표준어 영화의 황금기로 접어들면서, 쇼브러더스, '전무', '장성', '봉황' 등과 같은 영화사들이 백화제방百花齊放의 시기를 맞게 된다. 그리고 1983년 중국의 개혁개방과 함께 이들 홍콩의 좌파 영화사들은 은도그룹유한회사銀都機構有限公司; Sil-Metropole Organisation Ltd.로 합병되었다.[35]

5장 / 좌우 양 진영의 각축

홍콩 좌우파 영화인들은 영화사 설립 외에도 각기 단체를 결성했다. 좌파 단체로는 초기에 '독서회'가 있었고, 나중에는 홍콩영화인학회香港電影工作者學會가 있었다. 그리고 우파 단체로는 홍콩·구룡 영화종사자 자유총회가 있었다. 홍콩 정부의 공개 집회 금지로 인해 '독서회'는 생일 파티, 야유회, 퇴근 후 스튜디오 모임과 같은 형태로 비밀스럽게 진행되었는데,『사회발전사』社會發展史,『신민주주의론』新民主主義論 등의 서적을 연구하거나 소련 영화인에 관해 연구했다. 참여한 영화인에는 유경, 한비韓非, 이려화李麗華, 서적 등이 있었고, 후에 광동어 영화계의 오초범, 소이蘇怡, 노돈, 장활유張活遊 등도 참여했다. 1950년에 이르러 좌파 영화인 사마문삼 등이 설립한 홍콩영화인학회는 공산당이 홍콩에 설립한 홍콩·구룡민주동맹港九民盟에 속해 있었다. 한편 우파 세력도 그리 약하지는 않았다. 1952년 장선곤은 홍콩 정부에 조합 설립을 신청했다가 실패하자, 당시 자금 압박으로 해산하려 하던 광동어영화조합粵語電影工會과 합작하였다. 이사회를 전면 재선출하고, 장선곤·왕원룡이 주도하여 1957년 홍콩·구룡 영화·연극사업 자유총회(이하 '자유총회')를 결성했다. 이는 대만의 관련 당국과 밀접히 연계되어 있었다. 좌우 양 진영 영화인들의 각축은 다음 두 사건에서 가장 잘 드러난다.[36]

1. '영화' 노동쟁의

1950년대 초, '영화'의 직원들 사이에서 '독서회'가 생겨나자 좌파 진보 인사들이 '영화'의 영화 제작권을 장악하게 될지도 모른다는 의심이 영화계에 나돌기 시작하였다. 예를 들자면 어민들이 악덕 선주에게 대항하는 이야기를 다룬 정보고程步高 감독의 「해서」海誓는 좌파 이데올로기를 담고 있다고 여겨졌다. 이에 따라 이조영은 스튜디오에 대한 통제를 강화하고 직접 각본을 검사하였다. 하지만 친좌파 영화인인 이평천은 오히려 각본을 현장에서 바꾸는 방식으로 이조영이 좌경적 내용이라 비판한 「낙난공자」落難公子를 촬영하였다. 이로 인해 이조영의 노여움을 사게 되어 그 필름은 불태워졌고 이평천 역시 '장성'으로 옮겨 갈 수밖에 없었다. 다른 한편 1950년 1월, 중화인민공화국의 군대가 광주를 점령한 지 얼마 안 되어 홍콩의 좌파 영화인인 사마문삼, 홍주洪遵 등이 '독서회'의 영화인을 대거 이끌고 가서 군 위문 공연을 하였다. 거기에는 서적, 도금, 고이이, 엄준嚴俊, 오초범, 손경로, 왕인미, 공추하龔秋霞, 여훤黎萱 등 50여 명이 있었는데 현지 군대를 위하여 7막의 화극을 공연하였다.

1951년 '영화 노동쟁의'가 발생하여, '영화'의 통제권을 놓고 좌파와 우파 사이에 쟁탈전이 벌어졌는데, '영화'의 재정 악화가 그 도화선이 되었다. '영화'의 제작 비용은 막대하였지만 중국 대륙에서 우파 영화의 수입을 금지하자 표준어 영화는 방대한 중국 시장을 잃게 되었고, 이는 '영화'를 경제적으로 압박하여 직원들의 월급을 지불할 방법이 없도록 만들었다. '영화'의 일부 영화인은 1951년 말에 파업을 일으켜 이조영에게 월급 지불을 추궁하였다. 마침 당시 좌파 노조는 구룡 동두촌東頭村 화재로 인해 파업을 일으켰는데, 홍콩 정부는 좌파가 그 배후에 있다고 판단하였다. 1952년 사마문삼, 서적 등 10명의 좌파 영화인이 연이어 추방되면서 노동쟁의는 일단락을 맺었다. 영화계의 좌파 세력이 쇠락하면서 오십년대영화사도 휴업

'영화' 시기의 독서회 멤버들. 앞줄 왼쪽부터 오가양(吳家驤), 조진보(趙進寶), 호소봉(胡小峰), 풍림(馮琳), 해도(海濤), 나유(羅維)의 부인, 하상(何湘), 오회(吳回), 여성삼(余省三), 뒷줄 왼쪽부터 도금, 비목(費穆), 왼쪽 네번째부터 조서(趙恕), 강명(姜明), 오가양의 부인, 나유, 정보고, 왕반(王斑)

상태에 들어갔다. 그러던 중 기울어 가는 추세를 막기 위해 1952년 대륙의 공산당 정부는 자금을 지원하여 오십년대영화사를 봉황영화사로 개편하였다. 당시 대만해협 양안의 대치 상황은 일촉즉발의 위기를 맞고 있었다. 이듬해 미국은 대만에 대량의 군수품을 수출하고 '공동방위조약' 협상을 진행하면서 아시아 각국과 연합해 신생 중국 정권을 포위하려 하였다. 동시에 미국의 자유아시아협회는 자금을 지원하여 홍콩에 아주영화사를 설립하였다. 1954년에는 중국 대륙이 대만 금문도金門島에 포격을 가해 미국과 대만에 반격 의사를 내비쳤다. 이로부터 1년간 긴박한 사건들이 연이어 발생하였다. 이 기간 동안 홍콩의 우파 영화인들은 두 차례 대만 금문도에 직접 찾아가 위문 공연을 하기도 했으며,[37] 이로 인해 좌우 진영의 대치 국면은 더욱 극단으로 치달았다.

정리해 보자면 1940년대 중반 이후로 적지 않은 친좌파 영화인이 홍콩에 와서 활약하기 시작하였는데, '독서회'의 주도하에 일부 영화인은 북상하여 대륙으로 들어갔고 일부는 여러 영화사에 자리 잡았다. 하지만 안타깝게도 '영화' 노동쟁의로 인해 좌파 세력은 크게 타격을 입었다. 이로부터 영화계에는 우파 세력이 대두하기 시작하였고, 또한 대륙 시장에서의 정치적 검열과 통제로 인해 진입이 힘들어지자 많은 영화사가 생존을 위해 대만 시장을 개척하기 위하여 친우파 이미지를 만들어 내고자 하였

'장성'에서 '영화'로 옮겨 간 엄준과 이려화는 이로 인해 우파로 지목당했다.

다. 여기에 미국 세력도 영향을 끼치게 되면서 수많은 영화인 단체가 대만을 방문하기 시작하였다.

　영화 시장의 측면에서 봤을 때, 대륙과 대만은 각기 상대편 영화의 수입을 철저히 금하였다. 대만의 경우, 1951년 제정한 '전시 국산 영화 처리법령'戰亂時機國産影片處理辦法은 좌파 영화사, 좌파 영화인, 좌파 감독, 좌파 각본 등이 참여한 영화의 상영을 금지하였다. 1955년 제한을 더욱 강화하여 좌파로 전향한 영화인에 대해서는 그가 전향 이전에 참여한 영화조차도 모두 금지하였다. 1956년 호진강, 장선곤 등이 '자유총회'를 설립하였는데, 영화인들은 영화 촬영을 시작하기 전에 이 '자유총회'에 등록해야만 했으며 증서 없이는 영화를 대만에 배급할 수 없었다. 한편 좌파 영화사 역시 법규상의 빈틈을 교묘히 이용하였다. 좌파 영화사는 일반 영화인을 자신들의 진영에 끌어들임으로써 그들이 출연한 다른 영화도 대만에서 상영될 수 없도록 만들었고, 이는 우파 영화 시장에 적지 않은 충격을 안겨 주었다. 일례로 1956년 홍콩 우파 영화사들이 출품한 여러 편의 영화가 변절 영화인이 참여했다는 이유로 대만에서 상영될 수 없었다. 예능인들도 자연스럽게 좌

이려화는 할리우드에 가서 민감한 소재의 영화 「비호교왜」(飛虎嬌娃)의 주연을 맡았는데, 이 영화의 이야기는 친(親)장개석파인 진납덕(陳納德) 장군과 진향매(陳香梅)의 러브스토리에서 가져온 것이었다.

우 양파의 '통일전선'統戰 목표가 되었다. 이려화, 엄준 등은 '장성'에서 '영화'로 옮겨 갔고, 반대로 포방鮑方은 '영화'에서 '장성'으로 옮겨 갔던 것 등이 바로 그 사례이다.[38] 수많은 사례 가운데 비교적 유명한 '통일전선' 사건은 바로 소방방蕭芳芳을 사이에 둔 쟁탈전이었다.

2. 소방방 쟁탈전

소방방의 본명은 소량蕭亮으로, 1947년 상해에서 태어나, 국공내전 때 부모를 따라 홍콩으로 건너왔다. 아버지가 일찍 죽어 모녀의 생활이 곤경에 빠지자 방방은 여섯 살 때 처음으로 영화에 출연했다. 첫 영화는 「소성루」小星淚였는데, 그 이후에 편수제 출연료 형식으로 '장성'에 가입하였다. 수입이 불안정하였기 때문에 소량의 어머니는 쇼브러더스에서 엄준이 감독한 「매고」梅姑에 딸을 출연시켰다. 엄준은 소량이 과거 좌파 영화에 출연하였던 일로 인해 「매고」가 정치적 영향을 받는 것을 막기 위하여 소량의 이름을 소방방으로 바꾸었다. 이 영화로 소방방이 1955년 제2회 동남아

「고아유랑기」(孤兒流浪記)에 출연한 아역배우 소방방

시아영화제에서 최우수 아역배우상을 받게 되면서 일약 스타가 되자, 영화사들은 앞다투어 그녀와 계약하고자 하였다. 그 가운데 '영화'는 편당 6,000홍콩달러의 출연료(당시 일류 스타급 여배우 출연료에 상당)로 소방방의 어머니와 협상하였다. 동시에 쇼브러더스 역시 편당 2,000홍콩달러의 보수 조건을 내걸었다. 여러 협상이 합의를 보지 못하자 소방방의 어머니는 우선 그녀를 좌파 극단이 연출하는 「가」家에 출연하도록 하였다. 그 소문이 전해지자 곧 대만의 관련 당국은 소방방이 출연한 모든 영화를 상영 금지하였다. 이에 수상 작품인 「매고」조차도 대만 상영이 연기되었다. 쇼브러더스는 대만 관련 당국과 몇 차례 협상 끝에 결국 「매고」의 상영 허가를 받아 냈다. 이 무렵 연극 「가」가 홍콩섬 이무대극장에서 초연을 마친 뒤 소방방이 구룡의 보경普慶극장에서의 2차 공연을 포기했기 때문이다. 덕분에 「매고」의 대만 상영도 순조롭게 이뤄지는 듯하였다. 하지만 소방방의 어머니가 당시 극단에서 200홍콩달러의 보수를 이미 받았던 것이 발단이 되어 대만 상영 계획은 결국 성사되지 못하였다. 소방방의 경력 문제로 인해 쇼브러더스와 '영화'는 소방방을 포기하였다. 그러자 소방방의 어머니는 매월 600홍콩달러의 월급에 '장성'과 계약하였다. 이 일은 대만 여론을 자극하여, 소방방의 어머니가 확실한 입장이 없다는 비판이 일기도 하였다. 혹자는 「우

우파 신문 『공상일보』(工商日報)의 보도(1953년 4월 11일자)

대만에 건너간 소방방에 관한 우파 신문 『공상일보』의 보도
(1957년 10월 31일자)

리는 소방방을 구해 줘야 한다」는 제목의 글에서 "소방방과 그녀의 어머니를 대만으로 데려와 교육시켜야 한다. 최우수 아역배우상의 영예는 자유 영화인들의 것이다.……이후 국가가 책임을 지고 그녀를 잘 길러 내, '중전'과 같은 국영 영화사에서 영화를 찍도록 해야 한다……"라는 주장을 펼치기도 하였다.[39]

이상에서 살펴보았듯이, 1950년부터 1956년까지 좌우 사이의 투쟁은 최고조에 달하였는데, 당시 영화 생산량에 있어서 두 진영 사이의 격차는 크지 않았으며(좌파 영화가 약 42%, 우파 영화가 약 58%를 차지함), 영화인과 영화사를 장악하려던 쟁탈전이 끊임없이 벌어지고 있었다. 한 마디로 이 시기는 영화의 정치적 임무가 그 상업적 이익 추구를 앞지르던 시기였다.

1950년대 아역배우 소방방은 좌우 양 진영의 쟁탈전의 대상이었다(진적 촬영).

정치와 시장

제작 경향을 청춘화의 방향으로 바꾼 '장성'은 신인 전기(傳奇)와 석혜(石慧)를 길러 냈다. 하지만 아쉽게도 나중에 이 두 사람 모두 홍콩 정부에 의해 축출되었다. 사진은 '장성'이 제작한 「백화제방」(百花齊放)

1950년대 후반에 접어들자, 좌우 양 진영 영화인들의 갈등은 이전에 비해 크게 줄어들고, 그들이 제작한 영화의 정치적 색채 역시 점차 옅어져 갔다. 4부에서 살펴보겠지만, 좌우양 진영 영화 세력 사이의 대치 국면이 해소된 것은 바로 시장의 힘 때문이었다. 1950년대 후반, 싱가포르·말레이시아 자본의 지원을 받은 '광예', '전무', '쇼브러더스' 등의 영화사들은 연이어 홍콩에 진출하여 스튜디오와 배우아카데미를 대폭 확장하고 상업 영화를 대량으로 생산해 낸다. 순식간에 상업 영화가 정치 영화를 대체하면서 홍콩 영화 산업의 주류가 되었다. 이로부터 본격적으로 홍콩 영화 산업의 '시장지상주의, 상업우선주의'라는 금과옥조가 확립되어 갔다.

4부

싱가포르·말레이시아 자본의 상륙

전후 홍콩에서는 좌우 진영의 경쟁이나 표준어·광동어의 언어 장벽과 같은 요인의 제한으로 인해[1] 표준어 영화 산업이 발전하는 데 어려움이 있었다. 하지만 광동어 영화 산업의 경우, 오히려 동남아시아 화교 사회가 나날이 부유해지고 광동어 영화에 대한 수요가 증대됨에 따라 '영화 붐'이 일어났다. 싱가포르·말레이시아 핫머니의 유입으로 광동어 영화 산업은 급속도로 발전하였다.[2] 하지만 그런 발전의 이면에는 영화 산업의 구조적인 위기가 곳곳에 잠복해 있었다.

1장 / 두리안 향기 날리던 시절[1]
광동어 영화의 부흥

1. 중국 대륙 시장을 대체한 싱가포르·말레이시아 시장

중일전쟁의 종전 후, 광동어 영화 산업은 아주 완만하게 발전했다. 국민당 정부가 다시 광동어 영화 제작에 대한 금지령을 내리자, 영화 제작자들 또한 광동어 영화 제작을 기피했기 때문이다. 그에 비해 상대적으로 월극의 회복은 조속히 이루어진 편이었다. 1945년 12월 초에 이미 중앙극장에서 전후 최초로 월극이 상연되었고, 1946년에 이르면 월극 공연이 매우 활발해졌다. 영화의 경우 1945년 12월 전후 최초로 이무대극장이 옛 표준어 영화 「보가향」保家鄉을 재상영하였다. 그리고 영화 제작 방면에서는 광동어 영화가 방대한 국내 시장을 잃게 되면서 자연스럽게 광동어 영화업자들은 감히 촬영에 투자할 엄두를 내지 못하게 되었다. 이는 전쟁 기간 동안 촬영 기자재의 손실이 심각하였고, 이와 더불어 국민당 정부의 언어통일운동 추진 및 광동어 영화 상영 금지 등과 같은 요인이 작용하였기 때문이다. 이로 인해 1946년 홍콩 대부분의 극장들은 옛 영화들을 재상영할 수밖에 없었다.[3]

---

1 '두리안 향기 날리던 시절'(榴槤飄香)은 1959년 주시록(周詩祿)이 감독한 쇼브러더스의 영화 제목이기도 하다.

전후 최초의 광동어 영화 「낭귀만」은 싱가포르·말레이시아 시장을 개척하였다.

1947년 황대^{黃岱} 감독, 오초범·백연 주연의 「낭귀만」^{郎歸晚; My Love} Comes Too Late은 홍콩과 싱가포르·말레이시아 등지에서 크게 환영받아 싱가포르·말레이시아를 비롯하여 베트남·태국 등 동남아 지역의 시장 개척에 성공하였다. 이로부터 광동어 영화 산업이 차츰 활발해지기 시작하여 제작자의 관심도 중국 내륙 시장으로부터 싱가포르·말레이시아 쪽으로 옮겨 가게 된다. 중견 영화인 노돈은 다음과 같이 술회한다. "홍콩의 영화 제작은 [중일전쟁] 승리 2년 뒤에야 비로소 회복되었다. 그 이전까지만 해도 영화는 표준어로 찍어야 했다. 왜냐하면 대륙에서 광동어로 된 영화를 상영할 수 없었기 때문이다. 하지만 그렇다고 광동 지역의 영화 시장을 포기할 수도 없었다. 후에 황대는 전후 최초의 광동어 영화를 감독하였는데, 「낭귀만」이 그것이다. 오초범·백연이 주연한 이 영화는 [싱가포르와 말레이시아에서] 큰돈을 벌어들였다. 그 이후로 광동어 영화 산업계는 광동 지역

싱가포르 차이나타운(唐人街)에서 상영 중인 「복원루」(復員淚). 이 무렵 홍콩 영화는 싱가포르·말레이시아에 대한 의존도가 갈수록 높아지고 있었다.

의 시장을 포기하게 되었다.”[4] 「낭귀만」의 원제는 「상사병에 걸릴 것만 같아」怕到相思路였는데 중일전쟁 시기 한 애국 청년의 항일 투쟁에 관한 이야기였다. 개봉 이전에 마침 「낭귀만」이라는 월곡粵曲[2]이 유행하고 있었는데, 극중 이야기와 잘 맞아떨어져 영화 개봉 직전에 「낭귀만」으로 제목을 바꾸었다. 처음 상영될 당시 사람들은 이 영화가 평범하다고 여겼다. 하지만 전쟁이 끝난 지 얼마 안 되었을 무렵 관객들은 광동어 영화에 목말라 있었고, 또한 항일 영화에 대한 공감대가 있었던지라 뜻밖에도 이 영화의 매표수익은 예상을 훨씬 뛰어넘었다.[5] 이와 관련하여 『오초범 자서전』에는 의미심장한 이야기가 담겨 있다. 오초범의 원적은 복건福建으로, 1911년 요코하마橫濱에서 태어나 천진에서 성장하였다. 1930년 영화계에 투신하여 1933년 첫 영화 「한밤의 총소리」夜半槍聲의 주연을 맡았다. 1937년에는 황만리와 「인생곡」人生曲에 함께 출연하면서 미디어에 의해 ‘화남 영화계의 황제’로

2 광동어 방언으로 된 전통 노래.

칭송되었다. 그는 자서전에서 전후 광동어 영화의 여건이 매우 열악하였다고 설명한다. 국민당 정부의 광동어 영화 제작 금지령 이외에도 제작비의 급격한 상승 등으로 인해 광동어 영화인들은 함부로 제작에 나서지 못하였다. 오초범의 설명에 따르면 중일전쟁 이전에 광동어 영화 한 편의 촬영 시간은 30일이었고, 장소 대여료도 저렴하여 편당 제작비가 1,000홍콩달러에서 1,500홍콩달러 정도였다고 한다. 하지만 전후에는 촬영 스튜디오가 부족하여 대여료가 급상승하였고, 영화 한 편을 약 30일간 촬영한다고 봤을 때, 스튜디오 임대료로 2만 4,000홍콩달러를 지불해야 했다. 이는 전쟁 이전에 비해 20배나 증가한 셈이었다. 표준어 영화 시장은 비교적 판로가 많은 편이었기 때문에 이를 감당할 수 있었지만 광동어 영화로서는 버티기가 힘들었다. 오초범은 만약 임대료가 낮아지지 않는다면 광동어 영화는 재기하기 힘들 것이라 여겼다. 그래서 그는 밤낮으로 촬영해서 임대 기간을 단축시키고, 30일 걸릴 작업을 10일 만에 완성할 것을 제안하였다. 이 '10일 1편'의 시스템은 황대 감독에 의해 실현되었다. 영화의 성공 이후, 광동어 영화계의 다른 사람들도 너 나 할 것 없이 '10일 1편'의 방법을 모방하였다. 또한 중국 대륙 시장은 포기하고 싱가포르·말레이시아 시장에 의존할 생각을 품게 되었다.

2. 전후 홍콩의 영화세트장 : 구룡성

홍콩 영화업계가 중국 대륙 시장을 포기하기로 결정한 이후, 그동안 관망하고 있던 막강시莫康時, 호붕胡鵬, 양공량楊工良, 진피陳皮 등과 같은 감독들은 연이어 제작진을 꾸려 광동어 영화를 촬영하기 시작하였다. 이들의 타깃은 주로 동남아 시장이었다. 이와 함께 스튜디오 경영 활동 역시 활기를 띠기 시작했다. 광찬鄺贊 부자가 구룡성九龍城; Kow Loon City에 스튜디오를 세운

비행기 소음은 구룡성에서 영화를 촬영할 때 커다란 방해 요인이었다.

뒤로, 구룡성 후왕묘侯王廟; Hau Wong Temple 일대에 '세광'世光, '광명', '우교' 등의 스튜디오들이 세워지면서 사람들은 구룡성을 '영화세트장'影城이라 부르기 시작하였다. 중견 영화인 소생蕭笙의 회고에 따르면 영화세트장 부근의 유명한 장원루호텔狀元樓酒樓과 영성호텔影城酒店은 당시 영화계 인사들이 몰려드는 곳이었다고 한다.[6] 그리고 그 근처의 태자호텔太子酒店은 또한 연합국에서 온 백러시아[벨라루스]계 난민들이 모여 살던 곳으로, 영화세트장의 연출부에서 외국인 엑스트라를 찾기 위해 종종 찾아오던 곳이기도 하였다. 오초범은 당시 홍콩 영화 제작의 양대 세력은 싱가포르·말레이시아 극장업자인 소일부 가문과 하계영何啓榮 가문이었다고 설명한다. 동남아 영화계의 거물인 쇼브러더스는 홍콩에 '세광', '국가', '우교' 등의 스튜디오를 간접적으로 지배하고 있었으며, 전속 장기 계약 배우로 백연, 백운白雲, 정맹하鄭孟霞 등이 있었다. 하계영 가문 역시 홍콩에 '사달' 등의 스튜디오를 가지고 있었고, 전속 배우로 황만리, 풍봉, 소연비小燕飛 등이 있었다. 세력이 아주 대단했던 이 두 가문은 각기 나름의 특징을 지니고 있었다. 이들의 스튜디오와 영화 제작사는 동남아 극장주들과 매우 밀접한 관계를 맺고 있어 주로 싱가포르·말레이시아 극장주들의 자금에 의존하여 영화를 제작·배급하고 있었다.[7] 홍콩산 광동어 영화의 배급은 점차 전도유망한 사업이 되어 갔고, 광동어 영화 제작사와 스튜디오 역시 우후죽순으로 생겨났다. 동라만 이원산에는 '남월', '국가', '홍콩'香港 등의 영화 제작사와 촬영장이 생겨났고, 구룡의 북제가에도 '대관', '천일', '세계',

전쟁이 끝나자마자 구룡성은 홍콩의 '영화세트장'이 되었다. 사진은 국가영화스튜디오(國家製片廠)

스튜디오 내부. 작업 인력들이 배경 세트를 바쁘게 세우고 있다.

〈표 4.1〉 전후 홍콩의 영화 제작 스튜디오

명칭	위치	사장	비고
민신(民新)	은막가(銀幕街)	여민위	1922년 창립
연화(聯華)	각원산(名園山)	나명우	창업작은 완령옥 주연의 「고도춘몽」(故都春夢)
합중(合衆)	구룡성	이지청(李芝清)	
전구(全球)	향항자(香港仔)	소이(蘇怡)	작품으로 「이세조」(二世祖), 「야화향」(野花香) 등이 있음
남월(南粵)	이원산(利園山)	축청현(竺清賢)	
국가(國家)	이원산	광찬(鄺贊)	작품으로 「여대당가」(女大當嫁), 「흑야살성」(黑夜煞星) 등의 광동어 영화가 있음
향강(香江)	이원산	팽년(彭年)	후에 국가영화스튜디오(國家製片廠)에 접수됨
대관(大觀)	북제가(北帝街)	조수신(趙樹燊)	후에 찬석산(鑽石山)으로 옮겨 감
명화(明華)	온사로가(溫思勞街)	진해주(陳海舟)	
천일(天一)	북제가	소취옹(邵醉翁)	
세계(世界)	북제가	황몽각(黃夢覺)	
남국(南國)	북제가	엽일주(葉一舟)	
남양(南洋)	북제가	소촌인(邵村人)	과거의 천일영화사로, 2차 세계대전 이후 '대중화'로 재통합되었다가 나중에 쇼브러더스에 흡수됨
대중화(大中華)		장백영(蔣伯英)	
쇼브러더스(邵氏)		소촌인	
국가(國家)	후왕묘(侯王廟)	광찬	
세광(世光)	하가원(何家園)	양주산(梁疇珊)	
우교(友僑)	구룡성	매우탁(梅友卓)	
광명(光明)	유마지(油麻地)	오화(伍華)	
중남(中南)	가림변로(嘉林邊道)	무강의(繆康義)	
동남(東南)	가림변로	무강의	
사달(四達)	북제가	진찬양(陳燦讓), 옹국요(翁國堯)	
홍콩스튜디오 (香港片場)	구룡성	유량(俞亮)	
자유(自由)	후왕가(侯王街)	광찬	
영화(永華)	구룡자(九龍仔)	이조영(李祖永)	
전무(電懋)	부산로(斧山道)	종계문(鍾啓文), 임영태(林永泰), 유보경(俞普慶)	
화달(華達)	규용(葵涌)	하건업(何建業)	

홍콩(香港)	찬석산(鑽石山)	유방(劉芳)	
쇼브러더스	찬석산	소촌인	
장성(長城)	후왕로(侯王道)	원앙안(袁仰安)	
아주(亞洲)	부산로	서앙천(徐昻千)	
대화(大華)	후왕로	유방	
청수만(淸水灣)	신계갱구(新界坑口)	육원량(陸元良)	
쇼브러더스 영화세트장(影城)	청수만(淸水灣)	소일부	
세계(世界)	찬석산	양전화(梁傳華)	
성광(星光)	찬석산	심회백(沈懷伯)	
연합(聯合)		유은택(劉恩澤)	
국련(國聯)	부산로	이한상(李翰祥)	
국태(國泰)		구덕근(邱德根)	

출처: 「香港電影製片廠一覽 1946~1968」, 「戰後香港電影回顧」, 香港: 香港市政局, 1979, 154쪽.

'남국', '남양', '대중화', '사달' 등의 영화 제작사 및 촬영장이 설립되었다(〈표 4.1〉).[8] 광동어 영화 산업 흥성의 기원은 사실 싱가포르·말레이시아 시장의 발전에서 시작된 것이었다.

3. 홍콩·마카오 스타일 남방 영화의 발전

홍콩 영화는 대륙의 방대한 시장을 잃고, 갈수록 홍콩과 동남아 광동인 시장의 지원에 의존하게 된다. 영화 제작 방향에서는 점점 과거의 상해 스타일로부터 벗어나 독자적인 홍콩·마카오 문화를 발전시켰다. 「상해전선 후방에서」上海火線後, 「상해의 밤」夜上海, 「고도천당」 등과 같이 중일전쟁 시기에 만들어진 상해 스타일의 홍콩산 영화와는 크게 달라졌다.[9] 그중 가장 유명한 것으로는 오랫동안 명성을 유지해 온 「황비홍」 시리즈를 꼽을 수 있다.

홍콩 무협·액션영화의 배역, 조직 방식, 서사 전통 등은 사실 1950년대부터 틀을 갖추기 시작하여, 이후 홍콩 영화의 발전에 심대한 영향을 미쳤

전후 오회(뒷줄 오른쪽에서 세번째), 이철(뒷줄 오른쪽에서 네번째) 등이 발기하여 일군의 감독이 결성한 '십형제'(十兄弟). 사진 속에 앞줄 맨 오른쪽이 호붕

다. 그 가운데 특히 유명한 광동어 영화인 「황비홍」 시리즈는 바로 이 무렵 광동어 영화 붐을 통해 유행하기 시작하였다. 황비홍이라는 광동의 전설적인 인물을 만들어 낸 호붕 감독 역시 광동어 영화 산업과 흥망성쇠를 함께하였다. 호붕의 원적은 광동성 순덕順德으로, 1909년 상해에서 태어났다. 그의 아버지는 상해 비단 상점의 주인이었다. 고등학교 졸업 이후 호붕은 무선통신과에서 공부하였다. 하지만 그는 근시였기 때문에 공군에 지원하지 못하고 함선의 전보통신원이 되었다. 후에 친구의 소개로 북경대극장北京大影院의 직원이 되는데, 거기서 중문 자막을 상영하는 일을 맡게 되면서 영화와의 인연이 시작되었다. 후에 남경 대화극장大華戲院의 부사장까지 오른 호붕은 거기서 알게 된 홍콩 신월영화사의 장애민蔣愛民 주임으로부터 무선통

신과에서 공부할 당시 친구였던 광찬에 관한 이야기를 전해 듣게 된다. 당시 상해 대신大新백화점 무선통신부에서 엔지니어로 일하던 광찬이 그 일을 그만두고 홍콩에 국가영화스튜디오國家製片廠를 세워 유성영화를 제작하려 한다는 것이었다. 그 이야기를 전해 들은 호붕은 광찬의 도움을 받아 1936년 홍콩으로 건너와 첫 영화 「야송한의」夜送寒衣의 감독을 맡게 된다. 이후 그는 명성영화사의 사장 양위민梁偉民의 초청을 받아 「일야부부」一夜夫妻(1938), 「전사정화」戰士情花(1938), 「귀옥강시」鬼屋殭屍(1939)를 감독하였다. 전쟁이 끝난 뒤 호붕은 1949년 영화 「황비홍」 1편을 감독하였는데, 이는 대성공을 거두었다. 이후로 「황비홍」 영화는 시리즈로 제작되어 모두 100여 편에 이르게 되었다. 이는 홍콩 영화 역사상 대기록으로 남아 있다. 또한 「철마류」鐵馬騮 시리즈와 같은 아류작들이 연이어 나왔다. 호붕의 회고에 따르면 영화 「황비홍」 열풍이 최고조에 이르던 무렵에는 화달스튜디오에서 동시에 여러 투자자가 각자 자금을 들여 「황비홍」 영화 세트를 세워 놓고, 같은 배우들과 촬영스태프들을 몇 개 조로 나누어 돌아가면서 촬영하기도 하였다고 한다. 그리고 당시 일반 감독의 보수는 500홍콩달러에서 4,000홍콩달러에 이르기까지 각 영화사마다 천차만별이었는데, 비교적 이름난 감독들만이 편당 1만 홍콩달러가 넘는 보수를 받을 수 있었다고 한다. 호붕의 상세한 회고담은 당시 광동어 영화의 흥망성쇠나 광동어 영화계 인사들의 뒷이야기를 잘 보여 주고 있다.

나는 「황비홍」 이야기를 어떻게 발굴해 내게 되었나? 그리고 어떻게 59편의 「황비홍」을 찍게 되었나? 1950년대 이야기부터 시작해 보자면……당시 황후대로에는 '용천'龍泉이라는 찻집이 있었는데, 2차 세계대전 이전에 지어진 3층짜리 구식 건물이었다. 실내 인테리어는 소박하고 다기로는 전통적인 국충焗盅[3]을 사용하였으며, 좋은 물과 찻잎을 사용했다. 때문에 이

「황비홍」 시리즈의 제작팀이 내놓은 「철마류」가 국민극장(國民戲院)에서 상영 중이다.

곳은 격조 있는 광주식 전통 찻집으로 유명하였다. 당시 광동어 영화계의 작곡가, 각본가, 감독, 연예신문 편집장, 기자들이 모두 여기에 모여들었다. 그 길 건너편에 보이던 '인인주가'仁人酒家는 영화 제작자와 극장주들이 드나들던 곳이었고, 영길가永吉街; Wing Kut Steet의 '육우다실'陸羽茶室은 월극 배우와 월극단 연출자들의 본거지였다. 매일같이 수많은 연예계 인사가 각지에서 이곳으로 모여들어 친교를 나누거나 정보를 교환하는 일이 많았다.

1950년대 초반, 「칠검십삼협」七劍十三俠, 「불타는 홍련사」 등과 같은 홍콩산

---

3 뚜껑이 있고 손잡이는 없는 찻잔으로, '개완'(蓋碗)이라고도 한다.

광동어 무협영화들은 모두 전통극 무대 위의 북파北派 무술 동작招式을 그대로 스크린 위에 옮겨 놓은 것이었다. 하지만 배우들의 창검술이나 손동작·발동작에는 사실감이라곤 하나도 없었다. 관객들, 특히 그런 무술을 좋아하는 관객들이 보기에 이런 무협영화들은 대부분 스릴은 없고 액션만 너무 과장되어 사실 재미가 없었다. 그러자 시간이 지나면서 점차 관객들로부터 소외당하면서 매표수입에도 악영향을 끼쳐 마치 건기에 말라 버린 저수지처럼 바닥이 드러나게 되었다. 제작자들은 죽어 가던 무협영화를 구해 내기 위해 갖은 묘안을 짜냈다. 흑백영화 필름 복사본에 하나하나 색을 입혀 넣은 애니메이션이 관객들의 흥미를 자극할 수 있기를 바랐다. 그래서 전투 장면에 보검寶劍과 계도戒刀, 불진拂塵과 호로병, 신선삭神仙索, 영사비무靈蛇飛舞, 금강권金剛圈, 만도하광萬道霞光, 신괴神怪 등의 장면을 집어넣어 새로운 무협영화를 만들어 내고자 하였다. 이를 통해 무협영화가 다시 살아나기를 바랐던 것이다. 하지만 무협에 조금이라도 관심 있는 관객이라면 오히려 이에 더 흥미를 잃을 수밖에 없었다. 무협영화는 더 이상 가망이 없는 지경에 이르고 말았다. 제작자와 극장주들이 무협영화는 이제 끝났다고 여기게 됨에 따라, 우리 영화 관련 종사자들은 모두 돌파구를 찾아 나서게 되었다.……

(하루는) 첨사저의 천성부두天星碼頭에서 나는 일가一哥(영화계 사람들은 모두 오일소吳一嘯를 '일가'라 즐겨 불렀다) 부부를 우연히 만나 함께 바다를 건너게 되었다. 연락선이 부두를 떠난 지 얼마 안 되어, 내 옆에 앉아 있던 일가가 『공상일보』를 손에 들고서 연신 고개를 저으며 "이런 법이 어디 있담! 이런 법이 어디 있어!"라고 중얼거렸다. 나는 무슨 일인가 싶어 일가에게 누가 신문에 무슨 좋지 않은 이야기라도 발표한 거냐고 물었다. 그는 고개를 저으며 신문을 나에게 건네주었다. "보라구! 재공齋公이 아주 된통 당했어!" 신문에는 '재공'이라는 이름의 작가가 쓴 장편 현대 무협 연재소설

『황비홍전』黃飛鴻傳이 실려 있었다. 내용은 오일소가 젊었을 때의 이야기를 그린 것이었다. 그는 광주 신두란新豆欄의 보지림寶芝林에서 황비홍을 스승으로 섬겼는데, 원작자인 재공과는 동문 사형·사제 사이였다. 일가는 바로 나에게 설명을 해주었는데, 그가 젊었을 때 황비홍 사부의 문하에 들어가기는 하였지만 체력이 약해 버티기 힘들었던 데다 심한 근시여서 얼마 못 가 문하에서 나오고 말았다고 하였다. 나는 일가를 통해 광동 권법가 황비홍의 생애와 사적에 관하여 대충 알게 되었다. 당시 항간에 크게 유행하였던 『무술대회에 나간 방세옥』方世玉打擂臺, 『홍희관, 유가장을 피로 물들이다』洪熙官血濺柳家莊 등의 통속소설 속 영웅 인물들이나 중국 무술에 관한 묘사들은 모든 독자들의 뇌리에 깊숙이 각인되어 있었다. 퇴락해 가는 광동어 무협영화에 대해 생각하다가, 나는 불현듯 한 가지 생각이 떠올랐다. 현대화된 방세옥이나 홍희관을 발굴해 내는 건 어떨까? 광동 권법가 황비홍의 생애를 스크린에 옮긴다면 중국 고유의 상무尙武 정신을 일으킬 수도 있고, 또 광동 무림의 진귀한 자료를 선양할 수도 있을 테니, 이야말로 일거양득이어서 안 할 이유가 없었다. 하지만 과거와 같은 무대 동작은 버려야만 했다. 대신 진짜 중국 무술 초식과 진짜 창검을 사용하고, 거기에 영화 기술을 최대한 이용해 각 문파 무술의 정수를 선양해야겠다고 생각했다. 이렇게 하면 반드시 관객의 시선을 끌 수 있을 것이라 믿었다. 이 전설적 인물인 황비홍의 행적을 연구하고 자료를 수집하기 위하여, 일가의 소개를 통해 중환中環 영락가永樂街: Wing Lok Steet 부근의 안화당 약국安和堂藥局에 계신 『황비홍전』의 원작자 주우재朱愚齋 사부를 찾아가 성심껏 그에게 가르침을 청했다.……

「황비홍전」과 「광동십호도룡기」廣東十虎屠龍記가 상영되어 관객들로부터 널리 사랑을 받게 되면서부터, 나는 내 감독 인생에 새로운 페이지가 열리게 될 거라고 생각했다. 하지만 예상치도 못한 풍파에 휘말리게 되었다. 중국 대륙 당국이 갑자기 홍콩산 영화의 수입과 대륙 내에서의 상영을 금지시켰던 것이다. 그 소식을 들었을 당시 나는 소연비와 함께 애정 비극 「별리인대내하천」別離人對奈何天을 찍었는데, 아마도 이 영화가 광주廣州의 영화 팬들이 볼 수 있었던 마지막 홍콩산 광동어 영화였을 것이다. 이는 홍콩 영화계에 타격을 주었다. 당시 홍콩산 광동어 영화의 주요 수입원은 홍콩과 마카오 이외에도 싱가포르와 말레이시아, 남아메리카와 북아메리카, 베트남, 영국 및 네덜란드 식민지 지역들, 그리고 광동(광서 지역 포함) 등지의 매표수입이었다. 이제 광동·광서 두 지역이 줄게 되었으니, 매 영화마다 20% 남짓한 수입이 줄어드는 것이었다. 이 이후로 제작자들이 관망의 태도를 취하면서 제작을 주저하게 되니, 우리 영화인들이야 더욱 어찌할 도리가 없었다.[10]

광동어 영화 「황비홍」 시리즈의 출현은 매우 상징적인 의미를 지닌다. 1949년 홍콩 영화가 대륙 시장을 상실한 후, 과거 광동과 광서 지역에서 벌어들일 수 있었던 안정적인 매표수입(영화의 전체 수입 가운데 약 20%)이 곧바로 사라져 버렸다. 그 이후로 홍콩의 광동어 영화는 독특한 남방 전통을 드러내기 시작하였다. 그리고 상영 시장이 홍콩 현지와 동남아에만 의존하게 되면서 영화 제작 스타일도 홍콩·마카오적인 색채로 가득 차기 시작하였다. 이후 황비홍, 방세옥, 홍희관, 삼덕화상三德和尙 등의 이야기가 계속 새롭게 발전하면서, 홍콩 무협·액션영화의 서사 전통이 되었다.

「황비홍」 시리즈 가운데 상대배역으로 나왔던 배우 석견石堅을 통해서 무협영화 역사의 또 다른 측면을 볼 수 있다. 석견은 광동성 번우 사람으로, 어려서 체력이 약해 열세 살 때부터 무술 연마로 몸을 단련하였다. 그는 북소림北少林, 매화당랑梅花螳螂, 번자응조鷭子鷹爪 등의 문파에서 수련하였다. 홍콩에 온 뒤로 이응원李應源 감독 밑에서 작업하였는데, '맥스 팩터'의 화장

「황비홍」 크랭크인 직전의 단체 사진 촬영. 사진 중앙에 앉은 이가 감독 호붕

배우 석견은 무술영화가 지금 회전이 잘 안 되는 제작자에게는 '만병통치의 명약'이었다고 설명한다.

매뉴얼을 가지고 독학으로 '코 높이기', '수염 붙이기' 등의 기술을 익혀 설각선의 분장을 맡기도 하였다. 중일전쟁 기간 동안에는 왕붕王鵬(왕천림王天林; Wong Tin-Lam의 숙부)을 따라 월극단에 들어가 광주청년회관廣州青年館에서 일을 도우면서 음악·노래·연극 등에 관한 지식을 배운다. 전후에 그는 홍콩 광동어 영화계에서 일을 하다가 호붕이 제작한 「황비홍」 5편 「화창백두보」花槍白頭甫에서부터 참여하기 시작하였다. 촬영 당시 호붕은 관덕흥과 싸울 북방 무술에 능숙한 배우(석견에 따르면 관덕흥이 배운 것은 '객가권'客家拳이었다고 한다)가 필요하자 석견을 캐스팅하였다. 석견은 이와 더불어 '무술세트 디자인'과 액션 장면 촬영 시 조감독 역할도 함께 맡았다. 석견은 「황비홍」 시리즈가 영화사 사장에게는 '만병통치의 명약'이나 마찬가지였다고 웃으며 회상하였다. 제작자는 매번 자금이 부족해지면 바로 이 영화 [「황비홍」]를 찍어서 싱가포르·말레이시아 극장주로부터 자금 수혈을 받곤 하였던 것이다.

4. 북파 연예인, 남방 무술인

홍콩 액션영화의 배역, 서사 전통 등은 일찍이 1950년대에 이미 형성되어 있었다. 1949년 이후 홍콩 영화는 대륙 시장을 잃고서 독특한 남방 전통을 발전시켰다. 또한 황비홍, 방세옥, 홍희관 등의 이야기를 부단히 발전시켜 재생산구조를 확립하였다. 그리고 「황비홍」 시리즈의 제작진은 이후 홍콩 액션영화의 중추 기반이 되었다. 남권南拳을 익힌 유담劉湛(영화 속 저육영豬肉榮 역할)은 자신의 아들 유가량劉家良; Lau Kar Leung, 유가영劉家榮; Lau Kar-Wing과 함께 액션팀 '유가네 무술팀'劉家班을 만들어 이를 발전시켰다. 그리고 영화 속 주인공의 맞수 악역으로 나오는 원소전袁小田 역시 그의 아들 원화평袁和平; Yuen Woo-Ping, 원인상袁仁祥 등과 함께 '원가네 무술팀'袁家班을 조직하여 액션영화의 주축을 이루었으며, 근래에는 할리우드에까지 진출하였다.

'유가네'와 '원가네'는 사실 반세기 동안 이어져 온 북파 연예인藝人과 남방 무술인拳師의 전통과 이어져 있다. 이들의 삶은 전란과 방랑, 그리고 강호 유랑 등과 같은 이야기로 가득하다. 또한 월극의 명배우 설각선과도 깊은 인연이 있다. 1920년대 이래로 월극 극단은 불안정하게 유랑하던 과거의 '홍선월극단'紅船班⁴과 '과산월극단'過山班⁵으로부터 점차 전환되어 광주의 극장과 천태유원지天台遊樂場 등을 근거지로 삼기 시작하였다. 월극의 주요 공연장은 향촌에서 도시로 바뀌었으며, '극단회사'戱班公司에 의해 조직되었다. 거상巨商 하악루何萼樓가 운영하던 '보창'寶昌사의 산하에는 국풍년國豊年, 주풍년周豊年, 인수년人壽年, 국중흥國中興의 4대 극단이 있었다. 각기 천리구千裏駒와 백구영白駒榮 등과 같은 명배우들이 한때 이름을 날렸다. 하악루는 홍콩에 고승극장을 세우고, 이 극장을 이용해 극단을 지원하였다. 거상 원행교源杏翹의 '태안'太安사의 산하에는 환구락寰球樂과 낙중락樂中樂 두 개의 극단이 있었는데, 설각선은 일찍이 환구락극단에서 「홍루몽」紅樓夢에 출연하였다. 그리고 원행교 역시 홍콩섬에 태평극장을 세우고, 구룡에는 보경극장을 세워 산하의 극단을 지원하였다.

근대 월극사에서 사람들의 시선을 끄는 '설각선·마사증 라이벌전'薛馬爭雄의 시기는 간접적으로 거상 하악루와 원행교의 상업적 경쟁에서 기인한 것이었다. 하악루의 지원을 받았던 설각선의 각선성극단覺先聲劇團은 고승극장에 기반을 잡았고, 원행교의 도움을 받은 마사증의 태평극단은 태평극장에 기반을 두었다. 설각선과 마사증의 경쟁은 더불어 월극의 프로그램이나 무대미술 등의 방면에서 혁신을 가져왔다. 설각선은 '개량 월극'을 만

---

4 순회 공연을 위해 '홍선'이라는 배를 타고 다니던 월극단을 말한다.
5 육로로 순회 공연을 다니던 월극단을 말한다.

북파 연예인 원소전이 이제 막 두각을 나타내기 시작하던 성룡과 함께 출연한 영화 「취권(醉拳)」의 한 장면

무술감독 원화평(왼쪽)

광동어 영화 액션배우들. 왼쪽부터 소한생(邵漢生), 석견, 유담

들어 냈는데, 서양식 악기와 복식을 사용한 것 이외에, 상해에 직접 가서 북파北派 사범을 물색하여 북방식 무대 동작을 도입하였다. 남방으로 초빙되어 온 북파 연예인으로 원소전이 있었다고 한다면, 유담은 설각선의 경호를 맡아 북쪽에 함께 올라갔던 남방 무술인이었다.

원소전은 하북河北 사람이었는데, 그의 부친 원통순袁通順은 경극의 무생武生으로 명성이 자자했다. 원소전은 여섯 살부터 경극을 배우기 시작하여 일곱 살에 상해에 가서 사천四川 사람인 위파파韋巴巴를 따라 무술을 연마하였다. 설각선이 무술사범을 물색하러 상해에 왔을 때, 원소전은 형 원재희袁財喜를 따라 남하하여 고폐극장高陞戲院에서 「여인의 향기」女兒香에 출연하였고, 또한 각선성극단에서는 무술 구성을 맡게 되었다. 원소전은 1939년부터 연극과 영화를 병행하였는데 팽년이 감독한 「신관동대협」新關東大俠에서는 여주인공 오려주鄔麗珠의 대역을 맡았다. 그는 전쟁이 끝난 해에 태어난 장남에게 원화평이라는 이름을 지어 주었다. 왕천림은 '전무'의 작품 「철벽금강」鐵臂金剛을 감독할 당시, 원소전의 건의를 받아들여 '무술감독'武術指導이라는 직책을 만들었다.

유담은 광동성 신회 사람으로, 집안이 몰락한 뒤 광주에서 홍콩으로 이주했다. 황후대로에서 대장장이 일을 배우면서 나머지 시간에는 인근 무도관을 다녔는데, 그 무도관을 세운 이가 황비홍의 제자 임세영林世榮이었다. 그 이후로 유담은 마카오·홍콩에 10여 개의 무도관을 세웠다. 1937년 아들 유가량이 광주에서 태어나자 무도관에서 그에게 '남권'을 가르쳤다. 유담은 인맥이 넓어 월극 극단주들과 친했는데, 설각선의 요청을 받아 상해로 함께 갔다. 그 뒤로 이들 두 부자는 영화 「관동소협」關東小俠(1950)과 「황비홍」에 참여하였다. 유가량의 말에 의하면 당시 일당은 30홍콩달러밖에 안 되었지만, 무술 '팀장'의 일당은 40홍콩달러였다고 한다. 유가량은 후에 원소전의 사제 당가唐佳(광동성 중산 사람)와 합작하여 무술감독을 맡게 된다. 장성영화사의 「운해옥궁연」雲海玉弓緣(1966)에서는 '와이어'wire 액션 기술을 도입하여 배우가 마치 하늘을 나는 것 같은 효과를 낼 수 있었다. 광동어 영화가 쇠퇴한 뒤로 그는 쇼브러더스에 들어가 '유가네 무술팀'을 조직하고 남소림南少林 전설에 관한 일련의 영화에 출연하였다.[11] 전후 영화계의 남북 분파에 관해 유가량은 다음과 같이 회고한다.

나는 광주에서 태어나, 후에 홍콩으로 이주하였다. 처음 출연한 영화는 「관동소협」으로, 당시 아역 무술 장면이 하나 있었다. 나는 어려서부터 중국 쿵후를 배웠는데 우리 가문에서 배운 것은 홍권洪拳이었다. 내 사부는 아버지 유담이었고, 아버지의 사부는 임세영이었고, 임세영의 사부는 황비홍이었다. 황비홍의 사부는 육아채陸阿采였고, 육아채의 사부는 삼덕화상이었다. 「소림삼십육방」少林三十六房은 속가 제자의 무술 훈련에 관한 이야기를 다룬 것이었다. 내 쿵후는 남파 무술에 속하였다. 무술사범 출신이었던 나는 후에 쇼브러더스영화사에 들어갔다. 당시 쇼브러더스의 영화는 모두 표준어를 사용하였다. 나는 표준어를 못했지만, 당시 무술 동작에서는 무슨 대사를 할 필요가 없었다. 단지 "예"是, "죽여라!"殺 같은 말 몇마디만 하면 되었기에 액션만 잘하면 되었다.
당시 쇼브러더스는 정해진 무술사범이 없었고 각 감독들에게는 이전의 아봉阿鋒, 엄준, 이한성李漢成과 같은 무술 전문배우가 하나씩 있었다. 그들의 무술사범은 모두 표준어를 할 줄 알았고, 일부는 상해 사람이었다. 하지만 우리 홍콩 무술배우들은 표준어를 할 줄 몰랐다. 각 감독들에게 따로 정해진 무술사범이 있는 게 아니라 선택할 수 있었기 때문에, 매번 상해 출신 무술배우들이 다 선택되고 나서야 비로소 홍콩 무술배우들의 차례가 왔다. 우리는 광동극을 찍을 수밖에 없었기에 진보주陳寶珠, 여기呂奇, 사현謝賢; Patrick Tse Yin, 풍보보馮寶寶, 우소추于素秋[우점원于占元의 딸—종보현], 조

'와이어'를 발명하여 액션영화 촬영에 도움을 주었던 당가(왼쪽)와 유가량

'와이어' 기술을 이용하여 촬영한 「운해옥궁연」

'트램펄린'을 처음으로 도입해 액션영화에 도움을 준
한영걸

달화曹達華 등과 함께 작업했다. 표준어 영화
쪽에 사람이 부족할 경우에만 우리가 가서
돕곤 하였다. 광동 쪽은 인원이 많아 사람이
부족할 일이 없었다. 후에 「황비홍」을 찍으면
서부터는 무술사범을 쓰지 않고, 홍콩무도관
(황비홍의 남파 쿵후를 가르치는 무도관) 학생
이나 무술인을 썼다. 나는 무술인 출신이자
유담의 직계 제자였으며 북파 쿵후도 할 수
있고 연기도 할 줄 알았기에 사람들이 나를
찾아왔다. 당시 나는 당가로부터 무대 연기
를 배웠고, 그는 나의 홍권, 당랑권螳螂拳, 호
조권虎爪拳 등을 약간씩 바꿔 무술배우들에게
가르쳐 주었으며, 나 또한 그들의 일부 초식
을 배웠다.[12]

무술감독 한영걸韓英傑 역시 경극단京班 출신이었다. 그는 산동山東 사람
으로, 상해에 전쟁이 발발하자 남쪽으로 초빙되어 내려갔다. 그는 무과 장
원武狀元 진금당陳錦棠의 금첨화錦添花극단에 들어가, 「핏방울」血滴子에 출연
하기도 하였다. 후에 전쟁이 확산되면서 한영걸은 홍콩에 터를 잡게 된다.
1952년에는 싱가포르에 가서 심상복곡마단沈常福馬戲團에 들어가 공중곡예
코너의 일원이 되었다가, 홍콩에 돌아와 영화 「황비홍」과 다른 표준어 영화
에 출연하였다. 그가 무술감독을 맡은 첫 영화는 「연자도」燕子盜였다. 곡마
단의 공중곡예 단원이 '트램펄린'으로 훈련한다는 것을 잘 알고 있었던 그
는 이에 착안하여 극중의 남녀 주인공 임대林黛, 조뢰趙雷에게도 트램펄린을
이용하여 동작을 더욱 멋지고 화려하게 만들자고 제안하였다. 이로부터 트

〈도표 4.1〉 홍콩 액션영화 팀의 인맥 구성도

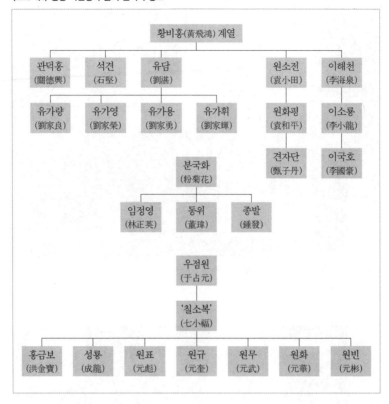

램펄린은 홍콩 액션영화의 비밀 병기가 되었다. 이후로 「용문객잔」^{龍門客棧}
과 「당산대형」^{唐山大兄; The Big Boss}에서의 한영걸의 연기는 하나의 고전이 되
었다. 분국화^{粉菊花}, 우점원 등과 같이 남하한 다른 연예인들도 직접 학교를
세우고 기예를 가르쳤는데, 그 문하 제자들도 모두 홍콩 액션영화의 핵심
인물이 된다(〈도표 4.1〉).

'칠소복'이 출연한 호붕 감독의 『양호십팔표』(兩湖十八鏢, 1966)

북파 연예인 분국화와 그 제자 심지화(沈芝華, 오른쪽)

2장 / 전통극 배우들의 이합집산

1950년대 광동어 영화

1. 표준어 영화 vs 광동어 영화

전후 홍콩 영화 시장은 서양 영화·표준어 영화·광동어 영화가 천하를 삼분하고 있었다. 이들은 각자 독자적인 경영 방식과 관객층을 지니고 있었다. 세 영화를 비교해 보자면, 서양 영화는 상대적으로 극장 시설이 좋고, 객석이 많고, 표 값이 비쌌다. 광동어 영화는 소규모 독립 영화사 제작이 대부분이었고, 이들 영화사 대부분은 자신의 극장체인과 배급 통로가 따로 없었다. 소자본으로 단기간에 제작하는 전략을 채용하여 소형 영화관에서 상영하였으며, 표 값은 서양 영화나 표준어 영화보다 상대적으로 낮았다. 표준어 영화는 그 중도 노선을 취하였다. 자본은 비교적 많이 들고 제작 편수는 광동어 영화보다 훨씬 적었다. 하지만 '신화', '대중화' 등과 같은 표준어 영화 제작사들은 모두 광동어 영화의 B급 영화 스튜디오보다는 훨씬 조직적이고 규모가 있어서 스튜디오·배우진·감독진 등을 모두 갖추고 있었다. 그러나 이들 표준어 영화 제작사는 중국 대륙의 방대한 시장을 잃게 된데다, 그 작품이 홍콩 관객의 입맛에 맞지 않았고, 또한 중간상의 농간 등으로 인해 줄곧 수지 타산을 맞출 수가 없었다. 『홍콩경제연감』香港經濟年鑑에 따르면, 1963년 홍콩 지역 영화관 매표수입의 비율에서 서양 영화가 광동

1950년대의 동방극장(東方戱院)은 주로 서양 영화를 상영하였다.

어 영화나 표준어 영화의 매표 성적보다 훨씬 앞서 있었다.[13]

제작비 측면에서는 표준어 영화 제작비가 광동어 영화 제작비보다 훨씬 많이 들었다. 그리고 당시 표준어 영화의 제작공정은 광동어 영화보다 더욱 세밀했다. 예를 들면 90분짜리 표준어 영화 한 편은 대체로 500여 신 scene으로 구성되고 또한 각 신에는 촬영각도 전환과 촬영배경 이동이 들어가 있어, 매 신에 사용되는 인력, 물자, 시간에는 모두 돈이 들어가야만 했다. 이에 비해서 광동어 영화의 경우, 똑같은 90분짜리 영화에 300여 신 정도만을 사용하였다. 신이 적어지면 적어질수록 자연히 그만큼 극 전개가 느려지고 변화가 적어지긴 했지만, 비용은 더 줄일 수 있었다. 1950년대 당시 장활유·오초범을 주축으로 하는 중련영화사 정도가 그나마 제작에 공들이는 것으로 유명하였다. 그들이 찍은 광동어 영화의 신은 평균 400~500여 개로 표준어 영화의 세밀한 신 구성에 견줄 만했다.

사실 표준어 영화와 광동어 영화의 제작비 역시 시장의 영향을 받을 수밖에 없었다. 1950~1960년대의 예를 들면, 표준어 영화를 싱가포르·말레이시아 지역에 팔면 대략 편당 5~6만 홍콩달러를 받았다. 광동어 영화는 싱가포르·말레이시아에서 표준어 영화의 절반 정도밖에 못 받아 약 3만 홍콩달러를 받았다. 하지만 영화 편수는 광동어 영화가 표준어 영화보다 월등히 많았다. 때문에 광동어 영화 산업은 집적 전략과 대량 생산을 통해 이익을 얻을 수 있었다.[14] 이 전략은 또한 배우의 생존방식에 직접적인 영향을 주었다. 1963년 잡지 『탐성』探星에서는 남과 북의 두 배우 장광초蔣光超와 양성파梁醒波의 연기 인생을 다음과 같이 비교하고 있다.

광동어 영화배우는 표준어 영화에 캐스팅되는 것을 영광스럽게 생각하였다. 표준어 영화 제작 수준이 비교적 높았기 때문에 표준어 영화배우의 보수 또한 상대적으로 높은 편이었다. 아시아영화제에 광동어 영화는 한 편도 참가하지 못했지만, 표준어 영화는 국제 영화계에 큰 반향을 일으키기도 하였다.

장광초는 표준어 영화에서 매우 인기 있는 인물이다. 그는 다재다능한 배우로, 수많은 표준어 영화에 출연하였으며 '전무'와 '쇼브러더스'가 쟁탈전을 벌이기도 하였다. 하지만 그는 표준어 영화보다는 광동어 영화에 출연하는 것을 더 좋아하였다. 기자가 그 이유를 묻자 그는 다음과 같이 대답하였다. "표준어 영화는 1년에 많아야 3편 남짓 제작합니다. 편당 5,000홍콩달러를 받는다고 치면, 1년에 1만 5,000홍콩달러밖에 벌지 못해요. 광동어 영화의 경우는 이와 다릅니다. 양성파는 하루에 2~3편의 영화에 출연하는 것 같은데, 계산해 보면 한 달에 적어도 5~6편을 찍는다는 얘기죠. 그리고 그가 편당 7,000홍콩달러씩 받는다고 치면, 그의 한 달 수입이 우리의 1년 수입에 맞먹습니다. 그리고 표준어 영화는 시간 낭비가 심해서

월극과 광동어 영화의 명배우 양성파

광동어 영화배우 양성파의 수입이 많은 걸 부러워했던
표준어 영화배우 장광초(오른쪽)를 묘사한 그림

통상 8~10분 정도밖에 안 되는 신 하나를 찍는 데 종종 한두 시간이나 걸려요. 이럴 경우 우리 배우들은 너무 많은 시간을 소비해야 합니다. 나는 개인적으로 광동어 영화만 찍고 싶은 것은 결코 아니에요. 나와 비슷한 정도, 혹은 나보다 수입이 적은 표준어 영화배우도 광동어 영화를 찍을 수 있는 기회를 갖게 돼서 생활이 좀더 개선되기를 바랄 뿐입니다. 마지막으로 비밀 한 가지 말씀드리자면, 많은 표준어 영화배우들이 과거에는 광동어 영화배우를 멸시하면서 자기가 그들보다 한 등급 위라고 여겼어요. 하지만 지금은 생각이 모두 바뀌었지요. 예전에는 표준어 영화배우가 광동어 영화배우를 멸시했지만 지금은 수입이 자신보다 몇 배나 되는 광동어 영화배우를 부러워한답니다. 광동어 영화배우들은 자동차를 사고 양옥집을 사들이지만, 표준어 영화배우들은 여전히 제일 큰 차—버스—를 타고 제일 작은 집에 살고 있어요. 과거의 생각들이 잘못된 것이었음이 분명해진 거죠. 그래서 그들도 요새는 광동어 영화계에 들어갈 기회를 찾고 있답니다. 만일 그들에게 그런 기회만 주어지게 된다면, 광동어 영화계도 배우가 금세 늘어날 겁니다."

장광초는 거기에 한 가지 사실을 덧붙였다. "과거에는 수많은 배우가 표준어를 잘하게 되기를 원했어요. 지금은 표준어 배우든 광동어 배우든 간에 열심히 광동어를 배우고 있답니다. 촬영장에서 광동 사람을 만나든 상해 사람을 만나든 대부분이 광동어로 이야기를 나누죠. 어떻게든 광동어 영화 쪽으로 들어가고 싶어 하는 그들의 마음을 보여 주는 거죠."

장광초가 이야기한 것들은 모두 사실이다. 이미 적지 않은 표준어 영화배우들이 광동어 영화가 돈 벌기 쉽다고 여긴다는 얘기를 들은 바 있다. 현재 표준어 영화 제작사는 전무와 쇼브러더스밖에 없기 때문이다. 이 둘을 제외하면, '신화', '금룡'金龍, '사유'四維, '교광'僑光, '도원'桃源 등과 같은 영화사는 현재 더 이상 표준어 영화를 찍지 않는다. 그리고 표준어 영화 쪽 객원 배우들 역시 '장성', '신신'新新, '봉황' 등의 영화사에서 영화를 찍을 수 없게 되었다. 때문에 그들의 '돈벌이' 범위는 극히 제한적이며 그들은 어느 영화사의 지원도 받지 못하고 있다. 수많은 배우가 광동어 영화를 찍는 것이 표준어 영화를 찍는 것보다 훨씬 낫다고 생각한다.[15]

2. 광동어 영화의 산업 모델

자금과 조직의 측면에서 봤을 때, 1950~1960년대의 광동어 영화 제작사들은 대체로 세 부류로 나뉜다. ① 기업화된 대자본 영화사. 예를 들어 싱가포르 극장주 하계영 가문이 홍콩에 세운 광예영화사의 경우, 자신의 극장 체인·촬영장·제작진·배우는 물론, 배우아카데미까지 갖추고 있었다. ② 동업조합식 영화 제작사. '중련'과 '신련'의 경우, 제작진과 배우가 자신들의 돈을 모아 제작비로 투자했다. ③ 소자본 독립 제작사. 대부분이 산하 극장체인, 촬영장, 고정적인 제작진, 배우 등이 없었고, 적은 자본·큰 이윤·빠른 자본 회수를 제작 방침으로 삼고 있었다.[16]

1950년대 초부터 1960년대 중반까지 광동어 영화 산업에서는 소자본

전후 광동어 영화계의 '소품 왕' 임화삼(왼쪽)

독립 제작사가 가장 활발하였다. '하청 방식'判頭式 생산과 '일괄 구매·판매'包買包銷의 두 가지 방식이 나타났다. ① 소위 '하청 방식' 생산이란 소자본 제작사의 제작 방식을 가리키는데, 대부분 자신의 촬영기자재, 조명, 의상, 소품, 제작인력, 전속 배우 등이 없었기 때문에 하청 방식의 시스템을 이용하였다. 이들은 하청업체(비교적 유명한 곳으로 의상을 전문으로 한 '여주'黎珠, 소품을 전문으로 한 '임화삼'林華三 등이 있다)를 통해 각종 인력과 물자를 모은 다음, 당시 규모 있던 몇몇 촬영장(화달스튜디오, 홍콩스튜디오와 같은)을 빌려 영화를 촬영하였다. ② '일괄 구매·판매' 배급 시스템이란 산하에 배급 부문이 없던 소자본 제작사가 영화 상영을 배급사나 극장체인 대행사에 의존할 수밖에 없었던 것을 가리킨다. 당시 싱가포르·말레이시아 시장은 주로 '쇼브러더스', '전무', '광예'의 세 배급사가 장악하고 있었다. 그들은 일괄 구매·판매 방식으로 광동어 영화를 배급하여 큰 이익을 얻고자 하였다. 홍콩 시장의 경우 1950년대에 광동어 영화 극장체인은 3개밖에 없었지만 1960년대 초에는 4개로 늘어난다. 안정적인 영화 공급원을 확보하기 위해 이들 극장체인의 배급상들은 영화 제작사에 영화를 찍을 수 있게 돈을 빌려 주고, 여러 영화의 1차·2차 상영권을 일괄 구매·판매하였다. 영화가 완성되면 대여해 준 돈은 영화가 거둬들인 전체 판매 수익에서 공제하였다. 일반적으로 영화 촬영 이전에 극장주로부터 대략 제작비의 30% 정도의 자금을 대출받고, 거기에 싱가포르·말레이시아 배급상으로부터 '선매수금'까지 받을 수 있었기 때문에 영화 제작자는 거의 밑천 없이도 이윤을 남길 수 있었다.[17]

3. 싱가포르·말레이시아의 '선매수금'과 전통극 영화

표준어 영화가 소수의 작품에 집중적으로 투자한 것과 달리 광동어 영화는 소자본 대량 생산의 방침을 채택하였다. 1950년대 광동어 영화의 제작비는 대체로 편당 3만에서 8만 홍콩달러 정도였다. 광동어 영화의 자금은 대부분 두 곳으로부터 나왔다. 하나는 홍콩 극장주의 자금이었고, 다른 하나는 타 도시 영화상의 계약금, 이른바 '선매수금'이었다.

선매수금은 영화 제작자가 제작에 들어가기 전에 미리 극장주나 배급상으로부터 받은 계약금을 가리키는데 이는 영화 작업 초기의 제작비로 쓰였다. 영화 촬영이 절반 정도에 이르면 제작자는 바로 동남아시아와 구미 화교 도시의 극장주와 접촉하여 영화의 해외 판권을 판매하였다. 홍콩 영화에 대한 수요가 넘쳐 나던 상황에서 영화의 판매 가격은 폭등하였다. 동남아 극장주는 광동어 영화 자금의 주요한 공급원이었고, 그 계약금은 영화 제작 총비용의 30%에서 50%에 달하였다. 홍콩 영화 제작자는 종종 영화 시놉시스와 남녀 주인공 배우 명단만을 가지고서 홍콩과 타 도시 극장주를 대상으로 투자 유치회를 열기도 하였다. 제작자는 극장주와 스토리와 배역 캐스팅에 관하여 합의한 후 계약을 맺었다. 그리고 제작자는 극장주에게 촬영 자금 지원을 받거나 극장주를 대신하여 남녀 주인공에게 보수를 지급했다.[18]

광동어 영화의 전성기에 각 영화가 동남아와 구미 시장에서 받을 수 있는 판권료는 영화 총제작비의 50~70%였다. 판권료의 각 지역별 점유율은 대략 베트남 지역 10~12%, 태국 지역 10%, 인도네시아 지역 6%, 아메리카 지역 8~10% 등이었다. 일반적으로 해외 판권료가 영업 수입총액의 25% 이상이 되면, 제작자는 웬만해선 손해를 보지 않았다. 이런 유리한 조건하에서 제작자는 자금이 부족해도 영화 촬영을 시작할 수 있었다. 1960년대 초, 홍콩 영화의 최대 해외 시장인 싱가포르의 경우, 극장주들의 손이 커지면서 원래 8,000~9,000홍콩달러 정도였던 판권료가 2만 홍콩달러까지 올라갔다. 선매수금이 유행하면서 영화 판매가도 두세 배나 올라가, 구매자는 종종 영화 내용에 상관없이 배우 캐스팅 명단(당시 사람들은 이를 '卡士脫'라고 불렀다)과 스토리 개요戱甁만 보고서도 계약금을 미리 지불하려 했다. 독립 제작사들은 제작 자금이 많지 않아 제작 방침을 신중히 택해야 했기 때문에 대부분 장르화 경향이 강했다. 임의로 창의성을 발휘해 제작하기보다는, 전통극 영화를 주로 제작하였다.

이들 전통극 영화는 7일 만에 영화 제작이 완료된다는 의미로, 종종 '칠일선'七日鮮이라 불리곤 했다. 칠일선이라고는 하지만 투자자나 제작자가 일부러 대충 만들거나 하는 것은 아니었다. 전통극 영화의 해외 선매수금을 보장해 주는 것은 노관老倌[6]이었다. 그리고 전통극 영화의 극 종류, 노래와 가사曲詞, 음악, 의상, 소품 등은 모두 월극에서 빌려 온 것이라 따로 돈을 들여 준비할 필요가 없었다. 게다가 촬영할 때 오픈세트外景도 필요 없었고, 촬영 신과 컷도 적었다. 때문에 자연히 촬영기간이 짧았고, 제작비도 상대적으로 적게 들었던 것이다. 중견 영화인 소생은 『무대전후』舞臺前後라는 책에서 광동어 전통극 영화의 장단점에 대해 자세히 설명하고 있다.

좋은 전통극 영화는 그리 많지 않았고 좋은 감독은 더욱 말할 것도 없었다. 우선 제작비 면에서 노관의 보수가 절반이 넘었기 때문에, 다른 각 방

---

6 전통극의 주연 배우.

'칠일선'이라 불리던 전통극 영화를 풍자한 만화

젊은 시절의 소생과 진보주(陳寶珠)

면의 지출은 부득이 아껴야만 했다. 둘째로 노관이 제작을 주도했기 때문에 감독은 별로 중요하지 않았다. 표를 살 때도 누가 주연인지만 봤지 감독이나 다른 건 보지도 않았다. 이 때문에 노관의 비중이 클 수밖에 없었고 심지어는 그 자신을 감독으로 지정하기도 하였다. 감독은 "더"多, "빨리"快, "줄여"省 세 마디만 할 줄 알면 대충 해낼 수 있었다.……사실 이런 종류의 전통극 영화를 찍는 감독이 뭔가 실력을 발휘하기란 쉽지 않다. 음악은 현장 촬영에 앞서 녹음테이프로 수록했고, 대사도 옛것 그대로에 정해진 순서에 따랐기 때문에 바꿀 수 없었다. 노관의 동작이 시작되어야 징과 북이 시작되고 그의 일거수일투족에 맞춰 악단이 모두 따라가게 되어 있으니, 감독이 통제할 수 있는 게 하나도 없었다. 하물며 배우들의 희로애락의 감정 표현도 모두 노관에게 달려 있었다. 그는 큰소리로 말한다. "아이고, 맙소사. 당연히 이렇게 해야지! 그에게 다음 대목을 시키라고 당신한테 말했잖아!"……이런 걸 감독이 감당할 수 있단 말인가? 감독이 하는 일이란 신을 나누는 것뿐이었다. 즉 노래 녹음테이프를 끊어 주는 정도밖에 하는 것이 없었다. 녹음테이프는 녹음실에서 미리 준비해 놓고, 스튜디오에 들어가서는 희곡 한 막 분량의 녹음테이프를 한 단락 한 단락씩 촬영하였다. 녹음테이프 하나가 곧 한 신이었다. 촬영할 때는 조명만 좋으면 됐다. 렌즈를 맞춰 놓고 녹음테이프를 틀어 놓으면 노관이 녹음테이프에 맞춰 립싱크를 하면서 무대 세트 안에서 연기를 펼쳤다.……녹음테이프 하나가 끝나면 두번째 테이프를 틀고 두번째 신을 촬영한다. 소위 신이라는 것도 촬영기를 다른 위치에 옮겨 놓고 노관이 다시 알아서 노래 부르며 연기하는 것에 불과했다. 통상 녹음테이프는 아주 긴 것도 있었고 5~6분짜리도 있었다. 때문에 감독은 카메라 설치만 끝나면 가서 완탕면雲呑麵을 먹고 올 수도 있었다. 그래서 '완탕면 감독'이라는 별명으로 부르기도 하였다.……예전에 할리우드 영화계에서 화달스튜디오를 참관하러 온 적이 있었는데 마침 노관이 주제곡을 부르는 장면을 찍고 있었다. 이 신은 대략 10분 정도 길이였다(330여 미터 필름 1롤이 10분 정도였다). 필름 하나가 다 끝날 때까지 노관의 노래는 끝나지 않았다. 이는 곧 한 신의 필름 길이가 330미터가 넘는다는 얘기였다. 이에 그 할리우드 영화 관계자는 감탄해 마지않았다.……일반적으로 전통극 영화의 감독은 장면의 미감이나 각도 같은 걸 전혀 신경 쓰지 않은 채, 그냥 '미디엄 롱 숏'中遠鏡으로 놓고 찍었다. 즉 배우의 전신이 보이도록 해놓고 그가 마음대로 연기를 하거나 노래를 할 수 있도록 하였다. 만일 배우가 움직이면 촬영기사가 촬영기를 가지고 따라 움직이기도 하였는데 노관의 노래와 연기가 끝나면 "컷"이라고 소리쳤다. 만약 배우가 감정 연기를 해야 할 경우는 '미디엄 숏'中鏡으로 배우의 상반신이 나오도록 찍었다. 그렇게 해야 배우가 감정 표현을 하기에 편하였고 탄성을 지르거나 노래를 할 때 그가 충분히 자유롭게 표현할 수 있었기 때문이다.……제작자는 영화 제작 편수만을 중시하였기 때문에 음악영화가 범람하도록 만들었다. 뿐만 아니라 이는 직접적으로는 같이 연기하는 배우들 사이에 불화를 조성하기도 하였다. 문제가 아주 많았는데 연기 방식으로 인한 불화는 그 가운데 하나였다. 예를 들자면 한 노관은 자신의 노래 실력에 자부심을 갖고 있었기 때문에 영화 촬영 시 오디션을 보려 하지 않았다. 그는 자신이 '얼굴만 잠깐 내비쳐 줘도 돈을 벌어들일 수 있다'고 생각하고 있었다. 그런 생각을 지닌 이들이 진지하고 성실한 배우들과 함께 작업하기란 쉽지 않았다. 그리고 한 노관은 영화 촬영을 위해 대만에 갔는데 스튜디오에서 전체 연기자 및 스태프가 그를 기다리고 있었다. 그는 몇 시간이나 늦게 도착하고서는 서너 신만 찍고 바로 가 버렸다. 이런 일은 너무 흔해서 함께 연기하는 배우나 감독에게는 아주 골칫거리였다. 이들의 신은 나눠서 찍고 편집해 붙이는 수밖에 없었다. 돈벌이에만 관심을 가지고 있던 영화 제작자들은 이런 현실을 직시하거나 해결하려는 의지가 없었다.……이런 시류에 따르려 하지 않던 일부 사람들은 더 이상 참지 않았다. 어떤 이는 '전통극 배우 분리'伶星分家라는 구호를 제창하여 광범위한 호응을 얻었다. 당시 영화인들은 소위 '전통극 배우 분리'에 대해 각기 다른 견해를 가지고 있었다. 일부 사람들은 비교적 편협한 태도를 보였는데, 속된 말로 '친구가 원수 된다'는 식으로, 무조건 함께 일하지 말고 인사도 나누지 말자고 하였다. 그 외 대다수 사람들은 지나치게 자부심 강하고 멋대로 구는 무책임한 몇몇 전통극 배우들과만 공동작업을 하지 말자고 하였다. 그들은 제작자에게 이를 고려해 대책을 마련하여 그들이 제멋대로 하지 못하도록 해야 한다고 주장하였다. 사실 '분리' 운동 붐이 최고조에 이르렀을 때, 일부 전통극 배우들은 충실히 협력하기도 하였다. '중련'에 소속되어 있었던 홍선녀紅線女·마사증·소연비 등의 경우가 그러했고, 설각선도 이에 참가할 것을 고려하기도 하였다. 노관들이 무성의한 행동으로 제 무덤을 팠던 이런 소란스러운 상황들도 싱가포르에는 별 영향을 끼치지 못했다. '스타 대거 출연 영화'大堆頭든 음악영화든 싱가포르 시장에서는 모두 환영을 받았다. 전통극 배우 분리 사건은 그리 신경 쓰지 않아도 자연스럽게 해결될 문제였다.[19]

당시 신문과 잡지에서는, 일부 제작자들이 '자금 회전을 빨리하기 위하여 배우들을 교외에 끌고 가 미리 사진 몇 장 찍고서는, 구매자에게 이미 촬영을 시작했다고 선전하는'[20] 행태를 질책하였다. 이런 풍조가 이어지

전통극 배우들은 1950~1960년대 광동어 영화계의 주축을 이루었다.

자 영화계 내에서는 양은 많은데 질은 떨어지는 상황이 나타나게 되었고, 제작자들의 경쟁이 극심해지면서 별별 일이 다 벌어졌다. '스타 대거 출연 영화'의 제작은 당시 상업적 흥행수단으로 활용되었다. 당시 영화계 사람들은 거물급 배우를 내세우기만 해도 흥행에 승산이 있다고 말하곤 했다. 남녀 주인공을 '두 쌍'雙生雙旦이나 '세 쌍'三生三旦, 혹은 '네 쌍'四生四旦까지 내세우는 외형적 규모 경쟁이 갈수록 심해졌다. 어떤 제작자는 '전통극 배우의 새로운 바람'을 내세웠다. 이로 인해 현대식 의상을 입고 노래를 부르는 것이 한때 유행하였다.[21] 공급과 수요의 법칙에 따라 전통극 배우의 편당 보수는 폭등하였다. 1950년대 절정기에 마사증·임검휘任劍輝 등의 편당 보수는 1만 7,000홍콩달러를 넘어섰고, 백설선白雪仙 역시 1만 3,000홍콩달러를 받았다. 월극 노관이 광동어 영화의 해외 매표수익에 얼마나 중요했는 지는 아래 연예신문 기사를 통해서도 짐작해 볼 수 있다.

명배우 임검휘

임저任姐,[7] 1963년 영화계를 떠날 듯

홍콩 영화 팬들이 가장 관심을 갖고 주목하고 있는 일은 '묘왕'貓王 엘비스 프레슬리의 '로큰롤'樂與怒도, '옥녀'玉女 엘리자베스 테일러의 결혼 소식도, 윌리엄 홀든이 동방의 진주 홍콩에 다시 찾아올 것인지에 관한 것도 아니다. 바로 수많은 관객들에 의해 '전통극 영화 팬들의 연인'戲迷情人으로 사랑받아 온 임검휘에 관한 소식이다. 광동어 영화는 비록 배급망이 널리 확산되지 못한 채 일부 지역에만 발전되어 있다는 한계가 있기는 하지만, 화교의 발길이 닿는 곳이라면 그 어디라도 광동어 영화 시장이 형성되어 있다.

임검휘는 나이를 먹을수록 인기를 더해 가고 있다. 하지만 이 나이라는 것이 그리 듣기 좋은 것만은 아닌지라 부연 설명이 더해져야 할 듯하다. 나이가 들었다는 것은 그만큼 그녀의 예술 인생, 즉 경력이 오래되었다는 것을 의미한다. 사실 임검휘의 연극·영화 인생은 광주 대신천태大新天台월극장粤劇場에서 전속 여성극단 '군방염영'群芳艶影의 단원으로 출연하기 이전으로 거슬러 올라간다. 그녀는 안화천태安華天台극장에서 처음 데뷔했을 당시 이미 수많은 팬들이 따랐는데, 그때부터 이미 사람들은 그녀를 '전통극 영화 팬들의 연인'이라 불렀다. 하지만 그녀는 월극에만 출연하였기 때문에 광동성과 홍콩과 같은 일부 지역에서만 명성을 날렸다. 이는 갈수록 높아만 가는 최근 그녀의 인기에 비하면 훨씬 못 미치는 것이었다. 월극에

7 임검휘를 가리킨다.

'전통극 영화 팬들의 연인' 임검휘가 은퇴하는 것을 반대하는 영화 팬들을 묘사한 그림

비하면 영화가 영향을 끼치는 범위가 훨씬 폭넓지 않은가! 영화는 무한히
'카피'되어 아메리카, 인도네시아, 말레이시아, 싱가포르, 필리핀, 그리고
남아시아에 이르기까지 멀리 떨어진 지역에서도 스크린을 통해 보고 들
을 수 있으니 말이다. 임검휘가 최근 몇 년 사이 주연한 영화만 해도 이미
수백 편이다. 이 모든 영화가 머나먼 지역까지 배급되어 그녀의 영화를 보
는 관객 수는 갈수록 많아지고 있다.

요즘 그녀의 편당 보수는 전통극 영화배우들 가운데 최고로, 2만 홍콩달러
를 넘어섰지만, 제작자들은 임검휘에게 주는 출연료는 결코 아끼지 않고
있다. 이처럼 그녀는 여전한 인기를 자랑하고 있다. 다만 건강 문제로 촬영
에 한계가 있어 이미 알려진 바와 같이 밤샘 촬영은 하지 않기로 하였다.
자정 12시가 되면 그녀는 바로 분장을 지우고 의상을 챙겨 촬영장을 떠난
다. 그리고 일주일에 하루는 쉬어야 하기 때문에 그녀는 일반 스타 배우들

에 비하면 3분의 2 정도의 시간만 촬영할 뿐이다. 아직 정확히 계산해 본 것은 아니지만 그녀가 새로 찍고 있는 영화가 이미 적지 않아서, 이 영화들이 완성되기까지는 꽤 긴 시간이 필요할 듯하다. 현재 그녀가 촬영 중이거나 아직 시작도 하지 않은 새 영화만 해도 20~30편이나 된다. 현재 임검휘의 스케줄 담당은 임소林甦로, 그는 임검휘를 위해 촬영 스케줄을 조정하고 있다. 과거에는 홍선녀의 스케줄 담당이었고, 현재는 임검휘 이외에도 몇몇 대스타의 촬영 스케줄 역시 그가 담당하고 있다.[22]

3장 / '4대 영화사'와 영화계 개혁

'선매수금' 제도의 유행은 홍콩의 광동어 영화 시장을 급성장시켰다. 제작량이 급증하면서 광동어 영화 제작자들은 벼락부자가 되었다. 싱가포르·말레이시아 시장이 광동어 영화 산업의 적자를 메워 주자 영화계 밖의 수많은 인사로부터 투자를 끌어올 수 있었다.[23] 그리하여 1960년대 홍콩 영화계에는 '한편영화사'一片公司[8]들이 생겨났다. 스튜디오도 극장체인도 없던 이들 한편영화사의 투자자들은 종종 독립회사 형식으로 영화 제작에 투자했는데, 자금 대부분은 선매수금에 의존하여 조달하였다. 그리고 종종 한두 편의 영화 제작만을 위해 회사가 세워지기도 하였다. 이들은 아무런 장기적인 목표나 기획도 없었고 장기적인 전략이나 예산 계획 같은 것은 더 말할 나위도 없었다. 한편영화사의 운영은 엉망이었는데, 일부 영화사들은 각본도 나오기 전에, 혹은 영화 촬영이 시작되기도 전에 해외 영화상에게 계약금을 받아 챙겼다. 그런 뒤에 아무 배우나 데려다 서둘러 촬영하였다. 이들은 해외 판권료로 돈을 벌어들인 다음에 최소 자본을 들여 영화를 완성하였다. 일부 영화인들은 이런 작품을 가리켜 '칠일선'이라고 불렀는

8 영화 한 편을 위해 세운 회사를 뜻한다.

데, 이는 그 졸속적인 제작 과정을 빗대어 한 말이었다. 사실 수많은 한편영화사들이 우담바라처럼 반짝 피고는 사라져 버렸고, 자본 회수가 예상처럼 되지 않을 경우 바로 도산하였다. 이런 제작 범람 풍조는 '전통극 배우 분리'와 영화계 '정화운동'淸潔運動이 일어난 배경이 되었다.

1. 영화계 정화운동과 전통극 배우 분리

영화계 '정화운동'의 시작은 1949년으로 거슬러 올라간다. 당시 일부 상해 문예계 인사들이 홍콩에 내려와 있었는데, 그 가운데 비교적 유명했던 이로 하연과 구양여천을 들 수 있다. 그들은 홍콩에 온 뒤로 그보다 일찍 일본 대륙 침략 시기에 남하한 채초생 같은 영화인들과 함께 광동어 영화 추진위원회粤語片推進委員會를 조직하였다. 이들은 광동어 영화의 '졸속 제작 현실'이나 '봉건 미신 및 신괴를 주제로 삼는 것' 등에 대해 문제를 제기하였다. 화남 지역 영화 제작 수준을 제고하고자 오초범·장영·백연 등 총 164명에 달하는, 당시 홍콩에 거주하던 광동어 영화 제작자, 각본가, 감독, 배우, 기술 인력 등과 연합하여, 「광동어 영화 정화운동 선언」粤語電影淸潔運動宣言을 발표하였다. 이 선언에서는 "일치단결하여 입장을 확고히 하고 본분에 충실할 것, 자신의 책임을 다해 국가와 민족에 공헌하고 사회의 기대를 저버리지 않을 것, 국가와 민족의 이익에 위배되고 사회에 위해하며 사람들에게 독이 되는 영화의 제작을 중단할 것"을 맹세하였다. 또한 "광동어 영화에 영광이 함께하고 광동어 영화에 치욕이 근절되기를" 기원하였다. 신괴, 기이한 로맨스奇情, 무협 등을 내용으로 하는 영화를 찍지 않기로 하고, 사회 현실을 반영하거나 문학작품을 각색한 영화를 제작하는 데 주력하였으며, 전통극 배우 분리 운동도 전개하였다.

이른바 '전통극 배우 분리'란 전통극 배우와 일반 배우가 따로 작업해

전통극 배우와 일반 배우의 단체 사진. 왼쪽부터 백설선, 양성파, 방염분(芳艶芬), 임검휘, 홍선녀, 장영

야 하며 같이 뒤섞여서는 안 된다는 것을 의미하였다. 사실 전쟁 이전의 전통극 배우들은 줄곧 광동어 영화의 주축이었다. 전후에 광동어 영화가 다시 성행하면서 신괴영화·무협영화 붐이 수그러들자 바로 전통극 영화 붐이 일어났다. 제작자들은 새로운 아이디어를 내어 전통극을 스크린으로 옮기게 되는데 이는 결과적으로 큰 성공을 거두었다. 이를 따라 하기 시작한 수많은 영화상은 경쟁적으로 전통극 배우를 모셔다 영화를 만들었다. 이들 전통극 영화는 각본도, 무대 연습도 필요 없었고, 배경 역시 자주 바꿀 필요가 없었다. 감독이 그리 큰 공력을 들일 필요도 없었다. 다만 카메라 렌즈와 위치만 잘 맞춰 놓으면, 전통극 배우가 전통적인 연기와 노래를 보여 주었다. 전통극 영화의 유행은 영화 제작 시 감독의 역할을 크게 바꿔 놓았다. 홍콩대학의 사회학자 이언 찰스 자비Ian Charles Jarvie가 1976년 홍콩 영화계를 방문한 적이 있었는데, 그는 1960년대 홍콩 전통극 영화의 촬영 과정에 대한 영화계 인사들의 회고를 다음과 같이 인용하고 있다. "감독은 카메라를 켜고 연기하는 전통극 배우에게 렌즈를 맞춰 놓고는 완탕면을 먹으러

나갔다가, 십여 분 뒤에 돌아와 노래가 끝나면 '컷'이라고 외쳤다."[24]

희극배우 등기진鄧寄塵은 사실 '완탕면 감독'이라는 말에는 원래 폄하의 의미가 전혀 없었다고 지적한다. 그가 신마사증新馬師曾과 함께 찍은 희극영화는 촬영하는 데 대략 12일 정도 걸렸다고 회고하였다. "하지만 전통극 영화는 7일 정도 걸렸다. 예를 들어 노래 한 곡이 3분이라고 쳤을 때, 한 신을 찍는 데 3분밖에 안 걸렸기 때문이었다. 감독은 '카메라!'라고 외치고는 바로 완탕면을 먹으러 달려갔다가, 돌아와서는 '컷!'이라고 외쳤다. '완탕면 감독'이라는 칭호는 바로 여기서 나왔다."[25] 전통극 영화의 유행은 간접적으로 영화계에 '전통극 배우 분리'라는 논란을 불러일으키기도 하였다. 오초범과 신마사증의 공동작업이 그 도화선이 되었다. 중견 영화인 노돈은 그 사건을 직접 경험하였는데 이에 관해 다음과 같이 회고한다.

초기의 광동어 영화배우들은 모두 월극 출신이었다. 영화에 반드시 '노래'가 있었기 때문이다. 당시 오초범 역시 노래 몇 마디 정도는 할 수 있었다. 하지만 연극 배우 출신인 우리 세대에 와서는 노래를 할 줄 아는 사람이 없어졌다. 당시 영화에 가장 많이 출연하는 것은 월극 배우였지만, 훈련도 받지 않은 이들에게 어떻게 연기를 시킬 수 있었겠는가? 임곤산 극단의 배우들은 대부분 월극 출신이었다. 연극 출신 배우들은 항상 소수에 불과하였다. 당시 월극 배우들은 연기가 매우 서툴렀지만 연극 출신 배우들의 연기는 그들에 비하면 훨씬 현실적이었다. 하지만 당시는 월극 배우가 한두 명이라도 끼지 않고서는 영화를 제작하는 것이 불가능하였다. 왜냐하면 먼저 판권을 팔고서 그 돈으로 영화를 찍는 선매수금 제도 때문이었다. 과거의 유명 감독이었던 홍제洪濟(홍중호洪仲豪를 가리킨다)는 카메라를 한 번 돌리기만 해도 돈이 굴러들어 왔다. 그는 필름도 넣지 않은 카메라 앞에 오초범을 세워 놓고는 영화상에게 돈을 요구한 적도 있었다. 당시는 전반

적으로 수요가 많았기 때문에 우선 영화
를 한 편 찍어 돈을 받고 난 다음에 다시
이 돈을 가지고 두번째 영화를 찍었다.
이로 인해 광동어 영화는 사람들에게 성
의가 없다는 느낌을 주었다. 당시 규모
가 훨씬 컸던 상해와는 상황이 매우 달
랐다. 나는 '명성'과 '신화남'新華南 두 곳
에서 일했는데, 그들은 제대로 된 회사
였고 스튜디오도 있었다.

'화남 영화계의 황제'라 불린 오초범

1949년의 '정화운동'은 사실 매우 우연
한 상황에서 비롯된 것이었다. 전통극
배우의 영화가 가장 잘나가던 무렵, 신
마사증이 오초범과 함께 영화에 출연한 적이 있었다. 신마사증 이 인간은,
10시까지라고 통지해 줬건만 느지막이 나타나서는 자기가 먼저 찍겠다
고 해, 스튜디오에서 하루 종일 기다렸던 오초범을 화나게 만들었다. 오초
범은 당시 '영화계의 황제'라 불리던 이였는데, 이게 말이나 되는 일인가!
당시 우리 팀 사람들은 종종 모임을 가졌다. 장영은 당시 아전랑로衙前壋道:
Nga Tsin Long Road에 살고 있었는데 각본 창작을 위해 모두 거기서 모이곤
했던 것이다. 오기민吳其敏·사마문삼(『화상보』華商報의 영화 평론가) 등도 모
임에 함께했다. 마침 우리가 각본 때문에 모여 있었는데 오초범이 화를 내
며 그런 말도 안 되는 상황에 대해 이야기를 꺼내자, 우리는 이들을 '분리'
시키자는 주장을 내놓았다. 사실 처음에 바랐던 것은 전통극 배우의 분리
가 아니었다. 단지 너무 심한 수모를 당한 것에 분노했던 것뿐이었다. 그후
에 '정화운동'이 일어났다. 이름은 '정화운동'이었지만……사실 당시 진
짜로 무슨 정화운동을 하려 했다기보다는 순전히 자신들의 자존심을 지

키고자 했던 것이다. 당시 장영·오초범·백연·황만리 등이 이에 찬성하였고, 영화 평론가들 역시 우리 편이 되어 주었다. 정화운동 선언문은 오기민이 썼다. 마침 동남아 영화 매매상 가운데 광동어를 할 줄 아는 영국인 영화상['국태'의 앨버트 오델을 가리킨다. 그에 관해서는 다음 절 참조—종보현]도 우리를 지지해 주었다. 당시 영화를 찍으려면 우선 영화상의 선매수금부터 얻어야만 했다. 영화 제작자는 우선 영화상에게 영화와 관련된 메뉴판(출연자 명단을 말함)을 주고서 살 것인지 말 것인지, 그리고 얼마나 줄 것인지에 대한 그의 결정을 기다려야 했다. 그 영화상은 장영·오초범 등을 지지하기 위해 영화 값을 아끼지 않았다. [그의 선매수금이] 20%였는지 30%였는지는 잘 기억나지 않지만, 정화운동은 그 덕분에 순조롭게 전개되었다. 스타에 대한 보수는 영화 제작비 가운데 가장 큰 비중을 차지하는 항목이었고, 또한 직접적으로 영화 제작비에 대한 부담을 가중시켰다. 자연히 잘나가는 대스타들 대부분은 영화를 연속해서 찍었을 뿐만 아니라 동시에 여러 편을 같이 찍는 경우도 아주 많았다. 스타들은 매일같이 여기저기 스튜디오들을 돌아다니며 연이어 여러 편을 찍는 일이 다반사였다. 이런 시스템하에서 스타 배우들이 항상 최고의 연기를 유지할 수 있을 것인지에 대해 일부 영화업계 인사들이 의문을 품기 시작하였다. 관객들에게도 이런 '스타 대거 출연 영화'가 계속 신선함을 주기는 힘들었다. 때문에 시장의 반응과 제작비라는 두 가지 측면에서 봤을 때 광동어 영화 산업은 신인을 배양하고 젊은 피를 영입할 필요가 있었다. 1950년대의 '4대 영화사'四大公司는 바로 이러한 방향으로 발전해 갔다.[26]

바로 '정화운동'과 '전통극 배우 분리'가 1950년대 광동어 영화의 '4대 영화사'를 탄생시켰던 것이다.

2. 4대 영화사 : '중련', '신련', '화교', '광예'

영화계 '정화운동'과 '전통극 배우 분리'의 발생과 함께, 제작 범람 반대의 목소리가 홍콩에서 점차 커졌다. 1952년 장영·오초범 등은 황만리·백연 등을 비롯한 20여 명의 광동어 영화배우 및 제작 인력과 함께 '동인영화사' 소人公司와 '합작사'라는 형식으로 중련영화유한회사中聯電影企業有限公司(이하 '중련')를 설립하였다. 이 동업조합식 영화사는 자본은 적었지만 제작에 엄격하고 준비 및 촬영기간이 길어 제작비는 오히려 많이 들어갔다. 영화의 질은 좋았지만 생산량은 적었고, 배우의 작업시간은 길었지만 보수는 적었다. 그들이 '중련'에서 영화 한 편을 찍는 데 드는 시간은 종종 다른 영화사의 4배가 넘곤 하였다. 당시 일부 고전 전통극 영화나 무협영화는 2주 정도면 완성할 수 있었고 제작비 역시 4~5만 홍콩달러밖에 들지 않았다. 하지만 '동인영화사'가 제작한 사실주의 영화는 6주는 걸려야 완성할 수 있었고 제작비는 10만 홍콩달러에 달했다. 동인영화사는 집단 창작을 강조하였고 특히 각본을 중시하여 각본 하나에만 1만 홍콩달러가 들었다. '중련'은 각본가 팀을 구성하였으며 각본가·감독·배우가 공동으로 각본을 창작·연구하였다.[27] 촬영할 때는 당시 90분짜리 광동어 영화 한 편의 경우 일반적으로 300개 정도의 신을 사용하였지만, '중련'이 제작한 광동어 영화는 신의 개수가 평균 400~500개 정도였다. 신이 많을수록 극 전개 변화는 더욱 세밀해졌고, 또한 제작비도 올라갔다.

　'중련' 성립 초기에는 일부 홍콩 영화상들의 저항으로 인해 그 작품들이 홍콩 현지 극장체인들로부터 유리한 상영 시기를 얻어 내기가 힘들었다. 하지만 그 뒤로는 싱가포르 갑부 육운도 산하 국태영화사의 홍콩 지사장 앨버트 오델Albert Odell; 歐德爾의 지원 덕분에 이들 영화는 싱가포르·말레이시아에서의 상영 창구를 찾을 수 있었다. 광동어에 정통한 중국통이었던 오델은 홍콩에서 육운도를 위해 산하의 싱가포르·말레이시아 극장체인에

싱가포르·말레이시아 영화 상영업자였던 '국태'는 배급업자 오델을 홍콩에 파견하여 영화 공급원을 찾도록
하였다. 위 사진은 오델이 광동어 영화 제작진과 함께 찍은 사진

1949년, '화남영화인연합회'가 성립되었다. 위 사진은 창립자 가운데 한 명인 오초범(뒷줄 오른쪽에서 두번째),
황만리(뒷줄 오른쪽에서 네번째), 이철(오른쪽에 앉은 이 가운데 수염을 기른 사람) 등을 비롯한 여러 배우와 감독들

서 상영할 영화를 구입하였다. 오델은 영화계 '정화운동'을 지지하였고 또한 꽤 높은 값으로 '중련'에 선매수금을 대 주어 '중련'이 비교적 풍족한 자금으로 영화를 촬영할 수 있게 해주었다. 이는 '중련' 영화 작품의 질을 안정적으로 만들어 주었다.[28]

'중련'의 특징은 '동인영화사'라는 점이었다. 재벌의 투자는 전혀 없이 스크린 뒤의 엉화 송사자들이 만든 것이었다. 그들은 각자의 보수를 투자하였기 때문에 투자자 모두가 광동어 영화계의 중견 인사였다. '중련'의 심벌에는 21개의 별이 그려져 있는데 이는 바로 '중련' 발기인들의 단결

'중련'의 스타 배우들. 뒷줄 왼쪽부터 매기, 용소의, 앞줄 왼쪽부터 백연, 자라련, 황만리

을 상징하는 것이었다. 그 21명에는 스타 배우인 오초범, 백연, 장활유, 자라련, 이청, 용소의, 황만리, 매기, 소연비, 그리고 감독 이신풍, 오회, 진검秦劍, 이철, 주자귀朱紫貴, 왕감王鑿, 진문陳文 등이 포함되어 있었으며, 나중에 가입한 이로는 유방劉芳, 홍선녀, 주기珠璣, 장영 등이 있었다.

'중련'은 1950~1960년대에 걸쳐 그 영향력을 발휘하였는데, 인구에 회자되는 작품으로는 파금의 소설을 영화화한 「집」家, 「봄」春, 「가을」秋, 그리고 「천만인가」千萬人家, 「고해명등」苦海明燈, 「위루춘효」危樓春曉, 「돈」錢, 「바다」海, 「인해만화통」人海萬花筒 등이 있다. 이 가운데는 싱가포르·말레이시아를 풍미한 우수작들도 적지 않았으며, '중련'의 작품들은 차츰 흥행 보증수표로 변모해 갔다. 이로 인해 '중련' 영화들도 싱가포르·말레이시아 지역에서 미리 선매수금을 받고 팔리기 시작하여, 계약금으로 영화 제작비를 댈 수 있게 되었다.[29]

뛰어난 연기를 보여 준 스타 배우 백연

신련영화사의 광고

'중련' 이외에, 1950년대에 비교적 대표적인 광동어 영화사로는 신련영화사, 화교영화사, 광예영화사 등이 있었다. 이들 네 영화사는 1950년대 '4대 영화사'로 불렸다. '광예'를 제외하고 나머지는 모두 막대한 자금과 완비된 극장체인, 충분한 제작 인력과 같은 든든한 배경이 없었다.

1952년 2월 설립된 신련영화사는 사실주의 영화 제작 정책을 취하였다. '신련'의 기본 멤버들 역시 상해에서 돌아온 영화 종사자들이 주를 이루었는데 비교적 유명한 이로 노돈과 이형李亨을 들 수 있다. 그 창작 취지는 '중련'과 유사하여 엄숙하고 진지한 작품의 제작이라는 기조를 견지하였다. '신련'의 성립 초기에는 규모가 그리 크지 않아 소속 배우 역시 부족하였다. 하지만 '신련'은 영화계에서 좋은 인맥 관계를 유지하고 있었고, 그 창업작인 「패가자」는 이 점을 잘 보여 준다. 이 영화는 오회가 감독하고 백연, 장영, 노돈, 황만리 등이 주연하였는데 흥행 성적이 매우 좋아 광동성, 홍콩, 마카오, 동남아 등지에서 명성을 날렸다. '신련'은 1952년 설립되어 1960년대 초반 영화 제작을 그만두게 될 때까지 모두 40여 편의 영화를 제작하였는데 진지하면서도 현실을 반영한 작품들이었다. 재미있는 작품으로는 「십호풍파」十號風波(1960)와

오초범과 사현은 각기 1950년대와 1960년대의 일류급 남자 배우였다. 위 사진은 양대 영화인의 교체를 상징적으로 보여 주고 있다.

광동어 영화 '4대 영화사' 시대를 열어 간 장영과 노돈

「소소소」蘇小小(1963)가 있는데, 후자는 광동어 영화 최초로 항주에 가서 현지 촬영을 진행한 대작이었다. 이는 '신련'의 중국 대륙 내 인맥을 잘 보여주며, 상영 당시 커다란 반향을 불러일으켰다.[30]

1956년 8월 화교영화사華僑影業公司(이하 '화교') 역시 홍콩에 설립되었는데, 리더는 정화운동의 주요 멤버였던 장영이었고, 자금은 당시 홍콩·마카오에서 유명한 부자이던 하현何賢으로부터 나왔다. 보경극장과 같은 하현 산하의 영화관들은 화교영화사 영화의 안정적인 상영 채널이 되었으며, 이를 통해 영화의 자본 회수 역시 자연스럽게 보장될 수 있었다. '화교'의 경영 상황은 '중련', '신련'과 유사하였는데, '제재가 엄숙하고 건강한 영화 제작'의 원칙을 고수하였다. '화교'의 창업작 「제소인연」啼笑姻緣은 1930년대 상해 원앙호접파鴛鴦蝴蝶派 작가 장한수張恨水의 소설을 영화화한 것으로, 상영 후 큰 인기를 얻어 '화교'의 이후 창작 노선을 결정지었다. '화교'의 작품에는 「금분세가」金粉世家, 「뇌우」雷雨, 「소부인」小婦人 등과 같이 대부분 중국 국내외의 명저를 영화화한 작품이 많았다. '화교'의 후기 영화에는 소시민의 생활을 반영하는 작품이 많은데 예를 들자면 장영이 감독한 「혈루인생」血淚人生과 「제10호 기사」第十號司機 등이 있다.[31]

광예영화사光藝製片公司(이하 '광예')는 1955년 8월 설립되었는데 이는 1950년대 홍콩에 상륙한 최초의 싱가포르·말레이시아 자본의 영화사라 할 수 있다. 투자자는 싱가포르 거상인 하계영·하계상何啓湘 형제로, 싱가포르 광예영화사는 주로 동남아에서 극장체인을 경영하고 있었다. 그 규모와 수익 상황을 놓고 보자면, '광예'는 '국태'와 '쇼브러더스'의 뒤를 이어 동남아 영화 배급사 가운데 세번째 규모였다. 홍콩에서 '광예'의 제작 활동은 매우 활발해 1955년부터 1968년까지 모두 60여 편의 영화를 제작하였다. '광예'는 싱가포르에 수많은 극장체인을 보유하고 있었고, 홍콩의 극장 네트워크 역시 매우 안정적이었다. 덕분에 상영 일정도 다른 극장주들의 방해

'화교'의 「뇌우」(1954)에 출연한 배우 홍선녀와 장영(종문락 촬영)

해파(海派) 소설을 각색한, '화교'의 「금분세가」에 출연한 배우 장영과 하평(夏萍)

1958년 호작(虎豹)별장에서의 임취(林翠)

를 받지 않을 수 있었고, 또한 신인을 기용할 여유도 있었다. '광예'의 제작 인력 가운데 당시 젊은 나이에 이름을 날렸던 진검秦劍이 가장 대표적이다. 진검은 행정기획을 책임졌을 뿐만 아니라 영화 각본과 감독까지도 겸했다. 그는 집안이 불우하였지만 어려서부터 연극을 좋아해, 일찍이 영광영화사嶺光公司에 들어가 각본을 맡았다. 그 뒤로는 영화 「여아심」女兒心(주인공 임 취林翠는 후에 진검의 아내가 된다)의 감독을 맡았으며, 이후 '중련'으로 옮겨 갔다. '광예'에 들어간 진검이 만든 창업작 「연지호」胭脂虎는 홍선녀가 주연 을 맡았다. 홍선녀가 대륙으로 돌아가자 진검은 홍선녀의 제자인 남홍南紅을 키워 냈으며, 사현 등의 신인을 발굴하기도 하였다.

진검의 지도하에 '광예'는 청춘화靑春化 전략을 내세워 이를 추진하였다. 설립 직후 '광예'는 새로운 배우의 양성에 힘을 쏟아 배우아카데미를 세우고 신인을 공개 모집하였다. 이는 높은 출연료의 스타를 고용함으로 인해 제작비 부담이 늘어나는 것을 막기 위한 방법이었다. 진검과 그의 조감독 겸 제작자인 진문은, 한동안 배우아카데미를 직접 맡아 훈련시키기도 하였다. 이들이 발굴한 신인에는 사현, 가령嘉玲, 남홍, 강설江雪, 강중평姜中平, 주총周驄, 용강龍剛, 왕위王偉, 진제송陳齊頌 등이 있었다. 낮은 출연료를 받던 이 젊은 배우들은 '광예' 청춘영화 노선의 신예 부대였으며, '광예'는 이들의 가능성을 믿고 있었다. '광예'는 무명의 신인들을 한 쌍의 청춘 커플 배우나 젊은이들의 우상으로 키워 내고자 애썼으며, 그렇게 함으로써 '광예'의 흥행 성적을 최고조로 끌어올렸다. 1962년은 '광예'의 전성기라 할 수 있는데, 이 해에 광예영화사는 여러 개로 갈라져 '신예'新藝, '조예'潮藝, '국예'國藝의 세 계열사로 분리되었으며, 이들은 각기 다른 영화 제작 노선을 추구하였다. 그들이 길러 낸 신인들은 광동어 영화계에서 한 자리씩을 차지하게 되면서 단숨에 큰 성공을 거두었다. 이 밖에 1960년대를 대표하는 두 명의 젊은 광동어 영화감독인 초원楚原; Chor Yuen과 용강 역시 모두 '광

「뇌우」에 출연한 진겸. 후에 그는 '광예'의 주요 멤버이자 사현, 가령, 용강 등 배우와 감독들의 은사가 된다.

임취가 주연한 '광예'의 영화 「여아심」이 쿠알라룸푸르에서 개봉할 당시 성황을 이루던 모습

'광예'의 광고

'광예'가 1964년에 내놓은 16편의 대작들

진검(오른쪽에서 네번째)과 그가 등용한 '광예'의 배우들

예' 출신이었다. 그들은 '광예'의 자금 지원하에 각기 처녀작 「호반초」^{湖畔草}와 「파음왕자」^{播音王子}를 촬영하였다. 진검이 '신예'와 '국예'를 책임지고 있던 기간 동안 용강은 그를 도와 조감독을 맡았다. '국예'는 육운도의 지원을 얻어 발전을 도모하고자 하였으며, 또한 그 창업작 「곡마단」^{大馬戲團}을 통해 홍증강^{紅曾江}(임취의 친동생)과 호연니^{胡燕妮}를 키워 내고자 하였다. 하지만 아쉽게도 육운도가 죽게 되면서 '국예'도 막을 내리고 만다. 진검도 호연니를 데리고 쇼브러더스 산하로 옮겨 가서 새 작품 「하일군재래」^{何日君再來}를 만드는데, 호연니는 이 영화를 통해 스타로 발돋움하였다.[32]

1949년 창업한 화남영화인연합회의 노돈은 1950년대 광동어 영화 '4대 영화사'에 대해 아래와 같은 생생한 기록을 남겼다. 그의 이야기는 광동어 영화계의 좌파 영화인이 당시의 상황을 어떻게 이해하고 있었는지를 잘 보여 준다.

광동어 영화는 1950년대에 그 면모를 일신하여, '중련', '신련', '광예', '화교'의 4대 영화사가 등장하였다. 가장 빨리 설립된 것은 '신련'(1952)이었고, '중련'은 같은 해에 설립되었으며 '화교'는 가장 늦게 창업하였다. 광동어 영화는 이 4대 영화사의 결성 후에야 비로소 본 궤도에 올랐다고 하겠다.……'광예'를 창업한 진검은 매우 다재다능한 사람이었다. '광예'는 동남아의 하씨 일가가 투자한 것으로 하씨 가문은 아주 일찍부터 영화상을 해왔다. '중련'은 자력으로 기반을 닦았으며 작품 또한 상당히 뛰어났다. 반면 '신련'은 국가가 직접 투자한 것이었다. 해방 이후 중국은 전 세계 제국에 포위되었으며 유일한 통로는 홍콩이었다. 때문에 홍콩에서의 영화사업을 통해 자신들이 하고 싶은 말을 했던 것이다. '신련'의 창업작 「패가자」(1952)와 그 뒤에 나온 「야야염노교」^{夜夜念奴嬌}(1956) 등은 모두 주제의식을 숨긴 것이었다. 지나치게 좌경적 색채를 띠어서는 안 되었기 때문이

광동어 영화 '4대 영화사', '중련'·'신련'·'광예'·'화교'의 광고

다. 처음에는 모두 중국 관방자본에 의한 것으로, 지도 책임자는 주 총리(주은래周恩來)였다. 후에는 진의陳毅에게, 그리고 또다시 요승지廖承志에게 그 관리 책임이 넘어갔다. 홍콩에서의 담당자는 요일원廖一原이었다. 당시 '조국에 의지하여 해외로 향하자'背靠祖國, 面向海外라는 구호가 의미하듯이, 조국이 봉쇄된 상황에서 우리만이 해외 창구 역할을 할 수 있었다. 애초에 우리에겐 극장이 없었다. 이후 얼마인지는 알 수 없지만 요일원이 주은래 총리로부터 홍콩에 달러를 들여와 남화극장南華戲院과 은도극장銀都戲院을 세웠다. 극장이 생김으로써 관객들과 소통할 수 있었고 또한 이로부터 자금도 얻을 수 있었다. 사실 당시 원요홍袁耀鴻이 우리를 도우면서도 이름을 내세우지 않았던 것은 번거로운 일을 피하기 위함이었다.

'신련' 설립의 주요 목적은 이를 통해 영화인들을 단결시키고자 함이었다. 우선 '신련'이 설립되었고 이어서 '중련'이 설립되었다. '중련'은 사실 '신련'이 발전되어 나온 것이었다. '신련', '중련'의 설립 초기에는 일을 추진할 사람을 찾아야만 했는데, 먼저 진문을 찾아내고 이어서 유방劉芳을 찾아냈다. 화교영화사에서는 사익지를 찾아냈다. 진검은 줄곧 우리 편에 참가하고 있었다. 비록 임종 무렵에는, 자신이 잘못된 길을 걸어왔던 걸 후회한다고 내게 말하곤 했지만 말이다. 장영과 우리는 동료로서 아무런 문제도 없었다. 오초범은 처음에는……친親장개석파였지만……후에 점차 변하였다. 사실 요즘 광동어 영화의 질은 당시 4대 영화사에 못 미친다. 당시 우리의 영화 제작 구호는 '끓인 맑은 물'白開水이었다. 즉 건전하고 사람들을 선량하게 만드는 선정적이지 않은 영화를 제창하였다. 이런 풍조하에 수많은 좋은 영화가 나올 수 있었다. 이철 감독의 「위루춘효」(1953)가 그 가운데 하나다. 내가 그 각본을 썼다. 그리고 이 밖에 「가가호호」家家戶戶(1952)나 「패가자」와 같은 작품도 만들었다.

당시 우리는 좌파라 여겨졌는데 '중련', '화교' 역시 우리와 연계가 있었으

노돈과 그 친구들. 뒷줄 왼쪽부터 진피, 노돈, 사익지(황만리의 남편), 오초범. 앞줄 왼쪽부터 설각선·당설경 부부, 와쿠다 고스케

며 이들은 우리가 이끌고 있었다고 할 수 있다. 다만 우리가 전면에 나서지 않았을 뿐이다. '흥행'하는 데 불리할 수 있기 때문이었다. '신련'은 종종 우파로부터 공격당하곤 하였다. 당시 우리는 홍콩을 드나들 때 수시로 특수요원의 미행을 당하곤 했는데, 한국전쟁 기간에 가장 심했다. 그 가운데 '자구'丹九라는 특수요원이 있었는데, 우리는 나중에 좋은 친구 사이가 되었다. 한번은 그들이 우리 쪽 사람 10명이 출국하는 것을 붙잡아 전기傳奇·석혜石慧 등을 감옥에 집어넣었다. 이 사건 담당자였던 홍콩 정부 정치부의 증소과曾昭科는 후에 광주에서 나를 만났을 때, 당시 내가 운이 좋았다고 말했다. 그가 이야기해 주기를, 그는 본래 나와 오초범을 잡으려고 했지만 오초범을 잡았다가는 영국에 대한 홍콩 사람들의 반감이 커질 우려가 있었기 때문에 전기와 석혜를 대신 잡아넣었다는 것이다. 당시 미행이 매

우 심해서 귀찮았지만 우리도 어찌해 볼 도리가 없었다. 사실 내가 무슨 당파가 있었던 것도 아니다. 하지만 나는 예전에 광주에서 혁명사상의 영향을 받아 문예는 정치에 복무해야 하며 문인은 정치를 떠날 수 없다고 생각하고 있었다.[33]

노돈 선생의 견해가 결코 중립적인 것은 아니지만, 위의 인용문을 통해 1950~1960년대에 좌우파 영화인들이 여전히 영화계에서 활약하고 있었음을 알 수 있다.

4장 / 약동하는 청춘
1960년대 광동어 영화

1. 광동어 영화 4대 극장체인

2차 세계대전이 끝난 직후 홍콩의 땅값은 비교적 안정적이었다. 때문에 극장 운영 수익이 상가 건물이나 주택의 수익보다 나은 편이었다. 이후 각 극장들이 연결되어 가면서 같은 영화를 상영하고, 상영기간을 통일시켜 '극장체인'을 결성하게 되었다. 1940년대부터 홍콩의 대형 1차 상영관은 모두 서구 영화 상영을 위주로 하였고, 홍콩 영화는 저예산으로 제작된 작품이라 여겨져 작은 극장에서 상영되어 '박리다매'를 추구할 수밖에 없었다. 극장주가 광동어 영화 제작에 투자하는 자금 역시 상대적으로 적었다. 홍콩에 있던 9개의 서구 영화 1차 상영관은, 대부분 2개 영화관이 연계하여 상영하였다. 홍콩섬의 영화관과 구룡의 영화관이 각기 하나씩 장기간 계약을 맺었다. 때문에 좌석 수도 많고, 표 값도 비교적 비쌌다. 예를 들자면 홍콩섬의 황후극장과 구룡의 평안극장이 계약을 하였고, '이무대'는 첨사저의 '낙궁'樂宮과 동맹을 맺었으며, '뉴욕'紐約은 '대세계'大世界와, '호화'豪華는 '신화'新華와, '낙성'樂聲은 '브로드웨이'百老匯; Broadway와 함께했다. 이들은 모두 유명한 극장체인이었으며, 매년 할리우드 8대 영화사의 홍콩지사와 상영권 계약을 맺었다. 1960년의 경우를 살펴보자면, 홍콩섬에 극장이 27개 정

皇后戲院

大中遠厦道大大中遠厦道

二〇〇八三・一〇〇八三：話電座定

明天七時半開始營業
明天下午六時正開始售票

開幕 互獻 錦繡華堂

建築耗時三年
全部最新裝置
遠東影藝之宮

電動椅上落戲院
最新西歐放映機
英國嶄新乳膠椅

1960년대의 극장체인 사업은 흥성하였다. 사진은 황후극장의 1961년 개관 광고

도가 있었고, 구룡과 신계新界 지역에는 44개 정도가 있었다. 매표 흥행 면에서 보자면 서구 영화를 상영하는 1차 상영관의 1년 총수입(조조 상영과 상영시간 외 상영은 제외함)은 2,268만 5,000홍콩달러로 추산되는데, 이는 신기록이었다. 1960년 상영한 서구 영화는 약 260편으로 대부분 미국 영화였으며, 이 가운데 흥행 수익이 6만 홍콩달러를 넘은 것이 약 70편이었다. 그 나머지는 영국, 이탈리아, 프랑스 등지에서 온 것이었다.[34]

전후 홍콩의 극장은 크게 세 부류로 나뉘었는데 각기 세 가지의 다른 언어로 된 영화를 상영하였다. 즉 광동어 영화, 표준어 영화, 외국어 영화였다. 그 운영 상황은 다음과 같다. ① 외국어 영화 영화관은 대부분 한두 개 극장이 하나의 체인을 이루었다. 그 표 값은 각기 달랐는데 대부분 2~3홍콩달러 정도였다. 이런 서구 영화 극장체인으로는 7~8개 정도의 그룹이 있었다. ② 표준어 영화 극장체인의 경영 방식은 서구 영화 극장체인과 유사하였다. 대부분 2~3개의 극장이 연계하여 상영하였고, 극장의 분포 역시 대체로 홍콩섬 지역의 극장 하나와 구룡 지역의 극장 하나가 합작하는 식이었다. 표 값도 서로 달랐는데, 대개 2홍콩달러 남짓이었다. ③ 극장체인이라는 측면에서 광동어 영화는 연계 상영하는 극장이 8~10개 정도였다. 배급망은 외국어 영화나 표준어 영화에 비해 더 넓었다. 상영 지점이 비교적 많고 상영 네트워크 역시 넓은 편이었다. 표 값은 외국어 영화나 표준어 영화보다 저렴하여, 대체로 1장당 1.7~2.4홍콩달러 정도였다.[35]

서양 영화를 주로 상영한 뉴욕극장. 1954년 촬영

    홍콩에서 광동어 영화를 상영하는 주요 극장체인에는 4개의 그룹이 있었다. ① 환구環球·태평太平 극장체인. 이들은 '중련', '신련', '광예', '화교', '영광' 등의 영화사가 만든 현대물 문예영화를 주로 상영하였다. 태평극장은 본래 월극 공연을 위주로 했는데, 후에 광동어 영화 상영 위주로 전환하였다. 이 체인의 상영 일정 조정은 『오락화보』娛樂畫報의 편집장 황경화黃慶華가 책임졌다. ② 금국金國 극장체인. 이들은 '대성'大成, '식리'植利, '여사'麗士, '신의'信誼 등의 영화사가 제작한 광동어 전통극 영화를 전문적으로 상영하였다. 안정적인 영화 공급의 확보를 위해 극장 소유주인 관가백關家栢·관가여關家餘 형제는 1950년대 초 대성영화사大成影片公司를 창업하였다. 이들이 10여 년간 제작한 영화는 150편이 넘었다. 대성영화사는 오군려吳君麗, 호풍胡楓, 강일범江一帆, 백노명白露明 등을 배출하였다. 관씨 일가는 전성기 때

관가백 산하의 금국 극장체인. 전통극 영화를 주로 상영하였다.

자신들의 자본만으로 '국민'國民, '금릉'金陵, '신무대'新舞臺, '금화'金華, '금원'金園, '국도'國都, '관당'觀塘 등의 극장을 경영하기 시작하여 이를 통해 금국 극장체인을 결성하였다.[36] ③ 홍콩香港·중앙中央·영경英京 극장체인('제4체인'第四線이라 부르기도 한다). 문예영화와 월극영화를 병행하여 상영하였는데, 대부분이 '대련'大聯, '구룡'九龍, '오락'娛樂 등의 영화사가 제작한 영화였다. 상영 일정 조정은 홍콩극장의 정훤鄭烜과 구룡극장의 노구盧九가 담당했다.[37] ④ 뉴욕·대세계 극장체인('뉴대체인'紐大線이라 부르기도 한다). 문예영화, 전통극 영화 모두 상영하였으며, 장관봉張觀鳳이 경영하였다. 영화 배급사는 대흥영화사大興公司였고, 상영 일정 조정은 장관봉의 부인과 여천黎泉이 맡았다. 장관봉의 아들 장위린張威麟은 홍콩 공성회孔聖會; Hong Kong Confucian Society의 책임자였으며 홍콩 중문대학 신아서원新亞書院과 관련이 깊었다. 이 영화관에서 상영된 많은 영화 가운데, 임백任白이 주연한 「자차기」紫釵記가 가장 유명하다.[38]

이상 4대 광동어 영화 극장체인의 영화 수요량은 매우 놀랍다. 평균 매주 한 편의 영화를 상영하였다고 봤을 때, 각 극장체인마다 매년 52편에 달하는 영화를 필요로 했다. 만일 일부 영화의 흥행 성적이 좋아 2~3주 정도 연속 상영하였다고 한다면, 상영 일정을 채우기 위해 각 극장체인마다 매년 적어도 40편의 영화가 필요했을 것이다. 영화 편수가 이보다 적다면 극

관씨 형제 산하의 '대성'은 전통극 스타 배우들을 기용하여 영화를 제작하였다.

장의 영화 공급은 수요 초과로 인해 영화 품귀 현상이 일어났을 것이다. 이로 미루어 보건대, 4대 극장체인은 매년 최소 160편의 영화를 필요로 했다. 영화 공급 수량과 질의 안정화를 위해, 극장주는 종종 특정 영화 제작자에게 돈을 지원해 주고, 그 대신 영화 상영권을 확보하려 하였다.[39] 4대 극장체인의 흥성과 함께 광동어 영화 수요량도 자연히 크게 증가하였다. 1962년 잡지 『탐성』에서 광동어 영화 극장체인과 관련된 재미있는 기사를 찾아볼 수 있다.

나염경의 최근 영화 출연료

나염경羅艶卿은 현재 영화계에서 막 피어난 한 떨기 장미와도 같이 다채로운 예술혼을 꽃피우고 있다. 1961년 그녀가 찍은 영화 가운데 주연을 맡은 것만 근 50여 편에 이른다. 이런 놀라운 기록을 가지고 계산해 보면 매달 4편씩 찍은 셈이 된다. 어떤 이는 이를 과장이라 의심을 품기도 하는데 나 역시 정확한 통계 자료는 없다. 몇몇 영화상의 말에 따르면 나염경이 매달 4편씩 찍었다 해도 별로 희한할 것도 없다고 한다. 영화 팬들도 알고 있다시피, 현재 홍콩의 4대 극장체인인 '뉴대', '환태', '금국', '중영'은 거의 같은 날에, 혹은 하루 이틀 정도 차이를 두고서 동시에 신작을 내걸고 있다. 그 가운데 두세 편은 나염경이 주연이다. 현재 홍콩 영화 시장에서 4대 극장체인에 매달 20편 정도의 신작을 공급해 줘야 하는데, 이는 다시 말해 1년에 280편의 신작을 생산해 내야만 소비량에 맞출 수 있다는 얘기가 된다. 1961년의 경우, 광동어 영화 생산량은 거의 이 정도 수준에 근접하고 있다. 이는 홍콩이 나날이 번창하여 유동자본이 넘쳐 나고, 인구가 급증하고 극장 수도 증가하게 되면서 민간 영화사 역시 이와 함께 발흥하였기 때문이다. 이로 인해 매년 제작되는 영화 편수도 또한 급증하였다. 나염경은 출연작이 많아 다작 스타라 불리기는 하지만 출연료를 놓고 보자면 가장 많다고 할 수는 없다. 얼마 전까지 그녀의 출연료는 1만 홍콩달러로, 풍보보보다 2,000홍콩달러가 많았다(풍보보의 현재 출연료는 8,000홍콩달러지만, 풍봉 감독까지 계산해 보면 부녀가 합쳐서 1만 홍콩달러 정도인 셈이다). 1961년 말, 나염경의 출연료는 이미 '1만' 단위를 넘어섰다! 1만 2,000홍콩달러가 그녀의 새로운 출연료인데, 그녀의 친구 항저^{姮姐}에 따르면 나염경이 출연료 조정을 요구했던 이유는 모두 상황상의 필요에 의한 것이었다고 한다. 나염경은 밀려 있는 출연작들이 많아서 앞의 영화를 다 찍기도 전에 새 영화가 또 들어오다 보니 결국 밀려 있는 작품들이 더욱 늘어나게 되었던 것이다.[40]

4대 극장체인의 번창은 광동어 영화 산업의 커다란 발전을 가져왔으며, 극장체인의 주인은 바로 영화 제작의 주요 투자자였다. 일부 서양 영화 극장 역시 중국어 영화를 상영하기 시작하였다. 이 밖에 1960년부터 중미

전통극 배우이자 영화배우였던 나염경(오른쪽에서 두번째)과 '희극영화의 달인'(戲劇聖手) 막강시(맨 왼쪽) 감독, 배우 매염설(梅艷雪, 왼쪽에서 두번째), 호풍(맨 오른쪽)

관계가 악화되면서 미국 영화사와 홍콩의 일부 친중국 극장주와의 합작도 유지되기 어려워졌다. 1960년 말에 하현이 소유하고 있던 도성都城극장과 보경극장은 할리우드 영화사와의 영화 공급 계약을 중단하고 표준어 영화나 광동어 영화를 상영하기 시작하였다. 광동어 영화 극장은 1961년 말 '1인 1표' 조례를 시행하였는데, 이는 광동어 영화 극장이 관리 전문화의 길로 들어서게 되었음을 보여 준다. 과거와 같이 성인이 표 한 장을 가지고 어린아이를 데리고 들어가는 상황은 더 이상 보기 힘들게 되었다. 하지만 이 새로운 조례를 엄격히 시행하는 극장들은 매표수입이 줄어들었기 때문에, 일부 극장주들은 정부가 극장 수익을 고려해 이 조례의 시행을 느슨하게 해줄 것을 요구하였다. 광동어 영화 극장의 관리 제도가 서양 영화 극장을 모방하는 것은 아직 그리 쉬운 일은 아니었다.[41]

1960년대 초 홍콩 광동어 영화 상영업은 점차 번창해 갔다. 『홍콩경제

〈표 4.2〉 홍콩 각 지역의 극장과 그 분포(1960~1964)

홍콩섬 지역	황후(皇后), 오락(娛樂), 낙성(樂聲), 이무대(利舞臺), 호화(豪華), 도성(都城), 동방(東方), 경화(京華), 황도(皇都), 중앙(中央), 고승(高陞), 홍콩(香港), 여도(麗都), 국태(國泰), 태평(太平), 뉴욕(紐約), 금성(金星), 환구(環球), 국민(國民), 금릉(金陵), 진광(真光), 신세계(新世界), 쌍희(雙喜), 향도(香島), 명주(明珠), 소기만(筲箕灣), 장락(長樂), 종성(鍾聲)
구룡 지역	낙궁(樂宮), 보경(普慶), 브로드웨이(百老匯), 신화(新華), 여사(麗斯), 파라마운트(百樂門), 대화(大華), 쾌락(快樂), 동락(東樂), 대세계(大世界), 용성(龍城), 금화(金華), 신무대(新舞臺), 황궁(皇宮), 호세계(好世界), 선락(仙樂), 광명(光明), 제일신(第一新), 빅토리아(域多利), 북하(北河), 유마지(油麻地), 국제(國際), 명성(明聲), 영락(永樂), 광지(廣智), 여원(荔園), 영경(英京), 낙도(樂都), 화락(華樂), 여성(麗聲), 런던(倫敦)
신계와 기타 도서 지역	원랑(元朗), 광화(光華), 동락(同樂), 대광명(大光明), 전만(荃灣), 사전(沙田), 장주(長洲), 분령(粉嶺), 장성(長城), 금문(金門), 금도(金都), 행락(行樂), 서공(西貢), 평주(坪洲)

출처: 香港經濟導報社 編, 『香港經濟年鑑』 香港: 香港經濟導報社, 1960·1961·1962·1963·1964.

연감』의 기록에 따르면, 당시 한 편의 광동어 영화가 10만여 홍콩달러의 매표수익만 얻어도 아주 성공적이라 할 수 있었다. 하지만 1963년, 홍콩 영화는 중국 영화와 서양 영화 매표수익의 형세를 역전시켰다. 표준어·광동어 영화가 최초로 서양 영화 1차 상영관에 진입하면서 매표 기록도 서양 영화를 압도하게 된 것이다. 1963년 홍콩의 총 매표수익은 7,000만 홍콩달러(세전 수익)에 달하였다. 그해 홍콩의 총 인구가 350만 명이었으니, 1인당 평균 20홍콩달러를 소비한 셈이다. 7,000만 홍콩달러의 매표수익 중 서양 영화는 3,000만 홍콩달러를 차지하여 1962년보다 200여 만 홍콩달러가 늘어났다. 표준어 영화는 1,200만 홍콩달러로, 1962년의 360여 만 홍콩달러에 비해 몇 배나 증가하였다. 광동어 영화도 2,900만 홍콩달러로 대폭 증가하였다. 당시 영화계 인사들은 서양 영화 1차 상영관이 이미 포화상태였기 때문에 새로운 투자처로 2차 상영관이나 표준어 영화 상영관을 경영하는 쪽이 더 발전의 여지가 있다고 여겼다. 그 가운데 여성麗聲극장은 1964년 3월에만 40만 홍콩달러의 매표수익을 거두었다.[42] 1960년대 초, 기존

〈표 4.3〉 홍콩 주요 극장 매표수입 통계(1960~1963, 단위: 만 홍콩달러)

극장명	1960년	1961년	1962년	1963년	1963년 좌석 점유율	비고
여성(麗聲)	219	285	321	277	60.00%	
신화(新華)	217	279	263	256	56.38%	
낙성(樂聲)	207	202	224	199	35.73%	
보경(普慶)	205	136	220	206	47.00%	312일간 상영
낙궁(樂宮)	198	233	259	232	41.55%	
호화(豪華)	188	240	232	216	44.91%	
이무대(利舞臺)	175	226	240	207	52.94%	
오락(娛樂)	175	220	163(8월 폐업)			
브로드웨이 (百老匯)	154	227	237	143	51.26%	
황도(皇都)	152	182	162	143	44.99%	
대화(大華)		179	196	189	56.28%	
황후(皇后)		97(7월부터)	199	168	54.38%	7월 개업
여도(麗都)				162	50.80%	
국빈(國賓)				91	38.98%	244일간 영업
런던(倫敦)				87	30.37%	244일간 영업
신성(新聲)				80	50.87%	165일간 영업
총 매표수입 (추산)	2,268.5	2,540.9	2,909.3	3,000.0		

※ 1960~1962년은 세금 공제 전 매표수입이고, 1963년은 세금 공제 후 매표수입이다.
출처: 香港經濟導報社 編 『香港經濟年鑒』, 香港: 香港經濟導報社, 1961, 117쪽; 1962, 188쪽; 1963, 189쪽; 1964, 177쪽.

의 73개 극장(〈표 4.2〉)의 매표수입은 계속 새로운 기록을 갈아 치우고 있었다(〈표 4.3〉). 1968년의 『홍콩영화』香港影畵에서 우리는 홍콩 극장의 경영 상황을 자세히 살펴볼 수 있다(〈표 4.4〉). 자료에 따르면 좋은 입지 조건을 갖춘 많은 대형 극장들 역시 광동어 영화를 상영하였다. 그 가운데 가장 활발했던 것은 '국도', '국민', '쾌락' 등의 극장을 보유한 금국 극장체인으로, 그 경영자는 바로 관가백 가족이었다. 다음에서 볼 수 있듯이 관씨 일가의 이야기는 바로 광동어 영화 산업 발전사의 한 단면을 보여 준다.

극장명	설립연도	위치	극장주	사장	상영 영화	좌석수	표 값 등급(홍콩달러)				
이무대(利舞臺; Lee)	1920	홍콩 파사부가(波斯富街)	민락(民樂) 유한회사	동재군(董梓君) / (양선동 梁善動 관리)	서양 영화	1,276	3.5	2.4		2.0	
호화(豪華; Hoover)	1954	홍콩 동라만(銅鑼灣) 이화가(怡和街)	호화(豪華) 부동산(置業)유한회사	소유진(邵維鎭) / (장위겸 張威廉 관리)	서양 영화	1,483	3.5	2.4	1.5		
황후(皇后; Queen's)	1960	홍콩 황후대로중(皇后大道中)	육해통(陸海通) 부동산 유한회사	오순덕(伍舜德) / (관국강 關國康 관리)	서양 영화	902	3.5	2.4	1.5		
오락(娛樂; King's)	1931	홍콩 황후대로중 30호	중화(中華) 엔터테인먼트·부동산(娛樂置業) 유한회사	막중명(寬仲明)	쇼브러더스 표준어 영화	1,302	3.5	2.8	2.0	2.5	
여성(麗聲; Royal)	1960	구룡(九龍) 미돈로(彌敦道) 746A	구룡 부동산 유한회사	오순덕 / (황보조黃寶潮 관리)	서양 영화	1,374	3.5	2.8	2.0	2.5	
할리우드(荷里活; Hollywood)	1963	구룡 서양채가(西洋菜街)	호리(浩利) 부동산 유한회사	(진덕량陳德亮 관리)	쇼브러더스 표준어 영화	1,765	3.5	2.4	1.7	1.2	
신화(新華; Gala)	1959	구룡 아개로가(亞皆老街)	쇼선즈(邵氏父子) 유한회사	소유진 / (고경범顧景帆 관리)	서양 영화	1,351	3.5	2.8	2.0	1.5	
낙성(樂聲; Roxy)	1946	홍콩 동라만	진수해(陳樹楷)빌딩 부동산 유한회사	양왕인(楊王仁) / (하철 何鐵 관리)	서양 영화	1,713	3.5	2.8	1.5		
낙궁(樂宮; Princess)	1949	구룡 미돈로	홍콩 구룡 엔터테인먼트유한회사	오호원(吳浩源) / (위진해 韋鎭海 관리)	서양 영화	1,722	3.5	2.8	2.0	1.5	
동방(東方; Oriental)	1935	홍콩 만자(灣仔) 동녕로(動寧道)	고복천(高福泉)	고한영(高漢英)	유럽 영화, 서양 영화	1,106	3.5	3.0	2.4	1.5	
대화(大華; Majestic)		구룡 미돈로	양예현(梁禮賢)	(방강方强 관리)	서양 영화	989	3.5	2.8	1.5		
경화(京華; Capital)	1951	홍콩 동라만 사전가(渣甸街)	장가종(莊嘉種)	정가치(鄭家熾)	쇼브러더스 표준어 영화	1,187	3.5	2.4	1.7	1.2	

극장명	설립연도	위치	극장주	사장	상영 영화	좌석수	표 값 등급(홍콩달러)				
황도(皇都; State)	1958	(선궁璇宮 옛터) 홍콩 북각(北角) 영황로(英皇道)	육해통 유한회사	오순덕	서양 영화	1,087	3.5	3.0	2.4	2.0	1.5
신성(新聲; Sands)	1963	구룡 한구로(漢口道)	진수거(陳樹渠)	임영태(林永泰)	서양 영화	1,093	3.5	2.8	2.0	1.5	
쾌락(快樂; Liberty)	1950	구룡 좌돈로(佐敦道)	양씨 형제(楊氏兄弟)	양요기(楊耀琦) / (간응강簡應康 관리)	서양 영화	1,144	3.5	2.8	2.0	1.5	
신도(新都; Isis)	1966	홍콩 동라만 마돈대(摩頓臺)	연통락(聯通樂)유한회사	왕복경(汪福慶)	쇼브러더스 표준어 영화	1,183	3.5	2.4	1.7	1.2	
국빈(國賓; Odeon)	1960	홍콩 북각	채택림(蔡澤霖)		쇼브러더스 표준어 영화	1,194	3.5	3.0	2.4	1.5	
런던(倫敦; London)	1963	구룡 미돈로 219호	장위린(張威麟)	장위린	표준어 영화, 일본 영화	1,404	3.5	2.4	1.7	1.2	
동성(東城; East Town)	1964	홍콩 만자 분역로(芬域道)	하세례(何世禮)·동성(東城)무역회사	양신언(梁信彦) / (진기조陳其照 관리)	서양 영화	1,300	3.5	2.8	1.5		
동락(東樂; Prince's)	1967	(개축) 구룡 미돈로 수거로(水渠道) 입구	하동(何東)부동산 유한회사	이석(李石)	유럽 영화	1,597	3.5	3.0	2.4	1.7	1.2
총통(總統; President)	1965	홍콩 만자 사비로(謝菲道)	강조이(江祖貽)	(주보정周寶政 관리)	서양 영화	1,252	3.5	2.8	1.5		
여도(麗都; Rialto)	1948	홍콩 만자 란두가(蘭杜街)	쇼선즈 유한회사	소유영(邵維瑛) / (정자중鄭子中 관리)	표준어 영화, 일본 영화	996	3.5	2.8	2.0	1.5	
황금(黃金; Golden)	1962	구룡 심수보(深水埗) 흠주가(欽洲街)		이패운(李佩雲)	쇼브러더스 표준어 영화	1,399	3.5	3.0	2.4	1.7	1.2
여화(麗華; May Fair)	1966	구룡 괴수가(槐樹街)	쇼선즈 유한회사	소유영 / (양북기楊北基 관리)	표준어 영화, 일본 영화	1,461	3.5	3.0	2.4	1.7	1.2
여궁(麗宮; Paris)	1966	구룡 신포강(新蒲崗) 채홍로(彩虹道)		양연빙(梁燕冰)	표준어 영화, 서양 영화	3,000	2.0	--	0.5		

극장명	설립 연도	위치	극장주	사장	상영 영화	좌석수	표 값 등급(홍콩달러)			
황궁(皇宮; Palace)	1965	구룡 대포로 (大埔道) 북 하가(北河街)		왕영상 (王永祥)	서양 영화	804	3.5	3.0	2.4	1.7
국화(國華; Mandarin)	1965	마두위로 (馬頭圍道) 41호	청주(靑洲) 영니(英坭) 유한회사	구덕근 (邱德根)	서양 영화	1,530	3.5	3.0	2.4	1.7 1.2
금문(金門; Golden Gate)	1966	구룡 홍감(紅磡)	이보림 (李寶林)	이패운	쇼브러더 스 표준어 영화, 유 럽 영화	1,209	3.5	3.0	2.4	1.7 1.2
낙도(樂都; Sky)	1961	홍감 칠위로 (漆威道) 275호	왕복경	왕복경	쇼브러더 스 표준어 영화	1,305	3.5	3.0	2.4	1.7 1.2
진광(眞光; Ray)		홍콩 서영반 (西營盤) 제3가 (第三街)		손국소 (孫國昭)	쇼브러더 스 표준어 영화, 유 럽 영화	930	2.4	2.0	1.7	1.5
아주(亞洲; Asia)	1967	채홍로 (彩虹道) 4719지역	계덕극장 (啓德戲院) 유한회사	하조문 (何兆文)	쇼브러더 스 표준어 영화	1,018	3.0	2.4	1.7	1.5 1.2
선락(仙樂; Zenith)	1950	구룡 청산로 (靑山道)	주물외 (周汤桅)	황조환 (黃兆歡)	표준어 영 화, 유럽 영화	1,238	3.5	3.0	2.4	1.7 1.2
명성(明聲; Ming Sing)	2차 세계 대전 이전	구룡 여지각로 (荔枝角道) 236호	진국경 (陳國經)	진국경	쇼브러더 스 표준어 영화	1,238	3.5	3.0	2.4	1.7 1.2
금관(金冠; Golden Crown)	1967	구룡 태자로 (太子道)	금관(金冠) 엔터테인먼 트유한회사	이패운(李佩 雲) / (정견鄭 堅 관리)	쇼브러더 스 표준어 영화, 유 럽 영화	870	3.5	3.0	2.4	1.7 1.2
빅토리아 (域多利; Victoria)	1948	구룡 내로신가 (奶路臣街)	필회략 (畢懷略)	필회략 / (오장행吳 壯行 관리)	광동어 영화	1,068	2.0	1.7	1.2	0.7
대세계 (大世界; Great World)	1948	구룡 여지각로		장위신(張威 臣) / (반요송 潘耀松 관리)	광동어 영화	1,451	2.0	1.7	1.2	0.7
국도(國都; Olympia)	1965	홍콩 북각 영황로 249호	관지강 (關志剛)	관지강 / (여차천余 車泉 관리)	광동어 영화,표 준어 영화	1,180	2.4	2.0	1.7	1.2

극장명	설립연도	위치	극장주	사장	상영 영화	좌석수	표 값 등급(홍콩달러)			
여사(麗斯; Ritz)	1948	구룡 미돈로	양창(梁昌)	서진웅(徐鎭雄)	서양 영화	1,090	2.4	1.7	1.2	0.7
영경(英京; Ying King)	1961	구룡 송수가(松樹街) 9호	노림(盧林)	노구(盧九) / (여업생黎業生 관리)	광동어 영화	1,571	2.0	1.7	1.2	0.7
보성(寶聲; Bonds)	1964	관당(觀塘)	진수거(陳樹渠)	관지성(關志誠)	광동어 영화	1,300	2.0	1.7	1.2	0.7
국태(國泰; Cathay)	1935	홍콩 만자로(灣仔道) 125호	소백년(邵柏年)	진화준(陳華俊)	유럽 영화, 일본 영화	884	3.0	2.4	1.7	1.2
파라마운트(百樂門; Paramount)	1950	구룡 왕각(旺角) 산동가(山東街)	이보림(李寶林)	노흥(勞興)	서양 영화	1,003	2.4	1.7	1.2	0.7
태평(太平; Tai Ping)	1925	홍콩 황후대로서(皇后大道西) 421호	원첨훈(源詹勳)	황경화(黃慶華) / (양일여梁日如 관리)	광동어 영화	1,738	2.0	1.7	1.2	0.7
신세계(新世界; World)	1920	홍콩 덕보로중(德輔道中)	조상추(趙湘秋)	막현희(莫賢熙)	서양영화, 광동어 영화	850	2.4	1.7	1.2	0.7
유마지(油麻地; Yamati)	1920	구룡 상해가(上海街)		소유예(邵維銳) / (유정일游定一 관리)	광동어 영화		2.0	1.7	1.2	0.7
환구(環球; GIobal)	1948	만자 낙극로(駱克道)	원덕보(袁德甫)	원요오(袁耀塢)	광동어 영화	1,158	2.0	1.7	1.2	0.7
금국(金國; Kam Kwok)	1966	노호암(老虎巖)		관지견(關志堅)	광동어 영화	1,157	2.0	1.7	1.2	0.7
중앙(中央; Central)	1929	황후대로중	오씨(吳氏)	양전화(梁傳華)	광동어 영화, 구미 영화	1,296	2.4	1.7	1.2	0.7
국빈(國賓; Metropol)	1965	구룡 채홍로		증경복(曾慶福)	표준어 영화, 광동어 영화, 구미 영화	1,248	2.4	1.7	1.2	0.7
미려궁(美麗宮; Metro)	1959	대갱동(大坑東) 4390지구		황조환(黃兆歡) / (등배영鄧培榮 관리)	광동어 영화, 표준어 영화	1,491	2.0	1.7	1.2	0.7
신무대(新舞臺; Apollo)	1940	구룡 청산로	관지강(關志剛)	여한봉(余漢峰)	광동어 영화	1,572	2.0	1.7	1.2	0.7

극장명	설립연도	위치	극장주	사장	상영 영화	좌석수	표 값 등급(홍콩달러)			
뉴욕(紐約; New York)	1948	파사부가 (波斯富街)	장위신 (張威臣)	(양권梁權 관리)	광동어 영화	1,409	2.4	1.7	1.2	0.7
국제(國際; International)	1936	구룡성 복노촌로 (福老村道)	광명광 (廓命光)	(허희許熙 관리)	광동어 영화, 표준어 영화	976	2.0	1.7	1.7	0.7
영화(永華; Winner)	1954	통빈만 (筒賓灣)	조건본 (趙建本)	(반걸주潘傑柱 관리)	구미 영화, 일본 영화	1,134	2.0	1.7	1.2	0.7
영화(英華; Ying Wah)	1966	신포강 (新蒲崗)	노림(盧林)	노구(盧九) / (여명黎明 관리)	광동어 영화	1,200	2.0	1.7	1.2	0.7
북하(北河; Pei Ho)	1930	심수보 북하가 (北河街)	쇼선즈 유한회사	소유예(邵維銳) / (장가량莊嘉樑 관리)	광동어 영화	1,476	2.0	1.7	1.2	0.7
영락(永樂; Wing Lok)	1948	홍감 보기리가 (寶其利街)		(진안陳安 관리)	광동어 영화, 구미 영화	1,261	1.7	1.2	0.7	
광지(廣智; Kwong Chee)	1919	유마지(油蔴地) 감숙가 (甘肅街)		나애진 (羅愛珍)	광동어 영화	365	1.7	1.2	0.7	0.5
소기만(筲箕灣; Shaukiwan)	1920	소기만	증진홍 (曾振興)	용점미 (容點美)	광동어 영화, 표준어 영화	542	1.7	1.2	0.7	
장락(長樂; Cheong Lok)	1925	소기만로 (筲箕灣道)	증진홍	오건정 (伍建庭)	광동어 영화, 표준어 영화	714	2.0	1.7	1.2	
화락(華樂; Wah Lok)	1950	구룡 계명가 (啟明街)	주물외 (周沕桅)	(정파鄭波 관리)	광동어 영화	1,261	2.0	1.7	1.2	0.7
호세계(好世界; Good World)	1935	구룡 당미로 (塘尾道)	장위린 (張威麟)	장위린 / (주침朱琛 관리)	광동어 영화	1,082	2.0	1.7	1.2	0.7
민락(民樂; Universal)	1967 (1월 2일)	유마지 보령가 (寶靈街)	화성(華聲) 부동산회사	여병강 (余兵强)	쇼브러더스 표준어 영화, 광동어 영화	1,131	2.4	1.7	1.2	0.7
홍콩대무대 (香港大舞臺; Hong Kong Grand)	1954	황후대로동 (皇后大道東)		(여파余波 관리)	광동어 영화	1,243	2.0	1.7	1.2	0.7
용성(龍城; Loong Shing)	1948	구룡성 사자석로 (獅子石道)		관지강	광동어 영화	700	2.0	1.7	1.2	

극장명	설립연도	위치	극장주	사장	상영 영화	좌석수	표 값 등급(홍콩달러)			
쾌락(快樂; Liberty Theatre)	1949	좌돈로(佐頓道) 26A	관지성(關志誠)·방추방(方秋肪)	(간응강簡應康 관리)	서양 영화 1차 개봉관	1,168	3.5	2.8	2.0	1.5
금화(金華; Kam Wah)	1947	구룡 광동로(廣東道)		관지성	광동어 영화	2,080	2.0	1.7	1.2	
국민(國民; National)	1932	만자 낙극로	관지강	여휘천(余輝泉)	광동어 영화, 서양 영화	1,058	2.4	1.7	1.2	0.7
금성(金星; Golden Star)	1959	소기만로	장위신(張威臣)	(진경생陳更生 관리)	광동어 영화	1,106	2.0	1.7	1.2	0.7
금릉(金陵; Kam Ling)	1947	서영반 화합가(和合街)	관지성	(등경란鄧慶鶯 관리)	광동어 영화	1,411	2.0	1.7	1.2	0.7
분령(粉嶺; Fan Ling)	1959	분령 연화허(聯和墟) 연발가(聯發街)	구덕근(邱德根)	양재(梁才)	광동어 영화, 표준어 영화, 서양 영화	850	1.5	1.2	1.0	0.7
명주(明珠; Pearl)		압리주대가(鴨利洲大街) 31호	진동재(陳董材)		표준어 영화, 광동어 영화, 서양 영화	600	1.4	1.7	1.2	1.0
광화(光華; Kwong Wah)	1950	원랑대가(元朗大街)	영풍상(榮豐祥) 유한회사	조옥전(趙玉全)	광동어 영화, 서양 영화, 표준어 영화	1,207	1.7	1.5	1.2	0.7
쌍희(雙喜; Gay)		향항자(香港仔) 서안가(西安街)	정훤(鄭煊)		표준어 영화, 서양 영화	900	1.0	1.2	1.7	1.5
난궁(蘭宮; August Moon)	1962	전만(荃灣) 천룡가(川龍街) 449호	구덕근	소화조(蕭華照)	광동어 영화, 표준어 영화	1,957	1.7	1.5	1.0	0.7
금도(金都; Golden Palace)	1957	대포허(大埔墟) 광복로(廣福道)	구덕근	이명(李明)	광동어 영화, 표준어 영화, 서양 영화	814	1.5	1.2	0.7	0.4
동락(同樂; Tong Lok)		원랑(元朗) 대마로(大馬路) 23호	등권신(鄧權新)	등권신	서양 영화	642	1.5	0.7		
보화(寶華; Po Wah)	1967	대포허	조율수(趙聿修)	조여해(趙如海)	광동어 영화	1,366	1.5	1.2	0.7	

극장명	설립연도	위치	극장주	사장	상영 영화	좌석수	표 값 등급(홍콩달러)			
용화(龍華; Lung Wah)	1962	전만 중안가 (衆安街) 101호		풍병중 (馮炳仲)	광동어 영화	972	1.7	1.5	1.2	0.7
금룡(金龍; Golden Dragon)	1957	장주(長洲) 대업원로 (大業園道)		임의(林義)	광동어 영화	700	1.2	1.0	0.7	0.4
화도(華都; Waldorf)	1963	청산로(青山道) 324지구	구덕근	장굉(張宏)	서양 영화	1,526	2.0	1.5	1.2	0.7
장주(長洲; Cheung Chau)	1935	장주 신흥후가 (新興後街) 142호	구덕근	황가흥 (黃家興)	서양영화, 광동어 영화	570	1.5	1.2	0.7	
향도(香島; Island)		향항자대로 (香港仔大道) 190지구	이가악 (李家蕚)		광동어 영화	498	1.4	1.7	1.2	
서공(西貢; Sai Kung)		신계(新界) 남약(南約) 서공허 (西貢墟)	구덕근		광동어 영화, 서양 영화	680	1.5	1.2	1.0	0.7
장성(長城; Great Wall)	1962	청산(青山)	구덕근	류흠(柳欽)	광동어 영화, 표준어 영화, 서양 영화	543	1.5	1.2	0.7	
홍수교 (洪水橋; Hung Shui Kiu)	1965	신계 홍수교 (洪水橋)	구덕근	황국영 (黃菊榮)	광동어 영화, 표준어 영화, 서양 영화	800	1.5	1.2	1.0	0.7
원랑(元朗; Yuen Long)	1961	원랑 복강가 (福康街) 24호	구덕근	등려미 (鄧麗媚)	광동어 영화, 표준어 영화, 서양 영화	1,474	1.7	1.5	1.2	0.7
대광명 (大光明; Grand)	1951	전만 중안가 중단(中段)	주우방 (朱友芳)	여극강 (黎克強)	서양 영화	962	1.7	1.5	1.2	0.7

출처: 「香港電影院: 表一·二·三·四」『香港影畫』 제25~28기, 1968년 1~4월, 86~93, 59~61, 58~61, 66~69쪽.

2. 금국 극장체인 : 전통극 배우 영화로부터 청춘영화로

1960년대 초, 4대 극장체인이 제공하는 영화 제작 자금과 싱가포르·말레이시아에서 '선매수금'으로 받는 계약금 덕분에 시장에는 핫머니가 넘쳐 났고, B급 영화 스튜디오인 '한편영화사'가 범람하면서 영화 제작자 역시 크게 증가하였다. 또한 영화 수요가 커짐에 따라 극장주도 영화 제작에 치중했다. 금국 극장체인은 그중 가장 성공적인 사례였다. 금국 극장체인의 흥망성쇠는 1960년대 홍콩 영화 시장의 여러 특징을 반영하고 있다.

금국 극장체인의 경영자는 관가백 가족이었는데, 2차 세계대전 이후 관가백은 홍콩 지역의 땅을 대거 구입하여, '금릉'과 '금화' 양대 극장을 세웠다. 그리고 '국민', '금릉', '신무대', '금화', '금원', '국도', '관당' 등의 극장을 경영하기 시작하면서, 금국 극장체인을 결성하게 된다. 안정적인 영화 공급을 위해 극장체인은 영화 공급자에게 자금을 제공하였다. 예를 들어 월극 배우 방염분芳艶芬의 식리영화사, 여려진余麗珍과 진탁생陳卓生이 파트너를 이룬 대련영화사, 이소운李少芸의 여사영화사 등이 제작한 월극영화 대부분은 금국 극장체인에서 상영되었다. 더욱 안정적인 영화 공급을 위해 관가백·관가여 형제는 1950년대 초 대성영화사를 설립한다. 10여 년간 제작한 영화가 150편이 넘으며, 오군려·호풍 등의 배우를 길러 냈다.

1960년대에 들어서면서 관씨 가문의 2세대가 이어받아 사업을 확장하였다. 관가여의 아들 관지견關志堅과 관지성關志成 형제는 1964년 대성영화사를 정식으로 견성그룹堅成機構으로 개편하여, 견성영화사堅成影片公司, 대지영화사大志影片公司, 지련영화사志聯影業公司, 금국영화사金國影業公司 등을 그 산하에 두었다(〈도표 4.2〉). 그리고 '영견'榮堅, '견성'이라는 영화사를 세워 관지견은 영화 제작을, 관지성은 배급을 책임졌다. 1967년에는 여건강이 경영하던 장성영화사로부터 대관스튜디오(원래 미국 화교 조수신 소유였음)를 구입하였다. 수천 평방미터의 땅에 세워진 이 스튜디오를 관지견·관

방염분 산하의 식리영화사가 만든 「진가천금」(眞假千金)이 금국 극장체인에서 상영 중이다.

광동어 영화배우들. 왼쪽부터 조달화(曹達華), 오군려, 호풍. 오군려와 호풍은 금국 극장체인이 길러 낸 신예 스타들이었다.

전통극 배우 여려진은 남편인 이소운과 함께 직접 영화사를 만들어 광동어 영화를 내놓았다. 사진은 여려진이 극장의 영화 홍보 활동에 나온 모습. 1957년 촬영

〈도표 4.2〉 관씨 가문 가계도

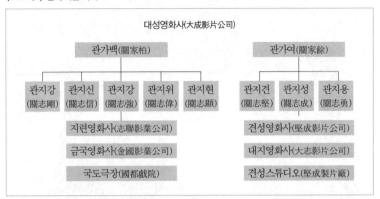

출처: 阮紫瑩, 「靑春歌舞片的搖籃: 志聯影業公司」, 『躁動的一代: 六十年代粤片新星』, 香港: 市政局, 1996, 28쪽.

지성 형제는 거금을 들여 수리하고 견성스튜디오^{堅成製片廠}라 개명하였다. 영견영화사가 초기에 제작한 영화는 잘나가는 월극 배우를 주연으로 한 것이 많았다. 이를 자신들의 극장체인에 공급하였는데, 이들 영화관은 매년 20여 편 정도의 영화를 필요로 했다. 당시 관지견이 영화 제작을 책임지고 있었는데, 밥값이나 잡비에 이르기까지 촬영에 들어가는 모든 비용은 그가 우선 현금으로 지불하였다. 광동 사람들은 '돈'을 '물'로 바꿔 부르곤 하였기 때문에, 광동어 영화계에서는 관지견을 '수도꼭지'^{水喉仔}라는 별명으로 부르곤 하였다.[43]

관지성의 영화 배급 사업은 매우 성공적이었다. 이들 형제는 원래 진수거陳樹渠 가족의 소유였던 관당觀塘; Kwun Tong 지역의 보성극장寶聲戲院(후에 쇼브러더스에 다시 판매함)을 사들이고, 왕각 지역의 문화극장文華戲院, 유마지油麻地; Yau Ma Tei의 쾌락극장을 임대하였다. 거기에 또 태산台山 진부상陳符祥 가문의 육해통영화사陸海通公司 산하 '황후'와 '황도'皇都극장과 합작하여 하나의 극장체인을 결성하고, 자신들이 제작한 영화를 공급하여 상영하였다. 1976년 관지성이 암으로 사망하고, 형 관지견이 캐나다로 이민을 가

금국 극장체인의 주인 관가백이 길러 낸 신인 오군려. 이 「봉화희제후」(烽火戲諸侯)의 광고판 그림에서 오군려의 모습이 노관 신마사증, 임검휘보다 더 두드러져 보인다.

스튜디오 안에서 「봉화희제후」의 배우 임검휘, 오군려, 이해천(李海泉), 신마사증이 함께 찍은 사진

〈표 4.5〉 관씨 가문 제작 영화

상영 연도	영화 제목
1964	「정과 사랑」(情與愛), 「양개몽자쟁로두」(兩個懵仔爭老豆)
1965	「모던 제공」(摩登濟公), 「죄인」(罪人), 「죄인 下」(罪人下集), 「향하매출성」(鄉下妹出城), 「정해금지」(情海金枝), 「마등마류정」(摩登馬騮精), 「냉매정루」(冷梅情淚), 「철금강해공탈보」(鐵金剛海空奪寶)
1966	「옥녀함원」(玉女含冤), 「701 오룡녀정탐」(701烏龍女偵探), 「영미공주」(影迷公主), 「소녀심」(少女心), 「채색청춘」(彩色青春), 「꽃다운 18세 아가씨」(姑娘十八一朵花), 「비적함소화」(飛賊含笑火), 「관음득도향화산대하수」(觀音得道香花山大賀壽), 「효녀주주」(孝女珠珠)
1967	「방송의 여왕」(廣播皇后), 「화월가기」(花月佳期), 「청춘지련」(青春之戀), 「미인소조」(迷人小鳥), 「토녀랑」(兔女郎), 「정화타타개」(情花朵朵開), 「금색성탄야」(金色聖誕夜)
1968	「매란국죽」(梅蘭菊竹), 「재세홍매기」(再世紅梅記), 「만원춘색」(滿園春色), 「사랑, 그리움, 그리고 원망」(愛他, 想他, 恨他), 「적천금」(賊千金), 「낭자가인」(浪子佳人), 「협성」(俠聖), 「무미인」(霧美人)
1969	「화월쟁휘」(花月爭輝), 「용비봉무」(龍飛鳳舞), 「쌍창사담표」(雙槍沙膽標), 「신묘」(神猫), 「장미·작약·해당화」(玫瑰芍藥海棠紅)

게 되면서, 견성영화사는 문을 닫고 영화업 경영을 그만두게 된다. 관씨 일가 산하의 문화극장과 관당 보성극장은 골든하베스트에 대여했지만, '황후'와 '황도'만은 계속 유지하였다. 관지견과 관지성 형제 이외에도 관씨 집안 2세대 가운데는 관가백의 아들 관지강關志剛, 관지신關志信, 관지강關志強, 관지위關志偉, 관지현關志顯 형제도 있었는데, 이들이 결성한 지련영화사 역시 1960년대 후반 적지 않은 흥행 영화들을 제작하였다.

'지련'의 자매영화사인 금국영화사의 작품은 모두 '지련'이 배급했다. 완자영阮紫瑩의 통계에 따르면, 두 영화사의 합작품은 모두 39편으로, 천공소설天空小說영화⁹ 4편, 희극영화 8편, 문예영화 3편, 청춘뮤지컬영화 15편, 로맨스영화 4편, 액션영화 2편, 희곡영화 2편, 무협영화 1편 등이 있다. 그 가운데 관씨 일가가 제작한 15편의 청춘뮤지컬영화는 1960년대의 흐름을 이끌었다(〈표 4.5〉). 1966년부터 '지련'은 소방방, 진보주, 여기, 호풍, 설가연薛家燕 등을 주연으로 한 청춘뮤지컬영화를 제작하여 한 시대를 풍미했다. 그 가운데 「채색청춘」彩色靑春에는 진보주, 소방방, 왕애명王愛明, 설가연 등이 출연했는데, 이 영화는 3일만에 관객 1만 명이 넘는 흥행 성적을 올렸고, 60만 홍콩달러가 넘는 총수익을 거두었다.[44] 청춘뮤지컬영화의 붐 속에서 인기를 누리던 진보주의 몸값은 껑충 뛰어올라 신세대 스타로 부상하였다. 1967년 『영성주보』影星周報에는 다음과 같은 재미있는 기사가 실렸다.

500만장자 보주

매일 1,000홍콩달러蚊[10]씩 보수를 받고 있다. 이는 허풍이 아니다. 어쩌면 당신은 그렇게 많은 보수를 받는 사람이 어디 있냐고 물을지도 모르겠다. 은행장이라 해도 한 달에 많아야 4,000~5,000홍콩달러 정도다. 계산해 보면 하루에 200홍콩달러 정도에 불과하다. 하루에 1,000홍콩달러씩 버는 사람이 있다면 과연 홍콩 어디에서 찾아볼 수 있을까? 말하면 바로 알 수 있을 것이다. 그 이름도 유명한 보주 양이다. 보주 양에 대해서는 모두가 잘 알고 있다. 나는 그녀와 아주 잘 아는 사이인데 그녀가 출연료로 매 편당 2만 홍콩달러씩 받고 있는 것으로 알고 있다. 보주의 어머니 궁분홍宮粉紅이 내 친구의 어머니인데, 그녀의 말에 따르면 보주 양은 매달 1.5편의 영화를 찍는다고 한다. 계산해 보면 매달 은화 2만 홍콩달러를 버는 셈이 된다. 매일 1,000홍콩달러씩의 보수를 받고 있는 셈이다. 보주의 보수가 일반 화이트칼라와 비교해 봤을 때 천양지차인 것은 틀림없는 사실이다. 당신이 ××학교를 졸업해 영어 책을 줄줄 읽는다 해도 매달 월급은 470

---

9 '천공소설'은 1950년대를 풍미했던 홍콩 '리디퓨전'의 라디오드라마 시리즈를 가리킨다. 이 라디오드라마는 이아(李我)라는 방송인과 떼려야 뗄 수 없는 관계를 지니고 있는데, 그가 모든 배역을 혼자서 맡아 진행했을 뿐만 아니라, 따로 대본이 없이 모든 이야기를 그가 즉흥적으로 창작하여 풀어 나갔다는 점에서 그러하다. 이후 이아는 1959년 개국한 홍콩 상업라디오(Commercial Radio Hong Kong)로 옮겨 가 「천공소설」 시리즈를 이어 갔다. 홍콩인들의 많은 사랑을 받았던 「천공소설」은 이후 영화화되면서, '천공소설영화'라는 하나의 장르를 만들어 내기도 했다.
10 '蚊'은 광동어 방언으로, 1홍콩달러를 의미하는 화폐단위이다.

'지련'이 청춘영화를 대거 내놓으면서 붐이 일기 시작하였다. 위 사진은 「신묘」(新猫)(1969)의 크랭크인 당시, 감독 황요(黃堯, 맨 왼쪽)와 배우들이 함께 찍은 사진

지련영화사의 「꽃다운 18세 아가씨」(姑娘十八一朵花) 기자회견장에 나온 출연 배우들. 오른쪽에 서 있는 이가 감독 황요

청춘영화의 붐과 함께 연예잡지와 신문 역시 우후죽
순처럼 생겨났다.

홍콩달러를 넘기 힘들 것이다. 하루 평균 18 홍콩달러밖에 벌지 못하는 셈인데, 보주는 매일 1,000홍콩달러씩 벌고 있다. 비교해 보자면 당신이 50여 일 동안 일을 해야 그녀의 하루 몸값을 벌 수 있는 셈이다. 보주의 1년 수입의 이자만 해도, 당신이 5년간 일해야 겨우 벌 수 있다. 몇 년 만 이대로 계속된다면, 보주는 100~200만 홍콩달러 정도는 벌어들일 것이다. 만일 10년 정도 더 인기를 끌고 하루에 1,000홍콩달러씩 번다고 치면, 10년 후에는 360만 홍콩달러를 더 벌 수 있을 것이다. 만일 이 계산대로만 된다면, 그녀는 그때쯤 500만장자가 되어 있을 것이다.[45]

진보주는 영화계에서 인기를 끌면서 몸값이 폭등하였는데, 이는 그녀의 개인적인 노력이나 행운이 따랐다는 것을 보여줄 뿐만 아니라, 1960년대 스타 시스템의 세대교체라는 특수한 환경을 반영하는 것이기도 하다.

3. 청춘화 : 배우아카데미와 홍보부

극장 산업의 발전과 극장체인의 증가는 영화 수요량의 증대 이외에도 영화 산업의 전문화를 가져왔다. 1960년대 광동어 영화 산업의 가장 큰 특징은 스타 시스템의 세대교체였다. 그 세대교체의 계기는 1950년대 중반에 이미 잠재되어 있었다. 시대에 맞춰 광동어 영화 스타의 후속세대가 나오지 못하였다. 때문에 영화계에는 일가를 이룰 만한 스타가 드물어 남자 배우로는 오초범·장영·장활유, 여자 배우로는 백연·임검휘·백설선 등의 범위에서 벗어나지 못하였다. 그들의 출연량은 1년에 20~30여 편밖에 되지 않았지만 출연료는 많았다. '화남 영화계의 황제'라 불린 오초범의 편당 출연료는 9,000홍콩달러에 달하였고, 임검휘·백설선 등과 같은 인기 월극 배우의 출연료도 평균 1만 홍콩달러가 넘었다. 당시 물가 수준을 놓고 보자면 건물 한 채 값이 1만 홍콩달러 정도에 불과하였다.

1960년대 초, 광동어 영화 산업에서 제작·배급·상영의 세 부문은 급격한 변화를 맞이하고 있었다. 독립 영화사가 우후죽순처럼 생겨나고 싱가포르·말레이시아 배급사들이 홍콩에 상륙하여 광동어 영화 극장체인이 4개로 늘어났다. 이러한 조건들은 모두 새로운 얼굴의 배우를 요구하고 있었으며, 그 속에서 1960년대의 스타 시스템이 점차 형성되고 있었다. 광동어 영화계에는 아이돌 붐이 일어나 수많은 유명 청춘 아이돌을 탄생시켰다. 특히 두각을 나타낸 이는 수많은 영화 팬을 이끌었는데 그 정점은 진보주와 소방방 팬들의 경쟁이었다.[46] 또한 '칠공주'七公主 결성이 당시 영화계에서 성행하였다. 이런 아이돌 선풍은 홍콩뿐만 아니라, 싱가포르·말레이시아에서도 일어났다. 진보주, 소방방, 사현의 이름이 들어가는 영화는 싱가포르·말레이시아 영화상들이 앞다투어 사들였다. 영화사들은 그중 한 명만 계약을 따내도 바로 계약금을 받고 영화를 찍을 수 있었다. 때문에 스타의 명성을 등에 업는 것은 영화 제작의 기회를 얻는 것과 마찬가지였다.

스타 시스템의 탄생은 1950년대 말 각 영화사들이 세우기 시작한 배우아카데미로 거슬러 올라간다. 설립된 이후로 영화 제작에 많은 신인이 필요했던 '중련', '신련', '화교' 등의 영화사는 신인의 모집과 훈련을 위해 배우아카데미를 세우기 시작했다. 당시까지는 여전히 신인의 모집 방법이

해외로 유학을 떠나는 소방방. '칠공주'의 멤버 풍보보, 진보주, 설가연, 왕애명이 송별하고 있다.

1950~1960년대에 신구 교체가 이루어졌지만 영화계에서는 여전히 그룹을 결성하는 것이 유행하였다. '칠공주', '십대 감독'(十大導), '아홉 언니들'(九大姐) 이외에도 '여덟 모란'(八牡丹)이 있었다. 왼쪽부터 자모란 여려진, 녹모란 남홍(南紅), 은모란 나염경, 흑모란 우소추(于素秋), 홍모란 봉황녀(鳳凰女), 황모란 임봉(林鳳), 남모란 등벽운(鄧碧雲), 백모란 오군려

'광예'의 신인 주총과 강설

'광예' 산하의 진검이 등용한 금동옥녀(金童玉女) 사현과 가령

戀林電影戲劇藝術學校招生

校址：北角孔雀道錦屏揩百顏大厦一樓A·HIJ座

班別：
①歌星訓練班：每週一、三、五下午二時上課。主任敎授：池慶明先生。
②影劇普通班：每週二、四、六下午二時至四時上課。主任敎授：高亮先生。
③話劇專修班：每週一、三、五晚上八時至十時上課。主任敎授：高亮先生。
④電影專修班：每週二、四、六晚上八時至十時上課。主任敎授：吳丹先生。
⑤影劇編導班：每週一、三、五晚上八時至十時上課。主任敎授：李嵐先生。
⑥播音班：每週二、四、六晚上八時至十時上課。主任敎授：呂啓文先生。

學費：每班每人每月繳費港幣三十五元，全年一次過繳費三百六十元，半年一次過一百八十元。

交格：凡有志欲身影劇、播音等藝術畢業之正靑年男女，皆可報名入學。

報名：填具報名表，繳二吋半身照片兩張，即可辦理入學手續。（不收報名費）

修業：本校所設各班，修業期限爲一年，凡修業期滿而品學兼優者，可優先錄用爲基本演員及參加拍片工作，或推薦於影劇界，播音界服務。

演出：本校經常舉辦舞臺演出，或拍話影片，凡本校學生，均有參加機會。

設備：本校設備完美，有拍攝冠影設備、廣播設備、鋼琴歌唱及一切音樂設備……等，藉以鍛鍊學生之臨場經驗。

영화계의 흥성으로 인해 새롭게 신인들이 배출되면서 스타의 꿈을 품는 관객들도 적지 않았다.

아는 사람으로부터 소개받거나 스카우터가 발굴하는 방식이었지만, 이후로는 영화사들에 의해 육성되기 시작하였다. 1956년 '중련'은 정규 배우아카데미를 설립하고 스크린상의 배우뿐만 아니라 스크린 뒤의 기술 인력도받아들이게 되었다. 그리고 '중련'의 선배인 오초범, 이신풍, 백연, 노돈 등을 강사로 초빙하였다. 훈련 기간은 3개월이었는데 연기 이론을 위주로 하고, 과정 수료 이후에는 '중련'의 영화에 참여하여 실습을 하였다. 배우아카데미의 학비는 전액 면제였지만 선발은 매우 엄격하여 400여 명의 지원자가운데 20~30명 정도만이 선발될 수 있었고, 과정 수료 후 합격하는 것은5~6명 이하였다. 1기 졸업생으로는 감독 초원, 배우 여기, 음향 임빈林彬 등이 있었다. '중련'의 배우아카데미는 비록 흐름을 선도하기는 하였지만 '중련' 내부에 실력 있는 배우가 너무 많아 신인들이 출연 기회를 얻기가 쉽지않았다. 이로 인해 '중련' 출신의 많은 신인이 다른 영화사로 옮겨 가고서야두각을 나타내곤 하였다. 비교적 유명한 사례로는 쇼브러더스영화사의 광동어 영화팀으로 이적하고서야 인기를 얻게 된 배우 여기가 있었다.

　1960년대 배우아카데미가 발흥할 무렵, '쇼브러더스', '광예', '전무'등 싱가포르·말레이시아 세력의 영화사들이 정식으로 홍콩에 상륙하였다.이 영화사들은 초기에는 영화 배급만을 하다가 1950년대 초 시험 삼아 직접 영화를 찍기 시작했는데, 배우아카데미 설립 역시 그 투자의 일환이었다. 배우의 고액 출연료 때문에 제작비가 올라가는 것을 피할 수 있었고 영화사를 위해 더 가치 있는 스타를 많이 발굴해 낼 수 있었기 때문이다. '광예'에서는 감독 진검과 제작자 진문이 한동안 배우아카데미를 책임졌는데 이들은 사현, 가령, 남홍, 강설, 강중평, 주총, 용강, 왕위, 진제송 등의 신예 스타들을 발굴하였다. 그리고 그들은 '광예' 또는 그 부속 영화사 '신예'의 영화에 출연했다. 이 밖에 쇼브러더스의 광동어 영화팀도 1955년에 설립되어 공개 모집과 추천 등의 경로를 통해 임봉林鳳, 구가혜歐嘉慧, 장영재張

광동어 영화 스타 배우 장활유(오른쪽)와 그의 아들 초원. 이들은 1950~1960년대 광동어 영화계의 청춘화로의 방향 전환을 상징적으로 보여 준다.

英才 등의 젊은 배우를 영입했다. 이 젊은 스타들이 영화 시장에 등장하자마자 1950~1960년대를 풍미한 연령이 비교적 많은 선배 배우들, 즉 오초범, 장영, 장활유, 백연, 매기 등과 같은 배우들을 대체하였다. '광예', '쇼브러더스', '전무' 등이 세운 배우아카데미는 또한 다른 영화사들을 자극하여 이를 모방하도록 만들었다. 예를 들어 '선학항련'仙鶴港聯은 1963년 설립 초기에 남녀 배우 공개 모집 공고를 신문·잡지에 대대적으로 게재했다.

본 영화사는 스펙터클 코믹 현대물 「일후삼왕」一後三王과 무협 신작 「설화신검」雪花神劍, 「육지금마」六指琴魔 등의 대작을 제작하고자 합니다. 이에 새로운 피의 영입을 위해 남녀 배우 수 명을 공개 모집합니다. 경력 제한은 없으며 신작의 주연급 배우를 맡게 될 것입니다. 영화 제작에 뜻을 두고 있고, 나이는 17~25세, 광동어 발음이 정확하며, 용모 단정한 이는 간단한 이력서와 최근 사진을 우편으로 보내 주시기 바랍니다. 서류 합격자는 테

애정소설을 각색한 '선학항련'의 영화 「남색주점」(藍色酒店)

스트를 받게 될 것이며 불합격자의 경우 서류를 반환해 드립니다(비용은 받지 않습니다).[47]

'선학항련'의 사장은 상해에서 내려온 나빈羅斌으로, 출판업에 종사하여 『홍콩상보』香港商報와 『무협세계』武俠世界를 발간하는 잡지사를 경영하였다. 이후에 이러한 간행물에 연재된 무협 스토리를 이용하여 영화를 찍기 시작하였다.[48] 설니雪妮와 진보주는 바로 '선학항련'의 홍보와 도움을 통해 인기 스타로 발돋움할 수 있었다. 진보주가 광동어 영화계에서 두각을 나타내게 된 영화도 '선학항련'의 「육지금마」였다. '선학항련'은 분위기 조성과 홍보를 위해 영화 상영 당시 진보주의 남녀 팬들迷哥迷姐을 대신해 '보주 팬클럽'寶珠影友園을 조직하여 아이돌 붐을 일으켰다. '선학항련'은 대형 스타에 대한 의존도를 낮추고 제작비를 절약하기 위하여, 배우아카데미를 설립하고 유명 연기 강사를 초빙해 수업을 진행하였다. 여기서 배출해 낸 적지 않은 신인들이 이후 광동어 영화 산업의 기둥이 된다. 1965년 『은하영화』銀河影畫에 실린 '선학항련' 배우아카데미에 관한 취재 기사를 보면 다음과 같다.

나빈이 이끄는 선학항련영화사는 배우, 감독, 행정 인력 등 모든 면에서 나날이 성장해 가고 있다. 영화예술을 향한 이 영화사의 발 빠른 행보는 실로 이들을 소홀히 볼 수 없게 만든다.

'선학항련'의 배우아카데미 수업 모습. 사진에서 오른쪽이 북파 무술사범 이거안

우선 올해 초, 배우를 훈련시켜 키워 낼 산하 기구——선학항련 배우아카데미——를 설립한 데 이어, 후왕묘侯王廟에 위치한 국가영화스튜디오 전체를 임대하여 「옥녀영혼」玉女英魂 상·하편, 「무자천서」無字天書, 「여흑협목란화」女黑俠木蘭花 등의 신작을 촬영하였다.……

배우 라인업을 보자면, 과거에는 설니와 유정劉情밖에 없었는데, 지금은 진보주, 이거안李居安, 증강曾江, 그리고 배우아카데미……1기 학생들 가운데 선발된 전속 계약 여자 배우 4명, 남자 배우 2명까지, 모두 11명으로 늘어났다. 대단한 진용이라 할 수 있다. 이들의 야망과 포부는 그 확장 과정에서 잘 드러난다.……

'선학항련' 배우아카데미의 수강 과목은 노래, 무술, 연기이론의 3대 과목으로 나뉘는데, 이 과목들은 각기 세 명의 강사가 담당하고 있다. 노래 분야는 하해륜何海倫, 무술 분야는 이거안, 연기이론 분야는 유단청劉丹青이 맡고 있다. 하해륜은 월곡계에서 대단히 유명하다. 덕분에 '선학항련'이 광동어 영화로 진출하는 데, 무협 사극 영화에 언제든 월곡을 삽입할 수 있

진보주는 그의 스승 임검휘를 흉내 내어 그 대역으로 출연하였다. 위 사진은 진보주가 '선학항련'의 영화 「육지금마」에서 이거안과 함께한 모습

「금정유룡」(金鼎游龍)에 함께 출연한 '선학항련'의 노년, 중년, 청년 배우들

게 되었다.…… 이거안이 담당하
고 있는 무술은 '선학항련'의 사업
에도 영향을 미치는 가장 중요한
분야라 할 수 있다. 왜냐하면 근 2
년 사이에 나온 '선학항련'의 작품
들은 대부분 무협영화 일색이기
때문이다. 유단청은 칼럼니스트
와 조감독을 겸하고 있는데, 한동
안 영화이론을 연구한 바 있으며,
쉬지 않고 조감독 역할을 해와 풍
부한 현장 경험을 지니고 있다. 잘
알려져 있다시피 그의 수강생들은
모두 그의 강의를 잘 받아 적고 완
벽하게 연기로 표현해 내야 한다.

'선학항련'의 영화 「벽안마녀」(碧眼魔女)

매일 아침 4교시의 수업을 듣는데, 1~2교시는 이거안의 무술 수업이다. 그
녀가 가르치는 수업은 모두 무대북파^{舞臺北派}의 무공으로, 동작의 진행이
비교적 느려 사실 스크린 위에 옮기기에는 부적합하다. 하지만 빠른 동작
을 위한 기본 동작도 배우지 않으면 안 된다. 학생들은 혼자서 혹은 쌍으
로 동작 연습을 진행하는데, 수업이 시작되면 쉬지 않고 연습해야 하며 30
분 휴식시간이 되어서야 멈추게 된다. 이거안의 수업 방식이 매우 엄격하
기 때문이다. 그리고 수업 시작 전에 아침을 먹어서는 안 되는데 이는 배가
고픈 상태에서 훈련을 해야만 실력이 더 빨리 향상될 수 있기 때문이다. 그
래서 매 휴식시간만 되면 학생들은 벌떼처럼 먹으러 나가곤 한다. 휴식 후
3~4교시의 경우, 월·수·금은 하해륜 교수의 노래 수업, 화·목·토는 유단
청의 영화 이론 수업이 있다.……

졸업 후 학생들 모두 '선학항련'의 전속 배우로 계약할 수 있는 것은 아니다. 그 가운데 성적이 상대적으로 좋은 사람을 선발하여 가입시킨다.……'선학항련'에 가입한 1기 여자 배우 네 명 가운데 한 명인 나애항羅愛嫦은 최근 「여흑협목란화」에 출연하였다. 여주인공 목란화의 여동생 역을 맡았는데 설니 다음으로 비중이 높은 조연이었다. 여기서 한 가지 부연하자면, 설니는 '선학항련'과의 오해가 말끔히 해결된 덕분에 「여흑협목란화」에 주연 여배우로 출연할 수 있었다.[49]

이 시기의 역사를 살펴보면 1950년대까지도 영화사들에는 신인을 포장하는 제대로 된 홍보 방식이 존재하지 않았다. 다만 매번 새로운 영화를 통해 관중들 사이에서 입소문이 나기를 기다리는 수밖에 없었다. 1960년대에 이르면 영화사들은 홍보를 중시하기 시작한다. 가장 흔한 방식은 '영화배우 팬클럽'을 조직하는 것이었다. '선학항련'이 진보주를 위해 만든 보주 팬클럽 이외에도, 쇼브러더스 팬클럽, 영광嶺光 팬클럽, 광예光藝 팬클럽 등 영화사를 단위로 하는 몇몇 팬클럽이 존재했다. 팬클럽 조직은 신인을 밀어 주는 것 이외에도, 영화사와 배우에 대한 영화 팬들의 지지를 유지하도록 도와주었다. 정기적인 견학과 시사회 같은 활동을 통해 영화 팬들의 관심을 끌었다. 이 밖에 영화사의 홍보 부문은 또한 영화 신문·잡지가 소속 스타 배우들의 활동을 보도하도록 하는 데도 주력하였다. 이러한 영화 간행물 가운데 비교적 유명한 것으로 '전무'가 출판하던 『국제전영』國際電影과 쇼브러더스가 출판하던 『남국전영』南國電影이 있다. 하지만 이들 간행물의 재정 상태는 적자인 경우가 많아 대체로 홍보를 위주로 하였을 뿐이다.

영화사의 홍보 부문 이외에 1960년대에 발전하기 시작한 TV 방송 및 연예신문·잡지와 같은 미디어 매체 역시 스타 시스템의 확립에 도움을 주었다. 그 가운데 신문의 발전이 가장 두드러졌는데 연예계 소식을 전문적

'영화 팬들의 공주' 진보주와 그녀의 팬들

소방방과 그녀의 팬들

'칠공주'는 각자 팬클럽을 지니고 있었다. 사진은 설가연과 그녀의 팬들

으로 보도하는 신문으로 『신등』新燈, 『명등』明燈, 『은등』銀燈 등이 있었다. 그
가운데 『오락일보』娛樂日報는 많은 지면과 전면 컬러 인쇄를 이용하여 스타
들의 소식을 전하였다.[50] 이들 신문의 판매량은 아주 대단하여 1960년대
출판업계에 큰 바람을 불러일으켰다. 여타 신문·잡지도 독자를 끌기 위해
연예면에 많은 자원을 투입하였다. 『화교일보』華僑日報마저도 스타 시스템
의 분위기 형성을 위해 갖가지 아이디어를 내놓았는데, 1960년대에 매년
한 차례씩 개최한 '10대 표준어·광동어 영화 스타 인기투표'도 그 가운데
하나이다. 이 인기투표의 결과는 이후 아이돌의 지위를 결정하는 중요한
지표가 되었다.

4. 아이돌의 탄생 : 스타, 영화를 움직이다

1960년대 초, 광동어 영화 산업의 가장 큰 특징은 스타에 의해 영화가 추동
되었다는 점이다. 영화사들마다 각기 A급 스타를 보유하고 있었는데 이 스

정영 주연의 「딤섬황후」(點心皇后)

타의 이미지에 따라 독특한 창작 노선을 기획하였다. '광예'의 경우 도시 희극 소품을 만들었고, '선학항련'은 신식 무협영화 제작에 집중하였으며, '지련'은 청춘뮤지컬영화를 대량으로 제작하였다. 각 영화사들은 배우아카데미에서 길러 낸 신예 스타들에게 아주 뚜렷한 이미지를 부여해, 영화사의 제작 노선을 관철시켰다. 스타와 영화사는 상부상조하고 있었다.

'광예'가 만든 영화 내용은 비교적 도회적이었는데 영화 속 주인공은 대체로 말투가 부드럽고 교양 있는 화이트칼라 계층이 많았다. 때문에 배우의 이미지는 종종 서구적이었다. '광예'가 초기에 발굴했던 신인 사현과 그후에 발굴한 주총 역시 이러한 주인공 이미지를 이어 가고 있다. '영광'은 여성 희극물을 많이 만들었는데, 대부분 어렵게 살던 여공이 노동자로 가장한 사장 아들을 만나 결국 사랑에 빠져 결혼하게 된다는 이야기가 많았다. '영광'이 주력하여 길러 낸 신예 스타 정영丁瑩은 이후 오랫동안 '공순이'工廠妹 역할을 맡게 된다. 부드럽고 겸손하며 독립심 강하고 자주적인 성격은 당시 소비능력을 갖춘 여성 관객의 이상을 투사한 것이었다. 유명한 작품으로는 정영과 주강朱江; Chu Kong이 주연한 「여인의 비밀」女人的秘密, 정영

「공장황후」의 정영(왼쪽에서 두번째)은 당시 수많은 공장 여공들의 우상이었다.

과 장영재가 주연한 「공장황후」工廠皇后, 정영·임봉·장영재가 주연한 「도시의 두 여자」都市兩女性와 「딤섬황후」點心皇后가 있는데, 이 네 편의 영화 모두 큰 인기를 모았다. 이 영화들로 감독 막강시는 당시 희극영화의 달인으로 칭송을 받았다. 새로 영입한 감독 초원의 흥행 성적 역시 대단하였는데, 그가 감독하고 임빈이 주연한 「대장부일기」大丈夫日記는 상영 첫날 극장체인 8개 극장이 모두 만석이었다. 1964년 '영광'이 만든 22편의 영화 모두 흥행 수익이 매우 좋았다. 쇼브러더스가 만든 광동어 영화 역시 스타에 의존하여 관중을 끌었다. 영화 장면 가운데는 서구 뮤지컬영화의 요소가 많이 들어 있었으며, 젊은 주인공들 모두 가무에 능하였다. '선학항련'의 경우, 주로 신식 무협영화를 발전시켰는데, 대만 지역으로부터 돌아온 신예스타 설리雪梨를 주로 밀어 주었다. 그가 맡은 배역들은 대부분 독립적인 반항아였는데 이는 신세대 관중의 취향에 영합한 것이었다.[51]

사실 스타 시스템의 진정한 수혜자는 스타만이 아니라 스타의 배후에 있던 각 대형 영화사들이기도 했다. 영화사는 신인 육성을 하나의 투자 행위로 여겼으며, 신인이 인기를 얻은 후 딴 마음을 먹어 영화사 자산이 유출되는 것을 막기 위하여 계약을 통해 신인을 묶어 두었다. 배우아카데미를 졸업한 우수한 학생은 대부분 전속 배우로 받아들여져 5~7년간의 불평등 계약을 맺어야 했다. 월급은 약 100여 홍콩달러였는데 이는 당시 화이트칼라 회사원의 월급에 상당했다. 사현의 경우 처음 데뷔했을 때 '광예'와 월급제 형식으로 계약을 맺어 매년 12편의 영화에 출연해야 하였다. 인기를 얻은 뒤에야 편당 2만 홍콩달러의 출연료를 받을 수 있었고, 또한 다른 영화사에 임대될 수 있었다. 하지만 다른 영화사가

광동어 전통극 영화의 붐이 쇠퇴한 이후, 영화계에는 적지 않은 신예 아이돌이 등장하였다. 그중 임봉은 도시의 신여성 이미지로 두각을 나타냈다. 사진은 임봉과 그녀의 남편

제작하는 영화에 출연하여 얻는 수입도 여전히 '광예'에 임대료로 떼어 주어야만 했다. 그럼에도 불구하고 당시의 광동어 영화계를 돌아봤을 때, 사현처럼 후한 대우를 받는 경우도 그리 흔치 않았다.

5장 / 광동어 영화 산업의 쇠퇴

1960년대 초, 광동어 영화 산업의 흥성과 함께 연이어 출현했던 일군의 젊은 배우들은 마치 밤하늘의 휘황찬란한 별들과 같았다. 영화계 사람들은 대부분 큰 꿈에 부풀어 있었다. 광동어 영화 산업은 배우 양성과 홍보의 각 부문을 중시하기 시작하였고 청춘화의 방향으로 접어들면서 앞으로 지속 발전할 것이라 생각하였다.

하지만 아쉽게도 영화계 인사들의 낙관적인 예상은 결국 어긋나고 말았다. 1960년대 중반, 광동어 영화 산업의 대호황은 급격히 퇴조하여, 1970년대 초에 이르면 거의 막을 내리고 만다(〈표 4.6〉). 1967년 『오락화보』에 실린 글에서 우리는 극장체인과 광동어 영화 산업의 순망치한脣亡齒寒과도 같은 관계를 잘 살펴볼 수 있다. 광동어 영화 매표수익이 떨어지면서 광동어 영화를 상영하는 극장체인 역시 전성기 때 4개였던 것이 3개로 줄어든다. 이 글에서 필자는 광동어 영화의 앞날이 어둡다고 분석하면서 광동어 영화 극장체인이 1968년에는 2개로 줄어들 수도 있다고 내다보고 있다. 그 비관적인 정서는 지면에 잘 드러나 있다.

〈표 4.6〉 광동어·표준어·조어 영화의 생산량(1952~1974)

연도	광동어 영화	표준어 영화	조어(潮語)[11] 영화
1952~1953	186	73	
1953~1954	140	48	
1954~1955	112	55	
1955~1956	189	46	
1956~1957	249	62	
1957~1958	164	59	
1958~1959	162	73	1
1959~1960	166	68	
1960~1961	222	52	11
1961~1962	222	41	
1962~1963	193	39	21
1963~1964	188	44	20
1964~1965	182	42	8
1965~1966	143	40	18
1966~1967	111	56	1
1967~1968	104	63	
1968~1969	83	72	
1969~1970	63	95	
1970~1971	22	116	
1971~1972	1	126	
1972~1973	0		
1973~1974	3	198	

출처: I. C. Jarvie, *Window on Hong Kong: A Sociological Study of the Hong Kong Film Industry*, Hong Kong: Center of Asian Studies University of Hong Kong, 1977, p.129.

홍콩 영화 생산량

1966년 1년간 홍콩에서의 영화 생산량은 그 전년도에 비해 크게 줄어들었다.……광동어 영화 제작의 경우, 표준어 영화 제작이 처한 곤경보다 더욱 심하다. 상반기에 62편의 신작이 상영되었고, 하반기에는 공급 부족으

---

11 '조어'는 광동성의 동북쪽, 복건성과의 접경 지역에 위치한 조주(潮州) 지역의 방언으로, 복건성 지역의 방언인 민남어(閩南語) 계열의 방언 가운데 하나이다. 전 세계 화교 가운데 상당수가 이 지역 출신으로, 조주 지역 인구 1,400만 명과 조주 출신 화교 200~500만 명 정도가 조어의 사용 인구로 파악되고 있다.

로 3개 극장체인 가운데 한 극장체인은 상영을 하지 못하였다. 이런 현상은 수년간 없었던 일이다. 1년간 상영 영화 수는 예전 영화의 재상영까지 포함해서 133편에 불과하다. 1965년 상영한 173편과 비교하면 40편이나 줄어든 것이다.……

광동어 영화, 기로에 들어서지 말길

광동어 영화의 경우 내용과 제재 면에서 모두 현대극 영화이다. 근 2년 사이 전통극 영화가 거의 종적을 감추었다. 이를 대신해 현대 무협영화가 성행하고 있는데, 이는 한편으로 과거의 무협영화 시리즈에 대한 반감 때문이며 다른 한편 서양 액션영화에 중독되어서이기도 하다. 기존과는 다른 이런 흐름은 격투, 서스펜스, 선정성 등에 오염되는 방향으로 나아가고 있다. 이는 기존 광동어 영화에는 없던 나쁜 풍조로 이 때문에 얼마 못 가 몰락할 것이라 생각한다. 따라서 최근 싱가포르 정부는 이런 '제임스 본드' 류 시리즈물의 공개 상영을 금지하도록 하였다. 이는 사실 다음 세대 젊은 이들의 교육을 위한 현명한 조치이다.……

매표 흥행 기록을 놓고 보자면……표준어 영화 극장체인들의 총수입은 1,320여 만 홍콩달러(홍콩에서 제작된 영화 이외의 표준어 영화 포함)에 달하며, 평균 수입은 편당 23만 홍콩달러 정도였다. 광동어 영화는 총수입 960여 만 홍콩달러에 편당 15만 6,000홍콩달러 정도였다. 이는 1966년 상반기의 수치로, 하반기에 상영된 표준어 영화 신작 수는 이보다 감소했고, 3개의 광동어 영화 극장체인 중에 2개의 극장체인만이 신작을 상영할 수 있는 상황이라, 수입은 작년보다도 더 줄어들 것이다.[52]

1960년대 중후반기에 광동어 영화 산업은 급격히 퇴조하였고 1970년대 초에는 거의 중단되다시피 하면서 역사적 침체기로 접어들었다. 과연

本港國語片日趨蓬勃
七月份起院線有改變
粵片戲院兼映國語片
·于期·

광동어 영화의 공급이 부족해지자 극장체인들은 표준어 영화 상영으로 전환하였다.

그 이유는 어디에 있었을까? 당시의 신문·잡지를 살펴보면, 영화계 인사들은 그러한 침체의 원인을 네 가지 이유에서 찾고 있다. ① 광동어 영화가 조잡하고 제작이 범람하였다. ② 1967년 무료 광동어 TV 방송이 등장하였다. ③ 표준어 영화가 풍미하면서 광동어 영화를 압도하게 되었고, 대사 자막의 출현으로 표준어와 광동어의 경계가 허물어졌다. ④ 전후에 성장한 세대의 취향이 변하였다. 전후 1세대 노동자들은 광동어 영화를 선호했지만 전후 2·3세대는 서구화 교육의 영향을 받아 영어나 표준어 영화를 보는 경향이 강해졌다. 이상의 몇 가지 광동어 영화 침체의 원인은 과연 얼마나 설득력이 있을까?

1. 광동어 영화 극장체인의 축소

역사를 되돌아보면, 광동어 영화 산업의 쇠락은 사실 산업 환경의 변화에서 기원한 것이었다. ① 쇼브러더스, '전무' 등의 싱가포르·말레이시아 자본이 홍콩에 상륙하여 배급상에서 영화 제작업자로 발전해 가면서, 영화 시장 내의 제작·배급·상영의 3대 고리를 독점하게 되었으며, B급 스튜디오에서 소규모로 생산하던 광동어 영화 산업을 위협하게 되었다. ② 동남아 민족운동의 조류가 출현하면서, 광동어 영화의 해외 시장이 축소되어 '선매수금'에 의존한 영화 제작비 확보가 어려워졌다. ③ 광동어 영화 매표 수입 하락은 극장주가 서양 영화 및 표준어 영화 상영 쪽으로 전환하도록 만들어 극장체인의 수가 줄어들었으며, 극장주가 투자하던 자금의 감소를 가져왔다. 이런 요인들을 논의하기 전에 당시 영화계 인사의 목소리를 들어 보도록 하자.

1969년 『금일영화』今日映畵에는 마침 당시 영화계 인사의 위기감을 자세히 서술하는 보도가 실려 있는데, 여기에는 광동어 영화계의 다양한 현상들이 반영되어 있다. 특이한 점은 보도 속의 논점이 바로 1990년대 영화 침체 시 영화계 인사들의 논법과 매우 흡사하다는 점이다. 이 글에서는 또한 시장 상황과는 반대로 '극장을 소유한 제작자'가 광동어 영화 제작을 지원하는 버팀목이었다고 지적하고 있다.

광동어 영화는 과연 가망이 있는가?

홍콩에서 광동어 영화가 점차 침체기에 빠져들고 있다. 제작자들의 믿음도 바닥나, 표준어 영화 제작 쪽으로 분분히 옮겨 가고 있다. 여기서 물어봐야 할 것은 '이후로 광동어 영화는 과연 가망이 있는가' 하는 문제이다. 두 가지 답이 가능할 것이다. '가망 없다'와 '여전히 가망이 있다'. 첫번째 답을 이야기하는 사람들은 일반적인 제작자들이다. 작년 광동어 영화의 참담한 시장 상황을 근거로 이러한 소극적인 말들을 내놓고 있다. 두번째 답을 이야기하는 것은 극장을 소유한 제작자들이다. 그들은 '그것이 가망이 없는 걸 알면서도 하고 있는 경우'로, 영화를 찍지 않을 수 없는 것이다.

만일 영화를 찍는 사람이 없다면 극장은 상영할 것이 없으니 문을 닫아야만 한다. 다른 사람들이 찍지 않으면 그들 자신이라도 찍어서 상영해야만 한다는 것이다. 동시에 직접 극장을 소유한 제작자는 광동어 영화가 여전히 가망이 있다고 생각한다. 그 이유는 극장이 자기 것이기 때문이다. 영화 상영 일정을 통제할 수 있고, 자신의 영화 수입이 설사 만족스럽지 못하더라도 급하게 다른 영화를 상영할 필요가 없으며, 또한 방학이라는 장기간의 성수기에 자신의 영화를 우선 상영한다면 그 수입을 보장받을 수 있기 때문에 자연히 광동어 영화도 가망이 있다고 여겼던 것이다. 하지만 자기 극장이 없는 제작자들은 고전을 면치 못하였다. 이들은 다른 사람의 눈치를 봐야 하니 수입이 적을 때는 손해를 봐도 어찌할 도리가 없었다. 그리고 극장에 가서 돈을 주고 필름 복사본을 '되찾아 와야만', 비로소 다른 도시에 보내어 상영을 할 수 있었다!

6~7년 전의 광동어 영화 황금기를 되돌아보면, 홍콩에 27개 극장이 4개의 극장체인으로 나뉘어 있었고, '한편영화사'를 포함해 제작사가 모두 80여 곳에 달하였다. 그 가운데 비교적 큰 제작사로 '광예', '영광', '도원', '명성', '전무' 광동어 영화팀, '구룡', '대성', '중련', '화교', '신의', '여사', '신련' 등이 있었고, 이들은 매년 평균 100편 이상의 영화를 생산했다. 지금은 구룡 영화사만이 기존의 생산량을 유지하고 있을 뿐이다. '구룡'은 극장을 소유하고 있기 때문에 영화 제작이 줄어들지 않았지만 다른 영화사의 경우 모두 휴업, 혹은 반휴업 상태이다.……그동안 줄곧 성공을 거듭해 왔던 광동어 영화계가 어쩌다 수년 만에 이처럼 쇠락하고 말았을까. 잘 살펴보면 그 까닭은 대체로 아래의 몇 가지 원인에서 찾아볼 수 있다.

① TV의 영향: 식견이 짧은 제작자들이 눈앞의 작은 이익만을 탐하느라 이전의 광동어 영화를 대량으로 TV 방송국에 팔아넘겨 버렸다. 홍콩의 양대 방송국이 매일같이 광동어 영화를 한 편씩, 때로는 두 편 이상씩을 방영

하고 있어, 결국 적지 않은 광동어 영화 관객을 빼앗기게 되었다.

② 자본 부담의 가중: 방송국은 흑백 광동어 영화를 방영하고 있어, 제작자는 부득이하게 컬러 영화를 제작해 방송국보다 나은 것을 보여 주어야만 하게 되었고, 이로 인해 제작비가 가중되었다. 컬러 영화 한 편의 제작비(컬러 인화 비용 포함)는 흑백 영화의 세 배이다. 필름 값의 폭등 이외에도 1967년부터 스튜디오 대여료도 크게 인상되었다. 그리고 스타의 출연료 역시 크게 올라 평균적으로 여주인공 한 명의 출연료가 1만 홍콩달러를 넘어섰다. 과거 진보주의 출연료는 2,000홍콩달러에 불과하였지만 지금은 편당 2만 홍콩달러이다. 1969년 1월 1일부터 '대형' 배우의 1일 출연료가 50홍콩달러씩 올라, 이러한 고정 비용의 상승으로 영화 제작자에게 부담이 더욱 가중되었다. 1967년 이전에 흑백 영화 한 편의 제작비는 약 7만 5,800~8만 5,000홍콩달러 정도였는데 지금은 한 편의 제작비가 20~23만 홍콩달러 정도로 늘어났다. 가장 참담한 것은 수입이 이전보다 그리 많이 늘어나지 않았다는 점이다.

③ 더 이상의 시장 확장 불가: 과거 7~8만 홍콩달러로 영화를 제작할 수 있던 시기에 광동어 영화는 홍콩 이외에도 싱가포르·말레이시아 및 미국, 베트남 등의 시장을 갖고 있었다. 현재 편당 제작비는 이전의 3배가 넘지만 시장은 겨우 대만, 인도네시아, 태국, 프놈펜[캄보디아의 수도], 필리핀 등지가 추가되었을 뿐이다. 늘어난 시장의 판권료로는 사실 가중된 제작비를 충당할 수 없으며 또한 표준어 대사를 더빙해 주어야만 비로소 판매할 수 있다.

④ 스타 시스템의 기형적 발전: 요 몇 년 사이, 광동어 영화 스타 가운데 진보주·소방방·사현·여기 등의 몇몇 사람만 인기를 얻고 있다. 이런 스타들의 영화는 잘 팔리기 때문에, 제작자들이 이들을 초빙하기 위해 벌떼처럼 달려들어 경쟁해 '어떤 사람은 찍을 영화가 없고, 어떤 영화는 찍을 사람

TVB가 해운빌딩(海運大廈)을 빌려 시험방송을 하는 모습

TV 방송 시대가 열리자 광동어 영화계에는 일대 혼란이 일어났다.

을 기다려야만 하는' 상황을 만들었다. 관객들이 볼 수 있는 거라곤 모두 이 낯익은 얼굴뿐이니 질려 버려서 표준어 영화로 발길을 돌리게 되었다!

⑤ 극장주의 시장 지배 : 글머리에 이미 언급하였듯이 극장을 소유하고 있으면서 영화도 제작하는 제작자들이 우세를 차지하게 되면서, 수익이 보장되는 상영 시기를 모두 독점하게 되었다. 동시에 극장주가 영화를 며칠이나 상영할지 결정하는 권력을 거머쥐게 되면서 극장의 지원이 없는 제작자들이 영화 제작에 뜻을 잃게 만들었다. 결국 영화 공급이 부족해져 원래 4개였던 극장체인이 2개로 줄어들게 되었지만 여전히 수요와 공급을 맞추지 못하고 있다.

⑥ 대만 영화의 압박 : 광동어 영화는 최근 대만 시장을 개척하였지만 수익은 많지 않았다. 하지만 대만 영화가 홍콩 시장을 개척한 것은 금광을 발견한 것과 마찬가지였다. 「용문객잔」은 홍콩에서 240여 만 홍콩달러의 수익을 올렸고, 대만 영화가 대량으로 홍콩에 들어오고 있다. 홍콩의 극장주들 역시 대만 영화 상영에 만족하고 있으며, 이로 인해 적지 않은 광동어 영화 관객을 빼앗기게 되었다.

⑦ 관객 수준의 제고 : 관객 수준의 제고는 본래 좋은 현상이지만 아쉽게도 광동어 영화 수준의 진보는 관객 수준을 따라가지 못하고 있다. 일반적으로 현재 홍콩인의 문화 수준이 향상되었음은 부정하기 힘들 것이다. 많은 이가 영화 자막을 알아보거나 표준어를 알아들을 수 있게 되었고, 또한 표준어 영화의 수준이 확실히 광동어 영화보다 높기 때문에 사람들이 표준어 영화를 보러 가게 되었다.

이상의 일곱 가지 요인으로 인해 광동어 영화 제작자들 모두 표준어 영화 제작 쪽으로 옮겨 갔다. 표준어 영화와 광동어 영화의 제작비 차이는 그리 크지 않지만 표준어 영화의 외국 판권을 더 비싸게 팔 수 있기 때문이다. 그리고 홍콩 시장의 경우에도, 표준어 영화의 표 값이 광동어 영화에 비해 비싸기 때문에 작년부터 '만성'萬聲, '용국'龍國, '영광', '홍발'興發 등의 영화사가 표준어 영화를 제작하기 시작했다. 올해에도 표준어 영화 촬영을 기획 중인 영화사로 '홍예'興藝, '구룡', '광예', '사씨'謝氏 등이 있다. 작년 한 해를 통틀어 표준어 영화를 찍은 스타 배우로는 정영이 있었고, 올해 그 뒤를 이어 표준어 영화계로 진입할 것으로 예상되는 배우로는 사현, 남홍, 등광영鄧光榮 등이 있다. 광동어 영화감독은 더 많이 전향하여, 나치羅熾, 유단청, 석지빈石志斌, 양권楊權, 능운凌雲, 호붕 등이 작년에 표준어 영화를 찍었고, 올해 표준어 영화를 찍을 것으로 예상되는 감독으로 초원, 막강시, 육방陸

○「司公片一」是常的衝其當首

싱가포르·말레이시아의 선매수금이 빠져나가자 광동어 영화계는 휘청거리기 시작하였다.

邦, 이철, 오단吳丹, 황요黃堯 등이 있다. 이런 상황으로 인해 남아 있는 광동어 영화사도 그리 많지 않을 뿐만 아니라, 광동어 영화감독과 배우도 얼마 남아 있지 않다. 올해 광동어 영화의 제작이 대규모로 감축될 것이고, 광동어 영화 시장 역시 더욱 참담한 지경에 빠지게 될 것으로 예상된다. 결론적으로 말해 만일 극장이 지원해 주지 않는다면 광동어 영화는 더 이상 '계륵'鷄肋이 아니라, 버려도 아까울 것 없는 처지가 되고 말 것이다.[53]

광동어 영화 극장체인의 성공은 광동어 영화 제작업에 대규모 자금을 끌어들였다. 하지만 1960년대 초반의 황금기가 지난 이후, 홍콩 광동어 영화 산업은 역사적 침체기로 접어든다. 1965년에 들어서 광동어 영화 극

〈표 4.7〉 1960년대 중반 서양 영화 상영 8대 극장체인

극장체인	주요 영화 공급상
① 이무대·낙궁(利舞臺·樂宮) 체인	MGM(美高梅)
② 쾌락·동성(快樂·東城) 체인	워너브러더스(華納)
③ 황후·여성(皇后·麗聲) 체인	폭스(霍士)
④ 오락·할리우드(娛樂·荷里活) 체인	유니버설(環球)
⑤ 낙성·신성·국화(樂聲·新聲·國華) 체인	컬럼비아(哥倫比亞)
⑥ 대화·여도(大華·麗都) 체인	랭크(蘭克; Rank)
⑦ 신화·호화(新華·豪華) 체인	유나이티드 아티스트(聯美)
⑧ 뉴욕·대세계(紐約·大世界) 체인	일본영화사(日本電影)

출처: 香港經濟導報社 編, 「香港經濟年鑑」 香港: 香港經濟導報社, 1965.

〈표 4.8〉 1960년대 중반 표준어 영화 상영 4대 극장체인

극장체인	주요 영화 공급상
① 남화·주강·고승·남양(南華·珠江·高陞·南洋) 체인	'장성', '봉황', '신련' 및 대륙의 영화사들
② 보경·국태·은도(普慶·國泰·銀都) 체인	'장성', '봉황', '신련' 및 대륙의 영화사들
③ 런던·국도·국보(倫敦·國都·國寶) 체인	'전무'
④ 경화·낙도·황금(京華·樂都·黃金) 체인	쇼브러더스

출처: 香港經濟導報社 編, 「香港經濟年鑑」 香港: 香港經濟導報社, 1965·1966.)

장체인이 영화 공급 부족과 흥행 실패로 몰락하게 되면서 서양 영화나 표준어 영화가 극장들을 잠식해 갔다. 서양 영화 극장으로 '할리우드'荷里活[12], '신성'新聲, '국화'의 세 곳이 더 늘어났고, 표준어 영화 극장도 '국도', '국보'國寶, '남화'南華의 세 곳이 더 늘어났다. 전체 극장체인 가운데 서양 영화를 상영하는 곳은 모두 8개였고(〈표 4.7〉) 표준어 영화를 상영하는 극장체인도 1965년 3개에서 1966년 4개로 늘어났다(〈표 4.8〉). 반면 같은 해 광동어 영화 극장체인은 해체되기 시작하였다. '환구', '국민', '금릉', '태평', '고승'

---

12 대륙에서는 '할리우드'를 好萊塢로 표기하지만, 홍콩에서는 荷里活(혹은 荷李活)로 표기한다. 외래어의 음역이기 때문에 '할리우드'로 번역하기는 하였지만 여기서는 홍콩 영화관 이름의 고유명사로 사용되고 있기 때문에 홍콩식 한자 표기법을 따라 병기하였다.

등은 원래 광동어 영화를 상영하는 영화관이었는데 연이어 철거하고 홍콩의 땅값 폭등을 기회 삼아 그 자리에 고층 건물을 세웠다. 하지만 새로 지은 극장도 대부분 서양 영화나 표준어 영화를 상영하는 곳으로 바뀌었다. 1967년 이후 광동어 영화의 생산량은 크게 줄어들어 매년 100편 정도로 감소하였다. 1968년 홍콩의 서양 영화 1차 상영관은 이미 21곳으로, 각기 미국, 영국,

광동어 영화 극장체인은 서양 영화 상영으로 방향을 전환하기 시작하였다.

프랑스, 이탈리아, 독일, 일본 등지의 영화를 상영하였다. 그 가운데 할리우드 영화가 가장 크게 유행하였다. 그리고 표준어 영화를 상영하는 극장은 1968년에 14곳으로 늘어났다. 1969년에 이르면 서양 영화 1차 상영관은 24곳뿐이었지만, 표준어 영화 상영관은 26곳으로 대폭 늘어났다.[54] 반면 광동어 영화의 제작은 1970년대 초에 이르면 거의 완전히 중단된다. 1960년대 중반부터 홍콩에서 표준어 영화는 이미 서양 영화와 광동어 영화를 크게 앞질러 가고 있었다. 이러한 표준어 영화 붐은 '전무'와 '쇼브러더스'라는 양대 싱가포르·말레이시아 자본에 의해 추동된 것이었다.

2. 쇼브러더스와 '전무', 대형 스튜디오의 상륙

전후 광동어 영화가 중국 대륙의 시장을 잃고 난 후, 동남아가 제공하는 자금이 더욱 중요해졌다. 싱가포르·말레이시아의 핫머니가 홍콩 시장에 들어온 뒤로 광동어 영화의 연간 생산량은 200여 편으로 늘어났다. 질적으로 들쑥날쑥한 광동어 영화들이 시장을 가득 채웠다. 하지만 1960년대 말 이후로 동남아에서의 화교 배척 운동과 영화 수입 제한 등의 현상이 나타나

싱가포르·말레이시아의 재벌 쇼브러더스는 홍콩에 상륙하여 직접 영화를 제작하기 시작했다. 위 사진은 쇼브러더스의 광동어 영화팀 배우들의 모습

면서 '선매수금'이라는 핫머니는 사라졌고 영화 시장이 불황에 빠졌다. 때문에 산하에 극장(안정적으로 상영할 수 있는 채널)을 소유한 제작자들은 그나마 잠시 동안 버틸 수 있었지만 B급 스튜디오 독립 제작 영화사는 종적을 감추고 말았다. 비교해 보면 표준어 영화의 대자본 소생산의 전략은 오히려 광동어 영화 퇴조를 틈타 성공을 거두고 있었다.[55] 이러한 성공의 계기는 마찬가지로 싱가포르·말레이시아 자본의 유입 덕분이었다. 하지만 과거와 달랐던 것은 '선매수금'의 형식으로 빌렸던 것이 아니라는 점이다. '쇼브러더스'와 '국태'는 직접 영화 제작에 투자하여 제작·배급·상영을 총괄 책임지는 대형 스튜디오 시스템을 구축하였다.

1950년대 홍콩 진출 초기, 쇼브러더스와 '국태'(후에 '전무'를 세움)는 영화 배급만 하였지만, 이후로는 안정적인 영화 공급을 위해 쇼브러더스와 '국태' 모두 배급상에서 제작상으로 탈바꿈하여 홍콩에 제작기지를 세우게

원래는 배급상이었던 '국태'

1950년대 중반 '국태'는 영화(永華)스튜디오를 접수
하면서부터 영화 제작에 주력하기 시작하였다.

'국태' 산하의 배우 이광(夷光, 왼쪽에서 두번째)과 엽풍(葉楓, 왼쪽에서 세번째) 등이 영화사에서 함께 찍은 사진

대형 스튜디오가 상륙하자, 쇼브러더스 광동어 영화팀 출신이었던 임봉은 도시 여성의 표상이 되었다. 위 사진은 임봉이 테이프 커팅식에 참여한 모습

되었다. 초기에는 시험 삼아 만드는 정도로 소량의 영화만을 제작하였다. '국태'의 경우 1953년 홍콩에서 「여지처」余之妻와 「화도기몽」花都綺夢 두 편의 광동어 영화를 제작하였는데, 모두 영화 시장의 반응을 보기 위한 탐침과 같은 것이었다.[56] 이후 1955년 '국태'는 영화永華스튜디오를 접수하였다. 소일부 역시 이에 뒤질세라 1957년 직접 홍콩에 와서 청수만清水灣; Clear Water Bay에 대형 영화세트장을 세우고 과감하게 스튜디오와 배우아카데미를 설치하였다. 여기서 대량으로 표준어 영화를 생산하여 싱가포르·말레이시아 네트워크에 공급하는 한편, 대만 지역 및 일본 시장을 개척하여 동남아의 화교 배척 운동이 가져온 타격을 메우고자 하였다. 이로써 제작·배급·상영의 세 부문을 수직적으로 통합한 구조를 발전시켰다(자세한 내용은 5부 참조). 스튜디오 시스템이 최고조에 이르자 여타 중소 독립 제작자들의 생존공간은 축소되었고, 광동어 영화 제작은 급격히 쇠락하여 영화인들이 대만 지역이나 '국태'와 쇼브러더스 쪽으로 빠져나갔다. '국태'와 쇼브러더스의 군림은 또한 표준어 영화의 황금기를 가져왔다. 1969년『금일영

화』는 영화계 인기 스타 진보주에 대한 인터뷰에서 광동어 영화 시장이 표준어 영화에 잠식당한 당시 상황에 관하여 다음과 같이 언급하고 있다.

진보주, 광동어 영화의 미래 우려

진보주는 현재 광동어 영화를 위기로부터 구원하려면 함께 머리를 맞대고 힘을 모아 부흥 운동을 일으켜야만 한다고 지적했다. 모든 광동어 영화 종사자를 동원하고 영화사 사장과 감독도 포함시켜 좋은 영화를 많이 찍고 좋은 연기를 보여 주어야 하며, 이를 통해 광동어 영화의 질을 제고해야만 비로소 관객들의 광동어 영화에 대한 신뢰를 회복할 수 있다는 것이다. 진보주의 지적은 정곡을 찌르고 있다. 근래 광동어 영화가 표준어 영화에 잠식되고 관객들이 등을 돌리고 있다. 더욱이 작은 이익에 눈이 먼 근시안적인 제작자들이 기존의 영화들을 케이블 및 지상파 TV 방송국에 팔아버려 방송국에서 매일같이 광동어 영화를 방영하고 있다. 어떤 때는 하루에 두 편이 넘게 방영하고 있어 광동어 영화 시장에 직접적인 영향을 미치고 있다. 더욱 가슴 아픈 것은, 제작자들이 말로만 "광동어 영화를 구하자"라고 외치고 실제로는 수수방관만 하면서 영화의 질을 높여 관객들을 되찾아 올 생각은 하지 않고 있다는 사실이다. 그러면서 아예 깨끗이 손 놓은 채 광동어 영화는 안 찍고 표준어 영화 제작 쪽으로 돌아서 버려, 광동어 영화 시장의 몰락을 자초하고 있다. 진보주가 연약한 여자일 뿐이라며 깔봐서는 안 될 것이다. 그녀는 광동어 영화의 질적 제고를 자신의 소임으로 생각하면서 실제 행동으로 옮기고 있다. 그녀 자신의 홍보영화사紅寶影業公司는 '광동어 영화 수준의 제고'라는 노선을 따라 매진하고 있으며 이미 완성된 신작 「낭야지련」娘惹之戀과 「낭여춘일풍」郎如春日風의 수준은 매우 높다. 비록 이처럼 높은 수준의 광동어 영화를 제작하는 데 비용 부담이 상당히 크기는 하지만 진보주는 결코 계산적으로 따지지 않고 좋은 영화의 제

작만을 추구하고 있다. 비록 홍보영화
사 하나만이 영화의 질적 제고를 위해
애쓰고 있어 전체 광동어 영화의 위기
를 구원하는 데는 영향이 그리 크지 않
지만, 진보주는 소신껏 실천해 나가고
있다.[57]

진보주가 직접 세운 홍보영화사의 영화 「낭여춘일풍」

이후로도 광동어 영화 산업은 계
속 저조하였다. 진보주도 1970년 영
화를 그만두었고 적지 않은 광동어
영화 극장 역시 표준어 영화 극장체
인 진영으로 전향하였으며, 일부 배
우는 TV 방송국의 배우로 들어갔다.
광동어 영화의 쇠락은 사실 방언 영화가 표준어 영화에 그 자리를 내주게
되었음을 의미한다기보다는, 독립 제작 영화사가 대형 스튜디오에 압도되
고 말았음을 보여 주는 것이었다. 비록 광동어 영화가 점차 내리막을 걷고
는 있었지만 수많은 광동어 영화 종사자들은 여전히 TV업계와 표준어 영
화계로 옮겨 가 활약하고 있었으며, 그들은 이후 광동어 영화 산업의 부활
을 위한 잠재 역량으로 남아 있었다. 나중에 일단 자본이 다시 흘러 들어오
기 시작하자 광동어 영화 산업은 다시 권토중래할 수 있었으며 이는 6부에
서 다시 자세히 다루게 될 것이다.

'선매수금으로 흥하고, 선매수금으로 망하다'

1950~1960년대에 선매수금 배급 시스템은 줄곧 광동어 영화의 생산을 지탱해 왔다. 선매수금이라는 핫머니가 넘쳐 나는 상황하에서, 시장에는 무수한 소규모의 B급 스튜디오 독립 영화사가 나타났다. 이들은 '하청 방식' 생산과 '일괄 구매·판매' 방식의 배급에 의존하여 게릴라식으로, 소자본 단기간 제작이라는 방식으로 영화를 제작하였다. 광동어 영화의 생산량은 많았지만 영화사의 거시적인 판매 배급 전략은 없었다. 1960년대 말, 동남아 민족운동 및 화교 배척 운동이 일어나면서 영화 수입이 제한되자 싱가포르·말레이시아의 광동어 영화 시장은 갑자기 축소되었다. 시장에서 핫머니가 사라지자 10여 년간 성행하였던 선매수금 시스템도 돌연 쇠락하였다. 그리고 소형 광동어 영화 제작자들의 재정적 버팀목이 사라지자 광동어 영화 산업도 침체기로 빠져들었다. 이와 동시에 '전무'와 '쇼브러더스'라는 양대 스튜디오의 생산 기지가 홍콩에서 점차 자리를 잡게 되면서, 제작·배급·상영의 3대 고리를 갖춘 수직통합 구조가 구축되었으며 이들은 또한 대만 지역 및 일본 시장을 개척하였다. 이들이 제작한 표준어 영화가 광동어 영화를 추월하여 홍콩 영화 산업의 주류가 되었다. 1960년대 광동어 영화 산업과 표준어 영화 산업의 흥망성쇠 과정은, '쇼브러더스'와 '전무'가

배급업자 겸 극장체인의 주인에서 대형 스튜디오의 주인으로 변신해 가는 과정이었다. 이는 바로 1부에서 논한 바 있는 할리우드의 경험으로부터 배울 수 있었던 교훈, 즉 '배급 시스템을 통제하는 자가 시장을 장악한다'는 사실을 입증해 주고 있다.

5부

스튜디오 시스템에서
외주 제작 시스템으로

전후 싱가포르·말레이시아 지역에는 3대 중국어 영화 배급 극장체인이 출현하였다. 육운도 가문의 '국태', 소일부 가문의 '쇼브러더스', 하계영 가문의 '광예'가 그것이다. 이들은 모두 방대한 극장체인 네트워크를 보유하고 중국 대륙이나 홍콩에서 제작한 표준어·광동어 영화를 상영하였다. '국태', '쇼브러더스', '광예'는 안정적인 영화 공급을 위하여 연이어 홍콩에 진출해 제작자로 변신하였다. 그리고 이를 통해 제작·배급·상영의 3대 고리를 한 손에 장악할 수 있었다. 쇼브러더스와 '국태'(산하의 '전무')의 제패는 홍콩산 표준어 영화 산업의 황금기를 가져왔으며, 대형 스튜디오 시스템을 절정기로 이끌었다.[1] 하지만 1964년 '전무'의 사장 육운도가 비행기 사고로 사망하면서 '전무'의 영화 제작 부문이 자멸하자 쇼브러더스의 독주가 시작되었다. 그러나 1970년대 중반부터 쇼브러더스는 영화 제작의 동력이 소진되고 추문회가 이끄는 골든하베스트에 밀리게 되자 영화 투자 쪽으로 전향하였다. 골든하베스트의 성공은 바로 1970년대 홍콩 영화 산업의 중대한 전환을 반영하고 있다.[2]

1장 / 대형 스튜디오의 굴기

1949년 이후로 중국 대륙 시장이 막히고 해외 시장으로의 수출도 중단되었다. 대륙 시장에서의 위축과 해외 상영 배급망의 결핍으로 인해 홍콩에서는 1948년 '대중화'가 문을 닫고, '영화'가 경제 위기로 파산하였다. 그리고 '장성'도 재정 위기로 곤경에 빠지자 영화사의 책임자인 장선곤이 대만에 건너가 자금 원조를 구하게 되었다. 장선곤은 1953년 대만에 다녀온 뒤 장성영화사를 신화영화사로 개편하여 「벽혈황화」, 「수박 따는 아가씨」^{採西}_{瓜的姑娘}, 「아리산 꾀꼬리」^{阿里山之鶯} 등 대만 취향의 영화를 제작하였지만 사태를 만회할 수는 없었다.[3] 이처럼 그동안 북방으로부터 자금 지원을 받고 표준어 영화를 제작해 온 영화사들이 홍콩에서 연이어 도산하고 말았다.

홍콩 표준어 영화 산업이 위기에 빠지자, 싱가포르·말레이시아로부터 온 영화 배급상인 '국태'와 쇼브러더스는 이 기회를 틈타 홍콩으로 북상하여 세력을 확장하였다. 영화 공급을 안정화하기 위해 직접 영화 제작에 투자를 하면서 제작사로 변신하였다. 그 형태는 할리우드 영화사와 마찬가지로 수직통합된 것이었다. 생산·배급·상영의 3대 고리를 거머쥐고서 계약을 통해 제작 인력을 조직하여 홍콩 최대의 제작사로 변신하였다. 하지만 하나의 산에 두 호랑이가 살기는 힘든 법인지라, 쇼브러더스와 '국태'(산하

영국 케임브리지대학에서 유학한 육운도(오른쪽)는 서양화된 스타일을 즐겼다.

의 '전무')는 인재, 시장, 영화제 수상, 장르 개발 등과 같은 각 방면에서 번 번이 치열한 경쟁전을 벌였다. 이는 홍콩 영화 산업을 발전시켰을 뿐만 아니라, 대형 스튜디오 시스템을 절정으로 끌어올렸다.[4]

1. '전무'(전영무업영화사)

전영무업영화사國際電影懋業有限公司(이하 '전무')의 회장 육운도는 거상 육우陸佑의 아들로, 1915년 쿠알라룸푸르에서 태어났다. 13세에 스위스와 영국에 건너가 문학과 역사를 공부하였고, 문예와 촬영에 심취했으며, 매우 서구화된 인물이었다. 1939년 육씨 집안이 세운 국태빌딩國泰大樓은 2차 세계대전 이전까지 싱가포르에서 가장 높은 건물이었고, 또한 2차 세계대전 이후에는 국태그룹의 상징이 되었다.[5] 1948년 육운도가 세운 국제극장유한회사國際戱院有限公司는 와이드스크린과 신식 영사기를 수입해 들여왔고,

싱가포르의 국태빌딩은 2차 세계대전 이전까지 싱가포르에서 가장 높은 건물이었으며, 일제 점령기간 동안 일본군의 총사령부로 사용되었다. 이 건물은 국태그룹의 상징이었다.

국태극장은 가까이서 보면 뒤편의 국태호텔(國泰大酒店)과 한 건물처럼 보인다.

국태빌딩 내부에 있던 국태극장. 분위기 있는 내부 장식으로 유명하였다.

육운도(왼쪽)와 '국태'의 주요 임원이었
던 오델

'국태'와 '영화'(永華)의 합병 이후 '전
무'의 사장이었던 종계문(鍾啓文, 왼
쪽)이 유명 배우 윌리엄 홀든(William
Holden)과 함께 스튜디오를 참관하고
있다.

국태그룹 산하 회사들의 엠블럼. 크리스(Keris)스튜디오(윗줄 왼쪽), 국제영화배급사(윗줄 오른쪽), 전영무업영화사(가운데), 국태영화사(아랫줄 왼쪽), 1960년대 싱가포르 국태그룹(아랫줄 오른쪽)

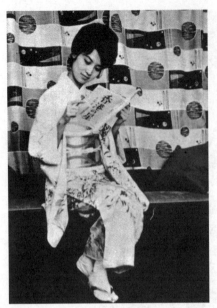

육운도는 우아한 자태의 우민(尤敏)을 '전무'의 간판 이미지로 삼았다.

산하에 40여 개의 극장을 보유하고 있었다. 또한 1951년에 세운 국제영화배급사(이하 '국제')는 영화 배급을 전담하였다. 1953년 홍콩에 상륙한 국태그룹은 자회사를 세우고 '광동어 영화팀'을 설치하여 광동어 영화시장 진출을 타진하였다. 영국 국적의 유대인 앨버트 오델(1924~2003)의 관리와 주욱화朱旭華의 도움하에 홍콩에서 영화를 구입해 싱가포르·말레이시아에서 상영하였다.[6] 영화 공급의 안정화를 위해 국태그룹 산하의 국제영화배급사는 자금 대여 혹은 비용 선납의 형식으로 독립 영화사의 영화 제작을 지원해 주었다. 예를 들어 엄준의 '국태'(「금봉」金鳳, 「국화 아가씨」菊子姑娘 등 제작), 주욱화의 '국풍'國風(「고아유랑기」苦兒流浪記 제작), 백광白光의 '국광'國光(「붉은 모란」紅牡丹 제작), 진검의 '국예'(「곡마단」 제작) 등은 모두 '국제'의 극장체인에서 상영하였다.[7]

1953년 이조영은 영화永華스튜디오를 담보 삼아 육운도에게 100만 홍콩달러를 빌리면서 '국제'에 1년 동안 12편의 영화를 공급해 주기로 약속하였다. 하지만 1954년 영화스튜디오 창고에서 화재가 발생하여 필름 원본이 모두 소실되었다. 이듬해 1955년 '국제'는 영화스튜디오를 접수하고서, 육운도가 그 회장 자리에 취임하였다. 그리고 유능한 인재들을 모아들였는데, 장애령張愛玲, 요극姚克, 송기宋淇, 손진삼孫晉三 등과 같은 문인들을 널리 불러 모아 각본 창작·심의위원회를 조직하기도 하였다.[8] 그리고 역문,

'전무'는 영화(永華)스튜디오를 접수한 이후 이곳을 근거지 삼아 유동작업 방식으로 영화를 생산해 냈다.

영화(永華)스튜디오의 내부. '전무'의 스타 배우 진후(陳厚)가 무용단원들과 함께 춤을 추는 모습

'전무'의 「만파여랑」(曼波女郎)은 상영 당시 관객들로부터 큰 인기를 끌었다.

影電際國

號月一
15
1957

'전무'가 초기에 주력하여 길러 낸 신예 스타 임대(林黛), '전무' 산하의 잡지 「국제전영」의 표지모델 사진

도진陶秦, 악풍 등을 초빙하여 감독을 맡겨 표준어 영화를 제작하기도 하였다. 1956년 '영화'와 '국제'를 합병하여 '전무'로 만들고, 종계문鐘啓文이 총책임자, 송기宋淇가 제작부 책임자를 맡았다. 그 경영 관리 인력 가운데는 구미 지역으로부터 귀국한 인사들이 많았다.[9] 또한 '전무' 스튜디오에 연간 계획, 재정 예산, 각본 기획 등과 같은 서구식 관리 모델을 도입하고, 컬러 영화 촬영 기술과 유동작업 방식을 채용하였다. 그리고 배우아카데미를 설립하여 할리우드 방식으로 스타의 사생활을 통제하고, 스타의 대중 이미지를 만들어 냈다. 이처럼 자신만의 독특한 이미지를 만들어 냈던 스타들로는 임대, 우민尤敏, 갈란葛蘭, 임취 등이 있었다.

2. 쇼브러더스영화사

쇼브러더스(홍콩)邵氏兄弟(香港)有限公司; Shaw Brothers (Hong Kong) Limited 이전까지의 역사는 크게 3단계로 나눠 볼 수 있다. 각기 천일영화사, 남양영화사南洋影片公司, 쇼선즈유한회사邵氏父子有限公司; Shaw Sons Limited로서, 각 단계는 그 권력의 중심 이동을 보여 준다.

상해의 '천일'은 1933년 「백금룡」을 내놓으면서 광동어 영화 시장에 그 잠재력을 보여 준 뒤로 소취옹이 직접 홍콩으로 남하하여 일부 월극 노관老館을 찾아 광동어 영화를 제작하였다. 그는 또한 구룡 토과만에 '천일 홍콩스튜디오'를 세우고 소인매·소일부의 싱가포르·말레이시아 극장체인에 영화를 공급하였다. 하지만 1936년 스튜디오에서 연거푸 두 차례의 화재가 발생하면서 필름 창고가 소실되자, 소취옹은 제작에 뜻을 잃고 1936년 상해로 되돌아가고 만다. 둘째 동생인 소촌인은 천일 홍콩스튜디오를 접수하여 1937년 남양영화사로 개명한다. 그는 제작기간을 줄이고 비용을 낮추어 영화를 만들었다. 일본군의 중국 침략과 함께 상해의 '천일'은 생산을 중단하였지만, 홍콩의 '남양'은 여전히 싱가포르·말레이시아에 영화를 공급하였다.[10] 홍콩 함락 기간 동안 '남양'도 일본군에 점령당하게 되자 소촌인은 다시 상해로 피신하였다. 싱가포르의 소인매·소일부 형제 역시 일본군에게 극장과 유원지를 징발당하였다. 전후 동남아에서 은행업과 부동산업에도 손을 뻗치게 된 소일부는 1940년대 말, '매달 극장 하나씩 늘리기'每月一院 방침을 시행하여 산하 극장을 130개까지 늘려 놓았다.[11] 소촌인 역시 1946년 홍콩에 돌아가 '남양'의 스튜디오를 돌려받고, 이를 대중화영화사에 임시 대여했다. 1949

'쇼선즈'의 광고를 살펴보면 그 산하에 적지 않은 부동산을 보유하고 있었음을 알 수 있다.

년 스튜디오를 돌려받은 소촌인은 그 이듬해에 '쇼선즈'사를 창업하였다. 소촌인은 광동어 영화에 비해 표준어 영화를 더 비싸게 팔 수 있을 것이라 확신하였다. 게다가 전후에 상해 영화인들이 홍콩에 운집해 있었다. 그래서 그는 감독 도진·도광계, 배우 이려화·엄준 등을 초빙하여 표준어 영화를 대량으로 제작해, 소일부의 싱가포르·말레이시아 극장체인에 공급하였다. 하지만 1950년대 말에 '전무'가 생겨나자, '쇼선즈'의 소자본 제작 전략은 더 이상 버티기 힘들어졌다. 소촌인은 이에 부동산 투자로 전향하여 극장을 대량으로 구입하였다. 스튜디오도 270만 홍콩달러라는 비싼 가격에 팔아 버리고, 다시 미돈로의 택지를 구입하여 쇼브러더스빌딩邵氏大廈; Shaw House[1]을 세우면서 영화 제작 관련 사업과 갈수록 멀어져 갔다.[12]

1   현재의 아가일센터(旺角中心; Argyle Centre) 자리에 위치함.

소일부(왼쪽에서 두번째)와 아내 황미진(黃美珍, 왼쪽에서 네번째), 아들 소유명(邵維銘, 왼쪽에서 다섯번째), 그리고
형 소인매(오른쪽에서 다섯번째)

　　하지만 동남아에서 쇼브러더스의 극장체인 사업은 오히려 더욱 성행
하고 있었다. 그리하여 소일부는 1957년 홍콩에 건너와 홍콩 정부로부터
청수만 일대의 땅을 구입하였다. 그곳에 쇼브러더스 영화세트장을 세우고
제작 사업에 투자하여, 영화 공급을 안정화하고자 하였다.[13] 그는 1958년
쇼브러더스(홍콩)를 설립하는데, 이때부터 '쇼선즈'와는 다른 길을 걷기 시
작한다. 또한 전형적인 상해 상인이었던 소일부는 서구화된 육운도와도 달
랐다. 1961년 청수만 스튜디오가 완공되었는데, 그 안에는 촬영 스튜디오
12동에 500여 명의 계약직원이 있었으며,[14] 제작 업무도 시스템화되었다.
① 현장 녹음을 포기하고 더빙 방식을 통해 제작 효율을 제고했다. ② 밤샘
촬영의 관례를 없애고 공정을 주간에 진행함으로써 통제를 더욱 강화했다.

1957년 싱가포르에서 홍콩으로 온 소일부는 청수만에 쇼브러더스 영화세트장을 만들었다.

싱가포르 로빈슨로드(Robinson road; 羅便臣道)에 위치한 옛 쇼브러더스빌딩

쇼브러더스가 샌프란시스코 산업박
람회에 설치한 전시관. 그 홍보 문구
는 '쇼 비즈니스는 역시 쇼 비즈니스'
(Show business is Shaw Business)였다.

쇼브러더스 산하의 싱가포르 수도극장(首都戱院; Capital Theatre)

1957년 홍콩 쇼브러더스 스튜디오에서 특별 계약 배우를 모집하는 광고

업무 중인 소인매. 탁자 위에 놓인 영화 제작·상영 스케줄표가 빽빽하게 채워져 있고, 각지에서 걸려 오는 전화를 받을 수 있도록 세 대의 전화가 놓여 있다.

③ 각기 다른 영화 검열 기준에 맞추어 영화 필름을 세 가지 판본으로 편집하여 미국·일본, 싱가포르·말레이시아, 홍콩 시장에 각각 공급했다. ④ 각본팀·기획팀 등을 조직하여 매주 회의를 열었다. 쇼브러더스 스튜디오는 유동작업 방식의 작업을 통해 매년 40여 편에 달하는 영화를 생산했다.[15]

싱가포르·말레이시아의 양대 배급상인 '전무'와 '쇼브러더스'는 홍콩의 영화 제작자로 변신하여 생산·배급·상영의 3대 고리를 장악하였다. 이로부터 두 영화사 간의 라이벌전은 절정기로 접어든다. 여기서 언급해 둘 것은 이 시기가 스튜디오 시스템의 절정기이기는 하였지만, 홍콩 영화 산업에는 여전히 안정적인 인사 행정 시스템이 없었다는 사실이다. 감독이나 스타들은 계약을 맺고 있었지만, 그 이외의 일반 작업 인력은 모두 명확한 직업 보장이나 승진 제도가 없었다. 또한 영화 산업은 여전히 구식 상업경영 단계에 정체되어 있어 책임자 개인의 호오에 따라 전체적인 국면이영향을 받고 있었다. 뒤에서 살펴보겠지만 쇼브러더스의 추문회는 1970년독립하여 골든하베스트를 설립하였고, '전무'의 종계문은 1962년에 회사

를 떠나 RTV에 들어가는데, 이는 부분적으로 스튜디오 내의 인사 분규와 관련이 있었다.[16]

3. 라이벌전

'전무'와 '쇼브러더스'의 경쟁은 1950년대부터 시작된다. 쇼브러더스는 이한상李翰祥; Li Han-Hsiang을 기용하여 「강산미인」江山美人을 찍었는데 흥행에 앞섰을 뿐 아니라 아시아영화제에서 최우수 작품상을 받아, 쇼브러더스의 명성을 드높였다. 이후 '전무'와 쇼브러더스는 이 영화의 주인공 임대林黛를 놓고 쟁탈전을 벌이기도 하였다.[17] 육운도가 직접 홍콩에 와서 임대와 협상한 끝에 임대는 결국 두 영화사에서 각기 3편의 영화를 찍기로 계약을 맺었다. 이 밖에도 육운도는 이려화, 진후陳厚, 우민 등의 도움을 받기도 하였으며, 뇌진雷震을 통해 그의 여동생 낙체樂蒂를 자신의 영화사에 영입하기도 하였다. 1961년, 두 영화사는 치열한 경쟁전을 벌여 「홍루몽」을 앞다투어 제작하기도 하였다. '전무'는 역문을 감독으로 삼고, 장애령을 각본으로 초빙하였다. 그리고 장기張棄는 황매조黃梅調[2] 음악을 사용하고 표준어 대사를 써서 수차례 각본을 수정해 가며 정교하게 가다듬었다. 그러자 쇼브러더스는 이에 맞서 각본을 극비로 하고, 두 개의 촬영스튜디오를 이용하여 밤낮 없이 서둘러 촬영해 영화를 앞질러 선보였다. 이로 인해 '전무'의 「홍루몽」은 도중에 제작이 무산되고 말았다. 그리고 1962년에는 '전무'가 「양산백과 축영대」梁山伯與祝英台; The Love Eterne [약칭 「양축」梁祝]의 촬영 개시를 공개 발표하자, 쇼브러더스도 바로 능파凌波를 기용하여 앞질러 촬영을 시작

---

2 중국 전통극은 각 지방마다 다른 곡조와 연출 방식, 연기, 복장 등과 같은 독특한 특징들을 지니고 있는데, '황매조'는 중국 5대 전통극 중 하나로, 안휘성(安徽省)의 지방극을 가리킨다. 황매희(黃梅戲)라 불리기도 하며 본문에서처럼 극에 사용되는 음악을 가리키는 의미로 쓰이기도 한다.

쇼브러더스와 '전무'의 각축전 속에서 배우 낙체는 두 영화사 간 쟁탈전의 대상이 되었다. 위의 두 사진은 낙체가 '전무'에 들어가 영화 「금옥노」(金玉奴, 1965)에서 감독 왕천림에게 지도를 받고 있는 모습

하였다. 의상과 배경에 있어서 쇼브러더스는 화려함을 표방한 반면, '전무'는 청담함을 강조하였는데, 결국 황매조를 사용한 쇼브러더스의 영화가 크게 히트했다.[18] 이후 쇼브러더스는 이 기세를 타고서, 「봉환소」鳳還巢, 「화목란」花木蘭, 「쌍봉기연」雙鳳奇緣 등의 작품을 선보여 능파를 대스타로 키워 냈다. 한편 '전무' 역시 「별, 달, 태양」星星, 月亮, 太陽을 내놓으며 반격했는데, '전무'는 고급스러운 이미지를 내세우며 그 대표적 상징으로 우민을 내세웠다. 쇼브러더스도 이에 뒤질세라 임대 주연의 「천교백미」千嬌百媚로 맞대응했다. 이 영화는 임대에게 세번째 아시아영화제 최우수 여우주연상의 영예를 안겨 주었다. 이 이후로 '전무'와 쇼브러더스는 「무측천」武則天과 「양귀비」楊貴妃를 앞다투어 제작했다. 이 과정에서 쇼브러더스는 엄준과 이려화 부부를 영화사에 영입하여 두 편의 영화를 먼저 선보였다. 이로 인해 '전무'는 영화 촬영을 중단할 수밖에 없었다. 쇼브러더스를 떠난 이한상은 '전무'의 지원하에 1964년 대만의 견진을 기용해 「칠선녀」七仙女를 촬영하기 시작하였다. 그러자 쇼브러더스도 능파를 기용하여 「칠선녀」 촬영을 개시했다. 이한상은 직접 배경을 제작하고 밤샘 작업을 하여 결국 영화를 쇼브러더스

와 동시에 상영할 수 있었다. 이후로도 동
시 제작 사례가 계속되는데 1964년 '전무'
가 조뢰·임취 주연의 「제소인연」啼笑姻緣을
제작하려 하자, 쇼브러더스도 바로 반격
에 나서, 팀을 나눠 촬영을 서둘러 「신제소
인연」新啼笑姻緣; Lover's Destiny을 완성해 '전
무'보다 한 달 일찍 상영하였다. 쇼브러더
스가 「보련등」寶蓮燈 제작 계획을 발표하자,
'전무'도 영화사 인력을 총동원하여 같은
이름의 영화 제작에 나섰다. 비록 '전무'에
서 먼저 나오긴 하였지만 쇼브러더스의 영
화가 임대의 유작이었던 탓에 관객으로부
터 더 많은 사랑을 받았다.[19] 「홍루몽」의
동시 제작에 관하여 잡지 『탐성』에서 다음
과 같은 재미있는 보도를 실었다.

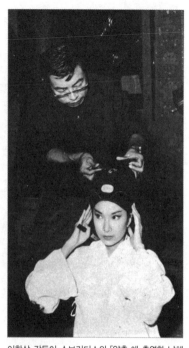

이한상 감독이 쇼브러더스의 「양축」에 출연한 낙체
의 분장을 돕고 있는 모습

'쇼브러더스'와 '전무'는 홍콩의 양대 영
화사로 불린다. 사업상 피차 간의 경쟁
은 이미 오래된 일이다. 재작년 「무측
천」 제작의 선두 다툼에서 결국 쇼브러
더스가 재빨리 한발 앞질러 제작하였다.
비록 지난 2년간 쇼브러더스도 「무측
천」을 완성하지는 못했지만, 당시 '전무'
가 한발 늦는 바람에 이를 양보해 「무측
천」의 제작을 중단하였다. 작년 말 쇼브

이려화와 우민이 「양축」을 연습하고 있는 모습

쇼브러더스에 대응하여, '전무'의 지원하에 이한상이 만든 「칠선녀」. 촬영 시간을 줄이기 위해 이한상은 이 영화의 무대 세트를 직접 그렸다. 위 사진은 「칠선녀」에 출연한 강청(江靑). 그 뒤로는 이한상이 직접 그린 무대 세트가 보인다(종문략 촬영).

'전무'의 재정 지원하에 감독 이한상은 「칠선녀」를 만들어 쇼브러더스의 추격에 맞섰다.

이한상의 「칠선녀」 촬영 현장 모습. 사진 속에서 카메라를 잡고 있는 이는 '촬영 천왕'(攝影天王) 하록영(何鹿影)이다(종문락 촬영).

쇼브러더스의 「신제소인연」. 관산·능파·이려화 주연

'전무'의 「제소인연」. 조뢰·임취·갈란 주연

쇼브러더스와 '전무'의 경쟁 속에 감독 이한상과 배우 임대는 모두 쟁탈전의 대상이 되었다. 위 사진은 젊은 시절 이한상이 「초선」(貂蟬)에 출연한 임대의 연기를 지도하고 있는 모습

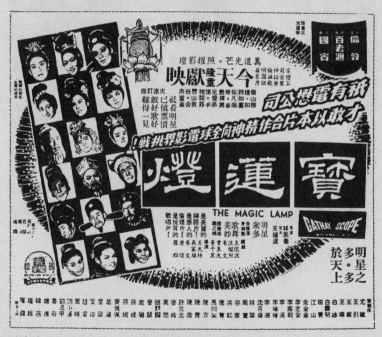

'전무'의 「보련등」 광고. 스타들의 대거 출연을 강조하고 있다.

'전무'의 「양축」에서 우민(오른쪽)과 이려화

러더스와 '전무'는 다시 「홍루몽」을 놓고 다투었다. 쇼브러더스는 촬영 개시는커녕 각본조차 아직 나오지 않은 상태이지만, 영화 제작 계획을 크게 선전하고 있다. 이 때문에 '전무'가 과거 「무측천」 때처럼 아예 제작을 포기해 버렸다는 소문이 돌고 있다. 하지만 이 같은 이야기는 사실 믿을 만한 것은 아니다. '전무' 측의 유력한 소식통에 의하면 '전무'는 「홍루몽」 제작을 포기하지 않았으며, 원래 계획대로 모든 것을 진행 중이라고 한다. 하지만 제목을 그대로 「홍루몽」으로 할지 아니면 다른 새로운 제목으로 바꿀지는 영화사 측에서 아직 결정하지 못했다고 한다. 이 「홍루몽」 각본의 경우 둘 다 각각의 장점을 지니고 있다. '전무'는 「홍루몽」 제작에 자금을 아끼지 않아 '홍학'紅學[3] 연구에 일가견이 있으며 국제적 명성을 지닌 장애령 여사를 특별히 미국에서 홍콩으로 모셔 와 창작을 지원하고 있다. 그동안 장애령 여사는 최근 돌아가신 호적胡適 박사에게 두 통의 편지를 보내 「홍루몽」 인물 고증에 관한 자문을 구하기도 했다. 이는 호적 박사가 '홍학'의 권위자로 유명하기 때문이었는데, 아쉽게도 편지를 보낸 지 얼마 안 되어 돌아가시고 말았다고 한다.

쇼브러더스 측 「홍루몽」의 각본은 과연 누구의 창작일까? 선전에 따르면 집단창작이라 하지만 실제로는 이 영화의 감독인 원추풍袁秋楓의 부인의 작품이라고 한다. 전체 각본의 스토리 중심은 임대옥林黛玉에게 집중되어 있으며, 그녀가 영국부榮國府에 처음 들어갈 때부터 죽음에 이를 때까지의 이야기를 다루고 있다. 때문에 가보옥賈寶玉에 관한 부분은 원작처럼 그렇게 많지 않다. 또한 쇼브러더스의 관계자들은 「홍루몽」의 각본에 대하여 철저히 보안을 유지하고 있다. 설령 여주인공 임대옥 역을 맡은 낙체라 해도 각본을 미리 보지 못한다. 촬영할 때만 감독이 대사와 곡사, 그리고 연

---

[3] 『홍루몽』을 연구하는 학문 분야를 말한다.

기 요점을 그녀에게 알려 주고서 수차례 연습한 뒤에 바로 촬영을 시작한 다고 한다.

두 영화사의 공통점은 이스트먼 코닥의 컬러 필름을 사용해 촬영한다는 점뿐이다. 쇼브러더스는 아나모픽Anamorphic 와이드스크린용 렌즈를 사용하였고, '전무'는 기존 스크린용 렌즈로 촬영할지 여부를 아직 결정하지 못하였다. 이 밖에 각기 스타일에 차이가 있는데 쇼브러더스는 「홍루몽」 전체 대사와 노래에 황매조를 사용하였다. 이는 아마도 과거 「강산미인」 이 황매조를 사용하여 관객들로부터 많은 사랑을 받았던 점을 고려한 것으로 보인다. 하지만 '전무'는 대사에는 표준어를 사용하고 삽입곡은 별도로 노래를 작곡하였다.[20]

국제 합작 방면에서는 '전무'와 쇼브러더스 모두 우열을 가리기 힘들었다. 일찍이 1956년 '전무'는 싱가포르를 배경으로 하는 「풍우우차수」風雨牛車水와 말레이시아를 배경으로 하는 「농야와 빠빠」娘惹與峇峇[4] 등의 영화를 제작하였다. 그리고 1960년대 초, '전무'는 일본의 '도호'와 합작하여 「홍콩, 동경, 하와이」香港, 東京, 夏威夷「가장 긴 밤」最長的一夜, 「방콕의 밤」曼谷之夜 등의 영화를 제작하였다. 이러한 합작을 통해 '전무'는 동남아에서의 배급망을 확대하고 더불어 와이드스크린 컬러 영화 촬영이나 입체음향 녹음과 같은 일본의 제작 기술을 배우고자 하였다. 이 영화들은 일본에서 흥행 수입이 좋았으며 이를 통해 영화배우 우민은 일본과 동남아에서 이름을 날릴 수 있었다. 한편 소일부도 이에 뒤질세라 일본에 인력을 파견하여 닛카쓰日活, 도에이東映, 쇼치쿠松竹 등의 영화사로부터 제작 및 배급 시스템을 배워 오

---

4 중국인과 말레이시아인 사이에서 태어난 자손을 가리키는 말로, 여자는 농야(娘惹; nyonya), 남자는 빠빠(峇峇; baba)라고 부른다.

쇼브러더스의 「보련등」은 임대의 유작이 되었다. 사진은 악풍 감독이 임대와 이청(李菁)에게 연기를 지도하는
모습

쇼브러더스의 배급 책임자였던 채문현(앞줄 오른쪽)은 소인매를 대신해 각본 심사를 도맡아 하였다.

도록 하였다. 적지 않은 일본 감독과 스태프 인력이 쇼브러더스에 고용되어 홍콩으로 건너왔다. 일찍이 1950년대에 쇼브러더스는 일본의 스타 이향란李香蘭(일본명은 야마구치 요시코山口淑子)을 홍콩으로 초빙하여 3편의 영화를 찍었다. 또한 '도호'의 도움을 받아 민간 전설 「백사전」白蛇傳에서 제재를 취한 「백부인의 사랑」白夫人之妖戀을 제작하기도 하였다.[21]

'전무'와 쇼브러더스의 경쟁은 해외 시장에서도 점차 가열되었는데, 양자 모두 동남아 시장 점유율을 높이기 위해 전력을 다했다. 쇼브러더스는 일본 주재원을 파견하여 일본 영화의 판권을 구입해 동남아에 배급하였다. 이에 「라쇼몽」羅生門과 「지옥문」地獄門과 같은 명작도 홍콩에서 연이어 상영되었다. 필리핀, 한국, 말레이시아 영화도 쇼브러더스에 의해 더빙되어 홍콩에서 배급 상영되었다. 채문현蔡文玄은 쇼브러더스의 오랜 가신으로, 1930년대에 소씨 가문의 형제들이 상해에서 홍콩으로 올 때부터 함께하였고, 후에는 쇼브러더스의 동남아 주재 배급 책임자를 맡았다. 그의 아들 채란蔡瀾은 니혼대학日本大學에서 공부하던 당시 쇼브러더스의 일본 주재 대표로 취임하였다. 아래 글은 당시 상황에 대한 채란의 회고담이다.

홍콩 영화가 아직은 크게 뜨지 못하였던 당시, 싱가포르와 말레이시아는 매우 중요한 시장이었다. 모두가 함께 심야에 TV에서 광동어 영화를 볼 때면, 항상 도련님[소일부]께서는 동남아에서 오게 된 사연을 들려주곤 하였다. 내 일반적인 인상으로는 싱가포르·말레이시아는 남쪽의 금광과도 같은 곳이었다. 나는 그곳 사람들이 대부분 돈이 많을 것이라 생각했다.

당시 홍콩에서 영화를 찍던 이들은 대부분 동남아 영화상의 의견을 들었는데, 독립 영화사는 동남아 관객을 공략하기 위해, 사현이 맡은 배역이 동남아에서 돌아온 것으로 설정하여 흥행에 유리하도록 하였다. 쇼브러더스나 '국태' 같은 대형 영화사들은 모두 이런 과정을 거쳐 왔다.……

각본이 완성되면 필사 전문가가 날카로운 철필로 등사 원판에 옮겨 적은 뒤, 다시 한 장 한 장 등사·장정하여 한 권의 책자로 만들었다. 표지는 특별히 디자인된 붉은색의 큰 글자로 인쇄되어 있었는데, 영화 제목 아래에는 각본가와 감독의 이름이 찍혀 있었다. 크기는 요즘 복사에 사용하는 일반 A4용지 크기였다. 감독들은 이 각본에 근거하여 볼펜을 가지고 대사와 대사 사이에 선을 긋고 부호를 적어 놓았는데 이것이 이른바 '장면scene 나누기'分鏡頭였다.……

소일부 선생은 홍콩에 와서 천하를 도모하고 형 소인매 선생은 싱가포르에 남아 제자리를 지켰다. 그는 워낙 지체가 높고 일이 바쁜 양반인지라 각본을 읽는 일은 배급 책임자였던 내 아버지 채문현에게 맡겼다. 아버지는 다 읽고 나면 스토리를 소인매 선생에게 들려주었고, 소인매 선생이 찍을지 말지 혹은 무엇을 수정할지를 결정하였다. 이런 과정은 수년간 유지되어 장철張徹; Chang Cheh의 무협영화가 동남아를 풍미하기 시작할 무렵까지 지속되었다. 장철의 영화는 상당히 잔혹해서 영화 말미에 이르면 남자 주인공은 온몸이 피투성이가 되곤 하였다. 동남아의 영화 검열기관이 수차례 경고하였지만 듣지를 않았다. 마지막에는 더욱 심해져서 내장이 다 튀어나오고 나서야 만족하곤 하였기에 몇 편의 영화는 상영 금지까지 되었지만 장철은 여전히 자기 고집대로만 하였다.

이 무렵 남양 지역의 각본 고문은 더 이상 고문 노릇을 제대로 하지 못하게 되었다. 액션영화가 홍콩에서 큰 인기를 끌고 대만 시장에도 입지를 굳혔으며 인도네시아·필리핀·베트남에서도 환영받아, 싱가포르·말레이시아의 비중이 이미 낮아졌던 것이다. 하지만 여전히 형식적으로나마 이전과 마찬가지로 홍콩에서 각본을 부쳐 주었다.[22]

4. 잠시 동안의 화해

1962년 8월 '전무'의 종계문은 인사 분규 문제로 인해 사표를 내고 '리디퓨전' 산하[RTV]로 들어갔다. 같은 해 손진삼이 세상을 떠나고 송기도 사표를 내자 육운도가 직접 사장 직을 맡을 수밖에 없었다. 그는 투자 증대를 결정하고, 여러 편의 와이드스크린 컬러 영화를 제작했다. 또한 1963년 1월에는 대만의 국제영화사에 1,000만 대만달러臺幣를 지원해 '전무'의 해외 조직을 만들어, 대만 시장을 개척했다. '국제'가 제작한 「협녀」俠女; A Touch Of Zen는 놀라운 성공을 거두어 이들의 기대를 저버리지 않았다. 영화 제작 사업 강화를 위해 육운도는 다시 이한상의 '국련'國聯과 '연방'聯邦에 500만 미국달러를 지원해 이를 '전무'의 대만 제작기지로 삼았다. 영화계 인사들은 육운도가 집권한 뒤로 '전무'에 중흥의 기운이 돌기 시작했다고 말했다.[23]

이와 동시에 '전무'와 쇼브러더스는 홍콩과 싱가포르·말레이시아에서 수년간 치열한 경쟁을 벌여 왔지만, 이러한 용호상박의 다툼이 결국에는 상처뿐인 전투로 변모해 가고 있음을 깨닫게 된다. 그리하여 1964년 3월, 쌍방은 대립을 종식시킬 것을 결정하고 '신사협정'을 맺어 신문 매체에 정식으로 암투 경쟁의 중단을 선포하였다. 1964년 『은하화보』銀河畫報는 당시의 상황을 다음과 같이 기록하고 있다.

1964년 3월 5일은 홍콩 영화사상 중요한 날이라 할 수 있을 것이다. 이날 이후로 전체 영화계에 화해의 기운이 돌기 시작하였기 때문이다. 실로 이는 영화 종사자들과 관객들이 가장 바라는 바이다. 근 반년 동안, 양대 영화사인 '전무'와 쇼브러더스 사이의 암투와 경쟁은 홍콩 영화계에 전에 없던 긴장을 형성해 왔다. 동시 제작은 양측 모두에 치명적인 타격을 주었으며, 경쟁은 이미 다툼으로 변모해 이대로 가다가는 양측에 피해가 될 뿐 아니라 영화의 수준 저하를 가져올 수도 있었다.……

'전무'와 쇼브러더스의 수년에 걸친 경쟁전은 결국 화해로 끝을 맺었다. 위 사진은 두 영화사의 수장인 주국량(朱國良)과 소일부

관련 부문에서 양대 영화사의 경쟁 종식을 중재한다는 사실이 3개월 전부터 이미 풍문으로 들려왔다. 하지만 구체적인 결론이 나지 않아 발표를 하지 못하고 있었을 뿐이었다. 다시 여러 차례의 절충 협상회의를 거쳐 결국 원만한 결과를 내어 쌍방이 '신사협정'을 맺게 되었다. 그리하여 3월 5일 홍콩에서 쇼브러더스와 '전무'의 책임자들이 연합으로 기자회견을 통해 정식으로 선포하였다. 홍콩 영화·연극사업 자유총회 주석 호진강이 대변인으로서 신사협정의 내용을 발표했는데 그 요점은 아래와 같다.

첫째, 금일부터 상대 측 영화사의 각본가, 감독, 배우, 혹은 기타 중요 스태프를 스카우트하지 않는다. 단 계약이 끝나 옮기거나 미리 상대 측의 동의를 얻어 임대하는 경우는 예외로 한다.

둘째, 금일부터 동시 제작을 하지 않고, 매월 혹은 격월로 양측의 제작 부문 책임자가 간담회 형식으로 만나 의견을 교환하되, 만일 한쪽에서 영화 제작 계획을 일단 발표하면 다른 쪽에서는 이를 제작하지 않는다. 단 1년 뒤에도 여전히 촬영을 시작하지 않는 경우는 예외로 한다.

셋째, 이한상 사건의 경우 관련 부문의 '최대한의 양해와 동의'를 얻었으므로 '국련'의 「칠선녀」는 홍콩과 동남아에서 상영하되, 이한상과 쇼브러더스는 계약 해지를 선포한다.

넷째, 엄준이 찍고 있는 「양산백과 축영대」와 「맹려군」孟麗君이 완성되면, '전무'에서 배급한다. '전무'도 이한상이 다른 영화사에서 일할 수 있도록 동의한다.

이 '협정'을 살펴보면, 실제로 이득을 본 것은 이한상과 엄준 두 사람뿐이다. '전무'와 쇼브러더스 사이에는 동시 제작을 다투지 않는 것을 제외하면 별다르게 중요한 것이 없다. 다만 이 두 영화사 사이의 화해의 분위기는 높이 평가해야 할 것이다. 이후로 만일 영화 제작 면에서만 경쟁에 힘쓰고 더 이상 아이들처럼 다투지 않는다면, 짧은 시일 내에 홍콩 영화의 수준을 제고할 수 있을 것이다. 그렇게만 된다면 이는 홍콩 영화계로서는 진정한 축복이라 하겠다. 동시에 우리는 이후로 해외 진출에 모두가 일치단결하여 노력할 수 있기를 바라며, 약속을 지켜 어떤 공개적인 모임에 참가하더라도 '홍콩 대표단'의 면목을 세울 수 있게 되기를 바란다. 할리우드 영화 사업이 침체기로 접어들고 있는 지금이야말로 가장 좋은 기회이다. 홍콩 정부도 지원과 협조를 아끼지 말고, 홍콩이 세계 영화계에서 '동방의 할리우드'라는 이름에 걸맞은 영예를 누릴 수 있도록 해야 할 것이다.[24]

5. '전무'의 추락과 쇼브러더스의 어부지리

1960년대 '전무'와 쇼브러더스는 모두 고도의 중앙집권 전략을 시행한다. 육운도와 소일부는 마치 두 영화사의 화신과도 같았으며, 모든 대권이 한

육운도 부부가 대만의 영화제에 참가하러 떠나기 전에 사람들과 함께 공항에서 찍은 사진. 구덕근(邱德根)·구금추(袁錦秋) 부부, 뇌진(뒷줄 왼쪽에서 네번째), 조뢰(뒷줄 왼쪽에서 다섯번째), 왕천림(앞줄 왼쪽에서 두번째) 등이 함께하였다. 하지만 불행히도 육운도는 이 대만 여행에서 비행기 사고로 사망한다.

개인에게 집중되어 있었다. 소일부가 육운도에 비해 운이 좋았던 점은 장수했다는 사실이다. 이 덕분에 쇼브러더스의 정책이 반세기 가까이 안정화될 수 있었다. '전무'와 쇼브러더스가 화해한 지 3개월 뒤 상황이 돌변하였다. 1964년 6월 20일, 제11회 아시아영화제가 대만에서 거행되었는데, 육운도는 이때 처음으로 대만 땅을 밟아 영화제 당국에서 준비한 관광 활동에 응하여 신혼의 아내와 함께 여행에 참가하였다. 하지만 뜻밖에 돌아오는 비행기가 대만 중부에 위치한 풍원豐原에서 폭발하여 육운도 부부와 행정 스태프 왕식파王植波, 제작주임 주룡周龍 등 57명이 모두 사망하면서, '전무' 내부에 일대 혼란이 일어난다. 쇼브러더스와는 달리 육운도는 이복형제와의 관계가 좋지 못했기 때문에 육운도의 영화 사업은 모두 그의 머리에 의해 유지되고 있었다. 따라서 그가 죽자 매부 주국량朱國良이 이어받을 수밖에 없었다. 주국량의 아버지는 원래 육운도의 아버지(육우)의 아랫사

영결식에서 '전무'의 스타 배우 엽풍(葉楓)이 육운도의 죽음을 애도하고 있다.

람이었다. 주국량은 1910년 쿠알라룸푸르에서 태어나 영국 런던대학과 옥스퍼드대학에 유학하였는데, 농업을 전공하였기 때문에 육운도의 고무나무 농장 사업을 관리하고 있었다. 1965년 6월 주국량은 홍콩에 와서 '전무'를 국태그룹(홍콩)유한회사國泰機構(香港)有限公司(이하 '국태')로 개편할 것이며, 싱가포르 국태그룹이 직접 관리할 것이라고 발표하였다. 이 소식에 배우 임대와 낙체가 자살하고, 우민과 갈란이 영화를 그만두었으며, 산하의 감독과 배우 대부분이 '전무'를 떠나 쇼브러더스로 옮겨 갔다. '국태'의 영화 생산량과 시장 점유율은 하락하여,[25] 결국 1971년에는 정식으로 영화 제작 부문을 없애고 만다. 마침 추문회가 쇼브러더스를 떠나 골든하베스트를 창립하자, 주국량은 영화永華 스튜디오와 촬영 장비를 골든하베스트에 넘겨주고, 골든하베스트의 작품을 '국태'를 통해 싱가포르·말레이시아에 배급하였다. 이리하여 '국태'는 배급과 극장 사업만 남게 되면서 10년 동안 이어 온 수직통합 방식의 경영은 그 종말을 고하게 된다.

'전무'의 요인 유보경(俞普慶, 가운데 서 있는 사람)과 주국량(가운데 머리를 숙이고 있는 사람)이 기자회견장에서 육운도의 사망 소식을 전하고 있다.

주국량·육완정(陸婉婷, 육운도의 여동생) 부부가 딸 주미련(朱美蓮)과 함께 촬영장을 돌아보고 있다.

육운도 부부의 사망을 많은 사람들이 애도하였다.

中華民國五十三年公曆一九六四年七月十八日 星期六 華僑日報 WAH KIU YAT PO

本港新聞 1

今年電影界第二件轟動社會大事

林黛突然自殺殞命

事前夫妻爭吵丈夫深宵離家至昨日午膳仍不欲回家

及聞女傭報稱叩太太門無應聲始趕回惟已挽救無及

遺書只囑丈夫善視兒子並將個人遺產全部撥歸兒子

遺書只是關心兒子

爭吵之後丈夫外出

叩門不應丈夫始回

契女馮寶寶甚傷心

並無不愉快的心事

要求勿將屍體剖驗

從林黛這張「全家福」看，可知她一句是愉快的。（本報攝）

임대의 자살 사망을 보도한 1964년 7월 17일자 신문

'전무'의 스타 우민이 쇼브러더스의 스타 임대의 사망을 애도하고 있다.

2장 / 쇼브러더스 영화 왕국의 확장

육운도의 사후 '전무'의 제작부문이 붕괴되면서 쇼브러더스는 승세를 잡게 됐다. 이에 따라 쇼브러더스의 영화 생산량은 해마다 급증하였다. 쇼브러더스는 1958년 한 해에 8편의 영화밖에 생산하지 못했지만, 1965년에는 15편, 그리고 1966년에는 31편, 1974년에는 49편이나 제작했다. 매년 최고 흥행 순위 20위 안의 영화 대부분이 쇼브러더스의 작품으로, 홍콩 영화 시장을 거의 독점하다시피 하였다.[26]

1. 신식 무협영화의 굴기

소일부는 중앙화·시스템화 방식을 통해 영화세트장을 관리하고자 하였다. 이런 시스템은 사실 전형적인 인맥 관계의 균형 위에서만 존재할 수 있는 것이다. 소일부는 장기계약제를 통해 쇼브러더스의 영화세트장 내에 안정적인 생산 인력을 끌어모았는데 이 생산 인력들은 점차 감독을 우두머리로 하는 각기 다른 계파 진영으로 발전해 갔다. 쇼브러더스 성립 초기에는 북방에서 내려온 일군의 감독(광동 사람들은 이들을 '외강로'外江佬5라 불렀다), 예를 들자면 이한상, 호금전胡金銓, 장철과 같은 이들을 기용하였다. 이한상

쇼브러더스빌딩에서 장철과 산하의 배우들이 기자회견을 하는 모습

은 일련의 황매조 영화를 만들었다. 그리고 호금전은 '미국의 소리'美國之音: The Voice of America 방송사에 있다가 추문회에 의해 스카우트되었다. 그는 악화岳華·정패패鄭佩佩 주연의 「대취협」大醉俠(1966)에 감독으로 기용되면서 쇼브러더스에 무협영화의 새로운 국면을 열어 주었다. 그리고 장철은 쇼브러더스에 들어간 후 왕우王羽: Jimmy Wang Yu를 스타로 길러 냈지만, 왕우가 대만으로 건너가 그곳에서 성공하자 다시 신인을 기용하여 일련의 강한 남성적 이미지의 무협영화를 만들어 냈다. 그는 강대위姜大衛: David Chiang Da-Wei, 적룡狄龍: Tommy Tam; Ti Lung, 진관태陳觀泰, 부성傅聲 등의 남성 액션배우들을 연이어 길러 냈다. 이 같은 '외강로' 감독들의 작품은 주제에서부터 표현 방식에 이르기까지 모두 북방의 기질이 농후하다. 영화세트장 내의 권력 분포도 점차 대감독이 주도하는 형태로 변모하여 장철이나 이한상 같은

5 주로 광동성·복건성 등지에서 외지인을 가리키는 호칭이다.

쇼브러더스 스튜디오에서 무협영화를 촬영하는 모습(구랑邱良 촬영)

쇼브러더스 영화세트장에서 유가량이 「란두하」(爛頭何)에 출연한 유가휘(劉家輝)와 왕우(汪禹)에게 무술 연기를
지도하고 있다.

대감독들은 자신의 안목에 따라 배우와 작업 인력을 선발해 팀원을 구성했으며, 생산의 밀도를 높여 동일한 영화 장르를 반복해서 제작했다. 이와 같은 방식은 영화사의 흥행 수익에도 도움이 되었을 뿐만 아니라 간접적으로 쇼브러더스 영화세트장 내에서의 자기 팀원들의 지위를 제고시켜 더욱 좋은 영화 제작 자원을 얻을 수 있게 했다.[27]

하지만 이한상과 호금전은 각각 1963년과 1966년에 쇼브러더스를 떠나 대만으로 건너가 발전을 도모하였다. 1970년대 중반, 장철 역시 독립해 따로 장궁영화사長弓電影公司; Chang's Film Co.를 세웠다. 그리고 소일부가 초빙해 온 1960년대 중반 광동어 영화계의 명감독 진검은 안타깝게도 1969년 자살하고 만다. 하지만 소일부는 이어서 광동 출신인 초원을 발굴하여 쇼브러더스 진영에 영입하고 무술사범 출신인 유가량을 감독으로 선발하여 남방적인 색채가 가득한 영화를 만들어 낸다. 예를 들자면 유가량은 남소림사南少林寺의 이야기를 영화 속에 집어넣고, 방세옥이나 홍희관의 이야기를 새롭게 바꾸어 액션영화의 또 다른 황금기를 이루었다. 초원은 본래 진검의 제자였는데 쇼브러더스가 고룡古龍의 무협소설 판권을 사들인 뒤, 그로 하여금 「유성·호접·검」流星·蝴蝶·劍(1976), 「초류향」楚留香(1977) 등의 영화를 감독하도록 하였다. 그리고 슬픈 사랑 이야기를 무협영화 속에 집어넣어, '홍콩화'된 고룡 판타지 무협영화의 조류를 만들었다. 장철, 이한상, 초원, 유가량 등의 몇몇 감독은 쇼브러더스의 영화세트장 내에서 각종 장르영화들을 연이어 만들어 냈다.

1969년 방일화方逸華; Mona Fong Yat-Wah가 쇼브러더스에 들어가게 되면서, 쇼브러더스 내부의 권력 질서에 변화가 나타난다.[28]

2. 스튜디오가 만들어 낸 스타들

쇼브러더스가 흥성할 무렵, 영화세트장 내의 권력 분포 역시 점차 대감독 주도로 변모하고 있었다. 소일부 산하의 '외강로'인 장철, 호금전, 이한상 등의 감독들은 자신의 안목에 따라 배우와 스태프를 선발하고 생산의 밀도를 높여 동일한 장르의 영화를 반복적으로 만들었다. 또한 개인에 맞게 극 전개를 디자인하여 자신이 선발한 '수양아들'契仔과 '수양딸'契女을 스타로 길러 냈다. 이로부터 감독과 스타의 관계 또한 역사적인 '의부契爺-수양아들/딸' 시기로 접어들게 된다.

쇼브러더스가 무협 쪽으로 진로를 잡은 이후 길러 낸 최초의 액션스타는 바로 「독비도」獨臂刀[국내명 「외팔이」]의 왕우王羽였다. 왕우의 본명은 왕정권王正權으로 강소江蘇성 무석無錫 사람이다. 그는 상해체육대학 수영과를 졸업하고 1960년 홍콩으로 건너갔다. 홍콩으로 남하한 많은 상해 상인들과 마찬가지로 그의 아버지는 밀가루 장사를 주업으로 하였는데 홍콩에 홍콩제분공장을 창업하여 집안이 풍족했다. 왕우는 홍콩에 온 뒤로 장영이 세운 화교영화사에 들어가 광동어 영화 「귀흥수」鬼兇手에 출연하였다. 이 영화는 동시녹음을 했는데 광동어로 대사를 하는 데 많은 어려움을 겪은 왕우는 점점 자신감을 잃고 있었다. 마침 이 무렵 쇼브러더스가 배우를 모집하였고, 왕우는 1,000:1의 경쟁을 뚫고 면접관 추문회, 하관창何冠昌, 장철 등에 의해 선발되어 표준어 영화를 찍게 되었다. 왕우는 쇼브러더스의 전속배우로 계약할 때 월급이 200홍콩달러밖에 되지 않았다. 사실 쇼브러더스보다 원래 있던 남국南國 배우아카데미 졸업생의 월급이 더 많았다. 하지만 왕우는 집안이 워낙 풍족하였기 때문에 200홍콩달러의 월급으로도 스튜디오 내에서 씀씀이가 크고 명차를 끌고 출퇴근하는 것으로 유명하였다(하지만 성격은 거칠었다). 1967년 추문회가 명작가 예광倪匡을 불러와 왕우에 맞춰 「독비도」의 각본을 만들도록 하였다. 이 영화는 큰 인기를 끌어 홍

장철은 수많은 지원자 가운데 상해에서 내려온 수영선수 왕우를 선발하여 은막의 스타로 만들었다.

행 수입이 100만 홍콩달러를 돌파하였고, 장철에게 '백만 감독'이라는 영예를 안겨주었다. 이로부터 장철 수하의 배우들도 갈수록 늘어 갔다.[29] 하지만 왕우는 이름을 날린 뒤로 계약을 파기하고 자립할 생각을 점차 갖게 되면서 순식간에 장철·소일부와 사이가 멀어졌다.

스튜디오 시스템의 유동작업 방식에서, 쇼브러더스가 길러 낸 신예 스타들도 컨베이어 벨트 위의 상품이나 마찬가지였다. 장철은 자신이 길러 낸 왕우와의 반목 이후 곧 적룡·강대위·진관태·왕종王鐘으로 구성된 '사총사'四騎士를 길러 냈고, 여기에 이수현李修賢; Danny Lee Sau-Yin이 가담한 뒤로 이들은 '오호장'五虎將이 되었다. 이처럼 스튜디오 시스템하에서 유동작업 방식으로 생산되는 것은 영화만이 아니었다. 스타 역시 마찬가지였다.

왕우가 홍콩을 떠나 대만으로 건너가자, 쇼브러더스는 장철이 길러 낸 신인 부성·적룡·강대위 등을 지원하여 왕우와 이소룡에 맞섰다. 그 가운데 강대위의 성장 배경은 1950~1960년대의 다른 홍콩 영화인들과 유사하다. 그는 남하한 연예인 가정 출신으로 부모와 사부에 의해 영화계에 발을 들

쇼브러더스는 예광을 불러와 왕우(왼쪽에서 두번째)를 위한 각본을 쓰도록 하여 「독비도」의 이미지를 만들었다.

장철이 아꼈던 배우들. 왼쪽부터 강대위, 진관태, 적룡

쇼브러더스의 신인 강대위와 적룡은 영화계의 남과 북, 두 갈래 전통을 대표한다. 사진은 두 사람이 「복수」의 기자회견장에 나온 모습

여놓게 된다. 하지만 강대위와 달리 부성과 적룡은 표준어를 할 줄 모르는 광동 토박이(부성의 아버지는 신계 지역 거주민의 지도자인 장인룡張人龍이었다)였으며, 쇼브러더스 배우아카데미에 합격하면서 영화계에 발을 들여놓았다. 1970년대부터 강대위와 같은 배경을 지닌 배우는 갈수록 줄어들었고, 반대로 부성이나 적룡과 같은 배경을 지닌 영화인이 많아졌다.

강대위의 집안은 연예인 가족으로 아버지는 명배우 엄화嚴化였고, 어머니도 배우 홍미紅薇였다. 형 진패秦沛, 동생 이동승爾冬陞; Derek Yee Tung-Sing은 어렸을 때부터 쇼브러더스 스튜디오에서 아역배우로 활동하여 영화 「가동」街童에 출연하였다. 강대위는 조금 성장한 뒤에 쇼브러더스에 들어가 액션 스턴트맨龍虎武師을 맡았는데, 체격은 비록 왜소했지만 장철에 의해 영화 속 반역자 역할로 선발되어 「반역」叛逆, 「자마」刺馬 등의 영화에 출연하였고, 「복수」報仇로 아시아영화제 남우주연상亞洲影帝을 받았다.[30]

적룡은 본명이 담부영譚富榮으로 배우 인생에서 세 번의 변신을 거치게 된다. 그는 장철의 양강陽剛영화[6], 초원의 신식 무협영화, 오우삼吳宇森; John Woo의 영웅영화에서 각기 주연으로 출연하였다. 적룡은 광동성 신회 사람으로 1946년생이다. 12살 때 재봉을 배웠고 1968년 쇼브러더스에 들어가 장철에게 선발되어 액션영화 「사각」死角에 출연하였다. 1973년에는 「자마」

6 강한 느낌의 남성적인 영화를 뜻한다.

강대위는 「복수」로 아시아영화제 남우주연상을 받았다.

적룡의 스크린상의 영웅 이미지는 수차례 변화를 겪는다. 위 사진은 1990년대 「변성낭자」(邊城浪子)를 새로 찍을 당시 당가(唐佳)와 함께 찍은 사진

쇼브러더스가 길러 낸 스타들이 영화계를 장악하였다.

로 아시아영화제 남우주연상과 금마장金馬獎영화제 남우주연상의 영예를 안게 된다. 후에 초원에게 발탁되어 신식 무협영화에 출연하였는데, 「초류향」, 「천애명월도」天涯明月刀, 「냉혈십삼응」冷血十三鷹의 주연을 맡았다. 1986년에는 오우삼에게 발탁되어 「영웅본색」英雄本色; A Better Tomorrow에 출연해 쇼브러더스의 시기별 영웅 이미지의 변천사를 보여 준다.[31]

3. 제작·배급·상영의 통합

'전무'의 해체 이후, 중국어 영화권 가운데 유일하게 쇼브러더스만이 할리우드 황금기의 스튜디오 시스템을 채용한 대형 영화사였으며, '동남아 영화 왕국'이라 불렸다. 1967년 당시 쇼브러더스의 영화 한 편당 수익 목표는 최소 100만 홍콩달러였다. 쇼브러더스는 남국 배우아카데미를 운영하였고, 영화계 원로인 고문종顧文宗의 주관 하에 정패패, 악화, 진홍렬陳鴻烈, 나열羅烈, 이청李菁 등을 길러 냈다. 그 뒤로 영화·TV 배우아카데미도 만들었는데, 과거 '전무'의 주요 인물이었던 주욱화가 책임을 졌으며 부성·왕우汪禹·미설米雪; Michelle Yim 등의 배우를 육성하였다. 쇼브러더스는 수많은 계약제 스타 배우들, 대형 스튜디오, 팀 형태로 구성된 감독과 각본가들, 그리고 기숙사, 극장, 현상·인화소 등을 보유하고 있었다. 이로써 제작·배급·상영, 그리고 선전 등의 모든 부문을 자급자족할 수 있었다.[32]

상해 성요한대학(聖約翰大學)을 졸업한 추문회(오른쪽에서 세번째)는 일찍이 쇼브러더스 스튜디오의 운영 시스템을 시도한 바 있었다.

1969년 쇼브러더스의 제작주임 신분으로 홍콩방송국香港電臺; Radio Television Hong Kong; RTHK의 「조금 더 알아봅시다」知多一點點라는 프로그램에 출연한 추문회는 인터뷰에서 쇼브러더스의 영화 제작 과정을 상세히 소개한 바 있다. 그는 쇼브러더스의 각 영화별 제작비는 약 80~150만 홍콩달러(당시 돈으로 약 30만 미국달러)이며, 외국 현지 촬영이 필요한 영화의 경우 제작비는 200만 홍콩달러가 넘기도 한다고 설명하였다. 추문회의 설명에 따르면 당시 홍콩 독립 제작사의 제작비는 상대적으로 적어 한 편당 약 50만 홍콩달러 정도였다. 이와 비교해 보면, 쇼브러더스의 영화는 대자본 제작이라 할 수 있었다. 아래에서는 쇼브러더스의 유동작업 방식의 상황에 관하여 상세히 살펴볼 수 있다.

① 각본팀에서는 명작 혹은 창작 소설에서 스토리를 선택하는데(1969년에 쇼브러더스의 각본가는 18명이었다), 선택된 스토리는 부서 내 여러 사람

에게 심사를 받는다. 만약에 스토리가 영화로 찍을 만하다고 생각되면 쇼브러더스는 판권을 사들이고 각본가 한 명에게 영화의 시놉시스를 구성하도록 한다.

② 쇼브러더스 산하의 각 감독들에게 시놉시스를 보여 주고서 만일 어느 한 감독이 그 스토리에 관심을 보이면, 영화사는 바로 이 감독을 각본가에게 보내어 상의하도록 하고 시놉시스를 하나의 영화 각본으로 완성하도록 한다. 각본은 다시 심사·개편을 거친 후 제작부로 넘겨진다.

③ 각본은 제작부에 넘겨져 기획 작업에 들어가 촬영을 준비한다. 첫째로, 작업 인력[스태프]과 연기자·직원 명단을 제작자에게 넘겨준다. 둘째, 배경·의상·소품 등의 자원 배치를 결정한다. 셋째, 정식으로 제작자와 감독이 배우 명단(속칭 캐스트cast)을 정하고, 주연과 조연을 결정한다. 모든 준비가 완료되면, 작업 회의를 열어 정식으로 작업을 개시한다. 촬영 개시 며칠 전에 우선 스틸컷을 찍고 감독과 제작부서에 보내 세밀히 연구하도록 하여, 의상과 분장을 극 상황의 요구에 맞춘다. 그러고 나서 정식으로 촬영을 시작한다.

④ 90분짜리 장편 한 편의 촬영은 약 60일이 걸리므로 하루 평균 몇 분 정도의 필름밖에 촬영하지 못하는 셈이다. 감독이 촬영을 시작하기 전에 스태프가 우선 배경을 설치하고 조명감독이 배경에 따라 조명을 배치해 놓는다. 하루 촬영 시간은 약 8~10시간 정도이다.

⑤ 후반 작업의 경우 촬영장에서 촬영을 완료한 후 약 1~2개월 동안 진행한다. 일반적인 영화 한 편을 촬영하는 데 약 12,000~15,000미터 정도의 필름이 필요한데 정식으로 상영할 때는 2,700미터 정도만 남겨 두면 된다. 따라서 만족스럽지 못하거나 훼손된 부분은 잘라 내야 하며 다시 남겨진 필름을 편집하고 거기에 대사·음향·음악 등을 입혀야만 비로소 편집이 완료된다. 쇼브러더스는 홍콩에 자체 컬러 필름 현상·인화시설을 갖추

고 있어 현상·인화를 위해 외국에 운반할 필요가 없었다. 때문에 적지 않은 시간과 돈을 절약할 수 있었다.[33]

1970년대 초 쇼브러더스 영화의 제작비는 편당 250만 홍콩달러까지 올라갔는데, 전성기 때 매년 생산되는 영화가 40~50편 정도에 달하였으니 매년 제작비가 최고 1억여 홍콩달러에 달하였다는 말이 된다. 쇼브러더스가 직접 세운 영화세트장의 면적이 46만 평방미터에 달하였고, 그 안에 스튜디오 15동, 오픈세트 및 촬영장 16곳, 더빙 및 녹음실 3곳, 그리고 수많은 현상실과 영사실이 있었다. 각 스튜디오마다 팀별로 돌아가면서 유동작업을 진행하였는데, 각 스튜디오별로 3팀이 각기 8시간씩 작업하여 스튜디오 자원을 충분히 활용하였다. 초빙되어 온 배우가 약 1,500명에, 기타 직원이 약 2,000명 있었다. 쇼브러더스의 배우들은 대부분 영화사와 8년을 기간으로 삼아 계약을 맺고 있었으며, 월급은 대체로 1,000홍콩달러부터 시작하였다. 1970년대 중반에 접어들면, 쇼브러더스가 매년 영화에서 벌어들이는 이윤이 650만 달러(당시 1달러는 약 4~5홍콩달러였다)로 거의 투자액의 2~3배 정도였다고 한다.[34]

4. '더블 체인' 상영 시스템

쇼브러더스의 성공은 사실 방대한 극장체인 배급망에 기반한 것이었다. 쇼브러더스가 홍콩, 대만, 동남아, 캐나다, 미국 등지에 소유한 극장은 143곳이 넘었다. 이 밖에 호텔, 은행, 보험, 부동산 등에도 투자를 하고 있었다.[35]

1955년, 홍콩의 첫 표준어 영화 극장체인이 만들어졌다. 1959년에 표준어 영화를 상영하는 극장은 4곳에 불과하였지만, 1968년에 이르면 14곳으로 늘어나고, 1969년에는 다시 24곳으로 늘어난다.[36] 이러한 성장은 쇼

쇼브러더스는 더블 체인 상영시스템을 통해 '집게식 양면 공격'을 전개하여 시장을 장악하였다.

쇼브러더스 극장체인은 지속적으로 확장되어 갔다.

브러더스가 불러일으킨 신식 무협영화 붐, 그리고 극장체인의 합종연횡 전략과 밀접히 연관되어 있었다. 예를 들어 1968년 쇼브러더스는 14개의 극장을 가지고 있었는데, 9개는 구룡에, 5개는 홍콩섬에 위치해 있었다. 이해 7월 1일, 쇼브러더스는 '더블 체인'雙線 상영 시스템을 도입하였다. 즉 극장을 A와 B 두 개의 체인으로 나누었는데, A체인에는 '경화'京華, '국빈'國賓, '할리우드', '명성'明聲, '황궁', '아주'亞洲 등의 극장이 포함되었고, B체인에는 '국민', '여화'麗華, '황금'黃金, '런던'倫敦 등의 극장이 포함되어 있었다. 이밖에 '오락', '국빈', '진광', '낙도'樂都, '국제'國際, '아주'의 6개 극장은 때에 따라 A체인이 되기도 하고 B체인이 되기도 하였다. 다시 말해 신작영화를 1

주일 상영한 뒤 다른 쪽 체인도 추가하여 매 신작영화를 10곳의 극장에서 동시에 상영하는 것이었다. 이 같은 더블 체인 상영은 필요할 때는 배치 방식을 바꾸어, 14개 극장이 '하나의 체인'이 되어 같은 영화를 함께 상영하기도 하였다. 당시 영화계 인사들은 더블 체인 상영을 '집게식 양면공격'鉗形攻勢이라 비유하였는데, 이런 방식은 쇼브러더스 영화가 성공을 거두는 데 도움을 주었다.[37]

쇼브러더스가 두 체인으로 상영하면서부터 매 영화를 평균 2주씩 상영한다면, 1년에 52편만으로도 두 체인의 수요를 채울 수 있었다. 표준어 영화의 성공과 함께 일부 서양 영화를 상영하던 극장주들도 연이어 투항하여 표준어 영화 극장체인에 가담하였다. 1973년에 이르러 쇼브러더스

가수 나문(羅文)과 임충(林沖)은 쇼브러더스의 여러 뮤지컬영화에서 배우들을 대신해 실제로 노래를 불렀다. 위 사진은 젊은 시절의 나문. 아래 사진은 '전무'의 뮤지컬영화 「위험인물」(危險人物)에서 감독 원추풍이 임충과 이광(夷光)의 연기를 지도하는 모습

가 아시아에서 직접 소유한 극장이 141곳이었고, 쇼브러더스와 상영 계약을 맺은 극장은 250곳이었다. 때문에 쇼브러더스 영화의 배급망은 아시아 최고라 할 수 있었다.[38]

3장 / 새로운 도전자
골든하베스트영화사

1970년대 중반 홍콩 영화계에서 가장 주목할 만한 변화는 바로 쇼브러더스가 신흥 영화사인 골든하베스트에게 패권을 빼앗긴 것이다. 쇼브러더스의 연간 생산량은 여전히 많았지만 매표 상황은 예전에 훨씬 못 미쳤다. 10대 흥행영화 순위를 놓고 보자면, 1970년대 상반기에는 쇼브러더스의 작품이 절반이 넘었지만 하반기에 들어서면서 쇼브러더스가 점차 하락세를 보이기 시작하였고, 흥행 수입도 해마다 감소하였다.[39]

1970년대에 급성장한 골든하베스트의 사장은 그동안 소일부와 손잡고 일해 온 추문회였다. 추문회는 상해 성요한대학聖約翰大學을 졸업했으며 1959년 쇼브러더스에 들어가 선전부 주임을 맡았다. 1970년에 이르러 추문회는 쇼브러더스의 사장과 자주 부딪히게 되면서 결국 쇼브러더스 제작 주임 하관창, 쇼브러더스의 기관지 『남국전영』 편집장 양풍梁風 등과 함께 독립하여 골든하베스트영화사嘉禾電影公司를 설립하였다.[40]

골든하베스트는 불과 40만 홍콩달러 정도의 자본금으로 시작했지만 적지 않은 쇼브러더스의 옛 동료들을 초빙하여 가담시키고 '국태'의 도움을 받게 되면서 비로소 쇼브러더스와 맞설 수 있게 되었다. 비록 '국태'의 사업은 육운도의 사망 이후 크게 위축되어 1972년에는 홍콩에서의 영

쇼브러더스를 떠난 이후로 왕우(왼쪽에서 세번째)는 골든하베스트를 비롯한 여러 독립 영화사의 액션영화에 출연했다.

화 제작 사업을 청산하고 말았지만, 골든하베스트가 과거의 숙적인 쇼브러더스에 대항하는 것을 돕기 위해 우지만牛池灣 부산로斧山道; Hammer Hill Road에 있는 영화永華스튜디오의 관리를 골든하베스트에게 맡겨 이들의 경쟁력을 높여 주었다. 하지만 골든하베스트의 성립 초기에는 자신만의 독자적인 경영 방침을 내놓지 못한 채, 대부분 쇼브러더스의 관리 시스템을 모방했다. 영화 제작에서도 그들은 쇼브러더스의 스튜디오 시스템을 모방했다. 골든하베스트는 리더나 실무진 모두 부족한 데다 자금도 부족하였다. 그래서 그들은 쇼브러더스의 「독비도」의 인기가 아직 가시지 않은 것을 이용하여 왕우王羽를 초빙해 일본영화사와 함께 「독비도대전맹협」獨臂刀大戰盲俠; Zatoichi and the One-Armed Swordsman을 만드는 수밖에 없었다. 하지만 이로 인해 결국 쇼브러더스에 「독비도」의 표절 혐의로 고소당하였다. 표절 소송에

홍콩 총독 그랜덤(Alexander W. G. H. Grantham; 葛量洪)이 쇼브러더스 스튜디오를
방문하여 소일부와 추문회의 안내를 받고 있는 모습. 이를 통해 쇼브러더스에서
추문회의 지위를 짐작할 수 있다.

골든하베스트의 설립을 알리는 공고문

골든하베스트의 세 주역. 왼쪽부터 추문회, 하관창, 양풍

골든하베스트는 '전무'로부터 부산로의 영화스튜디오를 인수하였다.

장철, 그리고 그의 '오호장' 가운데 적룡, 부성, 진관태, 강대위

휘말리면서 골든하베스트는 다시 한번 경제적 위기에 직면하게 되었다.[41]
더군다나 이들이 만든 영화의 흥행 성적 역시 그리 좋지 못하였다.

1. 외주 제작 시스템

골든하베스트의 전환점은 이소룡의 쿵후 영화 시리즈로부터 시작된다(〈
표 5.1〉). 이소룡 주연의 「당산대형」唐山大兄을 촬영하면서부터, 골든하베스
트는 경영 방침을 바꾸어 외주 제작 시스템을 시행하였다. 권력을 하방 분
산시키고, 이윤 배분 시스템을 도입한 것이다. 「당산대형」의 촬영 자금은
골든하베스트가 태국에서 얻어 왔고, 영화는 나유羅維의 사유영화사四維公司
(이하 '사유')가 태국에서 대신 촬영했다. 그리고 이윤은 '사유', 골든하베스
트, 이소룡이 공동으로 나누었다.[42] 이때부터 골든하베스트는 이런 방식을
이용하여 영화를 제작하기 시작하였다. 골든하베스트는 '총제작자'라는 이
름으로 투자자의 역할을 맡고, 위성영화사들의 독립 제작을 지원하여, 영

연도	영화 제목	흥행 수입(홍콩달러)
1971	「귀류성」(鬼流星)	883,969
	「천룡팔장」(天龍八將)	924,005
	「도불류인」(刀不留人)	730,864
	「귀노천」(鬼怒川)	349,350
	「추격」(追擊)	397,557
	「당산대형」(唐山大兄)	3,197,417
	「독비도대전맹협」(獨臂刀大戰盲俠)	1,558,814
	「탈명금검」(奪命金劍)	681,812
	총계	8,723,788
1972	「금선풍」(金旋風)	602,816
	「맹룡과강」(猛龍過江)	5,307,351
	「정무문」(精武門)	4,431,424
	「합기도」(合氣道)	873,804
	「산동향마」(山東響馬)	479,473
	「철장선풍퇴」(鐵掌旋風腿)	401,794
	총계	12,096,662

출처: 林太路, 「鄒文懷: 時代的開拓者」, 「電影雙周刊」, 제558기, 2000년 8월 31일 ~ 9월 14일, 39쪽.

화가 완성되면 '골든하베스트 극장체인'에서 배급 상영하였다. 이소룡이 죽은 뒤, 골든하베스트는 위성영화사 시스템을 채용하여 전문 인력을 끌어들였다.

이소룡의 본명은 이진번李振藩으로 원적은 태산台山이다. 그는 월극 노관 이해천李海泉의 아들로, 어렸을 때 광동어 영화 「세로상」細路祥에 출연하였고, 소년 시기에는 백연·오초범과 함께 「인해고홍」人海孤鴻에 출연하기도 했다. 후에 미국에 건너가 유학하면서 절권도截拳道를 창시하였다. 유학을 마친 뒤 홍콩에 돌아와 출세하고자 애쓰던 이소룡은 쇼브러더스에 자신을 추천하면서 아래와 같은 계약 조건을 내걸었다. ① 편당 출연료 1만 홍콩달러. ② 촬영 시간은 60일이 넘지 않을 것. ③ 각본은 이소룡의 동의를 얻어야만 촬영을 시작할 수 있음. 그러나 소일부가 이소룡의 이러한 요구가 너

이소룡이 「당산대형」을 촬영할 당시 감독 나유(왼쪽에서 두번째), 다른 배우들과 함께 찍은 사진

「당산대형」이 싱가포르의 차이나타운, 우차수(牛車水)에서 상영할 당시의 광고

이소룡이 「당산대형」의 감독 나유(오른쪽에서 두번째), 추문회, 하관창과 함께 찍은 사진

이소룡의 출상(出喪) 광경

액션배우 이소룡은 화남 월극 배우 가문 출신으로, 왼쪽 사진은 막 출생한 이소룡과 그 부모(그의 아버지는 월극 노관 이해천이었다). 오른쪽 사진은 이소룡(오른쪽에서 첫번째)이 광둥어 영화에 출연했을 당시 모습

무 지나치다고 여겨 그와의 계약에 별 성의를 보이지 않자, 이소룡은 군말 없이 미국으로 돌아갔다. 마침 추문회가 인재를 찾던 중 이소룡이 무술영화에 딱 맞는 인물이라 여겨 온갖 계책을 써서 그를 홍콩으로 돌아오도록 만들었다. 이로부터 골든하베스트와 이소룡은 역사적인 합작을 성사시켜 쇼브러더스에 맞설 수 있었다. 1971년, 골든하베스트는 이소룡을 불러 「당산대형」을 촬영하였는데 결과는 대성공을 거두었다. 홍콩의 기존 흥행기록을 깨고, 320만 홍콩달러 가까운 수입을 거두면서 당시 홍콩 10대 흥행영화 가운데 1위를 차지하였다. 그 뒤로 「정무문」精武門; Fist Of Fury, 「맹룡과강」猛龍過江; The Way of the Dragon, 「용쟁호투」龍爭虎鬪는 모두 우수한 흥행 성적을 거둬, 골든하베스트가 미국에 진출하는 데 기초를 마련해 주었다.[43]

　　이소룡이 만든 영화는 비록 5~6편에 불과하지만, 이 영화들은 국제 시장에 골든하베스트의 명성을 떨칠 수 있게 해주었을 뿐만 아니라, 골든하베스트가 외주 제작 시스템에 더욱 의존하도록 만들었다. 이소룡이 사망한 뒤로 2~3년 동안, 대만에서는 300여 편의 영화를 제작했는데, 그중 태반이 이소룡을 모방한 쿵후 영화였다.[44] 골든하베스트 역시 마찬가지였는데, 이

이소룡의 사망 이후, 골든하베스트는 북파 액션배우인 성룡, 원표(元彪), 홍금보 등을 기용하여 영화를 촬영하기 시작하였다. 위 사진은 성룡(왼쪽에서 두번째)과 홍금보(오른쪽에서 세번째)가 어렸을 때 출연한 「양호십팔표」(兩湖十八鏢, 1966)

렇게 제작한 쿵후 영화들은 또한 140여 개 국가와 지역에 팔려 나갔다.[45]

이소룡이 1973년 세상을 떠난 뒤, 골든하베스트는 국제화에 더 매진하고 뛰어난 인재를 끌어모으는 데 힘썼다. 성룡, 홍금보洪金寶; Sammo Hung Kam-Bo, 오우삼 등을 발굴하고, TV 출신의 감독과 배우를 끌어들이는 데 주력하였다.[46] 그 가운데 유명한 이로 허관문許冠文; Michael Hui Koon-Man 형제가 있다. 1974년의 「귀마쌍성」鬼馬雙星; Games Gamblers Play[국내명 「미스터 부」], 1975년의 「천재여백치」天才與白痴[국내명 「미스터 부 5」], 1978년 「발전한」發錢寒 등 허관문 형제의 영화는 당시 홍콩을 풍미하였다. 그 가운데 「반근팔량」半斤八兩; The Private Eyes[국내명 「미스터 부 2」](1976)의 흥행 수입은 800만 홍콩달러를 넘어 흥행 신기록을 세웠고, 일본에서도 우수한 흥행 성적을 거두었다. 골든하베스트는 승승장구 발전해 나가, 영화계에서 쇼브러더스를 대신해 패권을 차지하였다.[47]

2. 쇼브러더스 vs 골든하베스트 : 극장체인과 흥행

쇼브러더스와 골든하베스트의 대립과 경쟁은 인재, 극장체인, 시장의 세 방면에서 이루어졌다. 인재 면에서 보자면, 추문회는 독립할 당시 쇼브러더스의 하관창, 채영창蔡永昌, 조요준趙耀俊, 양풍 등과 같은 리더급 인사들을 설득하여 골든하베스트로 스카우트해 갔다. 옮겨 간 배우와 감독으로는 나유, 서증굉徐增宏, 엽영조葉榮祖, 왕우, 장익張翼 등이 있었다. 이에 대해 쇼브러더스도 '매수'銀彈 전략으로 맞대응하였다. 이 밖에 양측은 회사 기밀의 누출을 막기 위해 '집안 단속'淸理門戶을 강화하여 상대편과 관련이 있는 직원들은 해고하였다.[48]

골든하베스트는 경영 초기 왕우 주연의 「독비도대전맹협」을 놓고 쇼브러더스와 한바탕 법정 다툼을 벌였다. 소일부가 저작권 침해로 고소하였고 수년간의 분쟁을 거치고서야 골든하베스트는 겨우 도산의 위기로부터 벗어날 수 있었다. 1973년 쇼브러더스는 「대군벌」大軍閥; The Warlord을 제작하였는데, 감독 이한상은 당시 TV프로그램 「쌍성보희」雙星報喜를 진행하던 희극배우 허관문을 주연으로 기용하였다. 이 영화는 흥행 수입 400만 홍콩달러를 돌파하며, 허관문을 일약 대스타로 만들었다. 후에 허관문은 「귀마쌍성」의 각본을 써서 다시 한번 쇼브러더스와 합작을 하고자 하였다. 그는 쇼브러더스에 5 : 5 이익 배분을 요구하였지만 소일부는 그동안 배우나 감독과 이익 배분을 한 선례가 없었기 때문에 허관문 역시 예외가 될 수는 없었다. 결국 허관문은 쇼브러더스와 좋지 않게 결별하고서는 골든하베스트로 옮겨 갔다. 골든하베스트는 허관문과의 합작을 통해 '윈-윈'win-win을 이뤄 내 흥행에 크게 성공하였고 이후 허관문의 영화 「모던 보디가드」摩登保鏢[국내명 「미스터 부 4」]와 「반근팔량」 또한 최고의 매표수입을 거둬들였다.[49] 1973년 골든하베스트가 할리우드 영화 「킹콩」金剛을 홍콩에 배급 상영하려 하자, 소일부는 스튜디오에 명령을 내려 서둘러 이와 유사한 영화

골든하베스트는 허관문·허관걸(許冠傑) 형제를 초빙하여 「귀마쌍성」 등의 영화를 제작하였다.

를 만들어 골든하베스트에 대항하고자 하였다. 감독 하몽화何夢華는 명령을 받고서 특수효과팀과 소품팀을 동원하여 밤낮없이 작업을 서둘러 결국 「오랑우탄 왕」猩猩王을 만들어 골든하베스트의 「킹콩」에 맞섰다.

극장체인의 측면에서 보자면 골든하베스트가 설립되기 이전 홍콩에서 쇼브러더스의 배급망은 이미 방대했다. 쇼브러더스는 1968년 홍콩에 '경화', '오락', '국빈', '진광', '할리우드', '명성'明星 등을 포함하여 14개 극장을 보유하고 있었다. 그 이듬해에는 2,000만 홍콩달러를 들여 동라만 번화가에 위치한 명주극장과 비취翡翠극장을 구입해 강대한 '쇼브러더스 극장체인'을 구축하였다.[50]

골든하베스트는 성립 초기에 자금이 부족하여 자신의 극장체인을 갖지 못한 채, 다른 극장체인에 의존하여 배급할 수밖에 없었다. '이소룡 시리즈'와 '허관문 시리즈'의 성공으로 골든하베스트의 세력은 크게 성장하여,

주양숙이(周梁淑怡)가 총제작자를 맡은 「귀마쌍성」을 통해 허씨 형제는 TV업계에서 이름을 날릴 수 있었고, 골든하베스트를 통해 새롭게 홍콩과 일본의 관객들에게 큰 인기를 끌수 있었다.

어린 시절의 허관걸(오른쪽에서 첫번째)

불과 몇 년 만에 '여성'麗聲, '황후', '황도'의 3대 극장을 흡수하였다. 1975년에는 다시 '경화'와 '쾌락'이라는 양대 극장을 보유한 범아영화사泛亞公司를 접수하여 배급력을 더욱 강화하였다. 같은 해 골든하베스트는 일본의 도와영화사와 연합하여 동화영화사東禾公司를 결성하였다. '도와'는 일본 최대의 영화 배급사로 일본에 1,000여 개의 극장을 보유하고 있어 이 합작은 골든하베스트에 큰 도움이 되었다. 1976년 '금국 극장체인'의 관지성이 세상을 떠나면서 그의 형 관지견이 영화업 경영을 중단함에 따라 그 산하의 문화극장과 관당의 보성극장을 골든하베스트에 임대했다. 얼마 뒤 이를 '여성', '황후', '황도' 등의 극장과 묶어 극장체인을 결성한 골든하베스트는 1979년이 되면 그 산하 극장체인에 이미 24개의 극장을 가담시켜, 쇼브러더스에 맞설 수 있을 정도가 되었다.[51]

골든하베스트는 1980년대 초까지 발전을 지속해 매년 12~15편의 중국어 영화를 제작하였다. 이 가운데 세계 시장을 겨냥한 작품도 매년 평균 3편에 이르렀으며, 이 밖에 외부 독

〈표 5.2〉 골든하베스트 영화 매표수입이 홍콩 영화 총 매표수입에서 차지한 비율

(단위: 홍콩달러)

연도	골든하베스트 영화 편수	골든하베스트 총 매표수입	홍콩 영화 총 매표수입	골든하베스트의 점유율(%)
1971	8	8,723,788	42,240,666	20.65
1972	6	12,096,662	65,057,742	18.59
1973	14	12,816,839	70,458,390	18.19
1974	10	13,061,372	67,493,236	19.35
1975	11	10,231,267	59,064,554	17.14
1976	11	18,030,717	76,610,248	23.54
1977	7	11,911,051	84,613,204	14.08
1978	9	22,669,090	115,528,389	19.57
1979	7	15,181,889	132,667,489	11.44
1980	9	34,993,947	184,303,468	18.99
1981	15	54,957,266	241,911,574	22.72
1982	9	6,503,632	404,116,470	16.13
1983	8	65,217,358	411,229,507	15.86
1984	10	106,778,561	560,517,765	19.05
1985	10	171,219,042	608,754,954	28.13
1986	21	208,388,492	640,352,200	32.54
1987	18	252,776,776	777,252,569	32.52
1988	24	256,315,528	1,024,767,649	25.01
1989	20	194,077,512	878,568,564	22.09
1990	28	230,955,666	936,274,104	24.67
1991	16	251,115,444	1,038,493,508	24.18
1992	19	251,575,572	1,240,173,432	20.29
1993	14	184,849,588	1,146,149,208	16.13
1994	13	119,479,503	973,496,699	12.27
1995	17	216,995,604	785,270,344	27.63
1996	21	228,264,886	686,363,824	33.26
1997	10	97,716,905	545,911,328	17.90
1998	10	129,261,640	426,907,097	30.49
1999	4	63,382,926	345,711,713	18.33

출처: 林太路, 「鄒文懷: 時代的開拓者」, 『電影雙周刊』 제558기, 2000년 8월 31일 ~ 9월 14일, 48쪽.

립 영화사들의 영화를 구입하기도 했다. 쇼브러더스의 경우를 살펴보면, 자체 제작 영화가 매년 35~40편에 이르렀고, 외부에서 구입하는 영화는 20편이 넘지 않았다. 영화 수만 놓고 보자면 쇼브러더스가 우세를 점하고 있지만, 흥행 수익을 놓고 보자면 당시 골든하베스트 영화의 총수익은 쇼브러더스를 훨씬 앞지르고 있었다(〈표 5.2〉).

3. 스튜디오 시스템 vs 외주 제작 시스템

골든하베스트 영화 시스템의 완성은 바로 홍콩 영화 산업의 방향 전환을 보여 준다. 쇼브러더스가 시행해 온 '스튜디오 생산 시스템'은 미국의 할리우드에서 온 것으로, '수직통합'의 모델을 채용한 것이다. 영화의 제작·배급·상영을 모두 포괄하고 있었기 때문에 방대한 스튜디오를 보유하고 있었을 뿐만 아니라 배급에도 힘을 쏟지 않을 수 없었다. 쇼브러더스 영화의 몰락은 '스튜디오 시스템'의 쇠퇴를 상징하는 것이었다. 1967년 무료 시청 TV의 방송 개시 이후, 영화 관객 수는 1960년대 9,000만 명을 정점으로 하여 1975년에는 5,000만 명까지 줄어든다. 이처럼 관객이 절반 가까이 감소하게 되면서 영화에 대한 수요 역시 큰 폭으로 줄어들었다. 이런 상황에서 쇼브러더스의 방대한 영화 배급망은 도리어 거추장스러운 짐으로 바뀌었다. 흥행 수입은 해마다 감소함에도 불구하고, 쇼브러더스 스튜디오는 유동작업 방식으로 끊임없이 영화를 생산했고, 이를 산하 극장체인에 공급하여 상영기간을 채워야만 했다. 이는 쇼브러더스를 진퇴양난의 상황으로 몰아갔다.[52]

스튜디오 시스템의 몰락과 함께 영화 제작에는 다른 모델 즉 '독립 제작자 시스템'이 발전하였다. 이러한 시스템을 발전시킨 것은 골든하베스트의 추문회였다. 골든하베스트는 직접 극장체인을 경영하고 직접 영화를 제작하는 것 외에도 흥행이 보증되는 감독과 배우에게 자금을 대주어 위성영화사를 조직하여 영화를 제작할 수 있도록 해주었다. 독립 제작자 시스템에는 어떤 장점이 있었을까? 우선 상대적으로 탄력적일 수 있다. 방대한 스튜디오 경비의 부담을 면할 수 있고, 또한 배급·선전·제작 등의 작업을 '외주 제작'으로 독립시킬 수 있어 스튜디오 시스템처럼 수주대토守株待兔식으로 장기간 사람들을 고용할 필요가 없었다. 다음으로 배급을 책임지는 극장체인 경영자가 제작자에 간섭할 일이 상대적으로 적어져 각 제작자에게 창작의 재능을 마음껏 발휘할 수 있도록 해주었으며 이로 인해 제재가 풍부해지고 다양화될 수 있었다. 쇼브러더스의 대형 스튜디오 시스템을 고대의 봉건제로 비유하자면, 쇼브러더스의 '군주'[소일부]는 지휘를 책임지고 있었고, 유가량·장철·초원 등은 '제후'로서 각자의 봉토에서 영화를 제작하고 있었던 셈이다. 골든하베스트의 독립 제작자 시스템은 열국 연맹과 유사하였다. 골든하베스트는 투자자 및 제작자의 역할을 맡아 잠재력 있는 극장주와 제작사를 골라 묶어 주기만 하면 되었기 때문에 합작의 조합은 매우 다원화될 수 있었다.[53]

쇼브러더스와 골든하베스트는 각기 다른 시스템을 취하였기 때문에 제작자의 업무 역시 차이가 있었다. 1979년 골든하베스트의 제작 책임자 설지웅薛志雄은 자신의 업무가 각본이 없는 상태에서 시작하여 영화가 공개 상영되는 데에서 끝나기 때문에 매우 자유로운 결정권을 지니고 있었다고 설명한다. 반대로 쇼브러더스의 제작자는 촬영 시기 및 현장 촬영지의 배정만을 책임졌는데 가장 중요한 일은 지출의 통제였다. 때문에 쇼브러더스의 제작자는 영화의 장르나 예산, 기용된 감독·배우 등과는 전혀 상관이 없었고, 영화사와 감독 사이의 다리 역할에 불과하였다.[54] 골든하베스트의 시스템은 순식간에 영화계에 화제가 되었다.

1970년대는 영화 사업이 더 이상 대형 영화사에 의해 독점되는 시대가 아니다. 현실 상황을 돌아보면 할리우드, 유럽, 아시아로부터 홍콩에 이르기까지 뜻이 있는 '독립 제작자'들도 관객과 극장주의 열렬한 환영을 받을 수 있음을 알 수 있다. 홍콩 골든하베스트의 발전 역시 바로 이런 추세에 부응한 것이다.……

최근 급성장한 골든하베스트와 관련하여 두 가지 사건이 주목을 끈다. 그 가운데 하나는 국태그룹과 합작하여 골든하베스트가 제작한 영화를 싱가포르·말레이시아 지역의 국태그룹을 통해 배급하게 된 것이다. 다른 하나는 일본의 가쓰영화사勝氏公司; Katsu Production Co., Ltd.와 함께 홍콩에 가승영화사嘉勝公司를 세운 것이다. 이 두 사건은 이 '독립 제작' 영화사가 사업 발전의 면에서 '후발 주자임에도 우위를 점하게 되었음'後來居上을 잘 보여주고 있다.

국태그룹과의 합작은 골든하베스트가 동남아 최강의 배급망을 보유하게 되었음을 의미하는 것이다. 배급 면에서 골든하베스트도 쇼브러더스처럼 극장체인을 갖게 되었고, 쇼브러더스만큼 강대해졌다. 홍콩에서 쇼브러더스가 12개의 극장을 보유하고 있는데, 골든하베스트 역시 기본적으로 10개의 극장을 가지고 있으며, 경우에 따라 13~14개까지도 확장할 수 있다. 쇼브러더스는 싱가포르·말레이시아·보르네오 등지에 100여 개의 극장체인을 보유하고 있다. 반면 골든하베스트는 오랜 역사를 지닌 영화 기업 국태그룹과의 합작을 이뤄 냈는데, 국태그룹이 현재 이 지역에 보유한 극장은 102개이다. 이렇게 보자면 쇼브러더스가 가지고 있는 것은 골든하베스트도 모두 갖고 있는 셈이다.

가쓰 신타로勝新太郎와의 합작이 지니는 의미는 더욱 크다. 국산 영화 시장은 줄곧 동남아 지역에서만 발전해 왔을 뿐, 동북아시아의 일본과 같이 큰 시장에는 아직 진출해 보지 못하였다. 수년 전부터 쇼브러더스도 동북아

가쓰 신타로가 왕우의 분장을 돕고 있다.

시아 시장 진출을 위해 갖은 노력을 기울여 왔지만 상영에 성공한 것은 쇼
브러더스의 「강산미인」뿐이었다. 하지만 일본 영화 팬들은 국산[홍콩] 영
화 스타들을 전혀 모르기 때문에 선전이 아무런 효과가 없어 참담한 성적
에 그칠 수밖에 없었다.……

최근 '국태'는 영화의 생산량과 배급량 사이의 불균형 상태를 해결하여 싱
가포르·말레이시아·보르네오의 방대한 극장체인을 충족시켜 줄 만한 영
화 공급원을 필요로 해왔다. 돌아보면 오늘날, 수준이 뛰어나면서 제작량
도 안정적인 국산 영화사가 과연 몇 개나 있는가? 골든하베스트야말로 이
에 가장 합당하다 할 수 있다.……

계약 체결 후, 추문회는 인터뷰에서 아주 유쾌한 어조로 다음과 같이 말하
였다. "국태그룹의 동남아 지역 배급망은 최고이다. 이처럼 강대하고 광범
위한 배급망을 통해 골든하베스트의 영화를 배급하게 된다면 영화의 수
준을 제고하는 데 무한한 보탬이 될 것이다."[55]

골든하베스트 스튜디오를 방문한 국태그룹의 총수 주국량 부부를 추문회와 양풍이 접대하고 있는 모습. 앞줄 오른쪽부터 황점(黃霑)과 석천(石天)

4. 해외 시장에서의 경쟁

해외 시장을 차지하기 위한 쇼브러더스와 골든하베스트의 경쟁전은 매우 격렬하였다. 1970년대 홍콩 영화의 해외 시장은 매우 불안한 상황이었다. 독립 영화사들은 대만과 동남아 지역에서 영화를 판매하는 데 여러 가지 곤경에 처해 있었지만, 쇼브러더스와 골든하베스트는 오히려 시장 상황에 역행해 확장을 추진하여 동남아에서 배급망을 확대하고 있었다.

전통적으로 홍콩 영화의 주요 시장은 대만과 동남아, 그리고 한국이었다. 당시 대만에서는 영화 제작사가 우후죽순처럼 생겨나고 있었는데, 그 가운데 관방의 지지를 받던 중앙영화사(이하 '중영')의 세력이 가장 컸다. '중영'의 사장 매장령梅長齡은 1970년대 한 신문과의 인터뷰에서 다음과 같이 지적했다. 당시 대만에 있는 48개의 대형 영화관 대부분이 중국어 영화를 상영하였는데 매년 약 170편에 달했다. 그 가운데 60% 정도는 대만에서 생산된 영화이고, 나머지는 쇼브러더스·골든하베스트 등의 홍콩 영화가 차지하고 있었다. 인도네시아의 경우 1976년 950개 극장과 72개의 영화 수입사가 있었는데 인화영화사印華公司가 유일한 중국어 영화 대리상이었다. 인화영화사를 통해 인도네시아에 수입된 중국어 영화는 1976년에만 80여 편으로, 중국어 영화 극장의 흥행 수익은 서구 영화 극장에 비해 훨씬 좋았다.[56]

하지만 1970년대 중반 홍콩 영화는 대만과 동남아 지역에서 갈수록 많은 저항에 부딪혀 홍콩 영화의 판매가도 떨어지게 되었다. 각국의 상황은 다음과 같다.

① 홍콩 영화가 대만에 들어가는 데 가장 큰 저항은 세금이 아니라 대만의 엄격한 검열 제도였다. '비非정통 사상', '미신 선양', '범죄에 대한 지나치게 상세한 묘사' 등과 같은 내용을 다룬 영화는 모두 금지될 위험이 있었다. 그래서 쇼브러더스와 골든하베스트는 종종 두 개의 다른 판본을 미리 준비해, 하나는 홍콩에서 상영하고, 다른 하나는 민감한 부분을 수정한 후 대만 측 검열부서에 제출하였다.[57]

② 인도네시아 정부는 본토 제작 영화를 지원하고 수입영화를 통제하기 위해 1970년대 중반 쿼터제를 시행하였다. 해마다 수입영화의 비율을 축소함에 따라 수입영화는 1972년 766편에서 1978년 100편으로 줄어들었다. 새로운 정책의 영향하에, 홍콩 영화의 인도네시아 수입은 자연히 억제되었다(〈표 5.3〉).

③ 싱가포르 정부는 1975년 6월 영화부서를 설립하고, 본토 제작 장려, 수입영화 제한을 위해 1976년 9월부터 영화 수입세를 높였다. 당시 싱가포르에서 일반적인 중국어 영화의 수입 가격이 30만 홍콩달러라고 한다면 그 가운데 10만 홍콩달러는 싱가포르 정부가 세금으로 거두어 갔다. 매매 양측이 탈세를 위해 서류상 영화 가격을 낮게 잡는 것을 방지하기 위하여

<표 5.3> 인도네시아 영화 수입 제한 편수

연도	제한 편수
1972	766
1973	600
1974	500
1975	400
1976	300
1977	200
1978	100

싱가포르 정부는 일정한 이윤초과 액수를 규정한 후 이윤의 40%는 반드시 세금으로 징수하였다. 이 밖에 싱가포르의 영화 검열 제도 역시 홍콩 영화의 수입에 심각한 영향을 주어, 1977년의 경우 약 44편의 수입영화가 싱가포르에서 상영 금지되었다.[58]

④ 말레이시아 정부는 본토 영화 산업의 보호와 영화의 수입 제한을 위해 일련의 액수 제한과 관세 제도를 도입하였다. 극장이 반드시 외국 영화와 본토 영화를 교대로 상영하도록 입법 규정하였다. 이 밖에 말레이시아 정부는 본토 영화를 전문적으로 상영하는 극장과 극장체인을 만들어 이를 국유화하였다. 그리고 정부 내에 특수 부서를 설치하여 외국 영화의 수입·운반·배급을 통합 관리할 수 있도록 권한을 부여하고, 중화주의를 선전하는 영화라 판단되면 이를 상영 금지하였다. 이로 인해 1976년의 경우, 10여 편의 홍콩·대만 영화가 상영 금지되었다. 수입영화의 유통량을 줄이기 위해 영화 필름의 프린트 벌수 역시 제한하였다. 이상과 같은 갖가지 방해로 인해 쇼브러더스와 골든하베스트는 독립 부서를 설치하여 전문적으로 말레이시아 영화를 제작하도록 할 수밖에 없었다.[59]

⑤ 태국 정부 투자국은 1969년 영화를 수입허가산업에 포함시켜 1976년까지 이를 시행하였다. 태국에서 매년 생산된 영화는 약 70~80편이었던 반면 수입된 중국어 영화는 198편이었다. 같은 해 정부는 새로운 법률 조

례를 도입하여 수입영화 필름 1미터당 거둬들이던 세금을 2.2바트에서 30바트로 늘리고 흥행 수입 가운데 35%를 세금으로 징수하도록 하였다. 하지만 본토 영화는 흥행 수입세로 25%만 거두었다. 태국에서 홍콩 영화의 수입은 일반적으로 홍콩 측 영화상과 태국 측 극장주 사이의 직접 교역을 통해 이루어졌는데 극장주 측이 먼저 20%의 계약금을 내고 상영 후에 잔금을 지불하였다. 하지만 새로운 세제는 이러한 합작 관계에 커다란 타격을 주었다.[60]

앞서 살펴보았듯이 1970년대부터 동남아 지역에 민족운동이 일어나면서 경제보호주의가 대두하자, 독립 영화상들이 이 지역에 영화를 판매하기가 갈수록 힘들어졌다. 게다가 일본 제작자들은 상대적으로 내수 시장을 중시하고 해외 시장을 부차적으로 보았기 때문에, 일본 영화를 싱가포르·말레이시아 지역에 종종 수천 달러만 받고 판매하기도 했다. 이처럼 일본 영화의 가격이 홍콩 영화에 비해 월등히 쌌기 때문에 홍콩 영화의 판매가 역시 인하 압력을 받게 되었다. 홍콩의 중소형 영화사들의 경우, 시장에 역행하면서까지 생존 공간을 찾기란 쉽지 않았다. 하지만 쇼브러더스와 골든하베스트는 자본의 힘을 등에 업고 동남아 지역의 영화관을 대량으로 흡수하거나 임대하여 해외 배급망을 확장하였다. 쇼브러더스 산하의 극장은 150개가 넘었고, 골든하베스트 영화를 상영하는 해외 영화관은 100곳이 넘었다.[61] 중소형 독립 영화사가 끼어들 수 없는 상황하에서, 동남아 지역의 홍콩 영화 배급망은 쇼브러더스와 골든하베스트 양대 영화사에 의해 독점되었다.

동남아 시장에서의 전반적인 약세는 쇼브러더스와 골든하베스트로 하여금 아시아를 벗어나 더 많은 해외 시장을 개척하도록 만들었다. 쇼브러더스는 일찍이 1970년대 초부터 국제화의 방향으로 나아가고 있었다. 쇼브러더스와 합작한 해외 영화사에는 할리우드 8대 영화사 이외에도 이탈리아의 카를로 폰티Carlo Ponti사와 영국의 해머영화사Hammer Film Production도 있었다. 1972년 쇼브러더스는 런던, 밴쿠버, 샌프란시스코, 하와이 등지에 연이어 극장을 지었다. 이 밖에 뉴욕, 시카고, 보스턴, 워싱턴 등지에서도 쇼브러더스의 영화가 상영되었다. 그 가운데 1973년 「죽음의 다섯 손가락」天下第一拳이 가장 히트를 쳐, 1973년 상반기 전 세계 10대 흥행 영화 가운데 7위를 차지하였다. 하지만 그 뒤로 쇼브러더스가 국제 시장을 겨냥해 만든 2~3편의 영화는 성적이 별로 좋지 않았다. 이 이외에 중동과 남아메리카 지역의 경우, 특히 요르단, 이라크, 이란, 아르헨티나, 페루 등의 국가에서 중국어 쿵후 영화는 종종 상영 금지를 당하곤 하였다. 1975년 아르헨티나에서 상영 금지된 100여 편의 영화 가운데 93편이 홍콩과 대만에서 만든 쿵후 영화였다.[62]

골든하베스트 역시 이에 뒤질세라, 이소룡의 쿵후 영화 시리즈를 내세워 해외에서 '이소룡 붐'을 불러일으켰다. 이 밖에 허관문의 「반근팔량」, 「매신계」賣身契[국내명 「미스터 부 3」] 등은 일본을 풍미하였다. 그 가운데 「매신계」는 일본에서 500만 달러의 수입을 거둬들였다. 또한 골든하베스트 역시 계속해서 해외에 배급망을 구축하여 1976년 각기 밴쿠버, 호놀룰루, 토론토 등지에 골든하베스트극장을 세웠다. 1979년에는 서양 영화 제작부를 설치하여, 외국 영화사와 함께 「하경첩혈」荷京喋血; The Amsterdam Kill[국내명 「암스테르담의 음모」], 「제3병단」第三兵團과 같은 서양 영화를 만들어 해외 시장 진출에 전력을 기울였다. 이처럼 서양 영화 제작에 대한 골든하베스트의 적극적인 투자는 쇼브러더스에 커다란 위협이 되었다. 그리고 1970년대에는 왕우를 적극 지원하여 이소룡의 뒤를 잇는 국제적 쿵후 스타로 길러 내고자 하였다. 하지만 아쉽게도 1975년과 1976년 외국 자본과 합작하여 만든 왕우 주연의 「직도황룡」直搗黃龍; The Man From Hong Kong[국내명 「스카이 하이」]와 「악담군영회」鱷潭群英會; A Queen's Ransom는 모두 실패

골든하베스트는 해외 시장을 새로이 개척하였다. 위 사진은 캐나다 토론토의 골든하베스트극장(嘉禾戱院)

하였고, 1978년 「하경첩혈」과 1980년 「살수호」殺手壕: The Big Brawl[국내명 「배틀 크리크」] 역시 구미 시장에 진출하는 데 실패하였다.[63]

　　결론적으로 1970년대 두 영화 왕국의 격렬한 경쟁을 살펴보면, 골든 하베스트는 인력과 시장, 극장체인 측면에서 모두 쇼브러더스를 앞서고 있었으며, 1970년대 후반기에는 점차 쇼브러더스를 대신해 영화계 리더로서의 지위를 차지하게 되었다. 흥행 면에서 골든하베스트 영화의 전체 흥행 수익은 쇼브러더스를 월등히 앞지르고 있었으며, 해외 시장에서도 골든하베스트의 점유율이 쇼브러더스를 훨씬 능가했다. 하지만 쇼브러더스는 다원화된 엔터테인먼트사로 영화·TV 투자 이외에 홍콩·대만·동남아·캐나다·미국 등지에 100여 개의 극장을 보유하고 있었다. 또한 부동산투자 부서를 설치해 각지에서 호텔, 은행, 보험업, 부동산업 등에 투자하여 막대한 이익을 거두고 있었기 때문에 전체 수익을 놓고 보자면 골든하베스트보다 훨씬 많았다. 쇼브러더스는 1980년대에 영화업계로부터 슬며시 발을 빼 TV 사업으로 전환하였다. 하지만 극장과 스튜디오의 부동산은 그대로 남겨 두었다. 일단 영화 사업이 침체되긴 하였지만, 쇼브러더스는 여전히 TV 사업과 부동산 수익을 피신처 삼아 난관을 헤쳐 나갈 수 있었다. 이에 관해서는 8부에서 자세히 다루게 될 것이다.

쇼브러더스는 「오랑우탄 왕」을 제작하여 골든하베스트가 배급한 거작 「킹콩」에 대항하고자 했다(구량 촬영).

4장 / TV 방송 산업의 탄생

1. 광동어 영화 산업의 변신

쇼브러더스와 '전무' 사이의 경쟁이 홍콩 광동어 영화를 황금기로 이끌었지만 광동어 영화는 1960년대 말부터 침체기에 빠졌다(자세한 내용은 4부 참조). 홍콩은 시장이 작기 때문에 독립 제작사는 대부분 동남아 판매 수입에 의존하여 자본을 회수하고 있었다. 하지만 1960~1970년대에는 동남아 시장이 현지의 민족운동 및 경제보호주의의 발흥과 함께 위축되어 쇼브러더스나 '전무'와 같은 대형 '수직통합' 영화사를 제외하고는, 중소 영화상들이 싱가포르·말레이시아에서 영화를 파는 데 어려움을 겪었다. 양대 영화사의 자웅 다툼 속에서 표준어 영화는 광동어 영화를 더욱 압도하여 홍콩 시장의 주류가 되었다. 1959년의 경우, 홍콩에서 표준어 영화를 상영하는 극장은 4곳에 불과하였지만, 1968년에 이르면 14곳, 1969년에는 24곳으로 늘어났으며,[64] 동남아 영화 시장 역시 양대 영화사가 양분하였다.[65]

　1960년대 말 광동어 영화가 점차 내리막을 걷게 되면서부터 일부 배우들은 스크린에서 물러나 영화 제작에 뛰어들었다. 예를 들어 '광예'가 발굴한 '하이틴 스타'學生王子 등광영鄧光榮; Alan Tang Kwong-Wing은 직접 영화사를 만들어 강호江湖영화를 제작하였다. '중련'이 발굴한 '로맨틱가이'多精公子

여기呂奇 역시 영화사를 만들어 에로영화를 제작하였다. 1972년 여기가 만든 금화영사金禾公司는 쇼브러더스를 위해 매년 3~4편의 에로영화를 만들었다. 대담한 색정 묘사를 기조로 삼았는데, 1977년에 만든 「재자, 명화, 성마」財子, 名花, 星媽는 당시 노출 수위를 넘어선 것이었다. 등광영과 여기의 선택은 당시 광동어 영화인의 귀착지 가운데 하나였던 셈이다.[66]

배우를 그만두고 제작진으로 전환하는 것 외에, 적지 않은 광동어 영화 스타들의 또 다른 선택지는 신흥 TV업계로 투신하는 것이었다. TVB의 장수 프로그램 「환락금소」歡樂今宵의 주요 연예인들은 광동어 영화업계 출신이었다. 홍콩 영화와 TV 산업 사이에는 매우 미묘한 계승 관계가 있다. 전통적인 영화 스타 시스템 역시 조금씩 방송국의 연예인 시스템으로 바뀌어 갔다. 정소추鄭少秋; Adam Cheng Siu-Chow, 왕애명 등의 광동어 영화배우는 방송국에 투신해 TV 연예인이 되었는데, 심전하沈殿霞는 그중 비교적 유명한 경우였다. 광동어 영화 산업의 쇠퇴 이후 영화인들이 TV업계로 투신하게 되는 경위에 관해 그녀는 다음 인터뷰 기사에서 자세히 설명하고 있다.

나는 1960년대에 영화계에 들어가 아역배우로 광동어 영화를 찍기 시작하였다. 감독들 모두 나를 자주 기용해 주어, 소방방이나 진보주가 출연하는 영화에는 내 배역도 있었다. 그래서 당시 우리는 별 걱정도 없었고 가장 즐길 수 있었던 시기였다. 영화 촬영 일정에 맞추기 위해 7~8일을 자지도 않고 쉴 새 없이 찍어야 할 때면 우리는 휴대용 오디오 장비를 가지고 촬영장에서 음악을 들으며 시간을 때우거나 아니면 고로천高魯泉이 들려주는 이야기를 듣거나 하였다. 당시 진보주의 출연료는 영화 한 편당 1만 홍콩달러였고, 나는 1,000홍콩달러 정도였다. 그녀는 전성기 때 해마다 30여 편씩 찍었고, 나도 1년에 20여 편씩 찍었다. (기자: 그녀들의 출연료는 다른 사람들과 마찬가지로 모두 어머니에게 맡겨 관리한다. 그녀[심전하]는 21세

광동어 영화 산업의 쇠퇴로 인해 설가연·심전하 등은 TV업계로 전향하였고, 진보주는 결혼과 함께 영화계를 떠났다.

장수 TV프로그램인 「환락금소」의 촬영 모습. 사진 속 연예인은 삼삼(森森, 왼쪽)과 진제송(陳齊頌, 오른쪽)

때 10만 홍콩달러의 거금을 들여 태자로太子道; Prince Edward Rd.에 건물을 사서 처음으로 건물주가 되었다. 어렵사리 하루 휴가라도 얻는 날이면 뚱보肥姐[7]와 진보주는 각자 어머니에게 5홍콩달러를 받아서는 함께 영화도 보고, 완탕면도 먹곤 하였다. 당시 완탕면은 한 그릇에 5마오毛[8]였는데, 완탕면을 먹고 나서 볼링 한 게임을 치는 것이 그들의 가장 즐거운 오락거리였다.……)

하지만 나중에는 일이 하나 끝나면 또 하나 들어오는 식으로 띄엄띄엄 들어오게 되었다. 광동어 영화가 쇠퇴하던 무렵인 1967년에 채화평蔡和平은 TVB에 채용할 사람을 찾고 있었다. 당시 그는 사실 설가연을 스카우트하려 했지만, 설가연은 TV 쪽 일을 원하지 않았다. 대신 그녀는 채화평에게 나를 소개해 주었고 그렇게 해서 내가 자연스럽게 「환락금소」에 들어가게 되었다. 당시 나는 프로그램 진행자라는 게 무엇인지조차 몰랐다. 그때 내 월급이 1,500홍콩달러였지만, 그 돈은 다 쓰지도 못했다.[67]

2. 케이블에서 지상파로

1960년대 말부터 1970년대 초 사이에 광동어 영화계가 침체기로 접어들면서 광동어 영화배우들이 다른 업계로 전향하기 시작했지만, 광동어 영화 산업의 맥이 완전히 끊어진 것은 아니었다. TV 산업의 출현은 광동어 영화 산업에 도광양회의 기회를 마련해 주었다. 광동어 영화 산업이 1970년대에 다시 부흥할 수 있었던 것(〈표 5.4〉)은 사실 여러 방면에서 TV 산업의 발흥과 밀접히 연계되어 있었다. TV 산업과 영화 산업은 사실상 불가분의 관계였다.

---

7 심전하의 별명이었다.
8 '마오'는 위안의 10분의 1에 해당하는 화폐단위이다.

연도	표준어 영화 편수	광동어 영화 편수	전체 영화 편수
1970	83	35	118
1971	85	1	86
1972	87	0	87
1973	93	1	94
1974	79	22	101
1975	69	28	97
1976	60	35	95
1977	42	45	87
1978	24	75	99
1979	23	86	109

출처: 香港電臺電視部 編, 『電視對香港電影工業及文化之衝擊硏討會報告書』 香港: 香港電臺電視部, 1985, 36쪽.

　　홍콩의 상업적 TV 방송의 역사는 1955년 홍콩 리디퓨전유한회사麗的呼聲(香港)有限公司(이하 '리디퓨전')가 TV 방송 사업의 준비를 개시한 것으로부터 비롯된다. '리디퓨전'은 1949년에 설립되었는데, 같은 해 3월부터 홍콩에서 라디오 방송을 시작하였다. 영국의 보수당 산하의 재단에 의해 운영되던 이 회사는 영국에 그 본사가 있고, 보수당이 주식 지분의 65%를 소유하고 있었으며, 그 나머지는 홍콩의 영국계 자본의 재단과 중국의 사업가들이 소유하고 있었다. 1963년부터 1972년 사이에, RTV의 상무이사 워렌Warren; 華倫이 본사의 대표를 맡고, 방송사[RTV] 사장은 영국에서 홍콩에 파견되어 온 돈 게일Don Gale; 唐紀爾이 맡았다. 그리고 1972년부터 1974년까지는 돈 게일이 워렌의 뒤를 이어 본사 대표를 맡고, 상달사桑達士(홍콩상하이은행匯豊銀行 전 이사장)와 이복수李福樹 등이 이사로 있었다. 그리고 방송 책임자로 기득도祁得圖, 프로그램 총괄 프로듀서로 '전무'의 고위층 간부였던 종계문 등이 있었다. 인사분쟁으로 인해 종계문이 1972년 6월 RTV를 떠나자, 그 후임으로 장정보張正甫가 왔다. 그는 또한 PR부문도 책임지고 뉴스팀 총괄 프로듀서를 겸임하였다. 프로그램 부총괄 프로듀서로는 고량高

亮과 진문광陳文光, 연출 책임자로는 장청張
淸, 운영규雲影畦, 오승환吳承歡 등이 있었다.

　RTV는 유선 케이블망 방송이라, 가입
자만 프로그램을 시청할 수 있었다. 가입
자는 매월 25홍콩달러의 시청료를 내야 했
고 거기에 장비 설치비와 TV 수상기 임대
료를 내야 했다. RTV는 가입자 수가 3,000
명만 넘어도 재정 균형을 유지할 수 있었
는데, 처음 개국 당시에 이미 7,000여 가
구를 넘어섰고, 최고조에 달했을 때는 가
입자 수가 4만 가구에 달했다. 2년의 준비
기간을 거쳐, RTV는 영국에서 200여 대의
중고 TV 수상기를 들여와 가입자들에게

'리디퓨전'과 RTV의 엠블럼

임대해 주었다. 당시 보증금이 약 120홍콩달러였고, 설치비와 월 임대료 수
십 홍콩달러를 추가로 지불해야 했으니, RTV의 수입을 가히 짐작할 수 있
을 것이다. 1957년 RTV가 정식으로 방송을 시작하여, 정오에 2시간, 저녁
에 4~5시간을 방송하였는데 대부분은 뉴스나 다큐멘터리, 옛 영화 등이었
다. RTV빌딩麗的大廈이 완공된 1959년부터는 중국어 방송국과 영어 방송국
으로 분리하여 방송하였다. 중국어 방송국의 프로그램은 외국으로부터 수
입한 TV프로그램을 위주로 하였는데, 중국어 더빙은 없었고 원래 음성에
중문 자막을 넣어 방송하였다. 가입자 수가 증가함에 따라 외국 프로그램
에 광동어 더빙을 넣기 시작하였고, 또한 소수의 현지 제작 프로그램도 가
미하기 시작하였다.[68]

　RTV가 시작될 당시 마침 '전무'는 육운도의 주도하에 조직을 개편하
고 있었는데 그 제작 책임자였던 종계문은 1962년 8월 RTV로 옮겨 가 자

종계문과 정호는 '전무'를 떠나 RTV에 들어갔다.

신의 장기를 살려 프로그램 총괄 프로듀서를 맡고, 옛 동료였던 장청, 복만 창, 정호丁皓 등을 데려다 제작진을 구성했다. 또한 배우아카데미, 녹화 스 튜디오 등을 만들고, 광동어 영화계의 젊은 배우 장영을 오락 프로그램의 진행자로 초빙해 왔다. 그리고 월급 300홍콩달러에 데려온 이붕비李鵬飛를 출연시킨 「나는 탐정」我是偵探이라는 추리 프로그램을 제작하였다. 이 밖에 배우아카데미에서도 점차 성과가 나타나기 시작했는데, 2기 입소생 가운 데 두각을 나타낸 연예인으로는 황숙의黃淑儀; Gigi Wong Suk-Yee, 이사기李司棋; Louise Lee Si-Kei, 노대위盧大偉, 삼삼森森, 왕명전汪明荃; Lisa Wong Ming-Chuen, 노국 웅盧國雄, 추세효鄒世孝, 해수란奚秀蘭 등이 있었다. RTV의 자체 제작 프로그램 이 그리 많지는 않았는데 그 가운데 비교적 유명한 것으로 황초영黃楚穎, 소 결현蘇潔賢, 왕명전, 휜소하禤素霞 등이 출연한 「사천금」四千金이 있었다.[69] 당 시 종계문은 '전무'의 옛 동료 좌궤左几를 끌어와 '전무'로부터 부산로의 아 주亞洲스튜디오를 임대하는 데 성공하였다. 당시 16밀리 필름을 이용하여 30분짜리 프로그램을 만드는 데 약 1만 홍콩달러의 비용이 들었다.[70]

RTV의 스튜디오에서 가무 공연 프로그램을 녹화하는 모습

홍콩 TV 역사상 최초의 여성 진행자 양순연. 당시의 녹화 장비가 매우 간단했음을 볼 수 있다.

RTV 배우아카데미의 수업 모습

RTV는 당시 방송 시간을 때우기 위해 광동어 영화를 활용하는 방안에 주목하였다. 광동어 영화 산업이 고조기였을 때 생산량은 매년 거의 200편에 달했기 때문에, 이를 누적해 보면 1960년대 초에는 이미 3,000여 편의 영화가 쌓여 있었다. RTV는 이들 영화 필름을 아주 저가로 임대할 수 있었는데 1회 방영에 임대료는 약 50~100홍콩달러 정도였다. 이 밖에도 RTV는 영미 지역으로부터 「미션 임파서블」Mission: Impossible; 職業特工隊, 「세인트」The Saint; 俠聖 등의 드라마 시리즈를 수입하였으며, 또한 성우 팀을 조직하여 수입영화에 더빙을 넣도록 하였다. 당시 유명한 성우로는 담병문譚炳文, 고량, 진호陳浩 등이 있었다. 그리고 당시 '리디퓨전'에 고용된 TV 방송 직원은 약 1,500~1,600명 정도였는데 연출자의 월급이 1,000홍콩달러 정도였고 각본은 담당 프로그램 수에 따라 보수를 받았는데 1시간짜리 드라마의 경우 40홍콩달러의 보수를 받았다. 소속 연예인의 월급은 300~400홍콩달러 정도였고 나머지는 대부분 특약 형식으로 출연하였다. 오초범과 장영을 예로 들자면 그들은 30분짜리 프로그램에 출연하면 200홍콩달러를 받았

RTV의 첫 오락 프로그램 「전가복」(全家福)의 진행자 양순연

는데, 나머지 연극배우들의 보수가 약 50홍콩달러 정도였던 점을 놓고 봤을 때, 이 두 광동어 영화배우의 몸값이 TV업계에 뛰어든 이후로도 크게 낮아지지 않았음을 알 수 있다. RTV의 중국어 방송국은 이후로도 요리, 꽃꽂이, 공예, 위생 강좌 등과 같은 수많은 창조적인 프로그램들을 만들어 냈으며, 오락 프로그램과 수입 드라마 더빙 또한 지속적으로 제작하였다. 종계문이 총괄 책임을 지던 4~5년간, RTV는 프로그램을 다원화하였을 뿐만 아니라 TV 수상기의 보급과 함께 TV가 시민들의 일상 오락이 되도록 만들었다. 홍콩 TV업계 발전사에서 1957~1967년의 10년간은 'RTV의 시대'였다고 칭해진다. 당시 RTV는 3만여 킬로미터에 달하는 지하 케이블을 통해 11만 가구에 흑백 TV프로그램을 공급했다.[71]

1967년 11월 19일, 정식으로 설립된 홍콩 TV방송유한회사香港電視廣播有限公司(이하 'TVB')는 산하의 비취翡翠방송국과 명주明珠방송국을 통해 동시에 방송을 개시하였다. 당일 오전 9시, 제14회 마카오 그랑프리 대회를 현지 중계방송하고, 오후 4시에는 홍콩 총독 트렌치David C. C. Trench; 戴麟趾

경이 주관하는 개막행사를 방송하였다. 1960년대 초 무렵부터 독일, 일본, 영국 등의 각지에서 22인치 흑백TV 수상기를 대량 생산하기 시작하였다. 그 가운데 일본 제품이 유럽 제품에 비해 저렴한 편이었는데, 흑백TV는 한 대에 약 2,000~3,000홍콩달러 정도였고 컬러TV는 약 1만 홍콩달러 정도였다. 이처럼 TV수상기가 점차 보급되면서 중산계층의 오락거리로서 케이블TV가 보편화되고 있었다. 그런데 TVB의 지상파 방송은 지하 케이블에 제한을 받지 않고 무료로 TV 방송 서비스를 제공하였기 때문에, TVB가 방송을 시작하자마자 1960년대 유료 케이블TV의 황금시대는 종말을 고하고 말았다.[72]

비록 RTV가 TVB보다 먼저 방송을 시작하였지만, TVB는 홍콩에서의 부동산 자산, 인맥 네트워크, 주식 지분, 관리층의 안정성 등에서 RTV를 앞지르고 있었다. TVB의 창립자는 이희신의 후손인 이효화와 쇼브러더스의 소일부, 그리고 홍콩의 몇몇 유명 인사들이었다. 이사장을 맡은 이효화는 40%의 지분을 가지고 있었고, 이사 겸 사장을 맡은 여경위余經緯(여인생 약국余仁生藥店의 소유주 여동선余東璇의 아들)는 20%, 상무이사 소일부는 10%, 영국 자본의 화기그룹和記財團; Hutchison의 클레이그John D. Clague; 祁德尊는 10%의 지분을 가지고 있었다. 그 나머지 20%는 영국 타임스The Times; 泰晤士 방송사, 영국 자본의 길먼 상사Gilman; 機路文洋行, 미국의 NBCNational Broadcasting Company; 全國廣播電視臺가 각기 소유하고 있었다. TVB는 설립 초기에 TV기업유한회사電視企業有限公司를 부속으로 설립하여, TV프로그램의 판권 매매, 광고 제작, 기타 업무들을 책임지도록 하였다. 인력도 매우 풍부하여, 사장 베드널Colin Bednall; 貝諾, 행정비서 황석조黃錫照, 경영 책임자 이설려李雪廬, 뉴스부 프로듀서 하장방何掌邦, 기술부 책임자 나중병羅仲炳, 각본·연출에 양보지梁普智(일반 프로그램)·채화평(종합 프로그램)·종경휘鍾景輝; Chung King Fai(드라마 프로그램) 등이 있었다.[73]

TV 산업이 컬러 방송 시대로 들어서면서, 컬러TV가 더욱 보급되기 시작하였다.

　　RTV가 시청료에 의존하였던 것과는 달리, TVB는 광고주의 지원에 주로 의존하였다. 1970년대 TVB에서 30초짜리 광고의 비용은 약 300여 홍콩달러 정도였다. 1975년의 통계에 따르면 TVB의 한해 광고 수익은 약 6,000만 홍콩달러로, 순이익이 약 1,000만 홍콩달러였다. 광고 가운데 일본 제품이 가장 많았고, 미국·영국이 그다음을 차지하였다. TVB는 제작 초기만 해도 여전히 자체 제작만으로는 충당할 수 없었기 때문에, 외국에서 수입한 TV프로그램에 의지할 수밖에 없었다. 「털보 가족」Family Affair; 合家歡, 「그린 호넷」The Green Hornet; 靑蜂俠, 「보난자」Bonanza; 班尼沙 등으로 방송 시간을 채웠다. 그 이후로는 일본의 TV 드라마 시리즈가 비교적 가격이 낮은 편이었기 때문에 「스가타 산시로」姿三四郎; 柔道龍虎榜, 「사인은 V」サインはV; 靑春火花, 「금메달로 턴!」金メダルへのターン!; 綠水英雌, 「아름다운 도전자」美しきチャレンジャー; 紅粉健兒 등과 같이 배구·볼링·수영을 소재로 한 일본의 드라마 시리즈를 매일 2~3편씩 방송하였다. 또한 미쓰비시三菱, 도시바東芝, 파나소닉Panasonic, 가오花王 등과 같은 일본 기업의 광고 후원을 받아 「화왕클럽」花王

TV 방송의 유행은 동시에 광고업의 성행을 가져왔다. 위 사진은 매흔(梅欣), 대위광(戴偉光) 등이 '레이드 살충제'(雷達殺蟲水) 광고를 더빙하고 있는 모습. 맨 오른쪽은 광고인 호수유(胡樹儒). 광고 속의 "벌레야, 내가 왔다!"(阿蟲介紹我來!)라는 문구가 한때 유행하였다(종문락 촬영).

俱樂部과「성보의 밤」聲寶之夜 등의 오락·노래경연 프로그램을 제작했다. 홍콩 경제가 급성장하게 되면서 일본 제품 역시 홍콩에서 크게 유행하였다. 1972년 TVB는 신문·출판 분야로까지 사업을 확장하여, 영자 신문『차이나 포스트』*China Post*; 中國郵報를 사들이고,『주간 홍콩TV』香港電視周刊(매 기 판매부수가 15만 부에 달하였다)를 발행하였다. 이 밖에 여행 사업도 겸하였고, 문화계 브로커인 구덕례歐德禮와 함께 화성엔터테인먼트사華星娛樂公司를 공동 경영하였다. 노래경연 프로그램인「성보의 밤」출신 가수인 엽려의葉麗儀; Frances Yip Lai-Yee는 결국 항공사 일을 포기하고 화성엔터테인먼트사에 들어갔다.[74]

1972년 말에 이르면, RTV에 가입된 케이블TV 수상기는 이미 7만 5,000대, 시청자 수는 30여 만 명으로 감소하였다. 수상기 임대 분야에서 수익이 점차 줄어들자 주요 수입은 광고에 의존하는 쪽으로 바뀌었지만, 그 수익은 TVB에 훨씬 못 미쳤다. 1972년 9월, RTV는 영국의 EMI Electric and Musical Industries Ltd.; 百代와 1,250만 홍콩달러의 계약을 맺고, 컬러 방송 시스템 설비를 증설하였다. 그리고 컬러 TV프로그램 제작 기술을 배우도록 외국에 인원을 파견하고 널리 인재를 모집하여, 광고주와 시청자를 놓고 TVB와 경쟁전을 벌이고자 하였다. 1973년 4월 홍콩에 RTV방송유한회사麗的電視廣播有限公司의 설립을 등록하였는데 그 최대 주주는 홍콩 리디퓨전 유한회사였다. 같은 해 10월 '리디퓨전'의 방송권 기한이 만료되자, '리디퓨전'은 12월에 다시 15년 기한의 방송권을 획득하여 정식으로 회사를 설립하였다. 이로써 지상파TV 방송을 운영하기 시작한 RTV는 중국어 방송과 영어 방송 모두 컬러 TV 방송으로 바꾸었다.[75]

1973년 홍콩 TV 방송 산업은 새로운 단계로 접어들게 되는데, 그해 8월 중국인 자본 그룹이 홍콩 상업TV유한회사商業電視有限公司라는 명의로 홍콩 정부가 입찰한 15년 기한의 중국어 지상파TV 방송 주관권을 획득하여,

TVB의 주역들. 왼쪽부터 채화평, 하수신(何守信), 종경휘

「성보의 밤」의 노래경연 프로그램을 통해 음악계에 발을 들여놓게 된 엽려의는 항공사 일을 포기하고 중편극 「상해탄」(上海灘)의 주제곡을 불러 큰 인기를 끌었다.

가예TV는 시청률을 높이기 위해 성인 프로그램 「헬로, 야귀인」(哈囉夜歸人)을 만들었다. 위 사진은 가예TV의 연예인 역가(亦嘉), 진유영(陳維英), 요숙의(廖淑儀)

1975년 9월 7일 홍콩 가예TV 유한회사(佳藝電視有限公司; Commercial Television (이하 '가예TV')로 이름을 바꾸어 정식 방송을 개시하였다. 가예TV와 홍콩 상업방송국(商業電臺)은 같은 그룹 소속으로, 홍콩의 세번째 TV 방송국이었다. 가예TV의 설립 당시 자본은 3,000만 홍콩달러였고, 1977년 이전까지 총 투자액이 4,000만 홍콩달러에 달하였다. 전체 지분 가운데 항생그룹(恒生財團)이 65%, 이화그룹(怡和財團)이 17%, 성계보업(星系報業)의 호선(胡仙)이 2.5%, 상업방송국의 하좌지(何佐芝)가 2%를 차지하고 있었다. 나머지 소주주로는『화교일보』의 잠유휴(岑維休),『공상일보』의 하홍의(何洪毅) 등의 유명 인사가 있었다. 가예TV의 육각형 모양의 엠블럼은 예(禮)·악(樂)·사(射)·어(御)·서(書)·수(數)의 '육예'(六藝)를 상징하는 것이었다. 방송 초기에는 매일 6시간 동안 중국어 프로그램을 방송하는 홍콩 유일의 순수 중국어 방송국이었다. 대만 드라마를 주로 방송하였고, 심야에는 성인 프로그램을 방송하여 홍콩 성인 프로그램

개발 중인 광파로. 정부는 계획적으로 이 지역을 '주머니' 모양으로 설계하여 소요가 발생했을 때 경찰이 통제하기 쉽도록 만들었다.

을 선도하였다. 가예TV 방송국 건물은 광파로廣播道: Broadcast Drive에 상업 방송국 빌딩과 함께 나란히 있었다. 광파로에는 TVB, RTV, 가예TV, 상업 방송국, 홍콩방송국 등 다섯 개 방송국이 함께 있어 '오대산'五台山이라 불렸다. 이 무렵 TV 매체의 영향력은 최고조에 이르렀다(〈표 5.5〉). 하지만 RTV는 1973년 지상파TV 방송으로 전환한 이후로도 사업상 별다른 발전이 없이 시청률과 광고료 수입이 계속 하락하여 당시 3대 방송국 가운데 시청률이 가장 낮은 방송국으로 전락하고 말았다. 광고료 수입이 TVB의 4분의 1에도 못 미쳐, 매년 2,000~3,000만 홍콩달러의 손해를 보았다.[76] 아래에서도 살펴보겠지만 사업 부진으로 인해 RTV의 지분은 1980년대에 들어와 여러 사람의 손을 거치며 전전하게 된다.

〈표 5.5〉 홍콩 TV 매체 영향력 관련 통계

연도	TV 수상기 보유 가정 비율	시청자 수(백만)	매일 평균 방송 시간
1957	3.0%	0.06	4
1967	12.3%	0.3	22
1968	27.0%	0.7	30
1969	41.2%	1.3	42
1970	60.0%	1.7	44
1971	72.0%	2.1	52
1972	77.8%	2.2	52
1973	84.7%	2.4	52
1974	86.2%	2.6	50
1975	89.0%	2.9	59
1976	90.0%	3.0	60
1977	90.0%	3.2	65

출처 : Wong, Wai-chung, Joseph, *Television News and Television Industry in Hong Kong*, Hong Kong: Communications Studies, CUHK, 1978. p.3.

3. 연예인 시스템의 탄생

초기 TV업계는 외국에서 대량으로 사온 미국과 일본의 TV 드라마로 방송 시간을 채우거나 이미 상영된 수많은 광동어 영화의 판권을 구입하여 방영하였다. 장편 광동어 영화는 당시 주요 TV프로그램이 되었고, TVB의 장수 프로그램인 「환락금소」의 주요 연예인들 역시 광동어 영화업계 출신이었다. 전통적인 영화 스타 시스템도 점차 방송국의 연예인 시스템으로 바뀌어 갔다. 정소추, 심전하, 왕애명 등의 광동어 영화배우들은 방송국에 들어가 TV 연예인이 되었다. 그들의 경력은 전통 광동어 영화 스타 시스템이 TV업계에서 어떻게 바뀌어 갔는지를 잘 보여 준다. 다시 말해, 광동어 영화 스타 시스템은 방송국 연예인 시스템으로 발전하였다. 이를 통해 각본가, 감독, 프로듀서, 무술배우, 무술감독 등의 자리가 비교적 안정적으로 채워질 수 있었고, 과거 대형 스크린 속의 스타들이 TV 화면 속으로 옮겨지

1970년대 영화·TV업계에 새로운 질서가 대두하게 되면서, TV가 광동어 영상·음반 문화에 부흥의 에너지를 공급했다. TV 드라마 「제소인연」은 광동어 유행가의 붐을 불러일으켰다.

게 되었던 것이다. 정소추는 이런 연예인 스타의 전형이다. 하지만 TV 또한 이런 연예인 이미지를 새롭게 포장하여 그들이 광동어 영화의 정형화된 캐릭터 속에 국한되지 않도록 만들었다. 방송국이 길러 낸 연예인, 각본가, 감독, 프로듀서, 무술배우, 무술감독 등의 인력들은 1970년대 중반 이후 다시 광동어 영화가 부흥하는 데 중요한 동력이 되었다.

1973년 홍콩에서 가장 흥행한 영화는 광동어 영화의 부흥을 알린 「칠십이가방객」七十二家房客; The House of 72 Tenants이었다. 이 영화는 사실 TVB와 쇼브러더스의 합작품으로, TV 방송용 영화였다. 극중의 배우들 역시 모두 TV프로그램 「환락금소」 속 인물들로, 이 작품은 TV가 만들어 낸 연예인 스타를 성공적으로 영화 속에 옮겨 놓아 관객을 끌어들일 수 있었다. 이 이후로 흥행에 성공했던 「귀마쌍성」(1973), 「홍콩73」香港七十三(1973), 「대향리」大鄕里(1974), 「유희인간삼백년」遊戱人間三百年(1974), 「신제소인연」(1974), 「주문원」朱門怨; Sorrow of the Gentry (1974) 등의 영화들은 인기를 끈 TV 드라

1970년대 TV 방송국의 배우아카데미 출신 신인들은 이후 영화계의 새로운 주력으로 떠오른다.

마나 프로그램을 모태로 하고 있다. 허관문 형제의 「쌍성보희」나 유일범劉
一帆·유천사劉天賜의 「73」七十三, 그리고 「환락금소」에서 이향금李香琴·담병문
이 했던 익살극의 한 토막인 「대향리」과 같은 TV프로그램들이 바로 그 사
례이다. 과거 TVB의 리더 그룹 중 한 사람이던 유천사는 『제방전시』提防電視
라는 책에서 「쌍성보희」와 「귀마쌍성」 제작진 사이의 미묘한 관계에 관하
여 자세히 기록하고 있다.

1969년 여름 허관문은 미국식 코미디 프로그램의 홍콩 버전을 만들어 봐
야겠다는 생각을 품게 되었다. 여기서 말한 미국 코미디 프로그램이란
「Laugh In」이었는데, 여러 개의 짧은 익살극으로 구성된 형식이었다. 각
익살극은 대략 30초 길이로 방영되었다. 22분 중에 허관걸許冠傑: Samuel
Hui Koon-Kit의 노래 3분과 단막극 5분을 제외하면, 나머지 시간은 28개의
익살극으로 구성되어야 했다. 내가 「쌍성보희」의 각본가로 참여했을 당시
각본가 팀에는 허관문, 등위웅鄧偉雄, 그리고 나 세 사람밖에 없었다. 이 세
명의 '구라의 달인들'臭皮匠은 전업 각본가가 아니었다. 허관문은 아침 9시

TV프로그램에서 기원한 광동어 영화 「대향리」

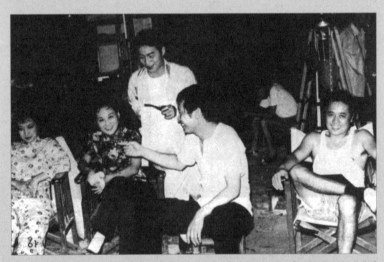

「칠십이가방객」은 광동어 영화의 부흥을 상징한다. 위 사진은 스튜디오에서 감독 초원(오른쪽에서 첫번째)과 배우들이 함께 찍은 것

부터 저녁 5시까지 광고회사에 출근했고, 등위웅은 교사로서 오전·오후·야간에 여러 학교에서 학생들을 가르쳤다. 그리고 나는 중문대학 신아서원에서 강의를 했다. 매일 저녁 6시가 되면 우리는 중환의 오락극장 옆문에 모여 허관문이 퇴근하기를 기다렸다. 함께 간덕로干德道: Conduit Rd.에 있는 주양숙이周梁淑怡의 집으로 가서 '아이디어 회의'度橋를 했다. 주양숙이가 서둘러 만들어 내온 음식을 먹어 가면서 아이디어를 '짜냈다'. 거기에는 조연출이었던 엽결형葉潔馨과 유명 가수였던 허관걸도 함께했다. 허관문은 번번이 11시가 다 되어서야 '아이디어 회의'를 끝내고 사람들을 보내 주었다. 조감독은 바로 회사로 돌아가 소품·의상·배경 담당들에게 지시를 내렸고, 각본가는 집으로 돌아가 원고를 썼다. 모두들 정신없이 바빴다. 당시 보수는 '후한' 편이었다. 익살극은 보수를 시간 단위로 계산했다. 예를 들어 내가 집필한 익살극이 5분간 방송되었다면 50홍콩달러의 원고료를 받았다. 만일 원고료를 글자 수로만 놓고 보자면 보수가 적지 않은 셈이었다. 하지만 6일 동안 작업한 것을 놓고 보자면 일당 10홍콩달러도 안되었던 셈이니 '수고비' 정도에 불과했다.……

1975년 무렵의 이야기를 해보자면 당시 나는 강의가 별로 없던 중문대학을 떠나 허관문 선생을 따라 골든하베스트영화사에 각본가 겸 제작자로 들어갔다. 뒤이어 TVB의 부사장이었던 임사상林賜祥 선생이 나를 TVB로 스카우트해 갔는데, 거기서 맡은 일은 「환락금소」의 제작을 주관하는 것이었다. 채화평이 TVB를 떠난 뒤로 종경휘, 손욱표孫郁標가 「환락금소」를 책임졌다. 취임 당시 임사상 부사장은 「환락금소」의 감독들은 뛰어나지만 제대로 된 각본가 인력과 시스템이 없다는 사실을 알게 되었다. 다만 호미병胡美屏 감독 혼자서 전체를 이끌고 있었고, 아마추어 각본가 한두 명과 함께 '올라운드 플레이어' 역할을 해가며 주 5일분의 프로그램을 제작하였다. 나는 임사상 부사장의 스카우트에 응해서 「환락금소」의 각본

미국 TV프로그램 「Laugh In」을 모방해 제작한 「쌍성보희」

가 팀을 조직하기 시작했다(동시에 임욱화林旭華 역시 제작지원팀을 조직하
였다). 다행히 오랜 친구인 등위웅과 황국초黃國超 선생의 도움을 받아, 「아
무정전阿茂正傳」을 써 냈는데, 이는 「환락금소」의 단막극을 시트콤 정도의
수준까지 높여 놓았다. 당시 젊은 친구들은 보수 문제나 시간을 빼앗기는
것, 불공평한 일을 당하는 것 등은 별로 따지지도 않고 함께 작업에 참여하
였다. 그들은 후에 제작 총감독이 된 오우吳雨, 대감독이 된 왕정王晶; Wong
Jing, ATV의 제작 총감독이 된 진교영陳翹英 등이었다. 현재 광고계 명사인
정단서鄭丹瑞, 오가렴伍家廉, 맥계안麥繼安 등도 모두 당시 「환락금소」에서
'아이디어 회의'를 함께했던 이들이다. 유명한 궤변가인 삼소三蘇 선생에
게 우리를 위해 익살극을 써 달라고 부탁한 적도 있었다. 감국량甘國亮, 이
유李瑜 등도 「환락금소」의 작은 코너에서 작가로 일했다. 지금 와서 생각해
보면, 당시 작가진이 꽤 대단했다. 1976년은 「환락금소」가 크게 히트한 해
였다. 시청률이 20위에서 1위로 껑충 뛰어올랐다. 제작진 모두 뛸 듯이 기

뻐했고, 이 프로그램의 인기가 계속될 거라 생각했다. 하지만 그런 인기도 오래가지는 못하였는데, RTV가 「환락금소」를 겨냥해 집중 공세를 퍼부었던 것이다. RTV의 맥당웅麥當雄; Johnny Mak Tong-Hung, 소약원蕭若元이 드라마 '십대'十大 시리즈를 찍어 「환락금소」와 동시 간대에 편성하였다. 이에 「환락금소」의 팀원들 모두 똘똘 뭉쳐 필사적으로 반격을 가하고서야 겨우 제자리를 지킬 수 있었다. 이 이후로 상대편 방송국에서 어떤 프로그램을 내놓든 간에 제일의 타도 목표는 모두 TVB의 「환락금소」였다. 「환락금소」는 그들이 떨어뜨려야만 할 '과녁'이 되었던 것이다.[77]

TVB는 대학 졸업생들 중에서 인재를 등용하였다. 위 만화의 인물들이 바로 그 주역이다. 왼쪽부터 모위용(毛偉容), 증숙한(曾淑嫻), 정단서, 소려경(邵麗瓊), 진교영, 이건성(李建成)

TVB는 또한 적지 않은 제작 스태프 인력들 또한 끌어들였다. 위 만화에서 뒷줄 왼쪽부터 오우, 호미병, 유천사, 이유, 왕정. 앞줄 왼쪽부터 구화한(區華漢), 오금홍(吳金鴻)

1970년대 중반, RTV, TVB, 가예TV 세 방송국은 TV업계에 파란을 일으켰다. 이는 홍콩 방송 제작의 현지화가 절정기에 접어들었음을 반영한 것이었다. 방송국 제작부가 확장되고 자체 제작 프로그램이 늘어나면서 각 본가, 제작 책임자, 감독, 무술감독 등의 역할을 중시하게 되었고, 연예인 시스템도 나날이 발전해 갔다. 방송 초기에 TVB는 매주 수십 분 정도의 드라마밖에 방영하지 못했는데, 최초의 드라마는 「태평산하」太平山下였다. 1968년 말, TVB는 첫 장편 연속극 「몽단정천」夢斷情天을 매주 목요일에 방송하

쇼브러더스 영화세트장에서 거행된 TVB의 영화·TV 연예인 아카데미 개학식 모습

였다. 연극계 출신의 종경휘와 양천樑天의 지도하에 초기 드라마들은 주로 무대 연극이나 민간고사에서 제재를 가져왔다. 때문에 영화보다는 오히려 연극적인 느낌이 더욱 강하였고, 각본가의 역할도 상대적으로 적은 편이었다. 1971년 TVB와 쇼브러더스가 영화·TV 연예인아카데미를 창설하여 학생을 공개 모집하였다. 1기 학생은 44명이었는데 그들은 졸업 후 대부분 연예인 계약을 체결하였다. 그 가운데는 주윤발周潤發; Chow Yun-Fat, 두기봉杜琪峰; Johnnie To Kei-Fung, 오위국伍衛國; Ng Wai-Kwok, 노해붕盧海鵬, 오맹달吳孟達, 임영동林嶺東; Ringo Lam Ling-Tung, 노완인盧婉茵, 여유혜呂有慧 등도 있었다. 1973년부터 TVB는 매년 '미스 홍콩 선발대회'를 개최하기 시작했는데, 이는 TVB가 홍콩 엔터테인먼트 업계의 대표 주자로 이름을 날리는 데 도움이 되었을 뿐만 아니라, 여배우들의 등용문이 되었다. 손영은孫泳恩, 조아지趙雅芝; Angie Chiu Nga-Chi, 무건인繆騫人 등의 여자 연예인들이 바로 1970년대 '미스 홍콩' 출신이었다.[78] 이로부터 TVB는 왕애명, 정소추, 심전하 등의 광동어 영화배우들을 기용하기 시작하는 한편, 전속 연예인들을 직접 '길러' 내기 시작하였다. 1973년 TVB의 직원은 300여 명이었고, 연예인은 약 40명 정도였으며, 각본가와 무술감독의 진영 역시 점차 갖춰지고 있었다.

1970년대에 등장한 정소추와 1980년대에 등장한 주윤발은 각기 홍콩 TV업계 배우의 두 유형(광동어 영화 출신과 연예인아카데미 출신)을 대표한

종경휘가 TVB의 연예인아카데미에서 강사로서 연극이론을 강의하고 있다.

다. 1973년 초, TVB는 「일삼오극장」一三五劇場의 제목을 「비취극장」翡翠劇場
으로 바꾸고, 드라마 제작을 강화하였다. 또한 최초의 컬러TV용 장편드라
마 「연우몽몽」煙雨蒙蒙을 선보여 월요일부터 금요일까지 방송하였다. 이를
통해 정소추는 큰 인기를 얻게 되었고, 그가 부른 드라마 주제곡 역시 유행
하였다. 이 무렵 드라마 부문이 확대되기 시작하여 각본가 인력을 대량 동
원해 월파粵派와 해파海派 소설,[9] 그리고 민간고사를 각색하기 시작하였다.
1974년 초 장한수張恨水의 동명 소설을 각색한 드라마 「제소인연」은 광동어
가요 열풍을 일으켰고, 이를 통해 '홍콩 프린세스'香港公主 이사기李司棋는 시
청자들의 사랑을 받았다. 그 뒤로 TVB는 영화계 출신 석수石修와 이림림李

---

9 월파 소설은 주로 광동 지역(특히 홍콩)을 작품 배경으로 하여 이 지역에서 생산·소비되는 소설들
   을 가리키고, 해파 소설은 상해 지역을 배경으로 하여 20세기 초에 창작되었던 세속적이고 상업
   화된 소설 문학이나 1930년대에 서구 모더니즘의 영향을 받은 신감각파의 소설을 가리킨다.

琳琳이 출연한 엄심嚴沁 소설 원작의 「심유천천결」心有千千結로 새로운 드라마 장르를 개척하고자 하였다. 1970년대 중반에는 수년간 연예인아카데미와 '미스 홍콩 선발대회'를 동시에 주관해 왔던 TVB가 길러 낸 인재들이 점차 늘어났다. 게다가 그동안 지속적으로 향상되어 온 제작 기술은 TV 제작 수준을 한층 더 끌어올렸다. 작업 스태프 방면에서 보자면 이후 유명 각본가 및 프로듀서로 성공한 담녕譚嬣, 안서岸西, 이벽화李碧華, 증려진曾勵珍, 등위웅, 위가휘韋家輝 등이 있었고, 무술감독으로는 이가정李家鼎, 나강羅強 등, 그리고 감독으로는 담가명譚家明; Patrick Tam Kar-Ming, 허안화許鞍華; Ann Hui On-Wah, 장국명章國明; Alex Cheung Kwok-Ming, 서극徐克; Tsui Hark 등이 등장하여 전성기를 준비하고 있었다.[79]

1976년 TVB는 최초의 장편 현대극 「광조」狂潮를 선보였고, 주윤발이 맡은 소화산邵華山 역이 인기를 끌었다. 얼마 뒤 정소추와 주윤발 두 사람은 1977년 「대형」大亨에 처음으로 함께 출연하였다. 이는 광동어 영화배우와 TV 방송국 연예인의 결합을 상징하는 것이었다. 정소추의 본명은 정창세鄭創世로 1960년대 초 견성영화사 배우아카데미에 들어가 여러 편의 광동어 영화에서 조연을 맡았는데, 풍보보 주연의 「소백룡」小白龍도 그중 하나였다. 그러는 동안 나품초羅品超에게 월극을 배우고, 유가량에게 무술을 배워 몸을 만들고, 감정 연기, 손짓, 몸동작, 자세 등을 연마하였다. 하지만 아쉽게도 정소추가 영화계에서 막 이름을 날리기 직전인 1960년대 말 광동어 영화 산업이 이미 쇠퇴해 버리고 말았다. 그 추세에 밀려 그는 두 여동생과 함께 음악계에 뛰어들어 가라오케와 나이트클럽에서 노래를 불렀다. 그러던 중 1970년 정소추는 TVB의 눈에 띄어 스카우트되면서, 「환락금소」의 일원이 되었다. 그는 익살극에 출연하고 노래와 춤을 선보였지만 여전히 인기를 얻지는 못하였다. 1973년 가예TV 방송국이 설립되고, 홍콩 TV업계가 나날이 성장하게 되면서 TVB, RTV, 가예TV의 삼파전이 벌어졌다. 정소추 역시 이런 시대적 흐름 덕분에 전성기를 맞이하게 된다. 1976년 가예TV의 성립 초기에는 각본가 인력이 부족해서 기존의 무협소설을 가져다 쓰는 수밖에 없었다. 미설과 백표白彪; Jason Pai Piao가 출연한 「사조영웅전」射鵰英雄傳, 나락림羅樂林; Law Lok-Lam과 이통명李通明; Lee Tung-Ming이 출연한 「신조협려」神鵰俠侶, 그리고 이후에는 「벽혈검」碧血劍, 「설산비호」雪山飛狐, 「녹정기」鹿鼎記 등을 통해 시청자 수가 대폭 늘어나면서 TVB의 선두 자리를 위협하기 시작했다. TVB는 바로 반격에 나서, 사량용查良鏞('김용'金庸

정소추와 주윤발은 서로 다른 두 가지 연예인 전통으로부터 성장하였다. 하지만 둘 다 TV를 발판 삼아 성공 가도를 달릴 수 있었다.

이라는 필명으로 더 잘 알려짐)과 판권을 협의하여 「서검은구록」書劍恩仇錄으로 맞대응하였다. 여기에는 정소추, 왕명전, 이사기, 황숙의, 주강, 황원신黃元申; Wong Yuen-San 등과 같은 방송국 일급 배우들을 동원하고, 오위국, 고묘사高妙思 등과 같은 아카데미 출신의 수많은 신예들의 지원을 받아 제작하였다. 그 기세가 대단하여 김용 드라마와 정소추 모두 큰 인기를 얻을 수 있었다. 정소추가 젊었을 때 광동어 영화와 월극계에서 연마했던 감정 연기, 손짓, 자세, 몸동작 등은 무협 사극영화에 유용했다. 이후 RTV와 TVB의 경쟁 속에서, 정소추는 여러 차례 TVB의 간판 배우 역할을 맡아 「육소봉」陸小鳳에서 엽고성葉孤城 역과 「의천도룡기」倚天屠龍記에서 장무기張無忌 역을 연기했다. 정소추의 연기에 TV 제작 기술의 향상(영화업계에서 들여온 카메라 운용 기술, 무술 지도 및 와이어 액션 기술 등)이 결합되면서, 그의 협객大俠 이

광동어 영화의 쇠퇴 이후 정소추는 잠시 음악계에 몸담았지만 결국 TV업계로 전향하였다.

미지는 사람들에게 깊은 인상을 남겼다. 1980년 RTV는 서소강徐少强, 마민
아馬敏兒 주연의 무협 드라마 「천잠변」天蠶變; Bastard Swordsman에 집중 투자하
여 TVB의 드라마를 공략하였다. TVB는 시청률이 좋지 않은 프로그램 몇
개를 서둘러 중단시킨 뒤, 무협극 「초류향」楚留香을 제작하는 데 전력을 다
해, 정소추·왕명전·조아지 등으로 맞대응하였다. RTV는 이에 뒤질세라,
홍콩방송국에서 이적해 온 반지문潘志文을 기용한 「도수류향」盜帥留香을 제
작하여 상대 방송국과 마찬가지로 고룡古龍의 작품으로 대적했다. 이후 두
방송국은 무협극 제작에 전력을 다해, 황금시간대를 선점하고자 하였다.
정소추의 협객 이미지는 시대를 풍미하였다. TVB 무협극 「초류향」의 주제
곡 가운데 "천하를 나 홀로 떠도는데 송별이 무슨 필요인가"千山我獨行不必相
送라는 구절은 대만의 장례식에서 문상 시 반주 음악이 될 정도였으니, 「초
류향」이 대만에서 얼마나 유행했는지는 짐작할 수 있다. 또한 이 덕분에 정
소추는 1980년대에 TVB를 떠나 대만으로 옮겨 가, 여러 편의 무협영화와
경요瓊瑤 원작의 영화에도 출연하였다.[80]

중하층 가정에서 자란 주윤발은 1971
년 영화·TV 연예인아카데미 1기 출신이
었다. 당시 TVB의 아카데미에서 오위국,
황윤재黃允財, 여유혜 등은 선발되어 주목
을 받았지만 주윤발은 상대적으로 홀대받
아 「제소인연」과 「민간전기」民間傳奇에서
조연을 맡았을 뿐이었다. 그나마 비중 있
는 역할을 맡았던 「강호소자」江湖小子(오위
국·여유혜 주연) 역시 위험한 장면에서 부

주윤발의 연예인아카데미 졸업 사진

상당한 황윤재를 대신해 출연한 것이었다.

1976년에 이르러서야 주윤발은 장편 현대극 「광조」에서 소화산이라는 배
역으로 이름을 알릴 수 있었다. 그리고 1979년과 1980년에는 정유령鄭裕玲:
Carol Cheng Yu-Ling(가예TV 아카데미 출신)과 함께 출연한 「망중인」網中人, 「친
정」親情을 통해 비로소 일류 배우로서의 기반을 다졌다. 그 무렵 마침 정소
추가 대만으로 옮겨 갔고, 황일화黃日華: Felix Wong Yat-Wa, 유덕화劉德華: Andy
Lau Tak-Wah 등의 '오호장'이 아직 등장하지 않았기 때문에, 주윤발은 방송업
계에서 일약 최고 배우 반열에 오르게 되었다. 하지만 초기의 주윤발은 단
정치 못한 '건달'江湖小子 역할만 맡았을 뿐, 정소추처럼 시대극 속 대협객 역
할은 맡지 못했다. 주윤발이 「소오강호」笑傲江湖의 영호충令狐沖 역을 맡았을
때는 외모에서부터 연기에 이르기까지 하나같이 어울리지 않는다는 지적
을 많이 받았다. 주윤발은 1976년 영화계로 투신하여 여기呂奇 감독의 「노
가, 사패, 고야자」撈家, 邪牌, 姑爺仔: The Hunter, the Butterfly and the Crocodile 등의 영
화에 출연하였지만 모두 흥행의 부도수표로 지목받았다. 과거 쇼브러더스
의 무협영화 스타인 적룡, '화성' 산하의 뮤직스타 장국영張國榮: Leslie Cheung
Kwok-Wing과 함께한 「영웅본색」(오우삼 감독, '신예성' 제작)에 이르러서야

TVB의 「천왕군영회」(千王群英會)에는 각 방면의 연예인들이 운집하였다. 광동어 영화계 출신의 사현, RTV 연예인아카데미 출신의 왕명전, TVB 연예인아카데미 출신의 주윤발 등

주윤발은 비로소 현대적 영웅 이미지를 갖게 되었다.[81]

정소추와 주윤발의 성공은 개인의 노력과 행운 이외에도 TV 산업의 고속 성장 덕분이었다. 1976년과 1977년 홍콩 TV 산업은 전면적인 제작 현지화의 방향으로 발전하였다. 방송국의 시장 조사에 따르면 당시 시청률이 가장 높았던 프로그램은 모두 현지 제작된 것들, 특히 장편 TV 드라마였다. 1976년 「광조」의 인기는 「환락금소」와 외국 드라마를 앞질렀다. 또 유명한 작품으로는 「젊은이」年青人, 「C.I.D.」Criminal Investigation Department, 「사자산하」獅子山下, 「소년십오이십시」少年十五二十時, 「가변」家變 등이 있었다. 그당시 TVB, RTV, 가예TV 등의 경쟁은 점차 과열되면서 TV 제작 기술도 계속해서 향상되었고, 경찰, 쿵후, 협객 멜로에서 하이틴 소재에 이르기까지 장르도 다양해져, TV 드라마 제작의 절정기에 들어섰다. TV 산업의 발전은 1970년대 중후반 광동어 영화가 부흥하는 데 적지 않은 도움을 주었다(자세한 내용은 6부 참조).

TV의 영향력은 무궁무진했다. 홍콩 정부는 TV 드라마를 통해 사회적 단결을 도모하고자 하였다. 홍콩방송국이 제작한 「사자산하」는 그 성공 사례이다.

영화, 극장, 그리고 TV

1960~1970년대 홍콩 영화 산업을 총괄해 보면, 자금과 조직 두 방면에서 모두 명확한 변화가 나타나고 있다. ① 싱가포르·말레이시아 자본에 기반한 '전무', '쇼브러더스', '광예'의 3대 영화 상영업자들이 차례로 홍콩에 진출하여 영화 제작기지를 세웠다. 이를 통해 그들은 생산·배급·상영이라는 3대 고리를 포괄하면서 중국 대륙 자본에 기반한 '장성', '영화', '대중화', '신화' 등의 영화사를 대체하였다. ② '국태'와 '쇼브러더스'라는 스튜디오 시스템 생산이 광동어 영화업계의 B급 스튜디오식, 혹은 동인영화사식의 경영 방식을 압도하였고, 홍콩의 표준어 영화를 전성기로 끌어올렸다. '전무'의 수장인 육운도가 1964년 사망한 이후에는 쇼브러더스가 홍콩 영화 시장을 제패했다. ③ 1970년대에 쇼브러더스는 골든하베스트에게 우위를 빼앗기면서 TV 산업 쪽으로 전향했다. 이러한 전환은 바로 홍콩 영화 산업의 일대 전환기, 즉 쇼브러더스로 대표되는 스튜디오 시스템의 쇠퇴와 골든하베스트로 대표되는 외주 제작 시스템의 발전을 반영하고 있다. 6부에서 서술하게 되겠지만 골든하베스트가 도입한 외주 제작 시스템과, TV업계가 제공한 스태프와 배우 인력들은 모두 광동어 영화 산업이 부활하는 데 도움이 되었다. 광동어 영화 산업 부활의 동력은 바로 TV 산업에 잠재되어 있었으며, TV 산업과 영화 산업의 결합은 이미 대세가 되었다.

6부

극장체인을 기반으로 한 생산·판매 질서

1980년대에 들어서면서, 쇼브러더스식 스튜디오 시스템은 줄어들고, 골든하베스트식 외주 제작 시스템이 영화 시장의 주류가 된다. 골든하베스트는 극장체인을 직접 운영하면서 산하 위성영화사(예를 들어 성룡의 위화영화사, 홍금보의 보화영화사 등)가 영화를 찍도록 자금을 후원했는데, 이러한 외주 제작 방식은 시장에 적지 않은 독립 제작 조직이 출현하도록 만들었다. 그중 비교적 유명한 사례들은 다음과 같다. ① '금공주 극장체인'은 맥가, 황백명, 석천을 지원하여 '신예성'을 조직하였고, ② 반적생이 경영한 '덕보 극장체인'은 잠검훈을 지원하여 덕보영화사를 세웠다. 이들은 각기 영역을 확보하여 '골든하베스트', '신예성', '덕보'가 천하를 삼분하는 국면을 맞이한다.

1장 / 영화 산업 환경의 변화

1970년대, 홍콩의 현지 문화에 대한 자각이 생기기 시작하였다. 영화·TV 산업에서의 구 질서와 신 질서의 급속한 교체는 중·서 문화, 아雅·속俗 문화, 신·구 문화가 공존하면서 또한 재조직되는 것을 반영한 것이었다. 스튜디오 시스템의 와해, 각 독립 제작 시스템의 탄생, TV업계의 급성장은 영화계에 새로운 물결을 불러일으켰으며, 1980년대에 들어서면서부터 조금씩 안정되어 갔다. '골든하베스트', '금공주', '덕보' 등은 극장체인 업계를 삼분하고 다양한 독립 제작 조직을 재편성해 가면서 각각의 제작 스타일을 가지고 '홍콩 영화'港産片라는 메가브랜드mega brand를 점차 완성해 나갔다.

1. 쇼브러더스 왕국, TV업계로 전향하다

소씨 형제는 1957년 홍콩에 자리를 잡은 뒤, 싱가포르·말레이시아의 극장체인 경영에서 영화 스튜디오 운영 쪽으로 방향을 전환했다. 1971년에는 홍콩에서 '쇼브러더스'라는 간판을 내걸고 상장회사가 되었다. 하지만 1970년대 말, 쇼브러더스가 불러일으켰던 쿵후 영화 붐과 신식 무협영화 붐이 잇따라 수그러들면서 쇼브러더스는 점점 TV업계 쪽으로 방향을 전환

여인생 약국을 경영하던 여경위(맨 오른쪽)는 TVB의 창업자로, 주양숙이를 기용하여 제작부를 확충하였다. 그가 젊은 나이에 요절하자, TVB의 사업기반은 이효화(1980년 별세)와 소일부에게 넘겨졌다. 1972년 이효화와 여경위가 TVB를 대표하여 방송국이 마련한 자선기금을 관련 정부 기관에 전달하는 모습

1980년대 초, 소일부가 여경위·이효화의 부인과 함께 방송국 공식 활동에 참석한 모습이다. 이효화와 여경위가 세상을 떠난 후, TVB의 경영권은 점차 소일부에게 집중되었다.

쇼브러더스는 TV 방송 산업 쪽으로 투자 방향을 전환하였다. TVB 세트장 역시 쇼브러더스 스튜디오 내에 만들어졌다.

하였고, 쇼브러더스 스튜디오는 유동작업 방식의 영화 생산을 중단했다.[1]

1967년, 소일부와 이효화가 TVB를 설립하여 무료 TV 채널 방송사를 경영하면서 쇼브러더스 왕국은 영화업과 함께 TV 산업에도 발을 들여놓았다.[2] 1980년 이효화가 세상을 떠난 후부터 소일부가 TVB의 이사장 직을 맡으면서 쇼브러더스의 중심은 영화에서 TV 쪽으로 옮겨 갔다. 쇼브러더스의 청수만 스튜디오 역시 제작량을 줄여 엄청난 직원 임금의 부담을 줄일 수 있었다(쇼브러더스 영화 스튜디오 세트장의 면적은 방대했고 직원 수는 1,200여 명에 달했다. 그들의 임금으로 매달 400여 만 홍콩달러가 지출되어, 1년 임금만 해도 5,000만 홍콩달러가 넘었다). 1986년, 쇼브러더스가 영화세트장 내의 스튜디오 건물 대부분을 지상파TV 방송국에 대여해 주게 되면서 영화세트장은 둘로 나뉘었다. 이로 인해 TV 방송 제작이 왕성하였던 반면 영화 제작은 거의 중단되다시피 하였다. 결국 유가량, 초원, 강대위, 적룡, 정리井利; Ching Li 등은 계약 만료 후 영화세트장을 차례로 떠나갔다. 이러한 변화를 따라 쇼브러더스의 주요 수입원도 영화 산업에서 TV 방송 산

청수만 스튜디오 내에 있는 쇼브러더스빌딩. 쇼브러더스 왕국은 영화 산업에서 TV 산업으로 방향을 바꾸었다.

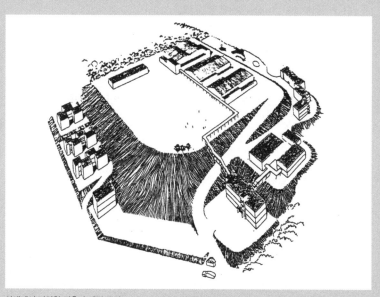

상해에서 남하한 건축가 에릭 쿠민(Eric Cumine)이 스케치한 쇼브러더스 영화 스튜디오 세트장 설계도

<표 6.1a> 연도별 쇼브러더스 영화 제작 편수 통계표(1925~1997)

연도	제작 편수	연도	제작 편수	연도	제작 편수
1925~1950 (1925년 천일 영화사 설립)	수백 편 (자료 미상)	1963	16	1976	40
1951	9	1964	10	1977	38
1952	12	1965	15	1978	39
1953	10	1966	31	1979	34
1954	5	1967	31	1980	31
1955	9	1968	31	1981	33
1956	12	1969	37	1982	35
1957	13	1970	35	1983	24
1958	7	1971	35	1984	32
1959	21	1972	33	1985	14
1960	21	1973	40	1986~1997	약 30
1961	16	1974	49	합계 1,200편 이상	
1962	14	1975	39		

출처: 쇼브러더스(홍콩)유한회사 제공. 다음 자료와 함께 참고하라. 紹甫, 「邵氏的沒落」, 焦雄屛 編, 『香港電影風貌』, 臺北: 時報出版社, 1987, 99~104쪽.

업으로 옮겨 간다. 쇼브러더스 영화의 국제 배급망도 점차 조정되어 방송 프로그램의 배급망으로 바뀌어 갔다.[3] 1980년대 중반, 쇼브러더스는 영화 제작 부문을 축소한 후 다른 회사의 명의로 극소수의 영화만을 제작하였다 (예를 들어 '대도회'大都會電影公司; Cosmopolitan Film Productions Co., Ltd.라는 회사 명의로, 두기봉이 제작한 영화를 지원하였다). 1980년대 후반부터 소자본 제작노선을 이어 나가던 쇼브러더스는 점차 영화계에서 골든하베스트와 '신예성'에 뒤지게 되었다.

쇼브러더스는 전형적인 가족 기업이다. 소씨 가문의 2세대 소유명邵維銘, 소유금邵維錦, 소유종邵維鍾 모두 영화 사업 쪽에는 그다지 관심이 없었다. 때문에 1983년 소인매가 중풍으로 쓰러져 1985년 사망하자, 소일부만 영화 사업에 남게 되었다. 1984년, 쇼브러더스는 말레이시아 지역 극장 지분

연도	홍콩 쇼브러더스의 순이익(홍콩달러)	TVB의 순이익(홍콩달러)
1979	33,681,000	33,000,000
1980	36,160,000	56,000,000
1981	69,612,000	100,000,000
1982	64,476,000	142,000,000
1983	67,149,000	175,000,000
1984	103,653,000	204,000,000
1985	109,928,000	232,000,000
1986	92,396,000	314,000,000
1987	116,035,000	408,000,000
1988	163,139,000	326,000,000
1989	191,839,000	357,000,000
1990	181,425,000	327,000,000
1991	184,461,000	249,750,000
1992	177,590,000	365,580,000
1993	228,667,000	520,000,000
1994	354,543,000	639,000,000

참고 : 1988년 TVB가 재편되어, 홍콩TV기업국제유한회사(香港電視企業國際有限公司; TVE)가 분리되어 독립 상장되
　　　었고, 1997년에 이르러 남화조보(南華早報)그룹에 정식으로 팔렸다.
출처 : 『香港電視有限公司年報』 및 『邵氏兄弟(香港)有限公司年報』의 해당 연도 이사국 보고서에서 발췌

의 70%를 처분하였다. 그리고 1985년 6월, 쇼브러더스의 영화 제작 책임
자 황가희黃家禧가 사직하고 '은봉'銀鳳으로 옮겨 갔으며, 같은 해 8월, 쇼브
러더스는 산하의 주요 극장인 '비취', '문화', '황금', '보성' 4개를 반적생이
새로 설립한 '덕보 극장체인'에 3년 계약으로 임대해 준다. 뒤이어 홍콩 쇼
브러더스와 대만 쇼브러더스는 인원을 대규모로 감축했다. 홍콩 쇼브러더
스는 전성기 때 1,500여 명에 달했던 직원을 300여 명으로 줄였고, 대만 지
사는 20여 명에서 서너 명으로 감축했다. 같은 해, 방일화는 원래 30~40편
이었던 쇼브러더스의 1986년 제작 목표 편수를 6~8편으로 줄이겠다고 발
표하였다. 그리고 11월, 쇼브러더스 산하에 남아 있던 10개의 극장도 덕보
극장체인으로 바뀌면서 쇼브러더스 극장체인은 공식적으로 해체되었다.

11월 말, 쇼브러더스는 대만 지역에서 오랫동안 경영해 왔던 '대세계' 극장 체인의 운영도 중단하였고, 이로 인해 대만 지역의 쇼브러더스 소유 극장 체인은 자취를 감추었다.[4] 〈표 6.1a〉와 〈표 6.1b〉에서 볼 수 있듯이 1980년 대에 쇼브러더스의 영화 제작량은 눈에 띄게 감소하였다. 다른 한편으로 영화·TV 산업의 새로운 변화를 상징하는 쇼브러더스의 방향 전환은 독립 영화사의 생존 공간을 더욱 확대시켜 주었다.

2. 골든하베스트, 외주 제작 시스템의 선도자

1970년 추문회는 40만 홍콩달러로 골든하베스트사를 설립하여 영화업계 에 본격적으로 진출하였다. 영화사 설립 초기에 그는 쇼브러더스와 마찬가 지로 자신의 영화 스튜디오와 극장체인을 만드는 데 주력하는 방식으로 운 영하였다.[5] 골든하베스트는 쇼브러더스가 스타로 길러 낸 왕우를 스카우 트해 「독비도대전맹협」을 촬영하였으 나 결국 쇼브러더스로부터 저작권 침해 소송을 당해 수년간 법정 소송을 거치 면서 사업이 거의 도산의 지경에 이르 렀다. 이 몇 년 동안 골든하베스트는 직 접 제작한 영화들로는 별다른 흥행 수 입을 벌어들이지 못했다. 하지만 「당산 대형」을 찍으면서부터 경영 방침을 바 꾸어 외주 제작 시스템을 실행하기 시 작하였다. 제작권은 하청업체에 넘겨주 지만, 골든하베스트의 이름으로 세계 시장에 판매하는 방식이었다.[6] 이후 골

허관문, 허관영(許冠英), 허관걸 형제가 설립한 허씨(許氏) 영화사는 골든하베스트와 긴밀한 합작 관계에 있었는데, 이는 서로에게 이득이 되었다. 사진은 허씨 4형제와 그들 부모의 모습

골든하베스트 스튜디오 내에서 오우삼 감독이 영화 촬영을 위해 준비하고 있는 모습

「독비도」 시리즈의 저작권을 둘러싸고 쇼브러더스와 왕우는 법정 공방을 벌였다. 사진은 법원에 나온 왕우의 모습

든하베스트는 「당산대형」의 촬영 방식인 외주 제작 시스템을 계속 유지하여 위성영화사가 독립 제작하는 것을 지원했다. 투자자인 골든하베스트는 영화의 제작자가 되고 영화의 배급과 상영 역시 자연스럽게 골든하베스트가 담당하였다. 이소룡이 세상을 떠난 이후로도, 골든하베스트는 성룡, 홍금보, 오우삼, 허관문 등이 각자 자신의 영화를 제작하거나 골든하베스트의 위성영화사를 만드는 것을 지원했다.[7]

골든하베스트 영화의 발전은 바로 홍콩 영화 산업의 변화를 상징하고 있다. 쇼브러더스의 스튜디오 시스템의 쇠퇴 이후, 골든하베스트가 선도한 독립 제작자 시스템이 점차 주류가 되었다. 여타 극장체인의 극장주나 배급사 역시 총제작자[監製] 혹은 프로듀서[出品人]라는 이름으로 상호 약정한 금액을 투자하여 독립 제작자가 영화를 찍을 수 있도록 지원하고,[8] 그 완성작은 극장체인을 통해서 배급하였다. 이렇게 스튜디오 시스템이 져야 하는

골든하베스트의 지원을 받아 성룡이 창립한 위화(威禾)영화사

골든하베스트는 이소룡의 영화 제작 이후, 서서히 외주 제작 시스템과 이익 배당 시스템을 도입하였다. 사진은 골든하베스트가 지원하고 홍금보가 설립한 보화(寶禾)영화사의 창립 축하연

부담을 줄이면서 배급·홍보·제작의 각 부문을 각기 다른 회사에서 맡는 독립 외주 제작을 통해 영화 제작은 비교적 유연성을 확보하게 된다.[9]

3. TV 방송업계의 파란

독립 제작자 시스템이 생겨나자 이와 함께 영화 시장에서는 인재에 대한 수요가 급증하였다. 마침 1970년대에 TVB, RTV, 가예TV의 3대 방송국에 의해 야기되었던 커다란 변화로 인해 영화 산업계에 새로운 피가 수혈될 수 있었고, 또한 영화 시장에는 각기 다른 독립 제작팀이 출현할 수 있었다.

　홍콩 RTV는 1957년 탄생한 이후 10여 년 동안 유일한 TV 방송국으로서 지위를 누려 왔다. 하지만 1967년에 이르러 TVB 방송국이 설립되자, TV 산업은 두 방송국 사이의 경쟁전의 양상으로 변화하였다. RTV가 상대적으로 일찍 설립되기는 하였지만, 그 인맥 네트워크는 TVB에 미치지 못하였다. TVB의 주주들은 모두 홍콩의 유명한 자산가였고 그들은 적지 않은 부동산과 극장을 소유하고 있었다. 쇼브러더스의 청수만 영화 스튜디오 역시 매우 신속하게 TVB의 스튜디오로 바뀌었다. 게다가 TVB는 그 주주 구성에서 RTV(그리고 그 계승자인 ATV)에 비해 훨씬 안정적이었기 때문에 이후 TV시청률 경쟁에서 든든한 자본의 후원을 받을 수 있었다.

　두 방송국의 개국 초기에는 아직 홍콩의 현지 제작 프로그램은 매우 적었고, 황금시간대에는 주로 미국이나 일본에서 들여와 더빙한 TV 드라마 시리즈가 편성되었다. 미국에서 제작한 「아이언사이드」Ironside; 無敵鐵探長, 「비밀지령」It Takes A Thief; 神偸諜影, 「미션 임파서블」, 일본에서 제작한 「스가타 산시로」, 「G-Men'75」猛龍特警隊, 「사인은 V」, 「불타라 어택」燃えろアタック; 排球女將, 「가면 라이더」仮面ライダー; 幪面超人 등의 프로그램은 일세를 풍미했다. 1968년 TVB가 제작한 첫번째 장편 TV 드라마 시리즈는 「몽단정천」夢

1960년대에 들어서면서 TV는 모든 가정의 생활 필수품이 되었다. 사진은 1969년 홍콩의 한 중산층 가정에서
미국 TV 드라마 「비밀지령」을 시청하는 모습

斷情天이었다. 이 밖의 TV 시리즈도 역시 무대극이나 민간고사를 각색하였
기 때문에 제작비가 많이 들지 않았다. 1973년부터 TVB는 자체 제작 프
로그램에 훨씬 더 많은 자원을 투입하기 시작했다. 「일삼오극장」을 「비취
극장」으로 이름을 바꾸고 첫번째 컬러 TV 시리즈인 「연우몽몽」을 내놓았
다. 이는 대만 작가 경요의 소설을 각색한 것이었다. 1974년에는 상해의 유
명 작가인 장한수의 소설을 개작한 「제소인연」도 선보였는데, 고가휘顧家輝;
Joseph Koo Kar-Fai가 작곡하고 선두랍仙杜拉; Sandra Lang이 부른 드라마 주제곡
은 또한 칸토니즈 팝[1] 열풍을 불러일으켰다. 그리고 TVB 산하의 화성엔터

1976년, 홍콩 정부의 영화·TV국장(왼쪽), RTV 사장 황석조(黃錫照, 가운데), TVB 사장 소일부(오른쪽)가 정부 행사에 참여하여 찍은 사진

테인먼트(이하 '화성')는 중국어 가요 시장 발전에 많은 자본을 투자하였다. TVB의 노래 경연대회 프로그램인 「성보의 밤」에서 발굴하여 '화성'으로 영입한 엽려의도 칸토니즈 팝 시장에 진출하여 제1대 TVB 소속 스타가 되었다. 그녀를 화인 사회의 유명 인사로 만들어 준 것은 바로 TVB의 전설적 드라마 「상해탄」^{上海灘}(1979)의 주제가였다. '화성'과 TVB의 밀접한 관계 덕분에 '화성' 소속 가수가 TVB 시리즈의 주제곡을 부르게 되었던 것이다.

　　1970년대 중반부터 홍콩 TV 산업은 전면 현지화하기 시작하여 홍콩 현지에서 제작한 프로그램이 모두 황금시간대에 편성되었다. TVB의 경우 버라이어티 프로그램을 맡은 채화평과 드라마 프로그램을 맡은 종경휘가 잇따라 사직한 후, 그 뒤를 이어받은 주양숙이^{周梁淑怡; Selina Chow Liang Shuk-}

1　칸토니즈 팝(Cantonese Pop; Canto Pop; 粵語流行曲)은 광동어로 된 서양식 팝 음악을 가리킨다. 최근 K-Pop의 유행과 마찬가지로 1970~1990년대 동아시아 지역에서 큰 인기를 끌어, 팝 음악의 장르 가운데 하나로 사전에 오르기도 하였지만, 지금은 과거의 명맥을 유지하지 못한 채 추억 속의 장르로 잊혀 가고 있다.

Yee가 홀로 꾸려 나갔다. 주앙숙이는 입사 이후 허안화, 담가명, 엄호^{嚴浩; Yim Ho} 등과 같이 아카데미를 졸업한 인재들을 대거 기용하여 필름 팀을 만들어서 많은 프로그램을 제작하였다. 그리고 1976년은 가히 홍콩 TV 시리즈 발전사 중 정점이라 할 수 있다. 가예TV가 제작한 「사조영웅전」, 「신조협려」가 매우 인기를 끈 것 외에도, TVB가 최초로 호화 장편드라마 「광조」를 방송하였는데, 극중 결말 부분에서 '누가 소화

華星娛樂有限公司
Capital Artists Limited
Specialised in

TVB는 1970년대 초에 이미 계열사인 화성엔터테인먼트를 설립하여 음악 시장에 진출했다.

산을 죽였을까?'를 알아맞히는 퀴즈의 정답자를 공모하여 더욱 인기를 끌었다. 이 밖에도 1976년 명작 무협소설을 각색하여 만든 「서검은구록」 또한 버라이어티 프로그램인 「환락금소」와 외국의 TV 시리즈를 제치고 새롭게 황금시간대 최고 인기 프로그램이 되었다. 그 후속으로 방영된 「가변」과 「C.I.D.」 역시 시청자의 주목을 끌었다. 중견 방송인 주극^{朱克}은 일찍이 주앙숙이가 어떻게 「광조」라는 신화를 만들어 냈는지에 대하여 다음과 같이 회고하고 있다.

치열한 경쟁 속에서 TVB의 패권은 수시로 위협을 받고 있었다. 그래서 TVB는 9월부터 방영한 「C.I.D.」의 작품 전체를 필름으로 제작하기로 하고, 엄청난 인적·물적 자원을 투입하였다. 여기에 들어간 제작비는 벌어들인 광고비를 훨씬 상회할 정도였다. 방영 이후의 반응은 나쁘지 않았지만, 공전의 히트를 칠 수 있을 것이라 기대했던 것에는 미치지 못하였다. 때문에 TVB의 책임자들은 어떻게 해야 선두 자리를 지킬 수 있을지 머리를 싸매고 고심하고 있었다.

이 무렵 런던 BBC에서 1개월간 인턴을 마치고 막 돌아온 석소명石少鳴은 주양숙이에게 자신의 구상에 대해 자문을 구하였다. 그리고 이와 비슷한 시점에 황축균黃筑筠이 미국 소설 『깊은 밤 깊은 곳에』*The Other Side of Midnight;* 午夜情를 읽고 그 스토리를 이야기해 주자 주양숙이는 마치 귀한 보물이라도 얻은 듯이 반기며 곧바로 홍콩 사회를 배경으로 스토리를 각색하는 데 착수했다. 석소명은 미국의 연속극soap opera 형식을 모방해서 화려함과 선정성에 치중하되 한 시간에 한 회 분량을 방영하자고 건의하였다. 이왕 이렇게 된 거 거액을 투자해서 대형의 호화 장편드라마를 제작하기로 결정하였다. 대강의 계획이 세워지자 즉시 시나리오 팀을 구성해서 각본을 쓰기 시작하였다. 비록 홍콩에 저작권법이 존재하지는 않았지만, 방송국이 공공연히 다른 사람의 소설을 각색했다가 어느 날 갑자기 누가 이를 걸고넘어지기라도 한다면 체면을 구길 수도 있기 때문에 이를 숨길 묘안이 필요했다. 마침 황축균이 미국에서 공부한 것이 호텔 경영이었고, 홍콩에 돌아온 이후 부려화富麗華호텔에서 얼마 동안 일한 적도 있어서, 호텔업에서는 전문가라 할 만했다. 그래서 그는 스토리를 한 호화 호텔을 둘러싸고 벌어지는 것으로 만들고 그 중간중간에 『깊은 밤 깊은 곳에』의 모티브를 끼워 넣었다.……

「광조」의 제작에는 막대한 투자가 들어갔다. 이 드라마를 촬영할 전용 스튜디오를 제공하기 위해 규용葵涌에 약 1,000평방미터의 공장 건물을 빌려서 세트를 만들고, 호화로운 호텔의 홀로 꾸며서 대리석 기둥, 붉은 카펫 등을 모두 진짜 호텔과 똑같이 만들어 놓았다. TV 드라마 역사상 가장 화려하고 가장 리얼했으며, 또한 무대 배경을 꾸미는 데 돈을 가장 많이 들인 것이었다. 외부 촬영지에도 역시 많은 자본을 들였다. 첫 회의 연회 장면을 예로 들자면, 당시 마침 홀리데이인Holiday Inn; 假日호텔이 막 오픈했을 때라서 이 호텔의 지하 식당을 빌려 현지 촬영을 진행하였다. 그리고 이 식당

1970~1980년대의 TV 경쟁에서 주양숙이는 여러 차례 성공을 거두었다. 사진은 1977년 주양숙이가 「K-100」 프로그램의 진행자인 하수신(何守信)과 인터뷰하는 모습

1970년대 홍콩 TV업계의 배우나 스태프들 모두 우여곡절이 많았다. '강한 여인'의 이미지로 급부상한 주양숙이는 TV 산업의 생태를 바꾸었다. 필름을 가지고 사실주의적으로 촬영한 드라마가 '무대극'식의 드라마를 압도하기 시작했다.

주양숙이의 사촌인 황축균(오른쪽에서 두번째)은 미국에서 호텔 경영을 전공한 인물로, TVB에 들어간 이후 「광조」의 시나리오 작업에 참여하여 호텔을 배경으로 하는 스토리를 만들어 내 인기를 끌었다.

의 원래 종업원들에게 손님을 접대하도록 하고 친구들이나 사회 유명 인사들을 귀빈으로 초대하여 남녀 손님 300여 명이 참여하는 성대한 파티를 연출하였다. 주요 배우들의 의상은 홍콩의 대형 의류업체에 협찬을 요청하였고 모든 배경과 소품, 의상을 호화로우면서도 더할 수 없이 아름답게 보이도록 하였다.[10]

TVB와 가예TV 두 방송국이 급부상하자 RTV 역시 변화하지 않을 수 없었다. RTV는 1973년부터 컬러 방송을 시작했을 뿐만 아니라 맥당웅, 소약원 등의 신진 스태프 인력을 기용하여 「십대기안」十大奇案, 「십대자객」十大刺客, 「대가저」大家姐, 「대건사」大件事, 「대장부」大丈夫, 「악어루」鱷魚淚, 「변색룡」變色龍 등의 프로그램을 제작하였다. 이후 1970년대는 홍콩 TV 산업의 치열한 경쟁 시기로, 각 방송국이 모두 현지 제작을 중시하여 제작부와 창작팀

1976년 가예TV가 새롭게 발전하여, TV 산업 내의 TVB와 RTV의 양강 구도에 균열을 냈다. 사진은 서극이 가예TV에서 일할 당시 그의 이름을 알렸던 「금도정협」(金刀情俠)의 한 장면

을 설립하였으며, 방송사 내에서 감독·연출·심의·각본 등의 분업도 더욱 세밀해졌다(〈도표 6.1〉).

1970년대의 세 방송국의 경쟁전 속에서 가예TV가 먼저 퇴출되었다. 가예TV는 개국 초기부터 광고 수입이 적어 매달 100만 홍콩달러에 달하는 적자를 냈다. 1976년 가예TV가 내놓은 「사조영웅전」과 「신조협려」가 시청자를 끌어모으기는 했으나 그 경영 상태를 개선하기에는 여전히 부족했다. 장기간의 경제적 곤란 상태를 겪은 후 항생은행恒生銀行의 설립자 임병염林炳炎의 아들 임수봉林秀峰으로부터 자금 투자를 받아 겨우 지탱해 나갈 수 있었지만, 1978년에 이르러 형세가 더욱 불리해졌다. 일찍이 대륙에서 TV프로그램을 공급받았던 가예TV는 대륙 상품의 광고를 방영할 수 있게 해달라고 홍콩 정부에 여러 차례 요청하였지만 결국 아무런 성과도 얻지 못하였다. 1978년 2월, 가예TV는 고액의 연봉을 주고 TVB의 주앙숙이를 사장으로 모셔 와 상황을 반전시키고자 하였다. 당시 가예TV의 이사장 나문혜

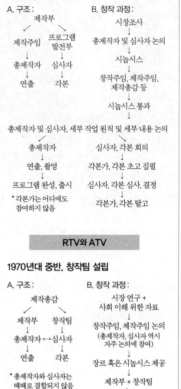

TVB

1. 1970년대 초

A. 구조:
프로그램 책임자
↓
총제작자
↓
연출
(각본 선택 책임도 겸함)

B. 창작 과정:
프로그램 책임자 및
총제작자 논의
↓
프로그램 장르
↓
연출
↓
연출이 각본가 선정
↓
각본
↓
연출, 촬영
↓
프로그램 출시

* 각본은 주로 연출에게
책임이 있음

2. 1970년대 중반, 창작팀 설립

A. 구조:
제작 책임자 및 창작주임
↓
제작부 　 창작팀
↓ 　 ↓
총제작자 　 심사자
↓ 　 ↓
연출 　 각본

B. 창작 과정:
스토리 심사
↓
시놉시스
↓
심사자, 각본 총제작자 및
각 연출 스토리 논의
↓
시놉시스 통과
↓
연출 및 각본가 논의
↓
각본가,
각본 초고 집필
↓
심사자 각본 심사, 결정
↓
연출, 촬영
↓
프로그램 출시

* 총제작자는 주로 행정 및
제작 사무를 담당
* 가장 기본적인 창작은
각본과 연출이 합작하여 완성

3. 1980년대

A. 구조:
제작부
↓
제작주임 　 프로그램
　 　 발전부
↓ 　 ↓
총제작자 　 심사자
↓ 　 ↓
연출 　 각본

B. 창작 과정:
시장조사
↓
총제작자 및 심사자 논의
↓
시놉시스
↓
창작주임, 제작주임,
제작총감 등
↓
시놉시스 통과

총제작자 및 심사자, 세부 작업 원칙 및 세부 내용 논의

총제작자 　 심사자, 각본 회의
↓ 　 ↓
연출, 촬영 　 각본가, 각본 초고 집필
↓ 　 ↓
프로그램 완성, 출시 　 심사자, 각본 심사, 결정
　 　 ↓
* 각본가는 어디에도 　 각본가, 각본 탈고
참여하지 않음

RTV와 ATV

1970년대 중반, 창작팀 설립

A. 구조:
제작총감
↓
제작부 　 창작팀
↓ 　 ↓
총제작자 ↔ 심사자
↓ 　 ↓
연출 　 각본

* 총제작자와 심사자는
때때로 결합되지 않음

B. 창작 과정:
시장 연구 +
사회 이해를 위한 자료
↓
창작주임, 제작주임 논의
(총제작자, 심사자 역시
자주 논의에 참여)
↓
장르 혹은 시놉시스 제공
↓
제작부 + 창작팀
↓
총제작자, 심사자, 연출, 각본가 논의
↓
장르 논의 결과
↓
제작주임 및 창작주임, 콘셉트 지도
↓
시놉시스
↓
총제작자, 심사자, 연출, 각본가 논의
↓
각본가, 각본 초고 집필
↓
연출, 각본에 대한 의견 제시
↓
각본가, 각본 탈고
↓
연출, 촬영
↓
프로그램 완성, 출시

* 연출은 전체 제작 과정의 모든 논의와 작품 완성까지 참여함

출처 : 香港電臺電視部 編 『電視對香港電影工業及文化之衝擊研討會報告書』 香港: 香港電臺電視部, 1985, 38～40쪽.

TV 방송사 간의 열띤 경쟁 속에서, 가예TV가 만든 「사조영웅전」은 역사·무협드라마 열풍을 불러일으켰다.

羅文惠, 부이사장 겸 상무이사 임수영林秀榮, 부이사장 하좌지, 상무이사보 손욱표, 홍보부장 반조언潘朝彥 등은 이에 대해 큰 기대를 품고 있었다. 주양숙이는 취임한 후 300만 홍콩달러의 촬영 기기와 설비 등을 연이어 구입하고 '7월 대공세'七月功勢라는 프로젝트를 기획하여, 이를 통해 가예TV를 일으켜 세우고자 하였다. 신임 사장을 데려와 이제 막 본격적으로 나서려 할 무렵 가예TV의 자금은 급속도로 소모되어 갔으며, 정부는 가예TV의 재무 문제 조사에 착수하였다. 홍콩 총독은 행정국 모임에서 TV자문위원회에 가예TV의 회사 조직 및 자금 상황을 조사하도록 지시하였다. 조사 배후에는 심상치 않은 동기가 숨겨져 있었는데, 홍콩 정부가 임병염의 자금이 좌파 자금과 연결되어 있다고 의심했던 것이다. 또 한편으로 '7월 대공세'의 성적이 너무 평범한 수준에 그치자 주양숙이는 사직을 요구받았다. 이에 사람들은 주양숙이와 함께 석소명, 엽결형, 유천사, 노국첨盧國沾, 임욱화 등이 동반 사퇴하게 된 사건을 일컬어 '육군자六君子 사건'이라고 불렀다. 하지만 이 일이 잠잠해지기도 전에 또 하나의 사건이 터졌다. 1978년 8월 22일, 가

가예TV빌딩. 이 '팔괘'(八卦) 모양의 로고는 예(禮)·악(樂)·사(射)·어(御)·서(書)·수(數) 의 '육예'(六藝)를 상징한다.

항생은행의 임씨 가문 출신인 임수봉(뒷줄 왼쪽)은 1970~1980년대 연예·문화계에서 활약하였다. 위 사진은 그와 잡지 「호외」(號外)를 함께 만든 파트너 진관중(陳冠中, 뒷줄 가운데), 구세문(丘世文, 뒷줄 오른쪽), 등소우(鄧小宇, 앞줄)가 함께 찍은 것

가예TV는 대형 사극 「수당풍운」(隋唐風雲)을 제작하여 다른 두 방송국에 맞섰다. 사진은 풍수범(馮粹帆) 감독이
배우들을 지도하는 모습

주양숙이는 가예TV에 들어간 후, TVB와 RTV를 겨냥하여 '7월 대공세'라는 프로젝트를 진행하였다.

예TV빌딩의 문 밖에 깜짝 놀랄 만한 공고가 붙었는데, 여기에는 "이 회사는 경영 사정이 악화되어 금일부터 영업을 정지합니다"라고 쓰여 있었다. 이후 방송국의 원상 복구를 요구하며 가예TV의 직원 및 배우들은 여러 방면으로 뛰어다녔다. 9월 7일 시위대가 홍콩 총독부에 청원하였고, 9월 10일 빅토리아維多利亞 파크에서 가예TV 군중대회를 열었지만, 결국 아무런 성과도 거두지 못하였다. 1978년 10월 19일, 홍콩 고등법원이 가예TV의 파산을 정식으로 선포하였지만 그 여파는 그해 연말까지 지속되었다.[11]

가예TV가 문을 닫은 후 직원들이 문 밖에서 항의 시위를 하는 모습

1978년 9월 10일, 가예TV 직원들은 빅토리아 파크에서 집회를 열었다. 사진에 하거화(何鉅華), 임욱화, 주극,
등벽운(鄧碧雲), 조달화 등이 보인다.

2장 / 홍콩 영화의 뉴웨이브

TV 시장의 극심한 경쟁 속에서 돌연 가예TV가 퇴출되고 말았지만 이는 오히려 영화계에 젊은 피를 제공했고 또한 이를 통해 한바탕 '뉴웨이브' new wave; 新浪潮 열풍을 일으키는 결과를 가져왔다. 사실 프랑스어로 '누벨바그'Nouvelle Vague라 불리는 이 '뉴웨이브' 현상은 프랑스 영화사에서 빌려온 용어로, 원래 1958년부터 1962년 사이 프랑스 감독들의 작품을 가리켰다. 1979년, 홍콩의 영화 비평 잡지에서는 이 용어를 빌려 와서 당시 홍콩 영화계의 새로운 현상을 묘사했다. 방송국 간의 경쟁이 끝난 후 일군의 방송국 아카데미 출신 젊은 감독들이 연이어 TV 제작에서 영화계로 투신하여 자신이 감독을 맡은 첫 영화를 내놓기 시작하였다. 예를 들자면 서극의 「접변」蝶變; The Butterfly Murders, 장국명의 「점지병병」點指兵兵; Cops and Robbers, 승기연洗杞然; Stephen Shin Gei-Yin의 「원가」寃家; Affairs, 허안화의 「풍겁」瘋劫; The Secret, 담가명의 「명검」名劍; The Sword 등이 바로 그러한 경우였다. 이들은 곧장 영화계의 주목을 받기 시작하였다. ⟨표 6.2a⟩와 ⟨표 6.2b⟩를 보면, 방송국 출신의 감독들이 영화계로 전향하는 상황이 갈수록 보편화되고 있었음을 알 수 있다.[12] 뉴웨이브 현상은 모종의 사회·경제적 기반 속에서 형성된 것으로 1970년대 말 영화업계의 환경을 반영한 것이었다.

연도	중국어 영화 총 편수	방송국 출신 감독의 영화 편수
1970	118	1
1971	86	0
1972	87	0
1973	94	1
1974	101	6
1975	97	3
1976	95	10
1977	87	7
1978	99	9
1979	109	14
1980	98	14
1981	98	19
1982	99	23
1983	108	21
1984	106	32

출처: 香港電臺電視部 編 『電視對香港電影工業及文化之衝擊研討會報告書』 香港: 香港電臺電視部, 1985, 37쪽.

① 홍콩 영화 시장을 제패했던 쇼브러더스는 점차 그 독점적 지위를 잃은 반면, 골든하베스트는 계속 발전을 도모하여 새로운 인재를 초빙·확충하고, 위성영화사를 설립하는 데 투자하였다. TV업계 종사자였던 엄호와 담가명이 골든하베스트로 와서 영화를 촬영하게 된 것이 바로 그 사례이다. 그리고 독립 제작사들은 세력을 넓히기 위해 신진 감독을 물색하였는데, 오사원吳思遠; Ng See-Yuen 산하의 사원영화사思遠公司가 서극과 영화 4편의 제작 계약을 맺은 것 역시 그 사례 가운데 하나이다.[13]

② 1970년대 홍콩의 경제가 급격히 발전하자 몇몇 새롭게 등장한 부호들 또한 영화에 투자하거나 영화관을 임대하여 영화를 상영하기 시작했다. 이들은 영화 매표수익을 얻는 것 이외에 개인, 혹은 회사가 생산한 제품을 홍보하기도 하였다. 이러한 사례로는 엽지명葉志銘의 빈빈의류縉縉時裝; Bang Bang, 곽씨郭氏 가족의 신홍기부동산개발회사新鴻基地産發展有限公司; Sun

〈표 6.2b〉 홍콩 주요 방송국의 황금시간대(19:30∼22:30) 시청률 비교

연도	TVB	RTV·ATV	가예TV	시청률 합계
1977	202만 1,000명	44만 명	49만 5,000명	-
1982	45	11	-	56
1983	46	47	-	52
1984	44	8	-	52
1985	43	8	-	51
1986	41	8	-	49
1987	45	4	-	47
1988	39	4	-	43
1989	36	8	-	44
1990	35	9	-	44
1991	31	10	-	41
1992	30	8	-	38
1993	29	9	-	38
1994	27	9	-	36
1995	24	12	-	36
1996	26	10	-	36
1997	27	10	-	37
1998	30	11	-	41
1999	29	13	-	42
2000	30	11	-	41
2001	30	10	-	40

참고 : 시청률은 시청 점수(收視點 100점 기준)로 계산한 것이다. 시청 점수 1점은 1%의 시청자와 같으며, 이는 약 5만 1,000여 명이다.

출처 : 닐센(A.C. Nielsen)의 보고서와 함께 다음을 참고했다. Joseph Y. S. Chen, *The Other Hong Kong Report 1997*, Hong Kong: The Chinese University Press, 1997, 468쪽.

Hung Kai Properties, 나개목羅開睦; Law Hoi-Muk(비타소이Vitasoy; 維他奶 설립자 나상계羅祥桂의 아들)의 카페드코랄Café de Coral; 大家樂快餐店 [14] 그리고 마석진馬惜珍 형제의 동방신문사東方報業; Oriental Press Group Ltd. 등이 있었다. 이처럼 재벌의 지원을 받은 영화 제작진들 또한 인원을 급히 조직·확충해야만 했다.

③ 여러 해 동안 중국 대륙의 자금 지원이 끊겼던 '장성', '봉황', '신련' 등은 중국 대륙의 개혁개방 정책과 함께 점차 회생하여 여러 젊은 TV 시

장국명이 공공주택 지역을 배경 삼아 「점지병병」을 찍고 있는 모습

「명검」의 담가명 감독

「접변」을 촬영 중인 서극

배우들에게 연기를 지도하는 허안화

방육평이 「부자정」을 촬영하던 당시 모습

나리오 작가와 감독을 불러오게 되었다. 방육평方育平; Allen Fong Yuk-Ping은 '봉황'과 합작하여 「부자정」父子情; Father and Son을 촬영하였고, 하몽夏夢이 경영하는 청도영화사青島公司는 허안화의 「망향」投奔怒海; Boat People 제작을 지원하였으며, 이 영화들은 홍콩의 '쌍남 극장체인'雙南院線에서 상영되었다. 1978년 이후 대륙의 영화계에서도 시장경제 개방의 충격 속에서 일련의 변화가 나타나기 시작하였다. 1979년 8월 설립된 중국영화합작제작사中國電影合作製片公司; China Film Co-Production Corporation; CFCC가 해외 영화업자와의 합작 영화 제작을 허용하였던 것이다. 초기에는 유럽·미국·일본의 자금이 주를 이루었는데, 「타이판」大班; Taipan, 「마지막 황제」末代皇帝; The Last Emperor 등이 바로 그러한 합작을 통해 제작된 작품들이었다.[15] 이러한 변화는 홍콩 영화 산업에도 생기를 불어넣었다.

④ 극심한 경쟁 속에 TV 방송국들은 앞다투어 필름 드라마 제작팀을

TVB에서 사실주의 작품 「젊은이」를 촬영하였던 여윤항은 독립 후에 세기영화사(世紀電影公司)를 설립하였다.

만들어 드라마 시리즈를 직접 제작해 미국, 일본에서 수입한 드라마를 대체하였다. TVB의 경우 주양숙이의 주도하에 「C.I.D.」, 「젊은이」 등을 만들었고, RTV는 맥당웅의 주도하에 「십대기안」, 「대가저」를, 그리고 가예TV는 「금도정협」金刀情俠을 제작하였다. 이런 방송국 인력들은 이후 홍콩 영화 산업의 젊은 피가 되었으며, 이 때문에 사람들은 방송국을 영화인의 '소림사'少林寺라고 불렀다.[16]

　　이러한 제반 조건이 결합되면서 방송국은 배우 및 제작 인력을 배출했고 영화의 외주 제작 시스템에 충분한 인재들을 제공할 수 있었다. 또한 TV업계 종사자들은 이러한 추세 속에서 영화 스크린으로 진출하였다. TVB 아카데미 출신인 두기봉이 어떻게 영화계에 발을 들여놓게 되었는지에 관하여 유천사는 다음과 같이 진술하였다. "두기봉 감독은 몇몇 인기 드라마 시리즈를 감독한 이후 영화 제작자의 인정을 받아 영화 제작에 스카우트되었다. 다른 방송국과 비디오 제작사 역시 그를 영입하기 위해 애썼다.……

맥당웅은 「십대기안」과 「대장부」(大丈夫) 등의 작품으로 TVB의 장편 드라마에 맞섰다.

떠나기 전에 그는 이미 TVB와 쇼브러더스가 공동 경영하는 대도회영화사로부터 상당한 금액의 계약금을 받고 장기 계약을 맺기로 정해 놓았다. 이 밖에도 그는 TVB의 총제작자를 맡기로 계약을 맺어 'TVB영화'無線大電影 프로그램의 제작 책임, 즉 비디오테이프를 이용하여 90분짜리 TV 단막극을 제작하는 책임자가 되었다. 그리고 두기봉은 TVB에서 수 편의 드라마를 총제작하는 동안 특별대우를 받았는데, 예를 들어 그는 대도회영화사의 영화 촬영을 위해 시간을 자유롭게 쓸 수 있었다."[17]

TV업계에서 영화계로 진출한 사례는 두기봉만이 아니었다. 1979년부터 TV 산업에서 전향한 일군의 젊은 인재들이 영화계에 '뉴웨이브' 붐을 불러일으켰다. 이는 홍콩 영화계에 이전의 분위기를 쇄신하여 영화에서 작가(감독)의 지위와 취향이 강조될 수 있도록 만들었다. 뒤에서도 살펴보겠지만 맥당웅, 여윤항余允抗; Dennis Yu Wan-Kwong, 양립인梁立人 등은 당시 유명한 작가주의 감독들이었다.[18] 이 밖에도 영화배우와 방송국 연예인의 구분 역시 모호해지기 시작하였다. 적지 않은 연예인들이 영화·TV·대중음악계를 넘나들며 두세 가지 일을 겸하는 스타가 되어 갔다.

1. 신흥 독립 제작사의 출현

하지만 '뉴웨이브' 현상은 그 출현만큼이나 퇴조 또한 급작스러웠다. 1979년부터 방송국 출신의 감독과 배우들이 연이어 영화계에 진출하면서 무수한 독립 제작사들이 새롭게 나타났다. 독립 제작사가 만들어 낸 새로운 제작 방식은 홍콩 영화 산업에 무한한 가능성을 열어 주었지만, 이러한 가능성은 결국 실현되지 못하였다. 극히 짧은 몇 년 사이에 독립 제작사들은 빠르게 쇠퇴했고, '뉴웨이브' 감독들도 처음 진출할 당시의 패기를 잃어 갔다. 그들은 서극의 경우처럼 상업영화의 주류에 편입되거나 아니면 담가명의 경우처럼 아예 제작을 중단하였다. 과연 이러한 급격한 변화는 무엇 때문이었을까? 원래 '뉴웨이브'에 편승하여 출현했던 독립 제작사는 영화를 제작하는 데에만 집중하고 영화의 판매(극장 상영 및 해외 배급)에는 미처 신경을 쓰지 못하였다. 때문에 판로 문제를 해결하지 못하여 영화사의 자금 순환이 위기에 빠져들자 영화의 예술성이 아무리 뛰어나도 소용없게 되어 버린 것이었다. 이는 다음의 사례를 통해 살펴볼 수 있다.

맥당웅영화사麥當雄製片公司의 창립자인 맥당웅은 1970년 RTV 방송국 아카데미에 들어가 연예인, 조감독, 각본 등을 맡았으며 「십대기안」, 「십대자객」과 「대장부」大丈夫 등의 연속극을 총제작하였다. 그는 1981년 RTV를 떠나 맥당웅영화사를 창립하고 의류제조업자인 양리소하梁李少霞; Vicky Leung Lee Siu-Ha가 설립한 주성영화사珠城影業公司; Cinema City Co., Ltd.의 자금을 지원받았다. 1982년 「정매자」靚妹仔; Lonely Fifteen를 만들어 호평을 받았던 맥당웅은 1982년부터 1984년 사이에 당시 유행하던 리얼리즘, 범죄, 액션, 코미디, 귀신 등의 장르영화에 해당하는 「살입애정가」殺入愛情街; Crimson Street, 「초피여학생」俏皮女學生; Happy Sixteen, 「정부료적애」停不了的愛; Loving Him, 「성항기병」省港旗兵; Long Arm Of The Law, 「드래곤폴리스」神探光頭妹; Dragon Force 등을 내놓았다. 하지만 극장체인의 지원을 받지 못해 좋은 상영 시기를 확보할 수 없었던 탓에 영화사의 영업 이윤 상황은 기대 이하였다. 결국 맥당웅은 1985년에 감독직을 포기하고 제작자 혹은 총제작자의 신분으로 골든하베스트, '영성'永盛電影公司; Win's Movie Productions 등 큰 영화사와 합작하여 영화를 찍기 시작하였다. 그의 사례는 당시 독립 제작사의 생존이 매우 어려웠음을 잘 보여 주고 있다.[19]

세기영화사世紀電影公司(1980~1982)의 창립자 여윤항은 1977년 TVB 방송국에 들어가 각본과 연출을 맡았고, 필름 드라마 제작팀에서 「C.I.D.」, 「젊은이」, 「인터폴」國際刑警 등의 드라마 시리즈를 제작하였다. 또한 방송국 출신이었던 엄호와 함께 1978년 영력영화사影力電影公司를 설립하여 첫 영화 「엑스트라」茄喱啡; The Extras를 총제작하였다. 1980년 그는 유진위劉鎮偉; Jeff Lau Chun-Wai와 세기영화사를 만들었는데 투자자는 필리핀 재벌이었다. 그들이 제작한 「변연인」邊緣人; Man On The Brink, 「빈매」賓妹; Marianna, 「열화청춘」烈火靑春; Nomad, 「흥방」凶榜; The Imp, 「살출서영반」殺出西營盤; Coolie Killer 등도 당시 홍콩 영화의 유행 장르를 따라 만든 것이었다. 여윤항은 1983년 인터뷰 당시 '세기'와 같은 소형 독립 제작사가 살아남는 법을 귀띔해 주었다. "촬영 전에 반드시 영화가 각 시장에서 얻을 수익을 예측하여 투자 원금을 계산해야 합니다. 예를 들어 코미디 장르는 어디서나 통할 수 있고, 신괴 장르는 싱가포르·말레이시아 지역에서는 인기가 별로 없고, 범죄 액션 장르는 여성 관객을 포기해야 합니다. 이처럼 원금 회수의 계산에 각별히 신경 써야 하는 이유는 한 번의 실수로 회사를 도산시킬 수도 있기 때문입니다."[20] 맥당웅영화사와 마찬가지로, '세기'도 극장체인의 지원이 없었기 때문에

1970년대 TV 방송업계에 필름 드라마 제작팀이 유행하여 추후 영화 제작을 위한 많은 인재가 육성될 수 있었다. 사진은 가예TV에서 로케이션 촬영으로 제작한 드라마 「급선봉」(急先鋒)의 한 장면

결국 2년 만에 문을 닫고 말았다.

또 다른 소형 독립 제작사인 양립인영화사梁立人影業有限公司 역시 비슷한 길을 걷는다. 당시 TVB의 「도비기」跳飛機와 RTV의 「성목자시간」醒目仔時間과 같은 아동 프로그램의 유행을 기회 삼아 이 영화사는 TV 아역 스타가 주연한 「천진유아」天眞有牙, 「석쇄니」錫曬你와 「세권자」細圈仔; Once Upon a Mirage 등의 영화 3편을 제작하였다. 이는 홍콩 관객의 인기를 끌어 영화 매 편당 매표수입이 300만 홍콩달러를 넘어섰다. 하지만 해외 판매 상황은 별로 좋지 않아 동남아 개별 배급상과 극장주에게 팔아야 했다. 동남아 시장은 아동영화에 대한 관심이 별로 없었기 때문에 판매가가 그리 높지 않았기 때문이었다. 국내외 시장 수입을 종합해 봤을 때 이 3편의 영화 모두 양립인영화사에 수십만 홍콩달러의 손해를 안겨 주었고 결국 얼마 지나지 않아 이 영화사 역시 영화 제작을 중단하고 말았다.[21]

2. 해외 시장의 개발

'뉴웨이브'와 함께 등장했던 독립 제작사는 독자적으로 생존할 방법이 전혀 없었다. 그들은 반드시 영화 배급상과 극장주에게 의존해야만 비로소 시장에서 살아남을 수 있었다. 극장체인의 지원 없이는 여름방학이나 크리스마스, 설날 등 성수기에 상영하기 힘들었기 때문에 독립 제작사는 많은 자금을 들여 제작비가 많이 드는 영화를 함부로 만들지 못하였다. 1983년 맥당웅은 이러한 당시 상황을 다음과 같이 비유를 들어 설명하고 있다. "대작 영화를 평상시에 상영하는 것은 마치 물고기가 없는 연못에서 낚시를 하는 거나 마찬가지인 셈이죠. 결국 헛수고라는 말입니다." 1983년 당시 소위 '대작 영화'라고 하면 제작 자본이 500만 홍콩달러 이상이 들어가는 영화를 가리키는데 이런 영화들의 내용은 국내외 시장의 취향을 모두 고려한 것이었다. 하지만 독립 제작사는 해외 시장을 개척하는 데 있어 쇼브러더스, 골든하베스트 등과 같은 대형 영화사에 비해 어려움을 겪을 수밖에 없었다. 해외 시장 진출 경로는 다음 네 가지로 정리할 수 있다.

① 가장 전통적인 방법은 홍콩의 영화사가 제작한 작품에 영어나 현지 언어를 더빙하여 판매하는 것이다. 해외 판매는 판권을 한꺼번에 매절하거나 혹은 '러닝개런티'包底分賬 방식을 이용하였는데 이 방법의 성패는 상당 부분 영화상의 해외 네트워크에 달려 있었다.

② 외국 회사와 합작하는 방법이다. 홍콩 쪽에서 자금과 배우를 제공하는 대신 합작사가 소재한 지역에서의 상영권을 취득하는 것이다. 예를 들면 사원영화사의 「용지인자」龍之忍者; Ninja Warriors가 이 방식을 통해 일본 도에이영화사와 합작하였으며, 쇼브러더스의 「칠금시」七金屍 역시 비슷한 방법으로 영국의 해머영화사와 합작하였던 것이다.

③ 홍콩 쪽에서는 투자만 하고 제작 작업에 직접 참여하지 않되 합작사 소재 지역의 배급권을 갖거나 혹은 합작사와 직접 이윤을 배분하는 방

무술배우 출신인 성룡은 골든하베스트를 발판으로 국제적인
액션배우로 도약하였다. 위의 사진은 '칠소복'(七小福) 시기의
성룡, 원표, 원화(元華)

법이다. 쇼브러더스의 「2020」과 「지
구의 대참사」地球浩劫; Meteor가 이 방식
으로 합작한 작품이다.

　④ 홍콩의 영화사가 직접 설립한
산하의 서양 영화 제작부에서 외국
국적의 인력이나 배우를 고용하여 외
국 시장의 취향에 맞는 서양 영화를
찍는 방법이다. 골든하베스트가 서
양 영화팀을 만들어 제작한 영화로는
「제3병단」第三兵團, 「풍류야합화」風流夜
合花, 「배틀 크리크」殺手壕; The Big Brawl,
「캐논볼」砲彈飛車; The Cannonball Run, 「뇌
전병단」雷電兵團 등이 있다. 골든하베
스트는 성룡과 같은 중국 국적의 배
우가 직접 출연하도록 하고 그들을
세계 시장에 진출시키고자 애썼다. 이들이 서양 영화의 제작에 투자한 비
용은 상당하였는데, 「배틀 크리크」의 경우 최소 350만 달러 이상이 들었고,
「캐논볼」과 「뇌전병단」의 제작비는 2,000만 달러를 훨씬 넘어섰다.

　하지만 소형 독립 제작사의 경우 위의 네 가지 방법은 그 대가가 너무
컸다. 독립 제작사에 비해 상대적으로 긴 역사를 지닌 쇼브러더스가 자연
히 시장에서 우세를 점할 수밖에 없었다. 이들은 중국·대만 지역과 싱가포
르·말레이시아, 태국에 산하 극장과 극장체인을 가지고 있었기 때문에 상
영 경로를 걱정할 필요가 없었던 것이다. 매년 35편의 영화를 생산하면 홍
콩과 외부 극장체인의 수요에 맞출 수 있었다. 당시 홍콩의 쇼브러더스는
제작 사업만 담당하고 배급과 해외 투자 유치 등의 계획은 싱가포르 쪽에

서 책임졌다. 쇼브러더스의 제작 책임자 황가희는 다음과 같이 지적한다. "쇼브러더스는 제작 방침을 정할 때 동남아 각지 시장의 취향을 고려해야 합니다. 각 지역에서 얻을 수 있는 판권료를 계산하여야 하기 때문입니다. 쇼브러더스는 홍콩에서 촬영하기 전에 우선 외국에 있는 쇼브러더스 극장 체인의 책임자에게 시나리오를 보내서 현지 시장의 취향에 맞게 줄거리를 수정하여 각지의 요구에 부합하도록 합니다. 영화 장르 선택에서도 쇼브러더스는 독립 제작사에 비해 우위를 점하고 있습니다. 왜냐하면 쇼브러더스는 세트장을 소유하고 있어서 자본이 많이 드는 사극도 많이 찍을 수 있기 때문이죠. 쇼브러더스와 같이 큰 회사의 우세가 독립 제작사에게는 치명상이 될 수밖에 없습니다."[22]

반대로 독립 제작사의 경우를 살펴보면 그들은 소자본 전략을 써서 서양 시장에 진출할 수밖에 없었다. 맥당웅영화사가 제작한 「드래곤폴리스」를 예로 들자면, 영화는 홍콩 인력이 제작하였지만 미국에서 가공을 거쳐 서양 영화로 포장되었다. 이후 맥당웅은 동분서주하며 작품을 칸, 밀라노, 아시아의 각 영화제에 출품하였다. 이 영화의 홍보 포스터에는 제작자 장요영張耀榮, 맥당웅을 비롯한 기타 제작진의 이름을 모두 중국식 이름 대신 서양식 이름으로 사용하였다. 예를 들면 감독 맥당걸麥當傑: Michael Mak Dong-Git의 이름은 마이클 킹Michael King으로, 촬영감독 하보요何寶堯는 밥 휴크Bob Huke로 바꾼 것이다. 서양식으로 포장해서 내놓은 덕분에 이 영화는 결과적으로 각 영화제에서 80여 개 지역의 판권을 따낼 수 있었고, 영화사에는 100만 홍콩달러가 넘는 수입을 가져다주었다. 하지만 이 영화의 홍콩 흥행은 그리 좋지 못하였다. 서양식으로 포장한 것이 오히려 홍콩 현지 관객을 끌어들이는 데 별 효과를 거두지 못했기 때문에 매표수입은 140만 홍콩달러에 그치고 말았던 것이다. 이를 극장업자와 나누고 나자 영화사는 겨우 수십만 홍콩달러밖에 얻지 못하였다. 홍콩에서의 매표수입과 해외에서의 판매 수입을 모두 합해 영화사가 거둔 수익은 약 200만 홍콩달러에 지나지 않았다. 이런 사례를 통해서도 알 수 있듯이 독립 제작사가 해외와 홍콩 현지의 관객 모두를 만족시키기란 그리 쉽지 않았다.[23]

1982년 주성영화사의 양리소하는 『이코노믹 위클리』*Economic Weekly*; 經濟一週와의 인터뷰에서 독립 제작사의 제작비와 경영의 한계에 대하여 다음과 같이 자세히 서술하였다(〈표 6.3〉).

나는 우연한 기회에 '주성'을 경영하게 되었습니다. 예전에 나는 줄곧 무역, 의류 제조, 전자 등의 사업을 하던 남편을 도왔습니다. 4년 전, 그러니까 1978년 테디 로빈Teddy Robin Kwan; 泰迪羅賓; 關維鵬이 캐나다에서 홍콩으로 돌아왔어요. 테디는 내 중학교 동창이었지요.……그는 장국명과 함께 영화를 찍기 위해 자금을 지원해 줄 사람을 찾고 있다고 이야기했습니다.……그래서 '주성'을 만들게 된 것입니다. 이것은 아마도 나에게 잠재되어 있던 영화세포가 깨어난 것이라고 할 수 있겠죠! 10여 년 전 나는 일찍이 '리디퓨전'에서 아나운서로 일한 적이 있었고, 학창 시절에는 연극에 관심이 많았습니다.……당시 '주성'을 경영하는 데는 수십만 홍콩달러면 되었고 다행히 창업작인 「점지병병」이 큰 성공을 거두어 뉴웨이브의 물결을 이루기 시작했습니다. 일반적으로 「점지병병」은 같은 시기 개봉한 「풍겁」과 함께 뉴웨이브 영화의 시작이라고 일컬어지는데요, 정통적으로 영화 교육을 받은 영화 제작진이 내놓은 영화죠. 이후로 나는 한 편 한 편 계속해서 제작했고 지금까지 벌써 7편을 찍었는데, 그중 2편은 아직 개봉하지 않았습니다.……

다른 독립 제작사와 마찬가지로 첫번째와 두번째 영화가 가장 힘들었어요. 당시 회사가 무슨 명성이 있는 것도 아니어서 끊임없이 인맥을 동원해야 상영 일정을 잡을 수 있었기 때문이죠. 그래도 첫번째, 두번째 영화가

〈표 6.3〉독립 제작사의 제작비

(단위 : 홍콩달러)

실제 작업 일수 42일, 크랭크인에서 종방연까지 총 91일	3. 잡비

실제 작업 일수 42일,
크랭크인에서 종방연까지 총 91일

1. 직원 보수(편수제 계약)

(1) 각본 : 25,000

(2) 감독 : 70,000

(3) 조감독 : 14,000

(4) 편집 : 30,000

(5) 제작 보조 : 15,000

(6) 촬영 : 30,000

(7) 촬영 보조 : 12,000

(8) 조명 : 12,000

(9) 세트 : 9,000

(10) 세트 보조 5,000

(11) 현장 그립(Grip) : 5,000

(12) 스크립터 : 7,500

(13) 소품 : 8,000

(14) 스틸 촬영 : 5,000

(15) 분장 : 6,000

(16) 의상 : 6,000

(17) 보조 감독(제2조감독) : 12,000

(18) 미술 감독 : 15,000

(19) 자료 수집 : 5,000

(20) 소품 잡일 : 1,770(11일)

(21) 기계공 : 7,800

(22) 전기공 : 3,230

(23) 무용 감독 : 4,000

합계 : 298,300

2. 배우 출연료(캐스팅, 특별초빙, 엑스트라)

합계 : 269,160

3. 잡비

(1) 촬영기구, 조명 대여료 : 30,000

(2) 스틸 재료비 : 1,824

(3) 소품비 : 2,042

(4) 의상비 : 11,272

(5) 야외 촬영장소 대여료 : 43,000

(6) 교통비 : 28,600

(7) 회식비 : 30,170

(8) 초과 시간 수당 : 16,520

(9) 세트 : 9,280

(10) 섭외비 : 6,000

(11) 잡비 : 14,875

합계 : 193,581

4. 포스트 프로덕션

(1) 편집기사 : 14,000

(2) 대사 더빙 : 6,500

(3) 효과음 더빙 : 6,500

(4) 음악 더빙 : 6,000

(5) 스튜디오 대여 : 17,000

(6) 필름(Fuji) : 70,950

(7) 원판 인화비 : 20,000

(8) 광학테이프 : 6,300

(9) 비디오테이프 : 3,350

(10) 현상 : 20,000

(11) 특수효과 : 4,500

(12) 프린트 한 벌 : 5,000

(13) 프린트 16벌 : 79,200

(14) 자막 : 11,000

(15) 포스터 디자인 : 3,000

(16) 인쇄 : 21,060

(17) 예고편 : 4,400

합계 : 288,760

총계 : 1,049,801

출처 : 丁遠亭, 「一部中等卡士時裝片製作成本」, 『經濟一週』 68기, 1982년 10월 11일, 27쪽.

호평을 얻었고, 또 흥행한 이후에는 일하기가 훨씬 쉬워졌습니다. 홍콩에는 '한편영화사'가 매우 많은데, 그건 처음 찍은 영화가 실패해서 두번째 영화는 찍어 보지도 못하게 되기 때문이에요. 만약 첫 고비만 넘길 수 있으면, 그후 당신 영화에 대한 극장체인의 신뢰를 얻을 수 있고 해외 시장 역시 당신을 신뢰하게 됩니다. 예를 들어서 내가 네번째 영화를 찍을 때쯤에는 사람들이 알아서 나를 찾아오기 시작했습니다.……(기자: 독립 제작사는 보통 자신의 극장체인이 없는데, 상영 시기를 선택할 때 어떤 어려운 점이 있습니까?) 물론 자신의 극장체인이 있는 회사는 가장 좋은 상영 시기를 선점할 수 있습니다. 예를 들어서 설날, 크리스마스, 부활절 연휴 등이지요. 하지만 독립 제작사는 가급적이면 약한 경쟁 상대와 맞붙기를 원합니다. 아주 재미있는 서양 영화가 같은 시기에 개봉하는지 안 하는지를 신경 쓰지요. 「정매자」의 상영 시기는 사실 별로 좋지 않았어요. 하지만 같은 시기에 별다른 적수가 없어서 1,000만 홍콩달러나 벌어들일 수 있었죠. 반대로 「구세주」救世者; The Saviour를 상영할 때에는 매표 상황이 비교적 순조로워서 개봉 첫 주에 250만 홍콩달러를 벌어들였습니다. 하지만 둘째 주에는 「007」鐵金剛과 「스타워즈」星球大戰를 포함한 인기 있는 서양 영화 세 편이 개봉하는 바람에 한 주를 통틀어 30만 홍콩달러밖에 벌어들이지 못했습니다. 관객들을 모두 서양 영화에 빼앗긴 것이지요. 지금은 상황이 많이 달라졌습니다. 관객들의 홍콩 뉴웨이브 영화에 대한 신뢰도가 매우 높기 때문에 대체로 홍콩 영화의 흥행 성적이 서양 영화를 넘어서고 있습니다.……(기자: 뉴웨이브 감독들에 대해 어떻게 보십니까?) 그들은 정통 영화 교육을 받았기 때문에 보통 자기 나름의 생각이 있습니다. 일부 감독은 자기 유희를 즐겨, 영화를 통해서 자아를 표현하는 것만 추구합니다. 때문에 갈수록 자기만의 세계에 빠져들게 됩니다. 어떤 감독들은 상업적인 취향을 고려해야 한다는 것을 잘 이해해서 흥행할 수 있을 것인가에 관심을 가집니다. 하지만 또 어떤 이들은 그냥 즐기기만 하다 끝날 뿐입니다.……(기자: 그렇다면 당신이 감독을 선택하는 조건에는 어떤 것이 있습니까?) 저의 경우에는 우선 예산이 너무 큰 영화는 찍을 수 없고 주로 오락영화를 제작합니다. 이런 영화들은 돈이 있어야만 이윤을 얻을 수 있는 것이 아니지요. 상인으로서 말하자면 본전을 축내는 것은 실패이고 이윤을 남기는 것이 성공이라고 할 수 있습니다.……(기자: 동남아의 경우 영화 검열 제도가 비교적 엄하다고 하셨는데, 이 점이 해외 시장 쪽에 어떤 영향을 끼친다고 보십니까?) 해외 시장에 팔 수 있는가 없는가의 여부가 항상 그 영화의 성패를 결정한다고 할 수 있습니다. 현재 '주성'의 새 영화를 예로 들자면 해외 시장에서 100만여 홍콩달러 정도의 수입을 올린다면 제작비는 이미 회수한 셈입니다. 홍콩의 수입은 순이익이 되는 것이지요. 그러므로 현재 우리는 제작 시 전체적인 검열 제도를 모두 고려해야 합니다. 해외 시장에 보내는 판본은 보통 첨삭을 많이 합니다. 더빙하는 경우에는 그곳 관객의 취향에 맞게 그리고 대화 방식에 맞게 바꾸려고 노력하지요. 해외 시장 중에서도 대만 시장이 가장 중요한데 그곳에서의 수입이 거의 홍콩 현지 수입과 맞먹으니까요. 예를 들어서 우리는 「정매자」가 대만에서 상영되는 데 문제가 없도록 대화나 극 중 여자 아이들의 이름을 미미Mimi, 릴리Lily 등으로 고쳐서 대만 관객에게 맞추려고 했습니다. 홍콩산 영화의 제작 수준은 일반적으로 동남아 등지보다 높기 때문에 해외 영화상들은 홍콩 영화를 매우 신뢰합니다.……(기자: 근래 홍콩 시장에서는 회사의 브랜드 홍보를 중시하고 있는데 이에 대해 어떻게 생각하시나요?) 그것은 매우 중요합니다. 현재 영화 산업에 종사하는 인력의 유동성은 매우 크지만 회사는 시종 불변합니다. 특히 독립 제작사는 영화를 찍을 때마다 주요 제작진과 대부분 편수제 계약을 맺습니다. 이후에는 각자 뿔뿔이 흩어지지요. '주성'의 경우 고정 직원은 겨우 6명뿐이고 나머지는 모두 장기 계약직인데,

영화계에 뛰어들어 영화 「정매자」를 제작한 맥당웅은 독립 제작이라는 새로운 길을 개척하였다.

찍을 영화가 있으면 팀을 꾸립니다. 그래서 회사의 이름을 홍보하는 것이 더욱 중요해졌어요. 만약 회사가 어느 정도 궤도에 올라 관객의 신임을 받게 되면 심야 상영과 첫 이틀의 매표수입이 보장되어 있다고 할 수 있습니다. 그 이후에는 영화 자체의 좋고 나쁨에 달려 있죠.……(기자: 몇 년 일찍 만들어진 독립 제작사들은 이미 어느 정도 궤도에 올랐다고 할 수 있을 텐데, 신생 영화사들이 새롭게 출로를 찾는 데는 어떤 어려움이 있다고 보십니까?) 요즘 영화 한 편을 찍는 데 자본이 꽤 많이 들어갑니다. 보통 100만여 홍콩달러 정도가 필요하죠. 사업을 착수하는 시점에는 더 많은 자금이 필요하지만 그래도 인력만 있다면 큰 성공을 거둘 기회가 있을 것이라고 봅니다.……독립 제작사로서 우리는 자본이 너무 많이 들어가는 대작 영화는 찍을 수 없고, 또 우리 소유의 스튜디오가 없기 때문에 영화 소재를 고를 때도 어느 정도 한계가 있습니다.[24]

3. 매니저와 제작자의 출현

1970년대 TVB, RTV, 가예TV 세 방송사의 흥망성쇠와 함께 영화업계에 실전 경험이 많은 일군의 방송국 인력이 출현하였다. 양리소하, 엽지명, 나개목 등과 같은 기업가들의 자본이 영화 시장에 흘러들어 오기 시작하면서 이들 방송국 출신 인력은 작은 브라운관에서 커다란 스크린으로 옮겨 와 다시 한번 돌풍을 일으켰다. 1979년에 나타난 '뉴웨이브'와 1980년대 영화 산업의 재기는 바로 TV 산업 발전의 연속선상에 있었다. 단지 경쟁하는 분야와 생산품의 규모가 더욱 커지고 흡인력이 더욱 강해진 것뿐이었다. 독립 제작사가 유행함에 따라 매니저, 총제작자, 제작자 시스템이 점차 활기를 띠어 가고, 1980년대 홍콩 영화 산업의 큰 특징을 만들어 간다.

① 매니지먼트 시스템經理人制度의 성립: 1920년대, 즉 관문청과 여민위 시대에 배우들은 대부분 아마추어 영화 애호가들이었고, 스스로 혹은 친구 소개로 일을 시작하였기 때문에 '매니저'經理人라는 단어는 아예 존재하지도 않았다. 1950년대에 전통극 영화가 매우 흥성하였을 당시에도 임검휘와 백설선 등의 노관 역시 임소와 같은 월극 배우의 소개로 영화계에 발을 들여놓게 된 터라 매니지먼트 시스템이라고 불릴 만한 것이 없었다. 1960~1970년대 광동어 청춘뮤지컬영화가 유행하던 무렵, 진보주·소방방·설가연 등 미녀 스타들은 모두 어머니(신문 매체에서는 이들을 가리켜 '스타 엄마'星媽라고 불렀다)를 통해 영화를 접하였다. 영화사에서 의상비를 제공해 주면, '스타 엄마'가 혼자서 스타 딸의 의상과 이미지 등을 담당하였다. 설니 등과 같이 '스타 엄마'가 없는 스타들은 일명 '스케줄러'查期人를 고용해서 스케줄 짜는 일을 맡길 수밖에 없었다. 하지만 1970년대에는 연예기획사星探公司가 출현하기 시작하면서 이들이 영화사를 대신해 배우를 찾아 주었다. 이들은 스타의 발굴과 홍보를 전문으로 하는 회사로서 점차 신예 스타의 대변인이 되어 갔다. 쇼브러더스 스튜디오의 경우 장철, 유가량 등의 감독들이 각기 분파를 이루어서 배우아카데미, 스턴트맨, 무술계에서 신인을 발굴하여 양강영화를 절정기로 이끌었다. 그리고 감독과 배우들이 의부義父—수양아들(장철과 적룡), 의형제(유가량과 유가휘劉家輝; Gordon Liu Chia-Hui) 관계를 맺는 경우가 많았는데, 이 경우 감독은 바로 배우의 대변인이 되었고 배우의 장르 선택, 이미지, 진로 등을 모두 돌봐 주었다. 이때부터

1970년대 초, 쇼브러더스의 스튜디오 시스템이 붕괴되면서 적지 않은 배우들이 개방된 시장에 뛰어들게 되었다. 장철 감독 산하의 '오호장'은 한동안 몸값이 상당했다.

홍콩과 대만 두 지역 관객에게 모두 사랑받는 배우들이 나타나기 시작하였다. 그렇다면 1970년대 이들 배우와 감독들의 보수는 과연 어느 정도였을까? 그리고 영화계에서 진정한 실세는 누구였을까? 당시 대만 지역의 무협영화와 문예영화 시장이 홍콩 시장보다 더 커서, 대만에서 영화를 찍는 배우들의 보수가 홍콩보다 높았다. 『신성일보』新星日報의 1977년 6월 2일자 보도를 보면, 아주 정확하다고 할 수는 없겠지만 참고할 만하다(〈표 6.4〉).

1980년대에 들어서 간이청簡而淸(수많은 여성 스타가 그의 '여동생'小妹妹이 되었다), 진자강陳自强(성룡, 장만옥張曼玉; Maggie Cheung Man-Yuk, 장학우張學友; Jacky Cheung Hok-Yau 등의 매니저), 장국충張國忠; Wallace Cheung Kwok-Chung(유덕화의 매니저) 등이 연이어 업계의 'A급 매니저'가 되었다. 매니지

〈표 6.4〉 1977년 감독과 배우 편당 보수

편당 보수(홍콩달러)
대만(남자 스타)
진관태(陳觀泰): 25~30만, 왕우(王羽): 20~25만, 등광영(鄧光榮): 18~20만,   진상림(秦祥林): 15만, 진한(秦漢): 10만(이행李行 감독 작품)/13만(기타 감독 작품),   황가달(黃家達): 12만, 백응(白鷹): 9만, 장익(張翼): 7만
대만(여자 스타)
임청하(林青霞): 20만, 상관영봉(上官靈鳳): 18만, 서풍(徐楓): 12만, 임봉교(林鳳嬌): 10만,   염뉴(恬妞): 8만
홍콩(남자 스타)
적룡(狄龍): 12만, 강대위(姜大衛): 12만, 진성(陳星): 10~12만, 양소룡(梁小龍): 10만,   부성(傅聲): 9만, 진혜민(陳惠敏): 8만, 악화(岳華): 6만, 나열(羅烈): 6만
홍콩(여자 스타)
모영(茅瑛): 10만, 임건명(林建明): 4만, 쇼브러더스 여자 스타: 4만 이하
감독
이한상(李翰祥): 25만, 장철(張徹): 15만, 유가량(劉家良): 15만(무술지도 겸임),   백경서(白景瑞): 10~15만, 이행(李行): 10~15만, 초원(楚原): 8~10만, 계치홍(桂治洪): 4만,   손중(孫仲): 3.5만

출처: 「港臺影星片酬」, 『新星日報』 1977년 6월 2일.

먼트회사經理人公司도 잇따라 생겨났는데, 영화계 인력들을 위하여 일정을 조정해 주고, 출연 계약, 보수, 제작자와의 연락 등을 전문적으로 협상하였다. TVB 방송국 산하의 연예인들 역시 연예인실에 별도의 부서를 만들어 매니저 역할을 맡도록 하였다. 이들은 연예인들을 임대해 광고를 찍게 하거나 영화에 출연시키기도 하였다. 매니지먼트 시스템은 스타 시스템 발전의 부산물로 영화 산업의 진일보한 전문화를 상징한다.[25]

② 영화 제작자製片人의 역할: '제작자'[Producer에 해당]라는 단어는 할리우드에서 최초로 사용되었는데, 영화에 투자하려는 자본가들은 종종 영화 제작 과정에 대한 관리 감독 업무를 제작자에게 위임하였다. 홍콩의 경우 쇼브러더스, 골든하베스트가 1970년대 제작자 시스템을 최초로 도입하였다. 잡지 『대특사』大特寫(『전영쌍주간』電影雙周刊의 전신)는 1979년 제작자의 역할에 대해 취재 보도한 적이 있었다. 그 보도에 따르면 골든하베

〈표 6.5〉 골든하베스트 촬영·제작 영화의 자금 배분

자금 배분	비율
배우	30%
드라마 제작실비(감독, 각본, 필름 및 촬영장 등 일상 소요비)	50%
추가 작업 스태프 보수(더빙, 편집 등. 광고비 불포함)	10%
포스트 프로덕션(더빙, 편집 등. 광고비 불포함)	10%

〈표 6.6〉 쇼브러더스 촬영·제작 영화의 자금 배분

자금 배분	비율
배우	30%
드라마 제작실비(감독, 각본, 촬영 등 기술인력, 필름 및 촬영장 대여비 등)	50%
포스트 프로덕션(더빙, 편집, 특수효과 등)	10%
광고비	10%

스트에서 제작자가 하는 일은 "시나리오가 나오기 전부터 시작해서 영화가 상영되고 나서야 비로소 끝났다."[26] 영화의 제작은 골든하베스트 제작팀이 책임졌는데, 제작자는 제작팀과 상의하여 감독과 배우 선택의 문제를 결정하였다. 골든하베스트는 제작자에 대해 거의 간섭하지 않았다. 골든하베스트가 홍콩에서 영화를 제작할 때 편당 투자 금액이 약 80~120만 홍콩달러였는데, 그 자금 배분 상황은 〈표 6.5〉에서 볼 수 있다.

그렇지만 쇼브러더스의 경우 영화 내용, 예산, 감독과 배우의 운용은 모두 쇼브러더스가 결정하고, 제작자는 그저 스튜디오 촬영 일정과 야외 촬영지, 그리고 지출을 규제하는 일만 하였다. 쇼브러더스가 밝힌 바에 따르면, 영화 한 편을 제작하는 데 드는 비용은 평균 80~90만 홍콩달러였지만, 유명 감독인 이한상·장철·유가량 등의 영화에는 편당 100만 홍콩달러 이상을 투자하고, 소위 '바람잡이용 영화'噱頭片[2]에는 약 30~40만 홍콩달러

---

2 광동어에서 '噱頭'란 과장된 수법으로 사람들의 주목을 끄는 것을 뜻하는데, 그런 의미에서 '噱頭片'은 일종의 '바람잡이용 영화'라 할 수 있을 것이다.

〈표 6.7〉 1970년대 말 영화 한 편당 제작비 비율

제작비 항목별 비율			
필름/현상	10%	세트·스크립터 및 조수 2명	2%
기자재 대여	2%	스크립터/스틸촬영, 분장/의상	2%
제작 및 보조	5%	외부 로케이션 촬영비	6%
시나리오	3%	소품·의상·세트·촬영장 대여료	8%
조감독·보조	2%	배경음악 및 더빙	3%
감독	15%	편집 및 보조	1.5%
배우팀	25%	더빙/녹음	2%
촬영 및 보조 2명	5%	효과음/녹음	1%
조명 및 보조	1.5%	믹스/녹음	0.5%
조명팀(약 3명, 작업 일정은 진행 상황에 따라 정해짐)	1%	자막·타이틀	1%
		기타	2.5%
미술고문	1%	총 제작비 70만 홍콩달러로 가정	100%

출처: 「製片究竟做甚麼?: 談香港製片制度」, 「大特寫」 제64기, 1978년 9월, 6쪽.

〈표 6.8〉 1970년대 말 영화 한 편당 수입 비율

수입 배분	비율(만 홍콩달러)
매표수입 가정치	100.00
오락세(17.5%) 공제	17.50
극장업자와 배분	41.25
배급비(오락세와 극장업자 배분을 제외한 나머지의 15%)	6.18
일반 광고비	12.07
독립 제작사의 실제 수익	23.00

출처: 「製片究竟做甚麼?: 談香港製片制度」, 「大特寫」 제64기, 1978년 9월, 5쪽.

를 투자하였다. 제작비가 100만 홍콩달러인 경우, 쇼브러더스의 배분 방식
은 〈표 6.6〉에서 볼 수 있다. 그리고 〈표 6.7〉과 〈표 6.8〉은 영화 한 편의 제작
비와 수입의 비율을 구분해 놓은 것이다. 만약 영화가 100만 홍콩달러의
매표수익을 얻었다면, 우선 17.5%의 오락세를 제하고 또 15%의 배급비를
제한다. 그리고 약 12.5%의 광고비를 제하고 나면, 제작자는 실질적으로
10~20만 홍콩달러의 수익밖에 거두지 못한다. 여기에서 알 수 있듯이 영
화에 투자하는 것은 위험성이 매우 큰 반면, 중간이윤은 매우 미미하다.

③ 총제작자監製의 역할: 1970년대 말 이전에는 총제작자[Executive Producer에 해당]란 주로 영화 투자자를 가리켰는데, 대부분 영화업계 외부 인사들이었다. 1980년대에 들어서면서부터 총제작자는 영화 투자자에게 위임받아서 작품의 포장과 홍보를 책임지는 사람을 의미했다. 그리고 영화 제작이 예산 초과로 인해 용두사미로 전락하는 것을 막는 역할도 그의 몫이었다. 총제작자가 예산을 통제하여 영화의 질적 수준을 보장하느냐의 여부에 따라서 영화의 성패가 결정되었다. 총제작자는 각 영화 장르의 국내외 시장 상황을 잘 파악하고 있어야 했다. 이를 통해 감독, 각본, 배우를 결정하고 매표수입을 예측하며 투자비용(배우 출연료, 세트장 수, 야외 촬영 횟수 등을 계산해야 했으며, 통상적으로 한 번에 9시간 동안 촬영하였는데, 이를 초과하면 돈을 더 내야 했다) 및 개봉 시 광고비를 확정하였다. 촬영 기간 동안 총제작자는 또한 감독과 긴밀하게 소통하면서 촬영 과정을 진행하고, 촬영장 임대, 소품, 의상, 교통, 엑스트라 등에 대한 비용 지불을 통제했다.

과연 매니저·제작자는 총제작자와 어떻게 협력하여 작업했을까? 1979년 잡지 『전영쌍주간』은 장권張權과 인터뷰를 진행했다. 장권은 빈빈 영화사繽繽電影公司의 제작총감독製片總監으로, 아래의 귀한 자료는 그의 인터뷰에서 발췌한 것이다. 장권이 밝힌 바에 따르면 1970년대 말과 1980년대 초 홍콩 영화 산업이 흥성함에 따라, 영화·TV 산업과 직간접적으로 연계된 인구가 홍콩 총인구의 대략 7%를 차지하였다. 그리고 당시 영화 한 편을 찍는 데 투입되는 인력은 대체로 다섯 부류로 나눌 수 있었다. ① 투자자/기업주(즉 영화의 메인 프로듀서, 때로는 총제작자라고도 불렸다), ② 제작자, ③ 감독, ④ 배우, ⑤ 제작 스태프(촬영, 조명, 미술, 소품, 배경, 더빙, 편집 등).

제작자는 감독을 위해 길을 터 주는 사람이다. 영화의 제작 과정에서 프로듀서 혹은 총제작자는 단지 산파 역할에 불과하지만, 제작자야말로 진정 영화를 길러 내는 사람이라고 할 수 있다. 제작자는 먼저 유행하고 있는

장르 등 영화 시장 상황을 파악해서
제작 방향을 결정한다. 그리고 감독,
각본과 함께 시나리오를 검토하고,
'캐스팅'을 결정한다. 또 손익을 계산
해서 현지와 해외 시장에 어떻게 알
맞게 조정할 것인지 생각해야 한다.
촬영 전에 제작자는 홍콩, 대만, 싱가
포르·말레이시아 3개 지역의 수익을
예상하여 계산한다. 세 지역의 시장
에서 균등하게 수익이 나야 전체 투
자가 밑지지 않을 수 있기 때문이다.
제작비의 경우 1980년대 초의 계산

빈빈영화사가 지원하고 장권이 총제작자를 맡은 영화 「노호·어하해」(老虎·魚蝦蟹)

방법은 다음과 같다. 만약 영화 한 편의 제작비가 150만 홍콩달러라면, 매
표수입의 목표는 400만 홍콩달러가 된다. 그리고 운용되는 홍보비는 매표
수입의 약 1할(즉 40만 홍콩달러)이고, 여기에 영화 필름 프린트를 현상하
고 인쇄하는 비용, 자막을 인쇄하는 비용을 더하면 전체 영화의 제작비는
200만 홍콩달러가 필요하게 된다. 수익의 경우 매표수입 400만 홍콩달러
중 먼저 17.5%는 오락세로 제하고 또 15%의 배급비를 제한다. 그 이후에
야 영화사와 극장주가 이익을 분배하게 되는데, 당시에는 보통 상영 첫 주
에는 극장주와의 배분 비율이 4:6이었다. 즉 영화사가 4할을 갖고 극장주
가 6할을 갖는 것이다. 둘째 주에는 3:7로 나누고(상영 기간이 비교적 길어
지면 매표수입은 점점 많아진다), 결국 영화사는 대략 150만 홍콩달러의 수
익을 갖는다. 비용과 수익을 정산해 보면 70만 홍콩달러를 손해 보는 것이
다. 결국 해외 시장의 선매수금을 받아서 보충할 수밖에 없었으므로, 시나
리오와 '캐스팅'이 확정된 후에 총제작자는 시나리오를 싱가포르·말레이

<표 6.9> 홍콩산 영화의 해외 시장별 수익 예측(단위: 홍콩달러)

시장	저가	중가	고가
싱가포르·말레이시아	10~14만	15~24만	25~35만
대만	8~12만	13~20만	21~30만
유럽·미국	6~8만	9~12만	13~18만
기타 중동·아프리카·아메리카 혹은 인도네시아	1~4만	5~10만	11~20만
총계	25~38만	42~66만	70~103만

시아와 중국 대륙, 대만 지역에 가지고 가서, 그 지역 영화상과 논의해 판권료를 확정하였다. 1980년대 초기의 관례에 따르면 해외 영화상은 먼저 계약금의 3분의 1을 지불하고, 촬영을 마친 후 3분의 2를 지불하였다. 그리고 영화 필름을 받을 때 판권료 이외의 나머지 세부 항목의 잔금을 건네주었다. 싱가포르·말레이시아는 홍콩 영화의 최대 시장이고, 중국 대륙과 대만은 그다음이었기 때문에, 제작자는 먼저 싱가포르·말레이시아에 가서 그 지역 영화상의 지원을 받기 위해 노력한 뒤 중국·대만 지역으로 넘어갔다. 이 양쪽 지역의 영화상으로부터 선매수금을 얼마나 받을 수 있느냐가 주로 영화의 성패를 좌우했다.[27] 따라서 제작자는 반드시 싱가포르·말레이시아, 중국과 대만의 영화상과 우호적인 관계를 유지해야만 했다. <표 6.9>는 홍콩의 대형·중형·소형 영화의 해외 시장 판매 수익 추정치를 잘 보여 주고 있다. 앞서 말한 계산과 선매수금 정산을 다 처리한 후에야, 제작자는 좀 더 상세한 경제 예산표를 만들어서 '팀 구성'埋班 작업을 시작할 수 있었다. 이 경제 예산표에는 <표 6.10>에 보이는 항목들이 포함되어 있어야 했다.

1980년대 초 홍콩 영화 산업이 매우 발전하긴 했지만, 장권은 영화업계에 심각한 결함이 존재한다고 여겼다. 그것은 공식적인 제작자 시스템의 결여였다. 영화계에서 제작자라는 역할을 중시하기 않았기 때문에, 제작자를 그저 기업주를 대신해서 지출을 관리 감독하는 대리인 정도로만 여겼다. 그래서 제작자의 보수는 매우 낮았는데, 적은 경우 영화 한 편당 겨우

<표 6.10> 1970년대 말 영화 제작비 예산

제작비 예산
소요 작업일 현대극(30~35일), 중화민국 초기 배경 영화(40~50일), 역사 무협극(45~60일)
예산안 중 지출 항목 배우 출연료(전속 계약 배우, 편당 계약 배우, 스턴트맨, 무술배우, 엑스트라) / 스태프 보수(전속 계약 및 편당 계약 스태프, 아르바이트, 감독, 촬영, 조명, 각본) / 교통비(일반교통차량) / 식비(아침, 점심, 저녁, 야식, 도시락) / 식대(1인당 1번 식대 보조) / 인쇄(문건, 증빙서류, 포스터, 스틸, 흑백 프로필) / 촬영장 대여료(실제 배경, 야외 배경), 소품비(크고 작은 장식품, 가구, 무기) / 촬영장소 임대비(현지 촬영, 실내세트장, 오픈세트장) / 기타 잡비(스태프 및 배우 잡비 및 보험료) / 필름(5247 네거티브 필름), 의상비, 스틸 촬영비, 작곡비, 광고비, 사무실 임대료, 직원 월급, 포스트 프로덕션 비용(인화, 프린트, 사운드 필름, 녹음 테이프, 중문·영문 자막, 녹음 및 스튜디오 대여료, 표준어·광동어·영어 더빙비 등)

수천 홍콩달러를 받는 정도였다. 제작자 시스템을 어느 정도 완비한 골든하베스트 같은 큰 회사를 제외하고 나머지 70% 이상은 대부분 'B급 영화 스튜디오식'이나 '가내수공업식'으로 영화를 제작하였다. 그러므로 영화사 사장이 총제작자나 제작자 일을 맡아서 하고, 사장 부인은 회계 업무를, 친한 친구가 연출 보조 및 스크립터를 담당하는 등 제작자의 직위는 있어도 되고 없어도 되는 것처럼 보였다. 때문에 제작자와 감독 간에는 마찰이 잦기도 했다. 1980년대에 제작자는 대부분 방송국의 조연출 출신이었는데, 영화계는 직접 제작자를 길러 내지 못했기 때문이다. 'A급 제작자' 장권은 업계 내의 사정에 대하여 다음과 같이 묘사하였다.

프로듀서出品人는 보통 영화 촬영에 투자하는 사람을 가리키고, 또 그 영화의 이윤을 챙기는 수혜자이자 기업주를 말한다. 하지만 일부 영화의 경우 프로듀서가 없고 영화사의 명의를 사용하여 제작하였다. '제작자' 시스템을 채택한 회사는 대부분 독립 제작사, 특히 실질적으로 영화사를 세울 수 없는 회사로, 사장 혼자서 여러 역할을 겸한다. 기초가 튼튼한 쇼브러더스나 골든하베스트 같은 회사는 '제작자'에 의지할 필요가 없다. 이 두 회사

'A급 제작자' 장권(왼쪽)과 배우 맥가(麥嘉)

의 영화는 똑같이 회사의 이름으로 '제작'한다. 왜냐하면 '제작자'라는 이 용어는 사람들에게 순수 투자자라는 인상을 주기 쉽고, 또한 실제 담당하는 직무가 없다는 의미를 암묵적으로 담고 있기 때문이다. 그러므로 이미 유명한 영화사를 세운 거물 소일부와 추문회는 똑같이 '총제작자' 역할을 스스로 맡았다. 제작자는 주로 사장과 감독, 즉 자본가와 노동자 사이에서 일종의 교량 역할을 한다. 사장의 입장에서서는 당

연히 제작비가 적고 이윤이 클수록 좋고, 반대로 감독의 입장에서는 제작비가 많을수록 영화의 질을 보장할 수 있으므로 이 둘은 영화 제작 과정에서 조화를 이루기 힘든 모순 관계였다. 제작자의 일은 예산을 결정하고, 지출을 규제하고, 제작팀을 대표하여 대외 연락을 취하고, 촬영 진도표를 조직하는 것이다. 또 배우 및 스태프와 보수를 협상하여 정하고, 관련 분야의 신청 수속을 처리하고, 감독을 위하여 적당한 촬영장소를 제공하는 등의 일을 한다. 촬영장소를 마련하는 일은 제작자가 맞닥뜨리는 매우 까다로운 문제이다. 만약 제작하는 영화가 사극이라면 제작자는 고민이 많아진다. 홍콩에서 쇼브러더스, 골든하베스트, 청수만 촬영장을 제외하고는 사극용 촬영지를 찾기가 힘들었다. 중화민국 초기를 배경으로 하는 액션영화의 제작은 비록 사극영화보다 덜 어려운 편이긴 했지만 가능한 촬영지가 '십사향'十四鄕; Shap Sze Heung 한 곳뿐이었다. 이러한 종류의 액션영화가 갑자기 유행하자, 하루에 십여 개의 영화팀이 그곳에서 촬영을 하는 바람에 '무림성지'武林聖地라는 칭호를 얻게 되었다. 하지만 십사향의 산수와 풍

경이 아무리 빼어나다고 하더라도 홍콩 영화에 지나치게 자주 등장하였기 때문에 민국 초기의 풍경을 보여 줄 수 있는 촬영지는 갈수록 찾기 힘들어졌다. 최근 범죄물이 급부상하였는데 여기에 필요한 촬영지는 대부분 현실 속에 널려 있다. 그래서 그다지 많은 배경 설치가 필요하지 않다. 하지만 범죄물은 주로 길거리에서 추격이 이루어지기 때문에 제작자는 미리 경찰 쪽에 알려서 허가를 받은 다음에야 촬영할 수 있다. 한편 제작자는 '타지'陀地 문제도 해결해야만 했다. '타지'란 향촌 지역의 '불량배'를 말한다. 보통 사극이나 민국 초의 액션영화를 찍기 위해서는 향촌 지역의 배경이 필요한데 촬영할 때 '타지'가 찾아와 문제를 일으키는 경우가 종종 있었다. 그들의 목적은 물론 돈이다. 만약 돈을 주지 않으면 제작진에게 좋지 않은 일이 생기거나 영화 촬영이 아예 중단될 우려가 있다. 그들은 보통 지방에서 세력이 있는 인물들인데, 발이 넓은 제작자인 경우 많은 지방의 '타지'가 그의 체면을 봐주었다. 하지만 어떤 경우에는 이들이 계속 사람을 못살게 굴어서 제작자가 직접 '타지'와 담판을 해야만 하곤 했다.[28]

위에서 말한 바와 같이 제작자의 역할은 1980년대에 대두하기 시작했지만 아직 시스템화되지는 못하였다.

3장 / 극장체인, 생산·판매 질서의 중심

1. 1980년대 초의 '4대 극장체인'

독립 제작이 유행했지만 영화 성패의 관건은 여전히 배급과 상영 두 부문에 있었다. 1980년대 초 대형 영화사와 극장체인으로부터 계속해서 '투항을 권유받아 오던' 수많은 독립 제작팀이 결국 이를 받아들이게 되는데, 이는 '판매 부문'(극장체인)의 중요성이 더욱더 커졌음을 잘 보여 준다. 극장체인을 기초로 하는 생산·판매 질서 역시 서서히 공고해지기 시작했고, 극장체인을 경영하는 회사는 영화 제작의 투자자가 되었다.[29] 홍콩 영화의 4대 극장체인은 서로 다른 영화 공급원에 의존하고 있었고, 서로 다른 영화 제작팀을 지원하였다. 그리고 영화 제작을 위해 안정된 자금을 제공하였다. 4대 극장체인은 다음과 같다. ① 쇼브러더스 극장체인, ② 골든하베스트 극장체인, ③ 금공주 극장체인(여성麗聲 극장체인), ④ 쌍남雙南 극장체인(연화聯華 극장체인).

1980년대 초 홍콩 쇼브러더스 극장체인 산하에는 약 16개의 영화관이 있었고, 상영 일정은 주로 직접 만든 영화로 채웠다. 쇼브러더스 극장체인은 수년간 선두를 지킨 중국어 영화계의 큰형님이었다. 제작부터 배급, 홍보, 극장체인 결성까지 모두 도맡아 처리하였고, 매표수입은 이미 매우 대

「맹룡과강」은 골든하베스트의 극장에서 개봉되자 센세이션을 불러일으켰다.

단하였다. 쇼브러더스의 지위는 비록 골든하베스트, '금공주'의 도전을 받았지만 쇼브러더스만의 스튜디오 시스템 덕분에 영화 공급이 충분했고 외부에서 구매할 필요가 없어 여전히 안정적인 지위를 유지할 수 있었다. 하지만 1985년 소일부가 경영 중심을 TV 산업으로 방향 전환한 후, 산하의 극장체인을 반적생이 경영하는 '덕보 극장체인'에 대여해 주면서 상황은 바뀌기 시작하였다.

골든하베스트 극장체인은 1970년대에 발전하기 시작하여 1980년대 초에는 산하에 19개의 영화관을 확보하기에 이르렀다. 골든하베스트는 비록 영화 제작량은 쇼브러더스에 미치지 못했지만 배급 분야에서는 활동이 매우 활발하여 매년 평균 10여 편의 영화를 배급하였다. 그리고 나머지 상영기간에는 독립 제작사의 영화를 상영하여, 골든하베스트 극장체인은 가히 독립 제작 영화의 상영 창구라 할 만하였다. 영화 제작 방면에서 골든하베스트는 투자자와 자금 대여자의 역할을 주로 맡아서 직접 영화 창작·제작 관리에 참여하는 일은 매우 드물었기 때문에 위험은 제작자가 부담해

중국 영화를 위주로 상영한 남양극장

야만 했다. 골든하베스트는 이소룡과의 합작 이후로 러닝개런티 방식을 실행하였다. 배우들에게 기본 보수를 지급한 이후 다시 이익을 배분해 주는 이 제도는 성룡 산하의 위화영화사威禾公司; Golden Way Films에도 적용되었다.[30]

쌍남 극장체인은 '남양', '남화', '은도', '국빈', '화도'華都 등의 극장을 주축으로 삼았는데, 이들은 중국 대륙의 자본을 위주로 하였기 때문에 대륙에서 제작한 영화를 주로 상영하였다. 그래서 홍콩의 영화상들은 비록 상영 일정이 비어 있다 하더라도 이 극장체인에서 영화를 상영하는 것을 꺼렸는데, 이는 잘못해서 대만에 밉보이거나 대만 관련 당국의 제재를 받아 자신들의 영화가 대만 시장에 수입 금지되는 것을 피하기 위함이었다. 가장 논쟁적인 사례는 1970년대 말, 1980년대 초에 생겨난 빈빈 영화사의 경우였다. 이 회사는 양장 및 청바지 업체인 빈빈의류의 엽지명(그는 인기 여배우 엽옥경葉玉卿; Veronica Yip Yuk-Hing의 오빠로, 나중에 비도飛圖 가라오케, 비도飛圖 영화 스튜디오의 투자자가 된다)이 세운 것이었다. 유명한 작품으로는 「도회」跳灰; Jumping Ash, 「호복」狐蝠; Foxbat, 「장내장외」牆內牆外; The Servant 등이 있으며, 모두 여성麗聲 극장체인에서 상영하였다. 그 홍보비는 30~40만 홍콩달러에 달하였는데(당시 영화사의 홍보비는 일반적으로 약 8~10만 홍콩달러 정도였다), 이들은 영화 홍보를 통해 매표수입과 동시에 의류 판매 수입도 높일 수 있었다. 그 가운데 「도회」의 매표수입은 400만 홍콩달러 선을 넘어섰는데, 순식간에 인기를 얻어 그 영화의 삽입곡인 「문아」問我와 「대장부」大丈夫도 함께 유행하였다. 영화 사업의 전망이 좋다는 사실을 깨닫게 된 '빈빈'은 배급 사업도 병행하는 한편, 자신의 패션 사업의 필요에 따라 광고회사도 설립하고 대만에서 대량으로 구매한 영화를 홍콩에서 대리 배급하였다. 하지만 결과적으로 이로 인해 골든하베스트 극장체인으로부터 견제를 받게 되었고,

빈빈영화사의 창립자 엽지명. 그는 극장 경영, 영화 제작, 의류 사업 등을 하고 있었다.

또 여성 극장체인과도 사이가 나빠져서 '빈빈'이 계약했던 20여 편의 대만 영화는 모두 홍콩에서 상영 일정을 잡을 수 없었다. '빈빈'은 수세에 몰리자 줄곧 영화 공급이 부족하여 상영기간이 비교적 여유 있던 '남양', '남화' 등의 극장체인을 직접 임대하여 1년에 60% 정도의 상영기간을 확보하고, 이를 통해 연화 극장체인을 결성하게 된다. 하지만 이 때문에 '빈빈'은 홍콩 우파 '자유총회'의 강력한 비난을 받게 되었다. 대만의 관련 당국 역시 '빈빈'이 대만 영화를 배급하여 좌파 극장에서 상영하는 것이 곧 좌파로 하여금 우파의 돈을 벌게 하는 행위라 여겼던 탓에 '빈빈'에 제재를 가하였다. 이처럼 도처에서 역풍을 맞게 된 빈빈영화사는 결국 원동遠東그룹, 가녕佳寧그룹에 매각되어 이름이 화도영화사華都影業公司로 바뀌었고, 원동그룹 회장 구덕근의 수중에 넘어갔다.[31] 여기에서 당시 영화상이나 배급상이 좌파 극장체인에서 상영할 경우 이들이 치러야 할 대가가 만만치 않았음을 알 수

빈빈영화사는 「도회」를 출품한 후, 영화계에서 빠르게 발돋움했다.

있다. 동시에 좌파 영화관은 영화 공급 부족이라는 문제를 해결하는 데 거듭 곤란을 겪어야만 했다. 이는 다음과 같은 사실들을 설명해 준다. 어째서 쌍남 극장체인, '주성', '청도' 등의 그룹이 1979년 이후 적극적으로 TV 감독 방육평, 허안화, 맥당웅 등의 영화 제작을 지원했는지, 그리고 왜 이러한 젊은 감독의 초기 작품이 쌍남 극장체인에서 상영되었는지 말이다. 중국 대륙의 개방 정책하에서, '장성', '봉황', '신련', '중원'中原 등의 4개 회사는 1983년 합병되어 은도그룹이 되어 인사 행정권을 통일하였으며, 이는 홍콩의 중국 대륙계 자본 영화기관의 기초가 되었다. 은도그룹은 제작·배급·광고선전부가 없는 대신 청수만 영화 스튜디오와 현대영화기자재회사現代電影器材公司를 소유하고 있었고, 직간접적으로 홍콩에서 10여 개의 극장체인을 경영하였다.

금공주 극장체인(그 전신은 여성麗聲 극장체인)을 경영하는 금공주엔터테인먼트사金公主娛樂有限公司; Golden Princess Amusement Company Ltd.는 구룡버스회사^{九龍巴士公司}의 회장인 뇌각곤과 그 가족이 설립한 회사이다. 이들은 왕각 지역의 일류 극장 여러 군데를 소유하였으며 그 세력은 쇼브러더스나 골든하베스트에 결코 뒤지지 않았다. 설립 초기에 '여성'·'낙성'(중국어 영화 극장체인), '개성'^{凱聲}·'화성'^{華聲}(서양 영화 극장체인) 등 몇 개의 극장밖에 갖고 있지 않았던 여성 극장체인은 골든하베스트 극장체인에 이들 극장을 대여했다. 당시 뇌씨 가족은 부동산과 운수업을 주업으로 삼았기 때문에 극장 경영은 완전히 부업에 불과하였다. 1980년대 초에 들어서면서 서양 영화 극장체인이 불경기를 맞자, 여성 극장체인은 중국어 영화 상영 쪽으로 전환하였다. 뇌각곤은 산하의 '금문'^{金門}과 '민락'^{民樂} 등 4개의 극장체인을 연합하고, 또 10여 개의 극장을 빌리거나 계약하는 방식으로 연합하여 1980년 중국어 영화 상영 전문 '금공주 극장체인'을 설립하였다. 골든하베스트와는 달리 '금공주'는 순수하게 극장체인 사업만을 운영하고 영화 제작에는 손대지 않았다. 대신 영화 배급은 '사원', '협리'^{協利}, '형제'^{兄弟}, '입인'^{立人} 등의 영화사에 의존하였다. 1980년의 「신구고찰」^{神駒古刹; The Old Time Legend}, 「사부」^{師爸}, 「박찰」^{博粲; Killer In White}, 「남북퇴왕」^{南北腿王; The Invisible Kung Fu Legs} 등은 빈빈영화사가 배급한 것이었고, 「풍광대로천」^{瘋狂大老千; Crazy Crooks}은 분투영화사^{奮鬥公司}가 배급한 것이었다. 영화상으로부터 영화를 확보하기 위하여 뇌각곤은 영화 수익이 최저에도 미치지 못할 경우 영화상이 책임져야 했던 기존의 관례를 없애 버렸다. 하지만 골든하베스트의 세력이 너무 강하였기 때문에 독립 제작사가 제작한 영화는 골든하베스트 극장체인에서 상영하지 못할 경우에만 금공주 극장체인으로 찾아왔다. 이처럼 '금공주'의 약점은 영화 공급이 불안정하다는 데 있었다. 안정된 영화 공급을 위해 '금공주'는 1981년 사업을 확장하여 영화 제작에 투자하기 시작하였다. 잠재력 있는 독립 제작자를 물색하던 '금공주'는 진훈기^{陳勳奇}의 영가영화사^{永佳影業有限公司}와 맥가^{麥嘉; Karl Maka}·황백명^{黃百鳴; Raymond Wong}

여성 극장체인은 금공주 극장체인으로 바뀐 후, '신예성'의 영화 제작을 지원하였다. 사진은 「사안자」(四眼仔) 상영 당시의 모습

Bak-Ming . 석천石天; Dean Shek Tin의 신예성영화사를 주로 지원하였다. '금공주'가 투자한 자금으로 '신예성'과 '영가'는 영화를 제작하고 이를 금공주 극장체인에서 상영하였으며, 이를 통해 제작비를 회수한 뒤 이익을 배분하였다. '신예성'의 영화로 인해 금공주 극장체인의 영향력이 더욱 강화되자, '총통'總統, '부도'富都 등과 같이 지리적으로 좋은 위치에 있던 극장들도 금공주 극장체인에 가담하게 되었다. 1981년의 경우, 금공주 극장체인 가운데 '여성'의 매표수입이 전체 매표수입의 20%를 차지하였고, 그다음으로 '총통'이 12%, 세번째로 '부도'가 7%를 차지하였다. 이 같은 사실만 보더라도 당시 '여성', '총통', '부도' 등의 영화관이 극장체인 내에서 차지하고 있던 위치를 알 수 있다.[32] 1980년대 초기, 금공주 극장체인 산하의 극장은 모두 19개로, 그 세력 면에서 쇼브러더스 극장체인이나 골든하베스트 극장체인과 비교해 결코 뒤지지 않았다.

4대 극장체인이 흥기한 이후 1982~1984년 사이 영화 상영 편수는 크게 줄었지만 매표수입은 눈에 띄게 증가하였다. 1982년을 예로 들면 8편

금공주 극장체인을 경영한 뇌각곤(맨 왼쪽)은 안정된 영화 공급을 위하여, 황백명 등이 설립한 '신예성'의 영화 제작을 지원하였고, 이는 양측 모두에게 이득을 가져다주었다.

의 홍콩 영화가 기존의 매표수입 기록을 돌파하여 편당 매표수입이 모두 1,000만 홍콩달러 선을 넘어섰다. 그중 '신예성'의 「최가박당」最佳拍檔; Aces Go Places 한 편의 매표수입이 2,700만 홍콩달러에 달하였다. 1970년대 말의 경우 매표수입이 250만 홍콩달러 정도(관객 수로는 약 30만 명)만 되어도 충분히 홍콩 10대 흥행 영화의 반열에 들 수 있었다. 1980년대 초부터 10대 흥행 영화의 매표수입 기록이 점차 상승하여, 10대 순위에 들어갈 수 있는 매표수입 기록이 1,000만 홍콩달러에서 3,000만 홍콩달러 정도로 대폭 상승하였다.

극장체인의 합병과 상영 편수의 감소에도 불구하고 매표수입이 급증하던 1980년대 초의 상황에서, 최대의 수혜자는 1980년 8월 설립된 '신예성'이었다. 그 배후에는 바로 기세등등한 금공주 극장체인의 지원이 있었다. '신예성'은 금공주 극장체인의 도움으로 유리한 상영 시기를 차지할 수 있었고, 이로 인해 매표수입에 대해서도 비교적 정확한 예측을 얻을 수 있게 되었는데, 이는 1983~1984년 영화 제작에 대한 투자 금액이 지속적으로 상승하는 결과를 가져왔다. 결론적으로 말해 1981년 홍콩 영화 산업에 골든하베스트와 쇼브러더스라는 쌍두마차 이외에 새로운 제3의 세력이 나타나게 되었는데, 바로 '신예성'과 '금공주'의 합작세력이었다. '신예성'은 영화 제작에 집중하고 '금공주'는 배급과 상영을 책임져 상호 보완적인 관계를 수립함으로써, 그동안 생산과 상영 모두를 자급자족해 오던 쇼브러더스, 골든하베스트와 삼족정립의 형세를 이루게 되었다.

2. 금공주 극장체인의 흥성

금공주엔터테인먼트의 모회사는 1961년 설립된 구룡건설회사九龍建業有限公司; Kowloon Development Company Ltd.로, 그 주주의 주요 구성원은 구룡버스회사九龍汽車(1933)有限公司; The Kowloon Motor Bus Company (1933) Ltd.(나중에 九龍巴士公司로 이름을 바꾼다)의 주주와 그 자손들이다. 그 경영진의 주요 인사들 중에는 곽병련郭炳聯, 오조찬伍兆燦, 여수천余樹泉, 뇌각곤의 네 가문 출신이 많았다. '구룡건설'이 신흥기부동산개발회사 지분의 29.77%를 장악하고 있었던 사실을 놓고 보면 뇌씨와 곽씨 두 집안이 경제적으로 밀접한 관련을 맺고 있었음을 알 수 있다.

'구룡건설'은 '구룡버스' 지분의 10.8%를 소유하고 있었고, 그 산하에는 구룡 왕각 번화가의 극장 6개도 있었는데 이는 이후 '금공주' 설립의 배경이 된다. '금공주'의 전신은 정씨유한회사鄭氏有限公司로, 이 회사의 주주는 뇌각곤과 정가치鄭家熾였다. 1973년 회사명을 정식으로 '금공주'로 바꾸고, 홍콩·구룡·왕각에 분포한 19개의 극장을 체인에 가담시켰다. 여기에는 왕각의 '여성'(1,372석), '금성'金聲(1,536석), '개성'(1,450석)도 포함되어 있었

으며, 유마지에 위치한 '민락'(1,131석)도 대여하여 사용했다.[33]

금공주 극장체인의 사장 뇌각곤은 구룡버스회사의 사장이었고, 또한 버스 노선을 따라 적지 않은 주요 부동산과 극장을 소유하고 있었다.

'구룡건설' 설립 초기에 주요 기반이 되었던 것은 구룡버스회사로부터 염가로 구입한 네 군데의 부지였다. 각기 미돈로의 구룡내지구九龍內地段 2111번지와, 동사도가東沙島街; Pratas Street의 구룡양지구九龍兩地段 2623번지, 3725번지, 3726번지에 있다. 위에서 말한 미돈로 2111번지에는 여성麗聲극장과 여러 채의 구식 건물이 소재해 있었다. 1970년 부지에 있던 구식 건물들을 개조해 만든 개성극장에 서양 영화를 수입해 들여와 상영하기 시작하여, 1974년 '구룡건설'은 임대했던 여성극장을 직접 경영하는 쪽으로 방향을 전환하였고, 이후 새로 완공한 낙성극장을 구입한 데 뒤이어 민락극장과 금문극장을 임대해 사용했다. 1970년대 말, '빈빈'이 제작한 영화는 여러 차례 좋은 성적을 올렸던 반면, 서양 영화의 매표수입은 그리 좋지 않았다. 이에 여성극장은 중국어 영화를 찾아내서 지원하고자 했는데, 당시 상영했던 「매화」梅花가 큰 인기를 얻자 뇌각곤은 산하의 '여성', '금문', '민락' 극장, 그리고 진준암陳俊岩, 풍병중馮秉仲 두 가문 명의의 극장을 연합하여 전문적으로 중국어 영화를 상영하는 '금공주 극장체인'을 결성하였다. 원래 진씨, 풍씨, 뇌씨 세 가문의 합작은 그 선대부터 시작되었다. 당시 합작의 열쇠를 쥐고 있었던 것은 극장업계의 유명인사 풍병중(영화계에서는 그를 '태자중'太子仲이라고 불렀다)이었다. 그 아버지 풍징병馮澄秉은 1932년 조부로부터 가업을 이어받아 건축업을 경영하는 것 외에, 노근의 '명달'明達사에 들어가 서양 영화의 매매와 배급 업무에도

금공주 극장체인 중 하나인 금홍기극장(金鴻基戲院)

종사했다(그 회사는 지금의 홍콩섬 황후극장과 오락극장에 위치해 있었다. 자세한 내용은 2부 참조). 중일전쟁 발발로 영화 공급이 부족해지자 풍징병은 서양 영화 몇 편을 가지고 다른 지역으로 진출하였다. 마카오에서 이보림李寶林을 알게 된 그는 함께 '빅토리아'域多利, '낙사'樂斯 등의 극장을 대여하여 영화를 상영하였다. 전쟁 후 풍징병은 홍콩으로 돌아와 건축·부동산 사업에 종사하면서 용성龍城극장을 짓고, 부동산업자 진준암 가족의 백락百樂극장을 빌려서 서양 영화를 상영한다. 풍병중은 원래 은행에서 일했지만 풍씨 집안과 광예영화사의 왕래가 점점 잦아지면서, 1957년 그도 과감히 영화계에 발을 들여놓게 된다. 1961년 풍동馮東을 따라 전만荃灣; Tsuen Wan 용화龍華극장에서 극장 경영을 배운 풍병중은 '용화'에서의 인맥을 이용해, 황배민黃裴敏과 함께 '용화', '국보', '유마지'油麻地, '마카오'澳門, '여도'麗都 등의 극장을 연합하여 '오주 극장체인'五洲院線을 만드는 데 성공했다(하지만 영화계 인사들은 이를 가리켜 '유리 체인'玻璃線이라며 조롱했는데, 다시 말해 깨

연도	순위	배급 편수	총수입(홍콩달러)
1979	1. 쇼브러더스	44	49,574,398
	2. 신예마(新藝瑪)	38	26,081,015
	3. 골든하베스트	9	20,237,116
	4. 컬럼비아	19	16,674,296
	5. 빈빈	8	16,654,316
	6. 적룡(狄龍)	27	13,201,355
	7. 유나이티드 아티스트	18	12,015,608
	8. 범아	40	11,825,784
	9. 에드코(Edko; 安樂)	16	10,230,687
	10. 주립(洲立; United Artist)	18	9,670,349
1980	1. 쇼브러더스	44	57,591,530
	2. 골든하베스트	12	46,057,206
	3. 빈빈	23	32,719,454
	4. 금공주	26	31,571,682
	5. 신예마	35	25,735,951
	6. 적룡	27	23,440,660
	7. 에드코	19	19,067,636
	8. 컬럼비아	12	15,898,116
	9. 주립	16	11,472,512
	10. 워너브러더스	14	10,166,614

출처: 韋一峰, 「香港十大影片發行」, 『電影雙周刊』 61기, 1981년 5월 28일, 29쪽.

지기 쉬운 체인이라는 것이었다). 1972년 그는 진씨 가족에게서 백락극장을 대여하고, 진씨 가문의 진영미陳榮美와 합작하여 서양 영화를 배급하였다. 1977년 풍병중은 뇌각곤과 알게 되어 극장체인 사업에 그를 끌어들였다. 결국 풍병중을 통하여 뇌각곤과 진준암 양대 가문의 합작이 이루어지게 되면서, 1980년 금공주 극장체인이 만들어질 수 있었다.[34] 같은 해 '금공주'는 왕각에 있는 개성극장 내에 개성식당凱聲餐廳을 열고 요식업에도 손을 뻗었다.[35] 〈표 6.11〉을 보면 설립되고 나서 1년 만인 1980년, '금공주'는 이미 홍콩 10대 영화 배급사 중 4위에 올랐음을 알 수 있다.

'신예성'의 배우 백안니(柏安妮), 나미미(羅美薇), 앨런 탐(譚詠麟), 엽천문(葉蒨文) 등과 황백명 사장이 금공주 극장체인 소속 신성극장(新聲戱院) 개막식에 참석한 모습

1980년대에 들어 서양 영화의 매표수입이 저조하자 여성麗聲 극장체인은 갈수록 중국어 영화에 의존하게 된다. 영화 공급을 안정화하기 위하여 뇌각곤은 영화 제작에까지 투자를 넓혀 '금공주'를 통해 '영가'와 '신예성'의 주식을 사들였다. 이들 가운데 '신예성'은 바로 1980년대 영화 산업의 전설을 만들어 낸 장본인이었다. 1980년 6월, 금공주엔터테인먼트가 맥가와 함께 홍콩 영성영화사影城電影(香港)有限公司를 만들고, '신예성' 지분의 72%를 직접 소유하였다. '신예성'이 발전함에 따라 1983년 여러 주주는 사전沙田; Sha Tin에 자체 스튜디오를 만들어 영화를 제작하기 시작하였다. 그리고 '금공주'는 영화 배급을 위하여 금공주광고회사金公主廣告公司를 설립하고, 자신들이 생산·배급하는 영화의 선전과 판촉을 전담하도록 하였다. 1984년, '구룡건설'의 한 해 순이익 6,370만 홍콩달러 가운데 790만 홍콩달러가 영화 제작과 배급을 통해 벌어들인 것이었고, 극장 경영을 통해

서는 1,751만 홍콩달러를 벌어들였다. 또한 금공주광고회사가 배급한 영화의 홍보비는 2,300만 홍콩달러에 달하였고, 영화 배급의 총수입은 2억 4,990만 홍콩달러로 1983년에 비하여 47%나 상승한 수치였다. 이처럼 성과가 뛰어났던 데에는 영화의 품질이 좋았던 것 이외에, 금공주 극장체인의 극장 연합이 강력하고 상영 시기의 조정이 성공적이었다는 점을 주요 원인으로 꼽을 수 있을 것이다. 1984년 금공주 극장체인은 극장 17개를 가지고 있었고, 만약 필요하다면 우호적인 극장(예를 들면 쾌락 극장체인)과 연합할 수 있었기 때문에 이 경우 극장 수는 모두 35개까지 늘어났다. 그중 여성麗聲극장의 1984년 매표수입이 3,600만 홍콩달러에 달하여 홍콩 극장 중 최고였다.[36]

3. '신예성'의 부상

1980년대 초, 극장체인들은 위성영화사를 설립하여 영화 공급을 안정화하고자 하였는데, 이는 바로 홍콩 현지 영화 제작에 돌파구가 되어 주었다. 분투영화사의 구성원이었던 맥가·석천·황백명 등이 지인의 소개를 통해 뇌각곤을 알게 되면서 '신예성'의 영화와 금공주 극장체인 양측의 공생 관계가 시작되었다. 영화계에 들어오기 전 외국계 회사에 다녔던 황백명은, 아쉽게도 맨 처음 참여한 영화 「선와」漩渦; For Whom To Be Murdered에서 큰 손해를 보았다. 이후 그는 그 실패에 대하여 자신이 "영화 판매 현실을 잘 몰라서 상영 스케줄 배정에서 밀려났기" 때문이라고 설명하면서 다음과 같은 이야기를 덧붙였다. "당시에는 대형 영화사들이 극장체인을 독점하던 상황이었기 때문에 '유리 체인'에 불과했던 '금공주'[즉 '오주 극장체인']조차도 우리 영화에 좋은 상영 시기를 배정해 주지 않았다. 나중에 한 회사가 배급을 대행해 주긴 하였지만 이리 뺏기고 저리 뺏기고 하는 바람에 자

'신예성' 삼인방 맥가(왼쪽에서 두번째)·황백명(오른쪽에서 두번째)·석천(맨 오른쪽)과 강대위, 종초홍(鍾楚紅)이 함께한 새해 맞이 기념촬영. 뒤에 보이는 '무망분투'(毋忘奮鬪) 편액은 세 사람의 힘이 아직 미약하던 시기에 '신예성'이 발전하기를 바라며 쓴 글씨이다.

연히 자본을 회수할 수 없었다."[37] 그나마 다행이었던 것은 1979년 황백명이 「선와」의 스틸컷 촬영기사 이상李祥을 통해서 맥가를 알게 된 것이었다. 맥가는 1972년 미국에서 홍콩으로 돌아와 1978년 홍금보·유가영과 함께 가보영화사嘉寶公司(골든하베스트의 지원을 받았다)를 만들어 「노호전계」老虎田鷄; Dirty Tiger, Crazy Frog를 제작하였다. 맥가와 석천은 1976년 「일지광곤주천애」一枝光棍走天涯; The Good, The Bad and The Loser를 찍을 때 서로 알게 되었고, 황백명은 1978년 가보영화사를 위해 「박명단도탈명창」博命單刀奪命槍; Odd Couple의 시나리오를 쓸 때 맥가·석천 두 사람을 알게 되었던 것이다. 황백명은 자서전에서 시나리오 일을 하던 당시 항상 자금 부족에 시달렸음을 밝히고 있다. 그는 '가보'에서 시나리오 작업을 하고서야 처음으로 각본료를 제대로 받았다고 한다. 황백명과 맥가는 의기투합하여 새로운 영화사를 만들기로 결정하고 여러 사람에게 접촉을 시도하였다. 홍금보는 '가보'

의 배우였던 터라 가담시키기 힘들었지만 석천은 그에 응하여 함께 분투영화사를 만드는 데 동참하였다. 맥가는 감독, 황백명은 각본, 석천은 연기를 담당했다. 분투영화사 설립 초기에는 중화민국 초기를 배경으로 한 코믹 쿵후 영화를 전문으로 찍었는데, 1979년의 「신첩착문신」新貼錯門神; Crazy Partner과 1980년의 「풍광대로천」瘋狂大老千; Crazy Crooks, 「함어번생」鹹魚番生; By Hook Or By Crook이 대표적이다. 안정된 흥행 수익 덕분에 분투영화사는 금공주 극장체인 뇌각곤의 신임을 얻어, 그의 자본을 끌어들여 신

가보영화사의 「함어번생」은 석천·맥가·황백명을 끌어들여 합작한 것이다.

예성영화사를 만들어 새롭게 출범하였다. 뇌각곤은 이 회사의 지분 51%을 가지고 영화 제작을 지원하였다. 석천은 초기에 이 합작 건에 대해 반대했다. 왜냐하면 뇌각곤의 지분 때문에 맥가, 석천, 황백명 세 사람의 수입이 절반으로 줄어들 것이라 여겼기 때문이다. 황백명, 맥가 두 사람이 석천을 설득했다. "우리 자금에는 한계가 있기 때문에 영화를 상영해서 투자자금을 회수해야만 다음 영화를 찍을 수 있잖아. 우리가 만약 영화 2편을 찍으면 2편의 수익만 얻게 되지만, 만약 ('구룡버스'의 사장인) 뇌선생과 합작을 하면 1년에 영화 10편을 찍을 수 있고 반으로 나눈다고 해도 5편의 수익은 얻는 셈이잖아. 한번 생각해 봐. 다른 사람이랑 합작해야 돈을 더 많이 벌 수 있는 거라고."[38]

뇌각곤이 밝힌 바에 따르면 그가 '신예성' 창립 전 3년 동안 투자한 금

액만 해도 1억 홍콩달러가 넘었다고 한다. 초기에는 실험적인 소형 영화 제작에 투자했는데, 제작된 영화의 매표수익이 보장되어야만 자금을 들여 투자하곤 하였다. 1984년 한 해에만 영화 홍보비로 사용한 돈이 2,300만 홍콩달러나 되었다고 한다.[39] 이 막대한 자금 투입 덕분에 '신예성'이 당시의 수많은 독립 제작사 가운데 두각을 나타낼 수 있었다. '신예성' 사무실은 주요 투자자인 뇌선생이 빌려 준 27평짜리 오피스 빌딩에 있었고, 고용 직원은 전화 받는 업무를 주로 하는 여직원 한 명과 우편 업무를 담당하는 남직원 한 명뿐이었다. 회계는 황백명이 겸임하고 석천·맥가 두 사람은 스튜디오 촬영을 담당하였다. '신예성'이 첫 해에 제작한 영화들은 편당 100만 홍콩달러의 제작비를 들여 편당 500만 홍콩달러의 매표수입을 벌어들였다. 예를 들자면 처녀작이었던 「활계시대」滑稽時代; Laughing Times의 경우, 이는 골든하베스트 소속의 오우삼(예명 오상비吳尙飛)이 개인적인 친분으로 '신예성'의 감독을 맡아 준 영화였다. 또 1980년 여름 휴가 기간에 '신예성'이 두번째로 제작한 「환락신선와」歡樂神仙窩; Beware of Pickpockets는 당시 유행하던 이탈리아식 마카로니웨스턴macaroni western 영화를 모방한 작품이었다. 뇌각곤의 지원 덕분에 '신예성'은 더 이상 자금 회수의 압박을 받지 않을 수 있었고, 또한 영화 상영을 통해 자본 회수를 기다렸다가 새 영화를 찍어야만 하는 처지에서 벗어날 수 있었다. 그리고 유동작업 방식을 이용하게 되면서 영화의 연간 생산량이 2편에서 10편으로 늘어날 수 있었다. '신예성'은 이처럼 매년 수익이 안정화되었을 뿐만 아니라 해외 시장 영화상들로부터도 많은 관심을 받게 되었다. 이 합작은 결과적으로 '신예성'과 금공주 극장체인 모두에게 큰 이익을 남겨 주었다.[40] '신예성'의 영화 제작규모가 점점 늘어나고 기존 분투영화사의 구성원이었던 세 사람으로서는 이에 대처하기가 힘들어지자, 인원을 확충하기로 하고 인재를 찾기 시작하였다. '신예성'은 오우삼의 추천을 받아 당시 평가는 좋았지만 흥행 성적

은 좋지 못했던 신예 감독 서극을 과
감히 기용하였다. 1981년에 합류한
이후 서극은 자신의 이전 영화인 「접
변」이나 「제일유형위험」第一類型危險;
Dangerous Encounter: 1st Kind과는 전혀
다른 스타일의 코믹물을 찍기 시작했
다. 임자상林子祥; George Lam Chi-Cheung
이 주연을 맡았던 「귀마지다성」鬼馬智
多星; All The Wrong Clues은 「카사블랑카」
Casablanca; 北非諜影의 영향을 받은 작품
으로, 서극은 이 영화를 통해 700만
홍콩달러의 매표수입을 벌어들이고
금마장영화제 3개 부문을 수상하였
다. 이 영화는 '신예성'이 대만 시장을
개척하도록 해줬을 뿐 아니라 '신예
성'이 기존의 노선을 벗어나는 데에
도 도움을 주었다. 당시 민국 초를 배
경으로 한 코믹 쿵후 영화가 주류를
이루던 것에서 벗어나서 새로운 장르

'신예성'은 오우삼 감독을 초빙하여 당시 유행한 '웨스턴' 스
타일의 코미디영화 「환락신선와」를 제작했다.

서극이 합류한 후, '신예성'은 웨스턴 스타일의 「귀마지다성」
과 같은 호화 영화를 제작하는 쪽으로 제작노선을 바꾸었다.

를 개척하도록 해주었던 것이다. 이 영화는 대만 지역에서 상영되었을 뿐
만 아니라(제목은 「야래향」夜來香으로 바뀌었다), '신예성'이 대만의 자금을
끌어들일 수 있는 길을 터 주었다. 그리고 서극은 감독 보수를 받는 것 외에
러닝개런티도 받았다. 같은 해, 서극을 통해 '신예성'의 기획팀에 들어간 시
남생施南生; Nansun Shi Nan-Sheng은 1982년 정식으로 행정 총책임자의 자리에
오르게 되었다. '신예성'의 지분 배분은 〈도표6.2〉에서 자세히 볼 수 있다.

〈도표 6.2〉 '신예성'의 지분 배분

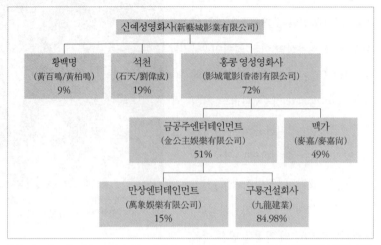

출처: "Hong Kong Film-Makers: Outward Bound", *Asiaweek*, March 4 1983, p.32; 黃百鳴, 「舞臺生涯幻亦眞」, 香港: 繁榮出版社有限公司, 1990.

'신예성'의 업무가 정상 궤도에 오르고 매표수익이 안정된 이후에는 장학금 사업, 영화 상영회, 팬클럽 등을 조직하여 영화의 홍보 효과를 높였다. 다른 한편, 새로운 제작 노선을 개발하기 위해 테디 로빈을 끌어들여 영화음악 부문을 강화하였다. 예를 들어 「아애야래향」我愛夜來香, 「채운곡」彩雲曲 등의 배경음악은 영화를 더욱 부각시켜 주었다. 테디 로빈의 주선하에 '신예성'은 보려금음반사寶麗金唱片公司와 합작을 맺는 데 성공하여, 전문적으로 '신예성'의 영화를 위한 음반의 제작과 배급을 맡기도록 하였다. 음반의 홍보 공세에 힘입어 영화 매표수입이 더 늘어나자 아예 신예보음반사新藝寶唱片公司; Citypoly를 설립하고, '신예성'이 지분의 51%, '보려금'이 29%, 테디 로빈이 20%를 나눠 가졌다.

1981년, '신예성'에 서극, 테디 로빈, 증지위曾志偉; Eric Tsang Chi-Wai 세 사람이 연이어 가담하였다.[41] 몇 번의 성공을 거둔 후 '신예성'은 거금을 들여 「최가박당」을 찍기로 결정하였다. 처음에는 남자 주인공을 주윤발로 내

'금공주' 주주인 진준암(앞줄 오른쪽에서 첫번째)과 뇌각곤(앞줄 오른쪽에서 두번째)가 '신예성'의 파티에 참석한 모습

정하였지만, 주윤발의 계약금이 비싸고 스케줄이 겹칠 것을 우려하여 서극의 의견에 따라 골든하베스트의 수많은 스타들 중 허관걸을 주인공으로 발탁하였다. 당시 소형 영화 한 편의 제작비가 100만 홍콩달러였던 데 비해 허관걸의 개런티는 200만 홍콩달러나 되었다. 이 영화는 1982년 새해 개봉하여 2,700만 홍콩달러라는 엄청난 매표수입을 올리면서 골든하베스트의 「용소야」龍少爺; Dragon Lord를 물리쳤다. 「최가박당」의 또 다른 수확은 극중 여주인공을 맡았던 장애가張艾嘉; Sylvia Chang Ai-Chia가 '신예성'의 대만 측 파트너(총제작자 역할)가 되었다는 것이다. 그래서 '신예성 7인조'는 '8인조'가 되었다. 또한 「추녀자」追女仔; Chasing Girls 한 편의 제작으로 '신예성'의 코믹 영화는 당시 중화민국 초기를 배경으로 하던 쿵후 영화의 유행을 완전히 바꿔 버렸다고 할 수 있다. 이 영화를 통해 900만여 홍콩달러에 달하는 매표수입을 얻었고 증지위도 정식으로 배우의 길로 들어섰다.

해외 시장의 경우, '신예성'은 대만 지역에 집중하여, 먼저 대만 현지

술을 한 차례 마신 후 서극과 증지위 등이 '신예성' 축하파티에서 즐겁게 노는 모습. 그 옆은 시남생, 석천, 고지삼(高志森) 등이다.

의 '중영'과 합작하여 30개에 가까운 극장을 보유한 중국극장中國戲院 극장 체인을 통해 배급하였다. 이들은 「최가박당」, 「귀마지다성」(대만에서는 각기 「광두신탐적장원」光頭神探賊狀元, 「야래향」이라는 제목으로 개봉되었다)을 가지고 대만 지역 시장을 개척하기 시작하였다. 1981년 '신예성'은 배급사인 '용상'龍祥의 사장 왕응상王應祥과 합작하여 '신예성' 대만 지사를 설립하였고, 대만의 감독 우감평虞戡平; Yue Ham-Ping을 초빙해서 행정책임자 및 전속 감독을 맡겼다. 1983년 인사 변동으로 우감평이 사직하자 '신예성'은 장애가를 취임시킨다. 1984년 말에는 타이베이臺北의 표준어 영화 극장체인이 재편되면서 그 배급망을 '용상'에서 신세계新世界 극장체인으로 바꾸었다. 이 변화는 '신예성'이 대만에서 영화를 찍는 데 매우 유리하게 작용하였다. 대만에서 극장체인 사업을 함께할 좋은 동반자를 찾아냈기 때문에 '신예성'은 대만에서 비교적 성공할 수 있었다. 1983년, 장애가는 대만을 제작 기지로 삼아 '신예성'을 위해서 「탑착차」搭錯車; Papa, Can You Hear Me Sing, 「대상대하」台上台下; Send in the Clowns, 「해탄적일천」海灘的一天; That Day, On The Beach

'신예성'은 점점 발전하여 맥가, 석천, 황백명 외에도 「추녀자」(위)를 크랭크인할 때에는 증지위가, 「최가박당」 (아래)을 크랭크인할 때에는 허관걸이 들어왔다.

등을 제작하여 성공적으로 대만 배급망의 기반을 다졌다. 「탑착차」의 주제 곡인 「주간당매무」酒干倘賣無는 한때 크게 유행하였다. 황백명은 자서전에서 만약 작곡자인 후덕건侯德建이 중국 대륙으로 귀순하여 노래가 금지되지만 않았다면 '신예성'이 대만 음반 배급으로 큰 수익을 얻을 수 있었을 것이라 고 회고하고 있다.[42] '신예성'이 허관걸에게 막대한 개런티를 주고 「최가박 당」을 찍었던 것은 바로 허관걸의 일본에서의 인기를 이용하여 '신예성'의 일본 시장 개척을 도모하기 위함이었다. 비록 골든하베스트와 쇼브러더스 가 일본 도호영화사를 통해 만들어 놓은 배급망에는 훨씬 못 미쳤지만, '신 예성'은 '도호', '도와', 니폰 헤럴드Nippon Herald와 합작하여 「최가박당」, 「최 가박당 3: 여황밀령」女皇密令; Aces Go Places III: Our Man From Bond Street 등을 배 급할 수 있었다.[43] '신예성'은 시장에서 성공을 거둔 후 합자合資 및 위성영 화사 설립을 통해 각기 다른 개성을 지닌 코믹 영화들을 내놓았다. 예를 들 자면 원화평과 여윤항이 제작한 「홍운당두」鴻運當頭; Lifeline Express, 「애신일 호」愛神一號; Cupid One, 「가무승평」歌舞昇平; The Musical Singer 등이 있었다. 설립 5 주년을 맞이할 무렵 '신예성'은 새로운 길을 개척하여 광고·TV·음반 등의 여타 업계에도 진출하였다. 당시 '신예성'의 기세는 대단하였다.

4장 / 1980년대 영화업계의 경쟁전

1980년대 초, 쇼브러더스, 골든하베스트, 신예성의 3대 그룹은 각기 산하의 제작·배급·상영 네트워크를 지니고 있었다. 성수기가 돌아올 때마다 3대 극장체인은 모두 서양 영화 극장주를 끌어들여 각 극장체인마다 20~30여 개의 극장 연합을 만들어 열띤 상영 전쟁을 치렀다. 반면 이로 인해 좋은 극장체인과 성수기를 잃게 된 서양 영화 시장은 매표수입과 상영 편수 모두 급격히 줄어들었다. 1980년대 극장업의 경영 상황은 〈표 6.12〉를 통해서도 그 대략적인 개요를 알 수 있다.

1. 쇼브러더스 vs 금공주＋골든하베스트

3대 극장체인의 합종연횡은 1980년 12월로 거슬러 올라갈 수 있다. 골든하베스트는 가락 극장체인嘉樂院線; Gala Circuit을 없애고, '금공주'가 통제하는 여성麗聲 극장체인과 손을 잡고서 가려영화사嘉麗影業有限公司; Golden Princess Gala Film Co., Ltd.를 만들었다. 이를 통해 여전히 막강하던 쇼브러더스에 맞서고자 하였다. '가려'의 회장인 추문회와 뇌각곤은 산하에 35개의 극장체인을 가지고 있었는데 이는 홍콩 1차 상영관의 절반에 해당하는 수치였다. 그

지역	극장명	영문명	위치	사장	1층 좌석 수	2층 좌석 수	총 좌석 수	1회 상영 수입
왕각 (旺角) / 심수보 (深水埗) / 여지각 (荔枝角)	금성 (金聲)	Empire	왕각 시유가 (豉油街) 60-104호	진덕량 (陳德亮)	910×$17	530×$20	1,440	26,070
	남화 (南華)	South China	왕각 발란가 (砵蘭街)	반평 (潘萍)	866×$17	412×$20	1,278	22,962
	문화 (文華)	Rex	왕각 발란가	소화조 (蕭華照)	960×$17	392×$20	1,352	24,160
	여성 (麗聲)	Royal	미돈로 (彌敦道) 750호	도광자 (陶廣子)	960×$17	466×$20	1,372	24,722
	남창 (南昌)	Nam Cheong	심수보 남창 가(南昌街)	엽문덕 (葉文德)	968×$15	476×$17	1,462	23,358
	개성 (凱聲)	Empress	왕각 수거로 (水渠道) 10호	진병남 (陳炳南)	990×$17	460×$20	1,450	26,030
유마지 (油麻地) 첨사저 (尖沙咀) 지구	해운 (海運)	Ocean	첨사저 광동로(廣東 道) 3호	맥예천 (麥禮泉)	1,196×$17	576×$20	1,772	31,852
	해성 (海城)	Harbour City I	첨사저 광동로	엽중명 (葉仲明)			313×$20	6,260
	해성 (海城)	Harbour City II	첨사저 광동로	엽중명			388×$20	77,600
	골든하 베스트 (嘉禾)	Golden Harvest	좌돈로 (佐敦道) 23-29호	번평권 (樊平權)	814×$17	470×$20	1,284	23,238
	워싱턴 (華盛頓)	Washing- ton	백가사가 (白加士街) 96호	증금당 (曾錦棠)	732×$17	500×$20	1,223	22,293
	신대화 (新大華)	M2	유마지 서공가(西貢 街) 10호	잠가유 (岑家猶)	624×$17	560×$20	1,184	21,808
	보경 (普慶)	Astor	미돈로 380호	임명 (林明)	1254×$17	534×$20	1,788	31,998
홍감 (紅磡) / 토과만 (土瓜灣)	홍감 (紅磡)	Hung Hom	홍감 덕민가 (德民街) 22호	증수명 (曾樹明)	653×$17	298×$20	951	17,061
	보석 (寶石)	Lux	홍감 보기리가 (寶其利街) 2J	장지휘 (張志輝)	959×$17	483×$20	1,442	25,963

지역	극장명	영문명	위치	사장	1층 좌석 수	2층 좌석 수	총 좌석 수	1회 상영 수입
홍감 / 토과만	국화 (國華)	Mandarin	홍감	이덕웅 (李德雄)	223×$15	479×$17	702	11,488
	명월 (明月)	Full Moon	토과만 포장가 (炮仗街)	사영발 (謝榮發)	750×$15	383×$18	1,133	18,144
채홍 (彩虹) / 관당 (觀塘)	만년 (萬年)	Manning	자운산(慈雲山) 관화리 (貫華里) 1호	여쇠 (黎釗)	964×$17	448×$20	1,412	25,348
	영화 (英華)	Ying Wah	채홍로(彩虹道) 84호	여명 (黎明)	990×$17	464×$20	1,454	26,110
	금성 (金城)	Golden City	남전계전로 (藍田啓田道) 49호	이기신 (李棋燊)	759×$15	474×$17	1,233	19,443
	부도 (富都)	Life	관당(觀塘) 통명가 (通明街) 9호	진응동 (陳應東)	1,005×$17	598×$20	1,603	29,045
	만당 (滿堂)	Full House	유당센터 (油塘中心) 가영가 (嘉榮街)	여윤심 (余潤深)			666×$15	99,990
	순리 (順利)	Shung Lee	순리돈 (順利頓)	양봉아 (梁烽兒)			858×$15	12,870
	우주 (宇宙)	Cosmo	덕복화원 (德福花園)	이국명 (李國明)	303×$16	620×$19	923	16,628
	제국 (帝國)	ACE	우두각(牛頭角) 안화가 (安華街) 2호	풍안국 (馮安國)	929×$17	500×$20	931	16,688
	보성 (寶聲)	Bonds	관당 유민방 (裕民坊)	마사정 (馬思正)	990×$17	412×$20	1,402	25,070
	여궁 (麗宮)	Paris	신포강 (新蒲崗) 채홍로	여천 (黎泉)			3,000	28,767
	은도 (銀都)	Silver	관당 보인가 (輔仁街) 88호	엽지평 (葉志平)	1,000×$17	400×$20	1,440	25,800
	금무평 (金茂坪)	Golden Valley	수무평(秀茂坪) 효광가 (曉光街)	관상악 (關尙岳)			1,312	20,370
	호운 (好運)	Good Luck	구룡만 (九龍灣) 독대화원 (淘大花園)	이량 (李良)			1,000 ×$17	17,000

지역	극장명	영문명	위치	사장	1층 좌석 수	2층 좌석 수	총 좌석 수	1회 상영 수입
채홍 / 관당	환구 (環球)	Global	구룡만 덕복화원 (德福花園)	이국명 (李國明)	303×$17	620×$20	923	16,628
홍콩섬 (港島) / 리도 (離島)	시만 (柴灣)	Chai Wan	시만(柴灣) 운취로 (雲翠道)	진자강 (陳自强)	964×$16	448×$18	1,412	23,488
	영화 (榮華)	Wing Wah	시만 시만로 (柴灣道) 333호	여춘생 (余春生)	980×$15	400×$17	1,380	21,500
	금명 (金明)	Kam Ming	소기만(筲箕灣) 태안가 (太安街) 15호	오준웅 (吳俊雄)	130×$15	516×$15	646	9,430
	가년 (嘉年)	Gala 1	영황로 (英皇道) 태고성센터 (太古城中心)	한윤색 (韓潤色)			875×$17	14,875
	가화 (嘉華)	Gala 2	영황로 태고성센터	한윤색			875×$17	14,875
	황도 (皇都)	State	북각(北角) 영황로	양백활 (梁柏活)			1,087	19,717
	신광 (新光)	Sunbeam	북각 영황로 423호	이석 (李石)	1,033×$17	676×$20	1,709	31,081
	국도 (國都)	Olympia	북각 영황로 대강가 (大强街)	진조희 (陳兆喜)			1,183	21,014
	백락 (百樂)	Park	동라만로 (銅鑼灣道) 180호	구진원 (區振源)	758×$17	354×$20	1,112	19,966
	비취 (翡翠)	Jade	동라만 (銅鑼灣) 백덕신가 (百德新街)	곽영상 (郭永祥)	1,031×$17	449×$20	1,480	26,507
	명주 (明珠)	Pearl	동라만 백덕신가	곽영상	949×$17	374×$20	1,323	23,613
	벽려궁 (碧麗宮)	Palace	동라만 고사타로 (高士打道)	임지위 (林志蔚)	449×$23	609×$27	1,058	26,770
	총통 (總統)	President	사비로(謝菲 道) 517호	공경성 (孔慶成)	956×$17	292×$20	1,248	22,092
	남양 (南洋)	Nam Yang	만자(灣仔) 마리신산로 (摩理臣山道) 29호	장위렴 (張威廉)	672×$17	425×$20	1,097	19,924

지역	극장명	영문명	위치	사장	1층 좌석 수	2층 좌석 수	총 좌석 수	1회 상영 수입
홍콩섬 / 리도	경도 (京都)	Imperial	만자 파로사가 (巴路士街) 29호	요우덕 (廖友德)	829×$17	460×$20	1,289	23,293
	황후 (皇后)	Queen's	황후대로중 (皇后大道中)	관국강 (關國康)	590×$17	312×$20	902	16,270
	오락 (娛樂)	King's	황후대로중 34호	후한추 (侯漢秋)	830×$17	472×$20	1,302	23,550
	복성 (福星)	Fox	서환(西環) 길직가(吉直街) 91호	여임원 (余任遠)			1,223	21,919
	제후 (帝后)	Scala	전만(田灣) 흥화가(興和街) 1호	진경화 (陳慶和)			476×$17	8,092
	화부각 (華富閣)	Fortuna	화부촌 (華富邨)	완한기 (阮漢基)			1,283	19,491
	향항자 (香港仔)	Aberdeen	향항자중심 (香港仔中心) 남녕로 (南寧街)	호융 (胡戎)	619×$17	240×$20	859	15,323
	평주 (坪洲)	Peng Chau	평주(坪洲) 영안가 (永安街) 415호	주연령 (周燕玲)			499×$10	4,990
규용 (葵涌) 전만 (荃灣) / 사전 (沙田)	규방 (葵芳)	Kwai Fong	규방(葵芳) 규방각화원 (葵芳閣花園)	양봉아 (梁鳳兒)			587×$15	8,805
	금화 (金花)	Golden Flower	상규용 (上葵涌) 화의합도 (和宜合道)	후한추 (侯漢秋)	238×$15	523×$17	761	12,461
	금도 (金都)	Golden Palace	전만(荃灣) 석음촌(石蔭村) 동자가 (童子街)	임중일 (林中溢)	330×$15	245×$17	575	9,115
	난궁 (蘭宮)	August Moon	전만 천룡가 (川龍街)	임지성 (林志誠)	979×$15	378×$17	1,357	21,111
	호경 (好景)	Good View	전만 함전가 (咸田街)	여영광 (余榮廣)			1,409	20,947
	대광명 (大光名)	Grand	전만 중안가 (衆安街)	엽서기 (葉瑞麒)	350×$15	600×$18	950	16,050
	개선 (凱旋)	Triumph	전만 녹양신촌 (綠楊新邨)	오악화 (吳岳華)	708×$15	378×$17	1,086	17,046

지역	극장명	영문명	위치	사장	1층 좌석 수	2층 좌석 수	총 좌석 수	1회 상영 수입
규용 전만 / 사전	화도 (華都)	Waldorf	전만 청산공로 (青山公路) 2114호	채옥상 (蔡玉祥)			1,526	20,154
	아도 (雅都)	Acem	사전(沙田) 역원(瀝源) 오락성 (娛樂城)	맥순화 (麥順和)			764×$17	12,988
	UA6	UA6	사전 신성시팡장 (新城市廣場)	진수령 (陳秀玲)				
	신성 (新聲)	Sun Sing	사전 역원 오락성	맥순화 (麥順和)			764×$17	12,988
	취봉 (翠鳳)	Opal	사전 역원 비취화원 (翠華花園)	양권 (楊權)			431×$17	7,327

※ 좌석 수 항목의 표 값 단위($)와 상영 수입의 화폐단위는 홍콩달러이다.
출처: 「戲院檢閱」, 『電影雙周刊』, 1985년 8월~10월, 167기, 11~13쪽; 168기, 38~40쪽; 169기, 41~43쪽; 170
기, 40~42쪽; 171기, 41~42쪽; 174기, 37~38쪽 정리.

1980년대에 만들어진 원랑(元朗)의 동락극장(同樂戲院)
은 여전히 옛 모습을 그대로 간직하고 있다.

리고 그들은 이 극장체인들의 상영 일정 조정권을 가지고 있었는데, 〈표 6.13〉과 〈표 6.14〉에서 볼 수 있듯이 골든하베스트와 여성 극장체인은 1980년대 홍콩 전체 중국어 영화 극장체인 수입 중 60%를 벌어들였다.

극장주와 영화상의 이익 배분은 예전의 골든하베스트 극장체인의 경우 개봉 첫 주에는 4.5:5.5의 비율로, 둘째 주에는 6:4로 나누었다. 그리고 배급비는 약 5~15%에 이르렀고, 만약 매표수입이 최저 요구치에도 미치지 못하면 영화상

<표 6.13> 1980년 홍콩 전역 중국·서양 영화 극장체인 매표 상황

극장체인	매표수입(홍콩달러)	비율
골든하베스트 극장체인, 여성 극장체인	132,006,353	33.73%
서양 영화 극장체인 10개	174,564,303	44.61%
쇼브러더스 극장체인	46,595,679	11.91%
연화·쌍남 극장체인(빈빈영화사 작품을 주로 상영)	26,060,407	6.67%
기타 중국어 극장	12,122,763	3.1%
총계	391,346,505	100%

참고 : 1979년 12월 초~1980년 11월 말까지 계산함.
출처 : 陳淸偉, 「香港電影 "托辣斯"的誕生」, 「電影雙周刊」 51期, 1981년 1월 8일, 15쪽.

<표 6.14> 1980년 홍콩 전역 중국어 영화 극장체인 매표 상황

극장체인	매표수입(홍콩달러)	비율
골든하베스트 극장체인, 여성 극장체인	132,006,353	60.89%
쇼브러더스 극장체인	46,595,679	21.49%
연화·쌍남 극장체인	26,060,407	12.02%
기타 극장	12,122,763	5.59%
총계	216,785,202	100%

출처 : 陳淸偉, 「香港電影 "托辣斯"的誕生」, 「電影雙周刊」 51期, 1981년 1월 8일, 15쪽.

이 극장주에게 그 손해분을 메꿔 주어야 했다. 여성 극장체인의 경우 극장주와 영화상의 배분 비율은 4:6이었고, 배급비로 15%를 또 가져갔다. 가려영화사가 설립된 이후에는 새로운 이익 배분 방식을 도입하였다. 이에 따라 매표수입이 100만 홍콩달러 이하이면 극장주와 영화상은 4:6의 비율로, 101~200만 홍콩달러이면 4.5:5.5의 비율로, 250만 홍콩달러 이상이면 5:5의 비율로 배분하고, 별도로 영화상이 15만 홍콩달러의 광고비를 부담해야 했다.[44] 가려 극장체인의 설립은 '금공주'와 골든하베스트에 다음과 같은 이익을 가져다주었다. ① 두 극장체인은 때에 따라 영화 한 편을 공동 상영하거나 영화 두 편을 각기 상영하여 영화 공급과 장르의 변화에 맞추어 나갔다. ② 잡지 간행비와 TV 광고비(1980년대 초에는 이미 3배 정도 증가하였다), 영화 배급비, 홍보비를 크게 절약할 수 있었다. ③ 악성 경쟁을 피할 수 있고, 같은 종류의 영화나 '캐스팅'을 놓고 싸워서 양쪽 모두 피해를 보는 것을 막을 수 있었다. ④ 전통적인 이익 배분 제도를 개선하여 독립 영화의 제작에 투자하는 것을 유리하도록 만들었다.[45]

2. 금공주 vs 쇼브러더스+골든하베스트

전투에서와 마찬가지로 사업에서는 영원한 적도 영원한 아군도 없는 법이다. 1982년부터 쇼브러더스와 골든하베스트는 공동의 이익을 위하여 손을 잡고 '신예성'에 대항하였다. 쇼브러더스와 골든하베스트는 「기문둔갑」奇門遁甲; The Miracle Fighters부터 양쪽 극장체인을 묶어 함께 상영하는 정책을 취하였다. 1982년 여름 휴가 기간 쇼브러더스와 골든하베스트는 「여래신장」如來神掌; Buddha's Palm과 「팔채림아진」八彩林亞珍; Plain Jane To The Rescue을 연합하여 상영함으로써 '신예성'의 「난형난제」難兄難弟; It Takes Two와 「소생파파」小生怕怕; Till Death Do We Scare에 맞섰다. 여성麗聲 극장체인은 홀로 극장체인을 운영하였지만 산하의 극장이 매우 번화한 왕각 지역에 위치해 있다는 지리적 이점이 있었다. 거기다 '신도'新都, '쾌락' 등의 극장을 확보함으로써 극장체인 하나만 가지고도 쇼브러더스와 골든하베스트의 연합보다 더 높은 매표수입을 얻을 수 있었다.[46] 「소생파파」는 매표수입이 1,000만 홍콩달러를 넘어선 데 비해, 「팔채림아진」은 겨우 460만 홍콩달러였다. 「팔채림아진」의 감독을 맡았던 오우삼이 골든하베스트에게 버림받자, 서극은 그를 '신예성'으로 불러들여서 「영웅본색」을 만들도록 하였다. 결과적으로 이 영화는 1980년대 홍콩 영화 시장에 영웅영화 붐을 불러일으켰다.[47]

쇼브러더스와 골든하베스트는 원래 더블 체인 연합을 통해 두 영화사의 영화를 교대로 상영하려 했다. 하지만 쇼브러더스의 영화 공급이 부족

'신예성'에 맞서기 위해 쇼브러더스와 골든하베스트는 「기문둔갑」 상영 때부터 극장체인을 연합하였다. 사진은 이 영화로 유명해진 무술사범 원화평(가운데)과 그 형제들(이후 '원가네 무술팀')

해지자, 쇼브러더스는 여러 차례 성수기를 포기하고 골든하베스트의 영화를 상영하도록 해주었다. 1980년부터 골든하베스트는 '위화'와 '보화'寶禾; Bo Ho Films(처녀작은 각기 「사제출마」師弟出馬; The Young Master 와 「귀타귀」鬼打鬼; Encounter of the Spooky Kind) 등의 위성영화사를 만든 후, 「용적심」龍的心; Heart of Dragon, 「폴리스 스토리」警察故事; Police Story, 「부귀열차」富貴列車; Millionaire's Express, 「환락정당」歡樂叮當; Happy Din Don 등과 같은 대형 영화를 연이어 제작하였다.[48] 대부분 유동작업 방식으로 제작한 쇼브러더스의 영화들은 매표수입이 들쑥날쑥한 편이었는데 이는 쇼브러더스의 명성이 골든하베스트에 추월당하고 마는 결과를 가져왔으며, 이는 또한 쇼브러더스로 하여금 영화 제작에 대한 의지를 잃도록 만들었다. 결국 1980년대 중반 쇼브러더스 영화는 쇠락의 길로 접어들게 된다. 청수만 스튜디오를 TV 촬영소로 바꾼 후, 1985년부터 쇼브러더스는 산하의 극장체인을 덕보영화사에 임대했다. 그렇다면 '덕보'는 어떤 배경에서 생겨난 것일까? 또한 '덕보'는 어떻게 영화업계 전쟁에 뛰어들게 되었을까?

'신예성'과 경쟁하기 위해 쇼브러더스 산하의 비취극장과 명주극장에서 골든하베스트의 영화 「프로텍터」(威龍猛探)를 상영하였다.

「영웅본색」 축하연

3. '덕보', 경쟁전에 뛰어들다

1980년대 중반부터 '덕보'는 탄탄한 재력을 바탕으로 영화계에서 급부상하였고, '골든하베스트', '신예성'과 천하를 삼분하였다. '덕보'의 투자자는 '적생'迪生사의 반적생이었다. 시계와 보석을 주요 사업으로 하던 '적생'에, 영화·TV 사업은 자신들의 시계와 보석의 브랜드 가치를 높이는 데 도움이 되었다.[49] 1984년 2월 10일 설립·등록된 덕보영화사德寶電影有限公司; D&B Films Co.의 설립자금은 100만 홍콩달러에 이르렀다. 주주 지분은 적생엔터테인먼트영화사迪生娛樂影業有限公司가 60%, 잠건훈岑建勛; John Shum Kin-Fun과 홍금보가 각각 15%와 25%로 배분하였다(자세한 내용은 〈도표 6.3〉 참조). '적생'은 1983년 설립·등록되었고, 주주 지분은 반적생과 적생실업(그룹)유한회사迪生實業(集團)有限公司; Dickson Poon (Holdings) Company Ltd.가 소유했다.

'덕보' 역시 설립 초기에는 극장체인이 없었기 때문에 '덕보'가 제작한 영화는 대부분 15%의 배급비를 지불하는 방식으로 골든하베스트 극장체인에서 상영하였다. 하지만 골든하베스트와 '덕보'의 합작 관계는 단명하고 말았다. 상영 시기를 배정하는 문제에서 의견을 조율하기 힘들어, 충돌이 자주 발생했기 때문이었다. 예를 들어 1984년 '덕보'가 제작한 「미스

〈도표 6.3〉 덕보 주식 배분도

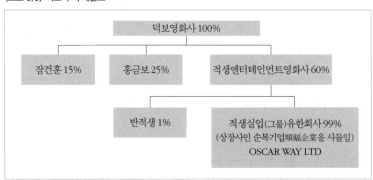

출처: 「德寶的背後」, 『電影雙周刊』 제176기, 1985년 11월 28일, 6쪽.

'적생'의 중환(中環) 중건(中建)빌딩 분점 개막식. 반적생과 축하객들의 모습

터 부 7」智勇三寶; Mr. Boo Meets Pom Pom이 골든하베스트의 「복성고조」福星高照; My Lucky Stars와 같은 시기를 놓고 경쟁하게 되자 결국 '덕보'가 양보하여 영화를 심야와 조조, 오후 4시 타임에 상영할 수밖에 없었다. 이 이후에도, '덕보'의 「평안야」平安夜; Night Caller가 또 한 번 골든하베스트의 「화자다정」花仔多情; Affectionately Yours과 부활절 기간을 두고 경쟁하다가 결국 '덕보'가 이를 여성麗聲 극장체인에서 상영하게 된다. 이러한 충돌이 '덕보'가 산하의 극장체인을 설립하는 데 간접적으로 영향을 주었던 것이다.

1985년 4월, '덕보'는 골든하베스트 극장체인의 통제에서 벗어나 배급의 자주권을 얻기 위하여, 1억 홍콩달러를 들여 극장 사업을 확장해 산하의 극장체인을 설립한다. 우선 한 해 임대료 3,500만 홍콩달러와 유지비 100만 홍콩달러로 쇼브러더스 극장체인의 '비취', '황금', '문화', '보성' 등 4개의 '용두龍頭극장'을 빌리고, 여기에 '규방'葵芳, '순리'順利, '난궁'蘭宮, '연화', '신성', '금문', '대포'大埔 등 10개의 '정자艇仔극장'을 더하여 '덕보 극장체인'을 설립하였다(〈도표 6.4〉).[3] 그리고 '화성'의 양정명梁鼎銘과 극장업계 전문

〈도표 6.4〉 덕보 극장체인과 일반 극장체인의 관리 구조

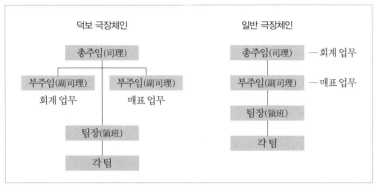

출처: 「院線爭奪戰」, 「電影雙周刊」 제176기, 1985년 11월 28일, 5쪽.

가 오호원吳浩源을 스카우트해서 영화 배급과 극장 관리 업무를 전문적으로 맡게 하고, 산하 극장에 새로운 관리 시스템을 도입하여 극장에 대한 통제·관리를 강화하였다. 다른 한편 원래 골든하베스트가 맡았던 대만 지역의 대리 배급권을 칠현영화사七賢公司에 넘겨주었다. 이렇게 하여 '덕보'는 골든하베스트에 대한 의존관계에서 벗어나 스스로의 배급·체인 망을 형성하였다. 1980년대 중반부터 '덕보', '골든하베스트', '금공주' 극장체인이 천하를 삼분하는 형세가 점차 확립되었다(〈표 6.15〉).

'덕보'는 설립 초기에 영화 제작팀이 따로 없어서 한 해에 제작하는 영화가 3편도 채 되지 않았다. 하지만 극장체인 설립 이후 안정된 영화 공급과 극장체인 유지를 위해, 산하의 제작팀을 강화하고 높은 급여로 인재를 스카우트하기 시작했다. 1985년 4월 TVB의 진교영을 초빙하여 창작부를 만들도록 하고, 그를 그 책임자 자리에 앉혔다. 또한 소국화邵國華와 증근창

---

3 '용두극장'은 상권이 좋은 위치에 자리한, 매표수입이 좋은 극장을 가리키고 '정자극장'은 그렇지 않은 여타 지역의 극장을 가리킨다. 극장체인은 대체로 '용두극장'에 '정자극장'을 연합하는 형식으로 만들어졌다.

지역	덕보 극장체인	가락 극장체인	금공주 극장체인
중환(中環)	-	황후(皇后)	
만자(灣仔)	-	-	-
동라만(銅鑼灣)	비취(翡翠)	-	총통(總統)
북각(北角)	-	황도(皇都)	-
태고(太古)	-	가년(嘉年)	
시만(柴灣)	-	시만(柴灣)	영화(永華)
서환(西環)	-	-	복성(福星)
향항자(香港仔)	제후(帝后)*	화부각(華富閣)***	향항자(香港仔)
첨사저(尖沙咀)	-	해성(海城)	
유마지(油麻地)	-	골든하베스트(嘉禾)	민락(民樂)/유마지(油麻地)
왕각(旺角)	문화(文華)	-	여성(麗聲)
심수보(深水埗)	황금(黃金)	경화(京華)	
		남창(南昌)	낙성(樂聲)
여지각(荔枝角)	-	보려궁(寶麗宮)***여화(麗華)	-
홍감(紅磡)	금문(金門)**	홍감(紅磡)	보석(寶石)#
구룡성(九龍城)	-	국제(國際)	-
황대선(黃大仙)	-	만년(萬年)	영화(英華)
우두각(牛頭角)	제국(帝國)#	호운(好運)	
관당(觀塘)	보성(寶聲)순리(順利)	금무평(金茂坪)만당(滿堂)	부도(富都)금성(金城)
사전(沙田)	신성(新聲)*	UA6	아도(雅都)
규용(葵涌)	규방(葵芳)	-	금도(金都)
전만(荃灣)	난궁(蘭宮)	호경(好景)	용화(龍華)
둔문(屯門)	[신성(新城)]	빅토리아(域多利)**	[신성(新城)]
원랑(元朗)	연화(聯華)	광화(廣華)	미도(美都)
분령(粉嶺)	-	분령(粉嶺)***	행락(行樂)
대포(大埔)	[대포(大埔)]	보화(寶華)**	[대포(大埔)]
1986년 5대 극장 총수입	1,102,515	1,859,330	1,544,520
1986년 일일 평균 매표수입	290,669	46,566,764	36,274,271
1986년 일일 좌석점유율	26.36%	25.04%	23.48%
1985년 5대 극장 총수입	1,476,115	1,802,010	1,645,145
1985년 일일 평균 매표수입	375,507	46,420,064	39,815,870
1985년 일일 좌석점유율	25.43%	25.70%	24.20%

* 원래 가락 극장체인 소속　　** 원래 금공주 극장체인 소속
*** 쇼브러더스 극장체인 소속　# 원래 서양 영화 상영 극장
출처: 「院線爭奪戰」, 「電影雙周刊」 제176기, 1985년 11월 28일, 4쪽.

반적생은 쇼브러더스 산하의 극장을 빌려 덕보 극장체인을 설립했다. 소일부가 직접 와서 축하해 주는 모습

曾謹昌을 초빙하여 시나리오를 맡겼다. 하지만 제작 부문에서는 여전히 '편수제 계약'과 '월급제 계약'의 두 가지 시스템이 운용되고 있었기 때문에 감독들은 각자 편수제 계약 편집자를 찾아서 기용하기도 했다.[50] 예를 들어 고지삼高志森; Clifton Ko Chi-Sum의 3인조 제작팀의 경우는 반적생에게 직접 계약 조건을 제시받았으며, 다른 감독과 배우들 역시 편수제와 월급제의 두 경우로 나뉘었다. 그리고 기획팀의 경우는 모두 편수제로 계산하였고, 홍보팀의 경우는 서기舒琪; Shu Kei와 임빙林冰이 책임을 맡았다. 1985년 8월, '적생'은 '특고'特高의 장국충, 이소린李小麟과 손을 잡고 예능엔터테인먼트투자사藝能娛樂投資有限公司(이하 '예능')를 결성하였다. '예능'의 직원은 약 40명이었는데, 장국충이 이사 겸 사장 직을 맡았고 제작 부문은 진가영陳家瑛과 진가호陳家鎬가 책임졌다. '예능' 산하에는 6개의 회사가 있었다(〈도표 6.5〉). 이처럼 '덕보'는 규모는 비록 컸지만 최종 정책 결정권은 모두 반적생에게 있었다. 그리고 그의 비서는 과거 '신예성'의 인사부 담당이었던 곡미려谷薇麗(곡덕소谷德昭; Vincent Kok Tak-Chiu 감독의 친누이)였다(〈도표 6.6〉).

〈도표 6.5〉 적생엔터테인먼트영화사 구조

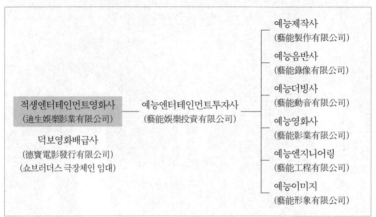

출처: 「德寶的背後」, 『電影雙周刊』 176기, 1985년 11월 28일, 6쪽.

한편 쇼브러더스는 TV 산업 쪽으로 방향을 바꾸어 산하의 극장을 '덕보'에 임대해 주면서 영화 제작에서 물러나게 되자, 매년 대량의 영화를 제작하여 극장체인에 공급해야만 했던 부담을 덜 수 있었다. 또한 '덕보'가 쇼브러더스를 대신해 골든하베스트, '신예성'과 맞설 수 있게 하였다. 하지만 '덕보'가 설립된 지 얼마 되지 않은 시점에서 골든하베스트와 '신예성'이 합작하여 극장체인을 연합하고, 공동 상영을 시작하였다. '덕보'의 창업작인 「쌍룡출해」^{雙龍出海; The Return of Pom Pom}는 홍금보 산하 보화영화사의 「신용쌍향포」^{神勇雙響砲; Pom Pom}의 속편이었는데, 잠건훈·오요한^{吳耀漢; Richard Ng Yiu-Hon}·허관문이 함께 제작한 것이었다. 그후의 「범보」^{貓頭鷹與小飛象; The Owl vs Bumbo}는 바로 골든하베스트의 홍금보와 '신예성'의 임자상이 공동 출연한 작품이었다. 이 외에도 '덕보'는 여전히 여타 독립 제작사의 영화를 상영하였다. 영화·TV, 그리고 문화계에서 잠건훈의 지위는 이러한 합작에서 중요한 매개자였다고 할 수 있다. 잠건훈이 영화사를 그만두고 진관중^{陳冠中; John Chan Koon-Chung}과 함께 연출·제작사를 설립한 이후 '덕보'에서는

〈도표 6.6〉 '덕보' 내부 행정 및 제작 구조

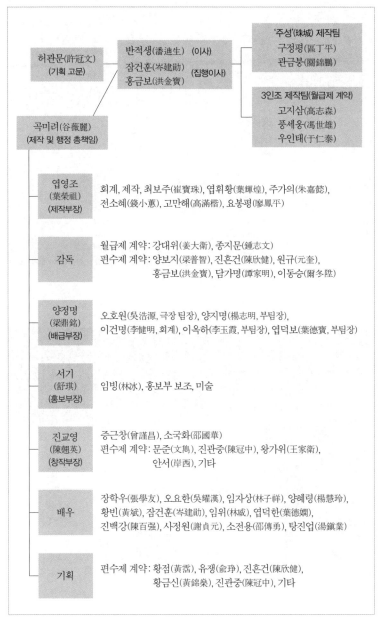

출처: 泠小靑, 紀二, 木木, 「德寶: 電影神話另一章」, 焦雄屛 編 「香港電影風貌」, 臺北: 時報出版社, 1987, 116쪽.

반적생과 '덕보' 산하 '예능'의 사장 장국충의 기자회견 모습

잠건훈과 '덕보'의 배우·스태프 단체 사진

'덕보'의 반적생과 「예스 마담 2: 황가전사」(皇家戰士) 관계자가 영화 흥행을 축하하는 모습

잠건훈이 사직한 후 승기연이 '덕보'를 맡았다.

한 차례 세대교체가 일어나게 된다. 제작자가 된 반적생은 제작 부문을 승기연에게 맡겼다. 승기연은 1975년 일찍이 TVB에서 연출을 맡았고, 1978년 가예TV 방송국에서 총감독을 지냈다. 가예TV가 문을 닫은 후, 승기연은 홍콩방송국 TV부서에 들어갔다가 1986년에 '덕보'로 옮겨 갔다. 영화제작 일정에 맞추기 위해 '덕보'는 견자단甄子丹; Donnie Yen Ji-Dan, 구숙정邱淑貞; Chingmy Yau Suk-Ching, 온벽하溫碧霞; Irene Wan Pik-Ha, 양려청楊麗青; Cynthia Khan, 왕민덕王敏德; Michael Wong Man-Tak 등 여러 배우와 계약을 맺고, 정유령, 장학우와는 편수제 계약을 맺어 중산층의 취향에 맞는 영화를 여러 편 제작하였다.[51] 이 밖에도 많은 스태프를 월급제로 고용하였고, 장지성張志成; Cheung Chi-Sing, 엽광검葉廣儉; Kim Yip Kwong-Kim 등을 초빙해 자문위원회를 구성하였다. 하지만 승기연 주도하에서 '덕보'의 실적은 그다지 눈에 띄게 증가하지 않았다.

4. '신예성 7인조'의 해산

1980년대 영화계의 경쟁 속에서 '신예성'은 적지 않은 신화를 만들어 냈지만 점차 리더들 간에 의견 충돌이 나타나기 시작했다. 황백명은 스크린 뒤에만 있었기 때문에 석천, 맥가에 비해 덜 알려져 있었다. 그는 신인을 기용하여 소자본으로 「개심귀」開心鬼; The Happy Ghost를 제작했는데, 여기서 그는 직접 주연을 맡고 대학 캠퍼스에서 나명주羅明珠; Bonnie Law Ming-Chu, 원결영袁潔瑩; Fennie Yuen Kit-Ying, 나미미羅美薇; May Lo Mei-Mei, 이려진李麗珍; Rachel Lee Lai-Chun, 진가령陳嘉玲; Charine Chan Ka-Ling, 백안니柏安妮; Ann Bridgewater 등을 캐스팅하여 만든 '개심소녀팀'開心少女組을 출연시켰다. 또한 일찍이 북각지역복지회北角街坊福利會; Kaifong Welfare Association의 여름 연극반에서 알고 지냈던 고지삼에게는 이 영화의 감독을 맡겼다. 200만 홍콩달러의 제작비를 들인

황백명은 '개심소녀팀'을 만들어서 「개심귀」 시리즈를 제작하였다. 직접 주연을 맡았던 그는 석천, 맥가 등과 함께 배우로서도 유명세를 누렸다.

황백명과 '개심소녀팀' 멤버가 함께 찍은 사진. 전명헌(傳明憲, 왼쪽에서 두번째)은 원래 이 팀의 멤버 중 한 사람이었지만 영화 크랭크인 전에 탈퇴했다.

이 영화의 흥행 수입은 1,700만여 홍콩달러나 되어, 홍금보·맥당웅·잠건훈이 합작하고 맥당웅 형제가 제작해 같은 시기에 상영한 강적 「성항기병」을 물리쳤다.

급성장한 '신예성'은 인력과 경비가 늘어나기 시작하였다. 설립 초기의 27평짜리 오피스 빌딩에서 점차 스튜디오, 더빙실, 음반사까지 보유한 영화사로 발전하였다. 직원이 100명을 넘고 매년 유지비가 1,000만여 홍콩달러에 이르자 경영을 시작한 지 6년 만에 처음으로 적자를 보기 시작하였다. 비록 매표수입 성적은 결코 뒤처지지 않았지만 제작비와 지출이 너무 커져서 이익을 기대하기 힘들게 된 것이다. '신예성 7인조' 역시 서로 다른 경영 방식을 주장하였다. 서극의 경우 '신예성' 산하에 하나의 독립된 제작부서를 시급히 만들 것을 요구하였고, 증지위도 이와 비슷한 요구를 했지만 만족스러운 결과를 얻지 못하였다. 그러자 서극은 직접 영화를 제작하는 '전영공작실'電影工作室; Film Workshop을 만들었고, 증지위는 '보화'에 들어가 「홍콩의 미스터리」兩公婆八條心; The Strange Bedfellow와 「최가복성」最佳福星; Lucky Stars Go Places의 감독을 맡은 후, 1987년에는 앨런 탐Alan Tam Wing-Lun; 譚詠麟·테디 로빈과 합작하여 호붕우영화사好朋友電影公司; Alan & Eric Films를 만들었다. 그리고 황백명 사단의 고지삼은 '덕보'로 옮겨 갔고, 1986년에는 맥가 역시 '보화'로 옮기고 시남생마저도 사직하자, 7인조의 와해는 더 이상 돌이킬 수 없게 되었다. 1988년, '신예성'과 '금공주' 역시 영화계를 조용히 떠나면서,[52] 찬란했던 영화계의 전설과 신화는 종지부를 찍고 말았다.

'신예성'이 제작량을 줄인 후, 서극·시남생 부부는 직접 '전영공작실'을 만들었다. 증지위는 '보화'에 들어가서 「최가박당」과 「복성고조」 팀을 모아 「최가복성」을 찍었다.

5장 / 1980년대 TV업계의 경쟁전

1. TVB의 독주

1978년 가예TV가 없어진 뒤, TVB와 RTV는 잠시 맞서 싸우기는 했지만 이후 우열의 형세가 점차 양극화되어 갔다. RTV는 주주 지분과 관리권이 자주 옮겨 다니는 바람에 자구책을 구할 방법이 없어지게 되었던 반면, TVB는 소일부의 지분과 장악력이 날이 갈수록 확고해졌고, 방송국 구조 역시 안정되어 감에 따라 점차 세계에서 가장 큰 중국어 TV 드라마 시리즈의 공급상이 되어 갔다. 1984년 1월 정식으로 상장한 TVB는 주식 판매를 통해 당해 연도 순이익으로 2억 400만 홍콩달러를 거둬들였다. 1985년 TVB의 황금시간대 광고비는 1967년 창업 당시에 비해 100배가 증가하여, 1985년 11월 황금시간대 30초 광고비가 3억 7,000만 홍콩달러까지 올라갔다. 1986년 순이익이 3억 1,400만 홍콩달러, 1987년 순이익은 더 상승하여 4억 800만 홍콩달러에 달하였다. 1988년 청수만 스튜디오가 설립되자 원래 방송국이 있던 부지에는 뉴스 제작부와 엔지니어링 부서만이 남겨졌다. TVB 산하의 TVBI $^{TVB\ International;\ 無線電視國際公司}$는 해외 시장을 개척하는 데도 큰 성과를 얻어 해외 40여 개 지역의 방송국, 케이블망 및 비디오 대여점에 프로그램을 배급하였다.[53] 이 밖에 홍콩 TVB의 행정 구조 역시

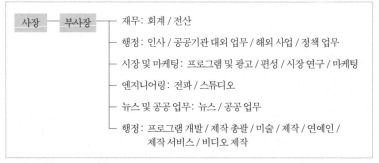

다원화하고 전문화되어 갔다(〈도표 6.7〉).

2. RTV의 주주 변화

RTV는 1980년대에 들어선 이후 그 소유주가 자주 바뀌었고, 그로 인한 인사 변동이 업무 진전에 영향을 미치는 것도 불가피했다. 1973년 RTV는 지상파 방송으로 변경하면서 이미 5,000~6,000만 홍콩달러를 손해 본 바 있다. 종경휘, 양위민이 잇따라 방송국에 들어왔지만 곤경에 빠진 상황을 역전시킬 수는 없었다. 인사 개편이 이루어지면서 맥당웅, 소약원이 방송국에 들어오기는 하였지만 경제 상황이 약간 호전되는 정도에 그쳤다. 1977년, 회복을 위하여 영국의 리디퓨전 본사가 또다시 대량의 자금을 투입하게 되면서 그 소유 지분이 1974년의 60%에서 80%로 증가했다. 하지만 1981년에 RTV의 누적 부채액은 이미 2억 3,000만 홍콩달러가 넘었다. 손해가 막심했기 때문에 영국 자본은 1981년 4월 RTV에서 철수하고 말았다. 같은 해 8월, 데이비드 심 주식회사David Syme & Co., Ltd.; 大衛森公司를 내세운 오스트레일리아재단澳洲財團이 1억 2,000만 홍콩달러로 리디퓨전에 대한

麗的無線九月大決戰

가예TV가 문을 닫은 후 TVB와 RTV 두 방송국의 경쟁이 더욱 격렬해졌다. 사진은 1970년대 말 문화잡지에
실린 홍콩의 영화·TV 문화에 관한 보도

영국 본사 지분의 61.2%를 사들였다. 그 가운데 4,000만 홍콩달러로는 기자재 설비를 구입하고, 8,000만 홍콩달러로는 부동산을 구입하였다(이는 오스트레일리아재단에 속하는 것으로, RTV는 이에 대한 임대료 120만 홍콩달러를 매달 지불해야 했다). 오스트레일리아재단은 RTV의 당시 구성원들을 발판 삼아, 동남아시아와 중국 대륙 시장을 개척하려는 계획을 가지고 있었다. RTV를 사들인 후 배급 시스템을 구축하고 각본가·연예인·스태프 등을 총제작자 혹은 주관부서로 나눔으로써 낭비를 줄였다. 그리고 1,000만 홍콩달러를 들여 컴퓨터 기자재를 사들였다.

1981년 말 RTV는 TVB와 TV 드라마 부문에서 각축전을 벌였는데, 황금시간대의 시청률이 각기 35%와 65%로 나뉘었다. 1981년 RTV는 무협극 「천잠변」 제작에 자금을 집중 투자한 결과, TVB의 단막극을 이기는 데 성공했다. TVB도 재빨리 「초류향」을 제작하여 이에 대응하였고, RTV는 즉시 「도수류향」을 만들어 대적했다. 시청률 전쟁에는 막대한 자금이 필요했기 때문에, TVB에 비해 자금이 턱없이 모자라던 RTV는 장기전에서 불리할 수밖에 없었다. 결국 RTV는 극장과 여원荔園유원지를 경영하던 구덕근에게 팔리고 말았다. 1982년 7월 홍콩 원동그룹의 구씨 가족은 오스트레일리아재단의 동의하에 RTV의 나머지 지분 38.8%를 사들였다. RTV의 지분은 구씨 가족과 오스트레일리아재단에 공평히 나뉘었다. 당시 이사진 구성원은 구덕근, 부위인傅偉仁, 설문호薛文浩(데이비드 심 주식회사 대표)와 구덕근의 아들 구달성邱達成, 구달창邱達昌 등이었다. 그 주도권은 구씨 가족이 장악하고 있었던 것이다. 같은 해 9월 24일 이사진은 영국 리디퓨전그룹이 다시는 어떠한 지분도 소유하지 못하도록 만들고, 회사 이름도 'ATV'亞洲電視有限公司로 바꿨다. 구덕근이 주도한 ATV는 엄격하게 제작 축소와 긴축재정을 기조 정책으로 삼았던 탓에, RTV 시기의 인력들은 연이어 쫓겨날 수밖에 없었다. 기존 직원 가운데 700여 명밖에 남지 않게 되자 시청률 경쟁

RTV빌딩

젊은 시절의 극장주 구덕근(왼쪽), 『화교일보』 사장 잠유휴(오른쪽), 배우 조달화가 함께 찍은 사진

구덕근이 ATV를 대표하여 유드(Youde) 부인에게 우승기를 받는 모습. 구덕근이 입고 있는 티셔츠에는 광고 문구인 'ATV를 켜세요'(Turn on to ATV)가 적혀 있다.

에서도 더 이상 버틸 수 없게 되었다.
1982년 4월 구씨는 다시 그동안 가지고
있던 TVB의 지분 10.5%를 6,900만 홍
콩달러를 받고 화황그룹和黃集團에 넘겨
주고, ATV의 업무를 인수하는 데 전력
을 다하여 1984년 1월 ATV의 나머지
지분을 모두 사들이는 데 성공하였다.
1985년 초, ATV는 '미스 아시아'亞洲小姐
선발대회 주최권을 획득하였다. 이후에
는 미래 아이돌 오디션未來偶像爭霸戰, 미
스터TV電視先生 선발대회, 홍콩 수퍼모
델 선발대회香港超級模特兒大賽, 아시아·태
평양 가요창작대회亞太流行曲創作大賽 등

주주들이 바뀐 후, ATV의 로고 역시 바뀌었다.

의 대형 프로그램을 주최하여, 이를 통
해 ATV의 연예인 인재를 발굴하고 방송국 이미지를 구축하고자 하였다.
1986년 ATV는 적자에서 벗어나 710만 홍콩달러에 달하는 순이익을 내기
시작하였다. 1987년 1월 29일 구씨는 음력 설을 맞이하여 ATV의 중문 채
널, 영문 채널에 각각 황금채널黃金臺, 다이아몬드채널鑽石臺이라는 이름을
붙였다.[54]

1987년 8월 ATV 방송사의 주식이 정식으로 상장되었다. 1988년 6월
여신그룹의 임백흔 가족과 신세계발전新世界發展有限公司의 정유동鄭裕彤 가족
이 손을 잡고 2억 3,300만 홍콩달러를 투자하여 ATV의 주식 지분을 새롭
게 구성하였다. 또한 6년 투자 계획을 세워서 녹화 설비를 보충하고, 송출
망을 개선하였다. 이후 ATV의 임원진도 다시 꾸려져서 구씨 가족인 구덕
근·구달창·구달생邱達生·구달성, 신세계그룹의 정유동·정가순鄭家純·양지

ATV의 주주들은 수차례 바뀌었다. 1990년대에는 임백흔 가족이 지분을 차지했다. 사진은 주주들이 모여서 찍은 단체 사진

견^{梁志堅}·진영덕^{陳永德}, 그리고 임씨 가족인 임백흔·임건악^{林建岳}·임건명^{林建明}·당가영^{唐家榮} 등이 새로운 이사진을 구성하게 되었다. 이사 행정 총재는 주양숙이가 맡았다. 1989년 1월 30일 구씨 가족은 원동투자사^{遠東投資有限公司}가 가지고 있던 ATV 지분의 3분의 1을 2억 3,750만 홍콩달러에 사서 신세계발전과 여신그룹에 넘겨주었다. 이로써 ATV의 지분 중 50%를 신세계그룹이 소유하게 되었고, 임씨 가족은 33.33%, 여신그룹은 16.67%를 점유하게 되었다. 그리고 같은 해 4월 ATV의 이사진은 정유동이 사장, 임백흔이 부사장이 되었음을 발표하였고, 뒤이어 5월 1일에는 구씨 가족 구성원 모두가 ATV 이사직에서 물러났다. 1989년 1월 20일, ATV는 황금채널의 이름을 ATV 홍콩채널^{亞視本港臺}로 바꾼다고 공식 발표하였다.[55]

3. 연예인 시스템의 황금기

1980~1990년대의 십수 년 동안 홍콩 영화계를 이끌어 온 배우와 감독들 모두 TV 방송국과 깊은 관련을 맺고 있었다. 예를 들면 왕가위王家衛: Wong Kar-Wai, 임영동, 두기봉, 주윤발, 유덕화, 주성치周星馳: Stephen Chow Sing-Chi, 양조위梁朝偉: Tony Leung Chiu-Wai 등은 모두 TVB의 연예인아카데미 출신이었다. 쇼브러더스의 스튜디오식 영화는 쇠락하였지만, 소일부는 여전히 스타를 만들어 내는 자본과 능력을 가지고 있었다. 남국 배우아카데미부터 TVB 연예인아카데미에 이르기까지, 다시 말해 영화의 거대한 스크린부터 TV의 작은 브라운관에 이르기까지 소일부는 수많은 스타를 만들어 냈다. TVB 방송국의 역사 속에서 연예인 시스템을 통해 만들어진 '오호장'은 바로 그러한 불멸의 전설로 남아 있다.

홍콩 TV 역사상 1대 양과(楊過)와 소용녀(小龍女), 가예TV 「신조협려」에 출연한 이통명과 나락림

홍콩 TV 역사상 1대 곽정(郭靖)과 황용(黃蓉), 가예TV 「사조영웅전」에 출연한 백표와 미설

1976년으로 거슬러 올라가면, 가예TV는 미설과 백표의 「사조영웅전」, 나락림과 이통명의 「신조협려」, 그리고 그 이후의 「벽혈검」, 「설산비호」와 「녹정기」에 이르기까지 여러 드라마에 힘입어 시청자 수가 대폭 증가하였다. 그러자 TVB는 곧장 제작팀을

연도	영화		TV	
1970	「13인의 무사」(十三太保)	쇼브러더스		
1971	「소십일랑」(蕭十一郎)	쇼브러더스		
1976	「유성호접검」(流星蝴蝶劍)	쇼브러더스	「사조영웅전」(射雕英雄傳)	CTV
	「천애명월도」(天涯明月刀)	쇼브러더스	「서검은구록」(書劍恩仇錄)	TVB
1977	「삼소야적검」(三少爺的劍)	쇼브러더스	「신조협려」(神鵰俠侶)	CTV
	「사조영웅전」(射雕英雄傳)	쇼브러더스	「육소봉」(陸小鳳)	TVB
			「설산비호」(雪山飛狐)	CTV
			「백발마녀전」(白髮魔女傳)	CTV
			「평종협영록」(萍蹤俠影錄)	CTV
			「선학신침」(仙鶴神針)	CTV
1978	「수화대도」(繡花大盜: 陸小鳳傳奇之一)	쇼브러더스		
	「소오강호」(笑午江湖)	쇼브러더스	「소이비도」(小李飛刀)	TVB
	「사조영웅전 2」(射雕英雄傳續集)	쇼브러더스	「유성호접검」(流星蝴蝶劍)	CTV
	「의천도룡기」(倚天屠龍記)	쇼브러더스	「금도정협」(金刀情俠)	CTV
	「의천도룡기대결국」(倚天屠龍記大結局)	쇼브러더스	「의천도룡기」(倚天屠龍記)	TVB
	「소십일랑」(蕭十一郎)	쇼브러더스		
1979	「원월만도」(圓月彎刀)	쇼브러더스	「소이비도 2」(小李飛刀II魔劍俠情)	TVB
	「풍류단검소소도」(風流斷劍小小刀)	쇼브러더스	「일검진신주」(一劍鎭神州)	TVB
	「절대쌍교」(絶代雙驕)	쇼브러더스	「완화세검록」(浣花洗劍錄)	RTV
			「정인전」(情人箭)	RTV
			「심승의」(沈勝衣)	RTV
			「절대쌍교」(絶代雙驕)	TVB
			「천잠변」(天蠶變)	RTV
			「초류향」(楚留香)	TVB
			「소십일랑」(蕭十一郎)	TVB
1980	「비호외전」(飛狐外傳)	쇼브러더스		
1981	「마검협정」(魔劍俠情)	쇼브러더스	「자청」(刺青)	TVB
	「비도우견비도」(飛刀又見飛刀)	신세기(新世紀)	「비응」(飛鷹)	TVB
	「벽혈검」(碧血劍)	쇼브러더스		
	「서검은구록」(書劍恩仇錄)	쇼브러더스	「양문여장」(楊門女將)	TVB

연도	영화	제작사	드라마	방송국
1981	「육소봉결전전후」(陸小鳳決戰前後)	쇼브러더스		
	「사조영웅전 3」(射雕英雄傳三集)	쇼브러더스		
1982	「완화세검록」(浣花洗劍錄)	쇼브러더스	「일검진신주」(一劍鎭神州)	TVB
			「천룡팔부: 육맥신검」(天龍八部之六脈神劍)	TVB
			「천룡팔부: 허죽전기」(天龍八部之虛竹傳奇)	TVB
			「십삼태보」(十三太保)	TVB
1983	「대협심승의」(大俠沈勝衣)	쇼브러더스	「사조영웅전: 철혈단심」(射雕英雄傳: 鐵血丹心)	TVB
	「신촉산검협」(新蜀山劍俠)	골든하베스트	「사조영웅전: 동사서독」(射雕英雄傳: 東邪西毒)	TVB
	「초류향대결국」(楚留香大結局)	대운(大運)	「사조영웅전: 화산논검」(射雕英雄傳: 華山論劍)	TVB
	「육지금마」(六指琴摩)	쇼브러더스	「신조협려」(神鵰俠侶)	TVB
	「영웅문」(楊過與小龍女)	쇼브러더스		
1984	「신비호외전」(新飛狐外傳)	쇼브러더스	「소오강호」(笑午江湖)	TVB
			「초류향: 편복전기」(楚留香: 蝙蝠傳奇)	TVB

참고: CTV＝가예TV, TVB＝TV방송유한회사, RTV＝ATV
출처: 香港電臺電視部 編, 『電視對香港電影工業及文化之衝擊硏討會報告書』, 香港: 香港電臺電視部, 1985, 41쪽.

만들어 사량용[김용]과 판권을 협의하고 「서검은구록」을 제작하여 이에
맞섰다. 여기에 방송국 최정예 멤버와 일선의 배우를 모두 기용하여, 정소
추, 왕명전, 이사기, 황숙의, 오위국, 주강, 황원신 등의 대단한 진용을 갖출
수 있었다. 이와 같은 TVB-김용-무협극-정소추 네 요소의 조합은 커다란
시너지 효과를 만들어 냈다. TVB는 가예TV의 도산을 기회 삼아 급거 김
용 소설의 TV 판권을 모두 사들이고 이후 RTV와의 결전에서도 김용의 작
품으로 맞섰다. 무협영화와 무협 드라마의 관계는 매우 밀접하였는데, 〈표
6.16〉에서 그 단면을 살펴볼 수 있다.

1980년대, 김용의 무협 드라마의 주인공은 반드시 TVB가 내세우는
남녀 배우들이어야 했다. 그들은 황일화, 유덕화, 양조위, 주윤발, 옹미령翁

TVB의 드라마 「초류향」과 RTV의 드라마 「도수류향」이 시청률 경쟁을 했다. 사진은 정소추의 팬들이 「초류향」 홍보 티셔트를 입고 '기개득승'(旗開得勝, 깃발을 펼치자마자 승리하다)이라고 쓰여진 액자를 들고 서 있는 모습

美玲; Yung Mei-Ling, 진옥련陳玉蓮; Ida Chan Yuk-Lin, 진수주陳秀珠; Chan Sau-Chu, 황행수黃杏秀; Cecilia Wong Hang-Sau 등이었다. 1980~1985년까지 TVB의 연예인 시스템은 황일화, 묘교위苗僑偉; Michael Miu Kiu-Wai, 유덕화, 탕진업湯鎮業; Ken Tong Jan-Yip, 양조위 등 소위 '오호장'이라 불린 신인을 성공적으로 길러 냈다. 이 5년 동안 그들은 TV업계에서 정소추와 주윤발의 지위에 도전하는 데 성공하면서 홍콩 영화계의 전설이 되었다.

1980년 초, TVB의 제작방침에 한 차례 '혁신'이 일어났다. TV업계에서 한바탕 경쟁전이 지나간 이후 지도층은 전통적인 장편 연속극이 탄력성이 부족함을 깨닫고 15~25회의 중편 연속극을 제작하기로 결정하였다. 이에 1980년, TVB는 20회 분량의 「상해탄」, 「경화춘몽」京華春夢 등을 제작하기 시작하였다. 하지만 중편 연속극이 TV 드라마의 주류가 되자, TVB에서 '주연 배우 기근' 현상이 나타나기 시작하였는데, 중편 연속극의 촬영으로 인해 배우의 공급이 원활하지 못하였기 때문이었다. 1년에 24~26편의 중편 연속극을 만든다고 하면 그 주인공의 수요는 엄청나게 많았다. TVB는 매년 최소 10명 이상의 남녀 간판 배우가 필요하였다. 유천사는 그의 자서전에서 다음과 같이 쓰고 있다. 여주인공의 경우 당시 TVB는 왕명전·황숙의·이사기라는 '빅 트로이카'三大姐와 정유령·황행수·조아지라는 '리틀 트로이카'三小姐에, 매년 미스 홍콩 출신의 배우들도 대규모로 유입되어 그 수요에 그럭저럭 맞출 수 있었다는 것이다. 하지만 남자 배우의 경우에는 정소추, 황원신, 유송인劉松仁; Damian Lau Chung-Yan, 주윤발밖에 없었고, 이후에 들어온 사현, 양군楊群; Peter Yang Kwan 등의 중년 배우가 있을 뿐이었다. 하지만 정소추는 「초류향」으로 인기를 얻고 난 후 대만으로 넘어갔고, 황원신과 유송인도 RTV로 옮겨 갔다. 주윤발 역시 허안화의 영화에 출연하느라 계약을 파기하는 바람에 촬영 도중에 도망가 버렸다. 이 '주윤발 이적 사건' 이후 TVB 제작팀은 신인을 대량으로 발굴하기 시작하였고, '오호장'은 바로 이 새로운 정책하에 생겨난 것이었다.

'오호장'이라는 명칭은 1983년 9월 맨 처음 나타났다. 당시 TVB가 만들었던 「성광습습경쟁휘」星光熠熠勁爭輝라는 버라이어티 프로그램에서 다섯 명이 함께 기예를 선보였다. 이때 이들을 오호장이라는 이름으로 홍보했는데 이 명칭이 굳어져서 1983년 방송국 창립 기념행사와 1984년 미스 홍콩 대회의 홍보 영상의 주연을 오호장이 맡게 되면서 그 지명도가 더욱 높아졌다. 오호장은 모두 TVB 아카데미 출신으로, 탕진업은 8기(1979), 황일화와 묘교위는 9기(1980), 유덕화는 10기(1981), 양조위는 11기(1982)에 속하였다. 오호장의 출현은 1981년 2월 방영된 「과객」過客으로 거슬러 올라간다. 당시 총제작자였던 이첨승李添勝; Lee Tim-Sing은 황일화와 묘교위 두 신인을 기용하였고, 같은 해 12월 이첨승은 또다시 유덕화를 발굴하여 「엽응」獵鷹에 출연시킨다. 1982년 9월에 방영된 「향성랑자」香城浪子에는 양조위와 탕

'오호장'이 등장했을 무렵 마침 TVB는 '젊은 남자 배우 기근'에 시달리고 있었고, 중년 남자 배우도 사현, 주강 등 몇 명의 배우만이 남아 있었다. 사진은 사현이 「천왕군영회」(千王群英會)에 출연했을 때의 모습

진업 두 사람이 출연하였다.

1981년부터 1985년 사이 TVB는 김용 소설의 TV 판권을 사들이고 오호장을 기용하여 무협극을 찍음으로써 오호장을 TV업계의 최고봉에 올려 놓았다. 여기에는 1982년 3월 선보인 「천룡팔부」天龍八部, 1983년 2월의 「사조영웅전」, 1983년 10월의 「신조협려」와 1984년 7월의 「녹정기」가 포함된다. 1985년 11월 「양가장」楊家將에는 오호장이 모두 공동 출연하였다. 같은 해 TVB는 이 다섯 명에게 '5년 장기계약'을 요구하였지만 뜻밖에도 이들은 각자 원하는 바가 달라서 전례를 따르려 하지 않았기 때문에 오히려 이로 인해 계약 갈등이 불거져 나왔다. 결국 오호장 중 유덕화와 묘교위 두 사람은 편수제 계약을 맺었지만, 묘교위는 점점 사업(예시藝視안경회사 설립 등) 쪽으로 눈을 돌렸고, 원래 유덕화가 주연을 맡기로 한 「설산비호」에서는 계약에 말썽이 생겨 주인공을 여량위呂良偉; Ray Lui Leung-Wai로 대체할 수밖에 없었다. 유덕화는 '휴식기'를 거친 후 영화와 음악계로 전향하였다. 유

황원신(오른쪽에서 다섯번째)이 RTV로 옮겨 간 후, TVB는 '오호장'을 신속히 길러 내어 촬영 작업에 대처해야
했다.

덕화는 이전에 허안화 감독의 「망향」에서 두각을 나타낸 바 있지만 아쉽게
도 그 이후의 연기는 영화계의 사람들에게 실망만 안겨 주었다. 때문에 사
람들은 그가 TV 시절에 만들어 놓은 영웅 이미지를 넘어서기 힘들 것이라
고 생각하였다. 한편 TVB에 남게 된 황일화와 양조위 두 사람은 「벽혈검」,
「의천도룡기」, 「협객행」^{俠客行} 등에서 모두 주연을 맡았다. 오호장은 각자의
길을 갔고, 또 각자의 기회를 만났다. 이후 양조위는 초원에 의해 발탁되어
영화계에 들어섰고, 나중에 쇼브러더스의 「무명경찰」^{靑春差館; Young Cops}과
대만 자본의 「비정성시」^{悲情城市; A City Of Sadness}에 출연하였다. 마지막으로
왕가위 감독에게 발탁되어, 등광영의 영지걸영화사^{影之傑電影公司; In-Gear Film}
^{Production Co., Ltd.}가 투자하여 촬영한 「아비정전」^{阿飛正傳; Days Of Being Wild}에
출연하면서 점차 국제 영화계에서도 주목받기 시작한다.

　　유천사는 『전시대풍운』^{電視臺風雲}이라는 책에서 연예인 시스템의 특징
을 잘 설명하고 있다.

(1980년) TVB는 일찌감치 지속적인 신예 스타 육성 정책을 결정하였다. 단지 '새로운' 것만으로는 부족하였고, 그(혹은 그녀)를 스타로 만들어야만 했다. 이것은 TV 연속극의 '공장식' 제작 시스템에 반드시 필요한 일이었다. 이 방침은 1980년 이후에 확립되었다. 1980년 초 TV 드라마 프로그램은 큰 변화를 맞이한다. 연출자와 각본가는 장편 연속극의 촬영과 제작에 대해 회의를 느끼고 있었다. 장편 연속극이라는 '전해져 내려오는 비방'만 가지고는 새로운 소재를 찾기 힘들어졌다고 여겼던 것이다. 당시 막 대학을 졸업한, 천부적인 재능을 가진 시나리오 작가이자 편집자인 왕정王品은 장편 연속극의 핵심을 다음과 같이 한 문장으로 표현했다. "장편 연속극은 어떻게 발전해 갔는지, 그리고 어떻게 타락해 갔는지 그 과정에 대한 묘사이기도 하다." 이 말을 부연하자면 무일푼의 가난뱅이가 자수성가했다가 다시 가난해지는 그 과정인 것이다. 그 안에는 수많은 이야기와 우여곡절이 담겨 있어야 하며 시청자의 꿈과 환상이 들어 있어야 한다. 하지만 왕정과 같이 창작력도 뛰어나고 조직력·관찰력을 모두 갖춘 작가가 그리 많지 않은 상황에서 좋은 장편 연속극을 대량으로 생산해 내는 것은 결코 쉽지 않았다.

중편 연속극의 길이는 15회에서부터 25회에 이르기까지 일정치 않다. 창작력·조직력이 모두 한데 집중되어 '공력'이 조금 떨어지는 스태프들도 감당할 만했다. 그래서 제작팀은 한 차례 '혁신'을 일으켜서 전체 제작 과정의 공정화를 새롭게 확립하여 중편 연속극 촬영에 적합하도록 만들었다. 이로 인해 발생한 수많은 문제를 해결하기 위해 모두 분주하였다. 그중 중요한 문제 하나는 바로 배우가 부족하다는 것이었다. 1년에 24~26편의 드라마를 생산한다고 봤을 때 주인공의 수요는 엄청나다. 최소한 10명의 간판급 남자 배우와 10명의 간판급 여자 배우가 필요했다.……TVB에 속해 있던 남자 주인공은 정소추, 황원신, 유송인, 주윤발, 주강 등이었고, 나중에 합류한 사현, 양군 등이 전부였다. 중편 연속극으로 방향을 바꾼 후 남자 주인공 역할은 공급이 원활하지 못하여 '겹치기 출연'으로 해결하는 수밖에 없었다. 여자 주인공은 당시 TVB의 '빅 트로이카'인 왕명전, 황숙의, 이사기와, '리틀 트로이카'인 정유령, 황행수, 조아지가 있었다. 여기에 매년 대량의 미스 홍콩 출신이 영입되었으니 여자 주인공은 모자라지 않았다. 이런 상황을 가리켜 '젊은 남자 배우 기근'이라 불렸다. 어째서 '기근'이 일어났던 것일까? 바로 젊은 주인공이 인기를 얻게 되면 금방 '도망가' 버려서 그야말로 '한번 가면 그만'인 셈이 되었기 때문이다.

정소추는 드라마 「초류향」을 찍은 후 대만에서 엄청난 인기를 얻어 대만에서 돈을 벌기 위해 멀리 떠나 버렸으니 쓰려야 쓸 수 없었다. 황원신, 이아미타불은 당시 2,000홍콩달러의 월급을 더 벌고자 TVB를 버리고 RTV로 옮겨 가기로 하였다. 유송인은 최고의 전성기를 맞이하여 「경화춘몽」을 막 찍고 나서, RTV로 건너가 또 다른 '춘몽'을 실현하고자 하였다. 그는 "RTV의 이조웅李兆熊 총제작자께 은혜를 갚기 위해서입니다"라는 말을 남긴 채 떠나가 버렸다. 천생 협객인 주윤발 형은 마음도 순수하고 의리를 중시하였다. 하지만 그 역시 허안화 감독과 영화를 찍어야 한다며 '떠나버렸다'. 그 바람에 총제작자 초진강招振強과 나는 당황할 수밖에 없었다.

이 '젊은 남자 배우 기근'이라는 상황 속에서……'오호장'이 나타나, 그들의 뒤를 이어 인기를 얻기 시작하였다.

'오호장'이라는 이 이름은 내 기억에 따르면 어느 대형 특집 프로그램 중 한 코너의 제목에서 나온 것이었다. 당시 TVB에서 매년 6개의 대형 생방송 버라이어티 프로그램을 제작하였는데 그 목적은 막대한 광고비 수익과 함께 제작부 각 팀의 협동 작업의 훈련에 있었다. 당시 총제작자였던 풍길륭馮吉隆은 갓 졸업했거나 졸업한 지 1~2년밖에 안 된 젊은 남자 배우 5명을 소속 연예분과에 파견하여 공연하도록 요구했다. 그들이 바로 양조

1980년대 초, TVB의 여자 배우들은 매우 많았지만(위), 남자 배우는 충분하지 않았다. 정소추와 석수(아래)가 대만 방송국으로 옮겨 간 후, TVB는 김용 드라마를 찍기 위해 '오호장'을 만들어 냈다.

위, 유덕화, 묘교위, 황일화, 탕진업이었다. 당시 그들의 지명도는 아주 낮았기 때문에 유명 배우들 뒤에서 그저 병사 1, 2나 행인 1, 2 등의 역할을 하는 정도였고, 대사 한 마디 하는 것조차 꿈꾸기 힘들었다.

왜 수많은 신인 중에서 이 다섯 명이 뽑혔던 것일까? 사실 각 총제작자의 마음속에는 이미 뜻한 바가 있었던 것 같다. 배우아카데미 졸업 시험 당시 지도교사는 학생들이 '양판희'樣板戱⁴, 현대극, 사극 등의 단막극을 제작하도록 지도하였다. 이들이 제작한 드라마 대부분은 남녀 주인공만 등장했다. 아카데미 주임 유방강劉芳剛은 비디오테이프를 가지고 와서 총제작자들에게 '인재'들을 소개시켜 주었다. 각 총제작자는 점수표를 가지고 그들의 연기를 보면서 점수를 매겼다. 동시에 총제작자들은 '주인공 역할을 할 만한 인재'가 있는지 눈여겨보았다. 때문에 그들이 나중에 배역을 정할 때 이미 생각한 바가 있었던 것이다. 위에서 이야기한 다섯 명의 남자 배우가 받았던 성적은 매우 좋았다. 신인 중에서 황일화가 총제작자들에게 가장 인기가 좋았는데 스튜디오 배치를 담당했던 왕기汪岐가 나에게 물은 적이 있다. "황일화가 도대체 누구인데 드라마마다 이렇게 다 나오는 겁니까?"······

1980년대에 이르러 TV 산업은 이미 공장식 시스템을 갖추었다. 우리 '동료들'은 일정한 작업 시간과 환경, 조건하에서 배정된 작업을 완료하였다. 그리고 상업적으로 상당한 성과를 거둬야만 하였다.······유동작업 시스템하에서 총제작자는 신인을 길러 내도록 요구받았다. 이첨승은 최선을 다했다. 그는 유덕화를 보자마자 발탁해 범죄 드라마인 「엽응」에 주인

---

4 양판희는 '모범극'을 의미하는데, 중국의 사회주의화 이후 경극이라는 전통극의 형식을 현대극에 접목시켜서 만들어 낸 새로운 형식의 현대화된 경극을 말한다. 중국에서는 문화대혁명 시기 이전까지의 혁명적인 내용을 다루는 정형화된 형식의 모범극을 주로 가리키지만, 여기서는 현대식 전통극을 가리키는 의미로 사용되고 있다.

공으로 기용했다. 유덕화는 모두의 기대를 저버리지 않고 두각을 나타냈다. 그후 「녹정기」 제작을 시작할 당시……이첨승은 「430우주왕복선」⁴³⁰ 穿梭機; 430 Space Shuttle에서 양조위를 발탁하여 위소보^{韋小寶} 역할을 맡겼다.……황일화는 나에게 하소연했던 적이 있는데, 왜 「천룡팔부」의 허죽화상^{虛竹和尙}을 연기하기 위해 머리를 깎아야 하냐는 것이었다. 묘교위는 키가 크고 덩치가 좋아서 사극이든 현대극이든 모두 어울렸기 때문에 당시 주연을 맡고 있던 중편 연속극이 매우 많았다. 프로그램 총감독이었던 소손욱^{蕭孫郁}이 우스갯소리로 말한 적도 있다. "무슨 드라마마다 전부 묘교위야!" 이를 보면 그가 총제작자들에게 얼마나 예쁨을 받았는지 알 수 있다. 탕진업만이 이렇다 할 대작도 없이 짧은 기간만 연기를 하고 오호장 중에서 가장 먼저 영화계로 진출했다.[56]

1990년대 초, TVB는 새롭게 '신오호'^{新五虎}와 '팔미도'^{八美圖}를 결성하여 소속 신인 배우 남자 5명, 여자 8명을 스타로 만들고자 하였다. 하지만 세상이 이미 변해 아카데미 졸업생을 주축으로 한 '오호팔미'는 유명세를 타기 힘들었다. 1980년대 초 TVB가 제작한 김용의 무협극은 적지 않은 연예인을 스타로 만들었다. 예를 들면 「사조영웅전」의 황일화, 묘교위, 옹미령, 「신조협려」의 유덕화와 진옥련, 「녹정기」의 유덕화와 양조위가 그들이다. 1990년대 초 TVB는 80년대 방식을 재도용하여 이첨승이 김용의 무협극을 다시 찍었지만 그 성적은 별로 좋지 못했다. 이때 기용했던 주인공은 아카데미 출신이 아니었고 오히려 영화계나 연기학원, 가라오케, 노래대회 등에서 발굴해 왔다. 예를 들자면 「사조영웅전」의 장지림^{張智霖; Julian Cheung Chi-Lam}은 가수 출신이었고, 주인^{朱茵; Athena Chu Yun}은 연기학원 출신이었다. 「신조협려」의 고천락^{古天樂; Louis Koo Tin-Lok}은 뮤직비디오 배우였고, 이약동^{李若彤; Carman Lee Yeuk-Tung}은 서극이 영화 「요수도시」^{妖獸都市; The Wicked City}

1980년대는 TVB의 흥성기이다. 아카데미에서는 오호장(왼쪽에서 첫번째, 두번째, 네번째, 다섯번째)을 탄생시켰고, 이들은 광동어 영화 산업에서 숙련된 스태프들과 함께 연이어 김용의 드라마를 만들어, TV문화의 붐을 불러일으켰다.

를 찍기 위해 발굴했던 배우였다. 그리고 「녹정기」의 마준위馬俊偉; Stephen Ma Chun-Wai와 진소춘陳小春; Jordan Chan Siu-Chun도 모두 가수 출신이었다. 이상의 신인들 중 오호장과 같은 인기를 누렸던 이들은 많지 않았는데, TVB가 장기 전속 계약을 맺기를 원한 이도 고천락뿐이었다. 그는 TVB에서 여러 장르의 드라마를 찍어 다양한 이미지를 만들어 낸 후에야 유명세를 타기 시작하였고, 그 이후 영화계에 진출하였으며, 화성엔터테인먼트를 통해 음반 산업에 뛰어들었다. 1990년대에 전자 매체가 다원화되면서, TV 방송국의 아카데미가 주류를 이루던 연예인 시스템은 더 이상 1980년대와 같은 스타를 만들어 내기는 힘들어졌다.

영화와 TV의 전통적 융합

1970~1980년대는 신구 질서가 급격히 교체하면서 혼란스러웠던 시대였다. 쇼브러더스의 스튜디오 시스템이 쇠퇴하고, 골든하베스트가 선도한 외주 제작 및 독립 제작자 시스템이 점차 유행하였다. 극장체인을 기초로 한 생산·판매 질서 역시 서서히 형성되었고, 영화 산업의 자금 순환도 원활히 이루어져, 이른바 '홍콩 영화'라는 브랜드가 만들어지는 데 크게 기여했다. 또한 이는 홍콩의 문화 정체성에 대한 각성을 촉진시키기도 하였다. 이와 동시에 TV 산업은 영화계에 적지 않은 인력을 제공하여 이를 통해 매니저 시스템과 제작자 시스템이 공고해지기 시작하였다. 하지만 이처럼 화려한 시절은 매우 짧았다. 다음 7부에서 살펴보겠지만, 1988년부터 대만의 핫머니가 홍콩 영화 시장으로 대량 유입되면서 극장체인을 기초로 한 생산·판매 질서는 순식간에 와해되어 버렸다. 이는 1980년대 영화 산업의 영광이 그처럼 짧고도 연약한 것이었음을 깨닫게 해주었다.

7부

양안삼지의 통합

1949년부터 양안[중국과 대만] 영화 시장의 대립이 분명해진 이후, 홍콩의 영화인들은 줄곧 온갖 방법을 써서 이들 사이에서의 교류를 위해 노력했다. 1988~1993년 사이 양안의 정책이 변화함에 따라 홍콩 영화 산업은 이와 함께 다시 일어서기 시작했고, 대만 자본, 홍콩 제작, 중국 대륙 현지 촬영이 결합된 영화가 일시에 풍미하였다. 이러한 조류로 인한 '선매수금'은 또한 중국어 영화권에서 적지 않은 국제적 스타들을 배출해 냈다.

1장 / 극장체인 질서의 와해

극장체인 시스템은 1980년대 홍콩 영화 생산·판매 질서의 중심축이었다. 극장체인이 안정되면서 자금 순환이 활발해지고, 제작 자금이 끊이지 않고 이어질 수 있었다. 1980년대는 바로 홍콩 극장체인 경영의 황금시기로, '가락', '금공주', '덕보' 극장체인이 삼족정립하였다. 이 세 극장체인은 각기 산하에 영화를 공급하는 위성영화사가 있어서 영화 공급과 영화의 품질이 매우 안정될 수 있었다.[1] 하지만 이 극장체인 질서도 1988년 1월 1일 신보 극장체인新寶院線: Newport Theatrical Circuit의 성립 이후 붕괴되고 만다.

1. 신보 극장체인의 결성

1988년 신보 극장체인은 과연 어떻게 등장했는가? 1980년대 중후반 홍콩 영화는 동남아와 한국, 중국, 대만에서 매우 큰 인기를 얻었고 흥행 수익 역시 현지 영화를 넘어섰다. 그래서 영화 공급을 안정화하고 수익을 보장하기 위하여 중국, 대만, 한국, 동남아의 엄청난 자본이 홍콩 영화 제작 산업에 진출하고자 하였지만 유입 통로가 없었을 따름이었다. 쇼브러더스, 골든하베스트, '신예성'이 정립하던 시기에 해외 자금이 우연한 기회를 통해

홍콩극장주협회(香港戲院商會) 회원 단체 사진. 이중 현 회장 강조이(江祖貽, 앞줄 왼쪽에서 네번째)와 전임 회장 진영미(앞줄 왼쪽에서 다섯번째)가 있다.

홍콩 영화에 투자될 수 있었을 뿐, 인기 스타를 영입하거나 좋은 시기에 영화를 상영하는 것이 불가능하여 투자환경이 매우 불리했다. 바로 이것이 신보 극장체인이 설립된 외적 요인 가운데 하나였다.

신보 극장체인의 경영자는 영화계에서 '태자진'太子陳이라 불리는 진영미와 '태자중'太子仲이라 불리는 풍병중으로, 이 둘은 각각 진준암과 풍징병 가문의 후손이었다. 진씨와 풍씨 가문의 합작은 풍병중이 진영미의 백락극장을 임대하여 서양 영화와 홍콩 영화를 배급했던 1971년 시작되었다. 풍병중은 나중에 뇌각곤의 요청을 받아들여 금공주 극장체인을 함께 운영하였고, 또 풍병중과 오랫동안 합작했던 진영미와 그 산하의 극장도 금공주 극장체인에 가입하였다. 1987년에 이르러 진영미는 영화 시장에 잠재된 해외 자금이 매우 충분하여 영화 공급이 보장되어 있음을 깨닫고, 1988년 금공주 극장체인에서 독립하여 스스로 신보 극장체인을 설립하였다.[2] 이와 관련된 자세한 내용은 〈표 7.1〉과 〈표 7.2〉, 〈표 7.3〉을 보면 알 수 있다.

다른 3대 극장체인과는 달리 '신보'는 영화를 안정적으로 공급해 줄 위

〈표 7.1〉 진준암 가족 소유의 극장

극장 위치	구입 연도
동라만(銅鑼灣) '총통'(總統)	1965
동라만 '백락'(百樂)	1965
좌돈(佐敦) '신보'(新寶)	1986
왕각(旺角) '호화'(豪華)	1985
왕각 '금성'(金聲)	1992
홍감(紅磡) '보석'(寶石)	1978
신포강(新蒲崗) '여사'(麗斯)	1987
관당(觀塘) '부도'(富都)	1978
심수보(深水埗) '낙성'(樂城)	1992
심수보 '화성'(華城)	1992
미부신촌(美孚新邨) '영도'(影都)	1987
원랑(元朗) '미도'(美都)	1984
둔문(屯門) '개도'(凱都)	1987

출처: 香港土地註冊處, 2000.

성영화사가 없었다. 영화 공급을 안정화하기 위하여 '신보'는 해외 자금과 홍콩의 독립 제작사가 합작하여 영화를 찍을 수 있도록 중개인 역할을 맡았다. 이렇게 해서 완성된 작품은 신보 극장체인에서 상영하였을 뿐 아니라 투자자가 자국 시장(예를 들면 중국, 대만, 한국 등)으로 가지고 돌아가 상영하기도 하였다. 해외 자금이 홍콩 영화 시장에서 '신보'를 통해 매우 원활히 유통되면서, 제작사와 극장체인 간의 합작에 매우 많은 변수를 제공하여 위성영화사 시스템의 와해를 가속화시켰다. 예를 들어 원래 골든하베스트가 배급한 영화는 대부분 산하의 위성영화사(예를 들면 홍금보 산하의 '보화')가 제작한 것이었다. 하지만 '보화'의 생산량이 증가하면서 영화의 재고량이 쌓여 갔고, '보화'는 골든하베스트의 다른 위성영화사의 영화와 주요 상영 시기를 놓고 경쟁하게 되었다. 그리하여 1988년 홍금보는 따로 '보상'寶祥이라는 제작사를 만들어 영화를 찍어서 신보 극장체인에서 상영하였다. 이와 마찬가지로 '신보'가 비교적 좋은 조건을 제시하자 향화강向華强;

<표 7.2> 신보엔터테인먼트(新寶娛樂有限公司) 주식 분배 및 주주 명단

	1977		1982		1992		1996	
	이사	주식	이사	주식	이사	주식	이사	주식
진영미(陳榮美)	○		○	350	○	1,060		3,620
진영륜(陳榮倫)			○	350	○	1,060		
진영민(陳榮民)				350	○	1,060		4,420
진영표(陳榮標)				350		650		1,300
진영생(陳榮生)				350				
진영위(陳榮偉)				350		910		2,770
진영유(陳榮裕)				350	○	1,060		1,060
진인의(陳仁義)				350				
장려진(莊麗珍)				350		650		650
풍병중(馮炳仲)	○	200	○	550		950		
풍병형(馮炳衡)				350		650		
풍병훈(馮炳勳)				350		650		
진준암(陳俊岩)	○	200	○	600	○	950		950
진기화(陳其華)	○	200	○	600	○	950		950
청화기업 (清華企業有限公司)		2,150		2,150		2,150		6,200
만상엔터테인먼트 (萬象娛樂有限公司)*		2,150		2,150		2,150		
Crestheights Ltd.								3,960
Noble Fortress Ltd.								4,120
총합		5,000		10,000		15,000		30,000

* 풍병중 가족 소유
출처: 이상의 자료는 신보엔터테인먼트가 1977년, 1982년, 1992년, 1996년 홍콩 회사 등기서(香港公司註册署)에 제출한 등기 기록을 정리한 것이다.

<표 7.3> 신보 극장체인의 역대 상영 영화 편수와 매표수입

연도	상영 영화 편수	매표수입(홍콩달러)
1989	28	204,065,074
1990	26	225,416,229
1991	19	186,114,072
1992	27	249,330,583
1993	27	208,448,742
1994	18	162,339,785
1995	22	184,510,067
1996	26	212,366,962
1997	23	198,608,680
1998	27	120,338,965

※ 위의 수치와 기타 신문 등에 보이는 수치에는 약간 차이가 있음. 단지 참고하여 극장체인의 상승 추세를 알아보기 위한 용도로 활용할 것.
출처: 『香港電影』 香港: 香港影業協會, 1989~1998년 각 연보에 실린 자료에서 산출함.

개도극장(凱都戲院) 개업식에 다른 극장주들이 축하하러 온 모습. 사진 중 금공주 극장체인의 뇌각곤(왼쪽에서 세번째)과 신보 극장체인의 진준암(왼쪽에서 두번째), 풍병중(왼쪽에서 네번째)이 보인다.

1980년대 극장체인은 영화 제작의 주요 자금원이었다. 사진은 '금공주'의 뇌각곤(가운데), '신보'의 풍병중(오른 쪽)과 진영미(왼쪽)

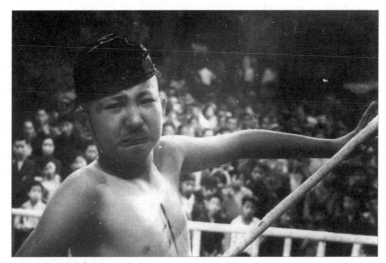

'칠소복'(七小福) 중의 홍금보가 설립한 보화영화사는 골든하베스트와 신보 극장체인에 영화를 공급하였다. 사진은 1964년 홍금보가 아역스타일 때의 모습(종문락 촬영)

Charles Heung Wah-Keung 형제의 '영성'永盛과 허관문의 '허씨'許氏도 골든하베스트에서 상영하던 것을 '신보'로 옮겨 왔다. '덕보'의 경우도 큰 변화가 있었다. 이사 겸 제작총괄인 곡미려가 사직하고 직접 고붕영화사高朋電影公司를 만들었고, 고지삼 3인조도 수익 문제로 인해 '덕보'를 떠났다. 이 밖에 서극의 '전영공작실'과 맥당웅의 제작팀 또한 3대 극장체인에서 독립하여 영화를 제작하였다. 1988년부터 3대 극장체인에서 4대 극장체인의 형태로 전환된 뒤 영화 시장 내의 외국 자본과 상영 스케줄이 더욱 늘어났다. 이 때문에 극장체인과 배급상의 영화 수요도 상대적으로 증가하여 각 극장체인마다 매년 30편의 영화를 더 필요로 하게 되었다. 이는 시장을 자극하여 적지 않은 독립 제작사가 출현하도록 만든다. 1988년 한 해만 보더라도 '신보'가 홍콩 영화 25편을 더 배급하여 그해 홍콩에서 배급된 영화는 111편으로 증가하였다(〈표 7.4〉). '골든하베스트', '금공주', '덕보' 세 극장체인의 운명이 잇따라 뒤바뀌었다.[3]

연도	편수
1979	108
1980	98
1981	95
1982	97
1983	94
1984	84
1985	82
1986	87
1987	82
1988	111

출처: 張偉雄, 「八八港産電影內部報告」, 『第廿四屆香港國際電影節: 香港電影79~89』, 香港: 康樂及文化事務署, 2000, 114쪽.

2. 골든하베스트·금공주·덕보 극장체인의 흥망성쇠

극장체인 사업의 흥망은 영화 공급원, 영화 품질 등과 밀접한 관련이 있다. 골든하베스트는 직접 영화를 생산하는 것 외에, 투자자의 신분으로 영화 제작을 외주 제작하여 매표수입을 보다 안정화시켰다. 역사를 되돌아보면 골든하베스트는 1970년 4월 1일 설립 이후 1971년 나유의 사유영화사가 제작한 이소룡 주연의 「당산대형」을 지원했다. 1970년대 중반에는 홍금보와 허관문 형제가 제작한 「패가자」敗家仔; The Prodigal Son, 「중원호객」中原虎客; 三德和尙與春米六; The Iron Fisted Monk, 「귀마쌍성」, 「반근팔량」 등을 지원했다. 1979년부터 성룡도 골든하베스트 산하에 들어와서 「사제출마」와 「용소야」 등의 영화를 제작하여 일본 시장에 진출하였다. 이와 동시에, 골든하베스트는 점차 국제적 배급망과 극장체인을 건립하기 시작하여 토론토, 로스앤젤레스, 런던, 싱가포르, 북경, 상해, 타이베이 등 20여 개의 대도시에 극장, 사무실, 배급조직을 창립하였다. 골든하베스트는 1980년대에 일찍이 서양 영화를 촬영하는 데 투자했지만 그 성적은 그다지 좋지 못했다. 1989

추문회가 골든하베스트의 영화 「닌자 거북이」 캐릭터와 함께 기자회견을 하는 모습

년 골든하베스트는 1,200만 달러를 투자하여 뉴라인시네마New Line Cinema 와 합작으로 만화를 원작으로 한 「닌자 거북이」Teenage Mutant Ninja Turtles; 忍 者神龜를 제작하였다. 그 수익은 1억 3,000만 달러를 넘었으며 미국 시장에 진출하였음은 물론이고 그해 전 세계 최고 흥행 영화 3위에 올랐다. 이는 유사 이래 독립 제작사가 제작한 영화 중 전미 흥행 최고의 성적이었다.[4] 1980년대 말 골든하베스트 그룹은 외주 제작 사업을 더욱 강화하는 대신 자신들은 배급과 극장체인 사업에 전념하였다. 골든하베스트의 이윤은 주로 동남아의 영화 배급에서 나왔다.[5] 1990년대에 골든하베스트 그룹은 10 여 년 전 쇼브러더스의 전철을 밟아, 영화 제작사에서 배급·극장체인 회사로 전환하면서 결국 영화 제작에서 손을 뗐다(〈표 7.5〉).[6]

'덕보'의 투자자 반적생은 1986년부터 쇼브러더스 수중의 영화관과 극장체인을 임대하기 시작했고 영화 제작과 배급 업무를 겸하였다. 잠건훈이 경영하던 시기 '덕보'는 비주류의 영화 제작에 치중하였다. 1988년 잠건훈과 잡지 『호외』號外의 진관중은 다른 제작사를 만들어 '덕보'를 떠났고, 문준文儁; Manfred Wong Man-Chun 또한 '덕보'의 홍보부를 떠났다. '덕보'는 영문

이소룡의 뒤를 이어, 골든하베스트는 성룡과 '닌자 거북이'를 국제적 스타로 만드는 데 성공하였다. 사진은 「쌍룡회」(雙龍會) 기자회견 당시 모습

〈표 7.5〉 골든하베스트의 역대 매표수입

연도	편수	매표수입(홍콩달러)	홍콩 전체 매표수입 중 차지하는 비율(%)
1971	6	6,483,161	15.35
1972	5	11,694,868	17.98
1973	11	10,969,223	15.57
1974	10	13,061,372	19.35
1975	10	10,124,552	17.14
1976	11	18,030,716	23.54
1977	7	11,911,050	14.08
1978	9	22,669,089	19.57
1979	7	15,181,888	11.44
1980	8	29,217,416	15.85
1981	13	48,522,480	20.06
1982	9	65,203,632	16.13
1983	7	64,133,807	15.60
1984	9	103,027,557	18.38
1985	10	171,219,042	28.13
1986	21	208,388,492	32.54
1987	18	252,776,776	35.52
1988	24	256,315,528	25.01
1989	20	194,077,512	22.09
1990	30	246,806,127	26.36
1991	16	251,115,444	24.18
1992	29	323,092,196	26.05
1993	16	238,625,264	20.82
1994	13	119,479,503	12.27
1995	18	219,145,454	27.91
1996	30	245,541,936	35.77
1997	24	162,027,282	29.68
1998	16	154,162,115	36.37
1999	5	73,660,046	21.31

출처: 陳淸偉, 『香港電影工業結構及市場分析』 香港: 電影雙周刊出版社, 2000, 611~612쪽.

연도	편수	매표수입(홍콩달러)	홍콩 전체 매표수입 중 차지하는 비율(%)
1984	2	25,678,655	4.58
1985	6	67,015,001	11.01
1986	20	138,262,341	21.59
1987	11	115,934,501	14.92
1988	9	104,057,139	10.15
1989	15	99,932,419	11.37
1990	27	190,687,668	20.37
1991	9	56,900,732	5.48
1992	2	10,941,466	0.88
1993	0	0	0
1994	1	461,225	0.05

출처: 陳淸偉, 『香港電影工業結構及市場分析』香港: 電影雙周刊出版社, 2000, 655쪽.

이름을 이전의 D&J에서 D&B로 바꾸고 극장체인을 나누어 앨런 탐과 증지위가 합작한 호붕우영화사에 대여하면서 잠시 영화 공급을 안정화시켰다. 하지만 앨런 탐의 음반 및 공연 수익, 증지위의 영화 개런티에 비교하여 '호붕우'의 이윤이 그다지 매력이 없어지자 호붕우영화사의 경영을 그만두었다. 이후 '호붕우'가 우화영화사友禾電影公司(우화출판사友禾出版社의 자회사)로 개편되자 '덕보'는 또 한 번 영화 공급 부족 위기를 맞이한다. 그래서 쇼브러더스(예를 들면 그 산하의 '대도회')의 영화 공급에 의존해야 했는데, 쇼브러더스는 산하의 극장체인이 없던 터라 기꺼이 덕보 극장체인에서 상영하도록 했다.[7] 반적생의 초빙을 받아 '덕보'의 경영을 맡게 된 승기연은 독립 제작 시스템을 채용하여 자신이 총제작자를 맡고 여러 제작팀을 지원해 여러 편의 영화를 제작하도록 하였다. 1989~1990년, 덕보영화사가 자체 제작한 영화는 한 해에 6편밖에 없었다. 1989년 원화평 감독, 양려청·견자단 주연의 「예스 마담 4: 직격증인」皇家師姐: 直擊證人; In The Line Of Duty 4(매표수입 1,200여 만 홍콩달러), 진학인陳學人; Norman Chan Hok-Yan 감독, 장학우·정

1990년대 초 반적생은 덕보 극장체인 경영과 영화 제작을 잇따라 포기했다.

유령 주연의 「단신귀족」單身貴族; The Nobles(매표수입 700여 만 홍콩달러), 사전의查傳誼; Cha Chuen-Yee 감독, 진우陳友; Anthony Chan Yau · 문준 주연의 「발달선생」發達先生; Mr. Fortune(매표수입 700여 만 홍콩달러) 등의 흥행 성적은 그리 좋지 못하였다(〈표 7.6〉).[8] 1990년대 초 '덕보'의 영화 공급이 점차 어려워지자, 반적생도 경쟁에 뜻을 잃게 되었다. 덕보영화사는 1991년 극장체인 사업을 포기하고 영화 제작 역시 1993년에 멈추고 만다.[9]

 '금공주'는 극장체인 경영과 영화 배급 이외에 여전히 영화 제작 지원에도 힘썼다. '금공주'와 합작한 영화사로는 맥가의 '신예성', 진훈기의 '영가', 이수현의 '만능'萬能, 서극의 '전영공작실', 홍금보의 '보상', 양립인의 '입인' 등이 있었다. 이 외에도 금공주 극장체인은 많은 유명 작품을 끌어들여 상영하는 데 성공하였다. 향씨向氏 형제의 영성영화사가 제작한 「도신」賭神; God Of Gamblers은 1989년 금공주 극장체인에서 상영되어 매표수입으로 3,700만 홍콩달러를 벌어들였고, 주윤발을 한층 더 유명하게 만들었다. 등광영의 영지걸영화사가 제작한 「아비정전」도 1990년 금공주 극장체인

왕가위는 1990년대 영화계에 등장한 감독 중 한 명이다. 왼쪽은 왕가위, 유진위, 유덕화, 장숙평(張叔平), 장만옥이 함께 찍은 사진. 오른쪽 사진은 왕가위의 출세작 「열혈남아」(旺角卡門) 촬영 당시의 모습

금공주 극장체인에서 상영한 「아비정전」은 매표수입이 900만 홍콩달러밖에 되지 않았지만, 왕가위 감독은 매우 유명해지기 시작했다. 사진은 왕가위가 촬영기사 크리스토퍼 도일(Christopher Doyle)과 「아비정전」을 찍었던 황후식당(皇后餐廳)에서 일본 영화팬과 미팅을 하는 모습

에서 상영하였는데 매표수입은 비록 900만여 홍콩달러에 불과했지만 왕가위를 세계적 감독의 반열에 올려놓았다. 매표수입의 경우 1980년 금공주 극장체인이 배급한 영화의 총수입은 6,000만 홍콩달러였지만, 1981년 '신예성'이 출현하자 수입은 1억여 홍콩달러로 급증한다. 하지만 1989년 말 '신예성'의 황백명, 맥가, 석천이 탈퇴한 뒤 신예성 7인조도 정식으로 해체되고, 배우와 스태프는 편수제 계약으로 전환하였고, 홍보팀마저도 1988년 11월 해산하였다.[10] '신예성'의 영화 공급이 감소하자, '금공주'의 매표수입도 또다시 하락하였다. 이와 동시에 '금공주'가 영화 제작에 투자하던 자금도 함께 줄어들었고 주로 주윤발이 주연을 맡은 영화만 지원해 주었다. 1989~1991년 중, 가장 흥행한 '금공주'의 영화는 주윤발 주연의 「우견아랑」阿郞的故事; All About Ah Long, 「도신」, 「종횡사해」縱橫四海; Once A Thief, 「사랑이야기」我愛扭紋柴; Now You See Love Now You Don't였다(매표수입이 각각 3,000만, 3,700만, 3,400만, 3,600만 홍콩달러였다). 비록 금공주 극장체인의 평균 수입이 매년 증가하긴 했지만 1980년대에 땅값과 임대료가 급증한 것과 비교해 보면 극장체인의 이익은 부동산에 투자하여 벌어들이는 것에 한참 못 미쳤다. 이는 운수업과 부동산업을 오랫동안 경영해 온 뇌씨 가문을 보면 명백해진다. 1993년부터 '금공주'는 정식으로 극장체인 배급 업무를 포기하고, 영화 제작 사업 역시 이에 따라 막을 내렸다(〈표 7.7〉).[11]

　'금공주'가 영화 제작과 극장체인 사업을 그만둔 이후, 그 파트너였던 진영미 형제는 산하의 신보 극장체인을 계속 경영하는 한편 금공주 극장체인 산하의 극장을 인계받아 금성 극장체인金聲院線; Empire Theatrical Circuit을 설립하였다. '금성'과 '신보' 극장체인은 자매결연을 맺어 더블 체인 연합 방식으로 상영하였다. 이로부터 홍콩의 상영업은 '가락', '신보', '금성' 3대 극장체인이 삼분하는 국면이 형성되었다. 영화 공급을 안정화하기 위하여 진영미는 대출 형식으로 제작사의 영화 촬영을 지원하였다. 신보엔터테인먼

〈표 7.7〉 '금공주'의 역대 매표수입

연도	편수	매표수입(홍콩달러)	홍콩 전체 매표수입 중 차지하는 비율(%)
1980	24	29,321,614	15.91
1981	36	75,426,809	31.18
1982	10	92,862,069	22.98
1983	8	88,164,479	21.44
1984	11	145,619,494	25.97
1985	17	141,676,712	23.27
1986	12	87,649,442	13.69
1987	13	170,298,696	21.91
1988	12	186,861,790	18.23
1989	9	119,639,259	13.62
1990	28	197,994,037	21.15
1991	9	108,392,099	10.44
1992	27	260,680,118	21.02
1993	1	9,413,115	0.82
1994	1	37,033,685	3.80
1995	1	24,837,183	3.16

출처: 陳淸偉, 『香港電影工業結構及市場分析』, 香港: 電影雙周刊出版社, 2000, 644~653쪽.

트新寶娛樂有限公司; Newport Entertainment Ltd.는 일종의 가족 회사로, 주주가 진영미, 진영륜陳榮倫, 진영민陳榮民, 진영표陳榮標, 진영생陳榮生, 진영위陳榮偉, 진영유陳榮裕 등 모두 진씨 가족의 일원으로 구성되어 있었다. '신보'와 '금성' 극장체인은 둘 다 직속 위성영화사가 없었다. 이들은 '하청 시스템'을 통해 제작사에 자금을 빌려 주어 원금과 이윤을 회수하고 또한 영화 공급을 안정화시킬 수밖에 없었다. 왕정은 오랫동안 '신보'와 '금성' 극장체인을 위하여 영화를 공급해 주었다(예를 들면 「용재변연」龍在邊緣; Century Of The Dragon, 「도협대전」賭俠大戰拉斯維加斯; The Conmen In Vegas, 「여색랑」女色狼; Indecent Woman, 「시기핍인」屍氣逼人; House of the Damned, 「구혼악몽」勾魂惡夢; Erotic Nightmare 등). 하지만 1998년부터 왕정은 최가박당영화사最佳拍檔電影製作公司; Partners Company Ltd.(BoB)와 손을 잡았다. 그리고 1999년에 이르러 왕정이 대형 영화를 제작할 당시 찾았던 합작사는 대부분 중국성영화사였다. 이로 인해 진영미와의

신보 극장체인은 일찍이 맥당웅이 제작한 영화 여러 편을 지원했다. 사진은 맥당웅(가운데), '신보'의 사장 풍병중(왼쪽)과 진영미(오른쪽)

합작은 감소하였고, '신보'와 '금성' 극장체인은 안정적인 영화 공급상과의 합작 관계를 모두 잃게 되었다.[12]

　　1990년대 3대 극장체인을 제외하고 중국 대륙 자금을 기반으로 한 극장체인으로, 쌍남 극장체인이 있었다. 이들이 상영한 영화로는 「기왕」棋王; King Of Chess, 「대결전 3부 핑진전투」大決戰之平津戰役; The Great Decisive War III: Pingjin Military Campaign 등이 있었다. 쌍남 극장체인의 경영자는 은도그룹과 남방영화사南方影業有限公司; Southern Film Co., Ltd.로 둘 다 홍콩 최대의 대륙 자본 영화 그룹이었다. '은도'는 영화 제작, 배급, 홍보, 영화 기자재, 영화관, 스튜디오 분야의 업무를 맡았다. '남방'은 대륙 영화의 홍콩·마카오 지역 배급을 전문적으로 담당하였고, 대만 지역의 대륙 영화·TV 판권 업무도 처리하였다. '은도'의 역사는 1949년 상해로 대거 남하한 영화인들 중 원앙안이 설립한 장성영화제작사와 주석린·진정파陳靜波가 설립한 봉황영화사

〈표 7.8〉 은도·장성·봉황·신련영화사의 역대 매표수입

연도	편수	매표수입(홍콩달러)	홍콩 전체 매표수입 중 차지하는 비율(%)
1970	7	-	-
1971	2	-	-
1972	2	722,162	1.11
1973	6	996,602	1.41
1974	2	357,544	0.53
1975	2	-	-
1976	4	-	-
1977	4	-	-
1978	6	-	-
1979	8	-	-
1980	5	5,073,047	2.75
1981	4	4,312,461	1.78
1982	4	26,263,981	6.50
1983	1	1,915,243	0.47
1984	3	25,092,772	4.47
1985	4	11,175,370	1.84
1986	4	9,574,465	1.50
1987	4	16,154,759	2.08
1988	3	21,494,811	2.10
1989	9	39,663,325	4.51
1990	3	15,853,797	1.69
1991	3	2,982,639	0.29
1992	5	6,274,946	0.51
1993	4	1,784,641	0.16
1994	2	15,901,719	1.63
1995	4	54,945,276	7.00

출처: 陳淸偉,『香港電影工業結構及市場分析』香港: 電影雙周刊出版社, 2000, 635~641쪽.

로 거슬러 올라갈 수 있다. 1983년, '장성', '봉황', '신련', '중원' 4개 회사가 합병하여 은도그룹을 만들었다. 이들은 10여 년의 정비를 거쳐 1990년대 말 '남화', '남양', '낙궁'樂宮, '은도', '신예', '영예'影藝 등 6개의 영화관을 직접 경영하기에 이른다. 은도영화사의 영화는 중국 대륙에서 제작·배급·상영될 때 특별한 혜택을 받았다. 예를 들면 영화 시나리오를 중국의 국가영화국國家電影局에 미리 보내어 검열을 받지 않아도 되고 시놉시스만 보내도 괜

찮았다. 또 대륙에서 촬영을 할 때에도 대륙의 합작사를 통하지 않고 직접 촬영팀을 꾸려서 제작할 수 있었다. 영화가 완성된 뒤에도 대륙에서 직접 필름 프린트를 팔 수 있었기 때문에 대륙의 스튜디오와 이윤을 나눌 필요가 없었다. 1989년부터 '은도'는 새로운 방법으로 신규 회사 설립에 투자하기로 하였다. 대만 지역의 영화상과 합작하여 만든 작품을 먼저 대만 회사의 명의로 대만에서 상영한 후 상영권을 은도그룹에 귀속시켜서 다시 홍콩과 대륙에서 상영하는 것이었다. 「인재뉴약」人在紐約; Full Moon In New York과 「비월황혼」飛越黃昏; Beyond The Sunset과 같은 영화가 모두 이러한 방법을 통해 양안삼지에서 상영된 작품이었다. 이 밖에도 은도그룹은 일부 옛 영화의 판권을 자회사에 판매하여, 자회사를 통해 우익단체인 '자유총회'에 허가증을 신청한 후 대만 시장에 팔기도 하였다.[13] 영화 공급이 부족하였기 때문에 은도 극장체인은 산하의 극장을 다른 영화사에 임대해 영화를 상영하기도 하였다. 1990년대 중반에 들어서서 '은도'의 매표수입은 줄어들기 시작한다. 이는〈표7.8〉에서 자세히 볼 수 있다.

3. 경쟁전에 뛰어든 영고·동방 극장체인

1989년 '신예성'이 영화 제작 사업을 그만두고 주축 멤버인 '7인조'도 뿔뿔이 흩어진 이후, '금공주'에 남아 있던 황백명은 혼자서 어쩔 도리가 없었다. 다른 한편 당시 홍콩 영화 산업의 흥성은 해외의 자금을 영화 시장으로 대거 끌어들이고 있었다. 1991년 황백명은 마카오에서 들어온 나걸承羅傑承; Stephen Lo Kit-Sing과 합작하여 계약이 만료되어 영업을 멈췄던 덕보 극장체인을 쇼브러더스에게 인수받아, 영고 극장체인永高院線; Regal Films Distribution Co., Ltd.으로 개편하였다. 황백명은 그의 자서전에서 그 일을 자세히 기술하고 있다.

영고 극장체인의 책임자 나걸승(맨 왼쪽)

1991년 마카오의 나걸승 군이 극장체인 경영에 뜻을 두고서 당시 세력이 대단하던 덕보 극장체인과 경영권 다툼을 벌였다. 하지만 우선 반드시 쇼브러더스라는 관문, 즉 쇼브러더스의 '용두극장'과 계약을 맺어야만 이를 성사시킬 수 있었다. 그러나 나걸승의 어떠한 노력에도 여전히 쇼브러더스의 답변을 얻을 수 없었다. 생각건대 쇼브러더스는 나걸승과 사업을 논할 마음이 없었던 것 같다. 그래서 나걸승은 나에게 좀 나서 달라고 부탁하였다. 하지만 당시 나는 별로 그러고 싶지 않았다. 그때 '신예성'이 사업을 멈추긴 하였지만 나는 여전히 '금공주'와 합작하여 영화를 찍고 있었기 때문이다. 만약 나걸승이 극장체인 유치에 성공하게 되면 나는 당연히 그와 합작을 하겠지만 성공하지 못하면 나는 '금공주'에 남아 있어야 했다. 만약 내가 나서서 논의가 잘 이루어지면 모두가 기뻐할 일이지만 만일 성사되지 않으면 내가 '금공주'에 남는 것이 매우 불편해질 것이었다. 말할 것도 없이 '금공주'의 사장은 나에게 매우 잘해 주었는데 내가 영화를 찍을 때 그들은 무조건적으로 지원해 주었다. 하지만 가끔 상영시기를 배정할

황백명의 중개를 통해 1990년대 초 쇼브러더스는 그 소속 극장을 영고 극장체인에 임대했다. 사진은 쇼브러
더스가 '영고'에 빌려 준 보성극장

때 조금 마음에 들지 않는 경우가 있긴 하였다. 당연히 자신이 극장체인을 통제하듯이 그렇게 자유자재로 할 수 있는 것은 아니었다.

한참 고민한 후에 나는 배수진을 치기로 결심하고 그 일에 나섰다.⋯⋯나와 방일화는 9월에 논의를 거쳐 12월 1일 새로운 극장체인을 개업하기로 합의하였다. 3개월이라는 매우 짧은 준비기간만이 나에게 주어졌다. 3개월은 영화 한 편을 찍기에도 부족한 시간인데 하물며 전체 극장체인에서 52주 동안 상영할 영화가 필요하다니, 나는 마술사가 되어야만 했다!⋯⋯방일화가 말했다. "나는 나걸승은 알지도 못하지만 당신을 알아요. 당신이나 나나 영화계에서 잘 알려진 사람들이라 신용이 있잖아요. 이번에 우리가 손잡은 건 이미 일이 거의 성사된 것이나 마찬가지니 당신은 걱정 말고 가서 제작팀이나 꾸려요!" 나와 방일화는 합작하여 바로 덕보 극장체인을 새로운 극장체인으로 바꾸었다![14]

극장체인에 영화를 안정적으로 공급하기 위하여, 황백명과 나걸승 두 사람은 영고영화사永高公司도 만들어 영화를 제작하였다. '영고' 설립 초기의 성적은 그리 나쁘지 않았고, 1991년 말 제작한 「호문야연」豪門夜宴; The Banquet은 당시 영화계에 인기가 대단했던 배우들을 캐스팅하여 매표수입을 2,100만 홍콩달러 가까이 벌어들였다. 그 이듬해 신년특선영화 「가유희사」家有喜事; All's Well, End's Well도 기록을 갈아 치우며 4,800만 홍콩달러에 달하는 수익을 냈다. 하지만 그후 내놓은 영화들은 별로 성적이 좋지 않았는데, 「용묘소수」龍貓燒鬚; Lethal Contact가 280만 홍콩달러, 「사후환생」賜到寶; Lucky Encounter이 180만 홍콩달러, 「신용쟁호투」新龍爭虎鬥; Kickboxer's Tears가 겨우 20만 홍콩달러의 성적을 냈을 뿐이었다. 황백명과 나걸승이 '영고'를 만든 것은 원래 극장체인 사업 외에 '신예성'을 모방하여 산하에 스튜디오, 녹음실, 편집실 등을 세우려는 계획에서였다. 하지만 생각지도 못하게 '영

「가유희사」는 영고 극장체인에 첫 축포를 쏴 준 작품이었다.

고'가 설립된 지 1년여 만에 황백명과 나걸승 두 사람 사이에 의견 대립이 나타나기 시작하였다. 황백명이 1992년 5월 사직하고 같은 해 8월 사업에서 손을 뗐다. 그러자 '영고'의 경영은 나걸승 한 사람에게 맡겨졌다. 제작·배급·상영 세 분야에 똑같이 신경 써야 했고, 상황은 매우 나빠졌다. 1993년 상반기 '영고'는 영화를 14편 제작하였는데, 그중 「신용도성」玫瑰玫瑰我愛你; Rose, Rose, I Love You이 가장 흥행하여 수익이 2,200만 홍콩달러를 넘었고, 6월 상영한 「천검절도」武俠七公主; Holy Weapon는 980만 홍콩달러의 수익을 냈다. 하지만 대부분의 영화는 흥행 성적이 매우 저조하였고 14편 가운데 5편만이 비교적 수익이 괜찮은 편이었지만 그나마도 300만 홍콩달러에 못 미쳤다.[15]

황백명과 나걸승이 결별한 후 1992년 말 또 다른 변화가 있었는데, 동방 극장체인東方院線; Mandarin이 설립된 것이었다. 1993년 1월부터 홍콩 영화계에는 5대 극장체인이 공존하는 국면이 형성되었다. '동방'과 '영고'는 시장 내에서 비슷한 지위를 점하여 그 경쟁이 가장 격렬하였다. '영고'가 서서히 영화 공급이 부족한 상황에 이르자 영화계의 인사들은 '영고'가 더 이상 영화 기근을 버티기 힘들 것이라고 예측하였다. 1993년 상반기 '영고'의 총수익은 9,620만 홍콩달러로 1992년 동기 대비 약 30% 줄어든 것이었다. 1993년에 흥행했던 영화는 여름 휴가 시기에 상영한 「추남자」追男仔; Boys Are Easy 한 편뿐이었다. 1992년 '흑장미黑玫瑰 열풍'을 뒤이었던 「정천벽력지하집대결국」情天霹靂之下集大結局; Even Mountains Meet 역시 겨우 670만 홍콩달러의 매표수입밖에 거두지 못하였다. 영화의 매표수입이 저조하여 상영 기간을 제대로 채우지 못했기 때문에 '영고'는 반년간 서둘러 20편의 영화를 상영하여 이에 대응해야 했다. 각 영화는 모두 서둘러 걸었다가 바로 내리곤 하였다. 예를 들어 「백련사교」白蓮邪敎; White Lotus Cult는 겨우 6일 동안 상영하여 64만 홍콩달러를 벌었고, 「무장원철교삼」武將元鐵橋三; Sam the Iron Bridge:

연도	편수	매표수입(홍콩달러)	홍콩 전체 매표수입 중 차지하는 비율(%)
1992	28	245,435,944	19.79
1993	17	100,275,454	8.75
1994	7	30,840,271	3.17
1995	3	19,257,206	2.45

출처: 陳淸偉, 『香港電影工業結構及市場分析』 香港: 電影雙周刊出版社, 2000, 671쪽.

Champion of Martial Arts은 3일 상영에 41만 홍콩달러를 벌었을 뿐이다. 1993년 하반기에는 '영고'의 총수익이 6,800만 홍콩달러로 떨어져 1992년 동기 대비 40%나 감소하였다. 1994년 신년특선영화 「도협 3: 승자위왕」神龍賭聖之旗開得勝; Always Be The Winners의 매표수입은 1,400만 홍콩달러였지만, 당시 다른 극장체인의 신년특선영화에 못 미치는 성적이었다. '영고'에서 제작한 다른 영화 「신초낭군」新俏郎君; Switch-Over, 「지하재결」地下裁決; Underground Judgement은 30만 홍콩달러밖에 벌어들이지 못했다(〈표 7.9〉).[16] 영고 극장체인의 영화는 매표수입이 좋지 못하여 매번 상영일수를 채우지 못하였기 때문에, 지출은 막대하였지만 자금을 공급할 방법이 없었다. 이로 인해 제작 자금을 때맞춰 회수하지 못하여 다음 영화를 제작할 충분한 시간을 얻을 수 없었다. 그리하여 점점 영화 공급이 부족해져서 영화 공급난은 매우 심각해졌다. 결국 영화 공급원을 찾지 못한 '영고'는 1994년 극장체인이 해체되어 신일대 극장체인新一代院線으로 바뀌었다. 하지만 신일대 극장체인 역시 흥행 성적이 좋지 못하고 영화 공급이 부족한 상황하에 2년 만에 문을 닫고 말았다.

반면 황백명 산하의 '동방 극장체인'은 문을 열자마자 「패왕별희」覇王別姬: Farewell to My Concubine의 상영권을 얻었고, 뒤이어 제작한 신년특선영화 「가유희사 2: 화전희사」花田喜事; All's Well End's Well, Too도 매표수입 3,500만 홍콩달러를 거두어들여 화려한 시작을 알렸다. 황백명은 동방 극장체인을 설립하는 데 어려움이 많았다고 회고하였다. 당시에 이미 네 개의 극장체인이 있었고, 각기 영화 공급원이 있었던 데다가 규모도 컸지만, '동방'은 극장체인과 영화 제작 방면 모두 처음부터 시작하는 것이었기 때문이다. 다행히 그가 '영고'를 경영하던 4개월 동안은 성적이 매우 좋아서 적지 않은 극장주로부터 신뢰를 얻을 수 있었고 이는 '동방'이 극장체인을 결성하는 데 도움이 되었다. '동방'은 수적으로나 질적으로나 '영고'보다 강하였다.[17] 황백명은 『전영쌍주간』의 인터뷰 때 당시 일을 회고하였다.

> 영고 극장체인에서 일한 것은 내 일생일대의 실수이자 가장 훌륭한 경험이었다. 영고 극장체인이 실패한 점은 잘못된 파트너를 만났다는 것이었다.……하지만 나에게는 좋은 경험이 되었다. 만약 '영고'가 없었다면 '동방'의 성공도 없었을 것이다. '영고'를 경영하던 시기, 나는 온 마음을 다했다. 「호문야연」을 처음 개봉한 것을 포함하여 극장체인 결성에 이르기까지 모두 나와 방일화의 작품이었다. 당시 심혈을 기울인 덕분에 사업을 개시하자마자 파죽지세로 밀어붙여, 첫 제작 영화인 「가유희사」는 새로운 기록을 세울 수 있었다. 이는 나의 다섯번째 신기록이었다. 그리고 처음 4개월의 성적을 보면 영고 극장체인은 3위로 내려간 적도 없이 줄곧 1, 2위를 유지했다.……이는 '신예성' 때보다도 훨씬 빨리 거둔 성공이었다. 하지만 아마도 성공이 너무 빨랐기 때문에 이후 의견 불일치와 실패를 가져왔던 것 같다.[18]

이후 '동방'이 상영한 「수호소전」水滸笑傳; Laughter of "Water Margins"과 「광동오호」廣東五虎之鐵拳無敵孫中山; The Tigers: The Legend of Canton 등의 매표수입은 연이어 감소하여 1,500만 홍콩달러까지 내려갔다. 5대 극장체인의 매표수입을 놓고 보았을 때, '동방' 역시 강자에서 약자로 전락하고 말았다. 비

'동방'의 신년특선영화 「가유희사 2: 화전희사」

'동방'의 황백명과 고지삼

「수호소전」의 촬영 모습

연도	편수	매표수입(홍콩달러)	홍콩 전체 매표수입 중 차지하는 비율(%)
1991	3	17,111,033	1.6
1992	4	67,148,879	5.4
1993	17	154,433,658	13.4
1994	10	107,706,729	11.06
1995	20	77,020,526	9.8
1996	20	55,089,890	8.02
1997	5	56,549,055	10.3

출처: 陳淸偉, 『香港電影工業結構及市場分析』, 香港: 電影雙周刊出版社, 2000, 662~666쪽.

록 1994년 우인태于仁泰; Ronny Yu Yan-Tai가 감독한 「백발마녀전」白髮魔女傳; The Bride with White Hair의 상영권을 얻기는 했지만 형세를 전환시킬 수는 없었다. 황백명은 결국 정책을 바꾸어 작가 양봉의梁鳳儀(재벌 황의홍黃宜弘의 아내)와 합작하여, 그녀의 소설을 개편하여 「귀항」歸航, 「화치」花幟 등의 영화를 만든다. 홍콩에서는 그리 흥행하지 못하였지만 양봉의의 인맥을 통해 대륙에서 상영함으로써 대륙 시장 개척의 시험작으로 삼았다. 동방 극장체인의 역대 매표수입은 〈표 7.10〉에서 볼 수 있다.

1988~1992년, 대만의 자금이 대거 홍콩 영화계에 들어오면서 영화 생산량이 급증하였다. 영화 제작자들은 직접 극장을 찾아다니며 자신의 작품을 상영해야 했다. 이로 인해 영화 시장의 제작·배급·상영이라는 3대 부문에서의 경쟁이 더욱 격렬해졌다. 극장 간의 합종연횡 역시 갈수록 복잡해져 극장체인의 수도 급증하였다. 〈표 7.11〉에서 보듯이 1992년 크고 작은 극장체인과 극장 조합이 23개에 달할 정도로 늘어났다. 이에 따라 개봉된 영화의 질적인 편차가 심해져 영화 산업에 잠재적 위기를 심어 놓았다. 1994년의 시장 악화에도 불구하고 홍콩 영화 시장에는 '영고', '동방', '가락', '신보', '금성' 등의 5대 극장체인이 출연하여 경쟁하였다.[19] 만약 극장체인 하나가 매년 30편의 영화를 필요로 한다면 5개 극장체인에서는 150

〈표 7.11〉 1990년대 주요 극장체인 조합의 변화

극장체인 조합	1989	1990	1991	1992	1993	1994	1995	1996	1997	1998
금공주(金公主)	√(8)	√(31)	√(28)	√(28)	-	-	-	-	-	-
신보(新寶)	√(28)	√(27)	√(19)	√(23)	√(14)	√(24)	√(22)	√(26)	√(23)	√(27)
신보·금공주	-	-	√(1)	-	-	-	-	-	-	-
골든하베스트(嘉禾)	√(1)	√(28)	√(15)	-	√(20)	-	-	-	√(25)	√(21)
가락(嘉樂)	-	-	√(3)	√(19)	-	√(22)	√(23)	√(26)	-	-
덕보(德寶)	√(28)	√(30)	√(31)	-	-	-	-	-	-	-
여성(麗聲)	√(18)	-	-	-	-	-	-	-	-	-
은도(銀都)	√(9)	√(2)	√(2)	√(4)	√(2)	√(4)	-	-	-	-
범아(泛亞)	-	√(1)	√(2)	√(2)	√(1)	-	√(1)	√(2)	√(5)	-
영고(永高)	-	-	√(2)	√(29)	√(32)	√(8)	-	-	-	-
동방(東方)	-	-	-	-	√(29)	√(32)	√(34)	√(23)	-	-
신일대(新一代)	-	-	-	-	-	√(18)	√(16)	-	-	-
쌍남(雙南)	-	-	-	-	-	-	√(4)	-	-	-
영성(永盛)	-	-	-	-	-	-	-	√(1)	-	-
워싱턴(華盛頓)	√(1)	-	-	-	-	-	-	-	-	-
이무대(利舞臺)	-	√(2)	-	-	-	-	-	-	-	-
일활(日活)	-	-	√(3)	-	-	-	-	-	-	-
영예(影藝)	-	-	-	√(1)	√(1)	-	-	-	-	-
해운(海運)·경도(京都)	-	-	-	√(1)	-	-	-	-	-	-
해운·범아	-	-	-	√(2)	-	-	-	-	-	-
국태(國泰)	-	-	-	√(10)	-	-	-	-	-	-
국태·신보B(新寶B)	-	-	-	√(1)	-	-	-	-	-	-
국화(國華)	-	-	-	√(1)	-	-	-	-	-	-
국화·화무(華懋)	-	-	-	√(1)	-	-	-	-	-	-
화무	-	-	-	√(1)	-	-	-	-	-	-
화무·신경도(新京都)	-	-	-	√(1)	-	-	-	-	-	-
신경도	-	-	-	√(2)	-	-	-	-	-	-
신화(新華)·보경(普慶)	-	-	-	√(1)	-	-	-	-	-	-
신보B·국태	-	-	-	√(1)	-	-	-	-	-	-
신보B	-	-	-	√(2)	-	-	-	-	-	-

가성(嘉誠)	-	-	-	√(2)	-	-	-	-	-
가락·범아	-	-	-	√(1)	-	-	-	-	-
가락·해운	-	-	-	√(1)	-	-	-	-	-
가락·중서(中西)	-	-	-	√(1)	-	-	-	-	-

※ 괄호 안의 숫자는 상영된 영화 편수를, √ 표시는 극장체인 조합이 해당 연도에 창립했음을 나타낸다.
출처: 『香港電影』, 香港: 香港影業協會, 1989~1998년 각 연보에 실린 자료에서 산출함.

편이 필요하게 되어, 영화를 막 찍어 대는 상황이 심각하였다. 그러자 배우들의 개런티는 급상승한 반면, 관객들의 경제 사정으로는 매년 150편을 소비하기가 힘들었다. 시장의 지나친 공급 과잉은 매표수입의 하락으로 연결되었다. 1994년 홍콩 영화의 한 해 매표수입은 10억 홍콩달러에 못 미쳤고, 수입이 2,000만 홍콩달러를 넘는 영화는 9편에 불과하였으며, 400만 홍콩달러보다 적은 영화는 60여 편이나 되었다. 극심한 경쟁으로 인해 적지 않은 영화사와 극장체인이 문을 닫았다. 1990년대에 들어서 극장 경영은 매우 어려움을 겪었고 '덕보'와 '금공주' 극장체인도 각각 1991년과 1993년, 사업을 중단하였다. 1996년부터 영화 산업의 불경기가 시작되어 영화 공급이 이루어지지 않자 동방 극장체인도 문을 닫았다. '신보'와 '금성' 극장체인의 사장 진영미도 적지 않은 극장을 폐업한 뒤 대신 상가 건물로 개조하였다.[20] 1997년 10월 금융 위기 이후, 영화 제작에 투입되는 자금이 훨씬 더 긴축되면서 극장체인의 영화 공급은 예전의 수준에 미치지 못했다. 상영할 영화의 수량을 채우기 위하여 적지 않은 극장체인이 전체 체인에서 동일한 영화를 상영하던 이전의 관례를 깨고 영화 상영 시기를 탄력적으로 조정하였다. 1999년 큰형님 격인 가락 극장체인도 모회사인 골든하베스트의 사업 중단과 함께 홍콩에서의 극장체인 사업을 포기하고 말았다.[21]

'동방'의 신년회. 장국영, 오군여(吳君如), 관지림(關之琳), 모순균(毛舜筠) 등의 스타들이 모여 축하하는 모습

동방 극장체인이 상영권을 획득하였던 「백발마녀전」의 주연 배우 임청하(林靑霞)와 장국영, 그리고 감독 우인태(맨 왼쪽), 시나리오 및 편집을 맡은 호대위(胡大爲)

2장 / 영화 산업 환경의 변화

1980년대 극장체인과 위성영화사 시스템이 와해된 원인에는 여러 가지가 있겠지만 1988년 잡지 『가채』嘉采는 영화 제작 산업의 홍성 이면에 내재된 위기를 지적하였다.

영화계를 전체적으로 봤을 때, 올해 가을은 전년과 비교하여 영화 수입이 30% 정도 줄어들었다. 영화계 내에서는 그 주요 원인을 다음과 같이 분석하였다. ① 홍콩에서 비디오테이프가 유행하기 시작하였다. 영화관에서 영화를 보는 것보다 비디오테이프가 저렴하고 편리하기 때문이다. ② 요즘 홍콩에서 서양 영화의 홍행이 좋지 못하다. 이 때문에 올해 많은 서양 영화 상영관이 새롭게 중국어 영화 극장체인을 결성하려고 준비 중이다. 이 극장체인을 속칭 '제4의 극장체인'第四線[신보 극장체인을 가리킨다―편집자]이라고 한다. 본래 홍콩 영화의 수량은 세 개의 극장체인에 공급하기에도 줄곧 부족하였는데, 이번에 네번째 극장체인이 하나 더 늘어나게 된 것이다. 물론 성탄절과 설날 같은 '성수기'야 공급량이 많으니 상관없지만, 평상시에는 상영할 영화가 부족하다. 때문에 예전에는 상영되지 못했던 졸작들마저도 환영받으며 개봉되고 있다.……

홍콩 영화 산업은 지금 바로 위협에 직면해 있지만 이상한 것은 엄청나게 많은 영화가 활발하게 크랭크인되고 있다는 것이다. 스태프들조차도 이렇게 이야기한다. "종초홍鍾楚紅; Cherie Chung Cho-Hung, 장만옥은 집 안의 전등만큼 자주 보게 돼. 다들 서너 편에 겹치기 출연을 하거든. 요새 동시에 영화 두세 편 안 찍으면 어디 영화인이라고 할 수 있나."……영화계 사람들은 모두 이것이 '악순환'의 시작이라는 것을 안다. 이 '악순환'의 근원은 비디오테이프의 유행에 있었고, 한편으로는 대만에서 시작된 것이었다. 예전에는 작품이 좋지 못한 경우 극장체인에서 상영될 기회가 없었고, 지금처럼 비디오테이프로 유행할 수도 없었다. 그래서 소자본 제작이 살아남기 힘들어져서 골든하베스트와 같은 큰 회사는 말할 것도 없고, 적지 않은 독립 제작자, 예를 들면 성휘星輝, 성운星韻, 나유, 오사원 등도 1,000만 홍콩달러 이상을 투자해야만 했다. 그래야 상영해서 돈을 벌 만한 영화를 찍을 수 있었던 것이다. 지금은 극장체인이 하나 더 늘어나서 어떤 영화라도 상영할 기회가 생겼다. 그리고 비디오테이프가 유행하면서 비디오 회사가 우후죽순처럼 생겨나 새로운 영화의 비디오 판권을 앞다투어 따내려 한다. 그래서 현재 홍콩에서 제작되는 영화가 제작 계획을 세우고 크랭크인하기도 전에 45만 홍콩달러의 판권료를 미리 내놓기도 한다. 만약 유가령劉嘉玲; Carina Lau Ka-Ling, 양가인梁家仁; Leung Kar-Yan, 미설 급의 주연 캐스팅이라도 있으면 그들은 60만 홍콩달러를 주고서라도 당신의 '기획'을 살 것이다.[22]

그렇다면 1990년대 비디오테이프의 유행과 대만의 핫머니 유입이 어떻게 홍콩의 영화 산업을 위기로 몰아넣은 것일까?

1. 비디오테이프 대여 시장의 경쟁전

비디오테이프 대여 산업은 1980년대에 나타난 이후, 영화 '판매'에서 극장의 독점적 지위를 더 이상 허용하지 않게 되었다. 비디오테이프 배급 역시 영화 자본 회수의 제2창구로 변모했다. 1980년대 중반에 흥성한 '쾌도미'快圖美; Fotomax, '금사'金獅; KPS Video Express, '금백'金栢이 업계에서 가장 뛰어난 활약을 했다. '쾌도미'의 사장 황서량黃瑞良은 미국 스탠퍼드대학에서 경영학 석사 학위를 받고, 일찍이 TVB에서 PR 및 국제 업무 총책임자

비디오테이프가 유행하고 체인점이 발달하였다. 필름 현상소 체인점인 '쾌도미'는 재빨리 이 시장에 뛰어들었다.

를 역임했다. 1985년 서안그룹瑞安集團으로 옮겨서 당시 필름 현상소 체인점 '쾌도미'를 맡게 되었다. 황서량은 비디오테이프 대여 시장의 가능성을 파악하고, '쾌도미'의 체인 시스템을 기초로 삼아 1985년 쾌도미 비디오 체인을 조직했다. 그리고 '홈시어터', '나만의 방송국'을 모토로 삼아 이미지를 홍보하고 동시에 경영 시스템에 특허를 받아 합작할 창업자를 모았다. 1988년 소자본 경영자가 30여 만 홍콩달러의 초기 자본만으로도 개업할 수 있었기 때문에 '쾌도미'의 체인망은 급속도로 확장하여 3년 동안 18개에서 100여 개로 늘어났다. 비디오 체인 회원 역시 1만여 명에서 13만여 명으로 증가했다. 체인망 확장 이외에도 '쾌도미'는 골든하베스트, '도호', '쇼치쿠'와 독점 계약을 맺어 비디오테이프 영화 공급이 매우 안정되었다.

'금사'의 창립자는 개리 로먼Garrie Roman 부부였다. 로먼은 미국에서 태어나 미군 방송국에서 일했고 1970년대에 대만에 와서 기성복 무역업에

'금사'를 창립한 개리 로먼

가예TV에 몸담았던 방송인 임욱화도 일찌감치 기선을 잡고 1980년대에 벌써 비디오테이프 시장을 개척했다.

종사하였다. 로먼은 여가 활동으로 지인과 함께 비디오테이프 클럽을 만들어서 비디오테이프를 보았는데 그는 클럽의 리더였다. 1979년 로먼 부부는 대만의 기성복 회사를 팔고 나서 홍콩으로 온 뒤 정식으로 영화 배급 사업을 하였다. 1981년 그는 또한 비디오 대여 시장으로 사업을 확장하여 첨사저 미돈로의 전자제품 가게에 작은 코너를 얻어서 중국과 서양의 옛날 영화 테이프를 대여하기 시작하였는데 하루에 15홍콩달러를 받고 빌려 주었다. 같은 해 로먼은 금거국제金鉅國際그룹 회장 양국구梁國駒(소약원의 자형)의 지원을 받아 '금거' 산하 영화의 비디오테이프 배급권을 얻고 또 양국구를 통하여 100만 홍콩달러를 빌려서 비디오테이프 대여 사업을 확충하게 되었다. 1986년 '금사'는 선불제 서비스를 시작하였는데 이는 비디오테이프의 유행을 야기하여 이전의 소비 습관을 바꾸어 놓았다. 그리고 이는 회사의 현금 유통을 크게 증가시켜 '금사'는 더욱 발전할 수 있었다.[23]

'금백'은 1987년 능성강凌成康이 고작 20만 홍콩달러의 창업자금으로 시작하였다. 능성강은 월세 1,200홍콩달러로 만자灣仔; Wan Chai[완차이]의 외진 거리에 있는 6평방미터짜리 가게를 얻어서 400개의 비디오테이프를 가지고 창업하였다. 몇 달 후 역시 만자에 위치한, 월세가 1만 홍콩달러가 넘는 10평방미터짜리 점포를 얻었다. 이후 장사가 매우 잘되어 매월 수익이 15만 홍콩달러에 달해, '금백'의 기초를 닦을 수 있었다.

비디오테이프 임대 사업이 최고조에 달했을 무렵, '신예성'은 1988년 7월 '금예성'金藝城; Golden Cinema City Video Distribution Ltd.을 만들고 영화 배급과 비디오 시장을 전담하도록 하여 비디오 시장의 형세를 바꾸었다. '신예성'은 흥행작이 적지 않았기 때문에, '금예성'은 과거 비디오테이프 배급사가 전매하여 비디오 체인에 테이프를 판매하던 방식(비디오 체인이 비디오 종류와 수량을 자유롭게 선택할 수 있었는데, 하나의 가격은 250~500홍콩달러로 각기 달랐다)을 바꾸어 '전대'轉貸; 租上租; sublease 시스템을 내놓았다. 각 체

'신예성'은 비디오테이프 시장이 확대되는 것을 보고, 신속히 '금예성 대여점'을 설립하고 직접 시장을 점유해 갔다.

인점이 1만 홍콩달러의 입회비를 내고 5,000홍콩달러의 보증금을 더 내면 비디오테이프를 구입할 필요 없이 매달 계속해서 빌릴 수 있고, 각 비디오테이프의 누적 대여금은 780홍콩달러까지 늘어났다. '신예성'은 규정을 강화하여, 비디오 체인이 '개별 대여'散租를 할 수 없게 하였고, (흥행 정도에 따라 등급을 분류하여) 1급 비디오는 7개, 2급 비디오는 5개, 3급 비디오는 2개를 빌려 가도록 하였다. 시장에서는 300여 개의 비디오 체인점이 이러한 '전대' 시스템에 반대하였다. 이것이 비디오 체인이 영화를 선택할 자유를 빼앗았기 때문에, 연합하여 홍콩비디오협회香港錄影會協會를 구성하여 '금예성'에 대항하였다. 하지만 당시 비디오 체인은 테이프 1개당 대여료가 평균 15홍콩달러로 이윤이 꽤 높은 편이라 체인들 사이에 의견 일치를 보기가 어려웠다. '쾌도미' 같은 경우는 골든하베스트의 독점 공급이 있었기 때문에 '금예성'에 대항할 수 있었다. 다른 체인의 경우 만약 '금예성'의 영화 공급이 끊기면 영화 공급에 곤란을 겪게 되었다. 결과적으로 '금예성'이 '통일전선' 책략을 내놓고 할인 우대혜택을 제공하자, 적지 않은 체인이 '금예성'과 비밀계약을 맺어 합작하였고 영화 공급에서 '쾌도미'와 동등한 지위를 차지하고자 하였다.[24]

'신예성'이 '전대' 시스템 방식을 내놓은 후, 규모도 작고 기반이 없는 소형 체인은 급등한 비디오테이프 가격의 부담 때문에 대부분 퇴출되거나

金藝城忠告市民，
睇帶睇正版，使錢無蝕底

每間「金藝城特許店」均貼有如圖（一）之特有標貼寫明該「特許店」簽約的有效年期。消費者向沒有「金藝城特許店」標貼的影會租賃金藝城影帶，極有可能租入翻版帶或劣質水貨，除直接幫助不法商人圖利外，在交還影帶時，更有可能被指為偷換影帶而要求賠償，招致不必要的損失。

 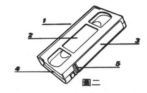

圖一　　　　　　　　　　　　圖二　　　　　　　圖三

精明消費，驗明真偽

每盒金藝城發行之影帶均有如圖（二）之特徵。

（1） 金藝城影帶獨有之象牙色盒掩，其上印有
Golden Cinema City Video Distribution Ltd.字樣

（2） 盒上所有貼紙主要為燙金印刷。

（3） 盒背影片名稱貼紙上均印有不同編號。

（4） 每盒影帶均有保護性易碎貼紙保障帶盒不被開啟。

（5） 由一九八九年十二月開始發行之影帶，盒背的貼紙，均加貼有金藝城商標
之銀色立體鐳射標貼如圖(三)。

一九八九年十二月發行之影片

長短腳之戀、上海之夜、飛躍羚羊、空心大少爺

作為消費者，應保障本身的消費權益，金藝城更歡迎所有市民向本公司或直接向海關提供翻版錄影帶資料。（完）

金藝城影帶發行有限公司
九龍彌敦道742—744號道亨銀行大廈3字樓
電話：3—7890332

불법 복제 비디오가 유행하자, '금예성'은 선전을 통해 정품 구분법을 홍보하였다.

'금사' 비디오 대여점은 경쟁전에서 살아남기 위하여 배달 서비스를 시작하였다.

합병되었다. '쾌도미', '금사' 등 여러 영화 공급상의 지원을 받는 큰 규모의 체인은 점점 발전하여 시장 점유율을 높여 갔고, 가격 할인전과 속도전(체인점 확장)을 벌여 나갔다. 할인 경쟁의 경우, '신예성'의 영화 공급에 실패한 '쾌도미'는 '회비 100% 감면'이라는 구호를 내걸고, 입회비 180홍콩달러를 면제해 주었다. '금백' 비디오 체인은 '특별 회원' 정책을 써서 우대 회원에게는 10% 혜택을 주었고, 선불 대여 방식도 함께 내놓았다. 회원의 경우 960홍콩달러의 연회비를 내면 한 해 동안 무제한으로 비디오를 빌릴 수 있었다. '비취'翡翠 비디오 체인 역시 '헌금 카드' 제도를 만들어, '무제한 비디오 대여, 언제나 신작을 볼 수 있도록' 하는 방침을 내놓았다. 회원은 1,350홍콩달러의 회비만 내면 1년 동안 무제한으로 비디오를 빌릴 수 있었다. 속도전의 경우 '금백'은 '신예성' 영화의 특약권을 취득한 후 매주 3~4개의 체인점을 만들어서 100개까지 확장하여 '쾌도미'의 시장 점유율에 도전하고자 하였다. 이 밖에도 '금백'은 100만여 홍콩달러를 들여 비디오 대여 관리용 컴퓨터 시스템을 갖추었다. 이에 맞서 '쾌도미'는 1989년 200개 체인점 확보를 선포했고 동시에 '금사' 역시 체인점을 100개까지 확장하는 것을 목표로 정하였다.

1988년 '쾌도미', '금사' 등 대형 체인의 영업 이익과 회원수는 몇 배로 늘어났다. 인구 밀집 지역인 주택가, 예를 들면 관당이나 홍콩섬 동쪽 지역의 체인점은 매월 수익이 30만 홍콩달러에 달하였다. 이처럼 체인의 현금 수익이 증가하고 유통속도가 빨라졌지만, 이 현금은 대부분 체인점을 확장 하는 속도전에 다시 투입되었다. 그래서 부동산 시장이 이상 과열되면서 점포 임대료가 배로 뛰었다. 왕각의 점포 임대료는 1평방미터당 50홍콩달 러에서 200홍콩달러로 증가하였다. 동라만이나 만자 번화가의 점포 임대 료는 20만 홍콩달러까지 올라서 비디오 체인 운영 비용의 절반을 차지할 정도였다. 말하자면 부동산업자야말로 비디오 체인 확장 경쟁의 진정한 수 혜자였다. 직원의 임금이 20% 오르고 비디오테이프의 원가가 50% 상승하 는 상황 속에서 비디오 체인의 운영은 점점 어려워졌다. 수차례의 가격 할 인 전쟁을 거치면서 입회비·연회비가 거의 면제되고 대여 가격은 1988년 7 월의 평균 15홍콩달러에서 1989년 초 5~8홍콩달러로 줄어들자 비디오 체 인의 수익은 더욱 나빠졌다. 체인점의 점포 임대료와 직원의 임금을 줄이 기 위해 1988년 6월 '쾌도미'는 세븐일레븐7-Eleven 편의점과 합작하여, 24 시간 체인을 만들었다. '금사' 역시 백가슈퍼마켓百佳超級市場; PARKnSHOP과 합작하여 비디오테이프를 대여하였다. 1989년 중반 임대료와 임금의 상승 압력 때문에 체인점 확장의 속도전을 추구하는 것은 힘들게 되었고, 비디 오 체인은 점차 내부 경영에 치중하였다. 그리고 비디오 체인 회원의 체인 망을 빌려 다른 영역으로 확장시키고자 하였다. 회원들에게 상품 구매, 여 행, 출판, 티켓 예매 등의 서비스를 제공하게 된 것이다.[25] 비디오 대여업의 성패에 대해서는 다음 8부에서 분석하도록 하겠다.

2. 대만 자금의 유입

1980년대 말부터 대만의 배급상과 극장업주는 연이어 홍콩 영화 시장에 핫머니를 투입하였다. 이로 인해 홍콩 영화 제작업이 급격히 확장되었고,

극장체인의 수도 급증하였다. 1988년 초, 잡지 『가채』는 '대만 사람들의 선매수금'이 홍콩 영화 산업에 가져온 기회와 위기에 대하여 다음과 같이 지적하고 있다.

대만 사람들의 선매수금

대만의 영화 산업은 부진하지만 비디오 대여업이 크게 유행하자 대만 사람들이 홍콩에 와서 새로운 영화의 판권을 사려 하였다. 어떤 이들은 100만, 200만 홍콩달러의 현금을 가지고 '제작 기획'을 사려 하는데, 이를 속칭 '선매수금'이라고 한다. 나중에 영화를 다 찍고 나면 대만 판권은 그 사람에게 속하여 대만의 영화관에 가서 팔거나 비디오로 배급하여 일거양득의 효과를 누린다. 그래서 이들 대만 사람은 최근 돈을 많이 벌었다. 이 100만, 200만 홍콩달러는 그들에게 푼돈이면서 또한 밑밥이기도 하다.……선매수금만 있으면 영화사도 없는 2류, 3류 제작자나 감독, 배우도 누구든지 밑천 없이 영화를 만들 수 있었다. 어떤 영화는 수십 만, 또 다른 영화는 100만 홍콩달러의 선매수금만 있으면 크랭크인할 수 있었다. 전체 제작 비용이 200만 홍콩달러라고 하면, 이런저런 비용을 다 제하고 30~40만 홍콩달러가 남는다. 이를 홍콩에서 개봉하여 상영 1주일 만에 스크린에서 내린다면 매표수입이 200만 홍콩달러 정도에 불과하다. 당시 이 정도면 '흥행 실패작'仆衝片이라 여겨졌다. 하지만 그 200만 홍콩달러 중 70만 홍콩달러의 수입을 회수하여 비용을 충당하면 된다. 그들은 '본전을 찾은' 이 영화를 가지고서 해외 시장으로 나간다. 미국과 캐나다에서 수만 홍콩달러, 싱가포르·말레이시아에서 20~30만 홍콩달러에, 영국과 네덜란드에서 수만 홍콩달러에, 태국과 필리핀의 차이나타운에서도 판매할 수 있다. 심지어 중국 대륙에 들어가서 팔기도 하니 전체적으로 보면 충분히 벌어들인 셈이다. 한편 대형 제작사의 2류, 3류 배우들에게는 돈을 버느냐

밑천을 까먹느냐가 중요하다. 하지만 영화사에 속해 있지 않은 그들은 최소한 영화 제작에 참여는 해야만 한다. 개런티가 비록 이전만큼 많지는 않지만 이 직업을 유지하고 지명도를 유지하기만 하면 해가 될 것이 없기 때문이다. 상황이 이렇기 때문에 현재 이러한 영화들이 판을 치고 있어서 알려진 바에 따르면 50편이 넘는 영화가 제작 중에 있다. 과연 "두세 편 영화에 겹치기 출연 안 하면 어디 영화인이라고 할 수 있겠나"라는 말이 생겨날 만하다. 1989년에 이르러 이러한 소자본의 조잡한 영화가 시장에 나와 연이어 상영되자 점점 영화에 대한 관객들의 믿음이 사라져 영화관에 가고 싶은 마음도 줄어들게 되었다. 이로 인해 영화계 내의 인사들, 특히 극장주들은 내심 우려하고 있다. 일부 극장주는 극장을 직접 소유하고 있기 때문에 땅값이 오르기를 기대한다. 그들은 상황에 맞춰서 대응하여 극장이나 부지를 팔아 큰 빌딩이나 상가 건축 사업으로 전환할 수 있다. 하지만 나머지 대부분의 영화 상영업자는 극장 소유주나 부동산 회사와 장기 계약을 맺고 영화관을 운영하고 있다. 이들 영화 상영업자의 경우 1989년의 난관을 헤쳐 나가기가 쉽지 않을 것이다.[26]

대만의 핫머니는 왜 1988년부터 홍콩 영화 시장에 급속도로 유입되었을까? 전통적으로 대만은 시장 보호주의가 매우 강해서 해외 영화의 대만 시장 수입은 줄곧 엄격히 제한되었다. 예를 들어 대만에 수입되는 영화는 필름 프린트를 14벌밖에 만들 수 없고, 한 지역당 6개의 극장만이 연합 상영할 수 있었다. 만약 영화에 중국인이 출연하는 경우, 대륙의 배우는 절반을 넘어서는 안 되었다. 하지만 시대가 변하면서 홍콩산 영화는 대만에서 '국내 영화'라고 불리게 되었고 대만의 현지 영화와 같은 우대혜택을 누리게 되었다. 역사를 거슬러 올라가 보면, 대만 지역에서 가장 큰 영화 배급상은 1950년에 설립된 연방영화사聯邦公司; Union Film Co., Ltd.이다. 일찍이 1950

년대, 하유딩夏維堂 회장은 직접 홍콩에 와서 홍콩 영화를 사 가지고 대만에 가서 배급하였다. '영화'永華의 「취취」翠翠(1953), 「무산맹」巫山盟(1953), 「봄은 독서의 계절이 아니다」(1953) 모두 대만에서 흥행했던 작품이다. 1963년 이한상이 쇼브러더스를 위해 대만에서 「양산백과 축영대」를 제작하여 인기를 끌자, '연방' 역시 싱가포르·말레이시아 재벌인 육운도와 연합하여 이한상이 국련영화사國聯電影公司를 만들도록 지원하였다. 1971년 골든하베스트는 대만 지역 배급권을 연방영화사에 넘겨주었고 골든하베스트의 「정무문」과 「맹룡과강」도 '연방'을 통해 배급되었다. 쇼브러더스와 골든하베스트는 어느 정도 성장한 뒤 대만에 직접 지사를 설립하여 산하의 영화 배급 사업을 전담시켰다. 이러한 새로운 상황 변화로 인해 대만의 배급상은 신진 홍콩 영화 제작사와 교류할 수밖에 없었다. 예를 들어 대만 배급상인 용상영화사龍祥公司는 홍콩의 '신예성'에 자금을 지원하였고, 그후 대만 영화 대행업체인 학자영화사學者公司; Scholar Films Co., Ltd.는 홍콩의 영성永盛영화사에 자금을 대주었다. 다른 대만의 배급상, 예를 들어 '신선'新船, '화량'樺樑, '봉명'鳳鳴 영화사 역시 연이어 홍콩 영화의 제작을 지원하여 순식간에 홍콩에는 독립 제작사가 대거 등장하였다.[27]

3. 대만 자본의 홍콩 영화, 대륙에 진출하다

1980년대 후반 대만에 배급된 홍콩 영화의 흥행 수입은 여러 차례 대만 현지 영화를 넘어섰다. 대만의 10대 흥행 중국어 영화 가운데 8~9편은 홍콩 영화였고, 대만의 한 해 총 매표수입의 80% 이상을 차지하였다. 그래서 대만의 배급상들은 홍콩 영화 상영권 쟁탈전을 벌여야 했고, 이로 인해 홍콩 영화의 해외 판권 가격이 상승했다(〈표 7.12〉). 대만 배급상들도 점점 새로운 투자 방식을 사용하여 홍콩 영화의 공급을 안정화하려고 하였다. 주객

연방영화사가 대만에 배급한 「봄은 독서의 계절이 아니다」

대만 연방영화사의 지원하에 이한상은 국련영
화사를 설립하였다. 사진은 국련영화사의 외관
과 그 스튜디오 안에서 기술자들이 대형 미니
어처 세트장을 만들고 있는 모습

〈표 7.12〉 홍콩 투자 홍콩 영화·대만 투자 홍공 영화·대만 투자 내만 영화의 대만 매표수입

(단위 : 천 대만달러)

정통 홍콩 영화	총수입
1.「무장원 소걸아」(武壯元蘇乞兒)	41,984
2.「황비홍 3: 사왕쟁패」(黃飛鴻之獅王爭霸)	39,526
3.「시티헌터」(城市獵人)	36,506
4.「동방불패 2: 풍운재기」(東方不敗II風雲再起)	31,554
5.「도학위룡 3: 용과계년」(逃學威龍3龍過鷄年)	21,783
6.「가유희사 2: 화전희사」(花田喜事)	18,980
7.「상해황제」(歲月風雲之上海皇帝)	14,309
8.「적나고양」(赤裸羔羊)	9,076
9.「수호전지영웅본색」(水滸傳之英雄本色)	7,945
10.「첩혈가두 2: 염정제일격」(廉政第一擊)	7,102
11.「황비홍소전 2: 황비홍 대 황비홍」(黃飛鴻對黃飛鴻)	6,350
12.「동방삼협」(東方三俠)	5,017
13.「이락부기안」(李洛夫奇案)	4,174
14.「살인마왕」(殺人魔王)	3,672
15.「차신」(車神)	3,319
대만 제작 홍콩 영화	총수입
1.「방세옥」(方世玉)	38,367
2.「황비홍: 철계투오공」(黃飛鴻之鐵鷄鬥蜈蚣)	30,340
3.「동성서취」(射雕英雄傳之東成西就)	17,212
4.「전신」(戰神傳說)	13,205
5.「신유성호접검」(新流星蝴蝶劍)	9,667
6.「대소비도」(新經刀與飛天貓)	8,588
7.「초류향」(笑俠楚留香)	4,862
8.「검노」(劍奴)	3,637
대만 제작 대만 영화	총수입
1.「결혼피로연」(喜宴)	42,253
2.「춘풍소년형」(春風少年兄)	141

출처: 梁良,「兩岸猿聲啼不住 輕舟已過萬重山」,「電影雙周刊」제370기, 1993년 6월 17일~6월 30일, 33쪽.

대만 영화상들은 안정된 영화 공급을 위하여 홍콩 영화 시장에 자금을 대거 투입하였다. 사진은 왼쪽부터 서립공, 구복생, 채송림

이 전도되어 홍콩에 자금을 투입하여 홍콩에서 회사를 만들어 영화를 제작하거나 혹은 제작자의 신분으로 홍콩 영화에 투자하여 홍콩의 해외 판권을 사서 대만으로 돌아왔다. 이들은 홍콩 영화라는 이름을 붙여 한국과 싱가포르, 말레이시아, 태국 등지에 판매하기도 하였다. 이러한 대만의 영화 제작사에는 '신선', '학자', '용상', '장굉'長宏, '신봉'新峰 등이 있었다. 이들이 직접 투자자의 역할을 하면서 작품의 판권, 상영권, 배급권이 자연히 대만 투자자의 수중에 들어오게 되었다.

1990년대 초 홍콩 영화 시장의 주요 투자자는 이제 더 이상 왕년에 흥성했던 '금공주', '덕보', 골든하베스트 등 극장체인 소유주가 아니라, 대만의 '8대 영화상'이었다. ① '중영'('중국', '신세계' 등 용두극장 영화 배급권 소유)의 부사장 서립공徐立功은 홍콩 영화 「방세옥」方世玉; Fong Sai Yuk, 「신용문객잔」新龍門客棧; Dragon Inn, 「황비홍 3: 사왕쟁패」黃飛鴻之獅王爭覇; Once Upon a Time in China III에 투자하였다. ② 연대국제영화사年代國際公司의 부사장 구복생邱復生은 대학영화사大學公司를 설립하여 대만의 여러 인기 있는 극장체인의 영화 배급권을 가지고 있었다. 그가 홍콩에 투자한 영화로 「초류향」笑俠楚留香; Legend of the Liquid Sword이 있다. ③ 학자영화사의 회장 채송림蔡松林은 '학보'學甫, '학언'學彦, '호붕우'好朋友 등의 회사를 만들어 '대세계'와 '금마'金

중국 대륙·홍콩·대만의 합작 영화 「방세옥」 촬영 현장

대륙에서 로케이션 촬영한 대만 자본의 홍콩 영화 「신용문객잔」

대만 자본이 몰려와서 홍콩 영화 제작을 왕성하게 하였다. 사진은 「신선학신침」(新仙鶴神針, 1993)의 촬영 장면

馬 극장체인의 배급권을 소유하였고, 주로 '부예'富藝와 '천막'天幕 두 회사로부터 영화를 사들였다. 그리고 그가 투자한 영화로 「전신」戰神傳說; The Moon Warriors, 「황비홍: 철계투오공」黃飛鴻之鐵鷄鬥蜈蚣; Last Hero in China, 「동성서취」射雕英雄傳之東成西就; The Eagle Shooting Heroes가 있다. ④ '용상'龍祥, '용상'龍翔, '득보'得寶, '삼본'三本 등 회사의 사장 왕응상은 홍콩의 '금공주', '전영공작실', '고지삼'高志森電影有限公司, '백가봉'百嘉峰影業製作公司; Paka Hill Film Production Co. 등의 회사와 합작하였다. 투자한 영화로는 「독고구검」俠女傳奇; Zen Of Sword, 「암연도화원」暗戀桃花源; The Peach Blossom Land, 「동방불패」笑傲江湖II東方不敗; SwordsmanII, 「응소여랑92」92應召女郎; Call Girl'92, 「철마류」鐵馬騮; 少年黃飛鴻之鐵馬騮; Iron Monkey 등이 있다. ⑤ 장굉영화사長宏影視公司; Chang Hong Films Ltd.의 사장 오돈吳敦은 주로 영화 제작에 투자하고 배급 쪽은 맡지 않았다. 투자한 영화는 「신유성호접검」新流星蝴蝶劍; Butterfly Sword, 「묘가십이소」廟家十二少; The Prince of Temple Street, 「추남자」, 「대소비도」新經刀與飛天貓; Flying Dagger 등이 있

〈표 7.13〉 대만 영화상이 홍콩에서 투자하여 제작한 영화(1992~1993)

	편명	투자액(홍콩달러)	홍콩 매표수입(홍콩달러)	타이베이 매표수입(대만달러)
1992	「오호사해」(五湖四海)	12,000,000	1,740,876	5,066,370
	「신용문객잔」(新龍門客棧)	16,000,000	21,505,027	49,893,100
	「도학외전」(逃學外傳)	10,000,000	5,541,579	6,891,900
	「전신」(戰神傳說)		12,648,576	20,654,720
	「묘가십이소」(廟街十二少)	18,000,000	12,620,570	10,276,040
	「독고구검」(俠女傳奇)		3,057,175	3,896,880
	「응소여랑92」(92應召女郎)	5.600,000	8,423,535	1,786,260
	「동방불패」(笑午江湖 II 東方不敗)		34,462,861	52,833,740
	「암연도화원」(暗戀桃花源)		1,474,340	17,218,820
	「몽성시분」(夢醒時分)		4,312,949	4,163,860
1993	「방세옥」(方世玉)	20,000,000	30,693,120	38,367,000
	「동성서취」(射雕英雄傳之東成西就)	25,000,000	22,371,497	17,212,000
	「신유성호접검」(新流星蝴蝶劍)	26,000,000	9,167,960	9,667,000
	「검노」(劍奴)	8,000,000	2,684,634	3,637,000
	「대소비도」(新經刀與飛天貓)	26,000,000	9,706,345	8,583,000
	「언톨드 스토리: 인육만두」(八仙飯店之人肉叉燒包)	4,000,000	13,944,799	자료 미상
	「삼개하천」(哥哥的情人)	5,500,000	2,303,795	자료 미상
	「초류향」(笑俠楚留香)		3,453,404	4,862,000
	「애재흑사회」(愛在黑社會的日子)	7,600,000	5,245,232	자료 미상

출처: 羅妙蘭, 「臺灣片商叫苦連天未必無困?」 『電影雙周刊』 제370기, 1993년 6월 17일~6월 30일, 28쪽.

다. ⑥ 웅위영화사雄威影業公司의 회장 강문웅江文雄은 대륙에서 촬영하는 홍콩 영화에 많이 투자하였는데 「일대효웅지삼지기」一代梟雄之三支旗; Man Of The Times, 「도검소」刀劍笑; The Three Swordsmen 등이 있다. ⑦ 거등엔터테인먼트巨登育樂公司; Golden Entertainment 회장 양등괴楊登魁가 투자한 영화 중 비교적 유명한 것으로 「언톨드 스토리: 인육만두」八仙飯店之人肉叉燒包; The Untold Story가 있다. ⑧ 미국의 VIP 영화·비디오 배급에서 종사하였고 중국 영화 극장체인을 경영해 온 허안진許安進은 홍콩의 '영성'永盛, '예능', '삼화'三禾, '대도회' 등의 회사에서 영화를 공급받았다.[28] 〈표 7.13〉은 바로 1990년대 초 대만

중국 대륙·홍콩·대만의 합작 영화 「패왕
별희」. 배우 장국영, 감독 진개가(陳凱歌,
천카이거)와 대만 투자자 탕신영화사의 엽
풍(葉楓)이 함께 찍은 사진(탕신영화사 제공)

센세이션을 불러일으킨 「패왕별희」

자본의 홍콩 영화가 홍콩과 대만에서 얼마나 흥행했는지 보여 주고 있다.

1989년 홍콩 영화 시장에 들어온 대만의 핫머니는 줄어들기는커녕 오히려 급증하였다. 이 현상은 양안삼지의 영화 산업 통합과 관련이 있다. 1989년 4월, 대만 행정 당국은 행정 명령을 통해 대만 영화상들이 중국 대륙에 가서 촬영하는 것과 중국 대륙의 배우가 출연한 영화가 대만에서 상영되는 것을 허가하였다. 그래서 양안삼지 사이에 수년간 가로막혀 있던 영화 산업의 물꼬가 트이게 되었다. 이로 인해 대만 자금이 더욱 급속도로 홍콩에 유입되어 홍콩 영화 제작상들이 중국 대륙에 들어가 삼지 합작 영화를 찍게 되었다. 양안삼지 합작(대만 자금, 홍콩 제작, 중국 대륙 현지 촬영) 영화는 날이 갈수록 늘어났고 일부 대만 자금은 홍콩 회사의 명의로 중국 대륙 영화계에 투자되었다. 연대영화사年代公司의 「홍등」大紅燈籠高高掛; Raise the Red Lantern (1991), 「인생」活着; Lifetimes (1994), 탕신(홍콩)영화사湯臣(香港)有限公司; Tomson (Hong Kong) Films Co., Ltd.의 「패왕별희」(1993), 「풍월」風月; Temptress Moon (1996)이 모두 대만 자금이 홍콩을 통해 대륙으로 건너가 제작된 영화들이다. 대륙 영화에 대한 대만 영화상의 투자 또한 대륙에서의 영화 판권과 중국 측의 인력 비용을 상호 교환하여 제작하는 방식으로 서서히 발전하였다. 이러한 합작 방식은 어떻게 형성되었을까?

3장 / 양안삼지 영화 산업의 통합

1. 대륙의 영화 산업 개혁

대만 자본의 홍콩 영화는 빈번히 대륙에서 촬영하였고 이는 대륙의 영화 산업 환경에 서서히 영향을 끼치기 시작했다. 1979년 이전까지 중국에서는 영화 시장에서 '일괄구매 대행판매'統購代銷의 계획경제 모델(〈도표 7.1〉과 〈도표 7.2〉)을 채용하여 영화 산업을 공영화하였다. 영화 한 편이 돈을 버는 것은 극장의 매표수입과 직접적으로 관계가 없었고 오히려 영화의 필름 프린트를 몇 벌 파느냐에 달려 있었다. 1980년대 말의 경우 대륙에서 영화 한 편의 제작비가 인민폐 약 150만 위안이라면, 영화 프린트 한 벌의 가격이 1만여 위안이므로, 추산해 보건대 150벌의 프린트를 팔아야 제작비를 회수할 수 있었다. 당시 대륙에는 민영 극장도 없었고 영화 프린트 구매권이 영화관 관리자의 수중에 있었기 때문에 영화 시장 혹은 관중의 기호에 따라 결정되지 않았다. 이러한 시스템하에서 '제5세대' 감독들의 「아이들의 왕」孩子王; King Of Children, 「황토지」黃土地; Yellow Earth 와 같이 뛰어난 작품들은 대륙에서 겨우 7~10벌밖에 판매되지 못하였고, 수입과 지명도는 전혀 비례하지 않았다.[29] 영화 산업에 대한 시장의 영향력이 그다지 크지 않았던 것이다.

〈도표 7.1〉 개혁개방 이전 중국 대륙의 영화 산업 구조

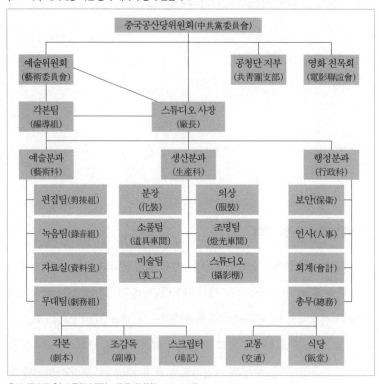

출처: 張力濤, 『中共電影史槪論』香港: 集英館, 1990, 64쪽.

〈도표 7.2〉 개혁개방 이후 중국 대륙의 영화 산업 구조

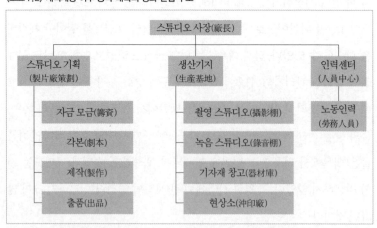

1990년대에 홍콩·대만과의 합작에 따라 시장 역량이 커지자, 대륙 영화 산업에도 차츰 영향을 주기 시작하였다. 1978년부터 대륙이 개혁개방 정책을 실시한 이후 중국영화합작제작사(이하 '합작제작사'合拍公司)도 성립되었다. '합작제작사'는 중국 정부로부터 전국의 대외 합작 영화(대륙과 홍콩, 대만의 영화 합작 포함)를 관리할 권한을 받은 기구로, 외국 영화상, 홍콩 영화상과 합작한 영화의 모든 사무를 통일적으로 관리하였다. 1979년부터 중국 국외의 영화사·제작자가 중국으로 들어와 사극·연속극·다큐멘터리·광고 등을 찍으려면 모두 다 '합작제작사'와 협의하여 협정을 맺어야 했다. 신청자는 '합작제작사'에 등록증, 은행 신용 증명, 시놉시스를 제출하고, '합작제작사'는 신청한 회사와 합작사에 북경에 와서 협의할 것을 요청하였다. 쌍방이 촬영 내용, 합작 형식, 자금과 이윤 배분 등에 대해 동의하면 '합작제작사'는 영화 제작 스튜디오에서의 촬영, 심사, 배급 등을 협조해 주었다. 필요한 촬영기자재, 필름, 차량 등은 모두 '합작제작사'가 세관에 신고해 주었다. 합작에는 다음과 같은 세 가지 방식이 있었다. ① 연합 제작: 쌍방이 공동투자(자금·실물·노동)하고 투자한 자금에 비례하여 영화 판권 수익을 배분하였다. ② 협력 제작: 외국에서 자금과 제작진을 들여와서 중국 대륙에서 촬영하는 방식이다. 중국 측은 설비, 기자재, 촬영지, 노동력을 제공하여 촬영 제작에 협조하였다. ③ 위탁 제작: 외부에서 자금을 대고 중국에서 촬영 제작을 대리로 맡는 방식이다. 이 방식은 일반적으로 단편 제작에 활용되었다. 일반적으로 말하면 '합작제작사'의 수익은 영화 제작비의 3~10%였다. 하지만 실제 촬영을 하는 중에는, 대륙의 많은 촬영지 선택 담당자가 서로 다른 임대 비용을 요구하였는데 교묘하게 명목을 붙여서 교통비, 식비, 임금보조, 야외 촬영지 임대료 등은 '합작제작사'가 책정해 놓은 기준을 초과했다. 중국 내 지역에 따른 차이도 커서 '합작제작사'가 일률적으로 통일하기가 힘들었다. 이 밖에도 대륙의 법률에 근거하여 합작

〈표 7.14〉 역대 중국 대륙과 외지 합작 영화 편수(1979~1997)

연도	홍콩 및 대만			미국 및 유럽		
	총 합작 편수	공동 제작	자금 투자	총 합작 편수	공동 제작	자금 투자
1979	1		1			
1980				2		2
1981	2	1	1	2	1	1
1982	2	2				
1983	4		4	2		2
1984	4		4	3		3
1985	2	2				2
1986	6	4	2	3		3
1987	7	7		3		3
1988	6	6		3	1	2
1989	17	9	8	2		2
1990	8	4	4	4	1	3
1991	28	16	12	1		1
1992	50	42	8	4	1	3
1993	26	19	7	1		1
1994	21	18	3	2		2
1995	33	29	4	1	1	
1996	19	18	1			
1997	14	12	2	9	7	2
합계	250	189	61	44	12	32

출처: "An Overview of Co-Production and Aiding of Films in China(1979~1988)", *Asian Films Connections*, 2000년 3월 20일(http://www.asianfilms.org/netpac/china/china-copro.html).

제작한 영화만을 중국 대륙에서 배급할 수 있었고, 협력 제작한 영화는 이 특권이 없었다. 영화 판권료가 일반적으로 3,000~30,000달러였기 때문에 회수되는 수입과 제작비는 종종 타산이 맞지 않았다.[30] 1990년대 초 대만에서 자금이 유입된 이후 이 문제는 더욱 두드러졌다. 1979~1997년의 영화 합작 통계는 〈표 7.14〉와 〈표 7.15〉에서 상세히 볼 수 있다.

1990년대 초 대만의 자금이 홍콩 영화 시장에 들어와서 '선매수 붐'을 일으킨 것은 1960년대 초 싱가포르·말레이시아 자본에 의한 홍콩 영화 '선

<표 7.15> 1993년 상반기 중국 국영 영화 제작 스튜디오 할당 편수 및 대외 합작 편수

영화 제작 스튜디오	스튜디오 건립 시기	할당 편수	합작 영화 편수
장춘(長春) 스튜디오	1949	15	1
북경(北京) 스튜디오	1949	18	13
상해(上海) 스튜디오	1949	8	4
팔일(八一) 스튜디오	1950년대	-	-
주강(珠江) 스튜디오	1950년대	6	4
서안(西安) 스튜디오	1950년대	7	4
아미(峨眉) 스튜디오	1950년대	8	2
소상(瀟湘) 스튜디오	1970년대 말	7	1
광서(廣西) 스튜디오	1970년대 말	3	2
천산(天山) 스튜디오	1970년대 말	-	-
내몽고(內蒙古) 스튜디오	1970년대 말	2	1
심천(深圳) 스튜디오	1970년대 말	3	2
복건(福建) 스튜디오	1970년대 말	3	2
아동(兒童) 스튜디오	1970년대 말	2	1
청년(靑年) 스튜디오	1970년대 말	3	1

출처: 倪震, 『改革與中國電影』, 北京: 中國電影出版社, 1994. 77, 88~89쪽.

매수'의 상황과 유사하였다. 대만 자금이 들어온 이후 홍콩 스타들의 개런 티, 해외 판권료가 증가했을 뿐만 아니라, 영화 제작 범람이라는 악순환 속 에서 투자가 '흐지부지'되는 경우가 부지기수였다. 설사 제작이 완료된 영 화라 하더라도 매표수입으로 제작비를 회수하기는 쉽지 않았다. 1993년 의 경우 그해 홍콩 영화 중 해외 판권료 최고가는 2,000만여 홍콩달러였는 데, 대만에서 배급하는 데 소요되는 광고비가 약 1,000만 홍콩달러라고 하 면 대만 배급상이 지불해야 하는 돈은 3,000만 홍콩달러(약 1억 대만달러) 였다. 하지만 대만에서 홍콩 영화가 1억 대만달러의 매표수입을 올리는 경 우는 그리 많지 않았다(1992년 최고 흥행한 「심사관」審死官; Justice, My Foot!도 1억여 대만달러를 벌었을 뿐이다). 대만 자본의 홍콩 영화 가운데 흥행 수입 이 비교적 좋았던 이연걸李連杰; Jet Li Lian-Jie의 쿵후 영화의 경우 1992년에 비

'대만 자본의 홍콩 영화'는 대륙의 자연 풍경과 저렴한 노동력을 이용하여 웅장한 스케일을 연출해 냈다. 사진은 「태극권」(太極張三豊) 중 수백여 명을 동원한 전투 신

영화 「심사관」을 촬영 중인 모습

해 1993년 수입이 하락하였고, 수입과 투자는 비례하지 않았기 때문에 대만 영화상의 불만은 점점 높아져 갔다.

2. 대만 영화상의 홍콩 영화 배척

대만의 핫머니가 홍콩 영화 시장에 들어와 홍콩이 원래 가지고 있던 극장 체인 시스템을 흔들어 놓으면서, 대만 영화상이 주도권을 쥐게 되었다. 그렇지만 핫머니는 급속히 들어온 만큼 급속히 빠져나갔다. 1980년대 말, 대만은 홍콩 영화의 가장 중요한 판매 시장이었고, 홍콩 영화 제작비의 약 3분의 1이 대만의 선매수금 수익이었다. 하지만 1990년대 초 대만의 영화상들은 더 이상 홍콩 영화를 사려 하지 않았고, 이에 따라 홍콩 영화의 판권료 역시 급격하게 하락하였다.[31] 1993년 5월 28일, 대만 8대 영화 배급상은 타이베이의 영화상협회片商公會 산하 대만 영화 해외 협력팀을 구성하여 제작비의 제한과 급증하는 배우들의 개런티의 통제를 제안하였다. 홍콩영화종사자협회香港電影從業員協會 대표단은 같은 해 6월 바로 대만에 와서 중재를 요청하였다. 이때 대만 영화상이 요구한 사항은 다음과 같다. ① 1993년 4월 24일 현재 영화 인도 기한을 넘긴 대만 자본의 홍콩 영화 250여 편이 있는데 이를 조속히 제작 완료할 것. ② 영화종사자협회는 홍콩 배우들의 영화 촬영 상황을 대만 투자상들이 참고할 수 있도록 제공할 것. 그리고 조사팀을 구성하여 홍콩 배우의 개런티를 정할 것. ③ 수수료 방식으로 홍콩 영화를 배급할 것(예를 들어 매표수입이 1,000만 홍콩달러 이내이면 수수료는 20%, 1,000만 홍콩달러를 넘으면 수수료는 15%). 같은 달 홍콩과 대만은 다시 한번 회의를 열었다. 대만 투자상 양등괴, 왕응상, 채송림, 구복생과 홍콩 영화상 진영미, 황백명, 나걸승, 향화성向華盛 등이 모여 쌍방 간에 최종적으로 5가지 협의안을 내놓았다.

대만 자본·홍콩 제작·대륙 로케이션의 삼결합(三結合) 작품 「신용문객잔」

① 대만 영화상은 3개월 동안 영화 구매를 잠정 중단하고 이 기간 동안 합리적인 가격을 조정한다. 만약 협의가 이루어지지 못하면, 구매 중단을 3개월 더 연장하고 해결 방법을 바로 찾도록 한다.

② 협의 기간 동안 대만 영화상은 이전의 모든 계약을 청산한다. 추후 협회 대표를 통해 조정한다.

③ 영성영화사의 향화성이 인력 모집을 담당하고 배우 및 제작진의 합리적 보수를 조절한다.

④ 홍콩과 대만의 관련 기구는 매달 한 차례씩 회의를 소집하여 의견을 교환한다.

⑤ 관련 사업 평가 시 반드시 데이터를 준비해야 하고, 불합리한 부분은 적절히 조정한다.[32]

이상의 협의 사항은 적지 않은 홍콩 배우의 반감을 샀고 유명 영화배우 유가령·왕조현王祖賢; Joey Wong Cho-Yin 등은 불만이 있음을 공개적으로 밝힌 후 대만 영화상에게 제재를 당했다.[33] 시장의 상황이 변하여 홍콩 영화가 점점 이익을 보기 어려운 상황이 되자 대만 영화상들이 홍콩 영화 시장에 투입하던 자금 역시 큰 폭으로 줄어들었다. 홍콩 영화에 대한 대만 시장의 의존도를 낮추기 위해서 대만의 관련 당국은 1993년 대만에서의 서양 영화와 일본 영화의 프린트 벌수 제한을 축소했다. 더 많은 서양 영화와 일본 영화가 대만에서 상영되도록 하여 홍콩 영화의 빈틈을 채웠다.

대만과 홍콩 영화계가 전환기를 맞이하던 그 무렵 중국 대륙에서는 1994년 한층 강화된 영화 합작 관리 규정을 발표하였다. 원래 1990년대 초 양안삼지 합작 영화는 중국 대륙의 영화 시장에 자금을 유입하여, 영화 스튜디오의 직원들이 일할 기회가 늘어나고 대륙 영화 스튜디오의 경영 전략도 바꾸도록 만들었다. 합작 조건이 비교적 좋은 북경 스튜디오, 상해 스튜디오, 서안西安 스튜디오에 영화 합작이 몰려들었다. 1991년 '합작제작사'는 총 90여 편의 합작 제작 및 협력 제작 신청을 받았는데 그중 홍콩과 대만 자본의 작품이 90%를 차지하였다(합작 영화는 64편, 협력 영화는 17편이었다). 그리고 1990년대 초 중국 대륙에서 한 해 동안 상영한 영화는 약 200편이었는데, 그중 3분의 1이 바로 합작 영화였다. 관련 규정에 근거하면 매년 생산된 120편의 현지 영화 중 30편만이 합작이 가능하였다. 하지만 위의 수치는 영화국의 규정을 넘어서는 것으로, 대륙 현지 영화의 생산과 상영에 많은 영향을 미쳤다. 1993년 초만 보더라도 합작 영화의 편수가 이미 54편, 협력 영화는 160편에 달하여 대만 자본의 영화가 거의 중국 대륙 영

합작 영화 「푸른색 연」이 정부의 허가를 받지 않고 필름 프린트를 내보내 외국 영화제에 참가한 이후 북경은 합작 영화의 심의 작업을 더욱 엄격히 했다.

화 시장을 독점하였다고 할 수 있다. 1993년의 경우, 상해의 10대 흥행 영화 1~9위가 모두 합작 영화였고 10위는 서양 영화였다. 1993년의 합작 영화 「푸른색 연」藍風箏; The Blue Kite은 몰래 필름 프린트를 일본에 보내 도쿄국제영화제에 참가하였고 「라스트 템테이션」誘僧; Temptation of A Monk 역시 영화국의 비준을 받지 않고 대만에 보내 상영하였다. 그래서 1994년부터 대륙은 합작 영화에 대한 심사를 갈수록 엄격하게 하였기 때문에 그해 합작 영화는 26편까지 줄어들었다. 이후 모든 합작 영화는 까다로운 조건을 갖춰야 했기 때문에 영화 원판 및 심사용 필름의 현상 등 후반 작업은 대륙에서 마무리해야 했다. 합작 영화에 대한 대륙에서의 엄격한 심사 신청은 또한 불경기에 빠진 홍콩 영화 제작업에 타격을 주었다.

1993년 12월 홍콩 영화계는 40인으로 구성된 대표단을 조직해 북경을 방문하여 주로 다음에 대해 논의하였다. ① 1997년 홍콩 반환 이후 홍콩 영화의 발전과 지위, ② 홍콩 영화 판권의 인증 업무, ③ 홍콩과의 합작을 통한 중국 대륙의 영화 시장 개발 문제, ④ 홍콩 반환 이후 홍콩 영화의 창작의 자유. 극장주와 영화상 외에도 배우 대표인 매염방梅艶芳; Anita Mui Yim-Fong, 양가휘梁家輝; Tony Leung Ka Fai 등이 동행하였는데, 이들은 3일 간의 방문을 통해 중국의 삼부일국三部一局(중앙선전부中央宣傳部, 문화부文化部, TV방송부廣播電視部, 국가판권국國家版權局)과의 접견을 성사시켰다. 그리하여 홍콩은 반환 이후에도 '중국홍콩'이라는 명의로 국제 영화제(금마장영화제 포함)에 참가할 수 있고 영화 제재를 통제받지 않을 것을 승낙받았다.[34] 이번 방문이 상징하는 바는 매우 명확하여, 1990년대 초의 양안삼지 영화 산업의 새로운 결합을 반영하고 있다.[35]

　　1988~1993년의 '선매수 붐'이 초래한 이상 과열 현상 이후 홍콩 영화 제작 산업의 영광은 재현되지 못하고 영화 생산량은 급격히 줄어들었다. 1990년대 중반 말레이시아와 태국의 환율 대란, 인도네시아 폭동, 1997년 아시아 금융위기와 한국의 IMF사태 등으로 인해, 홍콩 영화를 찾는 사람들이 사라져 버렸다. 또한 유명 감독, 인기 배우 모두 흥행을 보증할 수 없게 되었고, 동남아로부터의 선매수금이 끊겼을 뿐만 아니라, 홍콩 영화를 사러 오는 사람조차 드물어졌다. 이 때문에 적지 않은 홍콩 영화가 대만에 대한 판매 전략을 바꾸어 '영화제 판매 방식'으로 대만에 진출하면서 영화 프린트와 홍보비를 줄이고자 했다. 홍콩 영화상도 대만에 영화를 직접 배급하지 않고 영화의 대만 전체 판권(극장 상영, 비디오테이프, VCD 및 기타 파생 판권)을 일괄 판매하였다. 그렇지만 그 평균 판매가는 겨우 30만 홍콩달러에 불과했다. 홍콩 영화 산업의 하락세는 더 이상 만회하기 힘들었다.[36]

3. 할리우드 영화의 쇄도

대만과 동남아 시장을 차례로 잃은 후 홍콩 시장은 홍콩 영화의 최후 보루가 되었다. 하지만 대만 핫머니의 급속한 퇴조 이후 홍콩 영화의 한 해 상영 편수는 100편까지 급락하였고, 1993년 중반 영화 산업은 쇠퇴기에 접어들었다. 1994년 흥행 수입이 1,000만 홍콩달러 이하인 홍콩 영화가 전체 상영 편수의 60%에 이르렀다. 위기감을 느낀 홍콩 영화계 인사들은 "홍콩 영화는 이미 끝장났다"고 말하곤 하였다.

1990년대 중반 3대 홍콩 영화 극장체인에서 상영된 영화 편수는 80편이 못 되었고 한국·동남아·대만의 선매수금도 급격히 줄어들어 영화 제작 자금을 구하기 어려웠다. 1990년대 초, 중형 홍콩 영화의 편당 제작비가 보통 500~600만 홍콩달러라고 하면, 해외 판매가는 80~160만 홍콩달러(제작비의 3분의 1)였다. 하지만 1993년 이후 대만 영화상이 제시한 가격은 30만 홍콩달러를 넘지 않았고, 거기에 덧붙여 홍콩 영화상에게 영화 프린트를 제공하도록 요구하였다. 프린트 한 벌당 1만여 홍콩달러가 든다고 하면, 홍콩 영화상이 받을 수 있는 돈은 보통 20만 홍콩달러 정도로 이것은 제작비의 5%밖에 되지 않는 금액이었다. 홍콩의 독립 제작사는 더 이상 선매수금으로 자금을 모아 영화를 찍는 것이 어려워졌다. 규모가 비교적 큰 제작사는 수년간 축적한 자금에 의지하여 겨우 유지해 갈 수 있었지만, 세력이 약한 독립 제작사는 불경기에 생존하기가 힘들었다. 손해 보는 것을 막기 위해 골든하베스트는 영화 제작에 투자하는 것을 줄이고 몇 편의 중형 영화만 지원하면서 성룡 영화와 묶어서 해외 판권을 팔았다. 중국성영화사도 생산량을 줄이기 시작하고 왕정·유덕화의 영화에만 투자하였다.

홍콩 영화가 불경기에 빠지자 극장 관객 수도 계속 줄어들었다. 하지만 서양 영화 관객은 1993년부터 점점 늘어나기 시작했다. 1993년의 「쥬라기 공원」Jurassic Park; 侏羅紀公園은 홍콩에서 6,000만 홍콩달러의 매표수입을 거둬들인 데 비해, 같은 해 홍콩 영화 중 가장 흥행한 「당백호점추향」唐伯虎點秋香; Flirting Scholar은 4,000만 홍콩달러의 수입을 거두었을 뿐이다.[37] 미국 영화의 쇄도와 해적판 VCD의 창궐로 인해 홍콩 영화의 박스오피스 점유율은 그 자리를 서양 영화에 내주어야 했다. 이러한 전세 역전 상황은 연쇄적인 반응들을 불러왔다. 원래 홍콩 영화를 상영하던 극장들이 연이어

서양 영화를 상영하기 시작하였고, 홍콩 영화상들의 홍콩 영화 수요도 줄어들면서 극장체인이 홍콩 영화상에게 투자하던 자금 역시 줄어들었다. 1990년대 중반에 들어서도 서양 영화의 매표수입이 계속하여 홍콩 영화를 압도하였고, 1996년에는 「인디펜던스데이」Independence Day; 天煞地球反擊戰의 매표수입은 4,900만 홍콩달러, 「미션 임파서블」Mission: Impossible; 職業特攻隊은 4,000만 홍콩달러 가까이 벌어들였다. 1998년의 「타이타닉」Titanic; 泰擔尼克號은 1억 1,000만 홍콩

'에드코'가 「천공의 성 라퓨타」를 홍콩에서 배급·상영한 후 일련의 일본 영화 붐이 일었다. 사진은 전후 일본 영화 유행을 일으킨 전설 '울트라맨과 고질라' 시리즈의 제작자 쓰부라야 에이지(円谷英二)와 고질라

달러를 넘어섰다. 반면 홍콩 영화의 매표수입은 2,000만 홍콩달러를 넘는 작품도 거의 찾아보기 힘들었다.[38]

외국 영화 극장체인의 경우, 홍콩에서 삼족정립의 형세가 나타났다. 이들은 각각 '주립'洲立; United Artist, '금화'金禾; Golden Harvest, '에드코'Edko; 安樂로, 주로 미국과 일본 영화의 배급을 맡았다. '주립'과 '금화'의 기본 멤버는 1970년대에 구성되었는데 골든하베스트와 연관이 매우 깊다. 1980년대에 흥기한 '에드코'는 일본 애니메이션 「천공의 성 라퓨타」天空の城ラピュタ; Laputa: Castle In The Sky; 天空之城, 「바람계곡의 나우시카」風の谷のナウシカ; Nausicaa Of The Valley Of Wind; 風之穀, 「이웃집 토토로」となりのトトロ; My Neighbor Totoro; 龍貓 등을 배급하여 유명해졌다. 이 영화들의 매표수입은 모두 1,000만 홍콩달러를 넘어섰다. 이후에 배급한 이란, 인도, 브라질 영화 역시 소수 시장에서 인기를 끌었다. 서양 영화의 매표수입이 비교적 좋았기 때문에 더 많은 홍

골든하베스트가 UIP의 영화 공급 자격을 획득하였다.

콩 영화 극장체인이 서양 영화 상영으로 방향을 전환하였다. 그래서 극장체인의 외국 영화와 홍콩 영화의 상영 비율이 기존의 3:7에서 4:6으로 변화하였다. 외국 영화사는 홍콩에서 직접 경영하는 극장이 없었기 때문에 배급사를 통해 아시아 시장을 개척할 수밖에 없었다. UIP United International Pictures는 MGM, 유니버설, 파라마운트, 유나이티드 아티스트의 4개 할리우드 회사가 연합하여 경영하는 배급상이었다. 본사는 런던에 있었고 아시아 총지부는 싱가포르에 있었다.

홍콩 UIP는 일찍이 1989년 골든하베스트와 합작을 시작하여, 골든하베스트는 극장체인을 제공하고 UIP는 영화를 공급하였다. 1997년 10월 아시아 금융위기 발발 직후 동남아 영화 시장이 불경기에 빠지자 그 지역 UIP의 수입은 절반 정도로 떨어졌다. 비록 이로 인해 홍콩 영화 시장도 영향을 받기는 하였지만, 홍콩달러는 평가절하되지 않았기 때문에 다른 동남아 지역에 비해 수익이 안정적이었다. 예를 들어 「타이타닉」과 「아이언 마스크」The Man In The Iron Mask; 鐵面王子의 배급을 통해 UIP는 적지 않은 수입을 거둬들였다. 1997년 이전까지 할리우드 영화의 아시아 지역 흥행 수입은 전미 매표 흥행에 상대가 되지 않았지만, 전 세계 수입에서 아시아 지역 매표수입이 차지하는 비중이 적지 않아지면서 아시아의 영화 취향도 미국 영화인의 경영 방식과 제작 결정에 직접적으로 영향을 끼치기 시작하였다. 그래서 1990년대에 할리우드는 홍콩

1990년대에 할리우드는 홍콩식 영화로 아시아 시장 진출을 시도하였다. 홍콩 영화인 주윤발, 오우삼은 할리우드에 스카우트되는 데 성공하였다. 사진은 오우삼(오른쪽에서 두번째)이 장철의 조감독 시절 찍은 것

의 감독과 배우를 기용하기 시작하였고 홍콩식 액션을 많이 도입하고 영화 내용에서 홍콩이나 중국 대륙 등을 다루기도 하였다. 이로써 아시아 관객에게 공감을 얻어 극장으로 끌어들이고자 하였다. 전통적으로 홍콩 시장은 일본과 대만에 비하여 작았기 때문에 MGM, 유니버설, 파라마운트, 유나이티드 아티스트 등은 거대한 자본이나 배우를 동원하여 홍콩에서 영화를 홍보하지 않았다. 하지만 1999년 말 「007 네버다이」Tomorrow Never Dies; 明日帝國의 감독과 배우들은 대규모로 홍콩에 와서 홍보 활동을 하여 할리우드가 홍콩 영화 시장을 중요하게 여기기 시작했다는 것을 보여 주었다. 양자경楊紫瓊; Michelle Yeoh, 주윤발, 오우삼, 당계례唐季禮; Stanley Tong Gwai-Lai 등 홍콩의 배우와 감독은 아시아 시장에서도 매우 인기가 많았다. 그들이 할리우드 영화계에 진출할 수 있었던 것은 개인적인 노력 이외에도 할리우드 투자자가 아시아 시장을 중시하였기 때문이다.[39]

홍콩에서의 서양 영화의 유행은 중국 대륙의 영화 시장에도 영향을 주었다. 1993년 초 중국 대륙에서는 영화 체제를 개혁하여 중국영화사中國電影公司의 독점과 일괄구매·일괄판매 배급 방식을 깨뜨리고 각 영화 제작 스튜디오가 배급권을 소유하게 하였다. 1994년 대륙은 영화 시장을 개방하여 미국과 홍콩 등 해외 영화를 이익 배분 형식으로 한 해에 10편씩 배급할 수 있도록 허가하였다. 「취권 2」醉拳II; Drunken Master II와 미국 영화 「도망자」The Fugitive; 亡命天涯는 이익 배분 형식으로 대륙에 배급된 첫 영화였다. 1995년 초 중국대륙영화배급상영수출입사中國內地電影發行放映輸入輸出公司(하반기에 중국영화사로 개칭한다)가 수입한 10편의 영화에는 「트루 라이즈」True Lies; 眞實的謊言, 「포레스트 검프」Forrest Gump; 阿甘正傳, 「라이온 킹」The Lion King; 獅子王 등이 있었다. 1995년 이후 중국 대륙에서 상영한 홍콩 영화로는 「홍번구」紅番區; Rumble In The Bronx, 「폴리스 스토리 4: 간단임무」警察故事4之簡單任務; First Strike, 「나이스 가이」一個好人; Mr. Nice Guy 등이 있다. 1998년 「타이타닉」이 대륙에서도 엄청나게 흥행하여 인민폐 3억 2,000만 위안의 매표수입을 벌어들였고, 그해 중국 대륙 총 매표수입(인민폐 14억 4,000만 위안)의 20%를 차지하였다.[40] 할리우드 영화가 양안삼지 시장을 제패하자, 이 역시 홍콩 영화의 형세를 악화시켰다.

4장 / 홍콩이 만들어 낸 스타

대만의 핫머니가 대량으로 유입되어 영화계에 투자 거품을 만들었고, 대량의 자금은 소수의 유명 영화인에게 몰리면서 직접적으로 영화 제작비를 상승시켰다(〈표 7.16〉). 영화 제작비의 각 항목 중 스타 배우의 개런티가 가장 급속도로 증가하였는데 2년간 개런티가 3배나 올랐고 주성치, 유덕화, 임청하林青霞: Brigitte Lin Ching-Hsia, 이연걸 등 스타는 동시에 7~8편의 영화에 참여하기도 하였다. 서극, 정소동程小東: Tony Ching Siu-Tung 등 영화감독, 미술감독, 무술감독, 기타 스태프들의 몸값도 동시에 상승하였으며 영화의 홍보 비용도 덩달아 높아져서 정작 영화를 제작하는 데 들어가는 비용은 턱없이 부족해졌다.[41]

제작 범람 풍조, 매표수입 하락, 제작비의 대폭 상승은 모두 1990년대 홍콩 영화 산업 저조의 서막을 열었다. 대만 시장에서는 「황비홍」과 「동방불패」 등 홍콩 영화가 크게 흥행하였고, 동남아와 한국에서도 홍콩 영화 붐이 일어났다. 1992~1993년은 선매수 붐의 절정기였는데 제작자들은 시나리오 없이도 임청하나 이연걸의 이름만 가지고서 배급상에게 100만여 달러의 해외 판권료를 미리 받을 수 있었다. 해외 판매 수익은 홍콩 극장주의 영화 예약금과 함께 영화 제작비의 60%에 달하였다. 이는 영화계에 이

(단위 : 만 홍콩달러)

사례 1. 「정장추녀자」(精裝追女仔)	1987년 기록	1993년 기준으로 추산
감독	50	150
각본	8	50
배우	150	1,450
미술 지도	5	30
기타 스태프	80	150
스튜디오 대여·소품·의상	50	100
기타(의상비 및 현상비 포함)	200	400
총 투자액	543	2,330
사례 2. 「황비홍: 철계투오공」	1991년 기준으로 추산	1993년 기록
감독	100	150
각본	30	50
배우	300	1,700
미술 지도	24	50
기타 스태프	350	500
스튜디오 대여·소품·의상	400	750
기타(의상비 및 현상비 포함)	600	1,000
총 투자액	1,804	4,200

출처: 羅妙蘭, 「臺灣片商咪苦連天未必無困?」, 『電影雙周刊』 제370기, 1993년 6월 17일~6월 30일, 30쪽.

상 제작 과열 현상을 가져왔다. 1993년만 보더라도 홍콩 영화 생산 편수가 1992년에 비해 100여 편이 많아져서 시장에 심각한 과잉 공급이 일어났다. 1988년 잡지 『가채』는 예능영화사藝能電影公司의 책임자 겸 유덕화의 매니저인 장국충을 인터뷰하였다. 그는 스타의 몸값이 올라가고 영화가 범람하는 상황을 직접 지켜본 사람이었다.

예능영화사의 책임자 장국충은……영화 산업의 하반기 성적에 대해 낙관적이지 않다.……"1987년 하반기부터 1988년 상반기를 살펴보면, 비교적 유명한 배우, 그러니까 주윤발·종초홍·장만옥·유덕화 등이 여러 영화에 겹치기 출연을 하고 있습니다. 문제는 모두가 영화가 흥행할 것이라고 생각해서 연달아 여러 편의 영화를 찍고 있다는 것입니다. 일부 독립 제작사도 이에 뒤처지지 않으려 애쓰고 있습니다. 현재 임영동·주윤발·홍금보 등이 스스로 영화사를 만들어 영화를 찍으려 합니다.……배우가 모자라는 문제는 점점 더 심각해지고 있어서 바로 공급이 이루어지지 않는 시기가 온 겁니다. 최근 설립된 많은 멀티플렉스 영화관은 영화 산업 발전을 촉진시키고 있습니다. 극장이 많아질수록 극장체인도 많아지고 영화 수요도 자연히 증가하게 되지요. 하지만 모두 영화를 찍을 새로운 소재가 모자라 서로 베끼게 되면 조잡한 작품만 나오게 될 것입니다.……그리고 비디오테이프도 영화관의 매표수입에 엄청난 영향을 주고 있어요. 현지에서 제작한 영화가 대만에 팔리면 대만 영화상은 비디오테이프 판권도 모두 사는데 이건 정말 심각한 문제예요! 우선 대만에서 MTV[1]가 유행하고 있는데 홍콩 영화가 홍콩에서 상영된 직후에 바로 비디오테이프로 배급됩니다. 이는 관객들을 영화관에 끌어들이는 데 직접적으로 영향을 줍니다. 그리고 홍콩에서 발생한 배우 부족 문제는 대만에도 마찬가지로 영향을 끼칩니다. 최근에는 여러 배우가 겹치기 출연을 하면서 같은 시기에 그 배우의 영화가 한꺼번에 상영되면서 제 살 깎아 먹기식 상황이 되었습니다. 그래서 흥행 수입이 별로 좋지 못합니다. 또 홍콩에서도 비디오가 출시되는 기간이 이전보다 단축되었어요. 평균적으로 영화 상영 후 반년 내지 1년도 못 되어 비디오테이프로 배급됩니다.……상반기 시장은 아주 좋았던 것 같아요! 영화계 바깥의 사람들도 알 정도였으니까요. 그래서 평상시에 영화계를 기웃거리던 사람들도 영화계에 발을 들여놓았지요. 이런 소형 독립 제작사들이 연달아 설립되어 새로운 영화를 앞다투어 찍게 되면서 일종의 과열 현상이 나타나게 된 것이죠."[42]

---

1 여기서 말하는 MTV란 원래 Movie TV의 줄임말로, 스크린이 아니라 TV로 영화를 상영한다는 의미에서 기원한 것이다. 1980년대 대만에서 유행했던 영화 상영 휴식공간으로, 한국의 '비디오방'에 해당한다.

대만에서 핫머니가 유입되고 동남아로부터의 선매수금이 넘쳐 났을 당시에는 홍콩의 영화 제작 활동도 매우 왕성하였다. 일부 영화 스타의 개런티는 편당 수천만 홍콩달러까지 치솟았는데 그중에서도 임청하와 이연걸이 가장 높았다. 임청하와 이연걸 두 배우가 걸어온 길은 달랐지만, 한 가지 공통점이 있다면, 둘 다 '외부에서 들어온' 배우라는 점이었다. 임청하는 대만에서 건너와서 서극의 「동방불패」를 찍고 스타덤에 올랐고, 이연걸은 중국 대륙에서 건너와서 서극의 「황비홍」과 「방세옥」 시리즈를 찍고 최정상에 섰다. 임청하와 이연걸은 모두 홍콩이 새롭게 만들어 낸 스타였다.

임청하는 본적은 산동이고, 대만 가의嘉義에서 태어났다. 홍콩에서 전성기를 맞았던 임청하의 특이한 경력은 바로 양안삼지 영화계의 미묘한 관계를 반영한 것이라고 할 수 있다. 임청하는 1970년 타이베이에서 길거리 캐스팅되어 송존수宋存壽 감독의 「창외」窓外; Outside the Window에 출연하여 일시에 유명해졌다. 그뒤 곧바로 쇼브러더스가 제작하고 이한상이 감독한 「금옥양연홍루몽」金玉良緣紅樓夢; The Dream of the Red Chamber에 장애가와 함께 출연하여 가보옥을 연기하였다. 1970년대에 임청하는 진한秦漢; Chin Han, 진상림秦祥林; Charlie Chin Chiang-Lin, 등광영 등과 함께 일련의 경요 애정소설 원작의 영화에서 주연을 맡았다. 당시 대만 영화계에서 임봉교林鳳嬌; Joan Lin Feng-Chiao와 쌍벽을 이루던(당시 대만 영화계에는 '쌍진쌍림'雙秦雙林이라는 말이 있었는데, '쌍진'은 진한과 진상림을 가리킨다) 임청하의 지위는 확고했다. 1980년대에는 홍콩에 진출하여 막 흥성하기 시작한 '신예성'에서 「도마단」刀馬旦; Peking Opera Blues, 「귀마지다성」 등의 영화에 출연하여 이미지와 연기 방향을 바꾸기 시작하였다. 이를 영화계 인사들은 '홍콩화'香港化라고 불렀다. 1990년 대만의 자금이 홍콩으로 유입되자 대만 자본의 탕신(홍콩)영화사는 일찍이 '뉴웨이브'로 유명해진 엄호를 감독으로, 대만의 작가 삼모三毛를 각본가로 삼고, 쇼브러더스의 옛 스타였던 서풍徐楓; Hsu Feng(영

임청하의 이미지는 끊임없이 변하였다. 사진은 대만에 있을 때 문예영화 여주인공으로 출연하던
당시의 다양한 모습

북경 청년 이연걸은 홍콩을 발판 삼아 할리우드에 진출하였다.

화 「협녀」의 주인공이자 '탕신'의 임원 탕군년(湯君年의 부인)을 총제작자로 삼아 대륙을 배경으로 「홍진」(滾滾紅塵; Red Dust)을 제작하였다. 이때 발탁한 배우가 장만옥, 진한, 임청하 등 각기 양안삼지에서 온 이들이었다. 이 영화 덕분에 임청하는 금마장영화제 여우주연상을 받게 된다.[43] 1992년, 서극의 '전영공작실'이 「동방불패」를 제작하였는데, 임청하는 '동방불패'의 이미지로 한국과 동남아 일대를 풍미하였다. 이렇게 영화가 크게 흥행하고 나자 임청하가 이후 출연한 「동방불패 2: 풍운재기」(東方不敗II風雲再起; The East Is Red), 「절대쌍교」(絶代雙驕; Handsome Siblings, 「도검소」 등의 작품에서도 '동방불패'의 이미지를 모방하였다. 1994년, 임청하는 에스쁘리(Espirit; 思捷)사를 경영하던 홍콩 재벌 형리원(邢李爆)과 결혼한 후 홍콩에 가정을 꾸렸다. 임청하와 친한 친구 가운데 유명한 이로는 북경에서 태어나고 홍콩에서 스타가 된 가수 왕비(王菲; Faye Wong Fei (1980년대에는 홍콩식 이름인 왕정문(王靜雯; Wong Jing-Man으로 활동했지만, 유명해진 후 본명으로 다시 바꿨다)나 강소성 출신의 홍콩 영화 스타 유가령 등이 있다. 임청하, 왕비, 유가령 세 사람의 영화·TV 경력은 바로 양안삼지 영화계의 미묘한 통합 관계를 보여 준다.

이연걸(본명 이양중李陽中)은 북경에서 태어나 어렸을 때 북경무술학교에 뽑혀서 무술을 배웠고, 18세 때 제5회 중국 전국 무술대회에서 1등을 한 경력이 있다. 또한 어렸을 때 홍콩의 장성영화사가 대륙에서 스포츠 다큐멘터리를 찍을 때 출연한 바 있다. 1981년 홍콩 은도그룹은 대륙의 중

임청하는 홍콩에 온 이후 스크린에서의 이미지가 계속 변화했다. 사진은 임청하가 「신용문객잔」에서 만들어
낸 이미지

임청하가 홍콩에 온 후 서극이 그녀의 이미지를 바꿔 주었다.

영화 「소림사」에서의 이연걸. 홍콩에 온 그는 남방의 비중 있는 무술인 황비홍 역을 맡아 큰 인기를 누렸다.

원영화사와 합작하여 「소림사」少林寺: Shaolin Temple를 촬영할 당시 하남성 河南省의 숭산嵩山 소림사를 실제 배경으로 찍고자 하였다. 원래는 장성영화사 출신의 오강吳剛이 주연을 맡기로 하였지만 우여곡절 끝에 이연걸이 실제 무술 실력 덕분에 출연하게 되었다. 감독은 원래 이연걸이 키도 작고 주인공에 어울리지 않는다고 생각했지만 시나리오 작가는 극중의 남자 주인공이 소년 스님이라 키가 클 필요가 없다고 생각해 이연걸을 지지하였다. 영화 촬영을 마친 후 이연걸은

사람들을 놀라게 하였고, 이 영화가 벌어들인 일본 배급 수입만 1억 홍콩달러에 달했다.[44] 이연걸이 유명해진 후 쇼브러더스도 남소림 영화를 전문적으로 찍던 유가량을 대륙에 파견하여 이연걸 주연의 「소림사 3: 남북소림」 南北少林: Martial Arts Of Shaolin을 감독하게 하였다. 무술사범 출신의 유가량은 이 시기 양안삼지 영화 산업의 통합과 쇼브러더스 영화 왕국의 흥망성쇠에 대해 직접 보고 들은 바를 자세하고 흥미진진하게 이야기하고 있다.

하루는 요승지와 [쇼브러더스의] 소일부 회장님이 내 작품을 좋아한다면서 내가 대륙에 가서 이연걸과 함께 작품을 찍으면 좋겠다고 하였다. 소일부 회장님은 나에게 "유가량 자네가 일을 좀 해주면 좋겠네" 하였다. 당시 그는 대륙과 협상 중이었다. 그는 "나와 함께 대륙에 가서 영화를 한 편 찍자구"라고 했고, 내가 "그럴 수 없습니다, 영화를 찍고 나면 대만에는 갈

수 없잖습니까"라고 하자 회장님은, "문제없을 거네" 하였다. 그래서 나는 대륙에 가서 「소림사 3: 남북소림」을 찍었다. 이 영화는 1년 동안 찍었는데 매일 영화를 찍을 때마다 무술팀과 해방군 병사들을 불러야 했다. 그들은 영화 촬영을 잘 몰랐기 때문에 내가 "카메라"라고 외치면 이해하지 못했고, "시작"이라고 해야 했다. 그들은 매일 한 신을 찍고서 돌아가곤 했다. 이연걸과 나는 겉으로 보기에는 좋은 친구인 것 같았지만 그는 속으로는 나를 무서워했다. 어떤 사람들은 내가 국민당원이고 간첩이라고 생각하였다. 그래서 매일 촬영을 마치고 나면 그냥 가 버렸고 대화도 나누지 않았다. 이 영화의 제작을 마치자 쇼브러더스는 1,000여 명의 직원을 해산시켰고 홍콩 TVB 방송국으로 방향을 바꾸었다. 이것은 매우 큰 변화였고 내가 영화를 찍는 데 엄청난 영향을 미쳤다. 왜냐하면 홍콩에 돌아가자마자 바로 '짐을 싸야' 했기 때문이다. 하지만 나는 영화의 제작을 마쳐야 했다. 홍콩에 돌아와서 영화를 편집했는데 나쁘지 않았다. 영화 상영으로 2,000 여 만 홍콩달러를 벌 수 있었다. 이때 방일화가 "다시 대륙에 가서 영화를 찍읍시다"라고 했지만 나는 가지 않겠다고 했다. 그러나 쇼브러더스는 홍콩에서 나에게 찍을 영화를 주지 않았고, 1년여 동안 나를 챙겨 주지 않았다. 이후에 '신예성'의 맥가, 황백명, 석천이 영화를 찍기 시작하면서 나를 대만에 보내서 찍은 영화가 「횡재삼천만」^{橫財三千萬; The Thirty Million Dollar Rush}으로, 임청하가 출연했다. 그래서 나는 대만에 십수 일 동안 가 있었다.……[45]

1980년대 말, 쇼브러더스는 이미 영화 제작을 축소하고 있었던 반면 서극의 '전영공작실'은 바야흐로 번창하고 있었다. 이연걸은 여러 곳에서 영화를 찍다가 서극의 「소오강호」^{笑傲江湖; Swordsman}, 「방세옥」, 「황비홍」 시리즈에 참가하면서 개런티가 점점 올라간다. 1993년 홍콩의 영화 시장

서극 감독의 「도마단」 크랭크인 행사 모습

이 축소된 후 이연걸은 할리우드에 진출하여 A급 영화 「리쎌 웨폰 4」Lethal Weapon 4; 轟天炮4(1998), 「로미오 머스트 다이」Romeo Must Die; 致命英雄(1999)에 출연하였다. 임청하, 이연걸 등의 배우는 동남아에서도 인기가 매우 많았고, 유명해지기 시작한 감독 서극, 정소동 등과 함께하였다. 서극과 정소동 팀은 그 명성이 대단해져서 보수도 급상승하였다. 도대체 서극이 스타를 만드는 영감은 어디서 온 것일까? 서극의 본명은 서문광徐文光으로 1951년 베트남에서 태어나서 1966년 홍콩으로 이민을 왔다. 1970년 텍사스 주립대학에서 영화학을 공부하고, 1977년 홍콩으로 돌아와서 TVB에 들어가 연출을 맡았다. 그가 참여한 작품으로는 왕명전 주연의 「가변」과 정소추 주연의 「대형」 등이 있었다. 1978년 새로 만들어진 가예TV로 옮겨 가서 필름으로 촬영한 연속극 「금도정협」으로 큰 인기를 끌었다. 1979년 그는 골든하베스트와 오사원의 도움으로 영화계에 진출하였다. 베트남에서 태어난 서극은 전쟁 중에 구질서가 완전히 분열·와해되는 것을 직접 목격하였기 때문에, '질서 붕괴'가 그의 작품의 기조가 되었다. 맨 처음 만든 세 편의 영화 「접변」(1979), 「제일유형위험」(1980), 「지옥무문」^{地獄無門; We're} Going to Eat You(1980)은 모두 순식간에 유명해졌다. 하지만 당시 시장의 취향에는 맞지 않아서 흥행 수입은 좋지 못하였다. 1984년 서극은 '신예성'에 들어가서 「상해 블루스」^{上海之夜; Shanghai Blues}(1984), 「타공황제」^{打工皇帝;} Working Class(1985), 「도마단」(1986) 등 상업영화의 감독을 맡았다. 이후 '전 영공작실'을 설립하여, '신예성'과 골든하베스트의 지원하에 영화를 제작하였다. 1987년 서극은 오우삼의 「영웅본색」과 정소동의 「천녀유혼」^{倩女幽} ^{魂; A Chinese Ghost Story}의 총제작자를 맡았다. 1990년대에는 「동방불패」 시리즈를 만든 것 이외에도, 1950년대 광동어 영화 붐을 일으킨 황비홍·방세옥 이야기에 유행하는 요소를 집어넣고 재창조하여, 북방의 소림 청년 이연결을 광동의 점잖은 무술사범 황비홍으로 새롭게 만들어 내는 데 성공하였다. 그리고 대만 작가 경요의 애정소설의 여주인공 역할을 맡아 왔던 임청하를 김용 소설 속의 성별이 불분명한 '동방불패'로 바꾸었다. 서극이 스타를 만들어 내는 비결은 바로 전통에 대한 전복이라고 할 수 있다.

역사의 재연
'선매수금으로 흥하고, 선매수금으로 망하다'

1980년대는 홍콩 영화 산업의 황금기였다. 그 형세는 흡사 1950~1960년대 홍콩 광동어 영화의 '선매수 붐'과 유사하였다. 두 시기는 모두 똑같이 외부에서 영화계로 들어온 핫머니가 경쟁적으로 선매수 방식으로 영화를 사들여 영화 생산량과 극장체인 수가 급증하도록 만든 것이었다. 이는 결국 제작의 범람과 흥행 수입의 폭락을 가져와, 핫머니는 더 이상 이익을 남기지 못하게 되면서 서둘러 시장을 빠져나갔다. 그후 영화 시장은 다시 재기하지 못하고 쇠퇴하고 말았다. 1980년대의 대만에서도 비슷한 현상이 일어나 대만 영화 시장은 결국 생산을 멈추고 종말을 고하였다. 그렇다면 홍콩 영화계에 회생할 가능성은 있는 것인가? 다음 8부에서 자세히 살펴보겠다.

8부

생산·판매의 새로운 질서
상영 창구의 변화

영화라는 상품이 돈을 벌어들일 수 있는 시기는 정해져 있다. 영화가 대형 극장체인에서 1차 상영을 한 후, 비교적 외진 곳이나 소형 극장체인에서 2차 상영을 한다. 극장 상영을 마친 후 반년 가량 휴지기가 지난 이후에 다시 비디오테이프나 비디오디스크 형식으로 배급되어 시장에서 대여·판매된다. 비디오테이프와 비디오디스크의 유통 및 판매의 절정기가 지난 후 영화의 배급권은 TV 방송국에 팔려서 TV 채널을 통해 방영된다. 제작비 회수의 차원에서 보자면 극장체인은 영화 제작비 회수의 '제1창구', 비디오테이프와 비디오디스크는 '제2창구', TV 혹은 인터넷 방송은 '제3창구'라고 부를 수 있다. 각 창구는 모두 영화 산업에서 이익을 얻을 수 있는 '판매 부문'이다. 하지만 1990년대에는 앞에서 서술한 유통과정에 매우 중대한 변화가 일어나서 영화 산업 내의 권력 구조의 재편을 촉발하였다.

1장 / 상영 창구의 변화

과학 기술 시대의 엔터테인먼트 산업은 끊임없이 변화하고 있다. 과학 기술의 변화는 영화 산업에 어떤 계기를 가져다주었는가? 역사를 되돌아보면 1957년 '리디퓨전' 산하 RTV가 설립된 이후, 홍콩 영화·TV 엔터테인먼트 산업은 주로 두 부류의 관중의 지지를 받았다. 즉 가정에서의 TV 시청자와 극장에서 스크린을 즐기는 영화 관객이다. 하지만 1980년대 말에 들어서 비디오 체인이 발전하면서 비디오테이프, LD, VCD, DVD가 유행하게 되었고(〈표 8.1a〉), 위성TV 및 케이블TV의 발전과 해적판 VCD의 창궐 등으로 인해 영화의 '제1창구'로서의 극장의 우위는 점차 사라졌다. 이와

〈표 8.1a〉 홍콩 역대 제작 영화 및 비디오테이프 수량

연도	수량	연도	수량	연도	수량	연도	수량
1981	142	1986	100	1991	211	1996	657
1982	129	1987	110	1992	376	1997	455
1983	118	1988	139	1993	426	1998	317
1984	109	1989	156	1994	589	1999	519
1985	105	1990	247	1995	503	2000	150

※ 위의 수치 데이터와 아래 〈표 8.1b〉의 데이터는 분명한 차이를 보인다. 이 차이는 두 자료의 통계 방법이 다르고 또한 최근 홍콩산 영화들 중 극장에서 상영되지 않고 비디오테이프 시장으로 배급되는 경우도 있기 때문이다.
출처: 香港政府, 「香港回顧」 香港: 政府新聞處, 1981~2000.

<표 8.1b> 홍콩 영화의 홍콩 매표수입 증감(1970~1999)

	총 매표수입(홍콩달러)	증감 정도(%)	영화 편수	평균 표 값(홍콩달러)	관객 수
1970	29,305,807	-	-	-	-
1971	42,240,666	44.14	86	2.85	14,821,286
1972	65,057,742	54.02	89	3.22	20,204,268
1973	70,458,390	8.30	101	4.17	16,896,496
1974	6,749,323	-4.21	98	4.50	14,998,497
1975	59,064,554	-12.49	99	4.67	12,478,659
1976	76,610,248	29.71	98	4.83	15,861,335
1977	84,613,204	10.45	94	5.33	15,874,898
1978	115,828,389	36.89	114	5.67	19,905,357
1979	132,667,489	14.54	125	6.92	19,171,602
1980	184,303,468	38.92	143	8.17	22,558,564
1981	241,911,574	31.26	120	10.50	23,039,198
1982	404,116,470	67.05	107	12.33	32,775,058
1983	411,229,507	1.76	112	13.67	30,082,627
1984	560,817,765	36.38	103	16.17	34,682,608
1985	608,754,954	8.55	97	17.33	35,127,233
1986	640,352,200	5.19	87	19.78	32,372,721
1987	777,252,569	21.38	75	20.00	38,862,628
1988	1,024,767,649	31.84	117	22.75	45,044,732
1989	878,568,564	-14.27	119	24.67	35,612,832
1990	936,274,104	6.57	121	26.33	35,870,848
1991	1,038,493,508	10.92	126	29.67	35,001,449
1992	1,240,173,432	19.42	210	33.00	37,581,013
1993	1,146,149,208	-7.58	234	35.50	32,285,893
1994	973,496,699	-15.06	187	41.50	23,457,752
1995	785,270,344	-19.34	153	45.00	17,450,452
1996	686,363,824	-12.60	116	49.60	13,837,980
1997	545,875,933	-20.47	88	36.10	15,121,217
1998	423,907,097	-22.34	89	52.50	-
1999	345,711,713	-18.45	136	-	-

참고: 위의 숫자와 정부기록·신문·잡지 등에 기재된 내용에는 차이가 있다. 흥망성쇠의 추세를 알아보는 참고자료로만 활용하라.

출처: 陳淸偉, 『香港電影工業結構及市場分析』 香港: 電影雙周刊出版社, 2000, 7, 74, 79, 91쪽.

역사가 유구한 황도극장. 지가 상승을 당해 낼 수 없어서 증축해야 하는 상황에 직면해 있다(양광복 촬영).

함께 극장체인의 영향력 또한 점점 줄어들었다.[1] 홍콩 영화의 좌석 점유율이 큰 폭으로 줄어들고(〈표 8.1b〉), 극장의 이익 또한 갈수록 악화되면서 극장 상영은 영화의 지명도를 높여 주는 수단 정도로 전락하였다. 극장체인에서 상영된 영화의 경우 비디오테이프와 VCD 시장에서 비교적 인기가 있었다. 그래서 일부 영화는 극장에서 상영되고 얼마 지나지 않아 바로 비디오테이프로 만들어져 시장으로 유입되었다. 비디오테이프·비디오디스크 대여료는 체인점의 과열 경쟁으로 인하여 갈수록 떨어졌고, 1990년대 중반부터는 케이블TV와 VOD^{Video On Demand; 自選影像服務} 서비스가 출현하면서 극장 스크린과 TV의 경계선은 더욱 모호해졌다.[2]

1. 제1창구, 극장의 쇠락

높은 부동산 가격이야말로 홍콩 극장 산업의 가장 강력한 적이었다. 결국 극장주가 영화상의 영화 제작에 얼마나 투자할 수 있는지는 극장의 매표수입 상황에 달려 있었다. 일찍이 1970년대 후반 홍콩 부동산 시장이 매우 흥성했을 때, 많은 대형 극장이 앞다투어 철거된 뒤 그 자리에 비즈니스빌딩이 새로 세워졌다. 1980년대에 홍콩 정부는 대중 엔터테인먼트 사업장 조례를 개정하여 극장이 반드시 독립적인 대지를 소유해야 할 필요가 없도록 규정하였다. 그리고 극장을 여러 층짜리 건물 내에도 지을 수 있도록 허가하였다. 이 같은 시대적 변화에 따라 멀티플렉스 영화관들이 생겨나기 시작했다. 신계 지역이 발전함에 따라 홍콩 정부는 부동산 업자들에게 반드시 도시 개발 계획 중 400~900개의 좌석을 갖춘 영화관을 최소한 하나 이상 집어넣어야 한다고 규정하였다. 그래서 신시가지에 멀티플렉스 영화관들이 연이어 들어섰다. 중심가의 경우 1990년대에 멀티플렉스 영화관이 발전함에 따라 예전의 대형 극장이 점차 도태되어 이를 기본으로 하던 영화 생산·판매 질서가 더욱 쇠락하였다. 예를 들어 유마지·첨사저 지구의 '보경', '런던', '대화'大華, '신대화'新大華 역시 소형 극장으로 개축되었다. 1992년 홍콩 영화를 전문적으로 상영하던 4대 극장체인은 '가락', '신보', '금공주', '덕보'였다. 그중 덕보 극장체인은 11월에 '영고'에 매각되었다. 이외에도 범아泛亞 극장체인은 중국·서양 영화를 함께 상영하기 시작하였고, 해운海運 극장체인은 엔터테인먼트·상업 노선으로 전략을 바꾸었다. '신화'는 예술영화를 상영하고, '벽려궁'碧麗宮은 중산층의 취향에 맞추었으며, 금관金冠 극장체인은 3류 영화를 전문적으로 상영하였다. 1995년 부동산업이 크게 흥성하자 대형 극장은 거의 도태되다시피 하여 겨우 20여 개만 남았을 뿐이었다. 반면 멀티플렉스 영화관은 120여 개로 늘어났다. 규모가 가장 큰 극장체인 UA의 사전沙田점과 황포黃埔; Whampoa점은 각각 6개의 상영관을 보유하였고, 홍콩 영화를 전문적으로 상영하는 극장체인은 '가락', '신보', '금성'(원래 '금공주'), '신일대'(원래 '덕보'), '동방' 등 5대 극장체인이었다. 이 밖에도 가성嘉城 극장체인과 국태 극장체인은 3류 홍콩 영화를 위주로 상영하였다. 쌍남 극장체인은 주로 대륙 영화를, 그리고 일활日活 극장체인은 일본과 유럽, 미국의 에로영화를 상영하였다.[3] 『홍콩연보』香港年報에서 볼 수 있듯이 극장의 영화 관람객은 계속해서 줄어들어 1997년 영화 관객 수는 2,800만 명으로 20년 전과 비교하여 절반으로 감소하였다(〈표 8.2〉). 적지 않은 극장주들이 극장을 다른 용도로 개축하면서 1990년대 중반 개축 건물 수가 25건에 달하였는데 이는 대부분 홍콩의 구룡 상업지구에 집중되었다(〈표 8.3a〉에 상세히 나와 있다). '벽려궁', '비취', '명주', '해운', '쾌락', '백락', '총통' 등의 옛날식 대형 극장은 연이어 철거되고 멀티플렉스 영화관과 상업 시설 등으로 개축되었다. 예를 들어 황금극장은 황금센터黃金中心로, 여궁麗宮극장은 월수광장越秀廣場; Yue Xiu Plaza으로 바뀌었다. 2000년 극장체인의 왕이라 불리던 진영미 가족마저도 동라만 마돈대摩頓臺;

(단위: 백만 명)

연도	관객 수	연도	관객 수	연도	관객 수	연도	관객 수
1977	60	1983	61	1989	59	1995	28
1978	65	1984	61	1990	57	1996	27
1979	65	1985	58	1991	51	1997	28
1980	65	1986	60	1992	47	1998	22
1981	65	1987	67	1993	45	1999	20
1982	66	1988	66	1994	35		

참고: 『홍콩연보』에 기재된 숫자와 여타 신문·잡지 등에 기재된 숫자는 어느 정도 차이가 있지만 모두 영화 관객 수가 줄어들고 있음을 비슷하게 보여 주고 있다.
출처: 『香港年報』 1977~1999.

Moreton Terrace의 신도극장을 4,250만 홍콩달러에 매각한 후, 극장 경영을 그만두었다.[4]

하락 추세를 만회하기 위하여 1997년 2월 28일, 홍콩 극장주와 영화 배급상들은 새로운 규정을 시행하여 중국·서양 영화 극장의 매주 화요일 표 값을 원래의 40~60홍콩달러에서 30홍콩달러로 할인하기로 결정하였다. 할인 정책 실시 이후 좌석 점유율은 즉시 100~200%까지 증가했다.[5] '영화표 30홍콩달러 데이' 계속 실시 이후, 진영미 가족 산하의 금성 극장체인과 신보 극장체인도 1997년 5월 30일부터 첫째 주 일주일 내내 모든 상영에 대해 가격 할인 정책을 실시하였다. 이러한 흐름에 따라 가락 극장체인 역시 영화표 가격을 30홍콩달러로 낮추었고, 이후 'UA'와 '브로드웨이' 극장체인, GV골든하베스트GV嘉禾도 할인 행렬에 가세했다. 1개월간의 할인전이 지나자 극장주들은 할인전의 효과가 별로 크지 않다는 것을 깨닫게 되었다. '신보'와 '금성' 극장체인의 「천재여백치」天才與白痴; Ah Fai, the Dumb는 16일간 상영하여 약 1,000만 홍콩달러의 수입을 거두어들였다. 하지만 그 후의 「마영정」馬永貞; Heor, 「전랑전설」戰狼傳說; Legend Of The Wolf의 매표수입은 각각 300만 홍콩달러, 60만여 홍콩달러에 불과하였다. 그리고 가락 극장체

〈표 8.3a〉 1990년대 개축·재건한 극장 목록

지역	극장 명칭	토대 면적	건축 가능 면적	용도	개축·재건 부동산 명칭	개발 회사
좌돈 (佐敦)	런던(倫敦)	9,145	106,000	상업/극장	런던광장 (倫敦廣場)	응군(鷹君)
좌돈	민락(民樂)	–	–	–	–	–
유마지 (油麻地)	보경(普慶)	18,910	280,000	상업/극장 /호텔	보경광장 (普慶廣場)	응군
유마지	대화(大華), 신대화(新大華)	21,200	–	–	–	대화부동산 (大華置業)
유마지	워싱턴(華盛頓)	7,480	–	상업/주택	–	한국부동산 (漢國置業)
왕각 (旺角)	여성(麗聲), 개성(凱聲)	37,000	480,000	상업	시창센터 (始創中心)	구룡건설 (九龍建業)
왕각	금성(金聲)	–	–	–	–	–
대각저 (大角咀)	여화(麗華)	12,000	–	–	–	아주증권 (亞洲證券)
대각저	금관(金冠)			상업/주택		항기(恒基)
심수보 (深水埗)	황금(黃金)	11,000	70,918	상업/주택	황금센터 (黃金中心)	쇼브러더스 (邵氏)
토과만 (土瓜灣)	주강(珠江)	14,817	222,000	상업		중국해외 (中國海外)
신포강 (新蒲崗)	여궁(麗宮)	26,000	250,000	상업/주택	월수광장 (越秀廣場)	월수투자 (越秀投資)
관당 (觀塘)	보성(寶聲)	–		상업/극장	–	쇼브러더스
전만 (荃灣)	난궁 (蘭宮)	9,200	–	상업	–	백리보국제 (百利保國際)
전만	호경(好景)	10,800	–	상업	–	백리보국제
전만	대광명(大光明)	–				나씨패션 (羅氏針織)
원랑 (元朗)	동락(同樂)	–				나씨패션
대포 (大埔)	홍기(鴻基)	–	–	상업	–	신지(新地)
동라만 (銅鑼灣)	비취(翡翠), 명주(明珠)	–	–	상업/극장	비취명주광장 (翡翠明珠廣場)	쇼브러더스
동라만	뉴욕(紐約)	–	208,000	상업	동라만광장 (銅鑼灣廣場)	여신(麗新)
동라만	이무대(利舞臺)	17,300	220,000	상업	이무대광장 (利舞臺廣場)	희신(希愼)
동라만	벽려궁(碧麗宮)	–		상업		신지

만자 (灣仔)	남양(南洋)	11,200	-	-	-	남양담배 (南洋煙草)
태고성 (太古城)	가화(嘉華), 가년(嘉年)	-	-	상업	-	태고 부동산개발 (太古地産)
행화촌 (杏花邨)	난화(蘭花), 행화(杏花)	-	-	상업	-	지하철공사 (地下鐵公司)

※ 면적 단위는 평방피트
출처:「戱院重建近年卄五宗」,『明報』1994년 11월 14일.

〈표 8.3b〉홍콩 영화관 수(1949~2000)

연도	개수	연도	개수	연도	개수	연도	개수
1949	31	1961	71	1978	75	1990	161
1950	31	1962	73	1979	80	1991	166
1951	40	1963	90	1980	83	1992	175
1952	55	1966	55	1981	82	1993	190
1953	51	1969	180	1982	89	1996	106
1955	61	1970	103	1983	90	1997	89
1956	64	1972	97	1984	95	1998	82
1957	62	1974	81	1985	104	1999	72
1958	64	1975	84	1986	105	2000	65
1960	62	1976	83	1989	152		

출처: 香港經濟導報社 編,『香港經濟年鑑』香港: 香港經濟導報社, 1949~2000.

인에 소속된 28개의 극장에서 상영한 「해피 투게더」春光乍洩; Happy Together 의 총수입도 800만 홍콩달러밖에 되지 않았다. 그래서 전방위적인 할인 전략으로도 이미 하강세에 접어든 극장 산업을 회생시킬 수 없음을 알게 되었다.[6] 극장 수입의 하락은 극장주의 영화 투자 의지에도 직접적으로 영향을 주었다. 1997년 8월『전영쌍주간』은 신보엔터테인먼트의 진영미와의 인터뷰 당시, 매표수입의 급락이 신보엔터테인먼트의 영화 제작 투자 관례에 영향을 미쳤는지에 대해 다음과 같이 질문하였다. "신보엔터테인먼트는 그동안 우선 자금을 대출해 주어 영화사가 영화를 제작할 수 있게 하고, 상영 후 수입에서 대출 자금을 상환받는 식이었습니다. 하지만 경제 불황

멀티플렉스 영화관 AMC의 우일성(又一城)점 내부 모습. 1990년대에 들어서면서 극장들은 모두 컴퓨터를 이용한 매표 시스템을 채용하였다.

UA 극장체인 산하의 극장

1990년대, 많은 오래된 극장들이 상가 건물로 개축되었다. 사진은 이무대극장의 개축 전후

속에서 영화 시장이 활로를 강구하고 있는 요즘 이런 방법이 아직도 가능할까요?" 진영미는 풀 죽은 어투로 다음과 같이 대답하였다. "관례상으로는 그렇게 해왔죠. 하지만 시스템을 바꾸게 된다면 많은 사람들이 영화를 만들 방법이 없게 될 겁니다. 비록 나도 이윤을 보장하기 힘들다는 것은 알지만, 현재 단계에서는 달리 다른 방법이 없는 것 같아요."[7] 대만 자금이 빠져나간 후 홍콩 극장주 역시 기세가 꺾여 버렸다.

영화 제작 자금이 줄어들자 직접적으로 영화 편수와 규모, 제작비도 위축되었다. 1993년 한 해의 영화 생산 편수는 약 230여 편이었지만, 1995년에는 150여 편, 1996년에는 100여 편, 1997년에는 80여 편으로 줄어들었다. 이러한 상황으로 인해 성수기에 상영하는 초대형 영화만이 이익을 남길 수 있었다. 그래서 영화 제작사들도 최대한 자금을 끌어들여 대형 영화를 제작해서 이를 성수기에 개봉하였고, 나머지 상영 시기의 영화는 모두 '설기편'暑期片[1]이라고 불렸다. 원래 영화 한 편의 제작비가 수백만~수천만 홍콩달러에 이르던 것이 점차 하락하기 시작했다. 1997년 이후 제작비가 800만 홍콩달러를 넘는 영화는 이미 드물어졌고, 보통은 300만 홍콩달러 선이었다. 일반적인 소자본 독립 영화의 촬영 횟수는 25~30회組(보통 9시간을 1회로 계산한다)를 기준으로 삼고, 중형 영화의 촬영은 40회 정도이지만, 초대형 영화는 정해진 바가 없었다. 3류 영화는 신이 매우 적고, 집중적으로 촬영하기 때문에 평균 10여 일이면 완성할 수 있었다. 해외 판매도 함께 고려할 경우(약간의 액션장면을 추가하였다)에는 일반적으로 제작비 400만 홍콩달러에 30회의 촬영 작업을 거쳐야 진출을 시도해 볼 만했다.[8]

1990년대 극장체인 시스템이 점차 약화되자 극장체인을 중심으로 하던 생산·판매 질서 역시 와해되었고, 그 대신 비디오테이프와 비디오디스

1 두 성수기 사이에 상영되는 중소형 영화를 말한다.

크 배급이 새로운 자금 동원 경로로 떠올랐다. 영화의 길이에도 영향을 미쳐, 이전 영화상들이 90분으로 제한하였던 것이 더 이상 통하지 않게 되었다. 설령 상영을 하더라도 기존의 극장체인에 의존할 필요 없이 상업 자본의 도움을 받아 직접 극장을 빌려서 상영할 수 있었다. 또 비디오테이프나 비디오디스크의 형식으로 판매하여 제작비를 회수할 수도 있었다.[9] 1996~1997년, 상대영화제작사商台製作有限公司가 투자한 「천공소설」天空小說; Out Of The Blue, 「폐화소설」廢話小說; Out Of The Blur 두 편은 모두 실험영화였기 때문에 일반 극장체인에서 상영하지 않고, 골든하베스트의 이무대극장을 임대하여 다른 상품을 구매한 사람들에게 영화표를 교환해 주는 방식으로 관객을 끌어들였다. 영화 상영을 마친 후에는 비디오테이프로 시장에서 직접 판매하였다. 이후 곤석음반사滾石唱片; Rock Records가 투자하여 제작한 「지해시공」支解時空은 브로드웨이영화센터百老匯電影中心; Broadway Cinematheque를 빌려 순환 상영하되 관객들이 CD를 사면 영화 입장권으로 바꿔 주었다.[10] 이처럼 '영화 상영'은 새로운 다른 요소들을 많이 받아들이게 되면서 더욱 다원화되고 복잡해졌다. 하지만 이전의 극장체인이 영화 산업 속에서 차지했던 주도적인 역할은 다시 회복되기 힘들어졌다.

2. 제2창구의 발전 : 비디오 시장

영화 '제2창구'의 기원은 1980년대 말 비디오 대여점의 발전으로 거슬러 올라간다. 극장 상영 시 흥행 성적이 좋지 않았던 많은 영화들이, 오히려 비디오테이프·비디오디스크로 배급된 후 비디오 대여점에서의 대여 성적이 더 좋은 경우도 많았다. 〈표 8.4〉는 비디오테이프·비디오디스크 시장의 잠재력을 잘 보여 주고 있다. 1990년대 중엽 전통적인 영화 상영 질서가 깨지기 시작하면서 비디오테이프와 비디오디스크 시장에 맞서 경쟁해야 했

<표 8.4> 홍콩 가정 소유 영화·음향 설비 조사(1995)

	인구(만 명)	총인구 대비 백분율(%)
비디오 체인점 가입	175.4	32.0
가정에 비디오 소유	427.9	78.4
가정에 CD 플레이어 소유	206.7	37.9
가정에 LD 플레이어 소유	176.7	32.4
가정에 컴퓨터 소유	119.4	21.9
총인구	545.9	100.0

※ 표본 대상자 수는 8,747명. '인구' 항목의 수치는 조사 결과 백분율을 총인구 수에 대비하여 추산한 것이다.
출처: 香港市場研究社報告, 「九個月內戲院少七間」, 『明報』 1996년 10월 10일.

다. 영화는 극장 상영 후 반년 가량의 휴지기를 거쳐야 비디오테이프 등으로 배급되었다. 그리고 다시 어느 정도 시간이 지나야 TV로 방영될 수 있었다. 이러한 경영 전략에 대해 영화계 인사들은 회의를 품었다.[11] 당시 일반적인 비디오디스크의 배급과 판매량은 40만 장이었고, 장당 가격이 30~40 홍콩달러라고 보면 수익은 꽤 괜찮았다. 대만의 영화상들이 홍콩 영화를 구매하는 것 역시 비디오 판권을 얻고자 하는 데 있었기 때문에 극장 상영권은 오히려 부차적인 것으로 바뀌었다. 전자·과학 기술의 발전에 따라 비디오테이프·VCD·DVD·케이블TV·인터넷TV 등 '영화관 이외의 상품'은 갈수록 유행했고 영화관은 제1상영 창구로서의 지위를 도전받게 되었다. 영화가 이처럼 영화관만을 위한 것이 아니라 다른 수많은 경로를 통해 상영되기 시작하면서 자연히 촬영 방식, 소재 선택, 작품 길이 등에도 많은 변화가 생기고 다원화되었다. 한편 복제 산업의 발달은 이러한 변화에 대한 영화계 인사들의 대응을 더욱 가속화시켰다. 2000년대에 들어서 배급상들은 영화 종영 후 10여 일 만에 VCD·DVD로 시장에 출시하기에 이른다.

일찍이 1980년대 말, 이미 홍콩 시장에는 수많은 비디오테이프 대여점이 등장했다. 그중 주택가의 소형 대여점이 적지 않았다. 1990년대 초 비디오테이프 시장이 비디오디스크로 대체되면서, 시장의 각 대여점은 합병

〈표 8.5〉 대형 비디오 체인 대여료

(단위 : 홍콩달러)

대여 회사	분점 수	연회비	현금 대여	선불 대여	
			편당 하루 대여료	선불 대여료(편수)	평균 편당 하루 대여료
쾌도미	41	$150	$30	$899(80)	$11.2
				$599(40)	$15.0
				$299(15)	$19.9
금사	29	$150	$24	$699(50)	$14.0
				$399(25)	$16.0
아려	24	$30	$28	$468(40)	$11.7
				$218(10)	$21.8
극장 표 값 : $40~60					
케이블TV VOD 편당 시청료 : $25~30					

출처 : 「九個月內戱院少七間」, 『明報』, 1996년 10월 10일.

하여 큰 대여점이 생겨났고 규모가 비교적 작은 '구멍가게'는 점점 사라졌
다. 대형 체인 형태의 '쾌도미', '금사', '아려'雅麗가 홍콩 비디오테이프 대여
시장을 장악했다. 일련의 가격 할인전과 속도전(체인점 확장)을 거친 후 대
형 비디오 체인들이 연이어 선불 쿠폰제를 내놓아 선납-소비 방식이 유행
하게 되면서, 비디오 대여 시장에는 삼족정립의 형세가 나타났다(〈표 8.5〉).
그러나 안타깝게도 이런 선불제 방식에는 여러 가지 위험 요소가 내재되어
있었다. 1989년 11월, 홍콩의 한 신문에 아래와 같은 기사가 실렸다.

> 올해 홍콩의 비디오 체인 시장은 침체기에 빠졌다. 설날부터 지금까지 약
> 90개의 비디오 체인이 문을 닫아 작년에 대거 개업했던 것과 비교하면 현
> 격한 차이를 보인다.……'쾌도미'는 현재 80~90%의 비디오 체인이 '경영
> 난'에 처해 있다고 밝혔다. 그 주요한 요인 중 하나는 작년에 이은 선불 대
> 여 쿠폰 판매라는 경영 방식이다. 시장 발전의 거품이 만들어 낸 후유증이
> 나타나고 있는 것이다. '쾌도미'는 10월 중 경영 방식을 바꾸어, 모든 체인
> 에서 현금을 받고 대여해 주기로 하였다.……[12]

예약판매 방식에 내재된 위기 이외에도 과학 기술의 혁신은 비디오테이프·비디오디스크 대여 산업에 갖가지 어려움을 초래하였다. 1990년대 초, LD가 비디오테이프를 급속히 대체하면서 비디오 대여점의 주류 상품이 되었지만, 1990년대 중반 VCD가 다시 LD의 자리를 차지하면서 영화소비 시장에 진출하였다. VCD가 점차 보급되기 시작하면서 장당 판매가가 100여 홍콩달러에서 20~30홍콩달러로 급락하였고 이는 비디오테이프 및 비디오디스크 대여점에 직접적으로 타격을 주었다. 그리고 관객들의 영화 관람 습관까지 바꿔 놓았다. 1990년대 초에는 대여점에서 영화 한 편이 대여되는 기간이 3~6개월이었지만, 1996년 중반에는 새로운 영화가 대여 시장에 나온 후 한 달이 지나면 더 이상 아무도 대여해 가지 않는 상황에 이르렀다. 1997년만 보더라도 약 1,500편의 VCD가 출시되었는데 판매가는 1장에 30~50홍콩달러밖에 되지 않아 비디오디스크 대여비와 거의 차이가 나지 않았다. VCD의 보급과 불법 복제 시장의 창궐로 인하여 수많은 소형 대여점은 연이어 문을 닫았다.[13]

1997년 8월, 비디오테이프 및 비디오디스크 시장의 흥성을 지켜본 골든하베스트, '중국성', '연대'는 합자하여 가년화영화·TV엔터테인먼트嘉年華影視娛樂有限公司; Castle Combe Ltd.(이하 '가년화')를 설립하였다. 이익 배분 직접판매 방식으로 비디오테이프 및 비디오디스크 대여 시장에 뛰어들어 비디오테이프·비디오디스크 배급상과 경쟁하였다. 가년화영화·TV엔터테인먼트(주식 배분 상황은 〈표 8.6〉에서 볼 수 있다)는 설립 이후 홍콩에 대여 이익 배분 시스템²을 도입하였다. '가년화'가 비디오 대여점에 영화를 빌려

---

2 비디오 체인 본사가 대여점에게 비디오테이프나 비디오디스크의 대여료를 정액제로 받는 게 아니라 대여 수익에 대해 정률제로 나누어 갖는 방식을 가리킨다. 대여점의 입장에서 기존의 방식의 경우에는 본사로부터 가져오는 테이프나 디스크에 대한 대여료나 구입료를 한 번만 지불하면 이후 소비자로부터 얻는 대여 수익을 모두 챙길 수 있었다고 한다면, 이익 배분 방식에서는 모든 대여 수익의 일정 비율을 본사에 상납해야 하는 시스템이다.

	1997		1999	
	이사	주식	이사	주식
채독생(蔡篤生)	○		○	
향화강(向華强)	○		○	
양종주(梁宗柱)		49	○	50
연대영화·TV회사(年代影視有限公司)		149		150
골든하베스트(嘉禾電影)		400		400
중국성엔터테인먼트홀딩스(中國星娛樂控股)		400		400
합계		998		1,000

출처: 가년화영화·TV엔터테인먼트가 1997년과 1999년, 홍콩 회사 등기서에 제출한 등기 기록을 정리한 것.

주는 가격은 홍콩 영화는 편당 30홍콩달러, 서양 영화는 편당 40홍콩달러로, 각 대여점의 영업액에 따라 공급량을 결정하였다. 각 대여점은 매일 대여 상황의 데이터를 네트워크를 통해 '가년화'에 보고하고, 그 수입을 5:5로 나누었는데 계약 기간은 처음에는 6개월로 정하였다. 이익 배분 시스템 시행 후 홍콩 전체에서 300개의 대여점이 가입하였고, 그중 약 3분의 2는 '금사', '쾌도미' 등 대형 체인의 대여점이었다. 이 대여점의 비디오테이프, 비디오디스크 공급량은 약 3배나 증가하였다. 그리고 매주 대여 순위 통계에서도 알 수 있듯이 '가년화'의 상품이 약 절반을 차지하였다. 계약에 따라 '가년화'는 각 점포의 비디오테이프 및 비디오디스크 대여 통계를 분석할 수 있었다. 주목할 만한 점은, 당시에 30~40개의 소형 대여점들은 자금 부족 문제(네트워크 시스템을 설치하는 데에 2만 7,000홍콩달러가 필요했다)로 인해 이 시스템에 가입하지 못했다는 것이다.

　　1997년 '가년화'가 설립된 바로 그해, 홍콩텔레콤香港電訊; Hong Kong Telecom; HKT 산하의 대화형TV인 IMSInteractive Media Service가 VOD 서비스를 정식으로 운영하면서 극장 및 비디오테이프·비디오디스크 대여업에 도전장을 냈다. 골든하베스트와 '중국성'은 시장의 변화에 맞추어 '럭키액세스'Lucky Access를 설립하여, IMS의 VOD에 직접 영화를 제공했다. 하지만 두 시장을 분리시킴으로써 비디오디스크 시장에 대한 VOD의 압력을 낮추고 비디오 대여업의 생존 공간을 확보하기 위하여 '가년화'는 직접 VOD로 영화 서비스를 제공하지는 않았다. '가년화'와 '럭키액세스'는 여전히 두 개의 독립된 회사의 형식으로 운영했다. 그리하여 두 가지 다른 시장을 점유하고자 했던 것이다.[14] 하지만 홍콩텔레콤이 PCCW Pacific Century Cyber Works Ltd.; 盈科數碼動力3에 매각 흡수되고, '금사'가 문을 닫자, '가년화'와 '럭키액세스'도 시장에서 철수했다.

1990년대 후반, 대여점 사업은 설상가상으로 병행수입parallel import; 水貨이라는 난관에 부딪친다. '병행수입을 합법화할 것인가' 하는 문제는 바로 업계 내에서 끊임없는 논쟁을 불러일으켰다. 병행수입을 허용한다는 것은 곧 영화 대여점이 안정적인 저가 영화 공급을 확보할 수 있다는 것을 의미한다. 예를 들어 1987~1996년 사이 '금사'는 거의 80%의 영화를 모두 이 방법을 통해 수입하였는데, 1996년 '금사'가 병행수입으로 해외에서 들여온 서양 영화는 2,350편이었다. 반대로 영화 제작자들은 비디오디스크 수입 개방 이후 현지 영화 시장이 한층 더 타격을 입을까 걱정하였다. 영화 산업 관련 기구에서 발표한 바에 따르면 1993~1995년 사이 병행수입품의 유입으로 인하여 홍콩 영화 산업 매표수입이 4억 5,000만 홍콩달러의 손해를 입었다고 한다.[15] 1997년 정부가 병행수입이 형사 사건에 해당하지 않는다는 조례를 발표하기 전날, 300여 명의 영화·비디오테이프·음반 업자들이 입법국 앞에서 항의 시위를 하였지만 결국 그 조례는 수정을 거쳐 통과되었다. 새로운 조례는 영화가 원산지의 극장에서 종영되고 18개월 이후에야 비로소 홍콩에 비디오디스크로 병행수입될 수 있다고 규정하

---

3 2000년 홍콩텔레콤을 합병한 이후 명칭을 '電訊盈科有限公司'로 변경한다.

1990년대, 영화계 인사들은 불법 복제 반대 시위를 수차례 진행하였다.

였다. 비디오디스크 병행수입을 전문으로 하는 체인점은 이로 인해 엄청
난 타격을 받았고, '금사'가 확보할 수 있는 자원 또한 더욱 줄어들었다. 다
른 한편, 심야 시간대나 조조 상영 시간에 적지 않은 영화가 불법으로 녹화
되고 비디오디스크로 제작되었다. 이러한 현상이 급증하면서 시장에서의
VCD·DVD 가격이 폭락했다. 비디오테이프 및 비디오디스크 대여 사업은
한층 더 쇠락하였고, '금사'의 앞날은 보이지 않았다. 홍콩 영화계 인사들과
해외의 영화 배급상들은 홍콩 정부에 앞다투어 압력을 가하며,[16] 불법 복
제 산업을 타도할 것을 요구하였다. 1998년 홍콩 금상장金像獎영화제 시상
식에서 영화계 인사들이 시상식에 참석한 홍콩특구 행정장관 동건화董建華;
Tung Chee-hwa에게 직접 도움을 청했다. 이후 세관 소탕 작전이 엄격히 이루
어져서 해적판 비디오디스크는 어느 정도 줄어들었다.[17]

'금사' 임직원 모두가 분점 개업을 축하하고 있다. 사진 속의 외국인은 사장 개리 로먼(『일주간』喜週刊 제공)

'금사'는 비디오디스크 가격 하락, 해적판 유행, 병행수입의 제약 등의 충격 속에서, TV 드라마 비디오테이프 대여 사업으로 확장하였다. 1997년 6월 '금사'는 TVB의 TV 드라마 독점 대리권을 따냈다. 같은 해 말 '금사'의 대주주 차이나베스트China Vest는 중소 비디오 대여점의 연이은 도산을 기회 삼아 사업을 확장하려 하면서, 펩시콜라Pepsi-Cola의 전직 임원이었던 왕유장王幼章을 기용하여 대표이사직을 맡겼다. 그는 '금사' 전체의 영업점을 42곳으로 늘렸는데 그중 12곳이 신장개업한 곳으로, 임대료만 해도 2,000여 만 홍콩달러였다. 하지만 너무 급속히 확장하는 바람에 한 해 손실액이 1억 2,000만 홍콩달러나 되었고 시장에서는 '금사'가 곧 문을 닫을 것이라는 소문까지 나돌았다. 1998년 5월 '금사'의 17년 역사의 생사를 결정하는 일이 일어난다. 한편으로는 '선불 쿠폰 소진' 프로젝트를 실시하여, 회원들이 일정한 기한 내에 수중의 선불 쿠폰을 모두 사용하도록 규정했고, 이렇게 자금 회전을 빠르게 함으로써 매월 손실액을 줄였다. 다른 한편 '금사'는 매각 협상을 진행하였다. 이 중요한 시점에 '선불 쿠폰 소진' 프로젝트는 오

모든 것에 짝이 있듯이, '블록버스터'와 '금사'의 경영자는 각각 '코카콜라'와 '맥도날드'에서 왔지만, 안타깝게도 이러한 미국식 시장 전략은 홍콩에서 별 효과를 거두지 못했다.

히려 '금사'의 신용을 급격히 깎으면서 회원 중 4명이 '금사'가 계약을 위반했다고 법정에 고소했고, 결과적으로 '금사'가 패소하였다. 교섭 중에 있던 회사 역시 이로 인해 계약을 물리면서 '금사'는 어찌할 도리 없이 1998년 7월 문을 닫는다고 발표할 수밖에 없었다.[18] '금사'가 문을 닫은 후 3개월 만에 '블록버스터'Blockbuster; 百視達가 이 기회를 틈타 홍콩 시장에 진출하였다. '블록버스터'는 '금사'의 일부 자산을 구입하는 것 외에도 직원의 3분의 1을 고용하였고, '금사'가 보유하고 있던 부지에 15개의 분점을 열었다. '블록버스터'는 다국적 홈 비디오 체인 기업으로, 1985년 미국에서 설립된 후 급속도로 발전하여 불과 십수 년 만에 전 세계에 분점이 6,000여 곳, 회원이 6,500여 만 명에 달하였다. '금사'가 문을 닫기 수년 전에 '블록버스터'는 홍콩 시장의 잠재력에 주목하였다. 하지만 경쟁을 피하기 위하여 '금사'가 문을 닫은 후 홍콩에 상륙하여 15개의 점포를 개설하면서 '금사'가 홍콩에

'블록버스터'는 '금사'가 문을 닫는 것을 기회로 삼아 홍콩에 상륙했다.

'IMS'와 '중국성'이 영화의 동시 개봉을 위해 홍보 활동을 하는 모습. 사진은 홍콩텔레콤의 CEO 마금성(馬錦星)과 유덕화, 향화강 부부

서 개척해 놓은 시장을 점유하려 하였다.[19] 그러나 아쉽게도 '블록버스터' 는 본 궤도에도 오르지 못한 채 2004년 홍콩에서 철수하였다.

　대기업 '금사'의 실패 사례는 바로 홍콩 비디오 시장 내의 여러 가지 문제를 반영하고 있다. 비디오 소스에 대한 통제 여부가 바로 VCD·DVD 대여 시장에서의 성패에 직접적으로 영향을 주었다. 그래서 원래 비디오테이프 및 디스크 사업만을 경영하던 회사들이 영화 소스가 부족하고 불안정한 상황에서 자금을 동원하여 영화 제작에 직접 투자하였다. '환우'實宇; Universe 와 '미아'美亞; Mei Ah가 모두 이러한 추세를 따랐다. 이처럼 VCD·DVD 배급상의 역할은 날이 갈수록 중요해졌다. 영화사는 이익 배분 직접판매의 비디오 대여 시장을 구축하는 것 외에도, VOD 서비스 회사('IMS', 'ITV') 와 이익 배분 문제를 협상하기 시작하였다. 이를 통해 자신들이 신흥 시장에서 이익을 보장받고자 하였다. 영화가 일단 극장과 TV에서 동시에 상영되기 시작하자, 전통적인 상영 질서는 완전히 무너졌다. VCD·DVD 배급

	VOD	'IMS'의 VOD	'성광'(星光)의 VOD	비디오 대여점	체인점 및 대여점	복제 VCD 판매점
소비 형식	대여 (선불 혜택 있음)	대여	대여	대여 (선불)	판매	판매
기본 월회비	-	$150	$200	-	-	-
기본 연회비	$120	-	-	$150	-	-
편당 가격	$8.8~25	$8~28	$15~25	$5~20	$30~200	$20~40
옵션 (중국·외국 영화)	2년에 200편	동시에 80~100편, 3주마다 35%의 영화를 교체	자료 미상	1,000편	100~ 1,000편	10~100편, 1차 개봉된 영화 위주
극장 상영 시기와의 시간차	① 동시 상영 (연계 상영 방식) ② 극장 상영 완료 후, 3~6개월 (홍콩 영화) 6~8개월 (서양 영화)	극장 상영 완료 후 3~9개월	자료 미상	극장 상영 완료 후 3~9개월	극장 상영 완료 후 3~9개월	동시 상영 혹은 극장 상영보 다 일찍
이용 가능 범위	케이블TV 가입자	IMS 가입자	홍콩 동구 (東區)부터 서비스 시작	홍콩 전역 100여 곳	200~300곳 (세븐일레븐 미포함)	점포 위치와 수효 미상

출처: 何文龍, 「VOD vs. Cable TV 港産片新市場争奪戰」, 『電影雙周刊』 제487기, 1997년 12월 11일~12월 24일, 45쪽.

상이나 옛날 영화의 판권을 소유한 회사들 역시 홍콩의 유료 TV 경쟁 속에 휘말려 들었다. 유료 TV라는 상영 채널이야말로 영화상들의 격전지가 되었다(〈표 8.7〉). '금사'(영화 대여점), '가년화'(영화 공급상)의 흥망성쇠는 바로 이러한 시대적 교체를 상징하는 것이다.

3. 제3창구의 발전 : 케이블TV와 인터넷TV

1990년대 전자 네트워크는 세상을 뒤집을 만한 변화를 가져왔다. 전 세계 각지의 케이블 네트워크가 점차 광섬유를 이용하면서 TV 산업은 신기원

〈표 8.8〉 홍콩 TV 매체 영향력에 대한 통계

연도	TV를 소유한 가정 비율	시청자 수 추산(백만 명 기준)	매일 평균 방송 시간
1957	3.0%	0.06	4
1967	12.3%	0.3	22
1968	27.0%	0.7	30
1969	41.2%	1.3	42
1970	60.0%	1.9	44
1971	72.0%	2.1	52
1972	77.8%	2.2	52
1973	84.7%	2.4	52
1974	86.2%	2.6	50
1975	89.0%	2.9	59
1976	90.0%	3.0	60
1977	90.0%	3.2	65

출처: Wong, Wai-chung, Joseph, *Television News and Television Industry in Hong Kong*, Hong Kong: Cetre for Communications Studies, CUHK, 1978, p.3.

을 맞이하였고, 케이블TV는 영화 상영 창구로서 더욱 인기를 끌게 되었다 (〈표8.8〉).

홍콩의 제작 방식은 유럽 및 미국, 대만과 매우 달랐다. 미국은 방송국이 100여 개에 달하기 때문에 대부분의 드라마가 외주 제작사에 의해 만들어지고 방송국은 방영하는 역할을 담당하여 프로그램 품질을 통제하는 책임을 갖고 있다. 미국 미디어 업계에는 "네트워크가 왕이다"Network is king라는 말이 있듯이 상영 창구를 담당하는 TV 네트워크가 엄청난 우세를 지니고 있다. 그리고 대만에서는 현지 정부가 불법 케이블TV에 대한 엄격한 단속에 실패하자, 결국 케이블TV 시장을 개방할 수밖에 없었다. 이는 대만 극장 산업을 쇠락시킨 반면 케이블TV는 매우 발전시켜, TV 드라마를 제공하는 독립 제작사도 연이어 생겨났다. 이와 비교하면 홍콩에서는 방송국이 TV프로그램 제작의 주류로서 제작과 배급을 직접 담당한다. 이들은 자체 제작한 드라마를 가지고 수십 년간 시청률 경쟁을 벌여 왔다.

TVB는 자금이 탄탄했기 때문에 TV 드라마를 자체 제작하여 공급량을 직접 조달할 수 있었다. 사진은 「의천도룡기」 촬영 현장. 송풍기를 이용하여 장풍 효과를 만들어 내고 있다.

홍콩에서는 민영 방송국인 TVB와 ATV, 공영 방송국인 홍콩방송국이 각자 스튜디오를 가지고 자체 제작팀을 구성하였기 때문에 외부 제작사의 손을 빌려 제작할 필요가 없었다. TVB는 줄곧 자체 제작 드라마에 치중하였고 이를 통해 소속 연예인의 중국과 동남아에서의 명성을 높여 왔다. 이처럼 드라마를 통해 배우들을 길러 내, 드라마 및 TV 영화의 해외 판매에 이용하였다. 매니저 역할을 하면서 소속 연예인들을 외부에 임대해 주는 것 외에, 연예인의 초상권을 영상 및 음반 시장에 팔아서 여러 경로를 통해 이익을 얻어 냈다. 1990년 TVB의 영업 이익은 이미 15억 홍콩달러를 넘어섰고, 매년 자체 제작한 프로그램이 5,000시간을 넘어 방송 시간의 85%

TVB는 수시로 거금을 들여 '대표 드라마'(皇牌劇)를 제작해 이를 외부에 판매하였으며 또한 아이돌을 양산했다. 사진은 「거인」(巨人) 종방연 현장

를 차지하였다. 소속 연예인과 제작 인력도 2,600명을 넘었고 전체 방송국 직원이 3,500명 가까이 되었다. 대형 야외 세트장 이외에도 14만 평방미터나 되는 토지를 소유하고 있었고, 24시간 쉬지 않고 운영되는 녹화 스튜디오가 14곳이나 되었다. 해외 시장의 경우 TVBI가 전 세계 중국어 TV 비디오테이프의 최대 판매상이었다. 이들은 40여 개 지역의 방송국, 케이블 네트워크와 홈 비디오 대여점 등의 판로를 개척하여 드라마의 해외 판매망이 무척 방대하였다.[20]

ATV의 경우 1990년대 중반 그 경영 방침에 중대한 변화가 나타났다. 외주 제작 드라마 구매가 자체 제작 프로그램을 압도하여 방송의 주류가 되기 시작하면서, 제작 부문이 급속하게 위축되었다. 그 근원은 구덕근이 경영하던 시기로 거슬러 올라가는데, ATV는 임건악이 경영을 맡게 되기 전까지 지출을 줄여 하락세를 벗어날 방법이 없었다. 1993년, ATV 홍콩채널에서 최고의 시청률을 기록한 것은 「중국교부」中國教父와 「은호」銀狐 등 자

체 제작한 프로그램이었고, 매일 저녁 시청자 수가 평균 63만 명이나 되었다. 같은 해 ATV가 대만에서 구입한 「포청천」^{包靑天}이 홍콩에서 방영되면서 대만 드라마 열풍이 시작된 후 ATV는 1994년 5월 대만에서 「포청천」의 판권을 사들였다. 1995년과 1996년, ATV는 「삼국연의」^{三國演義}, 「서유기」^{西遊記}, 「무측천」^{武則天}, 「재상 유나과」^{宰相劉羅鍋} 등 대륙 제작 프로그램을 연달아 방영하였다. ATV 홍콩채널과 TVB 비취채널의 황금시간대 시청률은 2:8에서 3:7로 변하였다. 이와는 대조적으로 「희왕지왕」^{戲王之王}, 「정무문」, 「천왕지왕지중출강호」^{千王之王之重出江湖}, 「재견염양천」^{再見艷陽天}, 「황비홍」 등의 ATV 자체 제작 드라마의 시청률은 외부 구매 드라마에 못 미쳤다. 1999년 대만 작가인 경요에게서 사온 「황제의 딸」^{還珠格格}과 중국 중앙방송국^{中央電視臺; China Central Television; CCTV}에서 구입해 온 「옹정왕조」^{雍正王朝}는 모두 장기간 열세에 시달리던 ATV가 설욕할 수 있도록 만들었다. 특히 「황제의 딸」은 ATV와 TVB의 시청률 비율을 5:5로 올려 놓았다. 제작비와 수익의 관계를 보자면 구매해 온 연속극이 자체 제작한 프로그램보다 더 효율적이었다. 그래서 ATV의 경영진은 제작비를 더욱 줄여서 자체 제작을 감소시켰다. 1999년 임백흔이 대만에서 뇌물 수수 혐의로 조사를 받는 동안, 차남 임건악이 ATV의 주식을 중국 대륙과 연관된 봉소평^{封小平}과 유장락^{劉長樂}('봉황위성TV'의 경영자)에게 팔았다. 이후 ATV가 외부 제작 프로그램을 위주로 하는 방침은 더욱 공고해졌다.[21] 이에 따라 인원 감축 및 자체 제작 포기 현상은 더욱 심해지고, 외주 제작과 외부 구매로 방송 시간을 채웠다. 하지만 외부 구매 드라마(「황제의 딸」, 「핑퐁」^{乒乓}, 「식신」^{食神} 등)와 외주 제작 드라마(「영성대형」^{影城大亨}, 「대시대2000」^{大時代2000} 등)는 제작비를 줄일 수는 있어도 드라마를 통해 소속 연예인을 키워 낼 수는 없었다. 브라운관의 아이돌을 키워 내는 것은 방송국의 중요한 자산이 될 수 있다. 이윤의 측면에서도 드라마를 판매하거나 소속 배우를 임대해 줌으로써 이익을 얻을 방

ATV는 구덕근이 경영하던 시기에 긴축정책을 실시하였기 때문에, 「진시황」(秦始皇)과 같이 자체 제작한 프로그램은 매우 드물었다. 사진은 구덕근이 주최한 격려 파티

현재 ATV빌딩의 모습

ATV의 역대 주주가 빈번히 바뀌었다. 그 경영자는 다음과 같다. (위에서 아래로) 임백흔, 오정(吳征), 봉소평, 진영기(『일주간』 제공)

법이 없게 되자 ATV는 광고 수익에 의존할 수밖에 없었다. 따라서 임백흔 가족이 ATV를 경영한 지 10여 년 만에, 10억여 홍콩달러의 경영 손실을 입게 되었다. 2000년, ATV는 봉소평의 경영하에 제작을 축소하고, 광동 연해의 광고 고객을 확보하고, 대륙에 (비싼 학비의) 연예인아카데미를 설립하면서 약간의 이익을 얻을 수 있었다.

21세기에 들어서 ATV는 재기에 성공한다. 2002년 6월, 홍콩의 중화제조업자연합회中華廠商會; The Chinese Manufacturer's Association of Hong Kong 회장 진영기陳永棋; Chan Wing Kee는 봉황위성TV의 유장락과 함께 ATV 지분의 46%를 사들이고, 봉소평을 ATV 행정 총책임자로 내세웠다. 7월에는 이가성李嘉誠; Li Ka-shing 산하의 '톰온라인'Tom.com이 갑자기 2억 9,000만 홍콩달러를 들여 '여신개발'麗新發展; Lai Sun Development Company Limited이 소유하고 있던 ATV 지분 32.75%를 구매하겠다고 밝혔다. 하지만 8월 ATV가 광동성 전파 사용권信號落地權을 얻어 낸 뒤, 톰온라인은 'ATV에 대한 주요 직무 수행이 불가능하다'라는 이유로 구매 포기를 선언하였다. 같은 해 11월 진영기는 방직업자 남방동南方棟과 연합해 3억 6,000만 홍콩달러를 들여 '여신개발'이 갖고 있던 ATV의 지분 32.75%와 '풍덕려홀딩스'豐德麗控股有限公司; eSun Holdings Limited가 소유하고 있던 ATV 웹 사이트의 지분 50%를 사들임으로써, ATV의 지분 49%를 직접 관리하는 최대 주주가 되었다. 진영기와 유장락의 대륙 인맥은 ATV의 중요한 자산이었다. 홍콩의 양대 방송국은 줄곧 광동 연해에 수많은 시청자를 확보하고 있었지만 두 방송국은 합법적인 전파 사용권이 없었고 게다가 케이블TV 방송국의 광고 삽입 문제가 빈발하였다.[4] 그렇지만 이 두 방송국은 6,000만 명이 넘는 광고 시장에 대해 손쓸 방법이 없었다. 2001년 10월, 봉황위성TV는 산하 중국어채널中文臺과 영화채널電影臺이 광동성 주강珠江 삼각주 지역의 케이블TV 네트워크에 진출할 수 있도록, 방송영화국의 특별 비준을 정식으로 받아냈다. 그리고 ATV는 2002년 전파 사용권을 획득하기는 하였지만, 수년간 소란에 휘말려, 현지 이익단체로 하여금 삽입 광고 수입을 포기시키거나 이를 나누도록 하는 데 수많은 어려움을 겪어야 했다.

1990년대 말 방송국의 외주 제작이나 외부 독립 제작의 구매로 방송 시간을 채우는 경향이 더욱 강해졌다. 도대체 그 원인은 어디에 있을까? 1997년 10월 아시아 금융위기 발발은 홍콩 영화의 해외 판매 시장을 급속히 위축시켰고, 영화 산업의 과잉 인력은 TV 독립 제작 사업으로 연이어 방향을 전환하였다. 영화계 인사들은 모두 중국어 드라마 산업에 현재 '임시직화'散工化, '대중화화'大中華化가 진행되고 있다고 생각했다. 그리고 이 '대중화화'의 과정 중 대만 제작자들이 중요한 역할을 담당하였는데, 그 가운데 비교적 유명한 제작자 양패패楊佩佩(작품으로 「의천도룡기」, 「화목란」, 「소

---

4 당시 홍콩의 방송국들은 중국 대륙 지역에서의 합법적인 전파 사용권이 없었기 때문에, 광동 지역의 케이블 방송국들이 홍콩 방송국들의 허가를 받지 않고 임의로 광고를 삽입해 수익을 챙기는 행위를 막기 힘들었던 상황을 가리킨다.

ATV의 진영기(오른쪽에서 세번째)와 봉황위성TV의 유장락(왼쪽에서 여섯번째)은 제휴를 맺어, 대륙의 영화·TV 산업을 개척하였다. 사진은 두 사람이, 봉황위성TV가 홍콩 주식거래소에 상장되었을 때 참석한 모습

대만 드라마 열풍을 이어 대륙의 TV 드라마 역시 유행하기 시작했다. 사진은 제작자 곽보창(郭寶昌)이 「대택문」(大宅門)에 출연하는 배우 장풍의(張豐毅)를 지도하는 모습

「대택문」의 제작자 곽보창과 그의 양어머니(극중 이향수李香秀의 모델)

오강호」등이 있다), 주령강周令剛(작품으로 「강호의협전」江湖奇俠傳, 「요재지이」聊齋志異, 「소년영웅 방세옥」少年英雄方世玉 등이 있다) 등은 모두 홍콩과 깊은 연관이 있었다. 양패패 산하 제작팀의 뇌수청賴水淸 등은 TVB아카데미 출신이었고, 주령강은 일찍이 월급으로 1만 5,000대만달러를 받고 소일부를 위해 「요재지이」의 제작을 맡았던 인물이다.[22] 이미 동남아 시장이 약해진 이상, 대만과 홍콩의 제작팀은 자연히 대륙 시장으로 눈을 돌릴 수밖에 없었다. 이러한 '임시직' 노동력이라는 특징은 양안삼지의 인력·자금·야외 촬영·제작 기법 등을 집중시킨 것에서 기인한다. 예를 들면 「소년영웅 방세옥」이 대만의 자금, 홍콩의 인력과 대륙 현지 촬영이 집합된 전형인 것처럼 말이다. 1990년대 말 중국 각지에는 크고 작은 영화·TV 박람회가 무수히 생겨나서, 독립 제작자들에게 보다 많은 바이어(극장주, VCD 배급상, 방송국)를 끌어모을 수 있는 기회를 제공해 주었다.

아시아 금융위기라는 요인 이외에도 양안삼지에서의 케이블TV 산업의 확장은 독립 제작 드라마의 발전을 가져왔다. 홍콩에서는 일찍이 1957년 설립된 '리디퓨전'이 이미 케이블 방식을 사용하여 방송하였지만, 당시의 전송 기술과 네트워크 규모는 1990년대에 출현한 것과는 매우 큰 차이가 있었다. 1980년대 말 홍콩 정부는 두 개의 전자통신 네트워크의 설립을 비준하여 기존의 홍콩전화유한회사香港電話有限公司와 경쟁하게 되었다. 또한 홍콩 정부는 1989년 홍콩케이블방송유한회사香港有線傳播有限公司의 경영주를 선정하였지만, 1990년 11월 정재계의 불미스러운 문제를 고려하여 이 계획을 포기하였다. 이런 일을 한 차례 겪고 나서 홍콩 정부는 1991년 TV 방송 사업에 대해 전면적인 조사를 거쳐 유료 케이블TV의 개설을 장려하였다. 같은 해 홍콩 정부는 위성 전파 신호를 통해 방송하는 위성TV 개설을 재비준하여 홍콩에는 짧은 기간에 여러 개의 위성 및 케이블 방송국이 설립되었다.[23]

홍콩케이블TV는 채널이 매우 많았다. 사진은 스포츠채널 직원과 스태프들

① 구창케이블TV九倉有線電視有限公司; Wharf Cable Television Ltd.(이하 '홍콩
케이블TV')[5]: 1993년 6월 구창九倉그룹은 케이블TV 경영 허가증을 획득하
여, 초기 자금 50억 홍콩달러를 투자하고, 오천해吳天海에게 총책임자 자리
를 맡겼다. 허가증은 1994년 6월부터 발효되어 첫 3년간의 독점 경영 기간
에는 광고를 방송할 수 없었기 때문에, 수신료가 유일한 자본 회수의 방법
이었다. 당시 한 달 수신료는 198홍콩달러였고, VOD 영화는 편당 20~25
홍콩달러였다. 홍콩케이블TV는 개국 당시 뉴스·영화·체육 등 8개 채널뿐
이었지만, 매 분기마다 중앙방송국CCTV으로부터 365시간 분량 이상의 종
합프로그램 비디오테이프를 사들였다. 1995년에는 중국 대륙 중앙방송국
의 뉴스·경제·정보 등 프로그램을 방송하기로 합의하였다. 케이블TV 가
입자의 경우 1993년 말에 2만여 명에 달하였고, 1994년에는 10만 명까지

5 1998년 홍콩케이블TV(香港有線電視; Hong Kong Cable Television)로 명칭을 변경했다.

성룡, 오천해, 서소명(徐小明)이 홍콩케이블TV의 엔터테인먼트·뉴스채널(娛樂新聞臺) 개국에 참석한 모습

홍콩케이블TV 총재 오천해는 2002년 월드컵 독점 방영권을 취득하였다고 발표했다.

홍콩케이블TV 개국 행사

홍콩케이블TV 뉴스채널 개국 행사

늘었으며, 1995년에는 12만 명을 넘어섰다. 하지만 경영 자본이 너무 많이 들어서 한 해에 6억 홍콩달러의 손해를 보았다. 1996년 6월에야 홍콩 정부는 홍콩케이블TV가 광고 방송을 통해 수입을 늘릴 수 있도록 기간을 앞당겨 비준해 주었다.

홍콩에서의 케이블TV와 영화의 결합은 미국이나 대만보다 늦었다. 홍콩케이블TV가 처음 방송을 개시하던 때에는 마이크로웨이브 전송 시스템을 사용하여 가입자 TV의 수신기에 디코딩 장치를 설치해야 했기 때문에, 전달 신호가 전화선보다 약했다. 홍콩케이블TV는 제2단계에 들어서서야 마이크로웨이브를 광섬유로 대체하였다. 광섬유 전송 방식을 통해 45개에 달하는 채널을 전송하였고, 쌍방향 및 멀티미디어 서비스를 제공했다. 그래서 홍콩케이블TV는 세계 최초로 중국어 프로그램을 24시간 전송하는 케이블 방송국이 되었다. 홍콩케이블TV의 최대 잠재 자산은 사실 홈뱅킹, 전자 전화번호부, 홈쇼핑 등 쌍방향 통신서비스를 제공할 수 있다는 점이었다. 영화 상영 시장 역시 더욱 개발될 가능성이 있었다. 홍콩텔레콤 산하의 대화형TV인 IMS는 1997년 시장에 진입하여, '골든하베스트'와 '중국성'이 합작해 설립한 '럭키액세스'가 제공하는 영화를 확보하였다. 극장과 대화형TV에서 영화를 동시 상영하게 된 이후에야 홍콩케이블TV는 영화사를 자신들의 연합에 가담시켜 영화 동시 상영 서비스를 제공하는 데 주력하기 시작했다.

② 홍콩위성TV유한회사香港衛星電視有限公司; Satellite Television Asia Region TV (이하 'STAR TV'): 1990년 홍콩 화기황포그룹和記黃埔集團; Hutchison Whampoa Limited이 설립한 회사로, 이가성이 사장, 이택해李澤楷; Richard Li Tzar Kai가 부사장을 맡았다. 1990년 12월 22일 이가성은 홍콩 정부로부터 허가를 받아, '아시아亞洲 1호' 위성을 통해 홍콩과 아시아 지역에 STAR TV 및 각 방송국의 프로그램을 제공하였다. 허가 초기 3년 내에는 광동어로 방

항목	투자액 (억 홍콩달러)
중국어 프로그램 자체 제작	5
'중국성' 신작 100편 구입	3~5
'환아' 신작 약 40편 구입	1.5~2
총액	9.5~12

출처: 「衛視踰億購寶亞播映權」, 「明報」, 2000년 8월 4일.

송할 수 없다고 규정했기 때문에 중문 채널에서 표준어로 방송하는 것 외에 다른 채널은 모두 영어로 방송하였다. STAR TV는 중국 대륙·홍콩·대만 삼지와 싱가포르·말레이시아, 인도네시아 등의 방송국과 계약을 체결하여, 그들로부터 프로그램을 제공받기로 하였다. STAR TV에서 자체 제작한 프로그램은 「매일일성」每日一星, 「위시오성참」衛視五星站뿐이었다. 1993년 7월, 오스트레일리아의 '신문 왕' 머독Rupert Murdoch 산하의 뉴스코퍼레이션News Corporation; 新聞集團이 8억 7,100만 달러를 들여 이가성 가족이 소유하고 있던 STAR TV의 지분 63.6%를 사들였고, 나머지 34.4%의 지분은 화기황포그룹이 계속 가지고 있었다. 1995년 머독이 또 한 번 나머지 지분을 사면서 STAR TV의 전 지분 소유주가 되었다. 뉴스코퍼레이션은 STAR TV를 사들인 후 시장을 확장하는 데 주력하여, 새로 설립된 TVB 위성TV無線衛視; Television Broadcasts Satellite(이하 'TVBS')[6], 화교엔터테인먼트TV방송사華僑娛樂電視廣播有限公司; China Entertainment Television; CETV와 경쟁하였다. 2000년, STAR TV는 10억 홍콩달러를 투자하여 유료 TV의 콘텐츠를 강화할 것이라고 발표하였다(〈표 8.9〉). STAR TV는 아직 인터넷 방송을 선보이기 전이었지만 '환아'寰亞; Media Asia 영화의 인터넷 독점 상영권을 구매했고, 이전의 '중국성'과의 협의안에도 인터넷 상영권을 포함시킨 상태였다. 각계에서는

---

6 홍콩 TVB가 1993년 9월 설립하였다.

'봉황위성TV'는 홍콩을 발판 삼아 대륙 시장을 개척하였다. 사진은 「양극지려」(兩極之旅)가 홍콩특구 행정장관 동건화를 개막식 귀빈으로 초청한 모습

STAR TV가 인터넷 상영 서비스를 준비 중이고, 아시아 지역에 다양한 플랫폼 서비스를 제공하는 미디어 그룹이 되려 하는 것이라 추측했다.[24]

③ 봉황위성TV유한회사鳳凰衛視有限公司; Phoenix Satellite Television: 홍콩위성TV유한회사, 금일아주유한회사今日亞洲有限公司; Vital Media Holdings Limited, 화영국제유한회사華穎國際有限公司 등이 1996년 3월 홍콩에서 설립하였다. '금일아주'는 홍콩 기업가 진영기와 대륙에 인맥이 있던 싱가포르 기업가 유장락이 공동 경영하였다. '화영국제'는 중국 대륙의 여러 방송국의 해외 배급, 대리 광고 업무를 전문적으로 하던 회사이다. 그 인맥 네트워크 역시 '봉황위성TV'의 자산이었다. 지분 배분의 경우 '봉황위성TV'와 '금일아주'가 각각 45%씩 차지하고 있었고, '화영국제'가 나머지 10%를 가지고 있었다. '봉황위성TV'는 중국 대륙에서 위성방송 전파 사용권을 얻어 대륙에서 방송을 하게 되었고 이로 인해 더 많은 광고 고객을 끌어들여 수익을 더욱 늘릴 수 있었다.

④ 화교엔터테인먼트TV방송사(이하 '화오TV'華娛電視): 중견 방송인 채화평이 설립하였다. 채화평은 싱가포르 본적의 화교로, 일찍이 TVB에서 「환락금소」 제작 책임을 맡았다. TVB를 떠난 후에는 스스로 채화평제작사蔡和平製作有限公司를 만들었다. 1994년 12월 채화평은 미국, 일본, 홍콩 등지의 자금 지원을 받아서 싱가포르에 '화오TV'를 등록·설립하였다. 그리고 홍콩에 제작기지를 마련하여 1995년 3월 방송을 시작하였다. 총 투자액은 2억 3,000만 홍콩달러로 채화평이 20%의 권리를 가지고, 나머지 80%는 마련馬聯그룹, 홍콩 역실力實그룹, 미국 국제홈엔터테인먼트International Home Entertainment; 國際家庭娛樂그룹이 나누어 가졌다. 사장은 채화평, 부사장은 그의 부인 임평평任平平이 맡았다. '화오TV'는 '아시아 1호' 위성을 빌려서 중국 대륙·홍콩·마카오·대만·동남아·일본 등지에 매일 24시간 중국어 버라이어티 프로그램을 방송하였다. 이 방송국 프로그램의 40%는 채화평제작사가 제작하였고, 30%는 중국 대륙 제작, 30%는 외국 TV 방송업체에서 들여온 것이었다. 프로그램이 무료로 방송되었기 때문에 주요 수입은 광고에 의지해야 했다. 일반적으로 '봉황위성TV'와 같이 중국 대륙의 위성 전파 사용권을 얻을 방법이 없었기 때문에(즉 대륙에서 합법적으로 방송할 수 없었다), 광고 수입은 그리 늘어나지 못했다. 1998년부터 점차 경영에 어려움을 겪던 '화오TV'는 2001년 미국 AOL-타임워너에 매각되었으며, 이후 이들 역시 대륙 시장 개척에 힘썼다.

⑤ 양광위성TV陽光衛視; Sun TV: 2000년 8월 여러 해 동안 합작해 온 중견 방송인 서소명徐小明과 이조웅이 손을 잡고 설립하였다. 양광문화네트워크사陽光文化網絡電視控股有限公司; Sun Television Cybernetworks Holdings Ltd. 산하의 TV 채널로, 양란楊瀾이 사장, 서소명이 행정 총책임을 맡았다. 프로그램은 주로 역사·문화·인물 전기·정보엔터테인먼트 등에 대한 것으로, '인포테인먼트'Infotainment라는 구호를 전면에 내걸었다. 그리고 홍콩케이블TV의

'화오TV'는 너무 늦은 관계로 대륙에서 전파 사용권 비준을 받지 못하여 경영 위기에 빠졌다(『일주간』 제공).

21번 채널을 빌려 일련의 역사 스페셜 프로그램을 방송하여 양안삼지 최고의 역사 전문 채널이 되고자 하였다.

⑥ 전신TV 傳訊電視; CTN: 투자자는 전신TV네트워크사 傳訊電視網絡有限公司; Chinese Television Network Inc.로, 1994년 12월 방송을 시작했다. 이 방송국에는 두 개 채널이 있었는데, 중천中天채널에서는 24시간 국제 뉴스·체육·경제 소식을 방송하였고, 대지大地채널에서는 라이프스타일·예술문화 동향에 대해 방송하였다.

케이블 및 위성TV 시장이 과열된 나머지 홍콩 정부는 2000년 7월 5일, 5개의 유료TV 허가를 더 내고 100여 개의 채널을 더 늘릴 것이라는 계획을 발표하고, 가입자의 매월 수신료를 120~180홍콩달러로 정하였다. 새로운 유료TV 5대 그룹이 예상한 투자액은 10억 홍콩달러 가까이 되었고, 홍콩의 TV 시장은 전면 개방되었다. 영화·TV 산업은 새로운 전국시대를 맞

〈표 8.10〉 새로운 유료 TV 5대 그룹

HKDTV (Hong Kong Digital TV)	은하위성TV (銀河衛星廣播)	태평양위성TV (太平洋衛視)	Elmsdale	홍콩인터넷TV
STAR TV 부속 회사, 머독 산하의 뉴스코퍼레이션	TVB 부속 회사, 소일부가 대주주	대만 태평양디지털(太平洋數碼) 부속 회사, 대만 태평양TV(太平洋電視)의 케이블, 프랑스 매스미디어그룹 Thomson, 대만 서양 영화 배급상 춘휘인터내셔널(春暉國際)	영국 유료 TV 사업자 산하의 Yes Television	중국디지털뉴스(中國數碼信息) 부속 회사, 성룡(成龍)이 이사진에 소속, 『명보』(明報)와 '전신TV'의 전 사장 우품해(于品海)가 대주주
첫 3년 예상 투자 자본 : 2.5억	1.8억	0.23억	1.08억	1.4억
14개 채널	40개 채널	20개 채널	10개 채널 +VOD	65개 채널

출처 : 「銀河衛視中數碼香港網絡Elmsdale收費電視牌照揭盅」,『明報』, 2000년 7월 10일.

이하였고(〈표 8.10〉), 골든하베스트는 2000년 몇 개 채널을 빌려서 자신들의 프로그램을 방영하고자 하였다.[25] 하지만 정부가 이를 허가해 주는 것에 대하여 영화계 인사들은 우려를 표명했다. 유료 TV가 경쟁에 돌입한 후 프로그램 수요량은 자연히 증가할 것인데, 매일 24시간 방송한다고 하면 149개 채널에서 매일 3,576시간의 프로그램이 필요하게 된다. 여기에다 기존의 TVB, 홍콩케이블TV, ATV의 수요까지 합하면 홍콩의 TV 채널은 매일 4,000시간이 넘는 프로그램이 필요하다. 그래서 허가 소식이 발표된 후 업계 내의 인사들은 시장의 프로그램 수요 증가가 제작비 상승을 가져오고, 또다시 선매수 붐이 일어나 거품이 생길 것이라 우려하였다. 유료 TV의 경영 전망이 밝지 않음을 보고 2000년 말에는 STAR TV가, 그리고 2001년 초에는 '홍콩인터넷TV'香港網絡電視가 애써 확보하였던 방송 허가를 포기하겠다고 연이어 발표하였다.[26]

1990년대 말, 아시아에 인터넷 열풍이 일어났다. 홍콩에서는 이가성의 차남 이택해 소유의 PCCW가 2000년 3월 싱가포르텔레콤新加坡電訊; Singapore Telecommunications을 물리치고 오래된 기업인 홍콩텔레콤을 사들이는 데 성공한 후, 홍콩의 인터넷 주식 붐은 절정에 달했다. 엔터테인먼트·정보 산업을 경영하던 '동방매력'과 '중국성' 등 상장 회사도 이 기세를 틈타 주식시장의 자금을 대량으로 끌어들였다. 그중 일부 핫머니가 영화·TV 제작의 자본으로 투입되면서 다시 한번 독립 제작에 생기를 불어넣었다. 인터넷 관련 주식회사는 단번에 영화 제작 산업에서 가장 중요한 투자자가 된다. 하지만 이런 회사들의 발흥에 대해 우려의 목소리도 적지 않았다. 당시 상황을 살펴보면, 그 시장에서 이익을 낼 만한 인터넷 비즈니스 사이트의 수는 지극히 적었다. 인터넷 주식 붐이 과연 얼마나 오래 지속될 것인가 하는 문제가 줄곧 업계 내의 고민거리였다. 2000년 10월, 인터넷 주식 붐은 급격히 식었고, PCCW의 주가는 최고치 28홍콩달러에서 12월에는 4홍콩달러로 급락하였으며 2002년 말에는 1.2홍콩달러로 떨어졌다. '중국성'의 주가 역시 최고치 5홍콩달러에서 0.5홍콩달러로 떨어졌다. 인터넷 주식 붐은 밀려올 때만큼 빠르게 빠져나갔고,[27] '중국성'이나 '동방매력'과 같이 인터넷 주식의 거품이 꺼지기 전에 상장에 성공한 회사들은 일찌감치 주식시장에서 끌어왔던 자금을 거머쥘 수 있었다. 한편 인터넷 주식이 절정기에 이르렀을 때에 상장하지 못한 인터넷 회사(예를 들면 엔터테인먼트 기자 출신의 방송 프로그램 진행자 사소흔査小欣이 경영하던 'Show8.com')나 인터넷 주식 붐의 끝 무렵에 상장한 회사들(예를 들면 라디오 시사평론가 정경한鄭經翰; Albert Cheng Jing-han이 경영하던 '36.com')은 이윤도 없고 새로운 자금을 끌어들일 수도 없는 상황 속에서 소리 없이 사라져 갔다.

2장 / 신·구 영화사의 변화

1990년대 말, 인터넷 붐과 케이블TV 산업의 확장으로 인해 영화 및 TV 시장에서는 '콘텐츠 공급자'를 중시하기 시작했다. 인터넷 붐은 2000년 하반기부터 퇴조하기 시작했지만 적지 않은 투자자가 케이블TV와 인터넷TV 시장에서 영화가 일정한 흡인력을 지닐 것을 믿었다. 시장에서의 이러한 콘텐츠 효과와 함께 대량의 자금이 영화 제작에 투입되었다. 이를 통해 인터넷의 잠재적 비즈니스 기회를 찾아내고자 하였다. 이 밖에도 중국 대륙이 세계무역기구WTO에 가입하면서 크고 작은 회사들이 대륙 시장에 큰 기대를 가졌다. 할리우드마저도 중국 대륙이 10년 내에 유럽과 일본을 넘어서는 미국 영화 수출의 제2대 시장이 될 것이라 예측하였다(1990년대에는 미국 현지 시장의 한 해 매표수입이 약 75억 달러, 유럽이 44억 달러, 일본이 16억 달러였고, 중국 대륙은 2억 달러밖에 되지 않았다). 스크린 대 인구 비율을 놓고 보면, 중국 대륙은 1:120,000, 미국은 1:8,600으로, 이 수치는 투자자들에게 대륙의 영화·TV 시장에 대한 커다란 기대를 심어 주었다.[28] 1990년대 중반, 홍콩 영화·TV 산업의 각계 인사들은 팀을 조직하여, 당시 인터넷 핫머니로 인해 눈앞에 펼쳐진 영화·TV의 '신천지'로 뛰어들 준비를 하였다.

1. 골든하베스트그룹의 위기

1994년 11월, 골든하베스트의 상영·배급부는 골든하베스트엔터테인먼트 嘉禾娛樂有限公司; Golden Harvest Entertainment Company Ltd.를 만들어 홍콩 증시에 상장하였다. 하지만 1990년대 말에 이르자 추문회의 영화 왕국에서 위기가 드러나기 시작했다. 역사를 되돌아보면 추문회와 소일부는 줄곧 중국어 영화·TV업계의 강력한 라이벌이었다. 소일부는 1980년대 초 영화 산업에서 TV 산업으로 조용히 떠났지만, 그래도 여러 극장과 스튜디오 세트장을 남겨 놓았다. 1990년대 중반 영화업계의 침체기를 넘길 수 있었던 것은 TV 산업에서 얻은 수익과 부동산으로 얻은 이익을 도피처로 삼을 수 있었기 때문이다. 한편 추문회는 그가 제작한 영화가 연달아 높은 매표수입을 거뒀지만, 분산투자에 신경 쓰지 않았기 때문에 홍콩의 극장과 극장체인을 모두 부동산업자에게 임대하여 사용했다. 그리고 부산로의 영화 스튜디오마저도 1998년 계약 만료 후 정부에게 회수당했다. 같은 해 홍콩 정부는 장군오將軍澳; Tseung Kwan O 부지에 영화 스튜디오를 세우기로 하고, 장군오 지역을 '미디어 거리'로 만들고자 계획했다. 골든하베스트 스튜디오는 계약이 만료되자마자 가리嘉里; Kerry그룹과 합작하여 경쟁 입찰에 참여했다. 하지만 뜻밖에도 오랫동안 영화업계를 떠나 있던 쇼브러더스가 '중국성' 등과 연합해 경쟁에 합류하면서, 골든하베스트와 쇼브러더스는 30년 만에 다시 격돌하게 되었다. 1998년 8월 경쟁 입찰 결과 쇼브러더스가 이끄는 그룹이 7,800만 홍콩달러로 그 부지를 확보했고, 골든하베스트는 고배를 마셔야만 했다. 1998년 대주주 하관창이 사망하자 1970년에 설립되었던 기존의 골든하베스트영화사 역시 1999년 사업을 모두 청산하였다. 2000년 8월 쇼브러더스는 다시 한번 홍콩디지털영화세트장유한회사香港數碼影城有限公司; Hong Kong Digital Movie City Company Ltd.(쇼브러더스, 쇼 부동산邵氏置業, '환아', '중국성' 등 7개 회사 포함)를 만들어서 경쟁 입찰에 참여하였다. 이를 통

골든하베스트는 점차 영화 업무를 축소시키고, 1992년에는 영화 아카이브의 판권을 아시아위성TV(위 사진)에 팔았다.

해 1,800만 홍콩달러로 장군오 인접 지역의 땅을 구입해 통합 개발하였다. 이번에 골든하베스트엔터테인먼트는 경쟁할 생각조차 하지 못했다.[29]

사실 1990년대 초 골든하베스트의 영화 제작 사업은 이미 축소되고 있었다. 1992년에는 자신들이 보유한 영화 400편(1970~1992년 작품)을 아시아위성TV亞洲衛星電視公司; Asia Digital Media Co.에 팔았고, 1998년에는 나머지 영화 170편을 타임워너에 팔았다. 이렇게 골든하베스트도 영화 제작사라는 타이틀을 버리고 배급·극장체인 회사로 변모하여, 그 이윤은 주로 동남아시아의 영화 배급에서 얻게 되었다. 1996년 2월, 추문회는 오스트레일리아의 빌리지로드쇼Village Roadshow Ltd.; 村展그룹을 주주로 끌어들였다. 골든하베스트엔터테인먼트는 이를 통해 1억 5,800만 홍콩달러의 자금을 모았고, 관리인력 또한 싱가포르의 재계 인사들로 바꾸었다. 투자 유치 이후 골든하베스트엔터테인먼트는 동남아시아에 스크린 수를 크게 늘려 싱가포르에는 78개, 태국에 78개, 말레이시아에 144개로 늘어났다. 그러나 홍콩에는 35개의 스크린밖에 없었다. 빌리지로드쇼그룹은 오스트레일리아 최대의 영화 상영업자로, 영화와 비디오테이프 사업을 주로 하였

과거 화려한 역사를 거쳐 왔던 골든하베스트의 부산로 영화 스튜디오가 1998년 홍콩 정부에 의해 회수되자
골든하베스트의 사업 중심은 더욱 극장체인에 집중되었다.

고 시가 6억 오스트레일리아달러가 넘었다. 또한 빌리지로드쇼그룹은 워
너브러더스와 합작하여, 오스트레일리아 골드코스트Gold Coast에 워너브러
더스 무비월드와 시월드Sea World 등 테마파크를 설립하기도 하였다. 일찍
이 1988년 골든하베스트는 빌리지로드쇼와 함께 싱가포르에 멀티플렉스
영화관을 경영하였는데 이후 그 세력을 태국과 한국까지 확장하여 영화관
220곳을 합동으로 경영하였다. 그 합작 방식은 골든하베스트가 영화를 공
급하여 극장에서 상영하고 빌리지로드쇼가 자금을 지원하는 것이었다. 하
지만 1997년 아시아 금융위기 이후 아시아 각국의 화폐가치가 점차 하락
하여 동남아 시장이 갑자기 붕괴되자 한국·인도네시아·말레이시아·태국
등이 연이어 파산하면서 영화 산업에도 심각한 타격을 주었다. 골든하베스
트는 1997년 8,000~9,000만 홍콩달러에 달하는 손해를 입었다. 홍콩 현지
의 서양 영화 배급 역시 불법 복제 산업으로 인해 큰 피해를 입어 골든하베

골든하베스트와 구매 경쟁을 벌였던 빌리지로드쇼그룹. 사진은 싱가포르에 위치한, 그 산하의 한 극장

<표 8.11> 골든하베스트 지분 소유 분포

주주	지분 비율
추문회(鄒文懷)와 빌리지로드쇼 등	66.03%
하관창(何冠昌)	10.97%
보신자산관리(寶信資産管理)	9.99%
우방보험(友邦保險)	0.73%
사무성(査懋成)	0.73%
성룡(成龍)	0.73%
기타 주주	10.82%

출처: 「鄒文懷持嘉禾降至32%」, 『蘋果日報』, 2000년 5월 24일.

스트는 모기업을 청산할 수밖에 없었다. 결국 골든하베스트엔터테인먼트의 재정 주도권은 오스트레일리아 빌리지로드쇼그룹의 손에 넘어가게 되었다. 골든하베스트엔터테인먼트의 주가도 점점 떨어져서 시가 2억여 홍콩달러까지 내려가고, 빌리지로드쇼는 골든하베스트엔터테인먼트가 동남아 지역에서 경영하던 200개의 극장 배급 사업을 넘겨받았다. 이를 통해 동남아시아 경제 회복 후에 큰 이익이 남을 것을 기대하였던 빌리지로드쇼는, 이를 기회로 골든하베스트엔터테인먼트의 주식을 흡수하여 그 소유 지분을 9.8%에서 16%로 늘렸으며(<표 8.11>), 결국에는 1998년 6월, 한 주당 0.7홍콩달러에 골든하베스트엔터테인먼트의 주식 지분을 구매하겠다고 밝혔다. 반평생을 경영해 온 사업이 위기에 처하자 추문회는 서둘러 친구들에게 도움을 청하여 이에 대응하였다. 약 20%에 달하는 신규 주식을 발행하여 이가성, 곽학년郭鶴年; Robert Kuok, 머독이 결성한 투자그룹에 판매하겠다고 발표해, 골든하베스트엔터테인먼트에 새로운 자금을 끌어들였다. 이는 또한 빌리지로드쇼가 대주주로서의 추문회의 지위를 위협할 정도로 지분을 확보하는 것이 어렵도록 만들었다. 이에 맞서 제2대 주주였던 빌리지로드쇼는 곧장 법원에 가처분 신청을 내서 골든하베스트엔터테인먼트의 주식 발행을 막았다. 하지만 같은 해 7월 법원이 골든하베스트엔터테

〈표 8.12〉 골든하베스트 극장 업무(2000)

지역	스크린 수	좌석 수
홍콩	35	9,318
상해	22	4,331
싱가포르	74	16,818
태국	78	20,500
말레이시아	144	44,560
한국	19	3,371
총계	372(+19%)	98,898(+9%)

출처: 「鄒文懷持嘉禾降至32%」, 『蘋果日報』, 2000년 5월 24일.

인먼트의 손을 들어 주면서 빌리지로드쇼는 골든하베스트엔터테인먼트의 주식 증자를 막을 수 없었다. 원래 수중에 있던 30% 이상의 골든하베스트엔터테인먼트 지분에 20%의 신규 지분이 추가되면서 추문회의 골든하베스트엔터테인먼트 지분은 50%를 넘어서게 되었다. 빌리지로드쇼가 대량으로 주식을 구매하더라도 골든하베스트엔터테인먼트에 대한 추문회의 통제권을 위협하는 것은 불가능하게 되었다. 결국, 빌리지로드쇼는 7월 13일, 골든하베스트엔터테인먼트를 사들이려던 계획을 중지한다고 발표하였다. 이 같은 우여곡절 속에서 빌리지로드쇼와 추문회의 합작은 더 이상 불가능해졌다. 1998년 골든하베스트엔터테인먼트는 아예 자본 투자자로 탈바꿈하여 70명의 제작팀 직원(소품·편집·의상 등)을 정리 해고하고, 자체 영화 제작을 중단하였으며, 이후로는 영화 주문제작, 합작 또는 완성작 구매 사업만을 하기로 하였다. 그리고 대부분의 영화 제작 작업을 '환아'가 대신하도록 하고, 골든하베스트엔터테인먼트는 배급과 상영 사업을 위주로 하였다(〈표 8.12〉). 이로 인해 골든하베스트의 영화 제작 인력은 뿔뿔이 흩어졌고, 성룡은 골든하베스트엔터테인먼트의 이사직을 사임하고 '환아'와 합작하였다. 2000년 초, 추문회가 끌어들인 대만의 에이서Acer; 宏碁그룹은 빌리지로드쇼의 제2대 주주 자리를 대신하였다. 추문회는 또한 인터

추문회(맨 오른쪽)와 홍콩특구 행정장관 동건화(오른쪽에서 세번째), 입법의회장 리타 판(范徐麗泰, 왼쪽에서 두번째)이 영화 「아편전쟁」(鴉片戰爭)의 프리미어 시사회에 함께 참석하였다.

넷 엔터테인먼트 사이트인 'eolasia.com'을 설립하여 새로운 부문에 뛰어들었다. 골든하베스트의 영화 아카이브를 기반으로, 당시 열기가 뜨거웠던 엔터테인먼트 사업에 진출한 것이었다. 2000년 8월 빌리지로드쇼는 '해적판 창궐'을 이유로 홍콩에서 철수할 것을 발표하고, 골든하베스트엔터테인먼트와 함께 경영하던 GV극장의 지분 50%를 6,000여 만 홍콩달러에 골든하베스트엔터테인먼트에 팔았다. 하지만 골든하베스트엔터테인먼트와 합작 경영해 오던 싱가포르·말레이시아의 극장 사업 중 6개 극장 내 26개 상영관만이 이번 주식 양도와 관련되어 있었다.[30] 이러한 골든하베스트의 변신과 함께, 1990년대 초 확립되었던 3대 극장체인의 형세는 1990년대 말에 이르러 마침내 마침표를 찍게 된다. 2000년에 들어서면서 골든하베스트엔터테인먼트의 수익은 주로 동남아와 중국 연해 도시의 극장 상영에서 들어오게 되었다.

2. 쇼브러더스 왕국, 재기를 도모하다

1990년대 말에 들어서 인터넷 미디어 시장이 발전하자 인터넷 미디어들은 옛날 영화를 놓고 쟁탈전을 벌이기 시작했다. 이에 미디어 시장에서는 '콘텐츠가 왕이다'Content is King라는 말이 나돌기도 하였다. 인터넷 미디어의 콘텐츠가 된 옛날 영화들은 가치가 계속 상승했고, 할리우드에서도 옛날 영화 구매를 구매하는 것은 이미 유행이 되었다. 홍콩에서는 소일부 산하의 양대 영화·TV 왕국인 쇼브러더스와 TVB가 중국어 영화·TV업계의 가장 큰 '콘텐츠 공급자'였다. 소일부는 득의양양하게 영화·TV업계에서 다시 한번 재기를 노린다.[31]

1970년대 중국어 TV·영화계에서 최대 제작 스튜디오였던 쇼브러더스가 보유한 700여 편의 옛날 영화 아카이브는 1990년대 말 그 가치가 매우 높아졌다. 2000년 쇼브러더스는 6억여 홍콩달러를 받고, 전권을 소유하고 있던 영화 아카이브를 팔았다. 이를 사들인 회사는 말레이시아의 UT^{Usaha Tegas Sdn. Bhd.} 그룹 산하의 동아엔터테인먼트사^{東亞影片娛樂有限公司;} East Asia Entertainment Ltd.였으며, 동아엔터테인먼트사의 회장은 바로 TVB의 옛 임원 오우^{吳雨}였다. 6억 홍콩달러 가운데 4억 8,000만 홍콩달러는 아카이브 전체 영화 판권의 총 가치이고, 1억 2,000만 홍콩달러는 원판 필름과 오디오테이프의 보수 및 디지털 영상 원본으로의 전환에 사용되었다. 이 계약의 부대 조건은 쇼브러더스가 동아엔터테인먼트 상장 이후 그 지분의 약 3분의 1을 구입할 수 있도록 하는 것이었다. 또한 TVB가 분할 상장한 영상네트워크멀티미디어사^{影視網多媒體公司}가 이 지분권을 사용할 수 있도록 하는 것도 포함되었다. 그리고 같은 해, 쇼브러더스 산하의 은하위성TV^{銀河衛視;} TVBN(이하 '은하')는 유료 TV 허가를 획득하였다. 또한 2001년 쇼브러더스의 행정이사 방일화는 왕정을 책임자로 위임하여 「절색신투」^{絶色神偸;} Martial Angels, 「동거남녀」^{同居蜜友; Fighting For Love} 등 영화를 여러 편 제작하도

쇼브러더스 영화 아카이브 내의 중요한 소장본이 2002년 풀려 나와 DVD 형식으로 배급되었다. 사진은 배급
사인 주립영화사의 여소빙(黎筱娉)과 쇼브러더스의 옛날 멤버 정정(靜婷), 유가휘, 엽동(葉童), 정패패 등

록 하였다. 그리하여 극장 및 비디오 시장에 공급하는 것은 물론 '은하' 유
료 TV에도 방영 콘텐츠를 제공하였다. 쇼브러더스의 제작 총감독인 황가
희는 기자에게 다음과 같이 설명하였다. "현재 시장에는 다양한 형식의 미
디어가 등장하였습니다. 이 모든 미디어들은 콘텐츠 공급에 대한 일정한
수요가 있지요. 현재의 시장 상황을 보고, 우리는 새로 영화를 제작하기로
했습니다. 시장의 요구에 부응하는 것이지요."[32]

영화 아카이브 이외에도 1980년대에 쇼브러더스는 영화·TV 사업을
확장하여 출판·여행·인쇄 등 여러 사업을 시작하였다. 그와 더불어 TVB,
TVEI Television Enterprise International; 電視企業, TVBI의 3개 회사를 설립하였다.
1980년대까지 동남아 지역의 정세는 안정적이어서, TV 수상기와 비디오
플레이어가 판매되기 시작하면서 이 기세를 타고 TVB는 비디오테이프의
해외 배급 업무를 적극적으로 확장했다. 유천사가 밝힌 바에 따르면, 이 시
도가 성공하지 못한 이유는 TVB 내부의 권력이 변화한 데 있었다.[33] 1984

TVB의 임원진 소일부, 진경상, 오우

년, TVB의 영업 총감독 진정상陳順祥(TVB 임원 진경상陳慶祥의 동생)이 TVBI의 사장에 임명되어 TVB 드라마의 비디오테이프 판매를 책임졌다. 원래는 단지 '부산품'이나 '잉여 물자'에 불과한 과거의 프로그램들을 대여해 주는 것일 뿐이라 생각했지만 뜻밖에도 동남아에서 홍콩 드라마 비디오 열풍이 일어나면서 상황이 바뀌었다. 대만에서는 「초류향」에 이어 홍콩 드라마를 계속 수입하였고, 태국에서는 「상해탄」이 인기를 끌었으며, 이후 「사조영웅전」, 「신조협려」, 「소오강호」, 「천룡팔부」, 「설산비호」, 「녹정기」 등 김용의 무협극이 해외에서 홍콩 드라마 열풍을 가져왔다. TVBI의 실적은 날로 성장하였는데, 갑자기 TVB 영업부에서 진정상을 불러들이고 그 대신 하순인何順忍을 사장 자리에 앉혔다. 오래지 않아 유위걸劉偉傑이 TVEI 사장으로 임명되어 진경상도 자리를 빼앗긴다. 유천사는 이 사건이 소일부가 그들 두 형제에게 지나치게 의지하지 않으려 한 것이라고 추측하였다. 하지만 당시 진경상은 이미 TVB, TVEI, TVBI 세 회사를 모두 통제하고 있었다. 하순인은 사장직에 오른 후 이전 해외 배급의 핵심 사업을 완전히 바꾸었다. 원래 '잉여 물자'를 판매하던 것에서 새로운 상품을 전문적으로 제작하여 해외에 판매하는 것으로 변화를 꾀한 것이었다. TV 방송국에서 사장 1명과 총제작자 3개 팀, 그리고 기타 제작 인력을 초빙하여, 해외 판매만을 목적으로 하는 'TVB금장드라마'金裝無線劇集와 'TVB영화'無線大電影 프로그램의 제작 책임을 맡겼다. 하지만 제작에 파견된 인력들의 원성이 높았는데, 유천사는 이 원망이

홍콩 총독 에드워드 유드(Edward Youde)가 TVB를 방문하자, 소일부와 진경상(맨 오른쪽)이 「환락금소」의 출연진과 함께 환영하고 있다.

당시 TVB가 미국에서 도입해 온 라인 프로듀서^{line producer} 시스템에서 연유한 것이라고 지적했다.

유럽·미국·일본 방송국은 '외주 제작' 시스템을 실행하여 방송국 프로그램 부서가 독립 제작사에서 드라마를 사들여 방송한다. 외주 제작 회사가 방송 기준에 적합한지 여부를 감독하기 위하여 라인 프로듀서를 기용해 구매자(방송국)와 제작사의 교량 역할을 하도록 하였다. 내가 '교량'이라는 말을 쓰는 이유는, 그는 제작 작업을 감찰, 지도, 통제하는 사람이 아니기 때문이다. 드라마 전체는 총제작자의 책임하에 있었다. 하지만 사람들은 이런 종류의 작업 방식은 한 번도 해본 적이 없었다. 제작 스태프들은 마음속으로 라인 프로듀서를 '총제작자 위의 총제작자'라고 여긴다. 라인 프로듀서는 영업 직원일 뿐이었다. 일단 이들이 '월권 행위'를 하게 되면, 줄곧 구속받아 본 적도 없고 외부인의 관리를 달가워하지 않는 제작진들은 불만이 생길 수밖에 없다. 재무 총감독인 오조장^{伍兆璋}은 일찍이 이에 대해 비꼬며 말했다. "외부인이 내부인을 관리하다니!" 도대체 이 불만을 어떻게 수습한단 말인가? 그래서 나는 사장님에게 다음과 같이 건의하였다. TVB의 프로그램 부서는 해외 판매용 드라마 180시간 분량을 포함하여, 제작부에서 한 해 동안 만든 380여 시간의 드라마 가운데서 '쓸 만한 작품'을 골라 내면 된다고, 그리고 거기서 208시간 방송 분량만 추려 내는 것으로 충분하다고 말이다. 바꾸어 말하면 400시간 분량에 가까운 드라마 중에서 3분의 2를 먼저 골라 방송하고, 질이 조금 떨어지는 것은 쌓아 두면 된다고 말이다. 하지만 이 건의 사항은 받아들여지지 않았고, 내부에서 어떤 이유로 그랬는지는 여전히 수수께끼이다.[34]

TVBI가 외주 제작을 확장하던 이 민감한 시기에 진경상이 갑자기 사직하였다. 이사진은『명보』^{名報}에서 정군략^{鄭君略}을 초빙해 와서 TVB 사장직을 맡겼다. 정군략은 취임한 후 이전의 프로젝트, 즉 새로운 부서를 만들어 해외에 배급할 드라마를 전문적으로 제작하는 것에 반대하였다. 그리하여 이 제작팀이 구성된 후 제작진이 TVBI의 관할로 복귀하여 모기업인 TVB의 제작부에서 빠져나가는 것을 막고자 하였던 것이다.[35]

유천사는『제방전시』라는 책에서 방송국 내의 인사 변천에 대하여 밝혔다. 그 내용은 10여 년 전 쇼브러더스 산하의 추문회와 방일화의 사건을 연상시켰다. 이러한 두 차례의 사건을 겪으면서도 소일부는 여전히 막후 실력자로서 결정권을 쥐고 있었다. 30여 년간 TVB의 지분과 정책 결정권은 매우 안정적이었기 때문에(소일부 한 사람이 TVB의 지분 2,500만여 주를 소유했고, 소씨 형제들은 1억 1,480만여 주를 소유하여, 전체 지분의 33.62%를 갖고 있었다), 지분 소유주가 여러 차례 바뀌었던 RTV나 ATV와 명확한 대비를 보여 주고 있다. 1990년대에 들어서면서 TVB의 사업은 이미 대만·

진경상 형제가 TVB를 떠난 후, 소일부는 정군략(왼쪽에서 네번째)을 초빙하였다.

TVB가 TV영화 시장을 개척하여 제작비가 크게 증가하였다. 사진은 흡반식 카메라를 이용하여 촬영을 진행하는 모습

1960년대 쇼브러더스 영화 스튜디오 내 '옛날 거리'(古裝街)

동남아 지역까지 뻗어 나갔고, 그 산하의 TVBS가 홍콩에서 제작한 프로그램을 직접 방영하였다. 1994년 4월의 조사에 따르면 대만은 약 60%의 가정이 케이블TV 시청자로, 시장 점유율이 매우 높았다. 하지만 해외 미디어가 중국 대륙에 진출하기 위해서는 6종류의 지역에서 한정적인 전파 사용권을 얻어야 했는데, 과학 연구 단위, 학술 기구, 경제 특구, 주강

삼각주 지역, 고등 과학 기술 개발 지구, 3성급 이상 호텔 등이 그것이다. 이러한 상황에서 TVB는 자연히 대륙의 TV 시청자들에게 접근하기가 어려웠고, TV 수신료나 광고 수익을 얻을 수 있는 방법도 없었다. 하지만 사실상 광동 주강 삼각주 일대에서는 불법으로 홍콩의 방송국이 방영하는 프로그램을 시청하는 것이 크게 유행하였다. 현지의 유료 TV는 더욱 노골적으로 불법 행위를 저질렀는데, TVB와 ATV의 프로그램을 유료 채널에서 방송하고 거기에 현지의 광고를 집어넣어 광고비도 받았다. 이러한 문제를 해결하기 위하여 TVB는 소형 엔터테인먼트·정보 프로그램을 광동 방송국에 판매하여 매일 오후 2~4시에 방영하였다. 이러한 프로그램의 외부 판매 방식을 통하여 대륙 TV시장에 진출하기를 희망하였던 것이다.[36] 쇼브러더스가 장군오에 영화 스튜디오 세트장을 만드는 데 투자한 것도 바로 이러한 목표를 위한 것이었다. 하지만 2002년 10월, 영화 세트장 사업에 참여한 7개 회사(이들의 지분은 각기 다음과 같았다. 쇼브러더스 35%, 쇼부동산 37%, '환아' 10%, '연대'年代 10%, '중국성' 5%, 미아엔터테인먼트美亞娛樂 2.5%, '정예'晶藝 0.5%) 가운데 4개 회사가 사업 참여를 철회하였다. 대주

2004년 TVB의 스튜디오가 청수만을 떠나게 되었다. 사진은 예전 스튜디오의 '옛날 거리'에서 촬영하던 마지막 시기

주인 쇼브러더스와 쇼 부동산의 지분이 60%까지 증가하였고, '중국성'은 세번째 주주(지분 5% 점유)가 되었으며 총투자액은 원래의 6억 홍콩달러에서 10억 홍콩달러까지 늘어났다. 다른 한편 2002년 말, 쇼브러더스 영화 DVD가 연이어 시장에 출시되었다. 하지만 말레이시아의 UT그룹이 쇼브러더스의 영화 아카이브를 사들여 동아엔터테인먼트를 만든 원래 의도는 'tvb.com' 사이트와 은하위성TV를 합병해 상장을 준비하는 데 있었다. 인터넷 붐이 사라진 후 UT그룹은 '은하'에 자금을 대지 않았다. 2003년 2월 '은하'는 미국 자본의 회사 인텔샛Intelsat의 자금 5억 홍콩달러를 얻어 중국

골든하베스트와 쇼브러더스 양대 기업이 장군오에 TV 스튜디오 부지를 놓고 경쟁을 벌였지만, 쇼브러더스가
승리하였다. 사진은 장군오에 세워진 소일부 산하의 새로운 'TVB 세트장'

현지의 미디어 시장에 공동으로 진출하면서, 해외 채널의 사용권을 얻어냈다. 하지만 '은하'의 경쟁 상대도 적지 않았다. 홍콩 시장의 경우, 홍콩브로드밴드네트워크香港寬頻; Hong Kong Broadband Network; HKBN는 2003년 인터넷을 통해 사용자에게 180여 개 채널의 TV프로그램을 제공하기로 하였다. 중국 대륙 시장의 경우, 미아엔터테인먼트의 영화 채널도 해외 채널 사용권을 받았다. 2003년에 소일부는 이미 95세의 고령이었지만 그의 모험심은 여전히 줄지 않았다.[37]

2004년 장군오 TV 스튜디오

3. '중국성', 새롭게 일어서다

'중국성'의 역사는 홍콩의 유명 인사 향화강·향화성·향화승向華勝; Jimmy Heung Wa-Sing 형제와 관계가 매우 깊다. '중국성'의 창립자 향화강은 1948년 광동성 해풍海豊현에서 태어났고, 그 아버지는 무술인 향전向前이었다. 향씨 형제는 홍콩에서 성장했으며 무술 애호가였다. 1973년 액션영화 흥성기에 영화 제작에 투자하기 시작하여 「찰마」驀馬, 「용호지두사」龍虎地頭蛇; The Big Fellow, 「포효산림」咆哮山林 등의 영화를 제작하였고, 삼화三和영화사를 설립하기도 하였다. 그리고 향화성은 1984년 영성永盛영화사를 설립하여 「도신」과 「시티 보이즈」藍江傳之反飛組風雲; Nam Kong Legend; Arrest the Restless를 제작했는데 향화강도 함께 참여했다. 1993년 홍콩 영화 시장이 침체기에 들어서자 향씨 형제는 각자 다른 길을 걷기 시작한다.[38] 향화성은 영화계를 떠나다시피 하여 1995년 「추녀자 95: 기몽」追女仔95之綺夢; Romantic Dream, 1996년 「도신 3: 도신불패」賭神3之少年賭神; God of Gamblers 3: The Early Stage 두 편만을 제작하였다. 한편 향화강은 여전히 영화계에서 활약하면서 1994년 부인 진명영陳明英과 함께 영성엔터테인먼트永盛娛樂電影公司를 만들어 적극적으로 대륙 시장을 개척하였다. 마침 음반과 가라오케 사업을 경영하던 성광엔터테인먼트星光娛樂有限公司가 수년간 손해를 보던 터라 '성광'의 사장 황금부黃金富는 이를 매각하고 싶어 하였다. 이에 '성광'의 이사 구한웅邱漢雄의 추천으로, 향화강은 4,000만 홍콩달러를 들여 '성광'을 사들였다. 그후 영성영화사를 성광엔터테인먼트에 합병시켜 중국성그룹으로 이름을 바꾸고, 산하의 영성엔터테인먼트와 영성음반사永盛音像도 합병하였다. 1996년 7월 중국성엔터테인먼트그룹中國星娛樂集團; China Star Entertainment Group은 정식으로 홍콩에 상장하였다. 다실유한회사多實有限公司가 그 대주주였으며 향화강·진명영·구한웅 등이 이사직을 맡았다. 구한웅은 향화강의 친한 친구로, 광고업계에서 20년간 종사하였고, 레오버넷Leo Burnett; 李奧貝納 광고회사의 대표이사를 맡은바 있다. 향화강은 2000년 8월 『전영쌍주간』과의 인터뷰 당시, 그가 걸어온 30여 년의 역사와 함께 1970~1990년대 홍콩 영화 산업의 중대한 변화에 대해 자세히 설명해 주었다.

맨 처음에 나는 업무차 대만에 갔는데, 어쩌다가 스타 캐스팅하는 사람의 눈에 띄었어요. 그 사람은 '중영'의 사장이었는데 나에게 영화를 찍을 생각이 없냐고 하더군요. 나는 재미있겠다 싶어서 한번 해보기로 했지요. 맨 처음 찍은 영화가 「광풍폭우」狂風暴雨; Hurricane라는 문예영화였어요. 그리고 또 영화를 찍게 되었죠. 나는 젊은 남자 주인공으로 출연했지요.……내가 1976년인가 1978년 무렵 직접 투자해서 영화를 찍어 보고 싶어서 그

'중국성'(Chinastar.com)이 상장되었다. 사진은 향화강, 두기봉, 서극, 진가상(陳嘉上), 정이건(鄭伊健), 유덕화 등
(『일주간』 제공)

ATV는 '중국성'의 많은 영화를 사들여 방영하였다. 사진은 향화강과 ATV의 오정(吳征)(『일주간』 제공)

영화계에 처음 진출한 향화강

렇게 두 편을 찍었는데,……첫 작품이 「찰마」였고 다음이 「대사형」大師兄 이었어요. 둘 다 쿵후 영화였지만, 실패했죠. 나중에 나는 다른 사업을 하다가 다시 한번 용기를 냈어요.……아마 1983년, 1984년 무렵에는 홍콩에서 쿵후 영화가 너무 많이 만들어지고 있었어요. 시장은 새로운 걸 요구하고 있었고 마침 그때 뉴웨이브가 출현한 거죠. 나중에 또 '신예성'이 만들어지면서 전체 시장이 살아났어요. '신예성'의 성공에 자극받은 나는 향화성에게 다시 한번 해보자고 얘기했고, 1984년 「대소불량」大小不良; Double Trouble을 찍었습니다.……1980년대에 우리는 산전수전을 다 겪었습니다. 당시 경쟁이 무척 심했는데 '신예성'도 강하고 골든하베스트도 강했죠. 시장에는 여러 회사가 한꺼번에 나타나서 재미있기도 했어요. 우리에게는 제작진이 부족했어요. 그래서 부서를 줄여서 억지로 끌고 나가려 하지 않았어요. 어떻게 선전하고 전략을 세우고 상영할지에 대해서 깨닫게 되는 데 수많은 노력이 필요했습니다. 우리는 자신에게 돈이 얼마나 있는지, 그리고 배우는 누가 있는지를 잘 생각해서 먼저 계획을 짜야 했어요. 내 생각에 이미 작전 태세에 돌입했다고 생각했습니다.……(기자: '신예성'이 어떻게 성공했다고 생각하십니까?) 새로움! 그들은 집단창작을 했어요. 이전의 영화들은 너무 단조로웠는데 그들의 집단창작은 밀도가 매우 높았어요. 각자 한 마디씩 내놓으면 효과가 매우 컸어요. 그래서 질적 수준을 유지할 수 있었던 겁니다. (기자: 1980년대에 '영성'에서 기용한 배우는 실로 많지 않았는데요, 왜 그랬습니까?) 맞아요. 우리는 사실 신인을 기용했지만 대부분 별로 성공하지 못했어요. 그때 시장에는 약간 기형적인 면이 있었습니다. 당시 영화를 만들어서 해외에 팔 때에는 배역 명단cast이 필요했어요. 배역 명단이 있어야 영화를 팔 수 있었기 때문에 우리는 어려운 길보다는 쉬운 길을 가기로 했어요. 우리는 우선 팔기 위해서, 배역 명단을 이용한 거였죠. 하지만 동시에 90년대 영화가 내리막길로 치닫게 된 이유도 거기에 있었어요. 배우나 제작진이나 그 사람이 그 사람이었기 때문에, 신인을 길러 내지 않아서 배우 결핍이 나타나게 된 거예요.……지금 상황도 사실 별로 좋지 않아요. 몇 년 전보다 조금 좋아지긴 했지만. 작년에 IT 붐이 일어나서 분위기가 뜨고 게다가 인터넷상에서 영화가 상영되기 시작했지요. 하지만 나는 아직 시간이 좀더 지나야 비로소 제대로 된 발전이 이뤄질 수 있을 거라고 믿어요. 아직은 덜 성숙했지요. 그래도 우리는 멀리 내다봅니다. 앞으로는 분명 인터넷상에서 영화를 배급할 겁니다. 그리고 불법 복제는 사라질 거예요. 정부가 적지 않은 노력을 기울이고 있거든요.……그리고 대륙의 케이블TV도 하나의 시장이 될 수 있습니다. 이런 다양한 요인들이 결합되면 영화 시장에도 비전이 있죠. 위성TV에서 우리 영화를 산다는 말은 곧 우리 영화를 신뢰하고 있다는 얘기입니다. 이것 말고도 최근 「니딩 유」孤男寡女; Needing You…가 우리에게 자신감을 가져다주었어요. 반응이 아주 좋았거든요. 그리고 이 영화 덕분에 중산층 시장이 매우 크다는 것을 깨닫게 되었습니다. 중산층이 극장에 와서 영화를 보고, 또 좋은 극장에 와서 보면 불법 복제판을 사지 않을 겁니다.……이전에는 영화를 찍어서 동남아에 팔 때면, 그들은 내용을 안 보고 누가 출연했느냐만 중시했습니다. 영화를 파는 데, '사람'이 중요했지요. 지금은 그들에게 돈이 없기 때문에 손해를 보고 있어요. 우리는 더 이상 그들에게 의존할 필요가 없어졌습니다. 영화 제작이 크게 자유로워졌어요. 무슨 배역 명단이 필요한 것도 아니고 무엇이든 마음대로 찍을 수 있게 되었지요. 제한이 많이 줄어들었어요. 지난 3년 동안 영화 100편을 팔았는데 우리가 판 것은 케이블 방영권이었어요. 그 영화들은 종영 후 일정한 시간이 지나서야 방영할 수 있는데, 홍콩의 그 많은 회사들이 우리를 선택합니다. 그들이 우리를 신뢰한다는 말이지요. 3년에 100편, 사실 스트레스가 엄청나죠. 그리고 계약금도 적지 않구요. 우리는 되는 대로 3류 영화를 막 찍어서는 안 돼요. 좋

〈표 8.13〉 중국성엔터테인먼트홀딩스(中國星娛樂控股有限公司) 주식 분배

	1990		1994		1999	
	이사	주식	이사	주식	이사	주식
황금부(黃金富)	○	64	○	650,000		
주혜분(朱惠芬)	○	9	○	100,000		
진건성(陳健成)	○	24	○	220,000		
온완의(溫婉儀)			○	30,000		
엄생(嚴生)			○			
엽우영(葉于榮)			○			
소국량(邵國樑)			○			
담신원(譚新源)			○			
진명영(陳明英)					○	218,566,950
구한웅(邱漢雄)					○	126,566,100
향화강(向華強)					○	218,566,950
홍조성(洪祖星)					○	
하위지(何偉志)					○	
채경국(蔡慶國)						300,000
Star Entertainment BVI Ltd.				1		
Asiatop Data Ltd.				1		
합계		97		1,000,002		564,000,000

출처: 성광엔터테인먼트(1996년 중국성엔터테인먼트홀딩스로 전환)가 1990년·1994년·1999년 홍콩 회사 등기서에 제출한 등기 기록을 정리한 것.

은 영화를 찍어야만 합니다. 사실 상장하는 것은 더 많은 자금 경로를 확보하기 위한 것이죠. 매번 영화상에게 돈을 구할 필요가 없죠. 그들에게 돈을 요구하려면 많은 제약이 따르는데, 상장하고 나면 주주들은 모두 우리를 지지해 줍니다. 각 투자자가 모두 지지자인 셈이죠.……[39]

'중국성'은 1990년대 가장 활발한 영화 투자자 가운데 하나였다(그 지분 배분 상황은 〈표 8.13〉에서 자세히 볼 수 있다). '중국성'은 시가로 10억 홍콩달러가 넘었고, 주요 배우로 이연걸과 유덕화가 있었다. 1994년, 다실유한회사는 산하에 걸손그룹傑遜集團有限公司; Cusson Holdings (H.K.) Limited을 설립

일백년영화사의 로고는 「정군산」(1905)의 담흠배(譚
鑫培)의 이미지에서 따왔다.

일백년영화사의 로고

하여 북경·상해·성도成都·남경·광주에 사
무실을 세우고 대륙까지 업무를 확장하
여, TV와 영화 비디오테이프를 판매하였
다.[40] 1995년 걸손그룹은 대륙에서 영화
8편을 배급하였고, 1996년 대륙의 매표수
입이 인민폐 2억 2,000만 위안에 달하였
다. 1997년 '중국성'은 걸손그룹과 합병하
여 대륙 TV 드라마의 배급 사업을 발전시
켜, 400시간에 가까운 TV 드라마를 대륙
의 100여 개 방송국에서 방영하였다. 같
은 해 9월, 사천성 성도에 음반 상품 판매
점을 개설하여 시장을 탐색하는 첫걸음을
내딛었다. 인터넷 열기가 고조됨에 따라
'중국성'도 자신의 영화와 TV 드라마 자원
을 이용하여 야후Yahoo(홍콩)와 연합해 엔
터테인먼트채널을 개설하고, 인터넷 상영
과 판매를 시행하였다. 이 밖에도 골든하
베스트엔터테인먼트와 연합하여 설립한
'럭키액세스'는 홍콩 IMS에 영화를 공급
하였다. 1997년의 아시아 금융위기를 거
친 후 영화 산업은 2000년 새로운 형세를
맞이하였다. 적지 않은 영화계 인사가 합
종연횡하고 영화업계에 새로운 국면을 개척하기 시작하였다. 향화강의 '중
국성'은 두기봉·서극 등의 감독과 함께 일백년영화사一百年電影有限公司; One
Hundred Years of Film Company Ltd.를 만들었다. 이 회사의 로고는 중국 영화「정

'중국성'은 2000년 8월, 일백년영화사, 신성방송국(新城電臺), EMI 등과 합동으로 배우아카데미를 운영한다고 발표하였다.

두기봉은 '은하영상'(銀河映像; Milkyway Image (Hong Kong) Ltd)의 대표 중 한 사람이다. 사진은 젊었을 때 주성치와 함께 촬영한 모습

군산定軍山 속 배역의 이미지에서 따온 것으로,[41] 중국 영화 탄생 100주년을 기념한 것이다. 이 회사는 두기봉·서극·임영동·진가상陳嘉上; Gordon Chan Ka-Seung을 주축으로 중국과 동남아 시장을 개척하였다. '중국성'은 3년 내에 100편의 영화를 제작하기로 계획하였는데(일백년영화사가 그중 10편을 제작하였다) 촬영 자금 예산만 3억 홍콩달러였다. 서극의 「촉산전」蜀山傳; The Legend Of Zu, 두기봉의 「니딩 유」, 양백견梁柏堅; Patrick Leung Pak-Kin의 「야수지동」野獸之瞳; Born Wild 등이 연달아 제작되었다.[42] 중국성 그룹은 1990년대 말 홍콩 영화 산업에서 가장 영향력이 큰 투자사였다.

4. '동방매력', '최가박당', '전영인'

2000년에 들어서 이택해 산하의 PCCW는 홍콩 정부로부터 디지털홍콩 개발권發展數碼港特權을 얻어 내, 싱가포르텔레콤을 이기고 홍콩텔레콤을 구매하는 데 성공하였다. 그리고 홍콩 주식 시장에서 인터넷 주식 열풍을 불러일으켰다. 이 열풍은 영화 산업에 변화를 가져왔다. 예를 들면 전통적으로 홍콩 영화계 인사들이 유지하고 있던 투자 방법은 대부분 부동산업을 하거나 혹은 음식점, 호텔 등을 운영하여 영화를 쉬더라도 생계를 보장할 수 있도록 하는 것이었다. 하지만 1990년대 영화인들의 이러한 투자 방식은 인터넷 주식 열풍과 함께 크게 변화하였다. 그중 가장 대표적인 것은 수십 명의 배우가 합동 투자해 미국의 '플래닛 할리우드'Planet Hollywood; 明星繕麗好萊塢를 모방하여 홍콩 동방매력유한회사東方魅力(香港)有限公司; Star East (Hong Kong) Limited(이하 '동방매력')를 설립한 것이다. 식당과 엔터테인먼트·정보 네트워크 사업을 병행하던 '동방매력'은 2000년 상반기의 인터넷 투자 열기 속에서 주식 시장을 통해 대량의 자금을 끌어들일 수 있음을 깨닫고서는 일부 핫머니를 영화와 TV 드라마 제작비로 전환하였다.[43] '최가박당'과

2000년 8월 PCCW가 합병을 완성하여, 이사들이 손을 잡고 찍은 단체 사진(『일주간』제공)

영화·TV업계의 유명 인사들이 투자하여 설립한 '동방매력'은 주식 시장에서 많은 자금을 끌어들였다. 사진은 주주들인 진백상(陳百祥), 주화건(周華健), 양가휘, 매염방, 성룡, 앨런 탐, 증지위(『일주간』제공)

<표 8.14> '최가박당' 주식 배분

	1999	
	이사	주식
Illustriuos Win Inc.	○	109
Silk Road Profits Ltd.	○	109
왕일상(王日祥)	○	60
왕문준(王文俊)		20
유위강(劉偉强)		20
지백광고사(芝柏廣告有限公司)		16
합계		334

출처: '최가박당'이 1999년 홍콩 회사 등기서에 제출한 등기 기록을 정리한 것.

'전영인'電影人; United Film Maker; UFO 두 영화 제작사도 '동방매력'의 자금을 빌려, 추세를 따라 변화하였다.

'최가박당'은 1990년대 중반, 시장 감각이 가장 뛰어난 영화 제작사로 유명하였다. 그 창업작인 「고혹자 1: 인재강호」古惑仔之人在江湖; Young and Dangerous는 큰 인기를 끌었는데, 그 성공의 주역은 왕정·문준·유위강劉偉强; Andrew Lau Wai-Keung이었다(그 지분 분배 상황은 <표 8.14>에서 볼 수 있다). 만화 「고혹자」를 개작한 「고혹자 1: 인재강호」는 큰 인기를 얻은 덕분에 1996년 1월부터 1997년 3월까지 총 4편이 제작되었고, 총수입 7,000여만 홍콩달러를 거두어들였다. 2000년 여름방학 기간에도 5편을 내놓았다. 영화계에 '고혹자' 붐이 한바탕 휩쓸고 간 이후 아류작들이 연달아 출현했는데, 이는 흡사 1986년 홍콩 영웅물 열풍 때와 같은 큰 인기였다. 「고혹자」 시리즈의 성공 이후, 이 회사는 「백분백감각」百分百感覺; Feel 100% 시리즈 제작에 돌입했다. 계속 줄어들고 있던 홍콩 영화 관객을 다시 끌어들이기 위하여 '최가박당'은 시장 타깃을 25세 이하의 젊은 관객으로 정하고 당시에 새롭게 등장한 배우 정이건鄭伊健; Ekin Cheng Yee-Kin, 진소춘, 서기舒淇; Shu Qi, 양영기梁詠琪; Gigi Leung Wing-Kei 등을 대담하게 기용하여 그들을 아이돌로 만

드는 데 성공했다. 영화 소재는 당시 유행하던 홍콩과 일본의 연재 만화에서 가져온 것으로, 대부분 낭만적인 집단 문화를 강조한 것이었다. 「고혹자」 1~3편(「인재강호」, 「맹룡과강」古惑仔2之猛龍過江, 「척수차천」古惑仔3之隻手遮天)과 「강호대폭풍」洪興仔之江湖大風暴; War of the Under World의 스토리는 모두 홍콩 만화를 개작한 것이었고, 「백분백감각」, 「백분백감각 2」百分百啱Feel; Feel 100%, Once More는 일본 만화를 개작한 것이었다. 1990년대 중반에는 영화가 하락기에 들어섬에 따라 '최가박당' 역시 침체기에 빠져들기 시작하였다. 그러자 소속 인원들이 연이어 회사를 나가 각자의 길을 걷게 되었다.

1990년대에 활약한 또 다른 제작사는 '전영인'으로, 그 기본 멤버는 이지의李志毅; Lee Chi-Ngai, 진가신陳可辛; Peter Chan Hoh-San, 종진鍾珍; Claudie Chung Chun, 장지량張之亮; Jacob Cheung Chi-Leung이었다. 하지만 1996년 「사개32A화일개향초소년」四個32A和一個香蕉少年; Those Were The Days을 완성한 후 자기 자본으로 영화를 제작하던 방식을 끝냈다. 그리고 골든하베스트 산하로 들어가서 골든하베스트의 자금을 이용하여 영화를 제작하기 시작했다. 이후 제작한 「금지옥엽」金枝玉葉; He's a Woman, She's a Man과 「첨밀밀」甜蜜蜜; Comrades, Almost a Love Story은 모두 높은 제작비와 화려한 캐스팅의 영화였다. 1997년 홍콩 반환에 직면하여 '전영인'의 작품은 당시 사람들의 심리 상태를 반영하고 있었는데, 진가신의 「마마범범」麻麻帆帆; 嬤嬤帆帆; The Age of Miracles과 「첨밀밀」, 이지의의 「영원한 사랑」天涯海角; Lost And Found, 장지량의 「자소」自梳; Intimates 등에는 모두 각 감독의 특징이 표현되어 있었다. '최가박당'과 비슷하게 1990년대 중반 '전영인'도 역시 침체기가 시작되자 소속 영화인들이 각자 길을 떠나게 되었다.[44]

공교롭게도, '최가박당'과 '전영인' 두 영화사의 주요 멤버들은 1990년대 말 '동방매력'의 자금 지원하에 연이어 들어와서 각자의 명성을 쌓기 시작하였다. '최가박당'의 경우 과거 여러 해 동안 합작해 온 문준·왕정·유위

이지의(왼쪽), 진가신(가운데), 원영의(袁詠儀, 오른쪽)가 「금지옥엽」을 촬영하는 모습

강의 삼총사는 분열되기 시작했다. 문준은 우정세월영화사友情歲月電影公司를 만들어 젊은이들의 취향에 맞춘 영화를 찍었는데, 이는 '최가박당'의 경영 방향과 비슷했다. 맨 처음 제작한 작품은 「고혹자」 시리즈의 연속선상에서, 그가 시나리오와 총제작자를 맡고 엽위민葉偉民; Raymond Yip Wai-Man이 감독을 맡은 「우정세월」友情歲月之山鷄故事; Those Were The Days이었다. 그리고 왕정은 '최가박당'의 일부 제작진과 함께 '동방매력'으로 옮겨 와서 영화 및 TV 드라마를 제작했다. '전영인'의 경우, 2000년에 들어서 진가신·진덕삼陳德森; Teddy Chen Tak-Sum . 풍의청馮意清; Allan Fung Yi-Ching 역시 '동방매력'의 자금을 지원받아 어플로즈픽처스Applause Pictures를 만들었다. 풍의청은 배급 업무를 전담하였고, 진가신과 진덕삼은 주로 제작 업무를 맡아서 아시아를 주요 타깃으로 삼아 영화를 제작하였다. '동방매력'은 어플로즈픽처스의 주요 주주였고, 증지위 또한 '동방매력'의 주주 신분으로 어플로즈픽처스의 정책 결정에 참여하였다. 배급의 경우 어플로즈픽처스는 당시 대부분

'동방매력'은 상해의 인기 관광지인 '신천지'(新天地)에 분점을 개설하여 적지 않은 관광객을 끌어들였다.

차이나호텔(中國大酒店)에서 광주 '동방매력'이 개막식을 거행하는 모습

젊은 시절의 진가신과 증지위

의 영화가 해외 배급에서 취하던 일회성 전매방식에서 벗어나, 아시아에 완벽한 영화 배급망을 건설하기 위해 노력하였다. 이를 통해 아시아 영화를 널리 보급하여 할리우드 영화에 대적하고자 하였다. 아시아 각지의 회사와 합작하여, 영화 상영 시 현지 회사에게 배급 및 홍보를 맡기는 것이 이들의 계획이었다. 우선 일본·한국·태국·홍콩 현지에 배급망을 만든 이후 싱가포르·대만·중국 대륙으로 확장하고자 하였다. 어플로즈픽처스는 보유하고 있던 1억 홍콩달러의 자금을 이용하여 아시아 감독들을 모아서 영화를 제작하려고 계획하였는데 맨 처음 만든 영화는, 「낭낙」^{Nang Nak; 鬼妻}의 논지 니미부트르^{Nonzee Nimibutr}, 「8월의 크리스마스」^{八月照相館}의 허진호, 진가신, 진덕삼 등이 공동 감독을 맡아 제작한 작품이었다.[45] 그후 「디 아이」^{見鬼; The Eye}, 「쓰리」^{三更; Three} 등의 영화를 연이어 제작하여 아시아 시장에서 좋은 반응을 얻었다.

〈표 8.15〉에서 볼 수 있듯이, 1999년 초에 설립된 '동방매력'의 주요 주주는 모두 엔터테인먼트업계의 인사였다. 주주 간 갈등을 일으켰던 미국의 '플래닛 할리우드'의 전철을 밟지 않고 회사의 응집력을 강화하고자, '동방매력'은 산하의 소속 연예인 80명 모두에게 자사의 홈페이지 내 광고 수익을 배분해 주고, 그중 55명의 연예인에게는 또한 '스타 웹 사이트'^{明星網頁}의 지분 10.3%를 공동 소유하도록 하였다. 1997년 앨런 탐·증지위·진백상^{陳百祥; Nat Chan Pak-Cheung}은 여러 연예인과 연합하여 미국의 '플래닛 할리우드'를 모방해, 스타 효과를 이용한 '동방매력'이라는 테마 식당을 경영하였다. 그러나 금융위기를 맞으면서 이 사업은 위축되었다. 1999년에 이르러 '동방매력'은 홍콩 재벌 진국강^{陳國强}의 자금 지원을 받아 홍콩 주식 시장에 우회 상장할 수 있었다. 이듬해에는 동방매력 웹 사이트^{東魅網}를 분리하여, 인터넷 붐을 따라 주식 시장에서 대량의 자금을 끌어들였다. 주가 역시 한번에 폭등하자 '동방매력'은 일부 핫머니를 영화·TV 제작 시장에 투

〈표 8.15〉 '동방매력' 주식 배분

	1998		1999	
	이사	주식	이사	주식
앨런 탐(譚詠麟)	○		○	
진백상(陳百祥)	○		○	
증지위(曾志偉)				
진흔건(陳欣健)				
진택무(陳澤武)			○	
황근도(黃勤道)			○	
황려견(黃麗堅)			○	
황요웅(黃耀雄)			○	
왕일상(王日祥)			○	
Star East Group Ltd.		9,998		9,998
합계		9,998		9,998

출처: '동방매력'이 1998년과 1999년 홍콩 회사 등기서에 제출한 등기 기록을 정리한 것.

입하였고, 분위기도 매우 들떠 있었다. '동방매력'은 유료 TV 허가를 받지 않았지만, 유료 TV 시장의 확장에 힘입어 드라마·영화·다큐멘터리를 제작하여 유료 TV에 콘텐츠를 제공했다. 동방매력 웹 사이트는 그 주요 업무가 전자상거래 플랫폼, 온라인 자료와 정보 제공, 현지 VCD·DVD의 온라인 판매 등을 경영하는 것이라고 공식 발표하였다. 웹 사이트는 스타 소장품 경매를 통해 방문자를 끌어들이는 것 외에도 스타 물품 위탁 판매 등의 활동도 병행하여 방문자 수를 늘렸다. 웹 사이트 개설 첫날에만 방문자 수가 이미 70만 명이 넘었다. '동방매력'은 단숨에 명성을 크게 떨쳤는데, 그 경영진 구성과 새로운 주식 배분은 〈표 8.16〉과 〈표 8.17〉에서 볼 수 있다. 하지만 경제 상황이 불안정해짐에 따라 스타 웹 사이트도 계속 위축되었고 테마 식당 역시 문을 닫을 수밖에 없었다. 또한 '동방매력'의 핫머니도 영화·TV업계에서 급속도로 빠져나갔다. 2003년 4월에 이르자 '동방매력'은 대륙에서 극장체인과 TV 제작을 하고 있는 성미星美그룹을 대주주로 끌어들이고, 후에 이름도 '성미국제'星美國際; SMI corporation limited로 바꾸었다. 이

<표 8.16> '동방매력' 관리층 구성원

사장	앨런 탐(譚詠麟)
집행이사	증지위(曾志偉), 진백상(陳百祥), 진택무(陳澤武), 황근도(黃勤道), 소미혜(蕭美慧), 왕정(王晶), PCCW가 위임한 이사진, 광통신(光通信)이 위임한 이사진
행정 총재	황근도(黃勤道)
업무 확장	소미혜(蕭美慧)
재무 및 행정	황요웅(黃耀雄)
제작	여영산(余詠珊)
정보 과학 기술	호치창(胡熾昌)
마케팅 및 판매	관영헌(關詠軒)

출처: '동방매력'이 1998년과 1999년 홍콩 회사 등기서에 제출한 등기 기록을 정리한 것.

<표 8.17> '동방매력'의 스타 웹 사이트 지분 배분(1999)

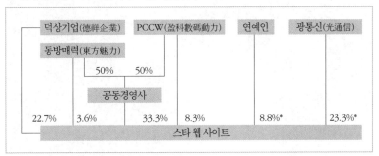

* 모든 지분 행사권 인정
출처: '동방매력'이 1998년과 1999년 홍콩 회사 등기서에 제출한 등기 기록을 정리한 것.

로써 '동방매력'의 신화도 막을 내리고 만다.

　'동방매력', '최가박당', '전영인' 세 회사의 수많은 인맥 가운데 왕정과 증지위는 가장 핵심적인 두 인물이라 할 수 있다. 이 두 사람의 개인사를 자세히 살펴보면 홍콩 영화계 과거 30년의 변화를 반영하고 있음을 알 수 있다. 증지위는 홍콩 영화계의 전설적인 인물이다. 1948년 홍콩에서 태어난 그는 원래 프로축구 선수였다. 1974년 그는 장철이 쇼브러더스에서 나와 대만에서 설립한 장궁영화사에 들어가서 무술사범을 맡아 「이삼각위진지

인터넷 열풍 속에, '동방매력'은 '타임스 온라인'(時代在線; TIMES ONLINE)과 연맹을 맺어 공동으로 영화·TV 산업을 발전시켰다(『일주간』 제공).

옥문」李三脚威震地獄門; The Dragon Lives Again에 처음으로 참여하였다. 1978년 맥가가 감독한 「노호전계」의 각본을 썼던 증지위는 이듬해 뇌각곤이 투자하고 맥가가 제작 책임을 맡은 '신예성'에 들어갔으며, 이후 「귀마지다성」, 「최가박당」에 출연한 것 외에도 '신예성 7인조'의 일원이 되었다. '신예성' 해체 후 증지위는 연이어 '호붕우', '아동성'兒童城 등의 영화사를 설립하여 「가자연가」歌者戀歌; The Story Behind the Concert를 제작하였고, 영화에 출연한 앨런 탐과 친구가 되었다. 1990년대에 들어서 증지위는 '전영인'과 '동방매력'을 창립하는 데에도 참여하여, 30년간 홍콩 영화계의 세대교체를 모두 겪었다고 할 수 있다. 그는 1994년 『전영쌍주간』의 인터뷰 당시 '전영인'이 영화계의 침체 속에서도 어떻게 기적을 창조했는지에 관하여 언급했다. 이는 당시 영화 시장의 상황을 반영하고 있다.

UFO('전영인')의 모든 영화인은 한 배를 타고 영화계 최대의 난관을 함께 겪어 온 셈입니다.……성립 당시 홍콩 영화계는 마침 사극 영화를 찍는 것이 유행하던 때인지라 이런 영화를 찍고 싶어 하는 사람은 없었습니다. 그 주요한 원인은 당시 홍콩 영화계에서 그동안 수년간 볼 수 없었던 기현상이 나타났기 때문이죠. 바로 영화계의 큰손들이 갑자기 투자를 중단했던 것입니다. 알다시피 1950년대 '국태', 1960년대 쇼브러더스, 1970년대 골든하베스트, 1980년대 '신예성'에 이르기까지, 모두 재벌이 영화 제작에 투자해 왔지요. 재벌 투자의 장점은 바로 현지 제작인이 해외 영화상의 눈치를 볼 필요가 없다는 것이었습니다. 대만과 싱가포르·말레이시아 배급상이 영화를 사든지 말든지 우리와 상관이 없었던 것은 모두 재벌의 투자 덕분이었어요. 영화 제작자들은 그저 새로운 소재를 찾아내 영화를 찍으면 되었고, 어떤 감독도 유행을 따를 필요가 없어서 다양한 영화가 나올 수 있었던 겁니다. 1970년대 말 대만 영화가 갑자기 사라진 원인은, 바로 대

영화계의 만능인 증지위(맨 오른쪽)

만 영화가 해외의 재벌에 의해 창작 소재를 통제당하고 제작자들이 어쩔수 없이 유행을 따라 영화를 찍다 보니 영화 산업이 망하게 되었던 것입니다. 나는 홍콩 영화 산업이 그 전철을 밟지 않길 바랐습니다. 그래서 당시뜻을 같이하는 20명의 감독을 모았습니다. 저자본 영화를 제작하여 관객들을 끌어들이고자 했죠. 대만과 싱가포르·말레이시아, 홍콩 비디오 시장에서 자금을 모았습니다. 그들은 평소 200만 홍콩달러를 출자하였지만 우리는 40~60만 홍콩달러만 요구했습니다. 결과적으로 우리는 이러한 방법을 통해 200여 만 홍콩달러를 모을 수 있었어요. 우리는 20명의 감독에게 각자 200여 만 홍콩달러를 가지고 보수를 받지 않고 새로운 영화를 찍을 것인지 물어봤어요. 가능하다고 대답하는 경우 우리는 영화 제작에 들어갔지요. 이후 계획이 허사가 된 원인은 바로 극장체인 상영 때문이었어요. 당시 나는 8개의 상영관을 내주고 2~3주 동안 이 20명의 감독의 영화

한 편씩을 상영할 수 있을지에 관해 '신보'와 협상했습니다. 우리는 당시 성수기를 포기하고 나머지 비수기에 상영할 수밖에 없었습니다. 하나의 극장체인이라도 얻어서, 새로운 소재를 원하는 관객들에게 인정받으려 했습니다. 저자본을 가지고 서양과 같은 방향을 좇고자 했지요. 하지만 극장주는 이러한 위험을 감수하려 하지 않았기 때문에 이를 거절하였습니다. 그래서 우리는 UFO, 즉 United Film Maker를 만들기로 했습니다. 이 개념은 말 그대로 순수한 영화 제작인들을 연합한 것입니다. 처음에는 많은 사람을 끌어들이지 않고, 「아비와 아기」阿飛與阿基; The Days of Being Dumb 와 「아이니 아이워」風塵三俠; Tom, Dick And Hairy를 찍었습니다. 이전의 20명의 감독이 당시 내놓았던 아이디어들은 이후 하나씩 세상에 나왔습니다. 이동승의 「신불료정」新不了情; C'est La Vie Mon Cheri, 장애가의 「신동거시대」新同居時代; The New Age of Living Together 등의 작품이지요. 이는 우리의 생각이 성공할 수 있다는 것을 증명해 주었습니다. 안타깝게도 당시에 극장체인을 구할 수 없었기 때문에, UFO가 처음 영화를 찍을 때는 많이 만들어 내지 못하고 한 편의 영화가 이윤을 회수할 때를 기다려서 다음 영화를 찍곤 했지요.⋯⋯처음에는 당연히 매우 힘들었습니다. 많은 사람들이 「아이니 아이워」가 이익을 많이 남겼을 것이라 생각했지만 사실 이 영화는 해외에 팔리기 힘들었습니다. 해외 영화상들은 처음에는 우리가 「아이니 아이워」를 찍는 것에 관심을 가졌지만 우리가 현대극을 찍는다는 것을 알고는 다들 사극 영화를 찍으라고 했습니다. 우리는 거절했지요. 그래서 그들 역시 아주 낮은 가격밖에 제시하지 않았어요. 결과적으로 이 영화는 홍콩에서의 흥행 성적이 나쁘지 않았으나, 해외 흥행 수익을 합쳐 40만 홍콩달러밖에 벌지 못했습니다. 다행히 양가휘와 양조위가 개런티를 낮춰 줘서, 우리는 이 40만 홍콩달러의 절반, 즉 20만 홍콩달러를 그들에게 주었고 이익은 겨우 20만 홍콩달러를 남길 수 있었습니다. 「신난형난제」新難兄難弟;

He Ain't Heavy, He's My Father!와 「창전부처」搶錢夫妻; Always on My Mind에 이르러서야 우리는 겨우 진짜 이익을 낼 수 있었고 대작을 찍을 수 있었습니다.……(쇠락한) 주요 원인은 우리에게 '신예성'과 같은 조건이 없었다는 것입니다. '신예성'은 배후에 대만 재벌인 뇌선생과 오伍선생이 있었고, 금공주 극장체인의 지원도 있었지요. 뇌선생과 오선생은 둘 다 영화 제작에 지원을 많이 했는데, 가장 중요한 것은 그들이 영화 스태프는 아니었지만 영화에 대해 잘 알고 있었다는 것입니다. 이것이야말로 가장 진정한 제작자의 조건이라고 할 수 있지요. 알다시피 소일부·추문회는 모두 영화 스태프는 아니었지만 사람 쓰는 법을 잘 알았어요. 우리는 이러한 사람이 없었던 것입니다. UFO에서 내가 맡았던 역할은 이전의 경험을 모두에게 이야기해 주는 것이었죠. 이전 '신예성'의 7인조에게 어떤 장점과 단점이 있었는지를 말해 줌으로써 시행착오를 줄이도록 말이죠.[46]

왕정 역시 홍콩 영화계의 만능인으로, '동방매력', '최가박당', '전영인' 모두와 친밀한 관계를 맺고 있었다. 왕정의 원래 이름은 왕일상王日祥으로, 원적은 절강성 소흥紹興이고, 1956년 홍콩에서 태어났다. 그의 부친은 '전무'에 있다가 이후 TVB로 옮겨 간 왕천림 감독이었다. 왕정은 홍콩 중문대학 중문과에서 공부할 때 이미 원고 한 편당 10홍콩달러를 받는 형식으로 TVB 「환락금소」의 개그 코너 시나리오를 썼다. 대학 졸업 후 TVB에 들어가 시나리오를 담당하여, 비교적 유명한 작품으로 「강인」强人, 「망중인」網中人 등이 있다. 1978년 TV 장편 드라마 「광조」의 유행에 힘입어 자신의 첫번째 영화 시나리오인 「귀마광조」鬼馬狂潮; Cunning Tendency를 쓰고, 이후 40여 편의 영화 각본을 쓴다. 그리고 1981년 다시 한번 TVB의 드라마 「천왕지왕」天王之王의 여세를 몰아 영화 「천왕투천패」千王鬥千霸; Challenge of the Gamesters를 집필하였고, 이후 작품으로 「정장추녀자」精裝追女仔; The Romancing

Star, 「최가손우」最佳損友; The Crazy
Companies, 「지존무상」至尊無上; Casino
Raiders, 「도신」 등이 있다. 그는 문준
등과 연합하여 최가박당영화사를 설
립했고, 나중에는 '중국성'에 들어갔
다. 그는 유덕화를 주연으로 하는 무
술영화를 여러 편 제작하였고, 「종횡
사해」, 「영성대형」 등 영화와 TV 드라
마를 제작하는 데 참여하였다. 그리
고 마지막으로 '동방매력'에 들어간
다. '중국성'에서는 그에 맞서 두기봉

TVB 출신인 왕정은 직접 경험한, 영화계에서 생존하는 방법
을 말해 주었다. 사진은 왕정이 '전무' 출신의 아버지 왕천림
과 함께 찍은 것

을 가담시켜, '동방매력'과 경쟁하고자 하였다. 1999년 왕정은 『전영쌍주
간』과의 인터뷰 당시 그가 그동안 여러 영화사에 들어가게 된 정황을 설명
하였다. 그가 밝힌 이야기들 속에는 바로 1990년대 홍콩 영화 산업의 중요
한 변화가 잘 반영되어 있다.

물론 돈을 버는 곳도 있고 돈을 잃는 곳도 있죠. 몇몇 영화사는 간신히 균
형을 맞춰 가며 현상 유지를 하기도 합니다.……내 회사로 말할 것 같으
면, '정예'晶藝나 '왕정창작실'王晶創作室처럼, BOB['최가박당'] 같은 파트너
와 함께하는 것도 있어요! 어떨 때는 '중국성'과 합작하기도 하고, 어떨 때
는 프로덕션 하우스production house를 만들기도 해요. 「중화영웅」中華英雄; A
Man Called Hero이나 「풍운」風雲 같은 건 내가 프로덕션 하우스를 만들어서
작업했던 겁니다. 사실 모두 우리가 만든 영화라 할 수 있죠. 골든하베스
트는 재정 문제를 해결해 주었습니다. 합작 문제는 서로 적합한지의 여부
이지, 누구와 함께하느냐는 아니에요. 예를 들어 BOB가 「적나고양」赤裸羔

羊; Naked Killer, 「강간」強姦; Raped By An Angel 2 시리즈 같은 대작 영화를 찍는 다면, '정예'와 함께하는 거죠. '왕정창작실'은 예전에 대만의 영화 제작자 와 합작한 적이 있는데, 지금은 여러 면에서 전망이 불투명해져서 잠시 그 회사는 제쳐 두고 있어요. 사실 상관 없어요. 내일이라도 그냥 이름을 '양 정정'亮晶晶으로 바꿀 수도 있어요!……우리 회사가 유지될 수 있었던 것 은, 막힌 창구가 있으면 최선을 다해 끊임없이 다시 뚫어 놓았다는 데 있 어요. 예를 들면, 작년 초 대만 쪽 사람들은 이미 영화를 사들이지 않았어 요. 산다 해도 30만 홍콩달러 정도였죠. 그런데 내가 비디오테이프업자를 찾아내 활로를 뚫고, 이제 다시 국제 합작 영화사를 만들게 된 겁니다. 거 기서 「99 도협」賭俠1999; The Conman, 「천선지연」天旋地戀; When I Look Upon the Stars, 「희극지왕」喜劇之王; King of Comedy, 「강간 4: 최후고양」強姦終極篇之最後羔 羊; Raped By An Angel 4, 「흑마왕자」黑馬王子; Prince Charming, 장애가가 찍은 「심 동」心動; Tempting Heart 등을 배급했습니다.

요 몇 년간 대만 영화상이 영화를 하는 건, 케이블TV를 위한 거였어요. 하 지만 그들의 판권 기한도 이미 끝나 버렸죠. 장기적으로 봐서 자금 순환이 조금만 원활해지면 다시 영화를 사기 시작할 겁니다. 그렇지 않다면, 한번 끊기면 이어지기 어렵죠. 지금 대만은 요 몇 년 전과 상황이 마찬가지입니 다.……내가 생각하기에 동남아 시장이 죽은 것은 영화가 죽었기 때문이 아니라 근본적으로 국가 경제가 죽었기 때문입니다! 날마다 당신 집에 강 도가 들지나 않을까 불안에 떨고 있다면, 그런 상황에서 영화나 보고 앉아 있겠어요? 말레이시아의 모든 영화상이 주저앉았고 홍콩도 전부 이런 상 황이니 동남아 시장은 모두 끝났다고 봐야죠. 그나마 영화를 본다면 중하 층 관객들이죠. 중국 대륙까지 포함해서 중국 영화를 보는 사람들은 모두 VCD로 보고 있어요. 그 양도 엄청나죠. 중국 대륙 관객이라고 대만 관객 과 다를 바 없습니다. 심지어 판매 수입이 더 낮은 편이에요.……한국에서도 이미 수입이 뚝 떨어졌어요. 유덕화 영화도 많아 봤자 전성기 때의 십 몇 퍼센트 정도에 불과해요! (기자: 감독님도 타격이 있으신가요?) 그러니 예산을 조절할 수밖에 없지 않겠어요? 당신이 그 돈으로는 못 하겠다면 하지 말라는 거죠. 당연히 하겠다는 사람이 있어요. 당신만 돈을 많이 달라 그럴 수는 없다는 거죠. 그러면, 내가 그 많은 돈이 어디 있냐, 당신은 뭔데 돈이 그렇게 많이 필요한 거냐? 이렇게 나올 수밖에 없어요. 솔직히 말해 1995년부터 나 빼고는 누구 하나 제대로 신인을 길러 내는 사람이 없어요. 신인이라고 해봐야 모두 내가 길러 낸 사람뿐이잖아요. 안 그래요? 이찬삼李燦森; Sam Lee Chan-Sam, 정이건, 진소춘, 서기, 그리고 새롭게 변신한 주인朱茵 빼고 누가 있어요? 참, 진혜림陳慧琳; Kelly Chen은 영화배우가 아니라 가수잖아요. 영화는 부업 정도죠. 그리고 장가휘張家輝; Nick Cheung 정도? 최근 5년 동안 제대로 성공한 신인은 모두 내가 길러 냈어요! 주성치는 오로지 대형 조연급 신인들, 유이달劉以達; Law Lee Tat, 이건인李健仁; Kin-Yan Lee[7], 팔량금八兩金; Bobby Yip 같은 사람들만 길러 냈죠.[47]

이 인터뷰에서 왕정은 또한 새로운 상영 채널의 등장이 야기한 도전에 영화계가 어떻게 대응했는지, 그리고 새로운 '수직통합'의 형태(극장체인 경영이 아니라 비디오디스크의 배급권이라는 형태)가 어떻게 형성되어 갔는지에 대해 이야기하고 있다.

아무래도 늘 극장이 우선이고, 극장에서 내리고 나면 VOD와 비디오로 넘어가고, 그다음에 케이블TV로 넘어가는 방식이었습니다. 앞으로도 이런 방식이 유지될 거예요.……결론적으로 지금 나는, 이 모든 상영 창구가 부

---

7 왕정 감독의 「천왕지왕 2000」(千王之王 2000)에서 '아인'(阿仁) 역으로 출연했다.

드럽게 연결되도록 하여 불필요한 손해를 줄일 수 있습니다. 구체적으로 말하자면, 배급 시스템에 들어가는 행정적인 비용을 없애 이를 다시 영화 투자자에게 되돌려 주면 자금 유통이 많아지지 않겠어요! 대만 영화상들은 그렇게 끝장났잖아요. 영화로 번 돈을 대형 TV 방송국에 쏟아부어서 시장에 대응한다면 결국 양쪽 모두 죽게 되는 거예요.……[48]

이처럼 비디오디스크와 케이블TV 방영권을 중심으로 하는 새로운 '수직통합' 형태는 '환아', '미아', '환우' 등 영화사의 경영 전략에서도 잘 드러나고 있다.

5. '환아', '미아', '환우'의 변화

환아그룹의 탄생은 1994년으로 거슬러 올라간다. 머독의 뉴스코퍼레이션이 STAR TV의 주인이 되자, 장징莊澄 등 일군의 경영인은 독립하여 '환아'를 설립했다. 그들은 영화 투자 쪽으로 방향을 잡았는데, 그 주식 배분 상황은 〈표 8.18〉에서 볼 수 있다.[49] 현지 영화에 투자하는 것 외에도 대륙의 감독을 초청하여 예술영화를 찍도록 하고 해외 시장을 개척했으며, 제작한 예술영화로는 「일광협곡」日光峽穀; Sun Valley, 「애재초원적천공」愛在草原的天空; A Mongolian Tale, 「월만영륜」月滿英倫; Foreign Moon이 있다. 1990년대 중반 '환아'는 여러 편의 중소형 영화 제작을 지원했는데 예를 들면 조숭기趙崇基; Derek Chiu Sung-Kei의 「최후판결」最後判決; Final Justice, 장지성의 「인간색상」人間色相; Love and Sex Among the Ruins, 진가상의 「비호」飛虎雄心; The Final Option와 「야수형경」野獸刑警; Beast Cops이 바로 그러한 영화들이다. 1990년대 중반 홍콩 영화의 불경기가 오히려 '환아'에 기회를 가져왔다. 비록 해외 시장으로부터의 '자금 유입'은 없었지만, '환아'는 극장주와 연결하여 직접 영화를 배급했

〈표 8.18〉 환아영화사 주식 배분

	1994		1997		1999	
	이사	주식	이사	주식	이사	주식
종재사(鐘再思)	○	1	○	1	○	1
마봉국(馬逢國)	○		○			
풍영(馮永)	○		○			
장관남(莊冠男)	○		○		○	
요영량(廖永亮)					○	
환아영화사	○	1		1	○	1
Ira Dan Kaya	○		○			
Walter J. Sousa	○		○			
James Christopher Kralik	○		○		○	
William Gage McAfee	○		○		○	
Tang TY. Hamiton			○		○	
합계		1,000		1,000		1,000

출처: 환아영화사가 1994년·1997년·1999년 홍콩 회사 등기서에 제출한 등기 기록을 정리한 것.

다. 영화 시장의 침체기였기 때문에 극장주들은 이들 영화에 좋은 상영 시기를 배정해 주었다. 1998년 '환아'도 배급 정책을 바꾸어, 비디오 배급권을 다시 회수하여 비디오 상품을 직접 판매하면서 회사의 이윤을 높였다.

1990년대 중반 골든하베스트가 영화 제작 업무를 축소하면서, 그 제작 부분이 '환아'로 넘어왔다고 할 수 있다. 때문에 '환아'가 영화에 투자하는 자본은 갈수록 많아졌다. 예를 들어 1999년 성룡은 '환아'를 적극적으로 지원하겠다고 밝히고, 수억 홍콩달러를 들여 여러 편의 영화를 제작했다. 그리하여 '환아'의 영화 아카이브 내에 성룡의 영화가 많아졌다. 성룡은 '환아'의 주주가 된 이후, 다른 영화 제작진들을 '환아'에 끌어들였다. 이를 통해 진목승陳木勝; Benny Chan Muk-Sing, 장애가 등이 연이어 '환아'에 들어와 감독을 맡았다. '환아'가 1999년 제작한 「젠 엑스 캅」特警新人類; Gen-X Cops은 3,000만 홍콩달러의 제작비를 들인 작품으로, 할리우드에서 전문가를 초빙하여 특수효과를 사용했고 이 영화의 선전과 촬영 제작 방법 모두 할리

'환아'의 임건악이 스승으로 섬기는 백룡왕(白龍王, 오른쪽에서 여섯번째). 사진은 「무간도」의 배우와 스태프 등이 함께 찍은 단체 사진(『일주간』제공)

우드를 모방했다.[50] 그후 제작한 영화 「심동」, 「반지연」半支煙; Metade Fumaca, 「퍼플 스톰」紫雨風暴; Purple Storm, 「AD2000」公元2000; 2000 A.D.은 모두 '환아' 의 명성을 높여 주었고, 홍콩 영화의 국제 시장 개척에 도움을 주었다. 1999 년 '환아'는 영화와 TV 드라마의 배급 외에, 대화형TV·영화 플랫폼·VOD 영화관 등의 '상영 창구'에도 진출하였다. 2000년 '환아'는 정식으로 STAR TV의 영화 콘텐츠 제공자가 되었다. STAR TV는 2000년 8월 26일, 1억 홍 콩달러가 넘는 돈으로 '환아'가 향후 4년 동안 제작하는 영화의 아시아 지 역 유료 TV 독점 방영권을 사들였다고 발표했다. 양측이 서명한 계약 규정 에 따르면, '환아'가 매년 영화 6~8편을 제작하여 30여 개의 채널에 3억 명 이 넘는 시청자를 보유하고 있는 STAR TV에 제공하도록 하였다.[51]

2000년 ‘환아’의 주식 지분에 또다시 변화가 생긴다. 성룡의 추천을 받은 임건악은 ‘풍덕려홀딩스’의 명의로 ‘환아’의 지분 35%(시세 약 8,000만 홍콩달러)를 사들였다. 임건악의 자금과 인맥은 ‘환아’의 발전에 더욱 도움을 줘,「무간도」無間道; Infernal Affairs 시리즈의 경우 유덕화·양조위 등 여러 대스타를 끌어들여 제작할 수 있었다. 원래 임건악은 영화·TV업계에서 여러 해 동안 활약해 온 인물로, ‘풍덕려홀딩스’의 모회사인 ‘여신개발’을 보유하고 있었다. ‘여신개발’의 전신은 ‘여신의류’麗新製衣로, 임백흔이 1959년 설립하여 1972년 상장하였다. 1980년대 임백흔의 차남인 임건악이 경영권을 잡으면서 1983년 부동산 쪽으로 관심을 돌려, 1987년 의류 제조업은 분리 상장시키고 나머지 부동산 부문의 이름을 ‘여신개발’로 바꾸었다. 임건악은 엔터테인먼트 산업에 열중하여 1987년 일찌감치 ATV에 주주로 참여하였다. 2001년 또 다른 주주인 종재사鐘再思; Thomas Chung Choi-Sze가 독립하여 양자경과 함께 신화영화사電影神話公司; Mythical Films를 만들게 되면서, 임건악의 지분이 60%로 늘어났다. 이후로 시남생이 재정을 관리하고, 진자강은 매니지먼트 부문을 관리하게 되었으며,「댄스 오브 드림」愛君如夢; Dance Of A Dream,「무간도」등을 차례로 제작하였다. 특히「무간도」는 평가도 좋고 흥행에도 성공하여 현지 매표수입이 5,000만 홍콩달러에 달하였다.

　　「무간도」시리즈를 통해 명성과 수익 모두를 얻은 환아그룹은, 2004년 싱가포르 주식 시장에 상장하여 환아엔터테인먼트그룹寰亞娛樂集團; Media Asia Group으로 거듭났다. 이를 통해 총 1억 홍콩달러의 투자 자금을 모을 수 있었다. 행정이사 장징은 필자[종보현]에게, ‘환아’가 홍콩을 버리고 싱가포르로 가서 상장한 이유는 싱가포르에서 영화 제작사 최초로 상장을 함으로써 동남아시아의 영화 투자자들이 영화에 좀더 쉽게 투자할 수 있도록 하기 위함이었다고 밝혔다. 같은 해 ‘환아’는 68만 명의 회원을 보유한 홍콩 케이블TV와 3년간의 영화 제공 협의를 맺었다. 이는 영화 홍보에도 상호

종재사(왼쪽에서 두번째)와 양자경(오른쪽에서 두번째)은 '환아'를 떠나서 직접 신화영화사를 만들었다.

이익으로 작용할 것이었다. 이 밖에도 '환아'가 제작한 「천하무적」^{天下無賊; A World Without Thieves}과 「이니셜 D」^{頭文字D; Initial D} 등의 영화는 양안삼지와 동남아에서 명성과 이익을 모두 얻었다. 이 가운데 풍소강^{馮小剛; Feng Xiao-Gang} 감독의 「천하무적」과 「야연」^{夜宴; The Banquet}은 각기 2005년과 2006년에 '화의형제'^{華誼兄弟; Huayi Brothers Media Corporation} 등과 손잡고 투자·제작한 영화였다. 이처럼 '환아'는 홍콩 영화 산업의 침체기에도 불구하고 대륙 시장에서 성공 신화를 만들어 냈다.

'환우'와 '미아'는 모두 영화 비디오 배급상이 영화 제작의 투자자로 변신한 경우였다. 1986년 무한책임회사^{無限公司}의 형태로 설립되었던 환우국제^{寰宇國際; Universe International Holdings Ltd.}는 그동안 영화 배급을 주로 해오다가 홍콩의 비디오테이프 시장에까지 사업을 확장하였다. '환우'의 사장 겸 대표이사 임소명^{林小明; Daniel Lam Siu-Ming}은 1979년 이 사업에 뛰어들어, 1995년에야 '환우'의 지분을 모두 사들일 수 있었다. 임소명이 '환우'를 통

임백흔·임건악 부자가 '환아'의 홍보활동에 참석한 모습(『일주간』 제공)

'환우'가 거금을 투자한 「소림축구」는 주성치가 직접 감독하고 출연하였다.

해 배급한 첫번째 영화는 주윤발 주연의 「경망쌍웅」執法者; The Executor이었
고, 1989년에는 서양 영화 배급을 시작했지만 인력 부족으로 영화의 배급
은 비디오테이프 부문에만 국한되었다. 1989년에는 자금이 부족하여 '환
우'는 독립 주주 한 사람을 끌어들여 환우-LD유한회사實宇鐳射影碟有限公司를
설립했다. 홍콩에서의 상장은 자금 모집을 더욱 손쉽게 만들었다. 이후 '환
우'는 서양 영화의 배급 이외에 새로운 자금을 끌어들여 자신들의 비디오
디스크 생산 라인을 확장하였고, 1990년에는 LD를 배급하기 시작했다. 그
후 LD와 비디오테이프의 판매량이 줄어들자 다시 VCD와 DVD 시장으
로 방향을 돌렸다. 1993년 '환우'는 영화 판권을 TV 채널에 팔았는데 그
판매대상은 케이블TV의 VOD, 마카오의 TV 방송국, 호텔과 항공사의 영
화 채널 등이었다. 1990년대 중반 '환우'가 소유한 VCD 생산 라인 4개는
DVD·VCD의 생산과 배급 쪽으로 방향을 전환했다(두 라인 모두 발전하였
다). 영화 공급을 안정화하기 위해 '환우'도 영화 제작에 투자했는데,[52] 그

중 2001년 주성치 감독의 「소림축구」少林足球: Shaolin Soccer에 투자한 것이 가장 크게 흥행했다. 하지만 이 합작은 임소명과 주성치 사이의 일련의 판권 분배 분쟁의 발단이 되었다.

미아그룹도 비디오테이프와 비디오디스크 배급을 전문적으로 하던 상장회사였다. '미아' 역시 안정된 영화 공급을 위하여, 그들이 배급하는 비디오테이프나 비디오디스크용 영화를 직접 제작하거나 또는 산하의 천하영화사天下電影公司: Brilliant Idea Group Ltd.를 통해서 제작하였다. '환아'의 경영 방침과는 달리, '미아'의 영화는 비교적 소자본으로 제작되었다. 1994년 미아그룹은 말레이시아에 플래티넘LD회사Platinum Laser Disc Sd. Bhd.('미아'가 지분 40% 소유)를 설립하여 말레이시아에서 중국어 비디오테이프와 LD를 배급함으로써 싱가포르·인도네시아·태국·베트남 등지의 시장을 직접 개척하였다. 중국 대륙의 판매망을 확장하기 위하여 '미아'는 1994년 광주·북경·상해·사천·하얼빈哈爾濱 등지에 연이어 판매처를 개업했고, 1994년 말에는 중국 합작 회사인 광동 동아음반제작사東亞音像製作를 설립하였다. 동방천하東

홍콩 토박이 배우 주성치는 최근 20여 년의 홍콩 영화 역사상 가장 중요한 코믹배우 중 한 명이다.

方天下 극장체인의 창업작 「실업황제」失業皇帝; Afraid of Nothing, the Jobless King도 '미아'의 홍콩 시장 진출을 도왔다. 1995년 10대 흥행 영화 가운데 7편의 배급권을 '미아'가 확보하였다. 이후 이들이 투자·제작한 「성월동화」星月童話; Moonlight Express, 「폭렬형경」爆裂刑警; Bullets Over Summer, 「목로흉광」目露凶光; Victim 등의 흥행 역시 나쁘지 않았다.[53] 그리고 음반·영상물의 소매 및 대여 시장을 직접 장악하기 위하여 '미아'는 1996년 7월 비디오테이프 대여 체인점 그룹인 아려영화·TV센터雅麗影視中心有限公司(24개의 분점 보유)를 매입·합병하였다. 이를 통해 배급·대여 체인망의 발전을 이룰 수 있었다. 이러한 조치들은 일련의 문제를 야기하였는데, '아려'가 '미아'가 배급하는 영화만 주로 다룬다는 비판을 받게 되면서 다른 배급상들의 분노를 샀던 것이다. '환우'와 '비도이우'飛圖二友; Fei Tiu Yee Yau는 '아려'를 견제하여 공급을 중단하였다. 1998년 7월, '환우'는 '미아' 산하의 '아려'가 배급권도 얻지 않은 채 '환우'가 배급하는 영화의 영상물을 대여해 주었다며 신문 매체를 통해 '아려'를 비난했다. 9월 '환우'는 자신들의 이익을 보호하기 위하여 '미아' 측에 자신들의 영상물 대여를 중단하도록 요청했다. 그후 '아려'는 '환우'의 「백분백감각」을 직접 거둬들였다. 결국 '아려'가 시장에서 물러나게 되자 '미아'는 비디오디스크 사업에 더욱 집중하였다. 1999년 홍콩의 비디오디스크 대여 상위 20위의 영화 가운데 60%는 '미아'가 배급한 것이었다. 인터넷 주식 붐과 함께 '미아'는 1999년 '중화만년망'中華萬年網 설립에 투자할 것을 발표하였다. 이들이 동원한 자금은 4,500만 홍콩달러가 넘었는데, 이는 당시 '미아'의 포부를 보여 주는 것이었다. 당시 '미아'는 '중화만년망'이 중국 천 년의 역사·문화 사이트라고 밝혔는데 이후 인터넷상에서 음반 및 영상물을 판매하여 회원을 끌어들였다. '중화만년망'의 설립과 함께 '미아'는 중앙방송국CCTV의 모든 드라마의 해외 배급권을 확보하는 데 성공했다. 이를 통해 비디오디스크 배급 이외에도 TV 네트워크의 공급에 주력

	1992		1994	
	이사	주식	이사	주식
이흥국(李興國)		1	○	1,902,500
양진국(楊振國)				
당경지(唐慶枝)			○	750,000
주기량(周其良)			○	856,000
진은표(陳銀標)			○	450,000
미아홀딩스(美亞控股有限公司)		1		1

참고 : 1992년 자료에는 이사 직에 대한 기록이 없음.
출처 : 미아엔터테인먼트(중진인터내셔널)가 1992년·1994년 홍콩 회사 등기서에 제출한 등기 기록을 정리한 것.

하기 시작하였다. 이는 '미아'가 영화 시장의 급격한 변화에 다양한 방식으로 대처했음을 보여 준다. '미아'의 주식 배분 상황은 〈표 8.19〉에서 자세히 볼 수 있다.

3장 / 21세기의 새로운 세력

1. 영화를 이용한 아이돌 홍보 : '영황'과 '성호'

100여 년 전 영화 기술이 발명되었을 당시, 영화는 영사기 시장 경쟁의 부산물이었다. 21세기에 들어서 영화 시장은 이미 그 구조도 발전하여 더욱 복잡해졌다. 영화·음반 상품을 통해 스타 아이돌을 만들어 냈고, 이는 일종의 수익성 사업이 되었다. '영황'英皇과 '성호'星皓는 모두 21세기 홍콩 영화 산업의 새로운 세력이 되었다. 이 두 라이벌 회사는 홍콩의 내로라하는 매니지먼트 회사로, 가장 큰 자산은 바로 수많은 젊은 소속 연예인이었다. 이들 가운데 아이돌로 성장한 몇몇은 해외 상품, 혹은 대륙 상품의 광고 모델이 되어 매니지먼트 회사의 중요한 자금줄이 되었으며, 영화와 음반 역시 아이돌의 홍보 수단이 되어 갔다.

1999년 영황엔터테인먼트그룹英皇娛樂集團有限公司; Emperor Entertainment Group; EEG이 정식으로 설립되었다. 일본을 모방하여 음반사·매니지먼트사·콘서트 기획사 세 가지 기능을 한데 통합하였다. 비도飛圖그룹의 음반과 가라오케 사업을 인수한 뒤, '영황'은 음반·가라오케 시장을 적극적으로 개척하였다. 이들이 잘 쓰는 수법은 유명한 가수에 신인을 끼워서 파는 방식이었는데, 이런 방식으로 신인들을 연쇄적으로 배출하였다. 다시 말해 선배 가수의 지명도를 이용해서 신인을 키우는 전략이었다. 음악계의 사대천왕四大天王의 시대가 끝나고 외국 음반사와 합병할 기회가 생기면서, '영황'은 시장에서 자리를 잡는 데 성공하였다. 젊은 소속 연예인 진혁신陳奕迅; Eason Chan Yik-Shun, 사정봉謝霆鋒; Nicholas Tse Ting-Fung, 용조아容祖兒; Joey Yung Tso-Yi의 음반 판매량은 엄청났고 광고도 끊이지 않았다. 설립 초기 '영황' 산하에는 22명의 전속 연예인이 있었는데 16명은 가수 및 배우 매니지먼트의 계약을 맺었고, 5명은 가수 계

'영황'은 음악과 영화를 통해 아이돌 소비를 촉진시켰다. 사진은 사정봉이 '블록버스터'(百視達)가 뽑은 홍콩 최고 남자 배우 인기상을 받으며 찍은 것

약만, 그리고 나머지 1명은 배우 매니지먼트 계약만 맺었다. 계약 기간은 대부분 10년 전속계약死約에 5년 자유계약生約이었다. 영황국제그룹英皇集團(國際); Emperor International Holdings Ltd.은 영황그룹의 주요 지주회사였다. 창립자 양수성楊受成; Albert Yeung Sau-Shing의 원적은 조안潮安으로, 1943년 출생하였다. 그의 아버지는 시계 도매업을 경영하였고 나중에 부동산업에 진출하였다. 1990년 호텔과 '화윤형'華胤馨; PARISCO을 사들여서 '영황국제'英皇國際로 이름을 바꾸었고, 주요 사업은 다음과 같았다. ① 부동산 개발: 양수성과 성룡이 합작한 둔문屯門; Tuen Mun의 용성화원龍成花園; JC Place. ② 증권 금융: 영황 증권·선물 및 파이낸셜회사. ③ 호텔: 영황준경英皇駿景호텔. ④ 신문·출판업: 엔터테인먼트 잡지 『동방신지』東方新地; Oriental Sunday, 『동주간』東周刊; East Week 등의 출판.

영황엔터테인먼트는 2000년 정식으로 상장되었고, 같은 해 11월 영황엔터테인먼트와 환아엔터테인먼트가 연맹을 결성하였다. '환아'가 제작하

양수성과 '영황' 소속 연예인들의 모습(『일주간』 제공)

'영황'은 2000년 상장사가 되었다. 사진은 그 연보

2000년 설립된 '성호'

는 영화는 우선적으로 '영황'의 전속 연예인을 뽑아서 쓸 수 있도록 하였다.
마찬가지로 '영황'도 '환아' 영화 오리지널사운드트랙의 배급권을 가질 수
있게 되어, 상호 이익을 추구하였다. '환아'가 제작한 「젠 엑스 캅」 1~2편의
주인공이었던 사정봉, 진관희陳冠希; Edison Chen Koon-Hei는 바로 '영황'이 내
세운 '신인 스타'였다. 음악과 영화의 상승 효과를 한층 더 발전시키기 위해
서, '영황'은 6억 홍콩달러라는 거금을 들여 영황영화사英皇電影를 설립하고
진가상을 제작 총감독으로 세웠다. 영화 「일록자」一碌蔗; Just One Look와 「혼
백오제」魂魄唔齊; Demi-Haunted 등을 제작하였는데, 역시 소속 가수 종흔동鐘欣
桐; Gillian Chung Yan-Tung[질리안 청], 진혁신, 사정봉, 용조아 등이 주연을 맡
았다. 또 4,000만 달러를 투자해 성룡의 「메달리온」飛龍再生; The Medallion 제
작을 지원하여 세계 시장에 진출한 것 역시 영황영화사가 상장되는 데 큰
도움이 되었다. 이 밖에도 '영황'은 PCCW와 합작회사를 만들어, PCCW 산
하의 NOW채널에서 방영할 프로그램 콘텐츠 제작을 기획하였다.
　　성호엔터테인먼트그룹星皓娛樂集團; Filmko Holdings의 경우, 그 전신은 왕

'성호'의 투자자 왕해봉

해봉王海峰 산하의 해봉海峰매니지먼트사였다. 2000년 8월 '성호'가 설립되었다. 모두 8명의 주주가 세운 이 회사는 장지량과 이동승이 관리를 맡았으며, 제작사·매니지먼트사·배급사·인터넷 업무를 포괄하였다. 허안화, 서극, 관금붕關錦鵬; Stanley Kwan Kam-Pang, 장지량, 이동승 등 영화계 10위 내의 감독들이 모두 '성호'를 위해 영화를 찍기로 하였다. 전속 계약된 연예인으로는 담준언譚俊彦; Shaun Tam Chun-Yin, 임가흔林嘉欣; Karena Lam Ka-Yan, 제지요齊沚瑤; Iris Chai Chi-Yiu, 노교음盧巧音; Candy Lo Hau-Yam, 장호룡張豪龍; Ronnie Cheung Ho-Lung 등이 있었다. 장지량의 「황심가기」慌心假期; Midnight Fly, 허안화의 「남인사십」男人四十; July Rhapsody, 서극의 「삼소야의 검」三少爺的劍[8] 등의 작품이 잇따라 기획·제작되었다.

　　두 라이벌 회사인 '영황'과 '성호'의 설립 초기에 이들이 내세운 신인들

8　이 영화는 제작 불발되었다.

은 모두 홍콩 유명 인사의 2세였다. 광동어 영화 스타인 사현의 아들 사정 봉, 쇼브러더스의 스타인 적룡의 아들 담준언 등이 그들이다. 두 회사의 경영 실적은 각기 달랐지만 매니지먼트사를 업무의 중심에 두는 전략은 거의 비슷하였다. 스타들은 쇠락해 가는 홍콩 영화 산업을 지탱해 주는 주요한 버팀목이었다.

2. 디지털 영화의 출현

영화 촬영 기술이 탄생한 이후 100년 동안 가장 변화가 적었던 기술 부문인 필름은 21세기에 들어서면서 변화하기 시작하였다. 1998년 말부터 미국의 디지털 영화관Digital Cinema이 DVdigital video로 촬영한 작품을 방영하면서, 일본에서도 DV가 필름을 대체하는 것이 유행하였다. 제작비 측면에서 보면 90분짜리 홍콩 영화 한 편을 만드는 데 약 1만 피트의 필름이 필요하다고 한다면, 3분 분량의 필름이면 약 1,100홍콩달러가 든다. 하지만 90분짜리 DV는 220홍콩달러밖에 들지 않는다. 그 면적 역시 1만 피트의 필름은 무게가 약 40~50파운드나 나가지만 DV는 운송과 보관 면에서도 훨씬 용이하다. 프린트를 현상할 때에도 필름은 벌당 1만 홍콩달러의 원금이 들지만 디지털 영화의 카피 비용은 200홍콩달러에 불과하다.

1997년 금융위기 이후 홍콩 영화 시장이 쇠퇴하면서, 일부 투자자는 저렴한 가격의 DV로 값비싼 영화 필름을 대체하여 제작비를 절약하고자 하였다. DV로 필름을 대체하는 것은 확실히 제작비를 줄여 주었고, DV의 해상도가 필름에 미치지 못했기 때문에 굳이 강한 조명을 사용할 필요도 없게 되었다. 조명 설치 작업이 불필요해지면서 자연히 작업 시간과 인력도 줄일 수 있었다. 다른 한편 DV로 영화를 찍으면 현상하는 작업도 생략할 수 있었는데, 촬영을 마친 후 바로 컴퓨터상에서 편집함으로써 비싼 후

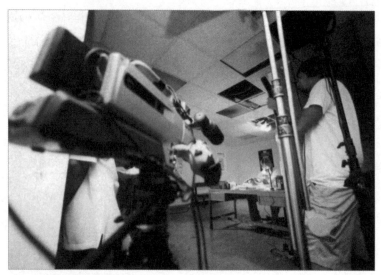

'중대'의 디지털 영화를 촬영하는 모습

반 작업을 줄였던 것이다. 홍콩의 중대엔터테인먼트^{中大娛樂}(이하 '중대')는
이러한 시대적 요구에 의해서 생겨났다.

'중대'의 사장 소련발^{蕭聯發}은 1994년 중문대학에서 영화를 공부하여
학위를 받고, 1997년 몇몇 동문 및 강사와 함께 '중대'를 설립하였다. 영화
강좌의 객원 강사 양일덕^{楊逸德; Takkie Yeung Yat-Tak}을 초빙하여 첫번째 영화
「창백한 하늘」^{沒有小鳥的天空; The Pale Sky}(1998)의 감독을 맡겼다. 하지만 금융
위기가 발발하여 싱가포르·한국·중국·대만 등의 배급상이 모두 돈을 지불
할 방법이 없어지면서 손해를 보고 마무리해야 했다.

'중대'의 운영 방식은 주로 DV를 이용하여 촬영한 작품을 극장에서 짧
은 기간 상영하고, 그후 비디오테이프와 VCD 형식으로 배급하여 제작비
를 회수하는 것이었다. 1998년 '중대'는 총 7편의 영화, 즉 「음양로 5: 일견
발재」^{陰陽路5之一見發財; Troublesome Night 5}, 「창백한 하늘」, 「애정전진」^{愛情傳眞;}
^{Tales in the Wind}, 「살수재배훈」^{殺手再培訓; A Killer's Expiry Date}, 「용수두강귀」^{榕樹頭}

講鬼; A Long and Forgotten Ghost Story, 「심
사사」心思思; B Is for Boy, 「양성반응」陽性
反應; I Shoot Myself 등을 제작하였지만,
매표수입은 대부분 그다지 좋지 못했
다. 1999년 '중대'는 또다시 DV 촬영
을 통해 여러 편의 작품을 만들었고,
컴퓨터 후반 작업을 위해 약 550평방
미터의 오피스빌딩을 구입하였다. 영
화 판매 부문을 발전시키기 위해, '중
대'는 작품을 상영할 새로운 유형의
극장체인을 만들어 자신들의 DV 영
화를 상영하였다. 1999년 7월 1일, 홍
콩 최초의 디지털 영화관이 설립되

디지털 영화가 출현한 이후 영화의 제작비는 훨씬 저렴해졌
지만, 영화의 정의 역시 모호하게 변화했다.

었다. '중대' 영화 창작실은 만자의 신경도新京都극장과 협의하여, '신경도'
의 1개관을 디지털 멀티미디어 영화관으로 개조하고 '중대'의 35밀리, 16
밀리 디지털 작품을 상영하기로 하였다. 영화의 디지털화라는 흐름은 단번
에 사람들에게 무한한 기대감을 심어 주었다. '중대'의 디지털 작품 제작비
는 20~200만 홍콩달러로 각기 달랐고, 각 영화의 상영 기간은 일주일이었
다. 영화의 표 값은 일반 극장보다 조금 낮은 25홍콩달러를 받았다. '중대'
가 '신경도'를 대여하는 비용은 매달 8만 홍콩달러였다. 제작비가 20만 홍
콩달러인 영화일 경우, 매일 100명의 관객이 입장해야 제작비를 회수할 수
있었다. 때문에 사실 디지털 영화가 수익을 낼 수 있었던 것은 대륙의 DVD
시장 덕분이었다. 홍콩에서 상영된 영화의 경우, 판권을 팔 때 더 높은 가격
을 받을 수 있었다. '중대'의 양일덕은 잡지와 인터뷰를 할 때, 산하의 작품
이 현지 시장에서는 2만 장이 못 팔린다 해도 대륙 시장에서는 거의 60만

장이 팔린다고 인정한 바 있다. 디지털 영화는 소자본이 밀집된 형식으로 투자하는 것이었다. '중대'는 출품·제작·배급을 모두 도맡고 심지어 직접 디지털 영화관을 만들었으며, 또 독립적인 극장체인을 설립하였다. 이처럼 과학 기술의 첨단을 걸으면서 또 하나의 '수직통합'의 작은 왕국을 건설하였던 것이다.[54]

새로운 질서

1990년대에 영화 산업의 상영 창구가 갑자기 증가하였다. 새롭게 발전한 상영 채널은 극장이 점해 왔던 '제1창구'의 우세를 뒤집었고, VCD·DVD 제작 및 배급상, 케이블TV 방송국, 인터넷 회사 등의 영향력이 갈수록 커졌다. 예를 들어 '미아', '해안'海岸, '중국성', '동방매력' 등의 회사는 자금을 투입하여 영화 제작을 지원해 주고, 대신 영화의 배급권을 받았다. 이 밖에도 유료 TV 산업이 매우 발달하여, 새롭게 출현한 TV 채널들은 모두 '콘텐츠 공급자'를 찾아서 방송 시간을 채우려 하였다. '미아', '환아', '중국성' 등의 자금 모집 방식은 각기 매우 달랐지만, 모두 안정된 '수직통합' 구조를 만들기 위해 노력하였다. 1990년대에 이르러 소위 상영 부문이 갖는 의미는 매우 복잡해졌다. 21세기 과학 기술의 발전은 영화 산업의 '가장 원시적인' 구조, 즉 생산·배급·판매의 세 고리가 결합된 '수직통합' 구조를 약화시키기는커녕 오히려 이 구조가 영화 산업의 생존 전략이 되도록 만들었다. 21세기에 들어서 홍콩의 영화·TV 산업은 또 한 번 새로운 시대의 변화를 향해 나아가게 되었다.

9부

'중국어 영화 시대'로의 진입?

지난 수년간 홍콩 본토에서의 시장이 위축되어 온 '홍콩 영화'는 21세기로 들어서면서 정체성 위기를 맞이하게 되었다. 갈림길 위에서 방황하고 있는 '홍콩 영화'는 과연 어디에서 출로를 찾을 수 있을 것인가? '본토성'을 유지해야 할 것인가, 아니면 시대 흐름에 맞춰 '대륙행' 노선을 취해 상승일로에 있는 대륙 시장을 지향해야 할 것인가? 2003년 CEPA의 탄생 이후.[1] 적지 않은 홍콩 영화인들이 진퇴를 고심하였다. 이 기간 동안 대륙으로 북상한 영화인들 중 일부는 제대로 적응하지 못하였지만, 근래에 와서는 대륙 시장에 영합하여 새로운 흥행 기록을 세운 합작 영화도 적지 않게 나왔다. 「8인: 최후의 결사단」, 「엽문」 등의 영화의 배후에 깔려 있는 의도를 짐작해 본다면 그 답은 이미 나와 있다. 이들 영화는 모두 어떻게 중국인의 상상에 부합하는 영화 장면을 담아 낼 것인가, 하지만 동시에 어떻게 홍콩의 이야기에 담겨 있는 기본 정신을 놓치지 않을 것인가를 고민하고 있다.[2]

1장 / 전성기는 다시 돌아오지 않는다?

2010년, 홍콩 영화는 100주년을 맞이하였다. 화려했던 1980년대의 전성기도 일찍이 1930~1940년대 홍콩 영화가 있었기에 가능한 것이었다. 적지 않은 중국 영화인이 홍콩으로 남하하였고, 거기에 덧붙여 싱가포르·말레이시아 자금이 들어와 세운 '천무', '쇼브러더스' 등의 영화사가 홍콩에 대형 스튜디오를 설립하였다. 이들은 할리우드 영화 제작 방식을 들여와 거금을 들여 표준어 영화를 제작하였고, 이 두 스튜디오의 연이은 각축전 속에 수많은 은막의 스타들이 배출되었다. 1970년대에 이르러 대형 스튜디오 시스템이 영화 시장에서 물러남에 따라, 홍콩 영화인들은 차츰 뿔뿔이 흩어졌다가 다시 합종연횡하면서 각기 제작 진영을 구축해 나갔다. 갈수록 위성영화사 시스템이 유행하면서, '골든하베스트'와 '신예성'과 같은 강력한 신흥 영화사들도 등장하였다. 그리고 영화 제작에서 광동어 영화가 점차 주류를 차지하게 되면서, 홍콩 영화의 본토 의식이 갈수록 커져 갔으며 '홍콩 영화'라는 브랜드 역시 이로 인해 탄생하였다.

1980년대는 영화 산업의 황금시대였다. 창작 활동이 매우 활발해지면서 홍콩 영화의 영향력은 멀리 국내외 화인 사회에까지 미쳤다. 이러한 발전의 이면에는 특수한 배경이 놓여 있었다. 1980년대 초 중국과 영국 쌍방

간의 '1997 홍콩 반환 문제'에 관한 담판은, 결과적으로 반환 시점까지 홍콩의 전망을 불투명하게 만들고 홍콩인의 정체성에 혼란을 가져왔다. 전후 베이비 붐이 가져온 활력에 기대어 혁신을 이뤄 냈던 홍콩 영화 산업은 그 이후 발전 일로를 걸어왔다.[3] 영화 시장에는 본토와 해외로부터 들어온 핫머니가 넘쳐 났고, 영화 생산량도 80여 편 남짓하던 것이 200편을 넘어서게 되었다. 당시 최고의 절정기를 맞이하고 있던 '홍콩 영화'는 한국·대만·동남아의 영화 팬들로부터 뜨거운 사랑을 받았다. 게다가 막 성장해 가면서 활기가 넘치던 TV 산업이나 음반 산업의 지원하에 스타들이 속출하였다. 중국어 엔터테인먼트 시장의 선두주자 자리를 차지하게 된 홍콩은 마치 중국어권 대중문화의 바로미터와도 같았다. 영화계의 스타 배우나 감독은 물론 미술감독에 이르기까지, 모두가 중국어권에서 큰 성공을 거두었다. 당시는 홍콩 영화 백화제방의 시기였다. 코미디영화, 느와르영화, 형사영화, 무협영화, 액션영화, 사극영화, 강시영화, 귀신영화 등이 모두 큰 인기를 끌었다. 유명한 작품들만 해도 이루 헤아릴 수 없을 정도로 많았는데 「최가박당」, 「폴리스 스토리」, 「영웅본색」, 「연지구」胭脂扣, 「도신」, 「천녀유혼」, 「완령옥」阮玲玉, 「첩혈가두」喋血街頭, 「고혹자」 등과 같은 영화들이 있었다. 이들은 모두 기발함과 자유분방함을 담고 있었다. 이로부터 홍콩 영화는 점차 재미있으면서도 또한 고정관념을 뒤집는 것으로 정평이 나기 시작하였다. 이에 영화 평론가들은 홍콩 영화는 무모할 정도의 대담함을 지니고 있다고 평가하곤 하였다. 홍콩 영화 속에는 조직폭력배, 비리 경찰, 창녀, 변태, 살인자, 사기꾼, 무뢰한, 건달, 야심가, 깡패, 마약상은 물론, 선악을 판단하기 힘든 스파이, 혹은 자웅동체인 요물에 이르기까지 갖가지 인물이 등장한다. '홍콩 영화'는 흥행 지상주의를 내세우면서 표현 기교를 다변화하고 소재에 금기를 없애 버렸다. 때문에 종종 언더그라운드의 별종이나 이단아 같은 캐릭터들도 세상 밖으로 튀어나와 자신만의 이야기를 펼쳐

보어 주게 되었던 것이다.

하지만 이처럼 자신만만했던 홍콩 영화도 최근 점차 그 빛을 잃어 가고 있다. 1990년대 중반 홍콩 영화 산업은 이미 쇠퇴기로 접어들었다. 1997년 홍콩 주권 반환 이후로는 정치 환경의 변화와 아시아 금융위기의 충격 속에서 영화 산업도 그 영향을 받지 않을 수 없었다. 홍콩 영화의 생산 편수와 흥행 수입은 대폭 하락하였고, 대만·한국·동남아로부터의 핫머니도 빠져나갔다. 게다가 불법 복제 상황도 심각해져, 홍콩 영화 산업은 침체의 늪에 빠져들었다. 200편이 넘던 연간 영화 생산량은 1990년대 말이 되면서 100편으로 급격히 감소하였다. 2000년 무렵부터 홍콩 현지의 흥행 수입은 대략 8~9억 홍콩달러 정도에 머물렀고, 홍콩 영화의 시장 점유율도 15~25%에 불과하였다.

2003년 사스SARS[중증 급성 호흡기 증후군]의 유행은 영화 산업계에 설상가상의 상황을 가져왔다. 사스가 지나간 이후 2003년 9월 중국과 홍콩 사이에 CEPA 협상이 성사되었는데 이는 홍콩 영화인들에게는 대륙 시장 진출의 문이 활짝 열리게 된 것이나 마찬가지였다. 즉 이는 홍콩 영화가 대륙의 영화 관련 기구와의 합작을 통해 13억 관중을 지닌 거대한 시장에 진출할 수 있도록 만들어 준 것이었다.[4] 이로부터 대륙 시장은 홍콩 영화의 활로가 되었으며, 갈수록 많은 홍콩 배우들이 대륙으로 북상하게 되었다. 중국과 홍콩 영화 시장에, 미디어에서 말하는 소위 '대륙행'北漂 현상이 나타나기 시작한 것이다. 중국 영화 시장이 커져 감에 따라 많은 홍콩 영화인들 또한 연이어 그 활동 중심을 대륙 시장 쪽으로 옮겨 갔다. 홍콩 현지의 문화계 인사들은 이를 놓고 홍콩 영화 몰락의 징조라 평하였다. 2007년 초, 오랜 역사를 지닌 잡지 『전영쌍주간』이 소리 소문도 없이 정간되고 말았다. 2009년 초에는 전자판 발행마저도 더 이상 버티지 못하고 정간되었다. 이는 홍콩 영화 시장이 이미 홍콩 본토의 영화 간행물 하나조차 제대로 유지

영화 「엽문」은 중국 상상에 부합되는 장면들을 성공적으로 만들어 내면서, 또한 홍콩 이야기의 기본 틀에 의존하고 있다. 이는 이 영화가 중국과 홍콩 두 지역에서 높은 흥행 수입을 거두는 데 도움이 되었다.

하기 힘들게 되었음을, 홍콩 영화의 신세가 이토록 처량한 지경에 이르렀음을 보여 준다. 거대한 대륙 시장의 급부상에 직면하여 홍콩 영화는 이미 과거의 자부심과 자존심마저 잃어버리게 된 것이다.

1. 홍콩 본토 시장 vs 중국 대륙 시장

CEPA라는 '묘약 처방'은 과연 홍콩 영화 산업에 어떠한 변화를 가져다주었는가? 이것이 홍콩 영화에 가져다준 것은 과연 복이었나 아니면 화근이었나? 원래 CEPA는 홍콩 영화인의 대륙 진출에 편의를 제공하기 위한 방편이었다. 하지만 중국·홍콩 합작 영화가 대륙에서 상영되려면 여전히 중국의 국산 영화 규범을 따라야만 했다(대륙에서 심사를 거쳐야만 시나리오 내용이 통과될 수 있었다). 비록 이러한 규제가 있기는 했지만 홍콩 영화인들은 여전히 갖가지 방법을 동원해 이를 모면하려 하였다. 초기에 나온 중국·홍콩 합작 영화들의 경우 대부분 두 개의 다른 판본을 가지고 있었다. 원판은 홍콩이나 해외 시장에서 상영하고, 민감한 소재(암흑가나 귀신, 미신)를 다루거나 민감한 장면(폭력이나 섹스)이 나오는 부분은 삭제하여 수정 편집을 한 후에야 비로소 영화의 '삭제판'潔淨版이 대륙 내 극장에서 상영될 수 있었다. 「색, 계」色, 戒; Lust, Caution (2008)를 예로 들자면, 대륙 상영 시 양조위와 탕유湯唯[탕웨이]의 정사 장면을 삭제하고서야 대륙의 극장에서 상영할 수 있었다. 하지만 인터넷이 보급되면서 적지 않은 대륙 관객이 영화 심사라는 장벽을 우회하여 영화관이라는 경로를 거치지 않고도 인터넷을 통해 홍콩에서 상영된 원판을 볼 수 있었다. 중국 정부가 어떻게 이런 지하질서를 통제한단 말인가.

연이은 소란을 겪은 뒤 대륙의 영화 검열 기준은 더욱 엄격해져, 「색, 계」가 나온 지 얼마 안 되어, 홍콩과의 합작 영화는 하나의 판본만을 배급할 수 있도록 바뀌었다. 한 관계자의 말에 따르면, 「엽문」葉問; The Legend Of Ip Man (2009)의 원판은 본래 결말 부분에서 '매국노'漢奸 역할을 맡은 임가동林賈棟이 민중들에게 맞아 죽게 되어 있었지만 대륙의 심사 기준에 따라 영화 제작자는 이 부분을 수정할 수밖에 없었다. 결국 상영된 판본은 덜 폭력적인 결말로 맺어지게 되었다. 그리고 이동승 감독이 수년간 준비한 영화 「신주쿠 사건」新宿事件; Shinjuku Incident (2009)은 성룡·오언조吳彦祖·서정뢰徐靜蕾 등의 배우를 캐스팅하여 상당한 관객 동원력을 확보함과 동시에 홍콩 합작 영화의 '대륙·홍콩 주연 배우' 비율 규정을 맞출 수 있었다. 하지만 「신주쿠 사건」은 결국 영화 내의 폭력적인 요소로 인해 대륙에서 상영되지 못하였다. 이동승은 홍콩 영화가 직면한 곤경에 관해 이야기하며, 홍콩 영화 본래의 특색이 갈수록 희미해져 가고 있다고 지적한다. 그는 자신이 지켜본 영화계의 변화에 관하여 다음과 같이 이야기한다.

이전에 홍콩 사람들은 꽤 자부심이 있었지만 지금은 홍콩 사람들의 기가 많이 죽었다고 말한다. 이는 영화 속에서도 잘 드러난다. 합작 영화는 1980년대부터 시작되었는데, 과거 홍콩 사람들이 대륙에서 영화를 찍을 때, 「성항기병」이나 이후의 「과부신랑」過埠新娘[1], 그리고 「북경 예스 마담」表姐[2] 등에 나오는 대륙 사람들은 마치 시골뜨기 같은 모습이었다. 그럼 요즘 영화 속에서는 누가 부자로 나오는가? 홍콩 사람이 아니라 모두 대륙 사람이다. 영화 속 배역에서부터 이미 이처럼 변화가 일어나고 있지 않은가? 영화는 전체 사회의 변화에 따라 같이 변해 가는 것이다.[5]

합작 영화가 대두하면서, 홍콩의 신인 감독들은 대부분 시장에서 자금을 끌어와 새로운 소재를 개척하여 영화를 창작할 기회를 찾기가 더욱 어려워졌다.[6] 이러한 시장의 쏠림 현상을 막기 위해 영화계의 중견 감독들 (두기봉, 이동승 등)은 홍콩 정부가 더 많이 지원해 줄 것을 요구하였다. 이를 통해 홍콩 출신 '영화 신인류'電影鮮人類(신인 감독을 비롯하여)를 육성하고 홍콩의 중소형 영화 제작에 자금을 지원함으로써 홍콩 영화 산업에 새로운 역량을 발굴해 내고자 하였던 것이다. 한편 일부 신인 감독들은 홍콩에 기반을 잡고, 또한 부단히 위축되어 가는 본토 시장에서 생존하기 위하여 노력하였다. 그들은 신인 아이돌을 물색하고 관객들이 좋아할 만한 사랑 이야기를 만들어, 젊은 층을 영화관으로 끌어들이고자 하였다. 2009년 1/4분기를 예로 들자면, 밸런타인데이 기간에 맞춰 홍콩 영화계에는 '러브스토리 경쟁전'이 벌어졌다. 이 시기에 「러브 커넥티드」保持愛你; Love Connected('금패'金牌 산하의 연예인 방력신方力申·등려흔鄧麗欣 주연, 엽염침葉念

---

1 의역하면 '대륙에서 온 신부' 혹은 '위장 결혼'이라 할 수 있다.
2 원제는 '表姐, 你好嘢!'로, 의역하면 '사촌 누나, 안녕!'이라 할 수 있다.

琛 감독)와 「애정고사」_{愛情故事}('성호' 산하의 연예인 강약림_{江若琳}·문영산_{文穎珊} 주연, 팽순_{彭順} 감독)가 개봉되었다. 이 두 영화 이외에도 양영기 주연의 「애득기」_{愛得起}와 주신_{周迅} 주연의 「사랑과 죽음의 방정식」_{愛失償, 또는 李米的猜想;} The Equation Of Love And Death 등도 있었다. 상업 전략의 차원에서 봤을 때 홍콩 영화 시장에서 환영받을 수 있는 작품은 그리 다양하지 않다. 많은 신인 감독이 동일한 젊은 관객층을 놓고 쟁탈전을 벌이고 있는 셈이었다.

2. 후속 스타 기근

여러 신예 감독뿐만 아니라, 홍콩의 스타 시스템 역시 갖가지 도전에 직면하고 있었다. 여배우 시장의 경우 적지 않은 대륙의 배우들이 큰 인기를 끌면서 수년 동안 홍콩 금상장영화제의 최우수 여우주연상을 차지해 왔다. 그런 대륙 배우로는 장자이_{章子怡}[장쯔이], 주신, 공리_{鞏俐}, 사금고왜_{斯琴高娃} 등이 있다. 원래 홍콩에서 제작된 상당수 합작 영화들이 '대륙·홍콩 주연 배우' 비율 규정에 맞추기 위해 종종 남자 주연 배우는 흥행력 있는 홍콩 배우(유덕화, 양조위, 견자단 등과 같은)를 선택하고, 나머지 주연 배우의 출연료가 부족했기 때문에 여자 주연 배우는 대륙 여배우에게 맡길 수밖에 없었다. 예를 들자면 「무간도 4: 문도」_{門徒}의 장정초_{張靜初}, 「도화선」_{導火線}의 범빙빙_{範冰冰}[판빙빙], 「형제」_{兄弟}의 황혁_{黃奕}, 「명장」_{投名狀}의 서정뢰 등의 경우가 그렇다. 때문에 일부 사람들은, 홍콩의 일선 남자 배우들은 나이가 쉰이 다 되어서도 합작 영화에서는 여전히 젊은 배역을 맡고 있다고 조롱 섞인 평을 내놓기도 한다. 홍콩 여배우들의 상황은 더욱 암담하다. 그녀들은 마치 '단체로 사망'이라도 한 듯이 스크린에서 사라져 버렸다. 이는 중국어 영화 시장에서 갈수록 홍콩 스타들이 나오기 힘들게 되었음을 잘 보여 준다.

홍콩의 중견 배우들은 물론 아이돌 시장 역시 외풍이 거세다. 연예계는 꿈의 공장이면서 또한 욕망을 생산해 내는 기계이기도 하다. 스타로 인해 '홍콩'이라는 브랜드 네임은 더욱 빛을 발할 수 있었다. 1980년대부터 '메이드 인 홍콩'이라는 브랜드 네임은 줄곧 연예계에서 매우 높은 인지도를 누려 왔고, 마치 중국어권 대중 유행의 지표와도 같았다. 홍콩은 비록 땅덩어리는 작지만 그동안 적지 않은 브랜드의 신화를 이루어 냈다. 홍콩 영화와 대중음악은 한동안 아시아 최고의 지위를 누려 왔으며 그 영향력은 유럽과 미국에까지 미쳤다.

1980년대에 스타 제조와 브랜드 창출을 통해 '메이드 인 홍콩' 영화 및 음반 상품은 중국어권 엔터테인먼트업계에서 높은 인지도를 얻었으며, 또한 중국어권 유행 문화의 지표가 되었다. 위 사진은 홍콩 연예인들(왼쪽부터 진백강陳百强, 양조위, 유덕화)의 1980년대 초 모습

홍콩 영화 산업은 매번 곤경에 처할 때마다 스타를 만들어 냄으로써 그 브랜드를 지켜 낼 수 있었다. 1980년대에는 홍콩 음악 역시 이런 브랜드 전략을 채택하여, '스타 제조 시스템'에 유동작업 생산 방식을 결합시키게 되었다. 매니저와 이미지 디렉팅 등도 그와 함께 크게 발전하여 홍콩 연예계의 스타 군단을 뒷받침해 주었다.

하지만 근래에 와서 대륙·대만 양안과 한국 등지에서 매니지먼트사가 급성장하여 일본과 홍콩 연예계의 스타 제조 시스템을 흡수해, 수많은 아이돌 스타를 수출하게 되었다. 스타 제조 시스템은 더 이상 홍콩 영화·TV 산업의 전유물이 아니게 된 것이다. 예를 들어 최근 주걸륜周傑倫, 봉봉당棒棒堂[롤리팝Lollipop], 완경천阮經天 등과 같은 대만의 아이돌 스타들이 홍콩으로 건너와 큰 인기를 끌고 있는데 이들은 대만 드라마를 좋아하는 젊은 관객층으로부터 환영을 받고 있다. 이들은 홍콩의 젊은 연예인들에 대한 위협일 뿐만 아니라 홍콩 영화·TV 산업에 대한 적신호이기도 하다. 일찍이 '영황', '성호', '환아', '중국성' 등이 길러 낸 홍콩의 청춘 스타들이 아무리 활달하고 다정다감한 이미지를 만들어 내더라도, 엔터테인먼트 시장에서 새롭게 한국·대륙·대만으로부터 건너온 스타들을 물리치기는 쉽지 않다. 더군다나 이처럼 어려운 상황 속에서 2008년 발생한 '섹스 사진 유출 스캔들'[17](이 사건에는 진관희, 종흔동, 장백지張柏芝 등의 젊은 연예인들이 관련되어 있었으며, 미디어의 추적을 통해 채탁연蔡卓妍과 사정봉도 관련된 것으로 밝혀졌다)은 홍콩의 스타 제조 시스템이 얼마나 취약한 것이었는지를 잘 보여 주었다. 이처럼 그동안 스크린에서 쌓아 왔던 좋은 이미지도 인터넷상에서 클릭 한 번으로 순식간에 망가져 버릴 수 있는 것이다. 당시 '영황'이 일본의 매니지먼트 회사의 전략을 모방해서 만들어 낸 트윈스Twins(종흔동, 채탁연)는 지금까지도 양안삼지의 시장에 복귀하지 못하고 있으며 스타 제조 시스템 또한 더 이상 홍콩 영화·TV 산업에 반전을 가져다주기 힘들게 되었다.

2장_홍콩 영화는 이미 끝장난 것일까?

합작 영화가 점차 업계의 주류로 자리 잡게 되면서, 진가신·황백명·진가 상·서극 등과 같은 감독들을 비롯하여 많은 홍콩의 영화인이 대륙으로 옮 겨 가 대륙 관객의 입맛에 맞춰 대형 영화를 제작하였다. 과거 '홍콩 영화' 에서 자주 보이던 요소(폭력, 요괴, 도박 등과 같은 소재)는 합작 영화에서 대 폭 축소시켜야 했다(진가상 감독의 경우 미디어를 통해 「화피」畵皮의 주제는 '요괴'가 아니라 '애정'이라고 수차례 강조하기도 하였다).[8] 대륙 시장이 점차 주류가 됨에 따라 이는 홍콩 영화의 창작을 제한하지 않을 수 없었다. 이에 "홍콩 영화는 이미 끝장났다", 홍콩 영화는 이미 광동어 시대에서 벗어나 "대중화大中華의 중국어 영화 시대로 진입하였다"는 등의 주장이 여기저기 서 쏟아져 나왔다.[9]

'홍콩 영화'와 '광동어 대중문화'는 줄곧 홍콩인의 정체성에 중요한 요 소 가운데 하나로 여겨져 왔다. 홍콩 영화와 광동어 대중문화 시장이 위기 에 직면하게 된 것은 홍콩인들이 정체성의 위기를 맞게 된 것이나 마찬가 지였다. 하지만 "홍콩 영화는 이미 끝장났다"는 주장에는 사실 한 가지 전 제가 내재되어 있다. 홍콩 영화에는 자신만의 독특한 미학 체계와 색깔이 있으며 중국 대륙 영화와는 확연히 다르다는 것이다. 이러한 전제는 과연 성립될 수 있는 것일까?

역사를 되돌아보면 '홍콩 영화'라는 개념은 사실 1980년대에 들어와서야 비로소 등장하였다. 1920~1930년대로부터 1970년대에 이르는 수십 년간 홍콩의 신문·잡지들은 모두 홍콩에서 제작된 영화를 가리켜 '국산 영화'라고 칭해 왔다. 명확히 홍콩 영화라거나 홍콩 영화가 아니라거나 하는 이야기를 했던 적이 한 번도 없었다. 홍콩에서 찍은 '국산 영화'들은 줄곧 각지의 문화를 받아들이고 이를 혼합한 것이었다. 소재가 다양해서 각지의 시장에 영합할 수 있었다. 언어 문제만 놓고 보더라도, 광동어에 국한되지 않았을 뿐만 아니라 반대로 홍콩에서 찍은 적지 않은 영화가 표준어 영화, 조어潮語 영화, 하문어廈門語[3] 영화였다. 이 영화들은 홍콩 본토에서 상영되는 것 이외에도 해외 화인 시장에 판매되기도 하였는데 이는 홍콩이라는 이민 사회의 다원성을 반영한 것이다.

1980년대 초, 홍콩의 전후 신세대가 성장하여 청년기를 맞이했다(당시 홍콩 전체 인구 분포 가운데 가장 많은 세대가 20~24세의 청년층이었다). 그리고 홍콩 본토의 광동어가 대중매체에서 사용되는 주류 언어가 되었다. 이와 동시에 홍콩에 세워진 '신예성', '골든하베스트' 등과 같은 영화사들이 두각을 나타냈고, 그들이 제작한 영화가 크게 유행하였다. 대중과 서민층 소비자를 영화관으로 끌어들이기 위해 본토의 영화인들은 자금을 들여와 제작진을 구성하고 갖가지 제작 전략을 세워 홍콩 본토의 취향을 위주로 하는 광동어 영화들을 만들어 내놓았다. 이는 광동어 영화의 제작량, 흥행 수입, 입소문 등이 차츰 표준어 영화를 앞질러 갈 수 있도록 만들어 주었으며, 이후 십수 년 동안의 영화 산업 번영기를 열어 주었다. 그러한 영향 속에서 미디어에서도 점차 '홍콩 영화'라는 이름을 사용하게 되었던 것이다.

3 복건성 지역의 방언인 민남어 계열의 방언 가운데 하나이다.

되돌아보면 홍콩 영화는 딱히 뭐라 형용하기가 쉽지 않다. 굳이 그 특징을 설명해 보라고 한다면, 마치 물과도 같이 다변적이면서 유동적이라고 할 수 있을 것이다. 액체 상태인 물을 어떤 그릇에 채우게 되면 그 그릇의 모양에 따라 물의 모양도 달라지기 때문이다. 마찬가지로 과거 수십 년간 홍콩 영화는 액체와 같은 형상이었다. 그러한 홍콩 영화를 담고 있던 것은 아마도 변화무쌍한 '시장'이라는 그릇일 것이다. 홍콩 영화는 마치 변화해 가는 유기체와도 같이 부단히 중국과 서양, 남방과 북방의 각 문화 요소들을 받아들여 변화무쌍한 시장의 취향에 맞추어 왔다. 1997년 홍콩 반환 이후, 변신에 뛰어난 홍콩 영화는 (그동안 그래 왔던 것처럼) 또 한 번 변신하려 하고 있다. 방대한 대륙 시장에 맞춰 홍콩 영화의 면모를 바꾸어 다시 '국산 영화'의 일부분이 되고자 하는 것이다.

1. '대륙행'과 동맹 결성

최근 「명장」, 「화피」, 「엽문」 등과 같이 홍콩인이 참여한 여러 편의 합작 영화가 모두 대륙에서 상당한 매표수입을 얻었다. 그러자 많은 홍콩 영화인들은 중국 대륙 영화 시장의 막대한 잠재력을 새삼 깨닫게 되었고, 이들은 중국 영화 시장이 상승세에 있다고 여겼다. 그래서 기존의 속전속결의 근시안적인 전략 대신에 '대륙행'을 택한 영화인들은 대륙 영화업계의 세력들과 동맹을 결성하고, 대륙에 뿌리를 내려 제작기지를 개척하고 발전을 도모하기 시작하였다. 이처럼 합작 영화 방식에 새로운 변화가 나타남에 따라 홍콩 영화인들은 CEPA 이후의 홍콩 영화계 발전에 또 하나의 새 장을 열어 가고 있으며, 이를 통해 곤경에서 벗어나 새로운 터전을 닦고 뿌리를 내림으로써 중국 영화 시장을 개척하고자 하고 있다.

'대륙행'을 택한 수많은 홍콩 영화인 가운데 진가신 감독의 이야기는 매우 흥미롭다. 진가신의 작품 「명장」은 대륙에서 2억 위안의 매표수입을 거두었는데 그 이후로 그는 자신의 작업실을 북경으로 옮겼다. 지나온 행적을 놓고 봤을 때, 진가신의 '대륙행'은 그리 의외의 선택이 아니다. 진가신은 태국 화교로, 홍콩 영화계에 들어온 이래 줄곧 각지를 돌아다니며 작업을 해왔다. 일찍이 1990년대 말 홍콩 영화의 강세가 더 이상 지속되기 힘들다고 느낀 진가신은 미국에 건너가 스티븐 스필버그가 투자한 할리우드 영화 「러브레터」情書의 감독을 맡게 되었고, 그 이후로 그는 줄곧 해외 진출의 기회를 모색해 왔다. 2004년부터 다시 한국과 태국 사이를 오가며 아시아 영화의 새로운 연합의 길을 찾던 진가신은 어플로즈픽처스사를 결성하여 동남아시아의 다국적 배급망을 구축하고, '범아시아 영화'를 만들고자 하였다. 「디 아이」, 「쓰리」 등의 다국적 영화를 연이어 내놓으면서 그는 아시아 시장에서 공포영화가 지니고 있는 잠재력을 확인시켜 주었다. 진가신은 다음과 같이 이야기한다. "1990년대 말, 지금까지 홍콩 영화가 차지해 왔던 아시아 영화의 리더로서의 위치는 더 이상 지속되기 힘들다는 사실을 깨달았다. 당시 한국과 태국 영화가 막 일어나고 있었기에 나는 한국과 태국에 가서 현지의 감독들과 접촉하였다. 합작의 의도를 가지고 그들과 이야기를 나누었던 것이지 무슨 문화침략을 위한 것은 아니었다. 사실 이 두 지역의 관객들은 모두 홍콩 영화를 보며 성장했다. 그들은 홍콩 영화에서 할리우드 영화와는 다른 지표를 보았던 것이다."[10] 이를 통해서도 볼 수 있듯이 진가신은 항상 암중모색을 통해 새로운 길을 찾고 동맹을 결성하는 데 앞장서 왔다. 동남아에서 활약하며 '범아시아 영화'를 개척해 온 그는 최근 수년 사이 중국 '대륙행'으로 전향하였다. 다시 말해 「디 아이」에서 「명장」으로 전향한 것이다. 이후 그가 대륙 시장에서 어떤 진출의 행보를 보여줄 것인지는 지켜봐야 할 것이다.

2009년 초, 진가신은 보리박납保利博納; Polybona Film Distribution Co., Ltd. 영

21세기에 들어와, 중국·대만 양안과 한국 등지에서 매니지먼트사들이 대거 등장하여 일본 및 홍콩의 엔터테인먼트업계 스타 시스템의 기교를 배워 수많은 청춘 스타를 배출해 냄에 따라, 스타 제조가 더 이상 홍콩 영화·TV업계만의 전유물이 아니게 되었다. 위의 사진은 홍콩 '영황'이 만들어 낸 여성 아이돌 그룹 트윈스(왼쪽부터 채탁연, 종흔동)

화 배급사 산하의 북경 박납국제博納國際; BONA International와 손을 잡고서 '인인전영'人人電影; Cinema Popular을 결성하였다. 다른 한편 홍콩 '환아'는 상해영화그룹上海電影集團; 上影集團 및 국립상승北京國立常升影視文化傳播有限公司; 國立常升과 함께 '상영환아'上影寰亞를 결성하였다('상영환아'의 회장 장국립張國立은 이 동맹 결성을 발표하는 자리에서 '5대' 프로젝트를 함께 제시하였다. 그 내용은 '일군의 감독을 결합시키고, 일군의 스타 배우를 길러 내고, 국제영화제 대상을 받을 수 있는 영화를 한 편 만들고, 1억 위안 클럽에 들어갈 수 있는 영화를 한 편 만들고, 그리고 후세에 길이 남을 걸작을 한 편 만든다'라는 것이다). 이처럼 동맹을 결성한 양대 그룹 모두 세력을 기르고 인재와 자금을 부단히 결집시켜 중국 영화 시장에서 각축전을 벌이고 있다.[11] 새로운 '대륙행' 세대의 발전 목표는 갈수록 명확해지고 있다. 일부 홍콩 영화인은 더 이상

영화 「8인: 최후의 결사단」은 홍콩의 무명 용사들을 그리고 있는데, 이들이 청 왕조의 자객으로부터 손문을 구출하고 온몸을 다 바쳐 대업을 달성하는 이야기이다. 홍콩 관객들에게 이 영화는 숨겨진 뜻을 담고 있다고 하겠다.

돈벌이만을 목표로 삼고 있지 않다. 그들은 대륙을 기반으로 중국어 영화 시장에 뿌리를 내려 새로운 사업의 절정기를 만들고자 하는 것이다. 과거의 '중국·홍콩' 영화 합작 방식을 돌아보면, 대부분 홍콩 측과 중국 측이 합작 내용을 정할 때 매번 개별 영화를 단위로 삼고 개별 영화의 기획을 위주로 해왔기 때문에 그 전략이 비교적 근시안적이었다. 하지만 중국과 홍콩의 영화사가 '동맹 결성'을 시작하면서부터 양측은 비교적 안정적으로 합작 팀을 구성할 수 있었고, 창작 기획 역시 비교적 장기적 전망을 가지고 세울 수 있게 되었다.

'대륙행'과 '동맹 결성'이 점차 대세가 되면서 '중국·홍콩' 영화 시장은 전국시대로 돌입하였다. 그 가운데 2009년 초 세워진 '인인전영'은 진가신과 대륙 영화인 황건신黃建新에 의해 설립된 것으로, 중국 영화 배급상인 보리박납과 연합하여 결성한 것이다. 이들은 '동맹 결성'을 통해 회사를 만들고, 시장에 공동 대응하기로 하였다. 「8인: 최후의 결사단」十月圍城; Dark October: Bodyguards And Assassins은 바로 이 '동맹'의 첫 작품이다. 진가신이 총제작자를 맡고 '인인전영'이 거금을 투자하여 20세기 초 홍콩의 중상환中上環 거리를 재현한 세트장을 상해에 짓고, 그곳에서 무명의 홍콩 의사義士들이 힘을 합쳐 청나라 조정이 보낸 자객으로부터 손문孫文을 구해 낸 이야기를 영화로 만들었다. 진가신에 따르면 「8인: 최후의 결사단」의 제작은 사실

10년 전 진덕삼 감독의 꿈이었다고 한다. 하지만 이 영화의 투자 예산이 워낙 막대하여 그 계획은 실현될 수 없었다. 세트장 건설 비용이 만만치 않은데다가 당시 홍콩 영화 시장은 규모가 작은 편이었기 때문이다(영화 투자액이 4,000만 홍콩달러를 넘어설 경우, 손해를 볼 수밖에 없었다). 하지만 지금은 나날이 급성장하고 있는 중국 대륙의 영화 시장에 힘입어, 이 홍콩 영화가 결국 상해에서 실현될 수 있었다.[12] 이렇게 보자면, 「8인: 최후의 결사단」의 제작은 바로 중국어 영화 시장에 대한 '중국·홍콩' 영화인의 확신 덕분에 실현될 수 있었던 것이다.

두 손 맞잡고 '대국굴기'의 꿈을 이룰 수 있을까?

CEPA의 탄생 이후 홍콩 영화는 '중국어 영화 시대'로 진입하였다. 적지 않은 홍콩 영화인이 고민에 빠져들었다. 그 가운데 일부 '북상'한 영화인들은 대륙의 현실에 적응하지 못하였다. 하지만 최근에는 대륙 시장의 취향에 맞춰 뛰어난 흥행 수입을 거둔 합작 영화도 적지 않았다. 그 가운데 「엽문」, 「8인: 최후의 결사단」이 대표작이라 하겠다. 이들이 거둔 성적은 결코 우연이 아니었다. 이 영화들은 다음과 같은 공통된 고민을 보여 주고 있다. 어떻게 하면 중국의 상상에 부합하는 영화 장면을 만들 수 있을 것인가, 하지만 그와 동시에 어떻게 홍콩의 색깔을 담아 낼 것인가 하는 고민 말이다. 이 때문에 영화 속에 종종 다음과 같은 주제의식이 그 배경에 깔려 있다. 홍콩의 뿌리는 중국에서 온 것이며 오래전 홍콩이 중국에서 문화적 씨앗을 빌려와 이를 심고 키워 냈다는 것, 그리고 시간이 흘러 이 씨앗이 아름다운 꽃을 피워 전 세계에 자부할 만큼 성장하게 되었다는 것이다. 만일 이러한 주제의식을 영화 「엽문」의 이야기에 대입해 본다면, 영화가 투사해 주는 상상은 더욱 명확해진다. 불세출의 실력을 지닌 일대종사一代宗師 엽문이 불산佛山에서 홍콩으로 피신해 와 재능을 숨긴 채 평범한 삶을 살아가다가, 홍콩의 이소룡에게 무술을 전수해 줌으로써 영춘권詠春拳이 다시 뿌리를 내려 크게 발양할 수 있었다. 이후 이소룡이 할리우드로 진출하면서 중국의 쿵후는 전 세계에 위용을 떨치게 되었다. 중국과 홍콩 두 지역의 관객은 아마도 영화라는 가상의 세계 속에서 '내 속에 네가 있고, 네 속에 내가 있음'을 확인할 수 있었고, 또한 너와 내가 함께 '대국굴기'大國崛起의 대업을 실현해 나가는 꿈을 공유할 수 있었을 것이다. 그리고 바로 이러한 이유로 「8인: 최후의 결사단」은 자금과 인력을 아끼지 않고 상해에 가상의 옛 홍콩 거리를 재현해, 홍콩의 무명 용사들 덕분에 목숨을 건져 결국 신해혁명의 대업을 성사시킨 손문의 이야기를 영화로 만들었던 것이다. 그 안에 담긴 주제의식은 매우 의미심장하다 하겠다.

홍콩과 스타의 거리

홍콩의 밤하늘은 어떻게 이처럼 사람들이 잊지 못할 찬란한 별들을 많이 탄생시킬 수 있었을까?

서양의 경우, 지난 100년간의 변천 과정 속에서 영화는 놀랄 만한 매력을 발산해 왔다. 영화는 정취 풍만한 예술분야였을 뿐만 아니라 시장 환경에 적응해 가며 부단히 변신해 온 상품이기도 하였다. 하지만 중국에 들어온 이래로 100년간 영화는 이와는 다른 처지에 놓여 있었다. 영화는 어쩌다 예술품이 될 때도 있었지만, 그렇다고 항상 상품이 될 수 있었던 것도 아니었다.

중국 대륙과 대만, 홍콩 등지의 화인 사회가 격동하는 20세기의 정세 속에 휘말려 있는 동안, 홍콩은 한쪽 구석에 안거해 있었다. 이 작은 섬에서 영화는 결국에

홍콩의 특수한 역사적 환경 덕분에 홍콩 영화는 그 '스타의 거리'를 향해 성큼성큼 나아가고 있다.

(정치로부터 독립하여) 시장 속으로 들어가 (정치 교육의 임무를 떠나) 개인의 오락 거리로 변모하였으며, 배우들은 (정치적 입장이 아닌) 시장의 흐름에 맡겨져 눈부신 스타로 탄생할 수 있었다.

홍콩의 특수한 역사적 환경이 홍콩 영화계에 휘황찬란한 '스타의 거리'星光大道를 만들어 준 것이다. 동양과 서양 문화의 경계에서, 좌우 정치적 대립의 사이에서, 그리고 동남아 민족들 사이의 틈새에서 홍콩 영화는 스스로의 위치를 찾아내고 활로를 개척하였으며 또한 절체절명의 위기에서 다시 살아날 수 있었다.

홍콩의 밤하늘이 이처럼 스타들

특수한 역사적 환경으로 인해 홍콩의 밤하늘에는 수많은 잊지 못할 찬란한 스타들이 빛나고 있다. 사진은 홍콩의 가수이자 배우였던 매염방의 사망 후에 출시된 기념판 DVD의 홍보 포스터이다. 포스터에는 "우리는 잊지 못할 것입니다"(我們不會忘記)라는 홍보 문구가 인쇄되어 있다.

로 빛날 수 있었던 것은 지난 100년간 홍콩에 주어졌던 특수한 역사적 조건 때문이었다. 홍콩과 영화 스타들에 대한 회고를 통해 우리는 이 도시가 겪어 온 100년의 세월을 되짚어 볼 수 있을 것이다.

후주

1부_서론 : 영화 산업의 구조

[1] Barry R. Litman, *The Motion Picture Mega-industry*, MA: Allyn & Bacon, 1998, pp. 64~68; Harold L. Vogel, *Entertainment Industry Economics, A Guide for Financial Analysis*, fourth edition, Cambridge: Cambridge University Press, 1998, pp. 3~141; 李達義, 『好萊塢·電影·夢工場』, 臺北: 揚智文化事業股分有限公司, 2000.

[2] Harold L. Vogel, *Entertainment Industry Economics, A Guide for Financial Analysis*, p. 75.

[3] *Entertainment Industry Economics, A Guide for Financial Analysis*의 저자 보겔(Harold L. Vogel)은 코웬 앤드 컴퍼니(Cowen & Co.)의 엔터테인먼트 산업 투자 부문을 전담하고 있다.

[4] 6대 노조 협회는 즉, 미국영화·라디오출연자조합(American Federation of Television and Radio Artists), 미국영화감독조합(Directors Guild of America), 국제영화·연극계종사자연합(International Alliance of Theatrical and Stage Employees), 미국영화프로듀서조합(Producers Guild of America), 미국영화배우조합(Screen Actors Guild) 그리고 미국시나리오작가조합(Writers Guild of America)이다.

[5] David Puttnam & Neil Watson, *Movies and Money*, New York: Vintage Books, 1997.

[6] 같은 책.

[7] Barry R. Litman, *The Motion Picture Mega-industry*, pp. 64~68; 李達義, 『好萊塢·電影·夢工場』.

2부_영화 산업의 발흥

[1] Marie-Claire Quiquemelle, "The Introduction of the Camera to China", 『第十九屆香港國際電影節: 早期香港中國剖影象』, 香港: 香港市政局, 1995, 11~19쪽.

[2] 『德臣西報』(*China Mail*), 『士蔑西報』(*Hong Kong Telegraph*), 1897년 4월 24일자.

[3] 『德臣西報』, 1897년 4월 28일자.

[4] 羅維明, 「早期的電影軌跡(1896~1908)」, 『第十九屆香港國際電影節』 20~26쪽; 余慕雲, 『香港電影史話』 1권, 香港: 次文化堂, 1996, 5~28쪽.

[5] 黃燕清, 「半個世紀前香港電影」, 張知民 編, 『香港掌故』, 香港: 豊年出版社, 1958, 10~12쪽.

[6] 상해에서도 영화 전문 상영 극장이 연이어 출현하였다. 포르투갈인 헤르츠베르브(S. G. Hertzberb; 郝思倍)가 북사천로(北四川路)에 아폴로극장(愛普廬影戲院; Apollo)을 지었고, 이탈리아인 라우로(Lauro; 勞羅)는 북사천로의 복건대극장(福建大戲院)을 상해대극장(上海大戲院)으로 개축하였다. 홍구(虹口) 지역에도 역시 일본인이 경영하는 동경영화관(東京活動影戲院)과 동화극장(東和活動影園)이 등장하였는데, 그들이 상영한 단편영화는 주로 프랑스와 미국에서 가져온 것이었다. 1933년에 이르러 라모스(Antonio Ramos; 雷瑪斯)는 '홍구', '만국'(萬國), '빅토리아'(維多利亞), '올림픽'(夏令配克; Olympic), '엠파이어'(恩派亞; Empire), '카드'(卡德) 등의 6개 극장을 보유하고 있었고, 거기에 한구 구중대극장(九重大影院)을 더하여 라모스사(雷瑪斯遊藝公司)를 만들었다. 라모스사는 당시 중국 최대 상영 체인망으로 '극장체인'의 원조이며 상해의 절반이 넘는 영화 상영 시장을 지배하고 있었다. 성공한 뒤 고향으로 돌아간 라모스는 홍구극장은 다른 사람에게 위탁하여 경영하도록 하고, 나머지 6개의 극장은 중앙영화상영회사(中央影片放映公司)를 만들어 매년 은화 6만 위안씩 세를 받았다. 이를 통해서 극장업이 중국 연해 지역에서 발흥하기 시작하던 당시 상황을 살펴볼 수 있다. 周觀武, 『民國影壇風雲錄』, 開封: 河南大學出版社, 1995.

[7] 余慕雲, 『香港電影史話』 1권, 18~20쪽.

[8] 같은 책, 23~24쪽.

[9] 關文清, 『中國銀壇外史』, 香港: 廣角鏡出版社, 1976, 194쪽.

[10] 주 [5] 참조.

[11] 關文清, 『中國銀壇外史』, 194~195쪽; 余慕雲, 『香港電影史話』 1권, 36~39쪽.

[12] 노근(盧根) 관련 자료는 關文清, 『中國銀壇外史』, 131, 143~145쪽 참조. 나명우(羅明佑) 관련 자료는 許翼心 編, 『香港文化歷史名人傳略』, 香港: 名流出版社, 1999, 170~190쪽; 余慕雲, 『香港電影掌故』, 香港: 廣角鏡出版社, 1985, 143~146쪽; 黎錫·羅卡 編, 『黎民偉: 人·時代·電影』, 香港: 明窗出版社, 1999, 50~91쪽 참조.

[13] 주 [9] 참조.

[14] 위의 주 참조.

[15] 黎錫·羅卡 編, 『黎民偉: 人·時代·電影』, 1~24쪽.

[16] 같은 책, 1~24쪽.

[17] 같은 책, 26~29쪽.

[18] 關文清, 『中國銀壇外史』, 126쪽.

[19] 같은 책, 126~127쪽.

[20] 利德蕙, 『利氏長流』, Scarborough, Ontario: Calyan Publishing Ltd., 1995, 28~31, 81~83쪽; 또한 利德蕙, 『築橋: 利銘澤的生平與時代』, Scarborough, Ontario: Calyan Publishing Ltd., 1995 참조.

[21] 黎錫·羅卡 編, 『黎民偉: 人·時代·電影』, 50~65, 109~113쪽; 關文清, 『中國銀壇外史』, 127~128쪽; 余慕雲, 『香港電影史話』 1권, 73~79쪽.

[22] 黎錫·羅卡 編, 『黎民偉: 人·時代·電影』, 66~91쪽; 關文淸, 『中國銀壇外史』, 128~132쪽.

[23] 中國電影家協會電影史歷史研究部 編, 『阮玲玉』, 北京: 中國電影出版社, 1985.

[24] 호접(胡蝶)이 구술하고 유혜금(劉慧琴)이 정리한 『胡蝶回憶錄』, 臺北: 聯合報社, 1986.

[25] 關文淸, 『中國銀壇外史』, 130~132쪽.

[26] 公孫魯, 『中國電影史話』 제2집, 香港: 南天書業公司, 1961, 52~54쪽; 程季華 主編, 『中國電影發展史』上集, 北京: 中國電影出版社, 1987, 174~180쪽; 周觀武, 『民國影壇風雲錄』, 145쪽; 杜雲之, 『中華民國電影史』, 臺北: 行政院文化建設委員會, 1988, 187쪽.

[27] 杜雲之, 『中華民國電影史』, 181~185쪽.

[28] 公孫魯, 『中國電影史話』 제2집, 200쪽.

3부_ 영화 중심의 남하

[1] 杜雲之, 『中華民國電影史』, 臺北: 行政院文化建設委員會, 1988, 200쪽; 譚春發, 「上海影人入港與香港電影」, 『第18屆香港國際電影節: 香港·上海電影雙城』, 香港: 香港市政局, 1994, 65쪽.

[2] 關文淸, 『中國銀壇外史』, 香港: 廣角鏡出版社, 1976, 132~133쪽.

[3] 같은 책, 134~147쪽.

[4] 盧敦, 『瘋子生涯半世紀』, 香港: 香江出版社, 1992, 82~86쪽. 이 외에 『南洋年鑑』, 新加坡: 南洋商報出版部, 1939, 197쪽; 老吉, 「銀壇人傑邵醉翁」, 『大成雜志』, 제17기, 1975년 4월, 57쪽; 老吉, 「邵醉翁與薛覺先」, 『大成雜志』, 제19기, 1975년 6월, 63쪽; 老吉, 「邵醉翁智鬪林坤山」, 『大成雜志』, 제20기, 1975년 7월, 61쪽; 老吉, 「三十年前的邵氏公司」, 『大成雜志』, 제24기, 1975년 11월, 68쪽; 老吉, 「邵醉翁與璨爛歸平澹」, 『大成雜志』, 제21기, 1975년 8월, 52~54쪽; 老吉, 「邵村人到香港」, 『大成雜志』, 제22기, 1975년 9월, 65~66쪽; 「星馬地區戲院網鳥瞰」, 『南國電影』, 제37기, 1957년 6월, 2쪽; Tan Sri Rume Shaw, *Pioneers of Singapore, Oral History*, National Archives of Singapore 참조.

[5] Zhiwei Xiao, "Constructing a New National Culture: Film Censorship & the Issues of Cantonese Dialect, Superstition & Sex in the Nanjin Decade", in Yingjin Zhang ed., *Cinema and Urban Culture in Shanghai 1922~1943*, Stanford: Stanford University Press, 1999, pp. 183~199; Ching May-bo, "Literary, Ethnic or Territorial?: Definitions of Guangdong Culture In the Late Qing and the Early Republic", in David Faure and Tao Tao Liu ed., *Unity and Diversity: Local Cultures and Identities in China*, Hong Kong: Hong Kong University Press, 1996, pp. 51~66.

[6] 關文淸, 『中國銀壇外史』, 214~215쪽.

[7] 「國語片的南洋市場」, 『藝林半月刊』, 제96기, 1941년 4월 16일, 19쪽.

[8] 杜雲之, 『中華民國電影史』, 200~288쪽. 1940년 10월, 국민당은 모든 공산군이 황하(黃河) 이북으로 이동하도록 요구했지만, 이에 대해 공산군은 항명하였다. 그러나 1941년 1월 공산군 예하의 신사군(新四軍)이 북쪽으로 이동하자 국민당군은 이들을 기습하였고, 신사군은 섬멸당했다. 이를 가리켜 환남사변(皖南事變)이라고 한다.

[9] 「金價提高片價飛漲, 國語粵成本比較」, 『藝林半月刊』, 제74기, 1940년 5월 16일; 「國語片的南洋市場」, 『藝林半月刊』, 제29기, 1938년 5월 1일; I. C. Jarvie, *Window on Hong Kong,*

A Sociological Study of the Hong Kong Film Industry and Its Audience, Hong Kong: Centre of Asian Studies, University of Hong Kong, 1977, pp. 11~23.

[10] 譚友六, 「國防電影的量與質」, 『華商報』, 1941년 4월 26일; 夏衍, 「更真摯, 更誠實」, 『華商報』, 1941년 8월 30일; 小雲·蔡楚生, 「電影的人獸關頭: 揭發口口對華南電影界的陰謀」, 『華商報』, 1941년 5월 10일; 蔡楚生, 「國防電影」, 『華商報』, 1941년 4월 12일; 黃卓漢, 『電影人生: 黃卓漢回憶錄』, 臺北: 萬象出版社, 1994년, 1~21쪽; Fu Poshek, *Passivity, Resistance, and Collaboration: Intellectual Choices in Occupied Shanghai, 1937~1945*, Stanford, Calif.: Stanford University Press, 1993.

[11] I. C. Jarvie, *Window on Hong Kong: A Sociological Study of the Hong Kong Film Industry and Its Audience*, pp. 11~23.

[12] 「國語片的南洋市場」, 『藝林半月刊』, 제29기, 1938년 5월 1일.

[13] 주 [11] 참조.

[14] 위의 주 참조; 藝壇一叟, 「香港影壇空白和淸白」, 『大公報』, 1977년 2월 3일.

[15] I. C. Jarvie, *Window on Hong Kong: A Sociological Study of the Hong Kong Film Industry and Its Audience*, pp. 11~18.

[16] 노돈(盧敦) 인터뷰 원고, 盧偉力, 「電影幻影五十年」, 李安求·葉世雄 編, 『歲月如流話香江』, 香港: 天地圖書, 1989, 107~149쪽.

[17] 黃卓漢, 『電影人生: 黃卓漢回憶錄』, 1~21쪽.

[18] 위의 주 참조.

[19] 黃愛玲, 「童月娟: 新華歲月」, 香港電影資料館 編, 『香港影人口述歷史叢書 (1) 南來香港』, 香港: 康樂及文化事務署香港電影資料館, 2000, 32~35쪽.

[20] 주 [17] 참조.

[21] 程季華 主編, 『中國電影發展史』 下集, 北京: 中國電影出版社, 1987, 183~207쪽; 社雲之, 『中華民國電影史』, 367~390쪽; 黃卓漢, 『電影人生: 黃卓漢回憶錄』, 1~21쪽.

[22] I. C. Jarvie, *Window on Hong Kong: A Sociological Study of the Hong Kong Film Industry and Its Audience*, pp. 11~23.

[23] 같은 책, 11~46쪽.

[24] 黃愛玲, 「童月娟: 新華歲月」, 香港電影資料館 編, 『香港影人口述歷史叢書 (1) 南來香港』, 5~43쪽.

[25] 朱楓, 『朱石麟與電影』, 香港: 天地圖書, 1999, 176~180쪽; 陳蝶衣·童月娟 外, 『張善琨先生傳記』, 香港: 大華書店, 1958.

[26] 香港電影資料館 編, 『香港影人口述歷史叢書 (2) 理想年代: 長城與鳳凰的日子』, 香港: 康樂及文化事務署香港電影資料館, 2001, 4~288쪽; 羅卡, 「傳統陰影下的在右分家-對"永華"·"亞洲"的一些觀察及其他」, 『第14屆香港國際電影節: 香港電影的中國脈絡』, 香港: 香港市政局, 1990, 12~14쪽; 社雲之, 『中華民國電影史』, 405~413, 531~532쪽.

[27] 陳蝶衣·童月娟 外, 『張善琨先生傳記』; 黃愛玲, 「童月娟: 新華歲月」, 香港電影資料館 編, 『香港影人口述歷史叢書 (1) 南來香港』, 5~43쪽; 黃卓漢, 『電影人生: 黃卓漢回憶錄』, 1~21쪽; 社雲之, 『中華民國電影史』, 526~538쪽.

[28] 주 [26] 참조.

[29] 주 [19] 참조.

[30] 譚春發,「上海影人入港與香港電影」,『第18屆香港國際電影節: 香港·上海電影雙城』, 香港: 市政局, 1994, 67쪽; 程季華 主編,『中國電影發展史』下集, 311~314, 322~324, 330~332쪽.

[31] 史毅,「長城影業公司及長城電影製片公司」,『第三屆香港國際電影節』, 香港: 市政局, 1979, 136쪽; 林年同,「戰後香港電影回顧: 1946~1948選映影片說明」,『第三屆香港國際電影節』, 160쪽; 李寧,「長城·鳳凰·新聯·銀都公司的歷史回顧與今後展望」,『歷史與現狀: 第三屆中國金雞百花電影節學術研討會文集』, 北京: 中國電影出版社, 1995, 231쪽.

[32] 楊亦山,「五十年代影業公司·鳳凰影業公司」,『第二屆香港國際電影節』, 139쪽.

[33] 위의 주 참조; 焦雄屛,『香港電影傳奇: 蕭芳芳和四十年電影風雲』, 臺北: 萬象圖書, 1995, 185~188쪽; 朱楓,『朱石麟與電影』, 176~180쪽.

[34] 李寧,「長城·鳳凰·新聯·銀都公司的歷史回顧與今後展望」,『歷史與現狀: 第三屆中國金雞百花電影節學術研討會文集』, 233~234쪽.

[35] 梁良,『論兩岸三地電影』, 臺北: 茂林出版社, 1998, 137쪽.

[36] 顧也魯,『藝海滄桑五十年』, 北京: 學林出版社, 1989, 99~113쪽.

[37] 주 [26] 참조; Tony Rayns, "The Communist of Chinese Cinema and its Echoes in Hong Kong", in *the 14th of Hong Kong International Film Festival*, Hong Kong: Urban Council, 1990, p. 50; I. C. Jarvie, *Window on Hong Kong: A Sociological Study of the Hong Kong Film Industry and Its Audience*, p. 28; 顧也魯,『藝海滄桑五十年』, 104~105, 114~115쪽; 宇業熒,『戲說李麗華』, 臺北: 全年代出版社, 1996, 178~180쪽; 黃卓漢,『電影人生: 黃卓漢回憶錄』, 72~80쪽.

[38] 새로운 법률 조례가 상영을 금지한 영화에는「반하류사회」(半下流社會),「양아」(楊娥),「벽혈황하」(碧血黃花) 등 한때 유행하였던 우파 영화도 포함되어 있었다.「臺灣禁映六十部國語片」,『國際電影』, 제8기, 1956년 5월, 40~41쪽; 宇業熒,『戲說李麗華』, 1996년, 173쪽;「黃河轉向內幕」,『國際電影』, 제7기, 1956년 4월, 38쪽; 원문은『新聞天地』, 1955년 3월 10일자에 게재됨.

[39] 원문은『聯合報』, 1955년 8월 1일자 참조;「芳芳怎樣進'長城'?」,『國際電影』, 창간호, 1955년 10월 1일, 44~45, 52쪽;「童星芳芳值得愛護, 臺灣幸勿爲淵驅魚」,『新聞天地』, 제389기, 1955년 7월, 7쪽 참조.

4부_싱가포르·말레이시아 자본의 상륙

[1] 陳蝶衣,『香港影壇秘史』, 香港: 奔馬出版社, 1984, 56~233쪽; 香港電影資料館,『香港影人口述歷史叢書 (2) 理想年代』, 香港: 康樂及文化事務署香港電影資料館, 2001, 4~288쪽; 필자의 사백강(謝柏強) 선생 인터뷰 기록, 2000년 3월 1일. 사백강 선생은 홍콩 은도그룹(銀都機構)의 중견 직원으로 영화 판매와 배급 사업에 종사해 오다가 2000년에 은퇴하였다.

[2] 위의 주 참조; 梁麗娟·陳韜丈,「海外市場與香港電影發展關系(1950~1996)」,『第21屆香港國際電影節: 光影繽紛五十年』, 香港: 香港市政局, 1997, 136~142쪽.

[3] 盧偉力,「電光幻影五十年」, 李安求·葉世雄 合編,『歲月如流話香江』, 香港: 天地圖書, 1989, 107~149쪽.

[4] 盧敦,『瘋子生涯半世紀』, 香港: 香江出版社, 1992, 82~85쪽. 노돈(盧敦)은 1911년 광주(廣州)에서 태어나, 1929년 광동연극연구소(廣東戲劇研究所)에 진학하였고, 1935년 상해(上海)에 가

서 기예를 배웠다. 1936년에 홍콩으로 왔지만, 일본군에 함락되었을 때 계림(桂林)으로 피신하였다가, 전후에 다시 홍콩에 돌아와 남국영화사(南國公司)에 들어갔다.

[5] 張玉法·張瑞德 編, 吳楚帆, 『吳楚帆自傳』, 臺北: 龍文出版社, 1994, 117~119쪽; 梁燦, 『香港影壇話當年』, 香港: 香港文學報社出版公司, 1998, 4~5쪽.

[6] 蕭笙, 『舞臺春秋』, 香港: 次文化有限公司, 1991, 248~250쪽; 梁燦, 『香港影壇話當年』, 13~14, 16, 22~23, 139쪽.

[7] 위의 주 참조: 張玉法·張瑞德 編, 吳楚帆, 『吳楚帆自傳』, 127~128쪽.

[8] 『穿梭光影50年: 香港電影的製作與發行業展覽(1947~1997)』, 香港: 香港市政局, 1995.

[9] 張建德, 「上海遺風: 香港早期國語電影」, 『第18屆香港國際電影節: 香港·上海電影雙城』, 香港: 香港市政局, 1994, 11~24쪽.

[10] 胡鵬, 『我與黃飛鴻』, 香港: 著者自刊, 1995, 3~10쪽; 梁燦, 『香港影壇話當年』, 48쪽.

[11] 余慕雲, 「談談香港電影的武術指導」, 『電影口述史展覽之‘再現江湖’』, 香港: 香港臨時市政局, 1999, 80~86쪽; 金鋒, 「電影圈中最吃香的人物: 武術指導與龍虎式師」, 『嘉禾電影』, 제1기, 1972년 4월, 28~29쪽.

[12] 鄭大衛, 「功夫片一代宗師劉家良」, 『電影雙周刊』, 제547기, 2000년 3월 30일, 70~73쪽.

[13] 香港經濟導報社 編, 『香港經濟年鑑』, 香港: 香港經濟導報社, 1964; 필자의 사백강 선생 인터뷰 기록, 2000년 3월 1일.

[14] 위의 주 참조: 梁燦, 『香港影壇話當年』, 24, 67, 112~113, 121, 123, 129, 132쪽; I. C. Jarvie, *Window on Hong Kong: A Sociological Study of the Hong Kong Film Industry and Its Audience*, Hong Kong: Center of Asian Studies University of Hong Kong, 1977, pp. 28~59.

[15] 「蔣光超羨慕粵語片演員」, 『探星』, 1962년 8월호(기수 불명), 64~65쪽.

[16] I. C. Jarvie, *Window on Hong Kong: A Sociological Study of the Hong Kong Film Industry and Its Audience*, pp. 28~59.

[17] 李紹端·梁柏堅·盧偉力, 「六十年代初期粵語武俠電影蓬勃因素研究」, 『電影雙周刊』, 제59기, 1981년 4월 30일, 38~40쪽.

[18] 藝壇一叟, 「粵片業之伶·星分家」, 『大公報』, 1976년 10월 28일.

[19] 蕭笙, 『舞臺春秋』, 248~250쪽.

[20] 위의 주 참조: 필자의 사백강 선생 인터뷰 기록, 2000년 3월 1일.

[21] 藝壇一叟, 「粵片業之伶·星分家」, 『大公報』, 1976년 10월 28일; 黃奇智, 「‘無歌不成片’雜談」, 『第三屆香港國際電影節: 戰後香港電影回顧一九四六~一九六八』, 香港: 香港市政局, 1979, 26~32쪽; Grace Leung Lai-kuen, "The Evolution of Hong Kong as Regional Movie Production and Export Centre", M.Phil. thesis, Chinese University of Hong Kong, 1993, pp. 19~20.

[22] 「1963年任姐將結束銀色生涯」, 『影星周報』, 제61기, 1963년 4월, 90~92쪽.

[23] 何應龍, 「我所知道的港九戲院」, 『香港電影資料館珍藏展』, 香港: 香港電影資料館, 1998, 76~88쪽.

[24] 주 [16] 참조.

[25] 盧偉力, 「電光幻影五十年」, 李安求 · 葉世雄 編, 『歲月如流話香江』, 133쪽.

[26] 郭靜寧, 「盧敦: 我那時代的影戲」, 香港電影資料館 編, 『香港影人口述歷史叢書 (1) 南來香港』, 香港: 康樂及文化事務署香港電影資料館, 2000, 120~133쪽.

[27] 余慕雲, 「香港電影的一面光榮旗幟: 中聯史話」, 『第14屆香港國際電影節: 香港電影的中國脈絡』, 香港: 香港市政局, 1990, 149쪽; 史文, 「中聯影業公司」, 林年同 編, 『第二屆香港國際電影節: 五十年代粵語電影回顧展』, 香港: 香港市政局, 1978, 48쪽; 梁燦, 『香港影壇話當年』, 114쪽.

[28] 주 [17] 참조.

[29] 주 [27] 참조.

[30] 주 [26] 참조; 史文, 「新聯影業公司」, 林年同 編, 『第二屆香港國際電影節: 五十年代粵語電影回顧展』, 48쪽.

[31] 史文, 「華僑影業公司」, 林年同 編, 『第二屆香港國際電影節: 五十年代粵語電影回顧展』, 49쪽.

[32] 林檎 · 楊裕平, 「光藝製片公司」, 林年同 編, 『第二屆香港國際電影節: 五十年代粵語電影回顧展』, 49쪽; 陳蝶衣, 『香港影壇秘史』, 234~243쪽.

[33] 郭靜寧, 「盧敦: 我那時代的影戲」, 香港電影資料館 編, 『香港影人口述歷史叢書 (1) 南來香港』, 120~133쪽.

[34] 香港經濟導報社 編, 『香港經濟年鑑』, 香港: 香港經濟導報社, 1950~1963.

[35] 何應龍, 「我所知道的港九戲院」, 『香港電影資料館珍藏展』, 제547기, 香港: 香港文學報社出版公司, 1998, 70~73쪽; 필자의 사백강 선생 인터뷰 기록, 2000년 3월 1일.

[36] 阮紫瑩, 「青春歌舞片的搖籃: 志聯影業公司」, 羅卡 編, 『第二十屆香港國際電影節―踴動的一代: 六十年代粵片新星』, 香港: 香港市政局, 1996, 28쪽.

[37] 위의 주 참조; 梁燦, 『香港影壇話當年』, 23~24쪽.

[38] 필자의 사백강 선생 인터뷰 기록, 2000년 3월 1일; 필자의 종문략(鍾文略) 선생 인터뷰 기록, 2000년 8월 20일. 종문략 선생은 홍콩의 중견 극장광고화가이자 촬영장 기록 사진사로, 일찍이 '동방'(東方), '국민'(國民), '전무'(電懋) 등의 극장과 영화사에서 일한 바 있다. 또한 梁燦, 『香港影壇話當年』, 23~24쪽 참조.

[39] I. C. Jarvie, *Window on Hong Kong: A Sociological Study of the Hong Kong Film Industry and Its Audience*, pp. 65~73.

[40] 馬麗姬, 「羅艷卿的心底路痕」, 『探星』, 1962년 4월호(총 기수 미상), 75쪽.

[41] 香港經濟導報社 編, 『香港經濟年鑑』, 1960 · 1961.

[42] 香港經濟導報社 編, 『香港經濟年鑑』, 1962 · 1963 · 1964.

[43] 梁燦, 『香港影壇話當年』, 24, 123쪽.

[44] 주 [36] 참조; 梁燦, 『香港影壇話當年』, 67, 101, 123쪽.

[45] 二姑娘, 「寶珠身家五百萬」, 『影星周報』, 제60기, 1969년 6월, 10쪽.

[46] 羅卡, 『陳寶珠 vs 蕭芳芳』, 香港: 香港明窗出版有限公司, 1996.

[47] 「參觀仙鶴港聯公司演員訓練班」, 『銀河畫報』, 제93기, 1965년 12월, 28~30쪽.

[48] 위의 주 참조.

[49] 위의 주 참조.

[50] 連民安, 「香港的娛樂報章」, 『香港電影資料館珍藏展』, 香港: 香港臨時市政局香港電影資料館, 1998, 76~88쪽.

[51] 卓伯棠, 「六十年代青春派電影的特色」, 羅卡 編, 『第二十屆香港國際電影節—躁動的一代: 六十年代粵片新星』, 香港: 香港市政局, 1996, 66~79쪽.

[52] 古今明, 「一年來的香港影壇: 一九六六年本港電影事業的回顧與展望」, 『娛樂畫報』, 1967년 1월, 23쪽.

[53] 楊柳風, 「粵語片可不可爲?」, 『今日映畫』, 창간호, 1969년 3월 1일, 10쪽.

[54] 香港經濟導報社 編, 『香港經濟年鑑』, 1971.

[55] 石琪, 「六十年代粵語片·國語片之戰: 玉女爲何不敵打仔?」, 羅卡 編, 『第二十屆香港國際電影節—躁動的一代: 六十年代粵片新星』, 26~33쪽.

[56] 翁靈文, 「邵氏兄弟(香港有限公司)」 및 「電影懋業有限公司」, 『第二屆香港國際電影節: 戰後香港電影回顧一九四六~一九六八』, 香港: 香港市政局, 1979, 144~153쪽.

[57] 楊柳風, 「陳寶珠撍心粵語片前途」, 『今日映畫』, 창간호, 1969년 3월 1일, 12~13쪽.

5부_ 스튜디오 시스템에서 외주 제작 시스템으로

[1] Kay Tong Lim, *Cathay: 55 years of Cinema*, Singapore: Landmark Books for Meileen Choo, 1991; 杜雲之, 『香港影業分析報告邵氏銀海五十年』, 臺北: 皇冠出版社, 1978; 翁靈文, 「邵氏兄弟(香港)有限公司」 및 「電影懋業有限公司」, 『第二屆香港國際電影節: 戰後香港電影回顧一九四六~一九六八』, 香港: 香港市政局, 1979, 144~153쪽; 「電影院業務多不振半年來營業額大減」, 『大公報』, 1953년 9월 6일; 「本港戲院烏瞰」, 『香港時報』, 1955년 10월 22일; 「亞洲影展前檢討港制電影質素提高」, 『星島日報』, 1958년 4월 21일; 陳勃靈, 「香港電影事業二十年」, 『工商日報』, 1955년 7월 8일.

[2] I. C. Jarvie, *Window on Hong Kong: A Sociological Study of the Hong Kong Film Industry and Its Audience*, Hong Kong: Center of Asian Studies University of Hong Kong, 1977, pp. 23~26, 35~47; 「邵氏的勃興香港式的好萊塢」 및 「嘉禾的另辟途徑獨立製片人制度」, 張徹, 『回顧香港電影三十年』, 香港: 三聯書店, 1989, 27~108쪽.

[3] 鍾雷, 『五十年來的中國電影』, 臺北: 正中書局, 1965.

[4] 주 [1] 참조.

[5] 육우(陸佑, 1846~1917)의 본적(祖籍)은 광동(廣東) 학산(鶴山)으로 어렸을 때 집안이 가난하여 말레이시아에 막노동을 하러 갔었다. 마침 영국인이 말레이 반도를 개발하고 있던 참이라 세금징수권(餉碼)을 구역별로 나누어 위탁하고 있었는데, 육우가 이 권리를 획득해 부를 쌓을 수 있었다. 1917년 육우가 세상을 떠나자 그의 아내인 임숙가(林淑佳)가 가업을 이어받았다. 임숙가에게는 1남 2녀가 있었는데 그 독자가 바로 육운도(陸運濤)였다. 種寶賢, 「星馬實業家和他的電影夢」, 黃愛玲 編, 『國泰故事』, 香港: 香港電影資料館, 2002, 36~51쪽 참조.

[6] 『陸運濤書信檔案』, 新加坡國家檔案館.

[7] 「國泰機構組織龐大」, 『國際電影』, 120기, 1965년 11월, 5~10쪽.

[8] 「國際影片公司劇本編審委員會成立」, 『國際電影』, 제1기, 1955년 10월, 53쪽.

[9] 종계문(鍾啓文)은 북평(北平)에서 태어나, 천진·상해·홍콩 세 곳에서 학업을 쌓은 뒤 미국에 유

학하여 폭스영화사에서 실제 경험을 쌓았다. 1949년에서 1952년까지 영화(永華)스튜디오 책임
자로 있다가, 후에 홍콩 코닥사(香港柯達公司)로 옮겼으며, 1956년에는 육운도 밑으로 들어갔
다. '전무'(電懋)의 지도층은 대부분 유럽과 미국에 유학을 다녀온 인물들로 그들이 내놓은 작품
들은 중산계급 취향이 강하였다. 이에 비해 쇼브러더스의 제작진은 상해와의 인연이 비교적 깊
은 편이다.

[10] 老吉,「邵醉翁璨爛歸平澹」,『大成雜志』, 제21기, 1975년 8월, 52~54쪽; 老吉,「邵村人到香港」,
『大成雜志』, 제22기, 1975년 9월, 65~66쪽.

[11]「星馬地區戱院網鳥瞰」,『南國電影』, 제37기, 1957년 6월, 2쪽.

[12] 주 [10] 참조.

[13]「邵氏兄弟爲何分家」,『探星』, 제1기, 1962년 4월, 76~77쪽; 香港電影資料館, 추문회(鄒文懷)
인터뷰 원고, 1997년 2월 27일.

[14]「1963邵氏一年來的輝煌成果」,『南國電影』, 제71기, 1964년 1월, 46쪽; 張徹,「邵氏的勃興香港
式的好萊塢」,『回顧香港電影三十年』, 40쪽.

[15] 香港電影資料館, 추문회 인터뷰 원고, 1997년 2월 27일; 하몽화(何夢華) 인터뷰 원고, 1997년
11월 21일.

[16] 王安妮,「沒有邵逸夫, 沒有鄒文懷」,『銀色世界』, 제66기, 1975년 6월, 24~25쪽.

[17] 陳來奇,『永遠的李翰祥紀念專輯』, 臺北: 錦繡出版股份有限公司, 1998;「李翰祥在臺建立電影
王國興衰錄」,『影畵情報』, 제2기, 1969년 2월, 58~66쪽.

[18]「邵氏國泰搶拍'梁祝'眞相」,『銀河畵報』, 제57기, 1962년 12월, 4~7쪽; 香港電影資料館, 주미
런(朱美蓮; Meileen Choo) 인터뷰 원고, 2001년 12월 10일; 오델(Albert Odell; 歐德爾) 인터뷰
원고, 2001년 12월 11일.

[19]「一九六五年邵逸夫的輝煌成就」,『南國電影』, 제95기, 1966년 1월, 11~13쪽; 香港電影資料館,
하몽화 인터뷰 원고.

[20]「兩部紅樓夢各有千秋」,『探星』, 제1기, 1962년 4월, 73~75쪽; 陳來奇,『永遠的李翰祥紀念專
輯』;「邵氏國泰搶拍'梁祝'眞相」,『銀河畵報』, 제57기, 1962년 12월, 4~7쪽;「李翰祥在臺建立
電影王國興衰錄」,『影畵情報』, 제2기, 1969년 2월, 58~66쪽.

[21]「邵氏一九六一年輝煌成果」,『南國電影』, 제47기, 1962년 1월, 114쪽;「邵逸夫宣報今年大
計」,『南國電影』, 제59기, 1963년 1월, 22~23쪽;「1963邵氏一年來的輝煌成果」,『南國電影』,
제71기, 1964년 1월, 46쪽;「一九六五年邵逸夫的輝煌成就」,『南國電影』, 제95기, 1966년 1월,
11~13쪽.

[22] 蔡瀾,「電影資料館」,『臺周刊』, 제401기, 1997년 11월 14일.

[23] 種寶賢,「新馬實業家和他的電影夢」, 黃愛玲 編,『國泰故事』, 36~51쪽;「電懋中興之象」,『電影
世界』, 제38기, 1962년 11월, 12쪽.

[24]「邵電和解後的影壇大勢」,『銀河畵報』, 제73기, 1964년 4월, 6~7쪽;「李翰祥在臺建立電影王
國興衰錄」,『影畵情報』, 제2기, 1969년 2월, 58~66쪽;「國泰機構力求中興」,『銀河畵報』, 제127
기, 1968년 10월, 26~29쪽.

[25]「連福明优侮香港視察業務」,『國際電影』제120기, 1965년 11월, 48쪽.

[26] 위의 주 참조;「1964邵氏豐收的一年」,『南國電影』, 제83기, 1965년 1월, 70~72쪽;「1967年邵
氏的一年來」,『南國電影』, 제119기, 1968년 1월, 54~55쪽.

[27] 「一九六五年邵逸夫的輝煌成就」, 『南國電影』, 제195기, 1966년 1월, 11~12쪽; 「1967年邵氏的一年來」, 『南國電影』, 제119기, 1968년 1월, 54~55쪽; 揚翼, 「邵氏電影王國六十年(一九二五~一九八五)」, 『當代文藝』, 제189기, 2000년 2월, 144~150쪽; 香港電影資模館, 하몽화 인터뷰 원고.

[28] 소일부(邵逸夫)와 방일화(方逸華)는 1997년 미국 라스베이거스에서 정식으로 혼인 신고를 하였다.

[29] 張徹, 『回顧香港電影三十年』, 27~108쪽; 杜雲之, 「邵氏電影王國秘辛」, 臺北: 你我他電視雜志社, 1979, 63~70쪽.

[30] 「秦沛三兄弟」, 鄭佩佩, 『戲非戲』, 香港: 明窗, 1998, 183~186쪽.

[31] 「大俠狄龍」, 鄭佩佩, 『戲非戲』, 252~253쪽.

[32] 「邵氏的遠景」, 『南國電影』, 제179기, 1973년 1월, 1~2쪽; 「影城內望: 1969邵氏豐收的一年」, 『南國電影』, 제143기, 1970년 1월, 52~55쪽; 「邵逸夫發表龐大製片計劃」, 『南國電影』, 제153기, 1970년 11월, 32~33쪽.

[33] 關永圻, 「發展中的香港電影事業」, 『香港影畵』(기수 미상), 1969년 7월, 48~49쪽.

[34] 주 [15] 참조.

[35] 「訪國際影業巨子邵逸夫縱論一九七七年國際電影形勢」, 『南國電影』, 제227기, 1977년 2월, 22~25쪽; 路德一, 「與電影界資深人士談邵逸夫」, 『南北極』, 제123기, 1980년 8월, 87~92쪽.

[36] 「1969邵氏豐收的一年」, 『南國電影』, 제143기, 1970년 1월, 52~55쪽; 關永圻, 「發展中的香港電影事業」, 『香港影畵』(기수 미상), 1969년 7월, 48~49쪽.

[37] 毛山雲, 「由十四家大戲院聯映邵氏影片看香港電影市場之雄戰」, 『香港影畵』, 제31기, 1968년 7월, 48~49쪽.

[38] 「訪袁秋楓談邵氏製片新計劃」, 『南國電影』, 제148기, 1970년 6월, 34~35쪽; 「邵逸夫發表龐大製片計劃」, 『南國電影』, 제153기, 1970년 11월, 32~33쪽; 「邵氏與歐美各大公司合作拍片」, 『南國電影』, 제187기, 1973년 10월, 38~39쪽.

[39] 「訪國際影業巨子邵逸夫縱論一九七七年國際電影形勢」, 『南國電影』, 제227기, 1977년 2월, 22~25쪽; 「方逸華答記者十九條問題」, 『南國電影』, 제250기, 1979년 1월, 22~23쪽.

[40] 王安妮, 「沒有邵逸夫, 沒有鄒文懷」, 『銀色世界』, 제66기, 1975년 6월, 24~25쪽.

[41] 路德三, 「邵逸夫與鄒丈懷」, 『南北極』, 제125기, 1980년 10월, 9~11쪽; 「邵氏的勃興香港式的好萊塢」 및 「嘉禾的另辟途徑獨立製片人制度」, 張徹, 『回顧香港電影三十年』, 27~108쪽; 紹甫, 「邵氏的沒落」, 焦雄屏 編, 『香港電影風貌』, 臺北: 時報出版社, 1987, 99~104쪽.

[42] 위의 주 참조; 羅維, 『影圈生涯四十年』, 香港: 精益出版社, 1987.

[43] 위의 주 참조.

[44] I. C. Jarvie, *Window on Hong Kong: A Sociological Study of the Hong Kong Film Industry and Its Audience*, pp. 48~50; C. Pomery, "Raymond Chow Movie King", *Asia Magazine*, November 26 1985, pp. 25~26, 32; Martin Evan-Jones, "Raymond Chow's Bid for the Big Time", in *Insight*, April 1981, pp. 23~30; 「李小龍救活了嘉禾」, 鄭佩佩, 『戲非戲』, 125~126쪽.

[45] "Made in Hong Kong - Chinese Martial Arts Movies", in *Orientations*, April issue, 1980, pp. 46~49.

[46] 주 [44] 참조; 「鄒文懷: 國片進軍國際市場的先鋒」, 『嘉禾電影』, 제88기, 1979년 7월, 23쪽; 李

立春,「嘉禾創映的"試驗場"」,『嘉禾電影』, 제95기, 1980년 2월, 36~37쪽.

[47] 薩哈拉,「許氏兄弟征日本」,『嘉禾電影』, 제81기, 1978년 12월, 27~29쪽.

[48] 劉亞佛,「香港影壇今生今世大仇人: 邵逸夫·鄒丈懷」"智又一回合」,『銀色世界』, 제64기, 1975년 4월, 25쪽; 紹甫,「邵氏的沒落」, 焦雄屏 編,『香港電影風貌』, 99~104쪽.

[49] 주 [46] 참조.

[50] 주 [37] 참조;「1969邵氏豊收的一年」,『南國電影』, 제143기, 1970년 1월, 52~55쪽.

[51]「多倫多嘉禾大戲院揭幕」,『嘉禾電影』, 제55기, 1976년 10월, 23쪽;「嘉禾·東和合組發行機構 "東禾"宣布成立」,『嘉禾電影』, 제38기, 1975년 5월, 20~23쪽.

[52] 王京,「邵氏影業公司對挑戰的回應」,『廣角鏡』, 제129기, 1983년 6월, 58~60쪽; 劉亞佛,「對抗 電視, 電影界有何辦法」,『銀色世界』, 제113기, 1979년 5월, 20~21쪽; 劉亞佛,「電影市場注定 生死存亡」,『銀色世界』, 제114기, 1979년 6월, 24~25쪽.

[53]「邵氏的勃興香港式的好萊塢」 及「嘉禾的另辟途徑獨立製片人制度」, 張徹,『回顧香港電影 三十年』, 27~108쪽.

[54]「製片到底做甚麼?: 談香港的製片制度」,『大特寫』, 제64기, 1979년 9월, 4쪽;「檢討邵氏推行的 "散工制度"」,『銀色世界』, 제63기, 1975년 3월, 48쪽; 劉亞佛,「獨立製片面臨調整時期」,『銀色 世界』, 제47기, 1973년 12월, 26~27쪽;「香港影壇的製片趨勢」,『銀色世界』, 제76기, 1976년 4 월, 26~27쪽.

[55] 彭熾,「電影界出現了堅强配搭」,『銀色畫報』, 제156기, 1971년 3월, 50~51쪽.

[56] 嘉人,「嘉禾西片進軍世界」,『嘉禾電影』, 제81기, 1978년 12월, 24~26쪽; 劉亞佛,「越南金邊 已無電影市場」,『銀色世界』, 제66기, 1975년 6월, 20~21쪽; 杜耀明,「香港電影業發展的市 場限制」,『信報財經月刊』 제6권, 제11기, 1983년, 12~16쪽; 梁麗娟·陳韜文,「海外市場與香 港電影發展關系(1950~1995)」,『第21屆香港國際電影節: 光影繽紛五十年』, 香港: 香港市政 局, 1997, 144쪽; Grace Leung Lai-kuen, "The Evolution of Hong Kong As Regional Movie Production and Export Centre", M.Phil. thesis, Chinese University of Hong Kong, 1993, pp. 19~20.

[57] 위의 주 참조

[58] 위의 주 참조; 王京,「邵氏影業公司對挑戰的回應」,『廣角鏡』, 제129기, 1983년 6월, 58~60쪽.

[59] 주 [56] 참조.

[60]「邵氏與歐美各大公司合作拍片」,『南國電影』, 제188기, 1973년 10월, 38~39쪽.

[61] 주 [56] 참조; 劉偉光,「看香港電影市場爭奪戰」,『銀色世界』, 제86기, 1977년 2월, 28~29쪽; 王 京,「邵氏影業公司對挑戰的回應」,『廣角鏡』, 제129기, 1983년 6월, 58~60쪽.

[62]「訪國際影業鉅子邵逸夫縱論一九七七年國際電影形勢」,『南國電影』, 제227기, 1977년 2월, 22~25쪽; 路德一,「與電影界資深人士談邵逸夫」,『南北極』, 제123기, 1980년 8월, 87~92쪽.

[63] 주 [44] 참조.

[64] 香港經濟導報社 編,『香港經濟年鑑』, 香港: 香港經濟導報社, 1962~1964.

[65]「粤片低潮復起不易, 國語片前途又如何」,『電影世界』, 제106기, 1969년 2월, 3~13쪽;「香港影 壇的回顧與前瞻」,『今日影畫』, 창간호, 1969년 3월 1일, 6쪽;「展望1969年香港影壇」,『今日影 畫』, 창간호, 8쪽; 楊柳風,「粤語片可不可爲?」,『今日影畫』, 창간호, 10쪽; 龍騰,「國粤影壇之回 顧與前瞻」,『銀河畫報』, 제106기, 1967년 1월, 25쪽.

[66] 香港電影資料館 編,『六十年代粵語片紅星』, 香港: 香港市政局, 1996, 20~21, 32~33쪽.

[67] 汪汪,「沈殿霞入行四十年沒遺憾」,『明報周刊』, 제1595기, 1999년 6월 5일.

[68] 張振東·李春武,『香港廣播電視發展史』, 北京: 中國廣播電視出版社, 1997, 71~135쪽; 朱克, 『螢幕前後』, 香港: 天地圖書公司, 1985.

[69] 望冬,「四天個日子熬出來的汪明荃」,『大特寫』, 제62기, 1978년 8월 4일, 7~26쪽; 朱克,『螢幕 前後』.

[70] 주 [68] 참조.

[71] 위의 주 참조.

[72] 위의 주 참조.

[73] 위의 주 참조.

[74] 위의 주 참조.

[75] 香港電臺電視部 編,『電視對香港電影工業及文化之衝擊研討會報告書』, 香港: 香港電臺電視 部, 1985, 18쪽.

[76] 張振東·李春武,『香港廣播電視發展史』, 71~135쪽.

[77] 劉天賜,『提防電視』, 香港: 天地圖書, 1996, 14~24쪽; 劉天賜,『電視風雲二十年』, 香港: 博益出 版社, 1993, 2~13쪽.

[78] 黃德明,「新星是怎樣誕生的?」,『大特寫』, 제45기, 1977년 11월 11일, 2~4쪽.

[79] 顏尊理,「五台山"情俠": 徐克訪問記」,『大特寫』, 제62기, 1978년 8월 4일, 26~28쪽.

[80]「不倒翁鄭少秋」, 鄭佩佩,『戲非戲』, 252~253쪽; 劉天賜,『提防電視』, 1~13쪽.

[81] 麥客,『周潤發傳奇』, 長春: 時代文藝出版社, 1999; 劉天賜,『電視風雲二十年』, 26~38쪽.

6부_극장체인을 기반으로 한 생산·판매 질서

[1] 紹甫,「邵氏的沒落」, 焦雄屏 編,『香港電影風貌』, 臺北: 時報出版社, 1987, 99~104쪽; 徐意, 「七十到八十: 七十年代香港電影的回顧」,『大公報』, 1980년 1월 3일;「邵逸夫談電影近況地產 有價影響營業」,『明報』, 1977년 6월 19일; 陳淸偉,『香港電影工業結構及市場分析』, 香港: 電 影雙週刊出版社, 2000, 675~703쪽.

[2] 香港電臺電視部 編,『電視對香港電影工業及文化之衝擊研討會報告書』, 香港: 香港電臺電視 部, 1985.

[3]「檢討邵氏推行的"散工制度"」,『銀色世界』, 제63기, 1975년 3월, 48쪽; 紹甫,「邵氏的沒落」, 焦 雄屏 編,『香港電影風貌』, 臺北: 時報出版社, 1987, 99~104쪽;「邵氏大馬股權易手內幕」,『銀 色世界』, 제170기, 1984년 2월, 59쪽.

[4] 주 [1] 참조.

[5] 張徹,「嘉禾的另闢途徑獨立製片人制度」,『回顧香港電影三十年』, 香港: 三聯書店, 1989, 67~ 108쪽;「嘉禾, 東和合組發行機構"東禾"宣布成立」,『嘉禾電影』, 제38기, 1975년 5월, 20~23쪽; 陶世明,「香港影壇的新教父鄒文懷成功內幕」,『銀色世界』, 제174기, 1984년 6월, 28~29쪽; 陳 淸偉,『香港電影工業結構及市場分析』, 香港: 電影雙週刊出版社, 2000, 607~631쪽.

[6] 羅維,『影圈生涯四十年』, 香港: 精益出版社, 1987; 林冰,「羅氏巨炮又要發作, 新舊老婆各有千

秋, 找到邵氏作後盾, 回馬一槍射嘉禾」, 『銀色世界』, 제68기, 1975년 8월, 46~47쪽.

[7] 全文, 「嘉禾公司投資三億港幣, 明年內開拍六部西片」, 『銀色世界』, 제119기, 1979년 11월, 32~33쪽; 劉亞佛, 「銀色世界十周年紀念特稿: 影壇十年滄桑錄」, 『銀色世界』, 제122기, 1980년 2월, 46쪽; 杜比時, 「1979~1980年香港影壇的回顧及前望: 邵氏擁最豪華戲院, 嘉禾努力向國際進軍, 新派導演紛紛擡頭」, 『銀色世界』, 제122기, 1980년 2월, 76~77쪽.

[8] 「製片究竟做甚麼?: 談香港製片制度」, 『大特寫』, 제64기, 1978년 9월, 4쪽; 羅維, 『影圈生涯四十年』; 薛後, 『香港電影的黃金時代』, 香港: 獲益出版社業有限公司, 2000, 89~93쪽.

[9] 주 [5] 참조.

[10] 朱克, 『螢幕前後』, 香港: 天地圖書公司, 1985, 117~119쪽.

[11] 場文, 「佳視之後……」, 『大特寫』, 제64기, 1978년 9월 1일, 2~3쪽; 楊子, 「支持佳藝職藝員人人有責」, 『電影雙周刊』, 제65기, 1978년 9월 1일, 2~6쪽; 「香港政府的太極玄功: 訪何鉅華論佳視倒臺」, 『大特寫』, 제65기, 1978년 9월 15일, 7~8쪽; 朱克, 『螢幕前後』.

[12] 卓伯棠, 「七十年代電視生態環境」, 『香港電影新浪潮: 二十年後的回顧』, 香港: 香港臨時市政局, 1999, 24~31쪽; 舒琪, 「許鞍華的電視時期」, 『第12屆香港國際電影節: 香港電影與社會變遷』, 香港: 香港市政局, 1988, 42~46쪽; 亦晶, 「香港電影新浪潮 向傳統挑戰的革命者」, 焦雄屏編, 『香港電影風貌』, 35~39쪽; 香港電臺電視部 編, 『電視對香港電影工業及文化之衝擊研討會報告書』.

[13] 徐意, 「七十到八十: 七十年代香港電影的回顧」, 『大公報』, 1980년 1월 3일; 卓伯棠, 「七十年代電視生態環境」, 『香港電影新浪潮: 二十年後的回顧』, 香港: 香港臨時市政局, 1999, 24~31쪽.

[14] 호수유(胡樹儒)와 황점(黃霑) 등이 설립한 보정공사(寶鼎公司)를 나개목(羅開睦)이 지원한 것에 대해서는 다음에서 자세히 볼 수 있다. 張錦滿, 「賣漢堡包·薯條的製片家: 羅開睦」, 『大公報』, 제31기, 1977년 4월 8일, 22~23쪽. 또한 다음을 참조할 수 있다. 何文翔, 「羅開睦建立快餐王國」, 『明報』, 1970년 7월 15일; 「羅開睦從 "無" 到 "有" 創業十六年」, 『香港經濟日報』, 1986년 5월 26일; 張延, 「記繽繽電影公司的盛衰」, 王敬義 外, 『大魚吃小魚: 商戰·投資·騙術』, 香港: 龍門文化事業公司, 1981, 115~124쪽; 章珊, 「葉志銘硬要 "踏浪而來"」, 『銀色世界』, 제126기, 1980년 6월, 26쪽.

[15] 梁良, 『論兩岸三地電影』, 臺北: 茂林出版社, 1998, 163~169쪽; 陳清偉, 『香港電影工業結構及市場分析』, 632~641쪽.

[16] 士工, 「年青導演將大有作爲, 論八○年香港影片的製作」, 『大公報』, 1980년 1월 7일; 方芳, 「電視導演投身電影行業, 香港會否出現 "新電影"?」, 『文匯報』, 1979년 7월 14일; 顏尊理, 「五臺山 "情俠": 徐克訪問記」, 『大特寫』, 제62기, 1978년 8월 4일, 26~27쪽; 「15位影視工作者的回顧」, 『香港電影新浪潮: 二十年後的回顧』, 123~155쪽.

[17] 劉天賜, 『電視風雲二十年』, 香港: 博益出版社, 1993, 67쪽.

[18] 張建德, 「回顧香港新浪潮電影」, 『香港電影新浪潮: 二十年後的回顧』, 10~23쪽; 「15位影視工作者的回顧」, 『香港電影新浪潮: 二十年後的回顧』, 123~155쪽.

[19] 杜耀明, 「香港電影業發展的市場限制」, 『信報財經月刊』, 제71기, 1983, 12~16쪽; 吳智, 「語言·工業·觀衆: 81年回顧小結」, 『電影雙週刊』, 제77기, 1982년 1월 7일, 20쪽.

[20] 위의 주 참조.

[21] 위의 주 참조.

[22] 羅卡, 「八十年代香港電影市場狀況與潮流走勢」, 『八十年代香港電影: 與西方電影比較研究』,

香港: 香港市政局, 1991, 30~38쪽.

[23] 주 [19] 참조.

[24] 曾廣標, 「靚妹仔掀熱情, 女强人謀再動: 梁李少霞談電影成功之道」, 『經濟一週』, 1982년 10월 11일, 24~27쪽.

[25] 黃百鳴, 『舞臺生涯幻亦眞』, 香港: 繁榮出版社有限公司, 1990, 160~162, 172~174, 198쪽.

[26] 「製片究竟做甚麼?: 談香港製片制度」, 『大特寫』, 제64기, 1979년 9월, 4쪽; 阿初, 「金牌製片張權」, 『電影雙週刊』, 제43기, 1980년 9월 11일, 15~16쪽; 李爾克, 「有關香港製片的二三事」, 『電影雙週刊』, 제43기, 1980년 9월 11일, 17~18쪽.

[27] 위의 주 참조.

[28] 위의 주 참조.

[29] 陳淸偉, 『香港電影工業結構及市場分析』, 599~633쪽; 劉亞佛, 「電影投機者也值得同情?」, 『銀色世界』, 제129기, 1980년 9월, 20~21쪽.

[30] "Hong kong Film-makers: Outward Bound", in *Asiaweek*, March 4 1983, pp. 31~34; 嘉人, 「嘉禾的展望」, 『嘉禾電影』, 제106기, 1981년 1월, 24~25쪽.

[31] 章珊, 「葉志銘硬要"踏浪而來"」, 『銀色世界』, 제126기, 1980년 6월, 26쪽; 張延, 「記繽繽電影公司的盛衰」, 王敬義 外, 『大魚吃小魚: 商戰·投資·騙術』, 115~124쪽.

[32] 『九龍建業有限公司年報1983年』, 香港: 九龍建業有限公司, 1984; 藍琪, 「飜手爲雲 覆手可雨: 訪第四院線幕後主席陳榮美」, 『電影雙週刊』, 제245기, 1988년 8월 11일~8월 25일, 7~12쪽.

[33] 『九龍建業有限公司年報』, 香港: 九龍建業有限公司, 1984~1989 각 해 연보 참조.

[34] 朗雲, 「乾坤整頓 訪第四院線幕後策劃人: 馮秉仲」, 『電影雙週刊』, 제245기, 1988년 8월 11일~8월 25일, 14~15쪽.

[35] 주 [33] 참조.

[36] 위의 주 참조; 梁良, 「新藝城五週年特輯 (2): 新藝城在臺灣」, 『電影雙週刊』, 제168기, 1985년 8월 25일, 28쪽; 陳淸偉, 『香港電影工業結構及市場分析』, 642~653쪽.

[37] 黃百鳴, 『舞臺生涯幻亦眞』, 15쪽.

[38] 같은 책, 1~5쪽.

[39] 『九龍建業有限公司年報1984年』, 香港: 九龍建業有限公司, 1985.

[40] 黃百鳴, 『舞臺生涯幻亦眞』, 9~10쪽.

[41] 木木, 「曾志偉是何方神怪」, 『電影雙週刊』, 제78기, 1982년 1월 21일, 19쪽; 卓之, 「天下莫非吳又: 人如期片的曾志偉說」, 『電影雙週刊』, 제216기, 1987년 6월 25일, 30~31쪽.

[42] 黃百鳴, 『舞臺生涯幻亦眞』, 17~18쪽; 梁朗, 「新藝城五週年特輯 (2): 新藝城在臺灣」, 『電影雙週刊』, 제168기, 1985년 8월 8일, 28쪽.

[43] 紀期, 「新藝城五週年特輯 (1): 策略上的起承轉合」, 『電影雙週刊』, 제167기, 1985년 7월 25일, 3쪽; 冷小靑, 「新藝城五週年特輯 (1): 錯綜結構」, 『電影雙週刊』, 제167기, 1985년 7월 25일, 5쪽; 馬玉玲, 「訪問施南生」, 『八十年代香港電影: 與西方電影比較研究』, 107쪽.

[44] 陳淸偉, 「香港電影"托辣斯"的誕生」, 『電影雙週刊』, 제51기, 1981년 1월 8일, 14~15쪽.

[45] 주 [30] 참조.

[46] 林離, 「八彩林亞珍 vs 小生怕怕」, 『電影雙週刊』, 제98기, 1982년 11월 4일, 30쪽; 李居明, 「警醒吧! 香港的製片人」, 『電影雙週刊』, 제99기, 1982년 11월 18일, 22쪽; 「商業主流的製造者」, 焦雄屛 編, 『香港電影風貌』, 95~116쪽; 羅卡, 「八十年代香港電影市場狀況與潮流走勢」, 『八十年代香港電影: 與西方電影比v較研究』, 30~38쪽.

[47] Bey Logan, *Hong Kong Action Cinema*, London: Titan, 1995, 114~138쪽.

[48] 林離, 「成龍≠史泰龍, 洪金寶=新藝城」, 『電影雙週刊』, 제180기, 1985년 1월 23일, 30쪽.

[49] 「德寶的冒昇」, 『電影雙週刊』, 제167기, 1985년 8월 8일, 21쪽; 冷小青·紀二·木木, 「德寶: 電影神話另一章」, 焦雄屛 編, 『香港電影風貌』, 111~115쪽; 陳淸偉, 『香港電影工業結構及市場分析』, 654~660쪽.

[50] 주 [48] 참조.

[51] 羅卡, 「八十年代香港電影市場狀況與潮流走勢」, 『八十年代香港電影: 與西方電影比較研究』, 28~29쪽.

[52] 黃百鳴, 『舞臺生涯幻亦眞』, 198~206쪽; 林離, 「闌珊再活新藝城」, 『電影雙週刊』, 제169기, 1985년 8월 22일, 30쪽.

[53] 張振東·李春武, 『香港廣播電視發展史』, 北京: 中國廣播電視出版社, 1997, 71~135쪽.

[54] 劉天賜, 『堤防電視』, 香港: 天地, 1996, 1~13쪽.

[55] 위의 주 참조.

[56] 劉天賜, 『電視風雲二十年』, 26~38쪽.

7부 _ 양안삼지의 통합

[1] 「香港電影發行制度」, 『觀影』, 1999년 10월, 1~3쪽; 白水, 「影視粹談」, 『嘉禾』, 1988년 12월 3일, 67쪽.

[2] 朗雲, 「乾坤整頓 訪第四院線幕後策劃人: 馮秉仲」, 『電影雙週刊』, 제245기, 1988년 8월 11일~8월 25일, 14~15쪽; 藍琪, 「翩手爲雲 覆手可雨: 訪第四院線幕後主席陳榮美」, 『電影雙週刊』, 제245기, 1988년 8월 11일~8월 25일, 7~12쪽; 馬寶山, 「八八年是搵錢的"共識"年!」, 張偉雄, 「八八港産電影內部報告」, 『第十四屆香港國際電影節: 香港電影79~89』, 香港: 康樂及文化事務署, 2000, 112~114쪽.

[3] 梁良, 『論兩岸三地電影』, 臺北: 茂林出版社, 1998, 263~308쪽; 飛流, 「電影業出現大危機 張國忠不表樂觀態度」, 『嘉禾』, 1988년 12월 3일, 10~11쪽.

[4] 「嘉禾歲月三十年」, 『電影雙週刊』, 제558기, 2000년 8월 30일~9월 12일, 49~51쪽.

[5] 「嘉禾明年最少增設六迷尼戲院院線」, 『香港經濟日報』, 1996년 11월 27일.

[6] 『香港電影』, 香港: 香港影業協會, 1989~1998 각 해 연보 참조.

[7] 雅杜, 「近月電影市場愁雲慘霧 惡性循環將有八九難關」, 『嘉禾』, 1988년 12월 3일, 12~13쪽.

[8] 旁觀者, 「德寶電影遷往九龍塘明年大展拳腳, 開戲五十部」, 『嘉禾』, 1988년 12월 3일, 46쪽.

[9] 冷小青·紀二·木木, 「德寶: 電影神話另一章」, 焦雄屛 編, 『香港電影風貌』, 臺北: 時報出版社, 1987, 111~115쪽.

[10] 주 [7] 참조.

[11] 陳淸偉,「苦苦經營, 開創潮流, 終無心戀戰」,『電影雙週刊』, 제353기, 1992년 10월 15일~10월 28일, 50~51쪽;『香港電影』, 香港: 香港影業協會, 1989~1995, 각 해 연보 참조.

[12] Elvin Ho, "Current Trends in Hong Kong Cinema", *Hong Kong Standard*, 1999년 3월 19일; 豊村,「電影同業逆市求生面面觀」,『電影雙週刊』, 제496기, 1998년 4월 16일~4월 28일, 28~30쪽; 林錦波,「"形勢所迫"另開新線」,『電影雙週刊』, 제354기, 1992년 10월 29일~11월 11일, 42~43쪽; 陳淸偉,『香港電影工業結構及市場分析』, 香港: 電影雙週刊出版社, 2000, 604~606쪽.

[13] 梁良,『論兩岸三地電影』, 136~145쪽.

[14] 黃百鳴,『獨閖江湖』, 香港: 天地圖書有限公司, 1998, 27~29쪽.

[15] 陳淸偉,「永高院線的風風雨雨」,『電影雙週刊』, 제390기, 1994년 3월 24일~4월 6일, 30~32쪽.

[16] 위의 주 참조.

[17] 주 [14] 참조.

[18] 楊孝文,「黃百鳴談東方院線」,『電影雙週刊』, 제376기, 1993년 9월 9일~9월 22일, 28~31쪽.

[19]「주 [14] 참조.

[20]「戲院重建近年廿五宗」,『明報』, 1994년 11월 12일;「電影市道差戲院改建商場趨勢持續」,『香港經濟日報』, 1995년 7월 4일.

[21] 주 [4] 참조.

[22] 주 [7] 참조.

[23]「曾若天之驕子帶來多少跟風, 錄影帶租賃行業隱優重重」,『香港經濟日報』, 1989년 9월 25일;「影視會掀起信心爭奪戰, 業界對套票換套票計劃意見分歧」,『香港經濟日報』, 1989년 10월 25일; John Parker, "Video shops shaping up for war on movies", *South China Morning Post*, 1985년 11월 4일.

[24] 위의 주 참조; John Tang, "Court Fight Looms Over Video Disc Copyright", *South China Morning Post*, 1987년 12월 22일.

[25] 黃京華,『香港商戰錄』, 香港: 博益出版社, 1988, 4~21쪽; Elaine Chiu, "Retail Chains Hit by Rent Rises", *Hong Kong Standard*, 1988년 11월 16일.

[26] 주 [7] 참조.

[27] 梁良,『論兩岸三地電影』, 309~350쪽.

[28] 羅妙蘭,「臺灣片商叫苦連天未必無困?」,『電影雙週刊』, 제370기, 1993년 6월 17일~6월 30일, 28~31쪽; 梁良,「兩岸猿聲啼不住 輕舟已過萬重山: 港片在臺灣仍雄霸市場」,『電影雙週刊』, 제370기, 1993년 6월 17일~6월 30일, 32~33쪽; 麥聖希,「張艾嘉笑言香港電影是中臺的溝通橋梁」,『電影雙周刊』, 제416기, 1995년 3월 23일~4월 5일, 50~51쪽.

[29] 文儁,「大陸片發行制度」,『文儁談北京』, 香港: 創建, 1991, 106쪽.

[30] 梁良,『論兩岸三地電影』, 263~308쪽.

[31] 麥聖希,「臺灣多廳式戲院遭拆除 引起電影界大恐惶」,『電影雙週刊』, 제373기, 1993년 7월 29일~8월 11일, 16쪽;「港臺片商調整片酬催生香港電影從業員協會」,『電影雙週刊』, 제369기, 1993년 6월 3일~6월 16일, 16쪽.

[32] 羅妙蘭,「臺灣片商叫苦連天未必無困?」,『電影雙週刊』, 제370기, 1993년 6월 17일~6월 30일, 28~31쪽.

[33] 「港臺片商調整片酬催生香港電影從業員協會」, 『電影雙週刊』, 제369기, 1993년 6월 3일~6월 16일, 16쪽.

[34] 陳柏生, 「電影界代表團訪京談創作自由, 版權與市場」, 『電影雙週刊』, 제383기, 1993년 12월 16일~12월 29일, 12~13쪽.

[35] 「香港協訪京團回港表示內地歡迎港商投資影院」, 『香港經濟日報』, 1998년 6월 13일; Cyrus Li, "Troubled Hong kong Industry Turns to Beijing, Mainland to Be Urged to Ease Film Imports", *Hong Kong Standard*, 1998년 6월 6일; Rose Tang, "Stars Seek Opening of Mainland Movie Market", *South China Morning Post*, 1998년 6월 6일.

[36] 주 [28] 참조.

[37] 方圓, 「九三風雲大事」, 『電影雙週刊』, 제384기, 1993년 12월 30일~1994년 1월 12일, 38~39쪽.

[38] 張健, 『九十年代港産片工業一瞥 困境的探討及出路』, 香港: 關注香港電影工業發展研究會, 1998.

[39] 杜維明, 「好萊塢的亞洲策略: UIP如何開拓香港市場」, 『電影雙週刊』, 제502기, 1998년 7월 9일 ~7월 23일, 50~53쪽; 「華納成立華語片發行部」, 『電影雙週刊』, 제390기, 1994년 3월 24일~4월 6일, 14~15쪽.

[40] 제작 방면에서 1990년대 후반 중국 대륙은 영화 제작 스튜디오의 자주 투자권을 확대하였고, 민영 기업이 영화 제작권을 소유할 수 있도록 허가하였다. 1997년 북경은 영화 제작·배급·상영을 하나(一條龍)로 묶은 자금성영화사(紫禁城電影股份有限公司)를 만들었다. 상해의 영락영화사(永樂電影公司) 역시 같은 해 설립되었고, 연이어 제작한 영화들로 「갑방을방」(甲方乙方; The Dream Factory), 「올 때까지 기다려 줘」(不見不散; Be There or Be Square), 「몰완몰료」(沒完沒了; Sorry, Baby), 「홍하곡」(紅河穀; A Tale of the Sacred Mountain), 「황하절련」(黃河絕戀; Love Story by the Yellow River), 「홍영도」(紅櫻桃; Red Cherry), 「타임 투 리멤버」(紅色戀人; A Time to Remember) 등이 있는데 흥행 성적도 나쁘지 않았다.

[41] 「嘉珍策劃一出好電影」, 『電影雙週刊』, 제433기, 1995년 11월 16일~11월 29일, 38~39쪽.

[42] 飛流, 「電影業出現大危機 張國忠不表樂觀態度」, 『嘉采』, 1988년 12월 3일, 10~11쪽.

[43] 林青霞, 『林青霞自述』, 北京: 中國電影出版社, 1987.

[44] 羅鳳鳴, 『李連傑專輯』, 臺北: 添翼, 1993.

[45] 鄭大韋, 「功夫片一代宗師劉家良」, 『電影雙週刊』, 제547기, 2000년 3월 30일~4월 6일, 70~73쪽.

8부_ 생산·판매의 새로운 질서 : 상영 창구의 변화

[1] 「從令開始觀衆有自主權」, 『電影雙週刊』, 제403기, 1994년 9월 22일~10월 5일, 30~33쪽; 필자의 사백강 선생 인터뷰 기록, 2000년 3월 1일.

[2] 「內業人士看VCD提早發行」, 『電影雙週刊』, 제506기, 1998년 9월 3일~9월 17일, 13쪽.

[3] 香港經濟導報社 編, 『香港經濟年報鑑』, 香港: 香港經濟導報社, 1990~1999; 「多銀幕大電影掀戰幕: AMC明夏啓業UA擴10銀幕」, 『香港經濟日報』, 1997년 6월 4일; "Current Trends in Hong Kong Cinema", *Hong Kong Standard*, 1999년 9월 3일; "Small is Beautiful for Cinema Chains", *South China Morning Post*, 1985년 4월 14일.

[4] 「九個月內戲院少七間」,『明報』, 1996년 10월 10일;「戲院重建近年廿五宗」,『明報』, 1994년 11월 12일; 鄭信賢,「位置佳, 面積大, 業權集中, 戲院紛變商場商廈」,『明報』, 1993년 11월 4일;「油麻地酒店受注視, 日資垂青普慶院址, 區內多項同類計劃有待發展」,『星島日報』, 1998년 5월 5일;「九間院址拆卸重建, 酒店已成發展重點」,『星島日報』, 1983년 7월 17일; 李炳南,「地産發展吞噬工業建設」,『星島日報』, 1978년 7월 7일.

[5] 「戲院逢週二收30元饗客」,『明報』, 1997년 2월 13일.

[6] 「全港電影院逢週二統一降價, 分析員對嘉禾業績仍存疑慮」,『香港經濟日報』, 1997년 2월 13일;「30元推介日, 電影票房增65%」,『明報』, 1997년 2월 19일.

[7] 「新寶·金聲院線全週一律30元」,『電影雙週刊』, 제474기, 1997년 6월 12일~6월 25일, 16쪽;「陳榮美談電影票減價」,『電影雙週刊』, 제477기, 1997년 7월 24일~8월 6일, 16쪽.

[8] 張志俊,「從經濟學角度看戲票應減價救市」,『明報』, 1995년 6월 23일; 蔡國忠,「電影對白動作加決: 院商偸時間增廣告」,『明報』, 1990년 9월 3일.

[9] Wanda Szeto, "Movie Distributors Seek Law to Stop Laser Disc and Video Sales before Big Screening: Film imports 'risk' future of cinemas", *South China Morning Post*, 1996년 9월 16일; Carmen Cheung, "Film Industry Welcomes Move: Video Renters Jittery Over Digital TV", *Hong Kong Standard*, 1998년 9월 4일.

[10] 홍콩예술발전국(香港藝術發展局) 관할하의 영화미디어팀(電影媒體小組) 역시 1996년부터 독립 영화에 자금 지원을 시작하여 매월 2~3편의 제작 신청을 받았다. 이는 극장 상영이라는 채널 역시 주류 영화의 통제로부터 자유롭지 못하게 되었음을 보여 준다.

[11] 주 [2] 참조.

[12] 「租帶生意陷入低潮 影視會謀對策 協約瑟釋不景五原因」,『明報』, 1989년 11월 20일;「曾若天之驕子帶來多少跟風, 錄影帶租賃行業隱憂重重」,『香港經濟日報』, 1989년 9월 25일;「影視會掀起信心爭奪戰, 業界對套票換套票計劃意見分岐」,『香港經濟日報』, 1989년 10월 25일.

[13] 「中文片租賃率遠比西片爲高」,『星島日報』, 1990년 2월 23일;「美亞負責人李國興透露: 七十萬家庭擁錄影機, 經常租帶者有三十萬」,『星島日報』, 1990년 2월 23일; Anne Stewart, "Outlook 'Gloomy' for Video Stores", *South China Morning Post*, 1998년 11월 25일.

[14] 何文龍,「VOD vs. Cable TV 港産片新市場爭奪戰」,『電影雙週刊』, 제487기, 1997년 12월 11일~12월 24일, 45쪽; 豊村,「電影同業逆市求生面面觀」,『電影雙週刊』, 제496기, 1998년 4월 16일~4월 28일, 28~30쪽.

[15] 「業界估計明年初本港影院減至98間, 水貨進口非刑事化將嚴重打擊電影業」,『香港經濟日報』, 1996년 12월 18일;「電影業抗議水貨非刑事化」,『香港經濟日報』, 1997년 3월 20일;「電影與唱片水貨監管應有分別」,『香港經濟日報』, 1996년 10월 22일;「駁水貨影響影業說, 金獅委畢馬域調査」,『香港經濟日報』, 1997년 3월 26일;「金獅指翻版VCD異常嚴重」,『香港經濟日報』, 1997년 4월 16일.

[16] 何物「特別301」, 盗版黑名單罪分四類, 美商投訴多, 香港上榜」,『星島日報』, 1998년 5월 2일;「禁軍隊武警營商有助遏止翻版影碟活動」,『香港經濟日報』, 1998년 8월 5일; Rodney Diola, "Parallel Imports 'Hit Piracy'", *Hong Kong Standard*, 1997년 1월 15일; Alex Lo, "Pirates Welcome KPS Customers Abroad", *South China Morning Post*, 1998년 11월 8일;「翻版錄影帶復充斥, 海關加強突襲掃蕩」,『星島日報』, 1986년 10월 30일;「金藝城發言人表示: 翻版錄影帶猖厥, 業者急謀對策」,『星島日報』, 1990년 2월 23일.

[17] 「十六影業界體助成大聯盟: 向政府施壓力對盗版者宣戰」,『香港經濟日報』, 1999년 2월 1

일,「翻版碟集團"胃口"驚人: 近注資二億訂購原料可製千萬隻光碟」,『明報』, 1998년 4월 29일; Anne Stewart and Yulanda Chung, "Video Pirates Tipped to Make Millions", *South China Morning Post*, 1998년 11월 7일; Jo Pegg, "Threat of Movie Embargo", *South China Morning Post*, 1999년 3월 19일; Stella Lee, "Cinemas to Shut for Anti-piracy March", *South China Morning Post*, 1999년 3월 15일; Wanda Szeto, "Copyright Violators Decimate Industry", *South China Morning Post*, 1994년 10월 3일; Glenn Schloss, "Film Chiefs Band Together to Counter Triad Claims", *South China Morning Post*, 1998년 3월 14일; Tessi Cruz, "Movie Industry 'About to die'", *Hong Kong Standard*, 1999년 6월 15일.

[18] "KPS lessons", *South China Morning Post*, 1998년 11월 7일; 周國強,「金獅王國崩潰的教訓」,『明報』, 1998년 11월 10일;「雅麗會員追回套票損失」,『明報』, 1998년 7월 7일;「美國試驗結果盈利潛力低, 金獅無意投資VOD」,『星島日報』, 1997년 6월 21일;「金獅建議解決翻版問題, 港府不應針對平行進口」,『星島日報』, 1997년 4월 16일; Helen Johnstone, "First Blockbuster Stores Begin Filling Void Left In Wake of KPS Failure: Brisk Start By Video Giant", *South China Morning Post*, 1999년 2월 21일; Chow Chung-yan, "Romans Who Built up A Movie Empire Only to See It Decline and Fall", *South China Morning Post*, 1998년 11월 7일; Steven Ribet, "KPS Gets Unplugged", *Hong Kong Standard*, 1999년 11월 16일.

[19]「百視達能否轉危爲機」,『電影雙週刊』, 제521기, 1999년 4월 1일~4월 14일, 46~47쪽.

[20] 張振東·李春武,『香港廣播電視發展史』, 北京: 中國廣播電視出版社, 1997, 71~135쪽.

[21] 匡迪,「八九電視圈風起雲湧天鯿地覆 亞視十大招數抗無線」,『嘉禾』, 1988년 12월 3일, 13쪽.

[22] 杜維明,「百分百港味電視劇」,『星島日報』, 1999년 8월 23일.

[23] 冼德明,「有線競奪市場占有率─與院商同步播映首輪新片」,『星島日報』, 1997년 10월 8일;「VOD競鬪截標, 四公司爭兩個牌照」,『明報』, 1997년 8월 21일; Eric Lai, "iTV VOD Launch Gets the 'Oscar' Treatment", *South China Morning Post*, 1998년 3월 31일; "Star to Launch Pay-TV Channel", *Eastern Express*, 1998년 11월 16일.

[24]「鐘再思見證衛視發展」,『信報』, 2000년 8월 7일;「衛視蹌億購寰亞播映權」,『明報』, 2000년 8월 4일;「衛視部署挑戰盈動」,『信報』, 2000년 8월 5일;「寰亞冀開闢網上獲利途徑」,『信報』, 2000년 8월 7일.

[25]「銀河衛視中數碼香港網絡Elmsdale收費電視牌照揭盅」,『明報』, 2000년 7월 10일.

[26] 郭繼澄,「衛視放棄收費牌是明智決定」,『明報』, 2000년 12월 7일.

[27]「入股紛紜科技股炙手可熱, 盈動否認購東方魅力網頁」,『香港經濟日報』, 1999년 9월 7일;「互聯網影響全年娛樂事業」,『明報』, 2000년 12월 31일.

[28] 주 [14] 참조; 梁良,『論兩岸三地電影』, 臺北: 茂林出版社, 1998.

[29]「邵氏千八萬奪將軍澳片場地」,『信報』, 2000년 8월 17일.

[30]「戲院商因港盜版猖獗退股」,『明報』, 2000년 8월 4일;「嘉禾明年最少增設六迷尼戲院院城」,『香港經濟日報』, 1996년 11월 27일; 黃麗裳,「李嘉誠搭救鄒文懷」,『壹週刊』, 제433기, 2000년 3월 3일; 思聰,「嘉禾電影院壟斷東南亞」,『香港經濟日報』, 1996년 11월 18일;「盜錄及電影業持續不景氣, 嘉禾盈利降六成半」,『星島日報』, 1997년 3월 19일.

[31] 林太路,「邵氏恢復拍片的啓示」,『電影雙週刊』, 제561기, 2000년 10월 12일~10월 25일, 26~27쪽.

[32] 주 [25] 참조;「無線擬拓內地財經資訊」,『信報』, 2000년 8월 7일.

[33] 劉天賜, 『提防電影』, 香港: 天地圖書, 1996, 113~125쪽.

[34] 같은 책, 123~124쪽.

[35] 같은 책, 125쪽.

[36] 鐘寶賢, 「兄弟企業的工業轉變: 邵氏兄弟和邵氏機構」, 『邵氏電影初探』, 香港: 香港電影資料館, 2003, 1~13쪽.

[37] 위의 주 참조.

[38] 「向華強: 非一般碗仔翅心態」, 『電影雙週刊』, 제431기, 1995년 10월 19일~11월 1일, 54~56쪽.

[39] 「向華強和他的中國星」, 『電影雙週刊』, 제556기, 2000년 8월 3일~8월 16일, 28~32쪽; 「香港電影醞釀新天, 一百年電影最強製作群」, 『電影雙週刊』, 제550기, 2000년 5월 10일~5월 24일, 16~19쪽.

[40] 「永盛深圳設廠投産」, 『電影雙週刊』, 제376기, 1993년 9월 9일~9월 22일, 15쪽.

[41] 주 [39] 참조; Esther, 「杜琪峰嘆人才未現」, 『電影雙週刊』, 제406기, 1994년 11월 3일~11월 16일, 46~48쪽.

[42] 주 [39] 참조.

[43] 「AOL在港設策略性公司, 東方魅力將提供網上內容」, 『香港經濟日報』, 1999년 9월 28일.

[44] 「曾志偉低潮中創奇跡」, 『電影雙週刊』, 제403기, 1994년 9월 22일~10월 5일, 40~42쪽.

[45] 「Applause Pictures 冀圓亞洲電影夢」, 『電影雙週刊』, 제550기, 2000년 5월 11일~5월 24일, 20~21쪽.

[46] 주 [44] 참조.

[47] 「王晶有橋救市」, 『電影雙周刊』, 제517기, 1999년 2월 4일~2월 18일, 42~45쪽.

[48] 위의 주 참조.

[49] 「寰亞冀開闢網上獲利途徑」, 『信報』, 2000년 8월 7일.

[50] 주 [14] 참조.

[51] 「衛視踰億購寰亞播映權」, 『明報』, 2000년 8월 4일; 「衛視寰亞獨播權現羅生門」, 『明報』, 2000년 8월 5일.

[52] 『寰宇鐳射影碟有限公司年報』, 1993 · 1995 · 1996.

[53] 冼德明, 「美亞版權收益損失五千萬: 售一成股份用作私人投資」, 『星島日報』, 1997년 4월 18일; 黃美兒, 「與院線同步聯線錄像租賃: 美亞稱明年可推出」, 『星島日報』, 1997년 3월 11일; 『美亞錄影製作有限公司年報』, 1994 · 1995 · 1996 · 1997.

[54] 郭繼澄, 「"數碼電影"算不算電影」, 『明報』, 1999년 7월 10일; 士摩蕭, 「開拓數碼電影年代, 從後知後覺到急起直追……」, 『電影雙週刊』, 제550기, 2000년 5월 10일~5월 24일, 22쪽.

9부 _ '중국어 영화 시대'로의 진입?

[1] CEPA는 Closer Economic Partnership Arrangement의 영문 약자로, 중국어로는 內地與香港關於建立更緊密經貿官階安排라 부른다.

[2] 북경 『당대전영』(當代電影)이 필자가 이전에 발표한 글 「光影流逝: 香港電影走進大中華時代」

(제4기, 2010)의 일부 내용을 새로 수정하여 개정증보판에 사용할 수 있도록 허락해 준 점에 감사드린다.

[3] 인구조사자료에 따르면, 1981년 당시 홍콩 인구 가운데 가장 많은 연령대는 20~24세였고, 2006년에는 40~44세였다. 이는 인구 노령화가 진행되고 있음을 보여 준다.

[4] 譚止雲,「票房小結與發展微調」,『信報財經新聞』, 2009년 7월 10일.

[5] 「60導演: 北上推廣港片」,『明報』, 2009년 7월 16일.

[6] 「譚家明憂損創作空間」,『信報財經新聞』, 2009년 3월 25일.

[7] 「慾照風波: 悲涼的E世代」,『亞洲時報』, 2008년 2월 13일.

[8] 「60導演: 北上推廣港片」,『明報』, 2009년 7월 16일;「百年港片, 創意已死? 香港電影圓卓論談」,『新民週刊』, 2009년 6월 18일.

[9] 紀曉風,「"歲月神偸"揚威柏林, 香港電影步向末路」,『信報』, 2010년 2월 22일.

[10] 「陳可辛尋索泛亞洲電影之路」,『大公報』, 2004년 11월 8일.

[11] 「中國式"派拉蒙"起航」,『中國經營報』, 2009년 7월 6일.

[12] 이와 관련된 평론은「4,300萬還原"香港中環"」,『武漢晚報』, 2009년 6월 17일자 참조.

부록

주요 참고자료

1. 공문서 자료

「陸運濤書信檔案」, 星加坡國家檔案館.
「邵氏檔案」, 星加坡國家檔案館.
「余東璇家族書信檔案」, 星加坡國家檔案館.

2. 홍콩 회사 등기서(香港公司註冊署) 기록 및 회사 연보

중국성엔터테인먼트홀딩스(中國星娛樂控股有限公司)
동방매력유한회사(東方魅力[香港]有限公司)
미아비디오유한회사(美亞錄影製作有限公司)
미아엔터테인먼트유한회사(美亞娛樂發展有限公司)
가년화영화·TV엔터테인먼트유한회사(嘉年華影視娛樂有限公司)
환아LD유한회사(寰亞鐳射影碟有限公司)
신보엔터테인먼트유한회사(新寶娛樂有限公司)
구룡건설유한회사(九龍建業有限公司)
최가박당유한회사(最佳拍檔有限公司)
TV방송유한회사[TVB](電視廣播有限公司)

3. 구술 및 사진 자료

인터뷰에 응해 주시거나 사진을 제공해 주신 아래 여러분들께 감사드린다.

주극(朱克)
주풍(朱楓)

석수(石修)

여석(黎錫)

원화평(袁和平)

오소의(伍小儀)

오군려(吳君麗)

오사원(吳思遠)

임한빈(林漢斌)

진영미(陳榮美)

오진추(吳振秋)

사백강(謝柏强)

종문략(鍾文略)

유가휘(劉家輝)

황가희(黃家禧)

황백명(黃百鳴)

진적(陳迹)·진건(陳健)

당가(唐佳)·설니(雪妮)

호소봉(胡小峰)·이장(李嬙)

요본회(廖本懷)·모말(毛妹)

소생(簫笙)

4. 도서 및 정기간행물 자료

『南洋年鑑』, 星加坡: 南洋商報出版部, 1939.

『藝林半月刊』, 香港: 藝林半月刊社, 제1~96기, 1937년 2월~1941년 1월.

『國際電影』, 香港: 國際電影出版有限公司, 제72~211기, 1961년 10월~1974년 1월.

『嘉禾電影』, 香港: 四海出版事業, 제46~129기, 1976년 1월~1982년 12월.

『銀河畫報』, 香港: 聯藝出版社, 제20~412기, 1959년 10월~1995년 8월.

『銀色世界』, 香港: 銀色世界出版公社, 창간호~제332기, 1970년 10월~1997년 9월.

『探星』, 香港: 娛樂新聞報社, 제1~4기, 1962년 4월~1962년 8월.

『影畫情報』, 香港: 影畫情報社, 제1~16기, 1969년 1월~1970년 7월.

『南國電影』, 香港: 香港電影出版社, 제14~315기, 1959년 4월~1984년 6월.

『電影世界』, 香港: 電影世界出版社, 제13~107기, 1960년 10월~1969년 3월.

『今日映畫』, 香港: 今日映畫出版社, 창간호, 1969년 3월.

『大特寫』, 香港: 大特寫出版社, 제22~66기, 1976년 11월~1978년 9월.

『華商報』, 香港: 華商報股份有限公司, 1941년 4월 8일~1949년 10월 15일.

『電影雙周刊』, 香港: 電影雙周刊出版社, 제1~656기, 1979년 1월~2004년 6월.

朱楓, 『朱石麟與電影』, 香港: 天地圖書, 1999.

朱克, 『螢幕前後』, 香港: 天地圖書公司, 1985.

朱順慈 編, 『香港影人口述歷史叢書(1) 南來香港』, 香港: 香港電影資料館, 2000.

公孫魯, 『中國電影史話』, 香港: 南天書業公社, 1961.

杜雲之, 『中華民國電影史』, 臺北: 行政院文化建設委員會, 1988.

宇業熒 編, 『永遠的李翰祥: 紀念專輯』, 臺北: 錦繡出版事業股份有限公司, 1997.

林年同 編, 『第二屆香港國際電影節: 五十年代粵語電影回顧展』, 香港: 市政局, 1978.

利德蕙, 『利氏長流』, Scarborough, Ontario: Calyan Publishing Ltd., 1995.

焦雄屏 編, 『八十年代電影風貌』, 臺北: 時報出版社, 1987.

張徹, 『回顧香港電影三十年』, 香港: 三聯書店, 1989.

胡蝶 구술·劉慧琴 정리, 『胡蝶回憶錄』, 臺北: 聯合報社, 1986.

胡鵬, 『我與黃飛鴻』, 香港: 著者自刊, 1995.

許翼心 編, 『香港文化歷史名人傳略』, 香港: 名流出版社, 1999.

陳蝶衣·童月娟 外, 『張善琨先生傳記』, 香港: 大華書店, 1958.

黃愛玲 編, 『理想年代: 長城·鳳凰的日子』, 香港: 香港電影資料館, 2001.

黃卓漢, 『電影人生: 黃卓漢回憶錄』, 臺北: 萬象出版社, 1994.

梁良, 『論兩岸三地電影』, 臺北: 茂林出版社, 1998.

程季華 主編, 『中國電影發展史』, 北京: 中國電影出版社, 1987.

顧也魯, 『藝海滄桑五十年』, 北京: 學林出版社, 1989.

盧敦, 『瘋子生涯半世紀』, 香港: 香江出版社, 1992.

張玉法·張瑞德 編, 吳楚帆, 『吳楚帆自傳』, 臺北: 龍文出版社, 1994.

簫笙, 『舞臺春秋』, 香港: 次文化有限公司, 1991.

龔稼農, 『龔稼農從影回憶錄』, 臺北: 傳記文學, 1980.

關文清, 『中國銀壇外史』, 香港: 廣角鏡出版社, 1976.

黎錫·羅卡 編, 『黎民偉: 人·時代·電影』, 香港: 明窗出版社, 1999.

鍾電, 『五十年來的中國電影』, 臺灣: 正中書局, 1965.

張振東·李春武, 『香港廣播電視發展史』, 北京: 中國廣播電視出版社, 1997.

劉天賜, 『提防電視』, 香港: 天地, 1996.

劉天賜, 『電視風雲二十年』, 香港: 博益出版社, 1993.

黃百鳴, 『舞臺生涯幻亦眞』, 香港: 繁榮出版社有限公司, 1990.

黃百鳴, 『獨闖江湖』, 香港: 天地圖書有限公司, 1998.

Fu, Poshek, *Passivity, Resistance, and Collaboration: Intellectual Choices in Occupied Shanghai, 1937~1945*, Stanford, Calif.: Stanford University Press, 1993.

Jarvie, I. C., *Window on Hong Kong: A Sociological Study of the Hong Kong Film Industry and Its Audience*, Hong Kong: Centre of Asian Studies, University of Hong Kong, 1977.

Leung Lai-kuen, Grace, "The Evolution of Hong Kong As Regional Movie Production and Export Centre", M.Phil. thesis, Chinese University of Hong Kong, 1993.

Lim, Kay Tong, *Cathay: 55 years of Cinema*, Singapore: Landmark Books for Meileen Choo, 1991.

Litman, Barry R., *The Motion Picture Mega-industry*, MA: Allyn & Bacon, 1998.

Logan, Bey, *Hong Kong Action Cinema*, London: Titan, 1995.

Puttnam, David & Watson, Neil, *Movies and Money*, New York: Vintage Books, 1997.

Uhde, Jan & Uhde, Y. N., *Latent Image: Film in Singapore*, Singapore: Oxford University Press, 2000.

Vogel, Harold L., *Entertainment Industry Economics, A Guide for Financial Analysis*, fourth edition, Cambridge: Cambridge University Press, 1998.

Wong, Wai-chung Joseph, *Television News and Television Industry in Hong Kong*, Hong Kong: Centre for Communications Studies, CUHK, 1978.

Zhang, Yingjin ed., *Cinema and Urban Culture in Shanghai 1922~1943*, Stanford: Stanford University Press, 1999.

5. 데이터 자료

인용된 데이터 자료들 가운데 서로 어긋나는 부분이 적지 않으므로, 이는 단지 추세를 살펴보기 위한 참고자료로만 이용해 주기를 바란다.

香港戲院商會數據, 歷年.

香港影業協會, 『香港電影』, 香港: 香港影業協會, 1989~1998.

香港經濟導報社 編, 『香港經濟年鑒』, 香港: 香港經濟導報社, 歷年.

陳淸偉, 『香港電影工業結構及市場分析』, 香港: 電影雙週刊出版社, 2000.

香港政府, 『香港回顧』, 香港: 政府新聞處, 1981~1997.

Screen Digest, 1994~2000.

Hong Kong Census and Statistics Department, *Hong Kong Annual Digest Statistics*(Annual figures for September each year), Hong Kong: Government Printer, 1995~2000.

Hong Kong Trade Development Coucil, *The North American Market for Hong Kong Films*, Hong Kong Trade Development Coucil, 2001.

옮긴이 후기

홍콩 영화를 빛낸 수많은 영화인을 기리기 위해 2004년 조성된 '스타의 거리'星光大道; Avenue of Stars는 홍콩섬 맞은편 구룡반도의 끝자락에 위치해 있다. 이곳은 수많은 고층 빌딩과 빅토리아 파크로 이어지는 홍콩섬의 스카이라인, 그리고 빅토리아 항 전체의 풍경이 한눈에 들어오는 홍콩 최고의 관광명소 가운데 하나이다. 할리우드 '명예의 거리'Hollywood Walk of Fame(홍콩에서는 이를 星光大道라 부른다)를 모방해서 만들어 놓은 홍콩판 '스타의 거리'에는 홍콩을 대표하는 영화제인 금상장의 상패를 확대해 놓은 동상과 이소룡의 동상을 비롯해, 지난 100여 년 동안 홍콩 영화사에 중요한 발자취를 남겼던 100여 명 영화인의 이름과 핸드프린팅이 400여 미터 남짓한 거리의 바닥을 장식하고 있다. 자신이 좋아하는 영화배우의 이름과 그의 핸드프린팅에 손을 맞춰 보거나 이소룡의 동상과 홍콩섬을 배경으로 사진을 찍으며 즐거워하는 수많은 관광객의 모습을 보고 있노라면, 스타의 거리야말로 홍콩 최고의 경관과 최고의 문화상품인 홍콩 영화를 성공적으로 결합시킨 관광 상품이지 않나 하는 생각이 들기도 한다.

　하지만 이 같은 관광 명소로서의 '스타의 거리'와는 대조적으로, 실제 홍콩 영화의 현실은 그리 밝지만은 않다. 땅 위에 새겨진 이 별자리들이 화려했던 지난 과거를 기념할 수 있을지는 몰라도, 결코 홍콩 영화의 밝은 미래와 나아갈 길을 비춰 주지는 못하고 있는 것이다. 이 거리에 이름을 남긴 영화인, 특히 1980~1990년대 홍콩 영화의 전성기를 이끌었던 인물 가운데 적지 않은 이가 여전히 영화계에 현역으로 남아 있지만, 이들 대다수가 이미 홍콩 영화계라는 테두리를 벗어나 중국 대륙과 미국 등지로 옮겨 가 활동을 펼치고 있다. 한때 동아시아는 물론 전 세계적으로 그 브랜드 가치를 인정받았던 홍콩 영화는 더 이상 과거의 명성을 되찾지 못하고 있을 뿐만 아니라, 이제는 더 이상 '스타의 거리'에 이름을 올릴 수 있을 만한 스타를 발굴해 내는 것조차 힘들어져 버린 상황이다. 어쩌면 이 거리의 조성 자체가 역설적으로, 퇴색해 버린 지난 과거의 영광에 대한 추억 이외에는 더 이상 미래를 기대하기 힘들게 된 홍콩 영화계의 어두운 현실을 반증하고 있는 것인지도 모르겠다.

종보현의 저서 『홍콩 영화 100년사』 역시 스타의 거리가 조성된 2004년 홍콩에서 처음 출판되었다. 중국 최초의 영화 「정군산」이 제작된 지 100년이 되는 해인 2005년을 바로 눈앞에 두고 있었기 때문에 이를 단지 우연이라고 보기만은 힘들 것이다. 다만 아이러니한 점은, 지난 한 세기 동안의 영화사를 되돌아보는 행사나 저술이 기획되기에 적합한 이 시기가 홍콩 영화계에 있어서는 그 화려했던 역사의 종막을 고하려는 시점이었다는 사실이다. 그렇다면 이처럼 홍콩 영화의 시대가 거의 끝나 버린 지금에 와서 이 책은 과연 무슨 의미를 지닐 수 있을 것인가? 단지 이제 과거의 역사 속으로 사라지려 하는 홍콩 영화의 마지막 회고담에 불과한 것일까?

저자 스스로도 이야기하고 있듯이, 이 책은 "홍콩과 영화 스타들에 대한 회고를 통해, 홍콩이 겪어 온 100년의 세월"을 되짚어 보고 있다. 다시 말해 "홍콩의 밤하늘이 이처럼 스타들로 빛날 수 있도록" 해주었던 홍콩의 "특수한 역사적 조건"에 대해 이야기해 주고 있다. 그리고 중국과의 통합이라는 새로운 "특수한 역사적 조건"이 한편으로는 새로운 가능성을 던져 주면서, 또 다른 한편으로는 홍콩의 밤하늘로부터 그 별빛들을 거두어 가고 있음 또한 보여 주고 있다. 여기에 바로 이 책의 첫번째 장점이 있다. 서양과 중국, 동남아시아와 동아시아라는 지역적 시좌 속에 홍콩 사회를 위치 지으면서, 홍콩 영화사 속에 담긴 글로컬glocal한 지역사와 홍콩의 지역적 특수성을 결합시켜 내고 있는 것이다.

하지만 이 책이 그 같은 홍콩의 역사적 특수성만을 이야기하고 있다고 한다면, 홍콩 영화의 흥망성쇠의 과정은 홍콩이라는 시공간에만 국한된 매우 특수한 사례 이상의 의미를 지니기 힘들 것이다. 이 책이 지니는 두번째 장점은 영화의 제작이라는 측면 이외에, 기존 영화사에서 거의 다루어지지 않았던 배급과 상영이라는 측면을 결합하여 하나의 거시적 시스템으로서의 영화 산업이라는 시각 속에서 그 발전의 과정과 그것이 지역적·역사적 특수성과 결합하는 방식을 보여 주고 있다는 점일 것이다. 더욱이 20세기 후반 이후로 영화의 경쟁자이면서 또한 협력자로서의 역할을 해왔던 TV 산업은 물론, 최근 인터넷을 비롯한 다양한 과학 기술의 발달로부터 비롯된 21세기 미디어 산업의 산업적·구조적 변화 발전을 함께 살펴봄으로써 보다 총체적인 관점을 제공해 주고 있다. 이는 그동안 작품으로서의 영화와 작가로서의 감독, 그리고 은막의 화려한 주인공인 배우에 관한 이야기가 주를 이루어 왔던 기존의 영화사 서술과 차별화되는 지점이라 하겠다.

홍콩 영화의 영광은 사실 '스타의 거리'에 이름을 새겨 놓은 유명 스타들의 힘만으로 이룩된 것이 아니다. 비록 어둠 속에 가려져 있지만 별과 별 사이를 채우며 별이 빛날 수 있도록 해주는 수많은 성간물질과도 같이, 은막 뒤의 수많은 영화인과 영화 산업 관련 종사자, 그리고 객석을 채우는 더 많은 관객이야말로 그 영광을 만들어 낸 진정한 주인공이라 할 것이다. 이 책에서 다루고 있는 영화 산업이라는 관점을 통한 접근이 홍콩 영화의 모든 면을 다 보여 줄 수는 없겠지만, 글로컬한 지역적 환경과 결합된 홍콩이라는 시공간의 특수성과 홍콩 영화가 지니는 문화산업의 발전과 쇠락의 보편적 과정을 이해하는 데는 많은 도움을 줄 수 있을 것이다.

1990년대 초반까지만 해도 홍콩 영화는 미국 영화를 제외한다면, 동남아시아는 물론 한국을 비롯한 동아시아 영화 시장에서 가장 큰 영향력을 발휘하였으며, 또한 홍콩은 동아시아 국가들 가운데 거의 유일하게 국제적 브랜드 가치를 지닌 세계 제2의 영화 수출국이었다. 그리고 사실 지금 한국의 중장년층들의 청소년기는 홍콩 영화와 떼 놓고 생각할 수 없다고 해도 과언이 아닐 만큼 커다란 비중을 차지하고 있었다. 그러나 홍콩 영화의 침체 이후, 잠시 한류의 여파 속에 한국 영화가 약진하기는 했지만, 여전히 확실한 지역 강자라 할 만한 영화 브랜드는 나타나지 않고 있다. 비록 수입 영화의 다변화로 인해 과거보다는 비교적 다양한 영화들을 접할 수 있게 되었지만, 여전히 할리우드 영화가 국제 시장의 최강자로 군림하고 있고 동아시아 각국의 영화들은 자국의 영화 시장을 거점 삼아 할거하고 있는 형국이다. 추후 이 같은 할거가 지속될 것인지 아니면 동아시아 지역 내에 새로운 지역 강자가 등장하게 될 것인지를 예측하기는 쉽지 않겠지만, 그러한 국제적 영화 산업의 발전 방향을 좌우하는 데 있어 세계 최대의 영화 시장을 자랑하는 중국이 상당히 중요한 변수로 작용하게 될 것으로 보인다. 사실상 이 책에서 언급하고 있는 홍콩 영화의 쇠퇴 역시 중국이라는 이러한 변수와의 상관관계 속에서만 이해될 수 있다.

최근 세계화와 신자유주의적 재편의 영향하에 일어나고 있는 급격한 변화라는 차원에서도 그렇지만 과거의 영화사를 놓고 보더라도, 일국에 국한된 영화사의 서술이나 이해만으로는 여러 가지 면에서 한계에 부딪힐 수밖에 없다. 이러한 점에서 이 책이 현재의 우리에게 지닐 수 있는 의미를 찾아 볼 수 있을 것이다. 여기서 다뤄지고 있는 지난 100년간의 홍콩 영화 홍망사는 단지 홍콩에 국한된 지역적 특수성에 대한 이야기나 화려했던 홍콩 영화의 과거에 대한 회고담에 그치는 것이 아니라, 한국 영화사와 동(남)아시아 지역의 영화 산업을 보다 더 깊이 이해하는 데 있어 중요한 거울을 제공해 주고 있기 때문이다. 그동안 보다 나은 번역을 위해 최대한 오랜 시간을 들이며 노력해 보았지만, 옮긴이의 한계로 인해 혹은 실수로 인해 오역된 부분이 적지 않으리라 여겨진다. 독자 여러분의 기탄없는 질정을 부탁드리며, 마지막으로 지난 2년간 번역에 함께 애써 준 이승희 동학, 그리고 출판과 편집을 위해 애써 준 그린비출판사와 고아영 씨께 감사의 말을 전하고자 한다.

2013년 3월 1일
항동에서
옮긴이를 대표하여 윤영도

홍콩 영화사 연표

1942	일본군은 홍콩에 홍콩 영화 제작사업 담당부서를 설립하겠다고 선포하였다. (172쪽)
1945	국민당 정부는 '수복 지역 신문·통신사·잡지·영화·방송사업 관리 임시 시행법'이라는 훈령을 반포하고, 개인이 운영하는 관련 기구들을 사찰·폐쇄하였다. (179쪽)
1947	황대 감독이 오초범·백연 등과 함께 촬영한 「낭귀만」은 싱가포르·말레이시아 시장 진출에 성공하였다. (219쪽)
1949	중국 영화의 중심이 상해에서 홍콩으로 이동하였고, 좌우 양 진영의 영화인들이 홍콩에서 활약하기 시작했다. (181~182쪽)
1952	장영·오초범 등 20여 명의 광동어 영화인들이 중련영화사를 설립하였고, '정화운동'이 일어났다. (260, 265쪽)
1955	싱가포르·말레이시아 거상 육운도 산하의 국제영화배급사는 영화(永華)스튜디오를 인수하여 관리하다가, 이듬해 홍콩에서 영화 제작 업무를 시작하였다. (185, 346쪽)
1957	'리디퓨전' 산하의 RTV가 첫 방송을 시작하였다. (65~66, 425쪽)
	소일부는 싱가포르에서 홍콩으로 와서 청수만에 쇼브러더스 영화 스튜디오를 건립하였다. 싱가포르·말레이시아 영화 배급상에서 제작상으로 변신한 두 회사 '전무'와 쇼브러더스는 양강 구도를 형성하였다. (334쪽)
1964	육운도가 대만에서 비행기 사고로 사망한 후, '전무'와 쇼브러더스의 세력 균형을 유지하기가 또다시 힘들어졌다. (373쪽)
1967	홍콩 TVB가 설립되었다. (66, 429쪽)
1970	추문회는 골든하베스트를 설립하고, 이듬해 이소룡을 초빙하여 「당산대형」을 제작하였다. (394, 402쪽)
1973	이소룡이 세상을 떠났다. (403쪽)
1976	가예TV가 「사조영웅전」 「신조협려」 등의 TV 드라마를 제작하자 무협극 유행 물결이 일어났다. (447, 467쪽)
1978	가예TV가 문을 닫았다. (471, 473, 476쪽)
1980	'신예성'이 성립되었다. 그 지원 세력은 바로 금공주 극장체인이었다. (520, 523쪽)
1981	영국 자금이 빠져나간 RTV는 같은 해 8월, 오스트레일리아재단이 맡게 되었다. (555쪽)
1982	홍콩 원동그룹의 구덕근 가족이 RTV를 사들이고, 같은 해 회사명을 ATV로 바꾸었다. (557쪽)
1984	덕보영화사가 설립되었다. (541쪽)
	TVB가 정식으로 상장되어 주식을 모집하였다. (554쪽)
	1980년대 중반 비디오테이프 대여업이 흥성하여, '쾌도미', '금사' 등 비디오 체인점이 발달하였다. (609쪽)
1986	'금사'는 선불 대여 쿠폰제를 추진하여 선납-소비 방식을 유행시켰다. (611쪽)

1988   여신그룹의 임백흔 가족, 신세계발전의 정유동 가족이 연합하여 ATV에 투자하였다. (559쪽)

1989   '신예성'이 영화 제작 사업을 종료하였다. (593쪽)

대만 행정 당국이 행정 명령을 통과시켜, 대만 영화상들이 중국 대륙 로케 영화 제작에 몰려들었다. 중국 대륙의 배우가 출연한 영화 역시 대만에서 상영할 수 있게 되어, 수년 간 닫혀 있던 중국 대륙·홍콩·대만의 영화 산업 통로가 갑자기 열리게 되었다. (626쪽)

1993   황백명은 나걸승과 해산한 후, 따로 동방 극장체인을 결성하였다. (598쪽)

중국 대륙에서는 영화 정책 개편을 추진하여 중국영화사의 독점을 깼다. (642쪽)

「포청천」 등의 대만 TV 드라마가 홍콩에서 인기를 끌었다. (682쪽)

구창케이블TV가 케이블TV 허가 업무를 맡게 되었는데, 유효기한은 12년이었다. (688쪽)

1994   중국 대륙 영화 시장이 개방되어 미국과 홍콩 영화를 매년 10편씩 이익 배분 형식으로 배급할 수 있게 되었다. (642쪽)

골든하베스트 상영·배급부는 홍콩에서 골든하베스트엔터테인먼트를 상장하였고, 오스트레일리아 빌리지로드쇼와 합작해 아시아 대도시에서 극장을 경영했다. (699~700쪽)

1995   채화평은 홍콩·미국·일본의 자금 지원을 받아, 싱가포르에서 화교엔터테인먼트TV방송사를 설립하였고, 홍콩에도 제작기지를 설립하였다. (694쪽)

1996   봉황위성TV가 설립된 후, 중국 대륙에서 위성방송 전파 사용권을 취득하였다. 그리하여 대륙에서 합법적으로 방송을 하게 되었다. (693쪽)

1997   금융위기 이후 영화 시장이 침체되어, 홍콩 영화 연 생산량이 80편까지 줄었다. (666쪽)

골든하베스트, '중국성', '연대' 3대 영화사는 합자하여 가년화영화·TV엔터테인먼트를 설립하여, 이익 배분 직접판매 형식으로 경영하였다. (670쪽)

홍콩 정부는 병행수입된 상품이 합법화되는 수정 조례를 통과시켰고, DVD 가격 폭락, 불법 복제판 유행, 병행수입 제약 등으로 타격을 받은 '금사'는 이듬해 문을 닫았다. (672~675쪽)

1998   쇼브러더스와 '중국성'이 이끄는 그룹은 장군오 지역에 영화 스튜디오를 건립하였고, 골든하베스트는 실패하여 날개가 꺾였다. (699쪽)

임건악은 여신그룹 산하의 ATV 지분을 사들여 봉소평과 유장락에게 팔았다. (682쪽)

2000   홍콩 정부는 유료 TV 브랜드가 5개 더 증가했다고 발표했다. (695쪽)

재벌 이가성의 차남 이택해 산하의 PCCW가 홍콩텔레콤을 사들인 후, 인터넷 열풍은 정점에 달했다. '동방매력'과 '중국성'은 주식시장으로부터 대량의 자금을 끌어모았고, 일부 핫머니는 영화와 TV 제작에 투입되어 영화 시장에 잠시나마 생기가 돌았다. (697쪽)

찾아보기